CONSTANTS
6
Mitzvos
you can always do

CONSTANTS

6 Mitzvos
you can always do

ספר התמיד

MOSAICA PRESS

• TZADOK CABLE •

Mosaica Press, Inc.
© 2016 by Mosaica Press
Designed and typeset by Brocha Mirel Strizower

All rights reserved
ISBN-10: 1-937887-81-2
ISBN-13: 978-1-937887-81-0

All rights reserved. No part of this book may be used or reproduced or transmitted in any form or by any means, electronic or mechanical, including photocopying, recording, or by any information storage and retrieval system, without written permission from the publisher.

Published and distributed by:
Mosaica Press, Inc.
www.mosaicapress.com
info@mosaicapress.com

In honor of

Rabbi Tzadok Cable,

our beloved son-in-law,
on the publication of your first book.
May you continue to be a source of inspiration!

Scott and Hedie Blech

To our precious

Tzadok,

*we are so proud of you on the publication
of your first sefer.
It was our pleasure to dedicate a chapter.
May you continue to have the merit to bring the light
of Torah to the world.*

The Rose Family

Rav Tzadok,

*this is an amazing accomplishment.
May you always be a source of strength and direction
for Klal Yisrael.
Keep up the good work.*

Seth Damski

In memory of our beloved husband, father, and grandfather,

Mr. Jerry Clark

Justin, we are all so proud of you on the publication of your first book. Keep giving us Yiddishe nachas!

Mrs. Lenore Clark

Rabbi Yitzchak Berkovits
Sanhedria HaMurchevet 113/27
Jerusalem, Israel 97707
02-5813847

יצחק שמואל הלוי ברקוביץ
ראש רשת הכוללים לינת הצדק
סנהדרי'ה המורחבת 113/27
ירושלם ת"ו

בס"ד ירושלם ת"ו, י"ב בסיון תשע"ו

I have read major portions of Rav Tzadok Cable's *Sefer HaTamid* and view this as a truly monumental work. I am unaware of any *sefer* that provides a comprehensive analysis of the *Shesh Mitzvos Temidios* to such a degree. It is an encyclopedia of relevant sources dealing with virtually every aspect of the *Shesh Mitzvos* (beginning with the concept of *temidi* itself.)

I have known Rabbi Cable for many years as a true *masmid* and *yerei Shamayim*. It is only appropriate for him to have invested in collecting, analyzing and organizing the multitude of material on this subject. It is equally appropriate that he has presented the material in the form of not only an intellectual work, but a usable guide to fulfillment of the *Shesh Mitzvos*.

It is my wish and *tefillah* that this work will reach the minds and hearts of so many Jews, and will elevate the level of their relationship with The Creator. May Rabbi Cable continue to affect the many in a meaningful way through his teaching both live and in print throughout the globe.

בברכה,
יצחק ברקוביץ

Rabbi Avrohom Chaim Feuer
#32 Hakalir
Shaarei Chesed, Jerusalem

I have known Rav Tzadok Cable for over twenty five years and I have watched his phenomenal growth in Torah and Yiras Shomayim with tremendous admiration and nachas. From a fledgling *ben torah*, Tzadok has sculpted himself into a mature *marbitz torah* of stature.

R' Tzadok's sefer on the six constant mitzvohs is a masterpiece; a *magnum opus* encompassing every aspect of this important subject. It is undoubtedly the most comprehensive and thought provoking work on this topic that I have ever seen.

I trust that this sefer will become a classic text which will grace the libraries of all Torah scholars. May this be the first of many classics to come forth from this blessed pen.

Rabbi Avrohom Chaim Feuer

לוי ירמיהו הכהן כהנוב (קגנוף)
RABBI YIRMIYOHU KAGANOFF
3 Kfar Ivri, Neve Yaakov, Jerusalem Israel
(02) 5851761
מח"ס "נמלא טל" על מלאכות שבת ג"ח
מלפנים רב דק"ק דרכי צדק בלטימור, עכשיו מו"צ בשכונת נוה יעקב, י-ם
Formerly Rav of Congregation Darchei Tzedek, Baltimore MD 21208

Elul 5775

To whom it may concern,

I have known Rav Tzadok Cable, a highly capable and talented *mechanech* and *talmid chacham* for many, many years. He is a man who stands out in his enthusiasm, his sincerity, and his diligence. I have seen his most recent work, *Sefer Hatamid*, in which Rabbi Cable has delved into the most important areas of Torah observance, that, to the best of my knowledge, have never been presented to the English-speaking public at this level. Clearly, this work is the result of many years and untold hours of thorough scholarly dedication and meticulous research. This work shows his erudition and dedication to Hashem and his Torah. He should see much success in this work and in all his endeavors in Torah.

With my best wishes,
Yirmiyohu Kaganoff

בס"ד

Rabbi Zev Leff

הרב זאב לף

Rabbi of Moshav Matityahu
Rosh HaYeshiva—Yeshiva Gedola Matityahu

מרא דאתרא מושב מתתיהו
ראש הישיבה—ישיבה גדולה מתתיהו

D.N. Modiin 71917 | Tel: 08-976-1138 'טל | Fax: 08-976-5326 'פקס | ד.נ. מודיעין 71917

י אלול תשע"ז

Dear Friends

I have read portions of the manuscript of "Sefer Hatamid" by HaRav Tzadok Cable. The author presents an explanation of the Six Constant Mitzvos. The breadth and depth of this presentation is literally encyclopedic covering every conceivable aspect. The work is informative, interesting, inspiring and enjoyable. The extensive Hebrew footnotes add depth to the subject matter.

The amount and extent of the effort, the scholarship and *Yiras Shomayim* that went into producing this work is obviously phenomenal. I commend the author for meriting the community with such a valuable and important tool to be used in service of Hashem.

May Hashem grant the author and his family life and health to continue to merit the community.

Sincerely,
With Torah blessings
Zev Leff
Rabbi Zev Leff

I have seen the wonderful *Sefer Hatamid* on the Six Constant Mitzvos, their explanations and *halachos*.

This sefer was authored by Harav Hagaon Rav Tzadok Cable, shlita who is an outstanding *lamdan* and a very important disseminator of Torah in *halachah*, *daas*, and *mussar*.

This *sefer* is unique in its broad scope, its outstanding clarity, and its remarkable arrangement and it is composed in a very clear and easy-to-read English.

The topic of this *sefer* is of unparalleled importance and the author has found an "important realm" to bring clarity and definition to, because a fragrance like this still hasn't come before me, and these lofty mitzvos still haven't been explained in their entirety.

I am positive that the public will benefit from this light and I give my blessing to my dear friend Harav Tzadok, shlita that he should merit to publish more *sefarim* like this one to enlighten the eyes of others in Torah, to increase Torah and to exalt it.

With admiration and blessings,
Asher Weiss

Contents

Foreword 17

Acknowledgments 23

Introduction 27

Chapter 1 - Understanding Emunah 41

Chapter 2 — "Anochi" — Defining the Emunah of the Torah . . 69

Chapter 3 — Lo Yihyeh — No Other Gods 124

Chapter 4 — Yichud Hashem — the Unity of Hashem 142

Chapter 5 — Ahavas Hashem — Loving Hashem 209

Chapter 6 — Yiras Hashem — Fear of Hashem 260

Chapter 7 — Don't Follow the Desires
of Your Heart and Eyes — Lo Sassuru 315

Chapter 8 — Practically Incorporating
the Six Mitzvos into a Life of Torah and Mitzvos 350

About the Author 355

Foreword

When I started learning and compiling the material over fifteen years ago that eventually formed the basis of this book, I was so moved and changed by it that I didn't even think about attempting anything more than just grasping what I was learning. It was apparent to me that there simply was no comprehensive work that collected and organized the sources and explanations on the Six Constant Mitzvos and so I felt a sense of calling. In that sense I never really intended to do more than bring all the sources and ideas together for my own selfish purposes. But, very quickly this became a task which I would clearly never complete. Then I started making compromises and forcing myself to work within a subset of rules that would govern how I would structure this work and to what degree I would explore and bring in the sources. More importantly, it became obvious that the only real value that would come from this project would be if through it I and hopefully others would actually integrate and live with these mitzvos in a more complete way. I have tried to do that and I hope that in some way this book can help others do the same.

I have not managed to fulfill and embody these mitzvos to the degree necessary to truly encourage others to do so as well. And in that sense, all that has been produced is a *sefer* when in its place there should have been a role model and mentor who could actually guide people in how to live with these mitzvos to the fullest extent. My one small saving grace is that I can honestly say that I walked for a short period of seventeen years in the shadow of a giant of a man who was a role model and a mentor in these mitzvos in the fullest sense. And for that I can say that I saw Rav Noach Weinberg's back and was thus able to write this book, but had I seen his face from the front I would have perhaps been able to be a role model myself.

When I was a young man of twenty, I met Rav Noach Weinberg, *zt"l*. He was always speaking about the Six Constant Mitzvos. I was so curious that I actually started looking more deeply into the sources relating to these mitzvos. Quickly, I was catapulted into a lifetime's work. The Six Constant Mitzvos represent the core mitzvos of being — they are the very essence of the Torah. Living with the awareness of Hashem and processing every situation through the filter of pure *emunah* is such a huge transformation. To add to that, a focusing and a unification of being and will to be at one with Hashem in all areas of life and in every situation is an even more profound transformation. But ultimately, to forge a real bond of love and awe with an infinite being is the pinnacle of human experience. The love and the awe of Hashem is the ultimate goal of all goals. To guard ourselves and protect ourselves from the temptations of this material world and from our own warped egotistic tendencies is an absolute necessity, or our attempts to walk with Hashem are for naught. And yet almost the entire process of growth in these areas takes place mainly within our hearts and minds. These mitzvos and the Torah tradition explaining how to fulfill them is so crucial to this process because otherwise we are left trying to navigate movement within our inner world with no sense of context or no map for how it is done. I have not only attempted to explain this process of inner movement and growth but also to organize it and map it out by showing the progression of how these mitzvos work in relationship to one another.

My idea for writing this *sefer* was to bring to light the depth and the truly staggering amount of actual Torah content on these mitzvos. I am not trying to make a statement. My sincere hope is that people will take the time to learn the sources in depth. This way we can become familiar with how serious and how important they are. When I look at the world around us and the situation the Jewish world faces today, my sense is that never has their been a time when it was more important to develop our direct connection to Hashem and increase our awareness of Him. It is only through growing in this way that we stand a chance against the wave of materialism that is pouring over us.

We need dedication to Torah learning. We need to be particular in the fulfillment of mitzvos. We need dedication and *mesiras nefesh* to keep loyal to our tradition, but we truly need to be reminded why we are doing all of this. We need to remember what we are fighting for. The Gemara says in *Yoma* that on the three festivals the *Kohanim* would open all the doors and curtains in the Mikdash and they would show the Jewish people the Cherubs on top of the Ark of the Covenant and how they were in a loving embrace. The *Kohanim* would show Klal Yisrael this embrace and they would say, "See how beloved you are before Hashem." Woe to us that we no longer have any way to be reminded of this. Through the fulfillment of the Six Constant Mitzvos we can rebuild for ourselves the awareness and the connection to Hashem with which we can then experience within ourselves "See how beloved we are before Hashem." Without this, our acts of learning and doing mitzvos are missing some degree of true connection to the Creator.

The *sefarim* explain that if a person doesn't have *emunah*, even when they do mitzvos it doesn't connect them to Hashem. Why would this be the case? For one simple reason. Without the integrated consciousness that we are servants of Hashem and that we are serving Him through the mitzvos, then our acts are not extensions of that idea, but rather they are motivated by other ideas or principles. At the core, a Jew must serve Hashem because that is what Hashem has commanded us directly. In order to feel that imperative a person must have a developed sense of the true bond and covenant between us and Hashem. This bond and this awareness is the singular goal and product of working on the Six Constant Mitzvos.

There are mitzvos of action and there are mitzvos of being. Mitzvos of action are just that, actions. What is a mitzvah of being? These mitzvos are no less "active," but they take place within the heart and mind of a person. In the heart and mind of a person there is movement. One can go up or down. One can move forward or regress backward. Our inner being is dynamic, not static. We are never staying the same. About this the Mishnah in *Pirkei Avos* teaches us, "Someone who isn't moving forward is actually moving backward." This is referring to the simple reality that our inner world is dynamic and alive. There is no such thing as just staying the same. If we are not moving we are going backward because every moment of life represents an opportunity to connect to Hashem and to purpose. When we ignore that or when we are oblivious to it, the opportunities are missed. As we miss opportunities we are actually moving further away from Hashem and going backward.

I am sure there are people who will pick up this *sefer* and scrutinize it from beginning to end. I am honestly not so articulate. I tried to present a cohesive order to things, but I only managed an average job of it. Many people might criticize this work for not being practical enough. Or they may criticize it for being too theoretical or too esoteric. Others may criticize it simply because it speaks and encourages growth and development that so few speak of that it seems foreign. The simple fact is that every single fiber of Torah points to being actively involved in growing in these mitzvos. People who don't realize that are in need of some broader exposure to our tradition. However, that doesn't imply that I have done a decent enough job of enabling people to actually grow in these mitzvos or that I believe I am justified in writing it. I have tried. One of my main criteria for writing this *sefer* was to include all the actual Hebrew sources for what I was basing myself upon in the English wording. The reason I felt so compelled is twofold. One, I feel that there is a mistaken sense in the Jewish world that all this talk about living with Hashem and being aware of Him is all made-up fluff but not really based on content. Second, for those select few who are able, I actually went out of my way to include the entirety of the sources I was quoting from rather than the more traditional approach of merely making a citation with a few short words. My hope in this was to make it possible for people to actually learn the topics in their full original form as they read through this *sefer*. In this sense my hope was that this *sefer* would serve for those few individuals as an actual reference rather than just a stop along the way to looking deeper into topics.

There isn't so much practical council in this *sefer* guiding what each individual should do to come closer to Hashem immediately upon reading it. But I have tried very hard to outline the most basic and general principles of the process so that anyone may find utility in the *sefer* regardless of where they are holding.

The service of Hashem is such a vast topic. There are so many schools of thought and approaches to it. I have tried to incorporate many of these approaches and synthesize them into one cohesive work. But on the whole I found that it is less about the particular style or path you are on, and more about whether or not you actually even take these mitzvos seriously in the first place. And so I have included sources and citations from a broad range of approaches within the Torah tradition.

As many of the Rabbanim who wrote approbations pointed out that there is no work quite of this sort in our world, I want to reiterate that the Six Constant Mitzvos are not my idea. Nor is the vast amount of Torah I have cited from our Rabbis. I can't even really claim the arrangement of the *sefer* is entirely my own doing, as I used the structure of our Holy Sages, early Commentators, and later Commentators. And it goes without saying that there are a great many leaders and scholars amongst Klal Yisrael who are familiar with every source and way more than what I have brought down here. But I did go through painstaking efforts to ensure that any person who may find themselves just the slightest bit curious as to where these mitzvos are actually written about, explained, derived from, and appreciated as the foundation of Judaism, I have made the original Hebrew texts available to the best of my capability. Perhaps in this way I have moved this topic forward for our people just one small step. And all that is really only a "maybe."

I am also familiar with a growing number of Torah leaders and inspirational figures who are focusing much more on the practical and experiential aspects of living with Hashem. That is entirely noble and of the utmost need. I can't hold a candle to those great leaders and their amazing teachings and methods. My hope is that this *sefer*, though it is mainly a compendium of arranged Torah sources, can still be tremendously valuable and contribute greatly since as Torah Jews we have always followed a very precise path of learning and transmitting Torah via an unbroken chain of tradition. We cannot satisfy ourselves with anything less than a full and complete explanation and presentation of all that we are trying to live and fulfill experientially. The moment we take the need for there to be complete continuity in our tradition and put our noble goals to help people live better lives ahead of that continuity, compromise takes place. I can't claim to have brought every source or every point of view on any given topic. For that I pray Hashem will forgive me as I tried my best within my own limitations. But I cannot rest at night with the thought that all the amazing movement toward helping Jews grow in *dveikus* would be built on a platform that was not developed according to similar standards as all previous generations used to derive and disseminate Torah. And in that vein I hope that this *sefer* will take its place as a frame of reference for checking and making sure our new approaches are genuinely rooted and derived from the authentic Torah tradition.

May the Almighty have *nachas* from this work and may it be a catalyst for people to initiate and develop true authentic connection to Hashem in their lives. May this *sefer* be used as a vehicle for people to recognize that these mitzvos are fundamental and that they are the essence of Judaism. May the general Jewish public find value and insight from this *sefer*. I certainly never meant anything more than that.

Tzadok Cable
Sivan 5776

Acknowledgments

I first want to acknowledge Rav Noach Weinberg, my Rosh Hayeshiva, *zt"l*, who not only exposed me to the Six Constant Mitzvos but who was a living role model of what a person's life looks like when they are fulfilling these mitzvos. He was like a father to me and although his accomplishments and influence are far too vast to mention here, suffice it to say that without his input and guidance this book would have never been written, and I honestly believe that the Six Constant Mitzvos would be familiar only to a handful of people in the Jewish world.

I want to thank my parents for having raised me to seek truth, to utilize my talents, and to think deeply about life. I especially owe a debt of gratitude which can never possibly be repaid to my mother for having been a role model for me which helped me see the way to the true Torah path. Without her inner strength and pure understanding I would not have had the opportunities or the guidance which led me to where I am today. It isn't possible to honor her enough. But in the back of my mind I hope that by my working to reach some level of standing in *avodas Hashem*, she can indirectly receive the honor she deserves.

I have to acknowledge my in-laws who have helped support us so generously over the years. And I must give thanks particularly to my wife's grandmother, may she rest in peace, for without her deep care and generosity we would not have managed to stay in Eretz Yisrael and build our family here. Clearly, without the additional power of the "atmosphere of the land of Israel" this work would have never reached fruition.

I have had so many amazing teachers and mentors throughout my years. To list a few, I will say that my greatest inspirations and actual sources of true knowledge and wisdom are Rav Noach Weinberg, Rav Yitzchak Berkowitz, Rav Yonason Berger, Rav Nosson Weiss, Rav Yirmiyahu Kaganoff, Rav Yochanan Bechoffer, and Rav Daniel Spetner. I feel I have been built and developed by each of these mentors in a unique way which has helped me to attain a small spark of each of their unique qualities.

I have very few true friends in the world but the ones I have are worth all that a man could possibly hope to have from friendships. I owe so much to my close friend Gidon Label who has been a dedicated and close friend for decades. I can share anything with him, and as a result he keeps me focused and appreciative of the value of friendship and of life itself. Jamie Cowland is also the closest and most dedicated friend a person could ever hope for. He deserves unique mention here not only because I couldn't have done this without him, but because over the years he has helped me hone my own ideas in regard to the fulfillment of the Six Constant Mitzvos and also because he was responsible for arranging a *kollel* of *avreichim* who learned through the sources on the Six Constant Mitzvos together with me, and thus was deeply instrumental in the forging of the basic flow of ideas and of the basic text of this *sefer*. Through his initiative I merited about two years of having accomplished Torah scholars scrutinize and hash out the primary sources and arrangements of the ideas in this *sefer*. That undoubtedly has added to the potential impact this *sefer* may have and that is entirely in the merit of Rav Cowland.

I must give special mention to each and every one of the sixty-four special people who made financial dedications through which this *sefer* can now be published. Their name are listed individually in the front and back of this *sefer*. There is a very, very great mitzvah to help publish *sefarim*. May you all see tremendous *brachah* and *hatzlachah* in every area of your life and all forms of salvation, healing, and personal success in the merit of your dedication. The teaching, "If there is no flour there is no Torah," applies to all of you in the most literal sense. I certainly could not have absorbed the financial burden to publish this *sefer* on my own. So it is unequivocal and immutably true that without you, all of this *sefer* would still be a bunch of words on a file in a computer hard drive somewhere.

I would be remiss if I didn't make special mention and thanks to Rav Moshe Becker who has been deeply involved in this project for over a year now. Essentially, I am not a writer by profession. The original shape and form this *sefer* was in when I handed it over to the publisher was for the most part unworkable from every side and angle. Rav Moshe took on the daunting task of rewriting, rewording, editing, and creating a cohesive voice throughout this work. The degree of transformation that he brought about is similar to the difference between night and day. I cannot possibly thank him enough for putting heart and soul into making this work so much more than it would have been otherwise. By extension I want to acknowledge the entire staff at Mosaica Press. They are professional, efficient, and extremely competent. I also have special thanks to Rav Yaacov Haber who has been inspiring to me as the behind-the-scenes driver of this entire publication. He clearly likes being behind the scenes, but let it be known that his hand is in all of this work and without him it would be nowhere near as valuable and beautiful as it has come out.

Beyond and above all others mentioned I thank and acknowledge my wife, Elisheva. She asks for no credit but the honest truth is that the credit for this work is really all hers. Anyone who knows about the life of a Torah scholar in all of its stages knows that without a woman of absolute sterling character and of inextinguishable dedication, the process of growth and development of a husband in the world of Torah stands no chance of emerging. I don't know where I stand in the ranks, but I can say this with total clarity: she has given selflessly and willingly to build a Torah home and to encourage and spur me to grow in all ways and areas that relate to Torah over the last twenty-plus years. She has created the environment in our home that is conducive to Torah as the primary value. She has done her share and most of my share of the work to maintain a Torah home for over twenty years in order that I may have the peace of mind and the resources to dedicate myself to Torah. I am so blessed and all I can say is that although the "Woman of Valor" is difficult to find, by the grace of Hashem I somehow merited to have found her.

The most precious for last. Hashem Yisborach, You give life, soul, heartbeat, oxygen, and being to all of creation. The possibility of all and the potential of all is from You at its very inception. There is nothing we can do that is our own. All is from You. All returns to You. All honor is Yours. Therefore, our praise to You and of You is of an entirely different sort. Whatever we give You is already Yours. Whatever we have, we have from You. Whatever we achieve is automatically incorporated into Your honor. What can we do to even justify our own existence in Your eyes? In the end it is all heard by You, You know of all, and therefore our fear and awe of You and our service to You out of this recognition is the only thing that has any true and inherent value in life. In that vein may it be Your will that this *sefer* in some way contributes and adds to Your honor, though it is but the feeble breath of a humble servant.

Introduction

What Is a Constant Mitzvah?

The title "The Six Constant Mitzvos," or "*Shesh Mitzvos Temidios*," refers to the unique nature of these six mitzvos:

Anochi Hashem — belief in G-d

Lo Yihyeh — there shall be no other gods

Yichud Hashem — belief in the Oneness and Unity of Hashem

Ahavas Hashem — love of Hashem

Yiras Hashem — fear or awe of Hashem

Lo Sassuru — do not stray, following your desires

These six concepts are always applicable and are not defined or limited by a time or circumstance. This book will explore the essence of each of these ideas.

The Origin of the Term "Constant Mitzvah"

We first learn of a Constant Mitzvah or a *Mitzvah Temidis* in the *Sefer HaChinuch*. In the author's introduction and table of contents, he writes that there are six mitzvos that are constant obligations.[1] To reinforce the idea of six central and permanent anchors to our beliefs, he offers a

1 שם בסוף התוכן עניינים הוא כותב "חוץ משׁשה מצות מהן שחיובן תמידי לא יפסיק מעל האדם אפילו רגע בכל ימיו", וכן בהקדמתו שם "ומן המצוות אלו יש שאדם חייב בהן לקום ולעשותן בהתמדה", ועיין לשונו במצוה תי"ז מצות אהבת ה' בסוף זה לשונו "וזאת מן המצות התמידיות על האדם..."

mnemonic, drawing upon the six cities of refuge appointed in the *pasuk*, "There shall be for you six cities of refuge" (*Bamidbar* 35:13).[2]

Active vs. Passive: Defining "Constant" in the Language of the Sefer HaChinuch

To better understand what he meant by "constant," let us examine the particulars of the *Sefer HaChinuch's* language. In his table of contents, he groups these six mitzvos together in the following way: "... with the exception of the six mitzvos whose obligation is constant and their obligation never stops, even for one second during his whole life." Further on, in the middle of his introduction, he writes: "And amongst these mitzvos there are some that a person is obligated to stand up and do constantly, like *Ahavas Hashem* and *Yiras Hashem*." *Sefer HaChinuch* then goes on to define each of the Torah's mitzvos individually. In doing so with respect to mitzvos of *Anochi*, *Yichud Hashem*, *Ahavas Hashem*, and *Yiras Hashem*, he explicitly mentions the "constant" component of these mitzvos. Specifically, in the mitzvah of *Yirah*, he adds that a person must "stand ready and remember this obligation." Yet, when he explains the mitzvos of *Lo Yihyeh* and *Lo Sassuru*, he does not add that they are constant obligations, though he had previously described them as such in his introduction.

Evidently, the *Sefer HaChinuch* describes a mitzvah as constant if it

2 שמעתי בשם רב יצחק גינזברג שדרך אחד להסביר את הקשר בין השש מצות תמידיות לשש ערי המקלט הוא כך: שכל אחד מהשש מצוות מקביל לאחד מהששה כיוונים, דהיינו: 1) למעלה 2) למטה 3) לפנים 4) אחור 5) ימין 6) ושמאל. כמו שעיר מקלט גובל מקום מפלט שאפשר לאדם לנוס שמה לינצל מגואל הדם הרודף אחריו כמו כן כל אחד מהשש מצות תמידיות גובל לנו מקום ומצב מסומן בדעת ומידות שאתו אנו ניצולים מהיצר ודמיון ואנו אז חיים עם ה׳. הוא סובר ש"אנכי ה׳" כנגד הכיוון למעלה כמו שאומר המשנה באבות ׳דע מה למעלה ממך׳ שהוא מציאות ה׳ והשגחתו עלינו, לא יהיה כנגד למטה שהתורה מזהירה אותנו שלא להאמין בכח אחר כדי שלא נרד מטה מטה עד הדיוטא התחתונה לראות את עולם הזה כמציאות גמורה ולשכוח את ה׳, שמע ישראל הוא כנגד הכיוון של לפנים כי הוא עיקר "שויתי ה׳ לנגדי תמיד" דהיינו להיות שקועים בדעת שה׳ הוא העיקר והיחיד שיש לפנות אליו, לא תתורו הוא כנגד כיוון אחור כמו שמרומז בפסוק ׳ולא תתורו אחרי לבבכם ואחרי עיניכם׳, היינו שמחשבות והרגשות היצר רודפים אותנו מאחור להטעות אותנו ולעצור אותנו מללכת תמיד קדימה, ואהבת ה׳ כנגד הימין ויראת ה׳ כנגד שמאל כמו שאומרים חז"ל ׳לעולם תהא ימין מקרבת ושמאל דוחה׳ המורה שהכח של אהבה וקרבה קשור לימין והכח של דין ודחייה קשור לשמאל.

meets one of two types of constancy: a passive mode and an active one. While all six share the passive element, they differ with regard to the active component. In the simplest sense, these six mitzvos share the feature of being unbound by any designated time or circumstance; the obligation to engage in or fulfill these mitzvos is ongoing and constant. This notion represents the passive aspect of constancy.

However, several of the Constant Mitzvos also have an active component. Thus, in regard to the mitzvah of *Anochi*, the *Sefer HaChinuch* writes, "all the days a person must live with this thought," in the introduction he instructs regarding *Ahavas Hashem* and *Yiras Hashem* that "a person must stand up and do them constantly," and in detailing *Yiras Hashem* he adds that "a person must stand ready and remember this obligation."

These quotes indicate that there is a distinction between those of the Constant Mitzvos that are positive (*Mitzvos Asei*) and those that are negative (*Mitzvos Lo Ta'aseh*). This distinction mirrors the difference suggested above between passive and active fulfillment of a Constant Mitzvah. *Anochi*, *Ahavah*, *Yirah*, and *Yichud* are all positive obligations, while *Lo Yihyeh* and *Lo Sassuru* are negative. Regarding the four Constant Mitzvos that are positive commandments, there is an active obligation to think, remember, and live with these mitzvos. Generally, we understand that negative prohibitions in the Torah activate or "kick in" when we are faced with temptation in the relevant area. It follows that in telling us that there are two negative commandments that are constant, *Lo Yihyeh* and *Lo Sassuru*, the *Sefer HaChinuch* is teaching that the temptation for these two violations is constant. We are thus to understand that there is — or should be — a constant struggle to believe solely in Hashem's power and to hold back from following our desires.³

3 כך שמעתי מהרב נח ויינברג זצ"ל, שכוונת ספר החינוך הוא ש"לא יהיה" ו"לא תתורו" מלמדים אותנו שיש לנו נטייה תמידית לסמוך על כח אחר ולתור אחרי תאוה וגאוה. והוא גם הסביר שזו כוונת הגמ' בסוכה נב. "אמר רבי יצחק יצרו של אדם מתגבר עליו בכל יום שנאמר 'רק רע כל היום' אמר רבי שמעון בן לקיש יצרו של אדם מתגבר עליו בכל יום ומבקש להמיתו שנאמר 'צופה רשע לצדיק ומבקש להמיתו' ואלמלא הקב"ה עוזר לו אינו יכול לו שנאמר 'ה' לא יעזבנו בידו ולא ירשיענו בהשפטו", וכן בגמ' שבת קה: אמר רבי אבין מאי קרא? (שמי שכועס יהא בעיניך כמי שעובד עבודה זרה) 'לא יהיה בך אל זר ולא תשתחוה לאל נכר' איזהו אל זר שיש בגופו של אדם הוי אומר זו יצר הרע."

יש עוד הרבה מה ללמוד ולהבין בעניין הזה אבל מקורות אלו מוכיחים שחז"ל התייחסו

Constant Mitzvos as Understood by the Chovos Halevavos

The author of *Chovos Halevavos,* Rabbi Bahya ibn Paquda, is the only other Rishon to explicitly mention the idea of a Constant Mitzvah. In his introduction, the *Chovos Halevavos* describes his efforts to try to understand why those mitzvos that don't involve actions were neglected by so many. He argued that no author had devoted a book to these mitzvos because they were widely considered to be non-obligatory in their nature. His own conclusion was quite different. To the *Chovos Halevavos*, not only are all the *chovos halevavos* (mitzvos that do not involve actions) obligatory, but they are also constantly binding as well. He writes: "I thought maybe the *chovos halevavos* are not obligatory at all times and in all places, like [the mitzvos of] *Shmittah*, *Yovel*, and *Korbanos*, but when I looked further into the matter I found that we are obligated in all of the *chovos halevavos* constantly for all of our days, without any pause or break and that we have absolutely no excuse for forsaking them."[4]

Importantly though, the *Chovos Halevavos* does not delineate Six Constant Mitzvos, rather groups together all obligations that are fulfilled in one's heart or mind. Clearly the foundational mitzvos, belief in Hashem, *Ahavas Hashem*, and *Yiras Hashem* and their ancillary

---

ליצר הרע כמנסה את אדם תמיד במידות רעות כגון כעס גאוה ותאוה, ושההליכה אחרי היצר הוא כמו עובד עבודה זרה.

4 זה לשון חובות הלבבות בהקדמה: "וכאשר נתברר לי חיוב החכמה הצפונה מן השכל והכתוב והקבלה אמרתי שמא המין הזה מן המצוות, אין אנו חייבים בו בכל עת ובכל מקום, כשמיטה וכיובל וכקורבנות. וכאשר עיינתי מצאתי שאנו חייבים בו תמיד כל ימינו בלי הפסק, ושאין לנו שום טענה בהזנחתו. כמו יחוד אלוהינו בלבבנו, ועובדו במצפוניו, וליראה ולאהבה אותו, ושנכסוף לעשות המצוות שאנחנו חייבין בהן. כמו שאמר הכתוב (תהילים קיט) אחלי יכונו דרכי לשמור חוקיך. ושנבטח בו, ושנמסור נפשותינו אליו. כמו שנאמר (שם סב) בטחו בו בכל עת עם שפכו לפניו לבבכם וגו'. ולהסיר השנאה והקנאה מלבנו, ושנפרוש ממותרי עניני העולם שטורדים אותנו מעבודת השם, כי כל זה אנו חייבים בו תמיד בכל עת ובכל מקום ובכל שעה ובכל רגע ועל כל עניין, בעוד שכלנו ונשמתנו בנו. והדומה לזה, עבד שציווהו רבו לעשות שתי מלאכות: האחת בביתו והשנית בשדה, כמו עבודת האדמה, ולעיין בה בעתים ידועות ובשעות ידועות. אם יעברו העתים ההם, או אם לא יוכל לעשות מפני דבר שימנענו, יסתלק מעליו חיוב המעשה חוץ לביתו. אבל המעשה שציווהו לעשות בביתו, אינו מסתלק מעליו כל ימי עומדו בו, ועבדו את אדוניו, כשלא ימנענו מונע ולא יטרדהו טורד. וחיוב המעשה תמיד עליו כשיפנה. וכן מצוות הלב שאנו חייבים בהן, אין לנו טענה בהן ולא טורד מהן, אלא אהבת העולם, ושאין אנחנו מבינים עניין בוראנו. כמו שנאמר (ישעיה ה) והיה כינור ונבל תוף וחליל ויין משתיהם, ואת פועל ה' לא יביטו ומעשה ידיו לא ראו."

requirements, which were included in the *Sefer HaChinuch's* Six Constant Mitzvos, are in this group. Using the definition of the *Chovos Halevavos*, however, we would add to the above as constant obligations such mitzvos as not bearing a grudge, not hating a fellow Jew in your heart, not coveting, and the like, all of which are fulfilled in thought or feeling.[5]

The *Chovos Halevavos* seems to hold that we should not isolate some of the *chovos halevavos* as being more "constant" than others. There is a distinction between mitzvos of action and mitzvos of being. Mitzvos of action, inasmuch as they are fulfilled in the realm of action, are distinct and physically discernible from one another. However, mitzvos that relate to the heart or the mind are fulfilled within a person's "inner world." Within one's inner experience, the boundaries of time and space that limit physical action do not exist. Mitzvos that are fulfilled in this sphere are not mitzvos of action but mitzvos of being. We may, for the sake of clarity, speak of distinctions between one's thoughts, emotions, or character traits, but for the individual in question the inner world is one integrated holistic unit. To that extent, the *Chovos Halevavos* felt that all mitzvos that are fulfilled in heart and mind are similarly "constant."

It may be true that many negative commandments, such as bearing a grudge, seem to be situational.[6] However, according to the *Chovos Halevavos*, there are two levels to such a mitzvah. The first requires one to react appropriately to a given challenge by controlling the desire to take revenge or bear a grudge. The second level is the constant level — *to become* the person whose inner world is so developed and

5 הנה דוגמה מההקדמה לספר חובות הלבבות מה שהוא כולל בעניין זה: "וממצוות עשה שבחובות הלבבות: שנאמין כי יש לעולם בורא ובראו מאין, ושאין כמוהו, ושנקבל עלינו יחודו, ושנעבדהו בלבנו, ושנתבונן בפלאי יצירותיו כדי שיהיה לנו לאות עליו, ושנבטח בו, ושניכנע מפניו, ושנירא אותו, ונפחד ונבוש מהשקיפו על נגלותינו ונסתרותינו, ושנכסוף לרצונו, ונייחד מעשינו לשמו, ושנאהב את אוהביו כדי להתקרב אליו, ונשנא את שונאיו והדומה לזה ממה שאינו נראה מן האברים. אך הלאוין שבחובות הלבבות, מהם הפך כל אלו. וגם מהם: שלא נחמוד, ולא נקום ולא נטור את בני עמנו, כדכתיב (ויקרא) לא תקום ולא תיטור, ומהם שלא נהרהר בעבירות ולא נתאוום ולא נסכים לעשותם." אבל תדע שבהמשך הספר הוא מונה שם עוד המון דוגמאות של חובות הלבבות.

6 עיין גמ' יומא כג. "דתניא איזו היא נקימה ואיזו היא נטירה נקימה אמר לו השאילני מגלך אמר לו לאו למחר אמר לו הוא השאילני קרדומך אמר לו איני משאילך כדרך שלא השאלתני זו היא נקימה ואיזו היא נטירה א"ל השאילני קרדומך אמר ליה לא למחר א"ל השאילני חלוקך אמר לו הילך איני כמותך שלא השאלתני זו היא נטירה."

whose relationship with Hashem is such that taking revenge or bearing a grudge have become unfathomable.

Does the Concept of a Constant Mitzvah Appear in the Rambam?

The Rambam does not mention the term "Constant Mitzvah." However, it is important to examine his language a bit deeper. He writes, regarding the Mitzvos of *Anochi* and *Lo Yihyeh*, that one who thinks that Hashem doesn't exist or believes in any other powers has violated these mitzvos and is also *"kofer b'Ikar,"* literally a denier of the very foundation of Judaism.[7] In *Hilchos Teshuvah*, he adds that someone who violates the commandment to "believe Hashem is One" likewise denies the foundations of Torah and is categorized together with someone who violates *Anochi* and *Lo Yihyeh*. The fact that these three mitzvos are in a unique category called the *"Ikar"* establishes that at no point is there room for one to entertain any alternatives to Hashem's existence and Oneness. While the Rambam may not have used the term "constant" in a temporal sense as the *Sefer HaChinuch* seemed to, clearly the Rambam maintains that these mitzvos are conceptually and literally constant as they form the *Ikar*, the main foundation of the Jewish belief system. The integrity of this *Ikar* must be preserved at all times, as without this foundation there is no Commander, no commandments, and no Torah.

Furthermore, the Rambam writes, "A person is obligated to be careful with the *mezuzah* since it is an obligation on everyone constantly. Any time a person enters or leaves he should encounter the Unity of Hashem, the name of Hashem, remember *ahavas Hashem*, and be aroused from slumber and his aimlessness in the vanities of this world. He should remind himself that there is nothing that lasts for eternity but Hashem's knowledge, and then he will immediately return to knowing

---

7 עיין ברמב"ם הלכות יסודי התורה פרק א הלכה ו "וידיעת דבר זה מצות עשה שנאמר אנכי ה' אלהיך וכל המעלה על דעתו שיש שם אלוה אחר חוץ מזה עובר בלא תעשה שנאמר לא יהיה לך אלהים אחרים על פני וכופר בעיקר שזהו העיקר הגדול שהכל תלוי בו." ועיין נמי ברמב"ם הלכות תשובה פרק ג הלכה ז "חמישה הן הנקראים מינים: האומר שאין שם אלוה ואין לעולם מנהיג, והאומר שיש שם מנהיג אבל הן שנים או יותר, והאומר שיש שם רבון אחד אבל שהוא גוף ובעל תמונה, וכן האומר שאינו לבדו הראשון וצור לכל, וכן העובד כוכב או מזל וזולתו כדי להיות מליץ בינו ובין רבון העולמים כל אחד מחמשה אלו הוא מין."

Hashem and to walk in the straight path..." (*Hilchos Mezuzah* 6:13). It is important to point out that Rambam's reference to "an obligation on everyone constantly" is not referring to the mitzvah of affixing a *mezuzah* on one's doorpost. That is a specific action mitzvah mandated under clearly defined guidelines and, once fulfilled, is not a continuous obligation. Rather, the Rambam is teaching us that the *emunah* and inner awareness that the *mezuzah* arouses is "constant."

Elsewhere, the Rambam writes, "and what is the proper love with which a person should love Hashem? It is a great love, an exceedingly powerful love until a person's soul is attached to the Creator with the love of Hashem, and then he will think about it all the time like he is lovesick, like when a person is so in love with a woman that he can't take his mind off her and he thinks about her constantly, whether he is sitting down, rising up, eating, or drinking..." (*Hilchos Teshuvah* 10:3). The Rambam's use of "all the time" and "constantly" in defining *Ahavas Hashem* speaks for itself.

Finally, the Rambam writes regarding the mitzvah of *Yirah*, "We are commanded to believe in His awe and fear Him so that we won't be like heretics who go in our own desires and with coldness toward Him, rather that we will fear Him with the fear of His punishment that may come at any time" (*Sefer Hamitzvos*, Positive Commandment #4). Here, too, the Rambam's words indicate that we are to be aware of this *yirah* at all times.

Based on the above, while we don't necessarily find in the Rambam's words the categorization or terminology we saw in the *Sefer HaChinuch*, it seems clear that according to the Rambam, the foundation of our beliefs, as well as the basis of our emotional relationship with Hashem, are in fact "Constant Mitzvos."

King David: "I Place Hashem before Me Constantly" — Shivisi Hashem L'negdi Tamid

The idea of constancy in our relationship with Hashem goes back much further. In *Tehillim*, King David speaks about the idea of *"tamid"* in regard to his awareness of Hashem. He writes, "I place Hashem before me constantly, He is on my right hand side that I shall not fall" (*Tehillim* 16:8). The commentaries teach that King David had reached a very high

34 *Constants*

level of active awareness and *dveikus* in Hashem.[8] We certainly strive to such heights, but is there a way to define our minimum requirements in this regard? In the following section, we will take a look at Rav Tzadok Hakohen's approach to this question.[9]

Rav Tzadok Hakohen —
The Levels of Ascent in "Constancy" (Temidiyus)

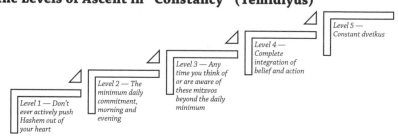

Level 1 — Don't ever actively push Hashem out of your heart
Level 2 — The minimum daily commitment, morning and evening
Level 3 — Any time you think of or are aware of these mitzvos beyond the daily minimum
Level 4 — Complete integration of belief and action
Level 5 — Constant dveikus

Level 1 — Don't Ever Actively Push Hashem out of Your Heart:

In his presentation of the mitzvah of *Anochi* in *Kuntres Sefer HaZichronos,* Rav Tzadok refers to the words of the *Sefer HaChinuch* mentioned above, and also to the Ramban's definition of the mitzvah

---

8 עיין בפירוש רש"י לפסוק זה "בכל מעשי שמתי מוראו לנגד עיני", וגם בפירוש הרד"ק שם "בכל דרכי אזכרנה כדבר שהוא נגד האדם תמיד שלא יסור מעיניו ומלבו כן שמתי כבוד האל ד לנגדי, וגם בפירוש הספורנו שם "כעומד לפניו".

9 עיין בספר זכרונות של הרב צדוק הכהן על מצות אנכי ה' אלקיך, והנה קטע מלשונו שם "והנה מי שלא יעמיק בענין, יחשוב שמצוה זו אין צריך להזכירה, כי כל ישראל מאמינים בני מאמינים. אולם אף על פי שזה אמת בעצם האמונה בלב, עם כל זה בענין היציאה לפועל במעשה במה שנוגע לגוף, אנו רואים נגד זה. וכידוע גם כן מה שכתב בחובת הלבבות (ריש שער הבטחון) מתשובת המגוש לאותו פרוש, פעלך סותר את דברך.... ואף על פי שמצינו דוד המלך ע"ה אומר "שויתי ה' לנגדי תמיד" (תהלים ט"ז, ח'), אין זו מדת כל אחד. וכבר כתב בסוף ספר מורה נבוכים (חלק ג' פרק נ"א), כי להיות אדם עסוק בעניני עולם הזה ועם כל זה לא ישכח דביקותו בהשם יתברך הוא מדריגה גדולה מאוד, לא זכו אליה אלא האבות ומשה רבינו לבד. ואם נאמר שאין צריך בזה תמיד ממש, אם כן הדבר צריך גבול וגדר ונתת דבריך לשיעורין. ובמשמעות "תמיד" האמור בתהילים, אפשר לפי מה שאמרו בפרק שתי הלחם (מנחות צ"ט ע"ב) דפעם אחד שחרית ואחד ערבית קרינן ביה תמיד וקיים לא ימוש, הכי נמי קיים שויתי וגו' תמיד על ידי השימה על לב בוקר וערב זה. ואם כן כבר רוב ישראל המכוונים על כל פנים בפסוק אחד מקריאת שמע, כבר קיימו זה וזהו לענין הקיום תמיד, אך בתורה לא נזכר כלל שיהיה זה תמיד, ולא כל ימי חייך, כדרך שנאמר ביציאת מצרים דמשמעותו לזכור בכל יום על כל פנים, וממלת כל ריבו גם הלילות (ברכות י"ב ע"ב), אבל בזה שכתוב סתם אולי נחשוב שדי בזכירה פעם אחת בחודש או בשנה או בכל ימי חייו."

not to forget Hashem, found in the verse "*Pen Tishkach*." He understands that they meant that at no point may one actively reject an awareness required by the constant mitzvos.[10] This is the idea of "sloughing off the yoke of the kingdom of Heaven." On this most basic level, we are obligated to be firm enough in our beliefs regarding Hashem to the degree that we never actively deny these beliefs or push them out of our minds.[11]

Level 2 — The Minimum Daily Affirmation in the Morning and Evening:

Rav Tzadok notes the analogy drawn in the *Pesikta* that just like there was a daily sacrifice in the Temple referred to as the *Korban Tamid* ("constant" offering), which was brought twice a day, so too we are required to remind ourselves and be aware of Hashem and our love and fear of Him twice a day. *Kriyas Shema* and *Tefillah* provide the perfect opportunity to meet this requirement.[12]

---

10 שם בהמשך דבריו של רב צדוק הכהן "והכלל בענינים הללו, הוא הזכרון התדירי בלב באמיתות הדברים הללו עד שיקבע אמיתותם נוכח עיניו, לא יזוזו ממנו רגע אחד..... אבל אף על פי שכל אחד מאמין זה אינו קבוע בלבו כן, ונשכח ממנו בעת החטא. וכבר בריש ספר החינוך (מצוה כ"ה) מנה מצות האמונה בה' מן המצוות התמידיות שחיובן תמיד, ומיהו כוונתו הוא שאין לך רגע אחד שיוכל ליבטל מזה שלא להאמין בהשם יתברך חס ושלום, ולא על תמידות המחשבה באמונה. אך לענין להגיע לשלימות האמונה צריך תמידות ההתבוננות בזה ובירור אמיתותו אצלו, ובזה לא יהיה מקטני אמנה, שזה כלל התורה כולה שלימות האמונה. ועיין לקמן סוף סימן ג'.....ובעל הלכות גדולות והרמב"ן שלא מנו מצות עשה דאנכי מפני שהיא עיקר כולל, מנו נגד זה אזהרת לא תעשה דהשמר לך פן תשכח את ה' אלקיך. וביאר הרמב"ן (מצות לא תעשה מצוה א') שענינו שלא לשכוח עיקר אלקות, לכפור או להסתפק בו.....ומצאתי בפסיקתא זוטרתי (פרשת עקב) 'השמר לך פן תשכח וגו'' זה הפורק עול מלכות שמים אוכל בלא תפילה ובלא ברכה. נראה שמפרש השכחה הוא על ידי פריקת עול, ואף על פי שברכת הנהנין ואיסור האכילה קודם התפילה אינן אלא איסורין דרבנן, (עיין ברכות י' ע"ב), מכל מקום כיון שכבר הורגלו ישראל בהן העובר על זה הוא רק מצד פריקת עול מלכות שמים מעליו, ופריקת עול הוא אזהרת השכחה. ולפי זה הוא אזהרה תמידית שלא יהיה שום רגע בפריקת עול מלכות שמים מעליו. ודבר זה צריך זכירות גדול להיות תמיד על לבבו עול מלכות שמים, נוסף על קבלת העול בקריאת שמע שחרית וערבית."

11 זה לשון הביאור הלכה סימן א סעיף א ד"ה — הוא כלל גדול: "...וכל זמן וכל רגע שיחשוב בהן קיים מצות עשה ואין קץ למתן שכר המצות ואלו הן ..." והוא ממשיך ומונה בהמשך את השש מצות תמידיות. וחשוב לציין שהבנת המ"ב ור' צדוק שונים בדעת הספר החינוך, שלמ"בכוונת החינוך שהשש מצות הם חיובים שצריכים בפועל לקיים כל הזמן ואילו דעת ר' צדוק שמשמעות החינוך היא שהשש מצות הם מוטלות על האדם תמיד ואין אפשרות לדחותם מעליו ומלבו.

12 שם בהמשך דבריו של רב צדוק הכהן "ובספר יראים (סימן י"א) פירש אזהרה זו, שלא

Level 3 — Working on These Mitzvos Beyond the Daily Minimum:

Rav Tzadok then adds that the *Sefer Yeraim* says that the idea of "*tamid*" is that these mitzvos are never "completed" and thus any time we invest in our awareness of these concepts we fulfill an aspect of *tamid*.[13]

Level 4 — Complete Integration of Belief and Action:

In *Shaarei Teshuvah*, Rabbeinu Yonah understands this idea of *tamid* to mean that a person lives a life consistent with, and aligned to, the foundations of the Torah's belief system.[14] This is a higher level of integration of the Constant Mitzvos since it should now be readily apparent to an observer whether one has, in fact, fully integrated awareness of

---

ישכח אדם מלקבל עליו עול מלכות שמים ולקרוא קריאת שמע בכל יום. ולמאן דאמר קריאת שמע דרבנן (ברכות כ"א.) יפרש שיזכור אדם תמיד את בוראו ואת מצוותיו עד כאן. ודעתו דדי בקבלת העול בוקר וערב לבד, והוא הדין לענין תמיד דסיפא כך משמעו מסתמא, שיזכור בכל יום בוקר וערב או בזמן אחר ביום ובלילה ענין זה. ומי שקורא קריאת שמע ותפילה ולא כיוון כלום כי לבבו פונה לדברים אחרים, וכן כל היום כולו לא העלה זכרון השם יתברך אל לבו הרי זה עבר באזהרה זו לפי דבריו."

13 שם בהמשך דבריו של רב צדוק הכהן "ועוד יש בזה, שבכל עת שמתבונן בזה הרי קיים מצות עשה, ועל דרך שכתב בריש ספר יראים בשבח מצות היראה, לפי שיוכל לקיימה אלף פעמים ביום, עיין שם."
וכן מצאתי בשאילתות דרב אחאי גאון על מצות יראה עיין שם ועיין עוד להלן בענין מצות יראת ה' שהארכנו בעניין זה.

14 שם בהמשך דבריו של רב צדוק הכהן "ובשערי תשובה לרבינו יונה (שער ג' סימן כ"ז) כתב שזה אזהרה לזכור את השם יתברך בכל עת. ומשמעות לשונו בכל עת ממש. וכמדומה דלא ניחא למרייהו דאמרת הכי להיות השוכח רגע אחד עובר בלאו, ונמצא האדם עובר רבוא ורבבות לאוין בכל יום כמו שנתבאר, כי לאו כל אדם זוכה להיות דבוק תמיד בהשם יתברך שלא ימוש מזכרונו לגמרי אף בעת עסקו בעניני עולם הזה וכיוצא. וסיים שם עוד וחייב האדם להשתדל לקנות לנפשו תמיד הנהגות המחוייבות מן הזכירה, כמו היראה והצניעות וקישוט המחשבות ומעשים וכו'. ודברים הללו גם כן אין מבוארים יפה מה טוב חיוב זה לענין האזהרה, שאם הוא זוכר בהשם יתברך הרי קיים המצוה, ומנין לו להוסיף החיובים שאמר בכלל לשון אזהרה זו, ואם אינו זוכר העיקר מה בצע בהנהגות הטפלות אם אין נמשכים מהעיקר. והיראה היא מצות עשה בפני עצמה יתבאר לקמן. אבל היה לו לומר זה על דרך הנסיון והבירור, לדעת אשר בלבבו אם הוא זוכר באמת בהשם יתברך ולא שכחו, יוכל להבחין זה על ידי יציאת המעשים לפועל שבהם ניכר אם הם נמשכים מהזכירה, וכדרך שנתבאר למעלה לענין מצות אנכי שהפעולות מעידים על זה. והוא מה שסיים במקרא דהשמר וגו' השני לבלתי שמור מצוותיו, רצה לומר שזהו מצד השכחה בהשם יתברך פורק עול מצוותיו מעליו, וזה מעיד על שכחתו בהשם יתברך, ואולי לכך נתכוין. ...ואף על פי שעיקר אזהרת השכחה לפי זה הוא על ההעלם מן הלב, מכל מקום לא דבר קטן הוא, וצריך שקידה גדולה על זכירת זה, עד שיוקבע הדבר בלבו ויהיו כל פעולותיו בלתי מכחישות זה וכאמור, ולדברי הכל חובת האדם להשתדל בזכירה זו בתמידות."

Hashem into all aspects of his conduct. Level four, then, is an outcome more than an action. One's efforts in these areas ultimately permeate his personality to such a degree that his beliefs are fully integrated in every way.

Level 5 — Constant Dveikus:

The highest form of *tamid* is what King David was literally referring to. Rav Tzadok references a passage from the Rambam in *Moreh Nevuchim* to support this assertion[15] and the idea is also echoed in the Ramban's comment on the verse, "and to cling to Him."[16] However, Rav Tzadok notes that if we were to assume that this level was expected of all of us, we would be doomed to failure. Rather, until one reaches the level where one is constantly thinking about Hashem and is aware of His Presence, the individual is to work on being as integrated and aware as possible, striving for the level described by Rabbeinu Yonah above. To accomplish this, our immediate focus should be on fulfilling the mitzvos and learning Torah as much as possible, since ultimately these provide the pathway to reach Kind David's level. One can't really be considered to be in a state of *dveikus* if he is not fulfilling all of his obligations to Hashem and living the will of Hashem in thought and deed. *Talmud Torah* then is the default starting point, for without it we have no consistently reliable way of knowing what Hashem wants from us in any given situation. One can only meaningfully be aware of Hashem if one has a means of knowing and understanding what He really wants from us.[17]

15 זה לשון הרמב"ם במורה נבוכים חלק ג' פרק נא "אבל שיהא האחד מבני אדם יהיה מדבר עם בני אדם ומתעסק בדברים ההכרחיים לגופו וכל דעתו באותה שעה מופנית אליו יתעלה והוא לפניו יתעלה תמיד בלבו והוא עם בני אדם בנגלהו על דרך מה שנאמר במשלים הפיוטיים אשר נאמרו לענינים הללו אני ישנה ובלי ער קול דודי דופק וגו' הרי דרגה זו איני אומר שהיא דרגת כל הנביאים אלא אומר אני שהיא דרגת משה רבנו שנאמר בו ונגש משה לבדו אל ה' והם לא יגשו ונאמר בו ויהי שם עם ה' ונאמר לו ואתה פה עמד עמדי כמו שבארנו מעניני הפסוקים הללו וזה גם דרגת האבות אשר הושג מקרבתם לפניו יתעלה עד כדי שהודיע שמו בהם לעולם..."

16 זה לשון הפסוק בדברים יא:כב, ובלשון הרמב"ן שם לפסוק זו "...ויתכן שתכלול הדביקה לומר שתהיה זוכר השם ואהבתו תמיד לא תפרד מחשבתך ממנו בלכתך בדרך ובשכבך ובקומך עד שיהיו דבריו עם בני אדם בפיו ובלשונו ובלבו איננו עמהם אבל הוא לפני ה'..."

17 שם בהמשך דבריו של רב צדוק הכהן "ואף שנאמר שיצא ידי חובת האזהרה בזכירת

To summarize Rav Tzadok's presentation: While he specifically speaks about the mitzvos of *Anochi* and *Pen Tishkach*, the model he creates fits perfectly with the notion of a constant mitzvah. Firstly, it goes without saying that we must constantly affirm the fundamentals of our belief and not shake off the yoke of the Kingdom of Heaven. Beyond that, we must strive for the level of *tamid* called "*nikar b'toch ma'asav*" — clear and apparent integration of our beliefs and actions. The way to reach that is by investing twice a day, and at any other time possible, in fulfillment of

---

פעמיים ביום, הרי כיוצא בזה אמרו במצוות תלמוד תורה דבקריאת שמע שחרית וערבית קיים לא ימוש (כנ"ל), ומכל מקום צריך לעסוק גם כן תמיד. וכל שכן בזה שזה כל האדם, וכמו שכתב במורה נבוכים שם באורך איך ישים האדם כל מעייניו בענין (ההוא), והביא מאמר רבותינו ז"ל אל תפנו אל מדעתכם. [לפנינו מאמר זה (שבת קמ"ט.) ומלת אל סגולה, ומשמעו ענין אחר, עיין שם ברש"י]. וכבר נמצא באיזה חיבורים כתוב, שלא יתמיד האדם בעסק התורה גם כן כל כך שזה מפרידו מדביקותו בהשם יתברך, ודבריהם בזה הוא כדעתן של חסידים הראשונים שהיו עסוקין תשע שעות ביום בתפלות, ומתוך שחסידים הם תורתן מתברכת (ברכות ל"ב ע"ב), והא ודאי עיקר כל המצוות ועסק התורה בכללם הוא כדי להגיע לדביקות זה התמידי בהשם יתברך. וכך אמרו חכמים (ירושלמי חגיגה פרק א' הלכה ז', ופתיחתא דאיכה ב') הלואי אותי עזבו ואת תורתי שמרו, המאור שבה מחזירם למוטב. הא למדת שעיקר מאור התורה הוא שמביא למוטב, דהיינו שלא לעזוב אותו יתברך. ומי שכבר זכה והגיע למדריגת הדביקות על ידי רוב השתדלותו בזה על ידי עסק התורה והמצוות, והגיע למעלת חסידים הראשונים, יוכל לנהוג כמוהם להרבות כל היום בעסק זה אף שממעטים על ידי זה בתורה. אולם מדת כל אחד השגת דביקותם בהשם יתברך אינו אלא בעסק התורה והמצוות, עם ההתבוננות לפני זה על ידי הברכה שלפניהם, לדעת כי השם יתברך הוא המצווה זה, ושכוונתו לקיים מצוותיו יתברך, ולכוונה זו לבד לומד ועושה כל מה שעושה. וכל זמן שהוא עסוק בלימודו ובקיום מצוותיו יתברך הרי איננו שוכחו כלל. וכמפורש גם כן בלשון האזהרה פן תשכח וגו' לבלתי שמור וגו', יש לדייק מזה הא השומר מצוותיו איננו שוכחו, ומחשבתו ניכרת מתוך מעשיו. ואף על פי שמחשבתו באותה שעה הוא בענין ההלכה שלומד או בענין מעשה מצוה שעושה, מאחר שזו ההלכה או המעשה הוא רצונו יתברך הרי רצונו יתברך הוא עצמותו, כי אצלו כביכול כולא חד, והרי מחשב בעצמותו ודבק בו יתברך. וכל זמן שהאדם איננו נקי עדיין מהסתת היצר הרע לתאוות גופניות וחמדות עולם הזה, הא ודאי אי אפשר לו להשיג דביקות אחר תמידי, זולת על ידי עסק התורה שהיא תבלין ליצר הרע (קדושין ל' ע"ב), אבל אחר שנזדכך גופו על ידי השתדלותו בעסק התורה והמצוות, אחר זה ראוי לו להתבונן בדביקות השם יתברך במחשבה. והוא מה שאמרו במדרש משלי (פרשה י') דשואלין לאדם אחר שעסק בתורה ומצוות אם צפה במרכבה, וכסא כבודו איך הוא עומד, ובזוהר האריכו בכמה מקומות מזה. ואף זה מכלל עסק התורה הוא על האמת, כי אי אפשר לדביקות המחשבה בו יתברך זולת בדרך החכמה וההשגה שהוא מהנסתרות שבתורתינו הקדושה. וכמו שכתב במורה נבוכים שם שמי שיחשוב בה' וירבה לזכרו מבלי חכמה, אבל הוא נמשך אחר קצת דמיון לבד, או נמשך אחר אמונה שמסרה לו זולתו הוא אצלי וכו' בלתי זוכר ה' באמת ולא חושב בו וכו', ואמנם ראוי להתחיל בזה המין מן העבודה [שזכר למעלה שישים האדם מחשבתו בה' לבדו] אחר הציור השכלי וכו', עיין שם באורך."

these mitzvos. From that level, as we continue to learn Torah and fulfill the mitzvos of Hashem, we can reach a semblance of the *dveikus* of King David, if we merit to do so.

The Mishnah Berurah: Shivisi as the Context of the Six Constant Mitzvos

The Rema writes in the *Shulchan Aruch* that "*Shivisi Hashem l'negdi tamid*" is a "*klal gadol baTorah*" (*Orach Chaim* 1:1). Commenting on the Rema, the *Biur Halachah* writes, "Someone who wants to fulfill '*shivisi*' properly should work to fulfill the Six Constant Mitzvos with alacrity."

It follows from this connection that "*shivisi Hashem l'negdi tamid*" is a way of describing the consciousness brought about by the Six Constant Mitzvos. As we learn more and delve into the Six Constant Mitzvos more deeply, it will become clear that these are mitzvos with much detail, and the process of attaining growth and fulfillment through them can take many years of work. Therefore, it may be easy to lose perspective on what connects and bonds all of these efforts together. Here we see that *shivisi* is the phrase, or concept, that does that. It is the way of describing the essence of the Six Constant Mitzvos and what they bring us to.

Because the *Mishnah Berurah*, a later halachic authority, mentioned the Six Constant Mitzvos as fulfillment of *shivisi*, this *sefer* will explore the Six Constant Mitzvos as characterized by the *Sefer HaChinuch*. Our understanding as to what specifically makes these six mitzvos unique will be based on the principle set forth by the Rambam that they form the foundation and core of Torah and mitzvos. We will, of course, keep in mind that as a person succeeds in developing this foundation, it changes his inner being and gives him access to fulfilling all of the *chovos halevavos*.

1

Understanding Emunah

UNDERSTANDING THE MEANING OF THE WORD EMUNAH

The first of the Six Constant Mitzvos is the mitzvah of *Anochi* — belief in One G-d. Before we delve into the details associated with the mitzvah of *Anochi*, we must first fully define the concept of *emunah*. *Emunah* is not only the essence of the mitzvah of *Anochi*, but it is also at the core of each one of the Six Constant Mitzvos. We are accustomed to defining *emunah* as "belief," but as is often the case with Hebrew words, *emunah* can have multiple connotations and can be used to convey more nuanced aspects of meaning.[18] For this reason, it is often difficult to fully

---

18 עיין במשנה ברורה הלכות קריאת שמע סימן סב ס"ק ג וז"ל: "ועיין בספרי האחרונים דבימינו אף מצד הדין יש ליזהר שלא לקרותה [קריאת שמע] בלשון אחר כי אם בלשון הקודש כי יש כמה וכמה תיבות שאין אנו יודעים איך להעתיקם היטב כגון תיבת 'ושננתם' יש בו כמה ביאורים אחד לשון 'לימוד' ואחד לשון 'חידוד' כמו שאמרו חז"ל שיהו ד"ת מחודדין בפיך שאם ישאלך אדם דבר אל תגמגם ותאמר לו. וכן כמה וכמה תיבות שבק"ש שאין אנו יודעין היטב ביאורו על לשון אחר כגון תיבת את ותיבת לטוטפות וכדומה."
דבר זה נפוץ מאד בכל דברי הראשונים בתנ"ך שטרחו להבין שורשי המילים ומשמעותם והרבה פעמים יש כמה אופנים וכמה משמעויות אף למילה אחת. וברור כשמש שאין לנו כל כך מומחיות בחכמת ההעתק והתרגום בזמננו. והמילה אמונה היא גם כן לפי דעתי מילה שהתרגום שלה באנגלית למילת "belief" חסר לחלוטין בביאור כוונת מילה זו בתנ"ך ולשון חז"ל.

translate important concepts from the Torah's terminology using only one word. Doing so puts one at risk of missing essential definitions, resulting in a superficial or even incorrect understanding of extremely important principles. Moreover, it can lead to tension and miscommunication between people discussing such concepts, as they may think they agree on the definition of a given term when they really don't. In order to have an effective understanding and successful conversation about deep ideas, we must first agree on the actual definitions of the concepts at hand and of the terminology we plan to use.

Regarding the word "*emunah*" we find six distinct, yet complementary, connotations for this word in *Tanach* (Torah, *Nevi'im*, and *Kesuvim*) and in the words of Chazal. Each of these connotations is specifically relevant to understanding the conceptual essence of the mitzvah of *Anochi*. The mitzvah of *Anochi* outlines our responsibility as Jews to achieve a full and robust expression of *emunah* in our lives. As we progress in our fulfillment of this mitzvah, we must always remind ourselves of the following root meanings of the word *emunah* itself, as doing so will serve to help us focus on the essence of the experience.

1. **Conviction:** *Emunah* connotes a state of firmness and conviction, which implies being unshakeable under duress and challenge.[19]
2. **Absolute or Lasting:** *Emunah* is absolute, indicating that a person must always strive for total clarity and thus a lasting sense of the significance of Hashem's existence and the individual's relationship with Him.[20]

---

19 עיין רשב"ם לפסוק "לא כן עבדי משה בכל ביתי נאמן הוא" (במדבר יב:ז), וברשב"ם שם כתיב "נאמן הוא — קבוע ומיוסד כל שעה ביום וכמוהו 'ותקעתיו יתד במקום נאמן' (ישיעה כב:כג) יתד התקוע במקום חזק אינו ממהר ליפול. ויש אומרים מגזרת 'ויהי אומן את הדסה' כאילו אומנים הם שישאו ידיו."
ועיין נמי בלשון הספר החינוך מצוה כה שפירש מילת אמונה בסגנון זה "ועניין האמנה הוא שיקבע בנפשו שהאמת כן ושאי אפשר חלוף זה בשום פנים...ואם יזכה לעלות במעלות החכמה ולבבו יבין ובעיניו יראה במופת נחתך שהאמנה הזאת שהאמין אמת וברור אי אפשר להיות דבר בלתי זה אז יקיים מצוות עשה זה במצוה מן המובחר." וברור בדבריו שאמונה היא החלטיות בעניין אף שעדיין לא השיג הכרה שכלית לזה שהרי הוא אומר שיש לקבוע שאי אפשר בעניין אחר אף על העדות של המסורה שלנו המקובל מאב לבן ואף שלא ביסס את זה במופת חתוך.

20 זו משמעות הפסוק "...ויהי ידיו אמונה עד בא השמש" (שמות יז:יב), ועיין שם ברמב"ן וז"ל: "וטעם 'ויהי ידיו אמונה' שהיו עומדות וקיימות ברוממותן כלשון 'ואמנה על המשוררים

3. **Practice or Skill:** *Emunah* comes from the root *omein*, meaning practice and skill. No person can expect to walk with Hashem and know Him in all His ways without practicing and constantly integrating these attitudes into his daily life, just as a craftsman can only master his trade through much practice and the honing of his skills.[21]
4. **Steady Growth:** *Emunah* has an organic dimension to it. We must realize that just as we grow physically, emotionally, mentally, and spiritually as human beings, so too our *emunah*, which is part of our experience, must grow with us. We cannot expect the *emunah* we had as children to serve us as adults. It needs to grow, along with us; we should realize that Hashem gives us experiences that are designed to help our *emunah* grow.[22]

דבר יום ביומו' (נחמיה יא:כג) וכן 'ואנחנו כורתים אמנה' (נחמיה י:א) דבר קיים בברית...", ועיין שם בנחמיה יא:כג באבן עזרא "ואמונה דבר עומד וקיים והוא שם דבר", ועיין שם ברלב"ג בנחמיה י:א פירש "ועם כל זאת אנחנו כורתים ברית אמת לקיים דברי התורה..."

21 זה למדנו במדרש רבה בראשית א:א "רבי הושעיה רבה פתח 'ואהיה אצלו אמון ואהיה שעשועים יום יום וכו' ...דבר אחר 'אמון' — אומן התורה אומרת אני הייתי כלי אומנתו של הקדוש ברוך הוא..." ראינו במדרש שמילה זו גם שייך למושג של אומנות — כאומן המאמן את ידיו.

ועיין ברמב"ם בפירוש המשניות למסכת סנהדרין פרק חלק כשמונה את הי"ג עיקרים שלו. אחרי העיקר הי"ג הוא כותב "וכבר הארכתי בדברים מאד ויצאתי מענין חבורי אלא שעשיתי כן לפי שראיתי שזה תועלת באמונה לפי שאני אספתי לך דברים רבים מועילים המפוזרים בחבורים רבים וגדולים היה בהם מאושר, וחזור על דברי אלה פעמים רבות והתבונן בהם היטב ואם תשלה אותך מחשבתך שכבר הבנת עניניו מפעם אחת או עשר הוי יודע שבשקר השלתה אותך ואל תמהר בו לפי שאני לא כתבתיו איך שנזדמן אלא אחר התבוננות וישוב הדעת ועיון בדעות נכונות ובלתי נכונות וסכום מה שצריך להאמין מהם ובירורו בטענות וראיות על כל ענין וענין."

ובספר התניא פרק מב "אלא העיקר הוא ההרגל להרגיל דעתו ומחשבתו תמיד להיות קבוע בלבו ומוחו תמיד אשר כל מה שרואה בעיניו השמים והארץ ומלואה הכל הם לבושים החיצונים של המלך הקדוש ברוך הוא ועל ידי זה יזכור על פנימיותם וחיותם, וזה נכלל גם כן בלשון 'אמונה' שהוא לשון 'רגילות' שמרגיל האדם את עצמו כמו אומן המאמן ידיו וכו'..."

וגם בכתבי הרב אליהו דסלר במכתב מאליהו חלק ג דף 161: "ישראל הם מאמינים בני מאמינים ויודעים שהשי"ת ברא העולם ומנהיג אותו תמיד אולם יש מצוה מיוחדת בתורה לעסוק תמיד באמונה והיא מצות 'אנכי ה' אלקיך' הראשון שבעשרת הדברות וכן כתב הרדב"ז: "וענין האמונה שיקבע אותה בלבו ובנפשו תמיד' מי שאינו עוסק בתמידות לברר וללמד לעצמו את האמונה בהשי"ת לא ידע אותה באמת ואינו מקיים מצות אנכי ה' אלקיך כהלכתה."

22 משמעות זו ראינו בפסוק במגילת אסתר ב:ז: "ויהי אומן את הדסה..." עיין ברש"י על הפסוק דברים לב:כ "...לא אמון בם" — אין גדולי נכרים בהם כי הוריתם דרך טובה וסרו

5. **Covered or Hidden:** While the *emunah* we speak of is expressed outwardly in our thoughts, speech, and actions, it essentially remains an internal process that happens mainly in the heart and mind. It is inward and covered within our being at its root.[23]
6. **Reliable or Trustworthy:** Finally, *emunah* connotes reliability. Reliability is reciprocal; it is a two-way street. We feel the need to be reliable to those who are, themselves, reliable. Hashem is reliable, and to the degree that we recognize His reliability toward us, we will want to be loyal and reliable to Him and His will. This last part implies the necessity for a real relationship with Hashem through *emunah*.[24]

ממנה 'אמון' לשון 'ויהי אומן את הדסה', ועיין בתרגום לפסוק "והוה מרבי ית הדסה.." מכל הנ"ל ברור שהמילה הזאת קשורה בעצם לעניין של גידול.

ועיין נמי בפסוק במדבר יא:יב "כאשר ישא האומן את היונק" ובמדרש רבה בראשית א:א "...אמון — פדגוג היך מה דאת אמר כאשר ישא האומן את היונק." וכל זה קשור לאמונה שלנו בקשר הדוק, שהרי פרשה זו עוסקת בעם המתאוננים על שקשה להם במדבר ורוצים לחזור למצרים ולאכול בשר במקום המן. ודאי עניין זה היה נסיון החיים שה' ניסה את בני ישראל על ידי זה שהיו תלויים אך ורק בו במדבר שהוא עניין האמונה בהחלט. ומשה מגיב: האם אני האב או היולדת של העם הזה וכי איך אני אשא אותם כאשר ישא האומן את היונק? דהיינו שמשה צועק אל ה' ואומר אין לי הכשרה למנהיגות כזו שאתה רוצה להנהיגם, כיון שרק לך יש את האפשרות לקיימם. ומזה אנו מבינים היטב שהקשר שלנו עם ה' הוא דבר שגודל במשך החיים על ידי נסיונות, וה' בעצמו ועל ידי שלוחיו (הורינו ורבותינו) מאמן אותנו ונותן בנו אימון, ועל ידי זה אנחנו גודלים וצומחים באמונתנו. ועיין עוד באריכות בספר שערי גדולה חלק ב עמ' 73 שמאריך בכל הנושא הזה.

23 גם זה למדנו במדרש רבה בראשית א:א: "אמון — מכוסה היאך מה דאת אמר 'האמונים עלי תולע חבקו אשפתות' (איכה ד:ה)" ועיין שם ברש"י על המדרש וז"ל: "האמונים — המכוסים והמקושטים בבגדי שש ומשי היו נחבקים ונשלבים באשפה." ועיין שם בשאר מפרשי המדרש שכולם פירשו על זה הדרך שעניין מילת "האמונים" שם הוא לשון של מכוסה בלבוש. ויש לומר על פי זה שאמונתנו גם כן היא דבר פנימי המכוסה בלבוש כל החיצוניות שלנו — מעשה דיבור ומחשבה. ועיין שם בהמשך המדרש שדרשו מפסוק "ויהי אומן את הדסה" — שגם אמון זה עניינה הצנעה, שמרדכי גידל את הדסה באופן שלא גילה את עמה ומולדתה ודבר זה נשאר מוצנע. וכן הוא עניין אמונתנו אף שיש ביטוי החוצה במעשינו. זה דבר התלוי במח ולב האדם ועיקרה עבודת פנים.

24 המילה 'אמן' מופיעה בתנך המון פעמים והכוונה של המילה הוא 'גם אני מסכים' אבל במסורה שלנו המילה אמן הוא גם נוטריקון לביטוי 'אל מלך נאמן' — דהיינו נאמנות ואמן הכוונה שה' נאמן עלינו לקיים הבטחתו, ועיין נמי בגמ' תענית ח. "אמר רב אמי אין גשמים יורדין אלא בשביל בעלי אמנה שנאמר אמת מארץ תצמח וצדק משמים נשקף ואמר רב אמי בא וראה כמה גדולים בעלי אמנה מניין מחולדה ובור ומה המאמין בחולדה ובור כך

Thus, we have learned that *emunah* is so much more than just belief, or even a firmly-based intellectual conclusion or affirmation. To properly grow in our *emunah*, we must work to develop and internalize the additional layers described above, all of which are essential aspects of *emunah*.

Emunah as a Basic Human Attribute

The history of *emunah* really begins with the story of the soul. The human soul is introduced to us for the first time in *Bereishis*, at the very end of creation: "And Hashem breathed into man's nostrils a living soul and the man became a living being."[25] The soul expresses and manifests itself in many ways. In our tradition, this soul is the central essence within the human, responsible for instilling the very life force itself, including all consciousness, all capability for movement and animation, personality, emotions, the power of speech, and the intellect.[26] Our individual lives,

---

המאמין בהקב"ה על אחת כמה וכמה." ועיין רש"י שם. ומשמע מכל זה שעניין נאמנות האדם לה' ונאמנות ה' לנו היא קשור לעצם גדר האמונה.

ועיין ברבינו ירוחם בספר מוסרי התורה על ספר בראשית עמוד רלה-רלו, ומתוך דבריו שם: "חוסר אמונה אין פירושו כי מסופק הוא חלילה בידיעתו אלא שאינם סומכים שאין הלה נאמן עליו" ושם הוא מאריך לבאר הקשר בין אמונה ונאמנות, שעיקר המושג באמונה הוא הסמכות על ה' כיון שהוא נאמן עלי."

25 בראשית ב:ז: "וייצר ה' אלקים את האדם עפר מן האדמה ויפח באפיו נשמת חיים ויהי האדם לנפש חיה"

26 בראשית ב:ז ועיין שם ברש"י שם וז"ל: "לנפש חיה' — ...שנתוסף בו דעה ודיבור", ועיין ברמב"ן שם באריכות שהנשמה מכניסה באדם דעת ותבונה וכח הדיבור, ובעצם כן היא כוונת כל הפשטנים בהבנת הפסוק.

ועיין נמי בספר חובות הלבבות שער הבחינה פרק ה, והנה קטע מלשונו שם: "אך רב טוב האלהים עלינו בשכל ובהכרה, אשר בהם ייחדנו משאר בעלי חיים, אין תועלתם לנו נעלמת ממנו בהנהגת גופנו והסדרת תנועותינו, מבלעדי מי שפקדו ממנו, לפגע שאירע את מוחו. אך המדות, אשר נגיע אליהן בשכל, רבות מאד. מהם, שבו נדע, שיש לנו בורא חכם, קיים, אחד, קדמון, יכול, לא יכילהו זמן ולא מקום, נעלה ממדות הברואים והתרומם ממחשבות הנמצאים, רחום וחנון, ומטיב, לא ידמה אל דבר ולא יתדמה אליו דבר. וגם מהם, שאנחנו מבינים בו החכמה, והיכולת, והרחמים, המקוימים בעולם וחיוב עבודתו לאשר יאות לו, ובעבור טובתו הכוללת והמיוחדת. ובשכל יאמן אצלנו ספר תורת האלהים הנאמנה, הנתונה למשה נביאו עליו השלום. ולפי שכל האדם והכרתו בא אתו לידי חשבון ומדקדק עליו בוראו יתעלה. ומי שפקד שכלו, מסתלקות מעליו המעלות האנושיות כלן, והמצוות והגמול והעונש. וממעלות השכל, שבו ישיג האדם כל מושגיו המוחשים והמושכלים, ובו יראה מה שנעלם מחושיו הגשמיים מן הנראות, בנסיעת הצל ומעשה הטפה האחת מן המים בצור החלמיש, ובו יבדיל בין האמת והשקר ובין היתד והחסר,

minds, and hearts (the seat of emotion) are all expressions of our unique souls. A soul is a spiritual essence with its own nature and its own drives. As the soul's nature is elevated and pure, it values only truth, ultimate benefit, ultimate meaning, and the ultimate effort necessary to achieve those goals. By contrast, the body is formed from the material world, as the Torah describes it being created "dust from the ground." It, too, has a nature and a drive of its own. The body's nature, like the earth it comes from, is less refined than the soul; it is coarse, directed toward physical gratification, and craves rest and sleep.[27]

However, these two, the body and soul, must work together. To actualize itself in the physical world, the soul must utilize the body and become the mover behind its expressions, activities, and functions. Thus, our individual personalities and attributes are all outgrowths, or manifestations, of the soul. Judaism sees the body as made of "*chomer*," physical matter. It has its own nature before the soul enters the body, but this distinct physical nature only has animation and expression once the body is paired with a soul. From

---

והטוב והרע, והמשובח והמגונה, ובין הראוי והאפשר והנמנע. ובו יעביד שאר מיני חיים בתועלותיו והנאותיו, ויכיר מקומות הכוכבים ויעמד על מדחקיהם ותגועות גלגליהם, ויבין הערכים וההקשות שבחכמת השעוד וצורות המופת."

27 חילוק זה מבואר בפסוקים בתורה עצמה. עיין שם בראשית ב:ו-ז ששם מבואר שה' קודם כל הכין גוף האדם מאדמה מוכנה ואז נפח מן העליונים את הנשמת חיים וברור מזה שהנפש והגוף הם שני עצמים שונים אם טבעים שונים והורכבו יחד ביצירת האדם.
ועיין בחובות הלבבות שער עבודת האלקים פרק ב וז"ל: "מפני שנברא האדם מדברים שונים זה מזה, וטבעים מתגברים זה על זה, ומעצמים זה הפך זה. והם: נפשו וגופו. ונטע הבורא יתברך בנפשו מידות וכוחות יכסוף בהם לדברים, כאשר יתנהג בם האדם יגדל בהם גופו ויתחזק על ישוב העולם הזה, ויישאר המין האנושי על עניינו, ואם יפסדו אישיו. והמידה הזאת היא התאווה להנאות הגופיות, והיא כוללת כל מיני החי הגדל. והרכיב הבורא יתעלה בנפש האדם עוד מידות וכוחות, יכסוף בהם כאשר ישתמש בהם למאוס בעמידתו בעולם הזה ויחפוץ להיפרד ממנו, והיא ההכרה השלמה."
וכן ברמח"ל ספר דרך ה' חלק א פרק ג אות ב וז"ל: "ואולם להיות הדבר הזה נשלם כראוי, גזרה החכמה העליונה שיהיה האדם מורכב משני הפכים, דהיינו מנשמה שכלית וזכה, וגוף ארציי ועכור, שכל אחד מהם יטה בטבע לצדו, דהיינו הגוף לחומריות והנשמה לשכליות, ותימצא ביניהם מלחמה; באופן שאם תגבר הנשמה, תתעלה היא ותעלה הגוף עמה, ויהיה אותו האדם המשתלם בשלימות המעותד; ואם יניח האדם שינצח בו החומר, הנה ישפל הגוף ותשפל נשמתו עמו, ויהיה אותו האדם בלתי הגון לשלימות, ונדחה ממנו חס ושלום. ולאדם הזה יכולת להשפיל חומרו לפני שכלו ונשמתו ולקנות שלימותו, כמו שנתבאר."

that point on, the soul jockeys and wrestles with the body. When the soul prevails, the body becomes a proxy for the soul's agenda and modes of expression. When the body overcomes the soul, the latter fuels and draws out the body's innate nature. This battle is very real, and is ongoing within us. As intelligent beings, we can be conscious and aware of this battle,[28] and by extension, we have the power of free will to choose to be a winner in the battle, and to forge a successful path to follow through life.[29]

The soul's refined spirituality provides us with the ability to function and make our way through the world. As we develop, we must make sense of life and the world around us — to understand, analyze, and make successful choices between right and wrong. The underlying potential to do so effectively comes from the soul. We live and learn, and as we grow, our knowledge and clarity increase. Throughout life, we will encounter nuances, challenges, and many things we don't immediately understand, and we will be called upon to deal with them even without full clarity and knowledge. We advance by drawing on the faculties of our soul, which, if we have allowed it to direct us, is capable of establishing that we are on the right track and that we understand what we are doing. This process is the most rudimentary expression of *emunah*.

---

28 עיין בלשון העלי שור חלק א שער שלישי פרק שביעי וז"ל: "...יותר מזה ב'אני' אנו מבחינים את כלל ישותנו ה'אני' הוא קנין עצמי באדם הוא מדבר בשם כל הכחות ובו מקופל ההרכב המיוחד וההתמזגות של כל הכחות והשכבות השונים שהם מהווים את אופי האדם..."

29 גם זה שם בעלי שור חלק א שער שלישי פרק שמיני וז"ל: "שני ענינים נכללים באני הרצון וההרגשה בעונג וצער." ושם בהמשך דבריו "ההכרעה בין הרצון וחוש ההנאה והצער במקום ששניהם אינם עולים בקנה אחד היא בידי הבחירה זהו ה"אני" רצון, חוש ההנאה וצער, ובחירה האני שולט על האדם לכל חלקיו רוח וגוף גם יחד כח הרצון מצד עצמו הוא רוחני חוש ההנאה מצד עצמו נוטה לעונגים מוחשיים שיתוף הפעולה ביניהם הוא כה הדוק שנוכל לראות בזה נקודת האיחוד בין גוף ונפש תלוי הוא בבחירתינו אם הרצון ייהפך למכשיר הגוף או אם חוש ההנאה יתרומם לשאיפת ותחושת עונגים רוחניים שתי האפשריות לפנינו זוהי המשמעות המדוייקת של הבחירה מבחינת ידיעת עצמו." רואים מהבנה זו שהבחירה של האדם היא החלק המכריע ב"אני" והוא כלול בתוך הגדרת האני של האדם. ועיין נמי בפירוש הגר"א לספרא דצניעותא שהוא אומר שם שכח הבחירה הוא "ברוח" היינו שיש לאדם נפש, רוח, ונשמה. הנפש מחובר לתחתונים, הנשמה מחוברת לעליונים, והרוח היא הגשר בין זה לזה. ובספר אבן שלמה פרק א אות ה הוא נותן משל למי שרוכב על סוס שיכול להטותו לכאן או לכאן — והיינו שהרוח הוא הרוכב שזה ה"אני" שיכול להכריע ולהטות הסוס לכאן או לכאן.

We can now understand how the building blocks of *emunah* comprise a basic and reflexive part of the human condition. Our ongoing efforts to make sense of the world attest to our belief that there are indeed organizing principles underlying creation and life. The primary ramification of this principle is that *emunah* is something we all already have somewhere within ourselves. We must never succumb to the notion that *emunah* is an external idea that we must internalize, such that some people "have it" and some people don't. Any measure of *emunah* we have we must always see as something we've drawn out from within, not something we have added to ourselves. Inasmuch as this is so, *emunah* is not a precept that only relates to Jews, but to all human beings. All the same, to fully realize one's innate predisposition to *emunah*, an individual must engage in a process of growth and development.

We will further explore these ideas in our examination of the mitzvah of *Anochi*.

Common Expressions of Emunah as a Human Attribute

The rudimentary *emunah* described above commonly expresses itself in our lives in three distinct ways which we will now explore.

First Expression of Natural Emunah: The Drive for Meaning

Emunah serves, in part, to form our experience along with our other attributes. This is why it is natural for people to search for and believe in something they think helps explain the mysteries of the universe. Such belief helps a person feel more at ease with those aspects of life regarding which they haven't yet reached full and absolute intellectual clarity. The need for meaning creates an internal pressure, urging one to assume "there must be an answer."[30] For some, this will result in a recognition of the existence and relevance of Hashem, for others it will generate

---

30 עיין בספר עלי שור חלק א עמוד ק "כח נורא הוא האמונה לו היתה נרקבת בלב אדם אחד כל אמונה שלא יישאר מאומה בעולם שיאמין בו אין קיום לאדם זה והנה מלבד מה שכל היחסים בין בני האדם מושתתים על אימון הדדי מרגיש כל אדם דחיפה פנימית לפענח חידת החיים על ידי אמונה ואין לך אדם בעולם שאינו מאמין גם הכופר מאמין אם בשיטה אם ברעיון אם באדם ובאמונה זו הנם כה אדוקים שאינם רואים בה כל פגם וכל סתירה...".

a desire to subscribe to a worldview or cause that they think presents the solution to all of society's questions and problems, while others will conclude that there is nothing to believe in at all, and they will believe that with all of their heart. The natural drive toward *emunah* is thus not reliable enough on its own to assure that each human being will come to believe in Hashem and strive to know Him. Rather, it provides every human being with a drive for meaning, an intuitive sense that there must be an answer, but not necessarily a specific set of beliefs.

Just as our bodies react to certain stimuli to produce a particular reaction, so too, the various aspects of our spiritual nature need certain conditions to trigger the desired expression.[31] The following conditions enable our innate drive toward *emunah* to express itself:

- Self-control that releases the individual from the strong pull to physicality;
- A few moments with no external distractions;
- Inner calm;
- Broad reflection on the meaning of life and the essence of creation;
- Personal introspection and contemplation of one's unique purpose and mission.

A person can go several years, or even a lifetime, without the attribute of *emunah* expressing itself meaningfully if the above conditions

31 עיין בספר אמונה ובטחון לחזון איש פרק א: "מדת אמונה היא נטיה דקה מעדינות הנפש אם האדם הוא בעל נפש, ושעתו שעת השקט, חפשי מרעבון תאוני, ועינו מרהיבה ממחזה שמים לרום והארץ לעומק הוא נרגש ונדהם כי העולם נדמה לפניו כחידה סתומה כמוסה ונפלאה והחידה הזאת מלפפת את לבבו ומוחו והוא כמתעלף לא נשאר בו רוח חיים בלתי אל החידה כל מעינו ומגמתו ודעת פתרונה כלתה נפשו ונבחר לו לבוא באש ובמים בשבילה כי מה לו ולחיים אם החיים האלו נעלמים ממנו תכלית ההעלם ונפשו סחרחרה ואבלה וכמהה להבין סודה ולדעת שרשה והשערים ננעלו...."
וכן במלבי"ם, התורה והמצוה לשמות כ:ב: "אולם שתי המצות האלה שהם מציאות ה' ושאין זולתו זה ישיג האדם בשכלו וה' נטע בשכל האדם ידיעות נשתלו בו מלידה ומבטן ואשר תביא הנפש אתה ממקור מחצבתה שיש אלוה נמצא ושהוא אחד כמ"ש בפ' איוב במענה אליהו (סי' לו) ע"ש עד שמי שיביט בעין השכל בבתי נפשו ימצא דעות אלה טבועות בנפש כל אדם ומושרשות בנפשות כמו השכלות ראשונות ולא היה צריך לקבלם ממשה בדרך אמונה וע"כ באו הצווים האלה מאת ה' יוצר הנפשות והמצוה הוא שישתדל לדעת זה בידיעה ברורה."

are not present. The need for these conditions can also help explain why *emunah* may be stronger or more pronounced in one person than in another. Without these fundamental conditions, one may just barrel forward in life following the pressures of society, caught up in distractions, or just oblivious to it all. The potential for *emunah* was embedded inside that person's soul all along, but it was never drawn out.

Second Expression of Natural Emunah: The Recognition of an Imperative for a Moral and Ethical Standard

Our innate capacity for *emunah* expresses itself further by pushing us to demand a binding moral and ethical standard for the world. Virtually all humans believe in the concept of a basic right and wrong. Although societies may have wavered over the millennia regarding some of the specifics, the notion that there is and must be a standard of morals and ethics has always been broadly accepted. Our tradition outlines this standard in the Torah as "Seven Noachide Laws," which present the framework of a basic morality that is obvious, intuitive, and reasonable to all.[32] Yes, there are those who reject the notion of a

32 הקדמת רב ניסים גאון לתלמוד בבלי "פתח בשבח להקב"ה ואמר יתברך השם אלהי ישראל שהוא עצמו חכם ואין חכמתו דבר אחר זולתו....ולא הטעין המצות אלא לאחר שנתן הכח והיכולת יתעלה שמו ...אע"פ שבעלי חיים המדברים יש להם יתרון בדבור על שאינן מדברים אבל לא יהיה היתרון שלם אלא עם הדעת אשר בהקנותו לו יתכן לו להבין ולהשכיל ולהבחין בין טוב לרע תדע לך שהוא כן ראה בשעה שהיא אבודה ממנו שעה אחת תאבדנה ממנו הבינה והשכל יחדיו ויהיה נמשל כבהמה שלא תבין ולא תדע כמו שאמר החסיד מלפנו מבהמות ארץ אל תהיו כסוס כפרד אין הבין הודיענו כי מי שאפסה ממנו הבינה כבר הוא נחשב כבהמה ונפטד מן המצות כי אין הקב"ה יתעלה נצח מצוה ומזהיר אלא למי שהוא בן דעת ....במערבא אמרי דדא ביה כולא ביה ודלא דא ביה מה ביה ...מי ששלמה דעתו בכל היתרון שלו שלם ונתחייב במצוה וזוכה בקיבול שכר בעשותו רצון קונו וציוויו ומקבל שכר על המצוה ונענש על העבירות ואם ישיב המשיב ויאמר הואיל ואתם אומרים כי כל מי ששלמה דעתו נתחייב במצות ולמה ייחד הקב"ה את ישראל לתת להם התורה ולהטעינם במצוותיה הם לבדם ואין אומה אחרת זולתם והלא כולם הם שוין בדין חיוב המצות ועוד יש להשיב והיאך יתכן לעונשן על דבר שלא נלא נתחייבו בו ולא ניתן להם והלא יש להם להשיב כי אילו נצטוינו היינו עושים ואילו הוזהרנו היינו נזהרים ומקבלים כמו שקבלו הם והרי אנו פושטים אלו תשובות הטענות ונאמר כי כל המצות שהן תלויין בסברה ובאובנתא דליבא כבר הכל מתחייבם בהן מן היום אשר ברא אלהים אדם על הארץ עליו ועל זרעו אחריו לדורי דורים והמצות שהן נודעות מדרך השמועה מדברי הנביאים לא חשך אלהינו מלחייב לקדמונים מה שהיה ראוי בעין חכמתו לחייבם .... עד שעלה חשבון המצות של שמועה כ"ח וי"א כי ל' מצות הן שנצטוו בהן קודם מתן תורה ואע"פ שהמצות הלמודות מן הכתוב דכתיב ויצו ה' אלהים על האדם אינן כולן של שמועה כי חיוב ידיעת מציאות הקב"ה ולשמוע בקולו ולעבדו מדין

binding morality and those who have abused it. Yes, there have been

הדעת הן ראויין ושפיכת דם נקי והגזל מדרך השכל הן אסורין...", וכן מצאנו בכמה ראשונים שאמונה במציאות ה' היא מן "המצות השכליות."

ועיין נמי בקובץ מאמרים לר' אלחנן וסרמן: "...וכתב הרמב"ם בספר המצות : מצוה ראשונה לידע ולהאמין בהקב"ה וכו עיי"ש וצריך להבין איך שייך מצוה להאמין בשלמא בחובת האברים שייך מצוה לעשות או שלא לעשות שזה הוא ביד האדם ותלוי ברצונו אם לעשות או לחדול אבל האמונה בשי"ת ובתורתו היא מידי דממילא וממ"נ אם יש לו האמונה הזאת אין צורך לצוותו שיאמין ואם ח"ו נכרתה האמונה מלבו אין בידו להשיגה ולכאורה אונס גמור בזה שליביה אונסיה ועוד דכיון דהאמונה היא מכלל המצות אשר כל ישראל חייבין בה תיכף משהגיעו לכלל גדלות דהיינו תינוק בן י"ג שנה ותינוקת בת י"ב שנה והנה ידוע כי בענין האמונה נכשלו הפילוסופים היותר גדולים כמו אריסטו אשר הרמב"ם העיד עליו ששכלו הוא למטה מנבואה ור"ל שלבד הנבואה ורוה"ק לא היה חכם גדול כמותו בעולם ומ"מ לא עמדה לו חכמתו להשיג אמונה אמיתית וא"כ איך אפשר שתוה"ק תחייב את כל התינוקות שישגו בדעתם הפעוטה יותר מאריסטו וידוע שאין הקב"ה בה בטרוניא עם בריותיו ועוד הנה בני נח נצטוו על שבע מצות וכאשר אינם מקיימין אותן בודאי יענשו ע"ז לעתיד לבא והנה נצייר בדעתנו בן נח אשר כל ימיו היה שכור ורועה בעלי חיים וכאשר יובא לבי"ד של מעלה וידונו אותו לגיהנם על שלא קיים שבע מצות הלא יצעק מנין היה לי לידע שאני מצווה בשבע מצות ולכאורה טענתו צודקת מאד ובכ"ז יצא חייב בדינו וכל הדברים האלה צריכין ביאור אבל כאשר נתבונן בזה נמצא כי האמונה שהקב"ה ברא את העולם היא מוכרחת לכל בן דעת אם רק יצא מכלל שוטה ואין צורך כלל לשום פילוסופיא להשיג את הידיעה הזאת וז"ל חובת הלבבות בשער היחוד פרק ו ויש בני אדם שאמרו שהעולם נהיה במקרה מבלי בורא ח"ו ותימא בעיני איך תעלה בדעת מחשבה זאת ואילו אמר אדם בגלגל של מים המתגלגל להשקות שדה כי זה נתקן מבלי כוונת אומן היינו חושבים את האומר זה לסכל ומשתגע וכו' וידוע כי הדברים אשר הם בלי כוונת מכוין לא ימצאו בהם סימני חכמה והלא תראה אם ישפך לאדם דיו פתאום על נייר חלק אי אפשר שיצטייר ממנו כתב מסודר ואילו בא לפנינו כתב מסודר ואחד אומר כי נשפך הדיו על הנייר מעצמו ונעשתה צורת הכתב היינו מכזיבים אותו וכו' עיי"ש ואיך אפשר לבן דעת לומר על הבריאה כולה שנעשית מאליה אחרי שאנו רואין על כל פסיעה סימני חכמה עמוקה עד אין תכלית וכמה חכמה נפלאה יש במבנה גוף האדם ובסידור אבריו וכחותיו כאשר יעידו על זה כל חכמי הרפואה והניתוח ואיך אפשר לומר על מכונה נפלאה כזאת שנעשית מאיליה בלי כונת עושה ואם יאמר אשם על מורה שעות שנעשה מעצמו הלא למשוגע יחשב האומר כן וכל הדברים אלו נמצא במדרש מעשה שבא מין אחד לרבי עקיבא אמר לו המין לר"ע מי ברא את העולם אמר לו ר"ע הקב,ה אמר המין הראני דברי ברור אמר לו ר"ע מי ארג בגדך אמר המין אורג אמר לו ר"ע הראני דבר ברור וכלשון הזה אמר ר"ע לתלמידיו כשם שהטלית מעידה על האורג והדלת על הנגר והבית מעיד על הבנאי כך העולם מעיד על הקב"ה שבראו עכ"ל המדרש ואם נצייר שיולד אדם בדעת שלמה תיכף משעת הולדו הנה לא נוכל להשיג את גודל השתוממותו בראותו פתאום את השמים וצבאם הארץ וכל אשר עליה וכאשר נבקש את האיש הזה להשיב על שאלתנו אם העולם אשר הוא רואה עתה בפעם הראשונה נעשה מאליה בלי שום ספק שהדבר נעשה בחכמה נפלאה ובסדר נעלה מאד ומבואר בכתוב השמים מספרים כבוד וכו' מבשרי אחזה וגו' וא"כ הדבר תמוה ונפלא מאד להיפוך איך נואלו פילוסופים גדולים לומר שהעולם נעשה במקרה ? ופתרון החידה מצינו בתוה"ק המגלה לנו כל סתום והוא הכתוב "לא תקח שוחד כי השוחד יעור עיני חכמים"....וע"כ צ"ל שהוא חק הטבע בכחות נפש האדם כי הרצון ישפיע על השכל ומובן שהכל לפי ערך

atrocities committed throughout the history of mankind. But rarely has anyone succeeded in any significant way at convincing the masses that there should be no moral code at all and that the world should truly function "every man for himself." *Emunah* is the source of this natural inclination to a binding moral system.

Third Expression of Natural Emunah: Positive Orientation and Seeing Good in the World and in Others

Emunah also pervades our experience by instilling within us a general orientation toward and a recognition of that which is good. It provides a sense of trust and reliance on the good in others, which in turn fosters associations and relationships.

For example, children naturally trust and believe that their parents are truthful and caring, and thus rely on them and feel secure around them. Friends get along with one another and preserve their bond because they each rely on the fact that the other is being loyal. Spouses are able to trust their partner's faithfulness. When one visits a doctor, he puts himself entirely in the doctor's care, even to the point of entrusting his life to the doctor. (This is, of course, due to the credentials and reputation of the doctor and the efficacy of the medical field.) But, in any given situation, there are many factors at play and there is no guarantee of successful outcome. When one purchases an item, he relies on the merchant to be upstanding and honest. There are, of course, industry

---

הרצון ולפי ערך השכל כי רצון קטן ישפיע על שכל גדול רק מעט ועל שכל קטן ישפיע יותר ורצון גדול ישפיע עוד יותר אבל פטור בלא כלום אי אפשר וגם הרצון היותר קטן יוכל להטות איזה נטיה גם את השכל היותר גדול....ומעתה אין תימה מהפילוסופים שכפרו בחידוש העולם כי כפי גודל שכלם עוד גדלו יותר ויותר תאוותיהם להנאות עוה"ז ושוחד כזה יש בכחו להטות דעת אדם לומר כי שתי פעמים שנים אינן ארבע אלא חמש ואין כח בשכל האדם להכיר את האמת בלתי אם אינו משוחד בדבר שהוא דן עליו אבל אם הכרת האמת היא נגד רצונותיו של אדם אין כח להשכל גם היותר גדול להאיר את עיני האדם היוצא מזה כי יסודי האמונה מצד עצמם הם פשוטים ומוכרחים לכל אדם שאיננו בכלל שוטה אשר אי אפשר להסתפק באמיתתם אמנם רק תנאי שלא יהר האדם משוחד היינו שיהא חפשי מתאות עוה"ז ומרצונותיו וא"כ סיבת המינות והכפירה אין מקורה בקילקול השכל מצד עצמו כי אם מפני רצונו לתאותיו המטה ומעור שכלו ...והמצוה להאמין היינו שלא יגביר תאותיו על שכלו וממילא תבוא האמונה בהכרח ואין צורך להשתדל להשיג אמונה אלא להסיר את הגורמים להפסידה והיא תבא מאליה וגם בן נח גס השכל מ"מ יש בכח דעתו להכיר כי העולם מעיד על הקב"ה שבראו..."

standards, customer service, and, in some cases, government oversight that give security to the purchaser, but still there are no guarantees that the seller isn't being dishonest. International relations depend on each country following certain policies and acting in a way that serves the common good. When this basic trust breaks down there is extreme tension in the world.

In all of these examples, it is the innate attribute of *emunah* that gives people a natural sense of trust in — and reliance on — the good in the world and in others. This will generally hold true unless there are significant and explicit reasons to doubt this goodness. *Emunah* thus allows society to function and progress on the individual, communal, national, or universal level. When we reflect upon this fully, we realize that without *emunah*, our world would be very chaotic. If no one trusted or relied on another person, we wouldn't be able to get along and each one of us would be completely alone. It is likely that even if we could somehow form governments and geopolitical alliances, these would likely not endure due to the inevitable deep insecurity and lack of trust. *Emunah* literally keeps our world and our lives together.[33]

---

33 ספר עלי שור חלק ראשון שער שני פרק שבעה עשר: "ראשית — [האמונה] כח היא מכחות הנפש שאי אפשר לחיות בלעדיהם .....כח נורא הוא האמונה לו היתה נרקבת בלב אדם אחד כל אמונה שלא יישאר מאומה בעולם שיאמין בו אין קיום לאדם זה והנה מלבד מה שכל היחסים בין החיים מושתתים על אימון הדדי מרגיש כל אדם דחיפה פנימית לפענח חידת החיים על ידי אמונה."
ועוד יש לדעת כי המילה 'אמן' מופיעה בתנ"ך פעמים רבות וכוונת המילה הוא 'גם אני מסכים,' אבל במסורה שלנו המילה אמן הוא גם נוטריקון לביטוי 'אל מלך נאמן' — דהיינו נאמנות, ואמן הכוונה שה' נאמן עלניו לקיים הבטחתו. ועיין נמי בגמ' תענית ח. "אמר רב אמי אין גשמים יורדין אלא בשביל בעלי אמנה שנאמר אמת מארץ תצמח וצדק משמים נשקף ואמר רב אמי בא וראה כמה גדולים בעלי אמנה מניין מחולדה ובור ומה המאמין בחולדה ובור כך המאמין בהקב"ה על אחת כמה וכמה" ועיין רש"י שם ומשמע מכל זה שעניין נאמנות האדם לה' ונאמנות ה' לנו קשורה לעצם גדר האמונה.
ועיין ברבינו ירוחם בספר מוסרי התורה על ספר בראשית עמוד רלה-רלו, ומתוך דבריו שם: "חוסר אמונה אין פירושו כי מסופק הוא חלילה בידיעתו אלא שאינם סומכים שאין הלה נאמן עליו." ושם מאריך לבאר הקשר בין אמונה ונאמנות, שעיקר המושג אמונה הוא ההסתמכות על ה' כיון שהוא נאמן על האדם.
מכל הנ"ל יוצא שחלק ממידת האמונה היא הנאמנות שאנשים רואים לסמוך על ה' ועל אחרים כל שלא הוחזקו שקרנים כיון שעצם יסוד האמונה משמעותה שיש טוב בעולם ואפשר לבנות טוב על גבי הטוב שכבר קיים, ולכן אנשים משתדלים ובונים חברה ועולם ביחד.

The Vulnerability of Emunah as a Natural Attribute

Despite the apparent centrality of *emunah* to the human experience as discussed above, there are also some fundamental vulnerabilities from which this attribute can suffer. For one, since it is part of our basic nature, it is subject to corruption and perversion like all aspects of human nature. Such corruption or perversion can affect the individual as well as society as a whole. Secondly, as we mentioned above, specific conditions are needed for the full development and expression of our *emunah*. As a result, there is no guarantee that a person will experience the expressions mentioned above. Some may never meet the conditions needed for developing *emunah* in tandem; others may lack the will to actualize their potential for fully expressed *emunah*. Finally, because all the expressions of *emunah* mentioned above are, at this point, seen as expressions of our nature and circumstances, there seems to be little we can do to expect any real advancement and excellence in *emunah*. We will still need a mechanism to drive humanity toward advancement in *emunah* as it relates to a drive for meaning, an imperative for a standard moral code, and to a growing sense of good in the world and in others to foster the emergence of a better world.

Rav Wolbe points in this context to the Mishnah's teaching that "jealousy, lust, and the desire for honor remove a person from this world" (*Avos* 4:21). The Rambam interprets "remove a person from this world" as a loss of *emunah*, indicating that corruptions of one's character interfere with the ability to believe in, and connect with, Hashem. These three flaws seem to correspond to subversion of the natural predisposition to *emunah* we described. Jealousy is a failure to appreciate the good one is surrounded with, lust can uproot the basic moral code binding society together, and the drive for honor pushes one away from a life of true meaning and purpose.[34]

---

34 עיין בספר עלי שור חלק א עמ' קב שמביא פירוש הרמב"ם לפרקי אבות פרק ד משנה כא "אמר הקנאה והתאוה ואהבת הכבוד מוציאין את האדם מן העולם והוא כי באלה העמדות או באחת מהן יפסיד אמונת התורה בהכרח מבאר הרמב"ם כי שלש מדות אלו מוציאות את האדם מן העולם היינו מאמונתו כי עולמו של האדם זוהי אמונתו ננסה נא להבין למה שלש מדות אלו מפסידות אמונת התורה התאוה לחפצי הגוף מנוגדות

We have seen what can happen when the weaknesses in natural *emunah* are met with significant challenge.

Individual's Loss of Emunah

The Torah tells us early on what man can look like when he loses touch with his innate *emunah,* as an individual or as a society. In three different passages at the beginning of the Torah, we learn of the decline of individuals in this area:

Adam HaRishon Eating from the Tree of Knowledge of Good and Evil

The decline of Adam HaRishon appears to be in the area of the drive for meaning. Ultimately, his choice led him to forfeit the pursuit of true ultimate meaning — following Hashem's instructions. In his desire to become more G-d-like, he placed his own individual subjective will before the will of Hashem.[35] This represents a failing in the pursuit of ultimate meaning.

Cain Murdering His Brother Abel

The passage of Cain and Abel speaks of a decline in the recognition of the good in the world and in others, and the resulting loss of any sense of bond or the need for others.[36] Cain may have been jealous, and

---

להשרשת האדם בעולם הרוחני אשר שם מקומו... המשתית את שאיפת חייו על קנאת איש מרעהו סותם בפניו את הדרך להכרת ההשגחה המאמין באמונה שלמה כי בוראו עשה לו כל צרכו וכי אין מלכות נוגעת בחברתה כמלוא נימה אין יכול להיות פרוץ בקנאה... המבין ומכיר כי עולם הזה הוא עולם העבודה וכי גמול הצדיקים שמור להם לעולם הבא דווקא נזהר מאד מלרדוף אחר כבוד... נמצאנו למדים מפירוש הרמב"ם הנ"ל עולמו של האדם המצוין בהשגה ברורה של רוחניות בהכרת השגחה ובשאיפה לחיי עולם הבא זוהי אמונתו התאוה הקנאה והכבוד מוציאין את האדם מעולמו זה החינוך לאמונה הוא איפוא שימת לב תמידית לבל נשתית את חיינו על התאוה קנאה וכבוד ".

35 עיין בלשון המלבי"ם בבראשית ב:ט "ולדעתי יש בזה הבדל בין טוב ורע ההחלטי ובין טוב ורע יחוסי ... ואדם קודם החטא שנפשו היתה השוררת על גופו וכל ציורי נפשו היו מלאים אמת וענות צדק והאושר האמיתי לא ידעה דעת טוב ורע היינו הטוב היחוסי שהוא טוב ורע ביחד בבחינות שונותהגם שהיתה יודעת הטוב המולחט והרע המוחלט..."

36 עיין בפירוש המלבי"ם לפסוקים בבראשית ג-ז "ויהי מקץ ימים — יספר איך התעוררו מעצמם להביא מנחה לה' מזה נלמד כי מטבע נפש האדם להכיר כי יש גבוה מעל גבוהים בורא כל ונפשו תתנדב להשיב לו תודה על טובותיו שמראה הכנעתו ותורתו על ידי מנחה...קין לא הכיר שה' הוא ראשית הסיבות ואחריתם עד שכל התולדה תתיחס לו לבדו...והבל השכיל זאת ולכן הביא מבכורות צאן להורות שהוא ראשית כל הסיבות והכל מתיחס אליו...והנה קין לא ידע

maybe even hated his brother, but he still should have realized that they needed one another to develop the world.

The Sons of the Rulers Coveting the Wives of Others

The story of the covetous behavior of the sons of the rulers (*Bereishis* 6:1-2) relates the loss of a basic moral standard. These men, perhaps out of a distorted sense of entitlement, stole the wives of other men right from under the wedding canopy.[37] It was the ultimate testimony to the breakdown of any moral code. Such a code can only be built and predicated on an understanding of the basic rights and domain of all individuals.

Society's Loss of Emunah

There are three different passages in the beginning *parshios* of the Book of *Bereishis* that relate to the decline of society as a whole in the area of *emunah*:

The Emergence of Idol Worship in the Days of Enosh

People in the generation of Enosh made a mistake. They wondered why Hashem would be concerned with feeble and lowly human beings.[38] The Rambam in *Hilchos Avodas Kochavim* (1:1) explains that this feeling of insignificance and distance from Hashem led the people of that

---

שהאדם חפשי במעשהו ויש לו בחירה לעשות טוב ורע כמו שאמר השומר אחי אנכי שחשב שהאדם מוכרח במעשיו כמו יתר בעלי חיים גם לא ידע את נפשו שלא השכיל שהאדם מורכב משני עולמות שעקר האדם הוא נפשו הרוחנית שהיא המצווה והמנהיג והמשכיל והגוף הבהמי עם כחותיו הוא כגוף הבהמה ואינו האדם באמת וצריך שהאדם ימשול על בהמתו וירכב על חמורו היינו שהשכל יהיה המנהיג והמושל והחומר והגוף יכנע למשמעתו..."

37 עיין בפסוק בבראשית ו:ב "ויראו בני האלהים את בנות האדם כי טבת הנה ויקחו להם נשים מכל אשר בחרו", ועיין ברש"י לפסוק שם שפירש "כי טבת הנה' — אמר רבי יודן טבת כתיב כשהיו מטיבין אותה מקושטת ליכנס לחופה היה גדול נכנס ובועלה תחילה 'מכל אשר בחרו' — אף בעולת בעל אף הזכר והבהמה", ועיין נמי בפירוש הרמב"ן לאותו פסוק "...אבל לא הזכיר הכתוב האיסור בהם בפירוש ולא נגזר עליהם העונש רק על החמס לפי שהוא ענין מושכל איננו צריך לתורה."

38 עיין במלבי"ם על הפסוק בבראשית ד:כו "אז הוחל לקרוא בשם ה' "וזה פירושו "שכבר כתב הרמב"ם בפרק א מהלכות עבודה זרה הלכה א שבימי אנוש טעו טעות גדול ואנוש עצמו מן הטועים היה שהיו אומרים שה' מסר את ההנהגה לכוכבים ומזלות ושעל כרחך יש לכבדם ולהשתחוות להם ...ועל זה אמר הפסוק שבימי דור אנוש הוחל לקרא רק בשם הויה ולא קראו בשום שם שמורה על ההנהגה אחר שאמרו שמסר את ההנהגה לצבא השמים והחלו רק לקרא בשם הויה לבדו..."

generation to think they should give honor to, and ultimately serve, the stars and other celestial bodies, as they saw these as intermediaries and more direct sources of influence on the affairs of men. This was the beginning of what became a full-fledged culture of idol worship, so lost in serving itself that it attested to the complete lack of ultimate meaning and purpose in their lives. They had lost touch with their drive for true meaning and had fallen into the pursuit of their own subjective interests by attempting to manipulate the forces within creation.

The Flood

It is clear from the passages in the Torah that the flood was a direct consequence of complete moral corruption and a breakdown of respect for the property of others. Our sages say that the final decree of the flood was passed as a result of thievery.[39] The people of that generation had lost touch with their natural sense of a moral standard, which in its most basic form requires respect for the life and property of other human beings.

The Tower of Bavel and the Generation of the Dispersion

Although everyone at this time in Bavel shared one language and culture, Hashem saw fit to disperse and separate them. He also jumbled their languages so they wouldn't understand one another. Ultimately, the message was clear: they had bonded together, but not as a result of seeing the good in the world and in others. They didn't do it for the right reason. Their bond was utilitarian and self-serving.[40] It would not ultimately lead to the development of good in the world and in individuals; it would only

---

39 זה מבואר בפסוק בבראשית ו:יג "ויאמר אלקים לנח קץ כל בשר בא לפני כי מלאה כל הארץ חמס מפניהם והנני משחיתם את הארץ."

40 עיין בפירוש רב שמשון רפאל הירש על הפסוק בבראשית יא:ג "ויאמרו איש אל רעהו הבה נלבנה לבנים ונשרפה לשריפה ותהי להם הלבנה לאבן והחמר היה להם לחומר." רב הירש מפרש הפסוק כך: בדרך כלל הלבנים הם כמו האבנים ומחברים אותם אם החמר אבל הם אמרו בא ונשרוף החמר ונעשה מזה לבנים וזה ההפך מסדר הרגיל והוא שואל למה התורה הדגיש את זה בכלל ומה לומדים מזה? והוא אומר שלומדים שעשו את הטפל לעיקר. החמר שהוא בדרך כלל הטפל הפכו אותו לעיקרץ והוא אומר שהפסוק הזה מרמז לזה שהיחיד שהוא בדרך כלל העיקר והחברה הוא הטפל שרק מאפשר היחיד להשיג מטרו בעולם והם הפכו את היחיד לטפל והחברה לעיקר עד שבסוף חיי כל יחיד נהפך לכלום ולא היה רק כדי שיהיה חברה גדולה אם הרבה כח. ובעצם בטלו את היחידיות והטוב העצמי שבכל יחיד.

serve to preserve society as a monolithic edifice. The verse says that it was specifically because they had gotten together for the wrong reasons that Hashem feared they could just as easily bond for evil purposes as well.[41] This society stood to bring out only the worst in people and thus had to be dispersed. The dispersion actually fostered a new era in which the unique qualities of each nation and group could be preserved.[42]

The Patriarchs — the Triad That Rebuilt Emunah

Above we learned the historical context surrounding the decline of humanity's *emunah*. The Torah, at the next stage of its narrative, begins to speak extensively of the lives of the three men known as the Patriarchs: Avraham, Yitzchak, and Yaakov, who dedicated their lives to turning the tide on this decline.

Avraham is referred to as "*Rosh Hama'aminim*" — the first of those who had *emunah*.[43] We know that Avraham was the embodiment of the attribute of *chessed*, kindness. His tent was open on all four sides to proclaim his desire to help all those who came his way. He saw Hashem as the infinite Creator; He needs nothing from us and yet He still created us in an act of pure altruism and kindness. Through this act of pure altruism and kindness we call creation, Hashem implanted the same potential for good and altruism in every human and even among other organisms. Avraham succeeded, through his interactions with so many people, in altering the mindset of idol worship, bringing people to appreciate the objective value of life rather than its subjective and transient pleasures.[44]

---

41 זה מבואר בפסוק בבראשית יא:ו "ויאמר ה' הן עם אחד ושפה אחת לכלם וזה החלם לעשות ועתה לא יבצר מהם כל אשר יזמו לעשות." ועיין בפירוש הנצי"ב בספרו העמק דבר על פסוק זה "וזה החלם לעשות — עתה אינו אלא התחלת דבר עבירה במה שרוצים שיהיו בישוב אחד, 'ועתה לא יבצר מהם כל אשר יזמו לעשות' — אם יגמרו המגדל יבואו למחשבה שניה למנוע בעל כרחם האנשים שנבדלים מדעתם זו וזהו דבר רצח ושוד המשחית את הישוב לגמרי זה לא מועיל מה שבעת המה מתאחדים בדעה."

42 גם זה נמצא שם בפירוש הרב שמשון רפאל הירש על הפסוק בבראשית יא:ח "ויפץ ה' אתם משם על פני כל הארץ ויחדלו לבנת העיר" שאחרי בלבול השפות כל אומה התחייבה לבנות עיר לעצמה במקום מיוחד לה ועל ידי כך תישמר היחידיות של כל אחת ואחת.

43 מהפסוק "תשורי מראש אמנה", שיר השירים ד, ח. ובפסיקתא זוטרתא שם: "בזכות אברהם אביכם שהיה ראש למאמינים."

44 רמב"ם פרק עבודת כוכבים פרק א הלכה ג: "כיון שנגמל איתן זה התחיל לשוטט בדעתו והוא

Yitzchak was the embodiment of self-control and sacrifice. By allowing himself to be bound and offered as a sacrifice, he was able to rekindle the missing drive for underlying meaning and purpose in life.[45] The very concept of sacrifice is to give something up for the possibility of achieving a greater purpose and greater meaning. Yitzchak's act of sacrifice demonstrated a life subjugated to a higher purpose, and that without such submission, life has little meaning.

Yaakov was a man of truth. He spent his time in the tents of study. His goal was to reestablish the imperative for a moral standard and he strove to always live by this standard.[46] He was faced with many chal-

---

קטן והתחיל לחשוב ביום ובלילה והיה תמיה היאך אפשר שיהיה הגלגל הזה נוהג תמיד ולא יהיה לו מנהיג ומי יסבב אותו כי אי אפשר שיסבב את עצמו ולא היה לו מלמד ולא מודיע דבר אלא מושקע באור כשדים בין עובדי כוכבים הטפשים ואביו ואמו וכל העם עובדי כוכבים והוא עובד עמהם ולבו משוטט ומבין עד שהשיג דרך האמת והבין קו הצדק מתבונתו הנכונה וידע שיש שם אלוה אחד והוא מנהיג הגלגל והוא ברא הכל ואין בכל הנמצא אלוה חוץ ממנו וידע שכל העולם טועים ודבר שגרם להם לטעות זה שעובדים את הכוכבים ואת הצורות עד שאבד האמת מדעתם ובן ארבעים שנה הכיר אברהם את בוראו כיון שהכיר וידע התחיל להשיב תשובות על בני אור כשדים ולערוך דין עמהם ולומר שאין זו דרך האמת שאתם הולכים בה ושיבר הצלמים והתחיל להודיע לעם שאין ראוי לעבוד אלא לאלוה העולם ולו ראוי להשתחוות ולהקריב ולנסך כדי שיכירוהו כל הברואים הבאים וראוי לאבד ולשבר כל הצורות כדי שלא יטעו בהן כל העם כמו אלו שהם מדמים שאין שם אלוה אלא אלו: כיון שגבר עליהם בראיותיו בקש המלך להורגו ונעשה לו נס ויצא לחרן והתחיל לעמוד ולקרוא בקול גדול לכל העולם ולהודיעם שיש שם אלוה אחד לכל העולם ולו ראוי לעבוד והיה מהלך וקורא ומקבץ העם מעיר לעיר וממלכה לממלכה עד שהגיע לארץ כנען והוא קורא שנאמר ויקרא שם בשם ה׳ אל עולם וכיון שהיו העם מתקבצין אליו ושואלין לו על דבריו היה מודיע לכל אחד ואחד כפי דעתו עד שיחזירהו לדרך האמת עד שנתקבצו אליו אלפים ורבבות והם אנשי בית אברהם ושתל בלבם העיקר הגדול הזה וחבר בו ספרים והודיעו ליצחק בנו."

45 כל זה ברור ביותר מזה שיצחק היה מוכן להקריב עצמו בעקידה והוא מוכר בתודעתנו כסמל של מסירות נפש וגבורה "איזהו גיבור הכובש את יצרו," לכן הוא הצליח להראות לכולם שיש תכלית לחיים ותכלית לעולם ושחיים בלי תכלית אינם חיים.

46 כמו שכתוב בפסוק "ויעקב איש תם יושב אוהלים" וגם ידוע על פי המדרש שהוא ישב ארבע עשרה שנים בישיבת שם ועבר אח"כ. ובמשך חייו התורה מביאה את מעשיו של יעקב ובכל פעם מדגישה נקודה זו של אמת וצדק. בראשונה כשיעקב קנה את הבכורה מעשו כתיב (בראשית ה:לא-לג) "ויאמר יעקב מכרה כיום את בכרתך לי...ויאמר יעקב השבעה לי כיום וישבע לו וימכר את בכרותו ליעקב." וברמב"ן שם לפסוק לג כתיב "...ויאמר השבעה לי שלא תערער על המכירה לעולם." הרי רואים שיעקב הדגיש נקודת האמת והצדק בקניית הבכורה שלא יהיה שום פקפוק ושום ערעור. בהמשך חייו כתיב (בראשית כז:יא-יב) "ויאמר יעקב אל רבקה אמו הן עשו אחי איש שער ואנכי איש חלק אולי ימושני אבי והייתי כמתעתע והבאתי עלי קללה ולא ברכה," ועיין בפירוש האבן עזרא "כמתעתע — כפול מגזרת תועה כאיש שמתעה אחר." הרי שיעקב היה מאד רגיש לזה שלא יחשבו אחרים שהוא מתעה אותם, וזה בא ממידת אמת וצדק הסמל של יעקב. בהמשך שם (בראשית כז:יט) "ויאמר

lenges in his life in which he had to deal with corruption and perversion, but never once did he succumb to breaking his code of morality.

The Main Function of the Torah — to Bring Emunah to All

The patriarchs formed the tripod of *emunah* and thus began the process of rebuilding humanity, but ultimately, they were individuals. Hashem wants to see the expression of *emunah* in the world as a whole. This cannot be brought about by individuals alone, no matter how great they may be. Ultimately, *emunah* must be expressed through the life of an entire nation in order to influence the family of nations.[47]

יעקב אל אביו אנכי עשו בכרך...", ורש"י מפרש שם "אנכי עשו בכרך — אנכי המביא לך ועשו הוא בכרך." ובשפתי חכמים "רצה לומר בכרך ללידה ולפי זה לא היה משקר יעקב בדבריו." הרי רואים עוד פעם שאף במצב שאמו צוותה לו ליכנס ולקבל ברכה במקום עשו והיה מוכרח להתנהג בלבוש של רמאות, אף על פי כן לא הסכים ששקר יצא מפיו ושינה בלשונו. ובהמשך חייו כתיב (בראשית לא:לו-מב) "ויחר ליעקב וירב בלבן ויען יעקב ויאמר ללבן מה פשעי מה חטאתי כי דלקת אחרי...זה עשרים שנה אנכי עמך רחליך ועזיך לא שכלו ואילי צאנך לא אכלתי טרפה לא הבאתי אליך אנכי אחטנה מידי תבקשנה גנבתי יום וגנובתי לילה הייתי ביום אכלני חרב וקרח בלילה ותדר שנתי מעיני זה לי עשרים שנה בביתך עבדתיך ארבע עשרה שנה בשתי בנותיך ושש שנים בצאנך ותחלף את משכרתי עשרת מנים ..." הרי שיעקב הראה ללבן שכל העשרים שנה נהג אתו באמת וצדק בלי פשרות ואף בצער גוף, הפסד ממון, ועגמת נפש. ומאוחר יותר (בראשית לד:ל) "ויאמר יעקב אל שמעון ואל לוי עכרתם אותי להבאישני בישב הארץ..." ועיין שם בספורנו "להבאישני — שיאמרו ששקרנו באמונתנו אחר שנמולו," הרי עוד פעם שיעקב רצה לחיות חייו כסמל של אמת וצדק ולכן הקפיד על בניו שהרגו את אנשי שכם (אף שהיו לכאורה מחויבים מיתה) כי לא רצה שיהיה אפילו מקום קטן לאנשים לחשוב שהוא שקרן.

ועיין ברמב"ם בהלכות עבודת כוכבים פרק א הלכה ג: "ויצחק הודיע ליעקב ומינהו ללמד וישב מלמד ומחזיק כל הנלוים אליו ויעקב אבינו למד בניו כולם והבדיל לוי ומינהו ראש והושיבו בישבה ללמד דרך השם ולשמור מצות אברהם וצוה את בניו שלא יפסיקו מבני לוי ממונה אחר ממונה כדי שלא תשכח הלמוד והיה הדבר הולך ומתגבר בבני יעקב ובנלוים עליהם ונעשית בעולם אומה שהיא יודעת את ה'."

47 כמו שכתב ברמב"ם הלכות עבודת כוכבים פרק א הלכה ג: "ונעשית בעולם אומה שהיא יודעת את ה'."

ועיין בספר דרך ה' חלק ב פרק ד: "בענין ישראל ואומות העולם (א) מן הענינים העמוקים שבהנהגתו ית' הוא ענין ישראל ואומות העולם שמצד טבע האנושי נראה היותם שוים באמת ומצד עניני התורה הם שונים שינוי גדול ונבדלים כמינים מתחלפים לגמרי. והנה עתה נבאר בענין זה ביאור מספיק ונפרש מה שבו מתדמים זה לזה ומה שבו מתחלפים זה מזה: מצב הראוי לאדם ותולדותיו וההוה להם: (ב) אדם הראשון קודם חטאו היה במצב עליון מאד ממה שהוא האדם עתה וכבר ביארנו ענין זה (בחלק א' פרק ג'). ומדריגת האנושיות לפי המצב ההוא היתה מדריגה נכבדת מאד ראויה למעלה רמה נצחיית כמו"ש. ואלו לא היה חוטא היה משתלם ומתעלה עוד עילוי על עילוי. והנה באותו המצב הטוב היה לו להוליד תולדות מספר משוער מחכמתו ית' על פי אמתת מה

The main purpose and the core essence of the Torah are to achieve

---

שראוי לשלימות הנהנים בטובו ית' והיו כלם נהנים עמו בטוב ההוא. ואמנם התולדות האלה שהיה ראוי שיוליד נגזרו ושוערו מלפניו ית' משוערים בהדרגות מיוחדות פירוש שיהיה בהם ראשיים ונטפלים שרשים וענפים נמשכים זה אחר זה בסדר מיוחד כאילנות וענפיהם ומספר האילנות ומספר הענפים הכל משוער בתכלית הדקדוק. והנה בחטאו ירד מאד ממדריגתו ונכלל מן החשך והעכירות שיעור גדול וכמש"ל. וכלל המין האנושי ירד ממדריגתו ועמד במדרגה שפלה מאד בלתי ראויה למעלה הרמה הנצחיית שהתעתד לה בראשונה ולא נשאר מזומן ומוכן אלא למדריגה פחותה ממנה פחיתות רב ובבחינה זאת הוליד תולדות בעולם כלם במדרגה השפלה הזאת שזכרנו. ואמנם אעפ"כ לא חדל מהמצא בכלל מדריגת המין האנושי מצד שרשו האמיתי בחינה עליונה מן הבחינה שהיה המין הזה אז בזמן קלקולו. ולא נדחה אדה"ר לגמרי שלא יוכל לשוב אל המדריגה העליונה אבל נמצא בפועל במדריגה השפלה ובבחינה כחניות אל המדריגה העליונה. והנה נתן האדון ב"ה לפני התולדות ההם שנמצאו באותו הזמן את הבחירה שיתחזקו וישתדלו להתעלות מן המדריגה השפלה ולשים עצמם במדריגה העליונה. והניח להם זמן לדבר כמו ששיערה החכמה העליונה היותו נאות להשתדלות הזה ועל דרך מה שמנחת עתה לנו לשנהיה משיגים השלימות והמדריגה בקיבוץ בני העוה"ב כמש"ל. כי הנה כל מה שהוא השתדלות צריך שיהיה לו גבול: ההשתדלות שניתן לבני האדם מאחר החטא עד הפלגה וענין הפלגה: (ג) והנה ראתה החכמה העליונה היות ראוי שזה ההשתדלות יתחלק לשרשיי וענפיי. פירוש — שיהיה בתחלה זמן ההשתדלות לשרשים שבתולדות ואחר כך לענפים שבהם. והיינו כי המין האנושי כלו היה צריך עדיין שיקבע ענינו כראוי ויתוקן מן הקלקולים שנהיו בו. ולפי סדר ההדרגה הנה היה ראוי שיוקבעו בראשונה שרשיהם וראשיהם של תולדות האדם לעמוד במדריגה מתוקנת ויעמדו בה הם וענפיהם כי הענפים ימשכו תמיד אחר השרש. והנה הגביל הזמן להשתדלות השרשי הזה שמי שיזכה מכלל הנמצאים באותם הזמנים שהיה שער זה נפתח והיה בידם להגיע לזה הענין ויכין את עצמו כראוי יקבע לשרש אחד טוב ויקר מוכן למעלה הרמה הראויה למי שהוא אדם במצב הטוב ולא אדם במצב המקולקל. וכן ישיג שיותן לו להוציא תולדותיו הראוים לו כלם בבחינתו פירוש — באותה המדריגה והמצב שכבר השיג הוא בשרשיותו. והיה הזמן הזה מאדה"ר עד זמן הפלגה. והנה כל אותו הזמן לא חדלו צדיקים דורשים האמת לרבים כגון חנוך מתושלח שם ועבר ומזהירים אותם שיתקנו את עצמם. וכיון שנתמלא סאתם של הבריות בזמן הפלגה שפט במדת משפטו ית' היות ראוי שיגמר זמן ההשתדלות השרשיי ויהיה קצם של הדברים שיקבע מה שראוי ליקבע בבחינת השרשים לפי מה שכבר נתגלגל ונהיה עד עת הקץ ההוא. ואז השגיח ית"ש על כל בני האדם וראה כל המדריגות שהיה ראוי שיקבעו בם האנשים ההם כפי מעשיהם וקבעם בם בבחינתם השרשיית כמ"ש. והנה כפי מה שהונחו הם כן נגזר עליהם שיהיו מוציאים התולדות כפי מה שכבר שוער שהיה ראוי לשרש ההוא. ונמצאו כלם מינים קבועים בעולם כל אחד בחוקו וטבעו ככל שאר המינים שבבריות וניתן להם להוציא תולדותיהם בחקם ובחינתם ככל שאר המינים. ואמנם נמצאו כלם לפי המשפט העליון ראוים לישאר במדריגת האנושית השפלה שהגיעו לה אדה"ר ותולדותיו מפני החטא ולא גבוהים מזה כלל. ואברהם לבדו נבחר במעשיו ונתעלה ונקבע להיות אילן מעולה ויקר כפי מציאות האנושית במדריגתו העליונה וניתן לו להוציא ענפיו כפי חקו. ואז נתחלק העולם לע' אומות כל אחד מהם במדריגה ידועה אבל כלם בבחינה האנושיות בשפלותו וישראל בבחינת האנושיות בעילויו. והנה אחר הענין הזה נסתם שער השרשים והתחיל הגלגול וההנהגה בענפים כל אחד לפי ענינו. ונמצא שאע"פ שלכאורה נראה ענינינו עתה וענין הקודמים שוה באמת איננו כך. אלא עד הפלגה היה הזמן שרשי האנושיות

this: to make the full and robust expressions of *emunah* mandatory choices — not voluntary, natural, or instinctive inclinations.

ונתגלגלו הדברים בבחינה זו. וכשהגיע קץ זמן זה נקבע הדבר כפי המשפט והתחיל זמן אחר שהוא זמן הענפים שעודנו בו עתה: עשיית אברהם אב לגרים: (ד) ומרוב טובו וחסדו ית' גזר ונתן מקום אפילו לענפי שאר האומות שבבחירתם ומעשיהם יעקרו עצמם משרשם ויוכללו בענפיו של אברהם אבינו ע"ה אם ירצו. והוא מה שעשהו ית"ש לאברהם אב לגרים ואמר לו ונברכו בך כל משפחות האדמה. ואולם אם לא ישתדלו בזה ישארו תחת אילנותיהם השרשיים כפי ענינם הטבעי: תכלית דין האומות עד מתן תורה:(ה) וצריך שתדע שכמו שכלל תולדות האדם מתחלק לאילנות שרשיים וענפיהם עמהם כמ"ש כן כל אילן ואילן בפני עצמו יבחנו בו הענפים הראשיים שמהם נמשכים ומתפרטים כל שאר הפרטים. ואמנם ענפי אילנו של אברהם אבינו ע"ה הכוללים הנה הם עד ששים רבוא שהם אותם שיצאו ממצרים ונעשית מהם האומה הישראלית ולהם נחלקה ארץ ישראל. וכל הבאים אחריהם נחשבים פרטים לתולדות הכוללים האלה. והנה לאלה ניתנה התורה ואז נקרא שעמד אילן זה על פרקו. ואולם חסד גדול עשה הקב"ה עם כל האומות שתלה דינם עוד עד זמן מתן התורה והחזיר התורה על כלם שיקבלוה ואם היו מקבלים אותה עדיין היה אפשר להם שיתעלו ממדריגתם השפלה. וכיון שלא רצו אז נגמר דינם לגמרי ונסתם השער בפניהם סיתום שאין לו פתיחה. ואך זה נשאר לכל איש ואיש מן הענפים בפרטיהם שיתגייר בעצמו ויכנס בבחירתו תחת אילנו של אברהם אבינו: החלק הניתן לאומות העולם: (ו) ואולם לא היתה הגזירה להאביד את האומות האלה אבל היתה הגזירה שישארו במדריגה השפלה שזכרנו והוא מין אנושיות שהיה ראוי שלא ימצא אלו לא חטא אדה"ר והוא בחטאו גרם לו שימצא. ואמנם כיון שיש בהם בחי' אנושיות אע"פ שהיא שפלה רצה הקב"ה שיהיה להם מעין מה שראוי לאנושיות האמיתי והיינו שיהיה להם נשמה כעין נשמות בני ישראל אע"פ שאין מדריגתה מדריגת נשמות ישראל אלא שפלה מהם הרבה. ויהיה להם מצות יקנו בהם הצלחה גופיית ונפשיית גם כן כפי מה שראוי לבחינתם והם מצות בני נח. והנה מתחלת הבריאה נזמנו כל הדברים להיותם כך אם יהיה שיחטא אדם וכמו שנבראו כל שאר ההיזקים והעונשים על התנאי וכמאמרם ז"ל: המוכן לאומות העולם לעוה"ב: (ז) ואולם לעוה"ב לא תמצאן אומות זולת ישראל ולנפש חסידי אומות העולם ינתן מציאות בבחינה נוספת ונספחת על ישראל עצמם ונטפלים להם כלבוש הנטפל לאדם ובבחינה זו יגיע להם מה שיגיע מן הטוב ואין בחקם שישיגו יותר מזה כלל: ע' שרי אומות העולם: (ח) והנה בשעה שנחלק העולם כך שם הקב"ה ע' פקידים מסוג המלאכיי שיהיו הם הממונים על האומות האלה ומשקיפים עליהם ומשגיחים על עניניהם. והוא ית"ש לא ישגיח עליהם אלא בהשגחה כללית והשר הוא ישגיח עליהם בהשגחה פרטית בכח שמסר לו האדון ב"ה על זה. ועל דבר זה נאמר רק אתכם ידעתי מכל משפחות האדמה. ואמנם לא מפני זה תעדר ח"ו ידיעתו ית' בפרטיהם כי הכל צפוי וגלוי לפניו ית' מעולם אבל הענין הוא שאינו משגיח ומשפיע לפרטיהם. ודבר זה תבינהו במה שנבאר עוד לפנים בס"ד: תולדת מעשה אומות העולם: (ט) ואולם במעשיהם של ישראל תלה האדון ב"ה תיקון כל הבריאה ועילוייה כמש"כ ושעבד כביכול את הנהגתו לפעלם להאיר ולהשפיע או ליסתר ולהתעלם ח"ו על פי מעשיהם. אך מעשה האומות לא יוסיפו ולא יגרעו במציאות הבריאה ובגילויו ית"ש או הסתרו אבל ימשיכו לעצמם תועלת או הפסד אם בגוף ואם בנפש ויוסיפו כח בשר שלהם או יחלישוהו: ההשגחה עליהם: (י) ואמנם אע"פ שאין הקב"ה משגיח על האומות בפרטיהם כבר אפשר שישגיח בהם לצורך יחיד או רבים מישראל. אמנם זה בבחינת המקרים האמצעיים שביארנו בפרק הקודם."

The Talmud, at the end of *Maseches Makkos*, teaches that the prophet Chabakuk identified a single essential concept that defines and includes the entire Torah. He rested the entire Torah — with all of its 613 commandments — on one principle: "The righteous man will live through his *emunah*" (*Chabakuk* 2:4). Accordingly, we see that the entire body of law, every mitzvah, and every precept in the Torah ultimately flow from a single fundamental idea — *emunah*.

Clearly, we could ask why Hashem didn't leave the world as it was. Why was it necessary to enforce *emunah* for all? After all, He created man with the attribute of *emunah*. He endowed humanity with an innate drive for meaning, a sense of the imperative for a moral standard, and an orientation toward seeing the good in life and in the world. Why not just leave it at that and let *emunah* remain a voluntary experience like it was at the beginning of human history? Why not leave it to the great individuals, such as the Patriarchs and the other righteous individuals throughout history, to achieve exemplary success in *emunah*?

The answer can only boil down to one thing. Hashem wants humanity to be filled with the expression of *emunah* because this is ultimately what is best for us and for the world. Rather than the world only seeing a few great individuals who recognize Him, Hashem wills that humanity as a whole be infused with *emunah*. Individuals will, of course, reach varying levels, but *emunah* should ultimately spread throughout the world. This is the pathway of history and of the world, and it is the fundamental reason for the giving of the Torah. *Emunah* must exist as an imperative, not as simply a nice idea for some people.

Moreover, once the Torah was given, the scope of our *emunah*, its content, and its goals are specific and detailed. *Emunah* is no longer a natural part of us that is simply left to develop organically. The *emunah* the Torah describes is something new. From the time of the giving of the Torah at Mount Sinai, our *emunah* became the core and essence of our covenant with Hashem. It is the basis for — and the goal of — the whole Torah. The Torah does not seek to supplant the three basic expressions of *emunah* mentioned above: drive for meaning, an imperative for a moral standard, and an orientation to good. Rather, the Torah seeks to sharpen those three expressions and enhance *emunah* as an experience of clarity regarding Hashem's existence, making the awareness of Hashem and our relationship with Him the priority and the essence of life.[48]

Following this introduction, we can now examine and understand what the mitzvah of "*Anochi Hashem Elokecha*" instructs us to do to ensure the expressions of *emunah* in our lives. This mitzvah is clearly informing us of something, or demanding something from us, or perhaps both. Yet, the Jewish People, even before hearing these words at Sinai, believed in the existence of Hashem. They cried out to Him in Egypt. They knew Him through the tradition they had kept from the Patriarchs. The Torah further attested to their belief at the Splitting of the Sea: "And they believed in Hashem and in Moshe His servant." Moreover, the Jews who were redeemed from Egypt are referred to as "*Ma'aminim Bnei Ma'aminim*," Believers, the Children of Believers.[49] When the Torah writes that Hashem said to the Jews at Mount Sinai, "I am Hashem your Master, who took you out of Egypt from the house of servitude," He was speaking to people who already believed and even knew Hashem existed. What then could have possibly been the nature of this communication? By exploring the details of *Anochi*, we will come to a better understanding of what exactly Hashem was telling the Jewish nation at Sinai with the words "*Anochi Hashem Elokecha*."

Does the Torah Command Thoughts and Beliefs?

The early commentaries debated whether the Torah in fact ever commands a person to have specific thoughts or beliefs, or whether the commandments specifically relate to the realm of speech and action. In *Tiferes Yisrael*, the Maharal maintains that the Torah only mandates speech and action, but does not dictate thoughts.[50] He admits that there are moral

---

48 כנ"ל ממה שראינו בספר חובות הלבבות שער עבודת אלקים פרק ג שהקב"ה נתן התורה לעם ישראל בנוסף לשכל ונשמה שנתן לכל אדם ועכשיו יש לנו את המעלות של שניהם וחייבים לשלב את שניהם בעבודתינו.

49 שבת צז:

50 עיין במהר"ל ספר תפארת ישראל פרק לח: "ועוד קשיא דלא מצינו מצוה על המחשבה שהרי המצות שבתורה הם מצות עשה ומצות לא תעשה ובמחשבה לא שייך לא תעשה כלל דלא נקרא מעשה ואף על גב דנענש על המחשבה מכל מקום מצות לא תעשה לא שייך דלא שייך מעשה במחשבה."

and Divine consequences to our thoughts and beliefs, but maintains that the Torah itself does not command us specifically regarding them. This approach is based on the view of Rav Sadia Gaon, and as the Maharal explains, even has its roots in the Talmud and early *Midrash Halachah*.

On the other hand, in *Shemoneh Perakim*, the Rambam maintains that the Torah does, in fact, command specific thoughts and beliefs.[51] The Rambam explains that the dilemma is that the human mind is much like a machine. If untainted by bias, it can recognize truth and falsehood innately. Inasmuch as the mind is functioning at peak perfection, recognition of truth and falsehood is an involuntary process. The Torah does not legislate involuntary aspects of human functioning, because a commandment presupposes the individual's ability to make a choice whether or not to comply with the instruction. Just as the stomach digests the food that we swallow and does so without any act of will or choice on our part, so too the mind recognizes the basic truths of reality innately, without an act of will or choice. Ultimately, the Rambam leans toward the position that the Torah does command specific thoughts and beliefs. He says that although it is a complex issue, this is ultimately the true meaning of the Torah and that for this reason we consider the recognition and assertion of certain basic truths to be tantamount to an act of will and choice. This position lends itself to more easily understand certain elements of the Torah that seem to insist on particular feelings or attitudes, and it also provides a solution for the person whose mind has become tainted or confused. To account for this, the

---

ועיין נמי בדברי הרב חסדאי קרשקש, מתלמידי הר"ן, בספרו אור ה' בהצעה: "וכבר יראה מפנים וזה שכבר יראה מהוראת שם המצוה וגדרה שלא תפל אלא בדברים שיש לרצון ובחירה מבוא בהם אמנם אם האמונה במציאות האל היא מהדברים שאין לבחירה ורצון מבוא בהם יתחייב שלא תפל הוראת שם המצוה בה וזה ממה שנחקר בו במה שיבוא בגזרת הצור."

ומצאתי בספר המצות להרס"ג עם פירוש הרב ירוחם פישל פרלו (עמ' קע-קעא) שכן הוא ביאר לפחות בדרך אחד את דעת הרס"ג ושאר הגאונים שלא מנו "אנכי ה'" כמצות עשה.

51 הרמב"ם כותב בשמונה פרקים פרק ב' וז"ל: "דע כי המרי (אפשרות המרידה) והמשמעת התורניים אינם נמצאים אלא לשני חלקים מחלקי הנפש והם החלק המרגיש והחלק המתעורר בלבד, ובשני החלקים האלה תהיינה כל העבירות והמצות...אבל החלק ההוגה (השכלי) יש בו מבוכה אבל אני אומר שאפשר שימצא גם בזה הכח המשמעת והמרי בהאמנת מחשבה נפסדת או בהאמנת מחשבה אמיתית, אבל אין בו מעשה שאפשר להניח עליו בסתם שם מצוה או עבירה ולפיכך אמרתי לעיל כי באותם שני החלקים ימצאו העבירות והמצות..."

Torah considers the assertion of specific thoughts and beliefs as choices and acts of will.

Is the Attribute of Emunah Transmitted Through Ancestry?

Another important issue to clarify is how much ancestry plays a role in the inheritance of *emunah*. Rabbeinu Nissim[52] asks why Avraham refused to allow his son Yitzchak to marry a woman from the Canaanite nations amongst whom he lived, insisting instead that he marry a woman from Aram Naharaim, the place from which Avraham originally came. He sharpens the question by reminding us that both cultures were deeply steeped in idol worship; either way his son would potentially be faced with idolatrous influences from his wife.

The Ran explains that there was one fundamental difference between the Canaanites and the people of Aram Naharaim. The Canaanites were not only idol worshippers, but they were also perverted and behaviorally corrupted, whereas the people of Aram Naharaim may have had idolatrous beliefs but they were still of decent character overall. The Ran says that while behavioral nature transmits through ancestry, opinions do not. Thus, his future daughter-in-law had to be chosen from the people of Aram Naharaim.

We may now find ourselves wondering just how much *emunah* is, in fact, a human attribute. According to the Ran's description, if *emunah* merely amounts to opinions, it would not transmit; if it is an element of character, it would. From the Ran's comments, it would seem *emunah* is more of an opinion and thus would not transmit. However, the *Sefer HaTanya* describes the Jewish People as *Ma'aminim Bnei Ma'aminim*, meaning that our *emunah* does, in fact, transmit as an inheritance from

52 עיין בדרשות הר"ן דרוש חמישי "וטבע המציאות נגלה מפרסם שיחלוק על זה, אבל פעולות האדם בידו ורשותו אין עליו מכריח או מעכב. ועם כל זה לא יוכל לכפור בשום פנים שלא יהיו לאדם הכנות נמשכות אחר המזג לקצת מדות טובות או רעות, ואלו תכונות נפשיות נמשכות ומשתלשלות מאבות לבנים, לפי שהם טבעיות נמשכות אחר המזג לתת הכנה, ואם לא יכריחו. ולזה מאשר היו בנות כנען מוטבעים בתכונות רעות, היו בוחרים האבות להתרחק מהם, ולהתדבק במי שאינו מוטבע באותן התכונות הרעות גם כי היה עובד עבודה זרה, לפי שאותן התכונות מתעברות ונמשכות בזרעם, והם כמו חולי הגוף נקראים בספרי הרפואה חלאים ירושיים."

one generation to the next. He says that this is a spiritual reality.[53] The *Sefer HaTanya's* position on this appears to be at odds with the Ran's explanation of Avraham's insistence that Yitzchak marry a woman from Aram Naharaim.

The most viable and sensible approach to dealing with this issue is to accept that *emunah* is actually comprised of both: a genetically inherited attribute and a system of opinions, thoughts, and beliefs. How integrated a person becomes with his beliefs can have an effect on whether those beliefs are merely thoughts and opinions, or whether they become part of the person's very essence. The idea seems clear: The more a person integrates his thoughts, opinions, and beliefs, the more these become part of the very essence of his being. We transmit to the next generation whatever we really are. If we are truly integrated with our beliefs, and we don't simply assert them as opinions, then they will transmit to the next generation. If we are still struggling to clarify what we think and believe, or if we are merely asserting beliefs but have not integrated them, they will not transmit.

A further outgrowth of this discussion is how to apply the principles of the Rambam in *Hilchos De'os* to other attributes. He says that there are three levels of attributes. One dimension is attributes that we are born with, another dimension of attributes we learn from our environment, and the third dimension we acquire for ourselves as an act of will. Based on everything we have learned thus far, it should follow that that in the area of *emunah*, all three levels are relevant. We inherit *emunah* in our genes, we can learn — to a degree — from what we observe around us, and ultimately, we can acquire a deeper *emunah* through a deliberate act of will. It is understood that every Jew is included in the category of *"Ma'aminim Bnei Ma'aminim"* as a birthright, and yet even to Jews in

---

53 ספר התניא, חלק ראשון, פרק יח "....והענין כי האבות הן הן המרכבה ועל כן זכו להמשיך נפש רוח ונשמה לבניהם אחריהם עד עולם.....כל אחד ואחד כפי מדרגתו וכפי מעשיו ועל כל פנים אפי' לקל שבקלים ופושעי ישראל נמשך בזיווגם נפש דנפש דמלכות דעשיה שהיא מדרגה התחתונה שבקדושת העשיה......ולכן כל ישראל אפילו הנשים ועמי הארץ הם מאמינים בה' שהאמונה היא למעלה מן הדעת וההשג' .... ולכן אפי' קל שבקלים ופושעי ישראל מוסרים נפשם על קדושת ה' על הרוב וסובלים עינוים קשים שלא לכפור בה' אחד...".

this category it is clear that our culture and environment play an active role in the development of our *emunah*. But the real vision of the Torah is to guide us to grow and acquire *emunah shleimah*, complete *emunah*, which can only happen as an act of will.

2

"Anochi" — Defining the Emunah of the Torah

EMUNAH IS THE FOUNDATION OF REALITY AND OF THE ENTIRE TORAH

All Torah authorities agree that the *emunah* described in the verse, "I am Hashem your Master who took you out of Egypt from the house of servitude" ("*Anochi Hashem Elokecha*") (*Shemos* 20:2), is the foundation of all foundations for correctly perceiving the reality of the world[54] and it is likewise the foundation upon which the entire Torah rests.[55] As "*Anochi*" expresses the basic

---

54 זה לשון הרמב"ם בהלכות יסודי התורה א:א: "יסוד היסודות ועמוד החכמות לידע שיש שם מצוי ראשון" ולכאורה תמוה, כי לומר שזה יסוד התורה הוא דבר מובן, אבל איך שייך לומר שידיעה זו היא יסוד היסודות ועמוד החכמות, הרי מי שאינו מאמין או מתייחס לבורא עולם עדיין יכול לעסוק בשאר חכמות?

ושמעתי מהגאון הרב יעקב ויינברג זצ"ל שאין הדבר כן, כי כל שאר חכמות בנויים על הנחות מציאותיות שהן מושכלות ראשונות, אבל מי שסובר שאין אלוה אחד מחויב המציאות שברא הכל ובמקום זאת מקבל שהעולם ברא את עצמו, שהוא דבר נמנע והולך נגד המושכל הכי ראשון והכי יסודי, ממילא כבר טעה ביסוד דרכי החכמה וכל חכמתו אינו חכמה אלא סכלות.

55 מכילתא פרשת החדש פרשה ו': "לא יהיה לך אלהים אחרים על פני. למה נאמר לפי שנא' אנכי ה' אלהיך משל למלך בשר ודם שנכנס למדינה אמרו לו עבדיו גזור עליהם

affirmation of our *emunah*, it follows that it is not possible to have mitzvos or any other form of Divine Service without *emunah*.[56]

The position of the overwhelming majority of Torah authorities is to count the mitzvah of *Anochi*, which commands *emunah*, as one of the 613 commandments[57] (in addition to its being the foundation of all foundations as mentioned above). However, some authorities argue that it should not be listed as one of the 613 for several reasons.[58] For one, *Anochi* is a preamble to all other mitzvos, setting the stage for future commandments. It thus presupposes belief in Hashem as a Commander,[59] for

---

גזרות אמר להם כשיקבלו את מלכותי אגזור עליהם שאם מלכותי לא יקבלו גזרותי לא יקבלו כך אמר המקום לישראל אנכי ה' אלהיך לא יהיה לך אני הוא שקבלתם מלכותי במצרים אמרו לו כן וכשם שקבלתם מלכותי קבלו גזרותי לא יהיה לך אלהים אחרים על פני. רבי שמעון בן יוחאי אומר הוא שנאמר להלן (ויקרא י"ח) אני ה' אלהיכם שקבלתם מלכותי בסיני אמרו לו הן והן קבלתם מלכותי קבלו גזרותי (שם) כמעשה ארץ מצרים וגו' הוא שנא' כאן אנכי ה' אלהיך אשר הוצאתיך מארץ מצרים וקבלתם מלכותי והן קבלתם מלכותי באהבה קבלו גזרותי."

וכן בגמ' ברכות יג. "למה קדמה פרשת שמע לוהיה אם שמוע? כדי שיקבל עליו עול מלכות שמים ואז יקבל עול מצוות."

וברמב"ם הלכות יסודי התורה פרק א הלכה א: "יסוד היסודות ועמוד החכמות לידע שיש שם מצוי ראשון והוא ממציא כל נמצא וכל הנמצאים משמים וארץ ומה שביניהם לא נמצאו אלא מאמתת המצאו." ושם הלכה ו: "וידיעת דבר זה מצות עשה שנאמר אנכי ה' אלהיך וכל המעלה על דעתו שיש שם אלוה אחר חוץ מזה עובר בלא תעשה שנאמר לא יהיה לך אלהים אחרים על פני וכופר בעיקר שזהו העיקר הגדול שהכל תלוי בו."

מבואר שבנוסף לזה שביטל מצוות עשה הוא גם חיסר את העיקר שהכל תלוי בו.

56 עיין בנצי"ב בהעמק דבר סוף פרשת שלח "ולא תתורו אחרי לבבכם ואחרי עיניכם — למדנו בזה מעשה המצות שלא נחשבו למצוה אלא אם עושה ומאמין על כל פנים שהוא מצוה ועושה, לאפוקי אם לבבו פונה אחרי מינות שאינו מאמין במצוה כלל, אין עשייתה נחשב למעשה' וזהו אחרי לבבכם ופירשו בגמ' 'אחרי לבבכם זו מינות'..." , וכן בתניא פרק מא, עיין שם.

57 כן איתא ברמב"ם ספר המצוות מצות עשה א' וגם ביד החזקה הלכות יסודי התורה פרק א הלכה א-ו, וברמב"ן בפירושו לחומש על הפסוק אנכי ה' אלקיך, ובספר החינוך מצוה כה, בסמ"ג מצות עשה א', בסמ"ק מצוה א', וברדב"ז בספר מצודת דוד מצוה ראשונה. ובאמת מצאנו בחז"ל סמוכין לדבריהם מפשטות הגמ' מכות כג: "דרש רב שמלאי שש מאות ושלש עשרה מצות נאמרו לו למשה שלש מאות ושישים וחמש לאוין כמנין ימות החמה ומאתים וארבעים ושמונה עשה כנגד איבריו של אדם אמר רב המנונא מאי קרא 'תורה צוה לנו משה מורשה' תורה בגמטריא שית מאה וחד סרי הוי אנכי ולא יהיה מפי הגבורה שמענום."

58 כן הבינו הראשונים מזה שלא מנה הבה"ג את "אנכי" למצוה, ואותו משמעות יש בדברי רס"ג בספר המצות שלו מזה שלא מנה "אנכי" למצוה, וכן איתא בדברי רב חסדאי קרשקש בספר אור ה' בהצעה.

59 כן הבינו מדעת הבה"ג שלא מנה אנכי כמצוה, ועיין בהשגות הרמב"ן לספר המצוות של הרמב"ם בעשין א' ובלא תעשה א' שביאר כן בדעת הבה"ג ואמר שיש לשיטה זו פנים אף שהוא אינו סובר כמותו.

without belief in Hashem, there is nothing to compel one to adhere to the commandments. Another reason not to count *emunah* relates to a point noted above. Belief is not an action, and, like all thoughts and emotions, it is partially involuntary and not possible to fully mandate.[60]

וכן איתא על פי שיטת הרב חסדאי קרשקש באור ה' בהצעה "...ואולם היות שרש התחלות התורה האלהית היא האמונה במציאות האל יתברך הוא מבואר בעצמו תהיות התורה מסודרת ומצווה ואין ענין להיותה אלהית זולת היות המסדר והמצוה האל יתברך ולזה טעה טעות מפרסם מי שמנה במצוות עשה להאמין מצירות האל יתברך וזה כי המצוה מן המצטרף ולא יצויר מצוה בזולת מצוה ידוע ולזה כאשר נניח אמונת מציאות האל יתברך מצוה כבר נניח אמונת מציאות האל יתברך קודמת בידיעה לאמונת מציאות האל ואם נניח ג"כ אמונת מציאות האל הקודמת מצוה יתחייב גם כן אמונת מציאות האל קודמת וכן לבלתי תכלית וכל זה בתכלית הביטול ולזה הוא מבואר שאין ראוי למנות אמונת מציאות האל במצוות עשה וכבר יראה מפנים וזה שכבר יראה מהוראת שם המצוה וגדרה שלא תפל אלא בדברים שיש לרצון ובחירה מבוא בהם אמנם אם האמונה במציאות האל היא מהדברים שאין לבחירה ורצון מבוא בהם יתחייב שלא תפל הוראת שם המצוה בה וזה ממה שנחקר בו במה שיבוא בגזרת הצור ואיך שיהיה למה שהוא מבואר היות האמונה הזאת שרש והתחלה לכל המצוות אם נמנה אותה במצוה יתחייב שתהיה התחלה לעצמה וזה בתכלית הביטול אמנם הביאו אל זה ר"ל למנות השרש הזה מצוה המאמר שבסוף גמרא מכות אמרם תרי"ג מצות נאמרו למשה בסיני מאי קראה תורה צוה לנו משה והקשו תורה בגימטריא שית מאה וחד סרי הוו והשיבו אנכי ולא יהיה לך מפי הגבורה שמענום וחשבו מפני זה שאנכי ולא יהיה לך שתי מצוות ולזה מנו אמונת מציאות האל במצוה והוא מבואר שלא יתחייב זה לפי שהמכוון שם שהשם הנקרא כן הוא האלוה והמנהיג אשר הוציאנו מארץ מצרים ולזה הטיב הרב רבינו משה ז"ל לפי דרך זה בספר המצוות שלו שמנה המצוה הראשונה בהאמנת האלוהות והוא שנאמין שיש שם עלה וסבה הוא הפועל לכל הנמצאים והוא אמרו אנכי ה' אלהיך הנה פרש שם האלהות היותו פועל לכל הנמצאים ויהיה לפי זה אמרו אשר הוצאתיך מארץ מצרים כדמות ראיה על זאת האמונה וזה שמשם נעמוד על יכלת השם וכי המציאות כלם בערכו כחמר ביד היוצר ולזה כבר תפל זאת המצוה על האמונה שהוא אשר הוציאנו מארץ מצרים אלא שהדרך הזה מבאר הנפילה בעצמו וזה שאמרם אנכי ולא יהיה לך כבר יראה שהוא כולל כל הדיבור הנמשך לאהבי ולשמרי מצותי לפי שכבר ישתתפו אלה השני דיבורים בדקדוק לשון מדבר בעדו כאמרו אנכי ה' אשר הוצאתיך על פני כי אנכי ה' אלהיך לאהבי ולשמרי מצותי ולפי ששאר הדברות נמשכות בדקדוק לשון מדבר בנסתר כאמרו כי לא ינקה ה' כי ששת ימים עשה ה' שבת וינפש הסכימו שאנכי ולא יהיה לך מפי הגבורה ולפי שכל המחברים מוני האזהרות ראו למנות לא תעשה לך פסל ולא תשתחוה להם בשתי אזהרות והוא האמת בעצמו הנה אם היה שנמנה אנכי במצוה יהו שלש ששמענו מפי הגבורה ויהיה תרי"ד ואם נחשב לא יהיה לך אלהים באזהרה שלא להאמין האלוהות לזולתו כמו שכתב הרב יעלו לתרט"ו ולזה ראוי שנאמר שלא היתה הכונה באמרם אנכי ולא יהיה לך מפי הגבורה שמענום שיהיה כל אחד מצוה אבל למה ששניהם נשתתפו בלשון מדבר בעדו כמו שקדם הוא שבארנו שמפי הגבורה שמענום ויתחייב ששתי האזהרות שבדבור לא יהיה לך שהם לא תעשה לך פסל וכל תמונה ולא תשתחוה להם אשר שמענום מפי הגבורה ישלימו לתרי"ג עם התרי"א אשר שמענום מפי משה.."

וכן איתא סמוכין לדבריו לכאורה בדברי חז"ל במכילתא דרבי ישמעאל קטע של "בחודש" פרשה ה, וגם בפרשה ו, וגם איתא בגמ' הוריות ח: "למן היום אשר צוה ה'..." ורש"י שם.

60 הרב חסדאי באור ה' בהצעה: "וכבר יראה מפנים וזה שכבר יראה מהוראת שם המצוה וגדרה שלא תפל אלא בדברים שיש לרצון ובחירה מבוא בהם אמנם אם האמונה במציאות

Even those who do not count *emunah* as one of the commandments maintain that it is an essential element for a person to possess. Someone without *emunah* cannot be reached — and certainly not commanded — by the Creator leaving the person with a primitive and undeveloped appreciation for the world and his own life.[61]

Defining the Emunah of the Torah

The commandment of *emunah* was first communicated to Jews who already knew and believed in the existence of the Creator and who had seen the miracles Hashem did in Egypt and His kindnesses toward them. So, too, in future generations this commandment is communicated even to Jews who are *Ma'aminim Bnei Ma'aminim*.[62]

האל היא מהדברים שאין לבחירה ורצון מבוא בהם יתחייב שלא תפל הוראת שם המצוה בה וזה ממה שנחקר בו במה שיבוא בגזרת הצור."

61 הקדמת רב ניסים גאון לתלמוד בבלי: "פתח בשבח להקב"ה ואמר יתברך השם אלהי ישראל שהוא עצמו חכם ואין חכמתו דבר אחר זולתו....ולא הטעין המצות אלא לאחר שנתן הכח והיכולת יתעלה שמו ...אע"פ שבעלי חיים המדברים יש להם יתרון בדבור על שאינן מדברים אבל לא יהיה היתרון שלם אלא עם הדעת אשר בהקנותו לו יתכן לו להבין ולהשכיל ולהבחין בין טוב לרע תדע לך שהוא כן ראה בשעה שהיא אבודה ממנו שעה אחת תאבדנה ממנו הבינה והשכל יחדיו ויהיה נמשל כבהמה שלא תבין ולא תדע כמו שאמר החסיד מלפנו מבהמות ארץ אל תהיו כסוס כפרד אין הבין הודיענו כי מי שאפסה ממנו הבינה כבר הוא נחשב כבהמה ונפטד מן המצות כי אין הקב"ה יתעלה נצח מצוה ומזהיר אלא למי שהוא בן דעת ....במערבא אמרי דדא ביה כולא ביה ודלא דא ביה מה ביה ...מי ששלמה דעתו בכל היתרון שלו שלם ונתחייב במצוה וזוכה בקיבול שכר בעשותו רצון קונו וציוויו ומקבל שכר על המצוה ונענש על העבירות ואם ישיב המשיב ויאמר הואיל ואתם אומרים כי כל מי ששלמה דעתו נתחייב במצות ולמה ייחד הקב"ה את ישראל לתת להם התורה ולהטעינם במצוותיה הם לבדם ואין אומה אחרת זולתם והלא כולם הם שוין בדין חיוב המצות ועוד יש להשיב והיאך יתכן לעונשן על דבר שלא נלא נתחייבו בו ולא ניתן להם והלא יש להם להשיב כי אילו נצטוינו היינו עושים ואילו הוזהרנו היינו נזהרים ומקבלים כמו שקבלו הם והרי אנו פושטים אלו תשובות הטענות ונאמר כי כל המצות שהן תלויין בסברה ובאובנתא דליבא כבר הכל מתחייבם בהן מן היום אשר ברא אלהים אדם על הארץ עליו ועל זרעו אחריו לדורי דורים והמצות שהן נודעות מדרך השמועה מדברי הנביאים לא חשך אלהינו מלחייב לקדמונים מה שהיה ראוי בעין חכמתו לחייבם .... עד שעלה חשבון המצות של שמועה כ"ח וי"א כי ל ' מצות הן שנצטוו בהן קודם מתן תורה ואע"פ שהמצות הלמודות מן הכתוב דכתיב ויצו ה' אלהים על האדם אינן כולן של שמועה כי חיוב ידיעת מציאות הקב"ה ולשמוע בקולו ולעבדו מדין הדעת הן ראויין ושפיכת דם נקי והגזל מדרך השכל הן אסורין..."

62 דכתיב בשמות ד:לא: "ויאמן העם וישמעו כי פקד ה' את בני ישראל וכי ראה את ענים ויקדו וישתחוו" וכן בשמות יד:לא "וירא ישראל את היד הגדולה אשר עשה ה' במצרים וייראו העם את ה' ויאמינו בה' ובמשה עבדו."

The revelation at Mount Sinai was primarily to provide a form of testimony for the first generation to pass on to future generations.[63] There

---

וכן ביאר ברמב"ן בהשגות לספר המצוות של הרמב"ם עשה א' "הרי שבארו פעמים הרבה כי דבור אנכי הוא קבלת מלכותו כלומר האמונה באלהות. ואמרם שקבלתם עליכם במצרים הוא לומר שכבר האמינו באלהות במצרים מאמרו (שמות ד) ויאמן העם ונאמר עוד (בשלח) ויאמינו בי"י ובמשה. והאמונה ההיא הזכירם עתה וקבלו אותה עליהם ואמרו עליה הן והן והוא שהאמינו וקבלו עליהם להחזיק באמונה שיש אלוה נמצא והוא אל מוציאם ממצרים. כלומר החפץ המחדש היכול. אם כן הדבר ברור הוא שדבור ראשון ראוי למנותו מצוה ראשונה והיא המצוה להאמין בעיקר..."

וכן איתא בספר הזכרונות לרבי צדוק הכהן מצוה א': "....והנה מי שלא יעמיק בענין, יחשוב שמצוה זו אין צריך להזכירה, כי כל ישראל מאמינים בני מאמינים. אולם אף על פי שזה אמת בעצם האמונה בלב, עם כל זה בענין היציאה לפועל במעשה במה שנוגע לגוף, אנו רואים נגד זה. וכידוע גם כן מה שכתב בחובת הלבבות (ריש שער הבטחון) מתשובת המגוש לאותו פרוש, פעלך סותר את דברך.....ועל כל פנים ממה שכתבנו יתבונן האדם עד כמה גדולה מדריגת האמונה השלימה, וכמה שקידה צריך להשריש בלבו אמונה שלימה. ואף על פי שבאמת כל אחד מישראל מאמין באמיתות השגחתו יתברך וכל פרטי עיקרי האמונה, מכל מקום אינו עדיין מושרש בלב להיות נגלה כן על ידי כוחות הפעולה היוצאים מן הלב, שלא תשכח ממנו אמונה זו לעולם."

63 ספר הכוזרי מאמר א אות כה: "אמר החבר על הדרך הזה השיבותיך כאשר שאלתני. וכן פתח משה לדבר עם פרעה כשאמר לו אלהי העברים שלחני אליך, ר"ל אלהי אברהם יצחק ויעקב מפני שהיה אברהם מפורסם אצל האומות, וכי התחבר אליהם דבר האלהים והנהיג אותם ועשה להם נפלאות, ולא אמר אלהי השמים והארץ שלחני אליך, ולא בוראי ובוראך. וכן פתח אלהים דבריו אל המון ישראל: "אנכי ה' אלהיך אשר הוצאתיך מארץ מצרים", ולא אמר: "אני בורא העולם ובוראכם": וכן פתחתי לך מלך הכוזר כאשר שאלתני על אמונתי, השיבותיך מה שאני חייב בו וחייבין בו כל קהל ישראל, אשר התברר אצלם המעמד ההוא בראות עיניהם, ואחר כן הקבלה הנמשכת שהיא כמראה העין."

ובספר העיקרים מאמר א פרק יט: "האמונה בדבר הוא הצטייר הדבר בנפש ציור חזק עד שלא תשער הנפש בסתירתו בשום פנים אף אם לא יודע דרך האמות בו כמו שלא תשער הנפש בסתירת המושכלות הראשונות והדברים שמחשבתו של אדם גוברת בהם או שהם באדם מצד טבעו ולא ידע איך באו לו או כמו שלא תשער הנפש בסתירת מה שהושג מן החוש ומה שאמת אותו הנסיון אע"פ שלא תדע סבת האמות בו והאמונה תפול בכל דבר שלא הושג למאמין מצד החוש אבל הושג לאיש מה רצוי ומקובל או לאנשים רבים גדולי הפרסום הושג הדבר ההוא או כיוצא בו בזמן מה בחוש ונמשכה הקבלה למאמין מן האיש ההוא או האנשים ההם קבלה נמשכת מאב לבן וזה ודאי ראוי להאמין בו קרוב אל מה שהעיד עליו החוש למאמין ההוא אע"פ שלא יאמתהו השכל כמו מה שנתאמת בנסיון היות השי"ת מנבא למי שירצה מבני אדם מבלי שיקדמו לו ההכנות הטבעיות שמנו אותם רז"ל היותן הכרחיות להמצא בנביא כדי שתחול עליו הנבואה אמרו בנדרים פרק אין בין המודר (דף ל"ח ע"א ושבת פרק י' דף צ"ב ע"א) אין הנבואה שורה אלא על חכם גבור ועשיר ובעל קומה נאה וכו' ואעפ"כ נתאמת בנסיון בשעת מתן תורה שכל ישראל חכמיהם וטפשיהם וקצרי הקומה עם רמי הקומה ורכי הלבב עם הגיבורים ועשיר ורש כלם הגיעו למעלת הנבואה ושמעו קול אלהים חיים מדבר מתוך האש כמו שהעיד הכתוב (דברים ה') באמרו את הדברים האלה דבר ה' אל כל קהלכם בהר מתוך האש הענן והערפל קול גדול ולא יסף וגו' ואמר משה להעיד ע"ז הפלא השמע עם קול אלהים מדבר מתוך האש כאשר שמעת אתה ויחי (שם ד'): ואע"פ שהשכל ימאן זה הנה הוא

are five distinct elements of the Mount Sinai experience that gave it the strength to justify the continued *emunah* of later generations:

אמת גמור אחר שהעיד עליו הנסיון ובא הקבלה בזה נמשכת מאב אל בן אי אפשר להכחישו לפי שהוא מבואר שאין בעולם מי שיאהב את האדם יותר מאביו ולזה הקבלה שתבא נמשכת מאב לבן ראוי שיצוייר הדבר ההוא בלב הבן ציור חזק לא ידומה הסרתו כאלו הוא בעצמו השיג זה בחוש אחר שהוא מבואר שאין האב רוצה להנחיל את בניו שקר כמאמר המשורר (תהלים מ"ד) אלהים באזנינו שמענו אבותינו ספרו לנו וגו' אתה ידך גוים הורשת ותטעם וגו' כי לא בחרבם ירשו ארץ וגו' אתה הוא מלכי אלהים צוה ישועות יעקב כלומר אחר שכך קבלנו דבר זה שנצחון ישראל את האומות בזמן שעבר לא היה דבר טבעי כי לא בחרבם ירשו ארץ וזרועם לא הושיעה למו והקבלה הזאת אבותינו ספרו לנו ואי אפשר לפקפק בה ולחשוד אותם שינחילונו שקר ואם כן אחר שאתה היית סבת התחלת הצלחתם גם עתה צוה ישועות יעקב אחר שאתה הוא מלכי אלהים שיש לך יכולת על זה שיראה מכל זה שהקבלה שהיא נמשכת מאב לבן ראויה להתקבל ולפי שאי אפשר לדת האלהית להתקיים זולתה צוה עליה הכתוב ואמר שאל אביך ויגדך זקניך ויאמרו לך (דברים ל"ב) וחייבה מיתה לעובר על דברי קבלת החכמים אמרה לא תסור מן הדבר אשר יגידו לך ימין ושמאל והאיש אשר יעשה בזדון לבתי שמוע וגו' ומת האיש ההוא (שם י"ז) והזהירה על כבוד ההורים וצותה להעניש בן סורר ומורה לפי שקבלת האב קרובה למה שהושג בחוש שהאמונה בו מחוייבת אע"פ שירחקהו השכל ועל זה הדרך תפול האמונה בכל זמן בדברים שלא הושגו אז בחוש ולא באימות שכלי אלא בקבלה הנמשכת."

ועיין בספר חובות הלבבות שער הבחינה פרק ה שעומד על הנקודה שהספר תורה עצמו היא גם כן חלק מהכרחיות המסורה כי כתובים בה הרבה פסוקים שמעידים שאנחנו בעינינו ראינו את כל המופתים. ואם לא ראו איך יקבלו דבר שקר כזה? וז"ל שם: "והגדולה שבטובות שהיטיב בהם הבורא לאדם. והראיה החזקה עליו, התורה הנתונה למשה נביאו עליו השלום, והראות האותות על ידו, ושנות המנהגים והטבעים, והראות המוסתים הנוראים, כדי להאמין בבורא יתברך ובנביא, כמו שאמר 'וירא ישראל את היד הגדולה אשר עשה ה' במצרים וייראו העם את ה, ויאמינו בה' ובמשה עבדו', ואמר אתה הראת לדעת כי ה' הוא האלהים אין עוד מלבדו, ואמר מן השמים השמיעך את קולו ליסרך ועל הארץ הראך את אשו הגדולה ודבריו שמעת מתוך האש..."

ושם בפירוש מרפא לנפש (לר' רפאל ב"ר זכריה מענדל) מעמיק להסביר: "רצה לומר מי שנותן לבו ודעתו בדבר הגדול ההוא של מעמד הר סיני ונתינת התורה ויציאת מצרים ומה שנלוה לזה שראו כולם עין בעין כי השם הוא האלקים ואין עוד מלבדו ואשר לו הכח לשנות המנהגים והטבעים בכל עת שירצה ואין מי שימחה בידו וכל זה היה במעמד כל ישראל שהיו יותר משש מאות אלף לבד נשים וטף וערב רב ואין מי שיוכל להכחיש את זאת מכל האומות בעבור פרסומו ואם כן אין לך להביא ראיה גדולה וחזקה על בורא עולם יתברך יותר מזו וכבר האריך בדבר הזה בספר הכוזרי בדברים רבים נכוחים וישרים למוצאי דעת והוא יסוד הספר מקצה אל הקצה."

ועיין בספר נחלת יעקב עה"ת להגאון רב יעקב מליסא זצ"ל (דברים ל"ב, ז') שהאריך בזה, דהנה מצינו שאצל כמה אומות יש להם באמת איזה מין מסורה מאב לבן. אבל אין בכך כלום, דלעולם יש שתי סוגי שקר: יש שקר כפשוטו שנובע מטעות באיזה דבר ויש דבר שבדוי לגמרי. החילוק ביניהם הוא, שלגבי ענין שמקורו בטעות, השקר יכול להימסר מאב לבן בתור אמת, אבל דבר הבדוי לגמרי אין האב יכול למסור לבנו. ובזה נראה אמתיות מסורת ישראל, שכל האומה — אנשים נשים וטף — שמעו את דבר ה' מתוך האש, דבר שאי אפשר לבדות.

- The revelation was an event that was visible to the eye.
- It was a national revelation, not one that happened to an individual or small number of people (thus making conspiracy implausible).
- It was an event with clear meaning and its conclusion could not be confused, misunderstood, or misconstrued.
- It was passed on via an unbroken tradition from parent to child (thus making breach of trust unlikely).
- The testimony of the entire event is documented and transmitted in written, as well as oral, form.

The Maharal asserts that this commandment actually speaks to everyone, even non-believers. The word "*Anochi*," which is a Hebrew construct of the word "I," is meant to describe innate being. The verse would therefore read "I am Hashem your Master," whether you recognize Me or not, and therefore you should acknowledge and serve Me.[64] In this sense, the Torah is calling to all mankind to engage in a process of discovery, with the promise that Hashem is, indeed, truly present.

Accepting the view that *Anochi* is in fact an independent mitzvah, what then is this commandment demanding? If a person doesn't currently believe in Hashem, the Maharal tells us that the verse is challenging such an individual to look into the testimony of the Revelation described above and change his or her views accordingly. The person will choose to either heed the call or ignore it, but if one does currently believe in Hashem, what else could the commandment be demanding of him?[65]

---

64 המהר"ל בספר תפארת ישראל פרק לז וז"ל שם: "...אבל בודאי הדבר הברור כי אנכי ה' אלקיך הוא הראשון ופירושו אנכי ה' אלקיך אשר הוצאתיך מארץ מצרים ולכך לא תכפור בי לומר שאיני אלקיך חס ושלום ומה שלא אמר אנכי אהיה לך לאלקים כי היה זה משמע כי מצוה זאת כמו שאר מצות כמו שאמר לא יהיה לך אלהים אחרים על פני ואפשר שיעשה לו אלהים אחרים וכן כל המצות אבל אנכי ה' אלקיך אף אם לא יקבל אותו האדם לאלוה הוא אלקים שלו והוא מלכו מצד עצמו וכמו שאמר הכתוב על אותם שרצו רוק עול של הקדוש ברוך הוא שלא יהיה הוא יתברך מלך עליהם על זה אמר חי ה' אם לא בחמה שפוכה וכו' וכדי שלא יטעה האדם בטעותו לומר כי אפשר שיפרקו עולו מהם וכמו מלך בשר ודם יכולים העם לפרוק עולו מאתו עד שאינו מלך עליהם אמר בלשון הזה אנכי ה' אלקיך וכו' כלומר שעל כל פנים אני ה' אלקיך מצד עצמי..."

65 כן איתא להקשות על פי דברי הרב חסדאי קרשקש באור ה' בהצעה: "...ואולם היות שרש

"Anochi" for One Who Already Believes

In our tradition, we find nine distinct but complementary approaches to the requirements created by the mitzvah of *Anochi* as it relates to one who already believes.

1. *Expanding the Breadth of Our Emunah*
   In addition to the three natural expressions of *emunah* — a drive for meaning, an imperative for moral standards, and an orientation to good — our *emunah* obviously includes the conviction that Hashem exists. However, all Jewish thinkers conclude that this conviction was already in place when Hashem spoke to the Jews and commanded the *mitzvah* of *Anochi*. Rather, this commandment directs us to integrate a broader content into our belief system. Accordingly, in addition to the basic fact of Hashem's existence, there are other aspects of content that are implied in the verse of *Anochi*:

   - Hashem created the universe from nothing.[66]

התחלות התורה האלהית היא האמונה במציאות האל יתברך הוא מבואר בעצמו היות התורה מסודרת ומצווה ואין ענין להיותה אלהית זולת היות המסדר והמצוה האל יתברך ולזה טעה טעות מפרסם מי שמנה במצוות עשה להאמין מציאות האל יתברך וזה כי המצוה מן המצטרף ולא יצויר מצוה בזולת מצוה ידוע ולזה כאשר נניח אמונת מציאות האל יתברך מצוה כבר נניח אמונת מציאות האל יתברך קודמת בידיעה לאמונת מציאות האל ואם נניח ג"כ אמונת מציאות האל הקודמת מצוה יתחייב גם כן אמונת מציאות האל קודמת וכן לבלתי תכלית וכל זה בתכלית הביטול."

במילים יותר פשוטות: אם אני כבר מאמין במציאות ה' הוא לא צריך לצוות אותי להאמין בו ואם אני לא מאמין בו איך צוויו יכריח אותי? ואני הוספתי לתוך השאלה למעלה באנגלית את דעת המהר"ל שאם איננו מאמין בה' ממילא "אנכי" דוחף את האדם להכיר את טעותו, אבל מה מצווה זו בא להוסיף למי שמאמין?

66 רמב"ם ספר המצוות מצוות עשה א: "היא הצווי אשר צונו בהאמנת האלקות והוא שנאמין שיש שם עלה וסיבה הוא פועל לכל הנמצאים...", ובהלכות יסודי התורה פרק א הלכה א "יסוד היסודות ועמוד החכמות לידע שיש שם מצוי ראשון והוא ממציא כל נמצא וכל הנמצאים משמים וארץ ומה שביניהם לא נמצאו אלא מאמיתת המצאו",

ובספר החינוך מצוה כה "להאמין שיש לעולם אלוה אחד שהמציא כל הנמצא ומכחו וחפצו היה כל מה שהוא ושהיה ושיהיה לעדי עד וכי הוא הוציאנו מארץ מצרים ונתן לנו את התורה שנאמר בתחילת נתינת התורה אנכי ה' אלקיך אשר הוצאתיך מארץ מצרים מבית עבדים ופירושו כאילו אמר תדעו ותאמינו שיש לעולם אלוה כי מילת אנכי מורה על המציאות ...",

ועיין בספר מורה נבוכים חלק ב פרק טז וז"ל: "...וכן כל מה שהזכיר אריסטו ותלמידיו

- Hashem sustains and directs the world even down to the details of our lives (*Hashgachah Pratis*).[67]

מן הראיות על קדמות העולם אינו לדעתי הוכחה גמורה אלא טענות שיש בהן ספקות חמורים כפי שאשמיעך ואשר אני חושב לבאר כי היות העולם מחודש כפי השקפת תורתנו כפי שכבר בארתי אינו נמנע ושכל אותן הראיות הפילוסופיות אשר נראה מהן שאין הדבר כפי שאמרנו יש לכל אותן הטענות דרכים המבטלים אותם ותבטל הראיה בהם נגדינו וכאשר נתאמת לי זה ונעשה שאלה זו כלומר קדמות העולם או חדושו אפשריים הרי אני מקבלה מצד הנבואה המבארת ענינים שאין בכח העיון להגיע אליהם" הרי שהרמב"ם עצמו מסכים שקבלת חידוש העולם יש מאין כאמת היינו מצד התורה המעידה על כך ולא מצד מופת נחתך, ואל תטעה לומר הרי אמרנו למעלה שזה שאין דבר יכול לברוא עצמו הוא שכלי ובגדר מושכל ראשון אבל זה כל הסיבה שהיוונים טענו את השיטה של קדמות העולם שהסכימו שאין דבר יכול לברוא את עצמו אבל טענו שמכל מקום מי אומר שהעולם מחודש אולי הוא תמיד היה מקדם ולא התחדש ועל טענה זו דווקה אמר הרמב"ם שיש ספקות חמורים על טענה זו אבל אינו מן הנמנע ולכן כיון שבריאת העולם על ידי בורא גם אפשרי מצד השכל לכן הוא קיבל את זה על הטענה של קדמות כי נבואה יותר חזק מטענות כאלה, וכן כוונתי למעלה בטקסט האנגלית שאף למי שמאמין בה' בפשטות, התורה בא לחייב אותו להאמין באמונה שלמה שה' חידש את העולם יש מאין.

67 עיין ברמב"ם הלכות יסודי התורה פרק א הלכה ב-ד: "ואם יעלה על הדעת שהוא אינו מצוי אין דבר אחר יכול להמצאות ואם יעלה על הדעת שאין כל הנמצאים מלבדו מצויים הוא לבדו יהיה מצוי ולא יבטל לבטולם שכל הנמצאים צריכין לו והוא ברוך הוא אינו צריך להם ולא לאחד מהם לפיכך אין אמתתו כאמתת אחד מהם הוא שהנביא אומר ה' אלקים אמת הוא לבדו האמת ואין לאחר אמת כאמיתתו והוא שהתורה אומרת אין עוד מלבדו כלומר אין שם מצוי אמת מלבדו כמותו."

ובהמשך הרמב"ם בהלכות יסודי התורה שם: "המצוי הזה הוא אלהי העולם אדון כל הארץ והוא המנהיג הגלגל בכח שאין לו קץ ותכלית בכח שאין לו הפסק שהגלגל סובב תמיד ואי אפשר שיסוב בלא מסבב והוא ברוך הוא המסבב אותו בלא יד ובלא גוף וידיעת דבר זה מצות עשה שנאמר אנכי ה' אלהיך וכל המעלה על דעתו שיש שם אלוה אחר חוץ מזה עובר בלא תעשה שנאמר לא יהיה לך אלהים אחרים על פני וכופר בעיקר שזהו העיקר הגדול שהכל תלוי בו."

ובספר החינוך מצוה כה: "...ואשר אמר "אשר הוצאתיך וגו", לומר שלא יפתה לבבכם לקחת ענין צאתכם מעבדות מצרים ומכות המצרים דרך מקרה, אלא דעו שאנכי הוא שהוצאתי אתכם בחפץ ובהשגחה, כמו שהבטיח לאבותינו אברהם יצחק ויעקב."

דרשות הר"ן דרוש התשיעי: "...אמת שאפשר שיושב בזה, שעם היות ששתי מצות האלו מושכלות, עם כל זה מפני שהם עמוד התורה ושרשה, רצה הש"י שיגיעו אלינו מאתו בלי אמצעי, וזו תשובה הגונה אבל אני מוסיף בה דברים על הדרך שכתבתי, והוא, שאין אצלי המצוה הראשונה שהיא אנכי ה' אלהיך, להאמין שיש שם עלה וסבה הוא פועל לכל הנמצאים, כמ"ש הרב ז"ל. ואין לשון הפסוק מורה על זה כלל, עם היות שהוא בכלל דבריו. אבל עקר המצוה אצלי להאמין בכלל "שיש תורה מן השמים" ושדבר הש"י ואזהרתו מגיעים אלינו ולפיכך פתח ואמר: "אנכי ה' אלהיך" והשם הנכבד הזה מן ד' אותיות, הוא מורה על עלה מחויבת המציאות, וזה לא בא על צד המצוה אבל על צד הדבר הפשוט שהיו מודים [בו] כבר, שלא היה להם ספק כלל שהיה [נמצא] בעולם מחויב המציאות, אבל מה שהיה מחדש להם עכשיו ומצוה שיאמינו בו, הוא שאמר כמדבר בעדו, אני הוא

- Hashem and His power are infinite.[68]
- Hashem is the only Being fit to be served; and we must serve Him.[69]
- Hashem gave us the Torah at Sinai and the Torah we have today is the same Torah which was given to us at Sinai.[70]

אותו מחוייב המציאות מנהיגך, והוא פירוש "אלהיך", ואמר אחריו: אשר הוצאתיך, כאומר לחבירו [וכי] אינך מכירני, אני הוא אותו שעשיתי לך כך וכך והענין הפלוני. ועל דרך זה אמר אשר הוצאתיך מארץ מצרים. והנה שורש המצוה הזאת שנאמין שמאותו שכבר אנו יודעים שהוא מחוייב המציאות, ושהשכל הנטוע באדם מכריח זה ואי אפשר לחלוק עליו בשום פנים, שממנו מגיעים אלינו מצות ואזהרות. הפך הדעת הרע, שחושב ומאמין מצד עיונו שזה ליאות וחסרון בחק הש"י זו היא המצוה הראשונה, והיא בכלל לומר שנאמין שהשי"ת מנהיגנו ומזהיר אותנו. והמצוה השנית היא שאמר: לא יהיה לך אלהים אחרים על פני, כלומר, לא תעבוד אלוה אחר בעולם זולתי, כי אותי לבד תעבוד מפני שאני מנהיגך. ואלה שתי המצות אין טבע השכל נותנת, אבל מצד עיוננו נטעה ונשפוט ההפך, והוא שנחשוב ונאמר, אם לא שהאירה לנו התורה שה' מרומם מכל מעשים ועניננו, ושחלילה לו שהוא ישים לבו לצוותנו ולהזהירנו, כמו שחשבו הפילוסופים ובנו עליו כל בנינם הרע, מהרה ינתק ויעקר. ואף הנביאים אע"פ שידעו שאמתתו של דבר כן, תמהו עליו ואמרו. מה אנוש כי תזכרנו וגו', ואמר גם כן: מה אנוש כי תגדלנו וכי תשית אליו לבך ותפקדנו לבקרים לרגעים תבחננו. וכיון שכן אם לא שהאירה לנו התורה, היינו חושבים ומאמינים מצד שכלנו שה' ית' מרומם משיגיעו מצותיו ואזהרותיו אלינו, ושאין ראוי שנעבדהו כלל, לפי שאם כן נאמין שהוא יתפעל מצד מעשינו, ושיהיה לו איזה התלות."

68 עיין בספר החינוך מצוה כה: "...דיני מצוה זו כגון מה שמחויב עלינו להאמין עליו שכל היכולת וכל הגדולה והגבורה והתפארת וכל ההוד וכל הברכה וכל הקיום בו ושאין בנו כח ושכל להשיג ולהגיד גדלו וטובו כי לרוב מעלתו והודו לא יושג רק לעצמו ולשלול ממנו בכל כוחינו כל חסרון וכל מה שהוא היפך כל שלמות וכל מעלה והעניינים היוצאים מזה כגון לדעת שהוא נמצא שלם בלתי גוף ולא כח בגוף כי הגופים ישיגום החסרונות והוא ברוך הוא לא ישיגהו מין ממיני החסרון כמו שאמרנו..."

69 עיין ברמב"ם בפירוש המשניות בהקדמה לפרק חלק במסכת סנהדרין: "היסוד הראשון להאמין מציאות הבורא יתברך והוא שיש שם נמצא שלם בכל דרכי המציאות הוא עילת המציאות, הנמצאים כולם בו קיום מציאותם וממנו קיומם, ואל יעלה על הלב העדר מציאותו, כי בהעדר מציאותו נתבטל מציאות כל הנמצאים ולא נשאר נמצא שיתקיים מציאותו, ואם נעלה על לבנו העדר הנמצאים כולם זולתו לא יתבטל מציאות הש"י ולא יגרע, ואין האחדות והאדנות אלא לו לבד הש"י שמו כי הוא מסתפק במציאותו ודי לו בעצמו ואין צריך במציאות זולתו, וכל מה שזולתו מן המלאכים וגופי הגלגלים ומה שיש בתוכם ומה שיש למטה מהם הכל צריכין במציאותם אליו, וזה היסוד הראשון מורה עליו דיבור אנכי ה' אלהיך, ובהמשך שם היסוד החמישי שהוא יתברך הוא ראוי לעבדו ולגדלו ולהודיעו גדולתו ולעשות מצותיו ושלא יעשו כזה למי שהוא תחתיו במציאות מן המלאכים והכוכבים והגלגלים והיסודות ומה שמורכב מהם לפי שכולם מוטבעים ועל פעולתם אין משפט ולא בחירה אלא לו לבדו הש"י..."

70 סמ"ג מצות עשה א' מצות עשה: "להאמין כי אותו שנתן לנו את התורה בהר סיני על ידי משה רבינו הוא ה' אלקינו שהוציאנו ממצרים שנאמר (שמות כ, ב) אנכי ה' אלקיך אשר הוצאתיך מארץ מצרים."

- Hashem created the world for a purpose, and while we are partners in bringing about this purpose, He ultimately ensures it will come, despite us, if necessary.[71]

ועיין בריש ספר הזכרונות לרבי צדוק הכהן: "לדעת הרמב"ם, (בספר המצוות מצות עשה א', בריש הלכות יסודי התורה פרק א' הלכה א'), הוא מצות עשה דאנכי וגו'. והוא להאמין שיש שם מצוי הממציא כל הנמצאים וכו."

ובסמ"ק (מצוות עשה מצוה א') הוסיף שהוא המנהיג וכו', והיא אמונת ההשגחה, וזה בכלל סיום הכתוב אשר הוצאתיך וגו' (שמות כ', ב').

וסמ"ג (מצוות עשה מצוה א') הוסיף שנותן התורה הוא אשר הוציאנו וגו', והיינו דאנכי רצה לומר המגיד לכם דברי התורה, ויכלול עם זה אמונת תורה מן השמים גם כן והנה כל אלו אמונות עקריות, ולא יצוייר איש יהודי זולת זה."

ועיין בספר קובץ מאמרים כרך א בסוף מאמר א הנקרא מאמר האמונה של רב אלחנן ווסרמן דכתב: "...ט) ומהעיקר הראשון — האמונה בה' — יוצאה תולדה מוכרחת, העיקר השני — תורה מן השמים — כי אחרי שתכלית כל הנבראים לעשות רצון קונם וזה פשוט כי אין כח בשכל האדם להיות יודע דעת עליון ולהשיג מהו רצון ה' ואם לא יודיע הקב"ה מהו רצונו נשארת הבריאה בלי שום תכלית כי איך אפשר לאדם לעשות רצון הש"י אם לא ידע מהו רצונו ואם כן הדבר מוכרח בהכרח גמור שהקב"ה הודיע וגילה לבני אדם מהו חפצו ורצונו מהם על ידי התגלות שכינתו בעולם וזו היא תורה מן השמים ומזה מוכרח גם כן האמונה בביאת המשיח כי אחרי שידענו בבירור גמור שכל הנמצאים נבראו לעשות רצונו ית"ש ואנו רואים בכל העולם היפוך מזה כי כל בני אדם שקועים וטובעים בים התאוות ואין משכיל דורש את אלקים כמאמר הכתוב בתהילים יד:ב והדבר ברור שבשביל בני אדם כאלו לא היה כדאי לברוא שמים וארץ ובהכרח צריך להיות שיתקיים הכתוב ישעיה מ:ה ונגלה כבוד ה' וכו' והיה ה' למלך על כל הארץ זכריה יד:ט אמן ואמן."

71 עיין בשער א' בספר נפש החיים, שם מפרט עניין שותפותינו עם הקב"ה ושזהו ענין בריאת האדם בצלם אלקים. ואביא כאן קטעים מסויימים להדגיש הנקודה:

וז"ל שער א פרק ג: "כן בדמיון זה כביכול ברא הוא יתברך את האדם והשליטו על רבי רבוון כחות ועולמות אין מספר. ומסרם בידו שיהא הוא המדבר והמנהיג אותם עפ"י כל פרטי תנועות מעשיו ודבוריו ומחשבותיו וכל סדרי הנהגותיו הן לטוב או להיפך ח"ו, כי במעשיו ודבוריו ומחשבותיו הטובים הוא מקיים ונותן כח בכמה כחות ועולמות עליונים הקדושים, ומוסיף בהם קדושה ואור כמ"ש (ישעיה נא, טז): "וָאָשִׂם דְּבָרַי בְּפִיךָ גו' לִנְטֹעַ שָׁמַיִם וְלִיסֹד אָרֶץ". וכמאמרם ז"ל (ברכות סד, א) "אל תקרא בניך אלא בוניך". כי המה המסדרים עולמות העליונים כבונה המסדר בנינו ונותנים בהם רב כח, ובהיפוך ח"ו ע"י מעשיו או דבוריו ומחשבותיו אשר לא טובים. הוא מהרס ר"ל כמה כחות ועולמות עליונים הקדושים לאין ערך ושיעור. כמו שכתוב (שם מט, יז) "מהרסיך ומחריביך וגו'". או מחשיך או מקטין אורם וקדושתם ח"ו. ומוסיף כח לעומת זה במדורות הטומאה ר"ל: זהו "ויברא אלקים את האדם בצלמו בצלם אלקים גו'", "כי בצלם אלקים עשה וגו'" שכמו שהוא ית' שמו הוא האלקים בעל הכחות הנמצאים בכל העולמות כולם, ומסדרם ומנהיגם כל רגע כרצונו, כן השליט רצונו יתברך את האדם שיהא הוא הפותח והסוגר של כמה אלפי רבואות כחות ועולמות על פי כל פרטי סדרי הנהגותיו בכל עניניו בכל עת ורגע ממש כפי שרשו העליון של מעשיו ודבוריו ומחשבותיו, כאילו הוא גם כן הבעל כח שלהם כביכול. ואמרו ז"ל באיכה רבתי (בפסוק וילכו בלא כח גו'): "רבי עזריה בשם רבי יהודה בר סימון אומר בזמן שישראל עושין רצונו של מקום מוסיפין כח בגבורה של מעלה, כמה דאת אמר (תהלים ד, יד): "באלקים נעשה חיל". ובזמן שאין ישראל עושין רצונו של מקום כביכול מתישין כח גדול של מעלה

2. *Identifying and Eradicating Bias*

דכתיב (דברים לב, יח): "צור ילדך תשי גו'." ובכמה מקומות בזוה"ק דחובי בני נשא עבדין פגימו לעילא כו'. וכן להיפך כנ"ל. וזה שאמר הכתוב (תהלים סח, לה): "תנו עוז לאלקים."
וז"ל בהמשך שם שער א סוף פרק ט: "לכן בעת קריעת ים סוף. אמר הוא ית' למשה מה תצעק אלי דבר אל בני ישראל ויסעו. ר"ל דבדידהו תליא מלתא. שאם המה יהיו בתוקף האמונה והבטחון ויסעו הלוך ונסוע אל הים סמוך לבם לא יירא. מעוצם בטחונם שודאי יקרע לפניהם. אז יגרמו עי"ז התעוררות למעלה שיעשה להם הנס ויקרע לפניהם. וזהו לססתי ברכבי פרעה דמיתיך רעיתי. ר"ל כמו בסוסי פרעה שהיה היפך מנהגו של עולם שהרוכב מנהיג לסוס. ובפרעה וחילו הסוס הנהיג את רוכבו כמשרז"ל. כן דמיתיך והמשלתיך רעיתי ע"ז האופן ממש. שאף שאני רוכב ערבות. עכ"ז כביכול את מנהיג אותי ע"י מעשיך. שענין התחברותי כביכול להעולמות הוא רק כפי ענין התעוררות מעשיך לאן נוטים. וזש"ה רוכב שמים בעזרך. וכן משרז"ל העבודה צורך גבוה."
ועיין תחילת ספר מסילת ישרים "יסוד החסידות ושרש העבודה התמימה הוא שיתברר ויתאמת אצל האדם מה חובתו בעולמו ולמה צריך שישים מבטו ומגמתו בכל אשר הוא עמל כל ימי חייו. והנה מה שהורונו חכמינו זכרונם לברכה הוא, שהאדם לא נברא אלא להתענג על ה' ולהנות מזיו שכינתו שזהו התענוג האמיתי והעידון הגדול מכל העידונים שיכולים להמצא. ומקום העידון הזה באמת הוא העולם הבא, כי הוא הנברא בהכנה המצטרכת לדבר הזה. אך הדרך כדי להגיע אל מחוז חפצנו זה, הוא זה העולם. והוא מה שאמרו זכרונם לברכה (אבות ד):העולם הזה דומה לפרוזדור בפני העולם הבא. והאמצעים המגיעים את האדם לתכלית הזה, הם המצוות אשר צונו עליהן האל יתברך שמו. ומקום עשיית המצוות הוא רק העולם הזה. על כן הושם האדם בזה העולם בתחלה כדי שעל ידי האמצעים האלה המזדמנים לו כאן יוכל להגיע אל המקום אשר הוכן לו, שהוא העולם הבא, לרוות שם בטוב אשר קנה לו על ידי אמצעים אלה. והוא מה שאמרו, זכרונם לברכה (עירובין כב א): היום לעשותם ומחר לקבל שכרם: וכשתסתכל בדבר תראה כי השלמות האמיתי הוא רק הדביקות בו יתברך, והוא מה שהיה דוד המלך אומר (תהלים עג): ואני קרבת אלקים לי טוב. ואומר (שם כז): אחת שאלתי מאת ה' אותה אבקש שבתי בבית ה' כל ימי חיי וגו', כי רק זה הוא הטוב. וכל זולת זה שיחשבוהו בני האדם לטוב, אינו אלא הבל ושוא נתעה. אמנם לכשיזכה האדם לטובה הזאת, ראוי שיעמול ראשונה וישתדל ביגיעו לקנותה, והיינו שישתדל לידבק בו יתברך בכח מעשים שתולדתם זה הענין והם הם המצות"
ועיין סמ"ק מצוה א: "לידע שאותו שברא שמים וארץ הוא לבדו מושל מעלה ומטה ובד' רוחות כדכתיב (שמות כ) אנכי ה' אלהיך וכתיב (דברים ד) וידעת היום והשבות אל לבבך כי ה' הוא האלהים בשמים ממעל ועל הארץ מתחת אין עוד ודרשו חכמים (פסיקתא פרשת ואתחנן) אפילו באויר ליגע פירוש לאפוקי מן הפילוסופים שאמרו שהעולם נוהג מאליו במזלות ואין לו מנהיג ולא דבר ואפילו קריעת ים סוף ויציאת מצרים וכל הנפלאות שנעשו כולו ברוח פיו והוא הוציאנו ממצרים ועשה לנו כל הנפלאות [ואמרו — חולין ז] ואין אדם נוקף אצבעו מלמטה אלא אם כן מכריזין עליו מלמעלה שנאמר (תהילים לז) מה' מצעדי גבר כוננו ובזה תלוי מה שאמרו חכמים (שבת לא) ששואלין לאדם לאחר מיתה בשעת דינו צפית לישועה והיכן כתיב מצוה זו אלא ש"מ בזה תלוי שכשם שיש לנו להאמין שהוציאנו ממצרים דכתיב אנכי ה' אלהיך אשר הוצאתיך וכו' ועל כרחך מאחר שהוא דיבור הכי קאמר כשם שאני רוצה שתאמינו בי שאני הוצאתי אתכם כך אני רוצה שתאמינו בי שאני ה' אלהיכם ואני עתיד לקבץ אתכם ולהושיעכם וכן יושיענו ברחמיו שנית כדכתיב (דברים ל) ושב וקבצך מכל העמים וכו'"
נראה ברור שחלק ממצות אנכי הוא להאמין שיש תכלית לבריאה ואנו שותפים עם הקב"ה בה על ידי עבודתינו וסוף סוף הקב"ה בכבודו ובעצמו מבטיח שיביא תכלית זה

Many Jewish thinkers throughout the generations have

לשלמותו אף בלי מעשינו אם יצטרך. וזו כוונת הגמ' בסנהדרין צח. "אמר רב אלכסנדרי רבי יהושע בן לוי רמי כתיב 'בעתה' וכתיב 'אחישנה' זכו אחישנה לא זכו בעתה."
ודבר זה יותר מפורש בספר דעת תבונות אות מ וז"ל: "כי הן אמת, שהיו יכולים בני אדם להיות זוכים במעשיהם, ומכירים הם האמת, ועוזבים אורחות השקר של העוה"ז ברצותם להתקרב אל בוראם; וזה בהיותם יודעים ומבינים כבר שכל מה שהוא הפך מן הדרך אשר צוה ה' אינו אלא מכלל סוג הרע שרצה הרצון העליון, וברא בהסתר פני טובו. ועל כן ימאסו בתרמית עיניהם זה, ויבחרו באור הגנוז והצפון — אור פני מלך חיים. ואם היו עושים כן, הנה היה יחודו ית' מתגלה אליהם מצד עצמם, ונמצאו מקרבים להם הישועה; ולא היה צריך הקב"ה להראותו הוא להם בדרך קשי הגלות וארכו, כי כיון שנתברר להם האמת מדעתם — די בזה, וכשנתברר — נתברר. כי כיון שכבר ראו הרע והכירוהו, ועזבוהו ואחזו באמתת יחודו — הרי נעשה מה שצריך, כי כל הכונה היא רק שיתאמת להם ענין זה, כדי שמשם והלאה יתענגו באמת שנתגלה להם, אם כן כשנתגלה — נתגלה. הלא תראי — אדם הראשון עצמו כך קרה לו, והביני היטב הענין הזה. כי אם לא היה בורא הקב"ה העולם אלא על צד הטוב בלא צד הרע כלל, אז לא היתה המחשבה מציירת הרע כלל, שתוכל להבין היחוד בשלמות גדרו, וכמו שביארנו לעיל. אך כיון שכבר ברא הרע, אז ודאי כבר המחשבה יכולה לצייר אותו, ולהכיר מכחו היחוד באמת. ואמנם, אדה"ר כבר היה רואה הרע, והיינו כי הלא הוא היה עץ הדעת טוב ורע שהקב"ה אסרו עליו, ואף על פי כן היה עינו מטעה אותו לחשוב אותו תאוה לעינים, וטוב למאכל, ונחמד להשכיל, כדברי הכתוב (בראשית ג, ו), "ותרא האשה" וגו'. ונמצא, שהיה רואה מיד שיש מקום לטעות ח"ו, ולומר או שתי רשויות הם ח"ו, או כל שאר סברות הרעות שהיה משים לפניהם הנחש. ואמנם אדה"ר באמת חכם גדול היה, והיה לו לחקור בחכמתו על זה כראוי; וגם כבר היה יודע אמתתו של דבר מצד חכמתו, שכל מה שרואה מנגד מה שהודיע לו יתב' מן אמתת התיקון — אינו אלא שקר מדומה, מכלל הרע שברא הוא ית"ש להודיע אמתת יחודו, ולנסות בו את האדם עצמו לתת לו זכות. ואם היה עומד באמונתו, ולא היה מתפתה אחר יצה"ר, אלא אדרבה, היתה מתחזקת בלבו האמונה הזאת, אז היה נקרא שהשיג היחוד העליון, שהרי כבר ראה וציירה מחשבתו מה הוא הרע, וגם השיג בחכמתו שכל מה שהוא רע — אינו אלא נברא ממנו ית' לכבוד עצמו. והנה, היה די שיתחזק באמונה זו שלא לעבור את פי ה', וזה עד ליל שבת קודש, כאשר חכמים יגידו, שאז היה הקב"ה עושה ביום אחד מה שהוא עושה עתה בשיתא אלפי שנין; והיינו שהיה סוף סוף מראה לו בפועל שמה שהאמין מיחודו ית' הוא אמת, וזה, כי היה מבטל ברגע אחד כל הרע מן העולם. אבל אדם הראשון נתפתה בתחלה אחר התאוה והתשוקה שלו, ואז חזר וחשב סברות רעות כדי להקל לעצמו. והרי זה כעין מה שאמרו רז"ל (סנהדרין סג ע"ב), "לא עבדו ישראל עבודה זרה אלא להתיר להם עריות בפרהסיא"; ואמרו רז"ל (סנהדרין לח ע"א), "אדם הראשון מין היה". והנה, אז הוצרך להראות לו במופת מה שלא רצה להשיג מצד הידיעה, והיינו להראות לו מהו הרע באמת; ואיך, אף על פי שמניחים לו מקום כל כך גדול, סוף סוף צריך לבא הכל לממשלת הטוב היחידית; והוא דרך קושי העוה"ז שנגזר עליו, כדי שסוף סוף יבא לידי האמונה שלא רצה לעמוד בה מתחלה, אלא שיתברר לו במופת בפרט מה שהיה יכול להשיג מתחלה, ולהתברר לו הכל בבת אחת. וכן הוא לבניו אחריו גם כן, כי לולי היו רוצים להשיג זה, ולקבוע ידיעה זאת בנפשותם מצד החכמה — היה די, כי אין צריך אלא שידעוהו, והרי ידעוהו, וכשנתברר — נתברר. אך כיון שלא זכו בני אדם במעשיהם, ואדרבה, הלכו אחרי התרמית המתראה לעיניהם בכל אותם הסברות הרעות שזכרנו למעלה, הרי הקב"ה צריך הוא לגלות להם מה שלא ידעו הם להשיג. ואין זה אלא שיעשה בדרך שהוא עושה בגלות הזה, שהסתיר פניו הסתר

established that belief in Hashem's existence is merely a function of common sense. The alternative is that our world is purely coincidental, which, given the intricacy of our world and the seeming impossibility of life developing randomly, is simply untenable. It should be quite simple for a person to accept the existence of a Creator responsible for bringing a world into existence. If we do struggle with accepting Hashem's existence, the struggle is more likely to be regarding the implications and ramifications of Hashem's presence. In the mitzvah of *Anochi*, the Torah requires us to examine the biases we have that hold us back from fully accepting and integrating Hashem's existence into our lives.[72]

אחר הסתר, עד שנתגברה הרעה בעולם תכלית התגבורת הגדול; וכמו שאמר ז"ל (סוטה מט. וע"ש), "אין לך יום שאין ברכתו מרובה מחבירו". והנה בסוף הכל — פתאום יבא אל היכלו האדון היחיד ב"ה, ונגלה כבוד ה' וראו כל בשר יחדיו. ומה שעתה בעבור רוב הסתר הפנים נפסדו הדיעות ונתקלקלו כל המעשים, ומזה נמשך גם כן בבריות עצמם הקלקול והפסדות, כענין שאמרו (סוטה מח ע"א), "ניטל טעם הפירות" וכו', וכל שאר הדברים הרעים שספרו לנו רז"ל, ואשר רואים אנחנו בעינינו — הארץ והנה תהו ובהו, וכמאמרם ז"ל (סוטה מט ע"ב), "חוצפא יסגא ויוקר יאמיר" וכו', שכל זה הוא תגבורת הרע הגדול, הנה כאשר יגלה כבוד ה' — ישובו כל הדיעות לדרך הישרה, וכל המעשים יהיו מתוקנים כראש, ויהיו בני האדם מתדבקים בקונם, כמו שאמר הכתוב (יואל ג, א), "אשפוך את רוחי על כל בשר" וגו'; וכן (ירמיהו לא, לג), "ולא ילמדו עוד איש את רעהו וגו' לאמר דעו את ה', כי כלם ידעו אותי למקטנם ועד גדולם"; ותהיה התשוקה הכללית לכל העולם להתקדש בקדושתו ית', כענין שנאמר (ישעיהו ב, ג), "והלכו עמים רבים ואמרו לכו ונעלה אל הר ה' וגו' ויורנו מדרכיו ונלכה באורחתיו" וגו'. ויולד מזה הצלחות הבריות כולם, כענין שנאמר (תהלים עב, טז), "יהי פסת בר בארץ בראש הרים"; (ישעיהו יא, ו), "וגר זאב עם כבש" וגו."

72 קובץ מאמרים לר' אלחנן ווסרמן כרך א מאמר א (מאמר אמונה): "ב) וכתב הרמב"ם בספר המצות: מצוה ראשונה לידע ולהאמין בהקב"ה וכו עיי"ש וצריך להבין איך שייך מצוה להאמין בשלמא בחובת האברים שייך מצוה לעשות או שלא לעשות שזה הוא ביד האדם ותלוי ברצונו אם לעשות או לחדול אבל האמונה בשי"ת ובתורתו היא מידי דממילא וממ"נ אם יש לו האמונה הזאת אין צורך לצוותו שיאמין ואם ח"ו נכרתה האמונה מלבו אין בידו להשיגה ולכאורה אונס גמור בזה שליביה אונסיה ועוד דכיון דהאמונה היא מכלל המצות אשר כל ישראל חייבין בה תיכף משהגיעו לכלל גדלות דהיינו תינוק בן י"ג שנה ותינוקת בת י"ב שנה והנה ידוע כי בענין האמונה נכשלו הפילוסופים היותר גדולים כמו אריסטו אשר הרמב"ם העיד עליו ששכלו הוא למטה מנבואה ור"ל שלבד הנבואה ורוה"ק לא היה חכם גדול כמותו בעולם ומ"מ לא עמדה לו חכמתו להשיג אמונה אמיתית וא"כ איך אפשר שתוה"ק תחייב את כל התינוקות שישגו בדעתם הפעוטה יותר מאריסטו וידוע שאין הקב"ה בה בטרוניא עם בריותיו ועוד הנה בני נח נצטוו על שבע מצות וכאשר אינם מקיימין אותן בודאי יענשו ע"ז לעתיד לבא והנה נצייר בדעתנו בן נח אשר כל ימיו היה שכור ורועה בעלי חיים וכאשר יובא לבי"ד של מעלה וידונו אותו לגיהנם על שלא

3. *Strengthening Conviction and Willingness to Sacrifice*

Another aspect of *emunah* that is relevant for someone who

קיים שבע מצות הלא יצעק מנין היה לי לידע שאני מצווה בשבע מצות ולכאורה טענתו צודקת מאד ובכ"ז יצא חייב בדינו וכל הדברים האלה צריכין ביאור אבל כאשר נתבונן בזה נמצא כי האמונה שהקב"ה ברא את העולם היא מוכרחת לכל בן דעת אם רק יצא מכלל שוטה ואין צורך כלל לשום פיליסופיא להשיג את הידיעה הזאת וז"ל חובת הלבבות בשער היחוד פרק ו ויש בני אדם שאמרו שהעולם נהיה במקרה מבלי בורא ח"ו ותימא בעיני איך תעלה בדעת מחשבה זאת ואילו אמר אדם בגלגל של מים המתגלגל להשקות שדה כי זה נתקן מבלי כוונת אומן היינו חושבים את האומר זה לסכל ומשתגע וכו' וידוע כי הדברים אשר הם בלי כוונת מכוין לא ימצאו בהם סימני חכמה והלא תראה אם ישפך לאדם דיו פתאום על נייר חלק אי אפשר שיצטייר ממנו כתב מסודר ואילו בא לפנינו כתב מסודר ואחד אומר כי נשפך הדיו על הנייר מעצמו ונעשתה צורת הכתב היינו מכזיבים אותו וכו' עיי"ש ואיך אפשר לבן דעת לומר על הבריאה כולה שנעשית מאליה אחרי שאנו רואין על כל פסיעה סימני חכמה עמוקה עד אין תכלית וכמה חכמה נפלאה יש במבנה גוף האדם ובסידור אבריו וכחותיו כאשר יעידו על זה כל חכמי הרפואה והניתוח ואיך אפשר לומר על מכונה נפלאה כזאת שנעשית מאיליה בלי כונת עושה ואם יאמר אדם על מורה שעות שנעשה מעצמו הלא למשוגע יחשב האומר כן וכל הדברים אלו נמצא במדרש מעשה שבא מין אחד לרבי עקיבא אמר לו המין לר"ע מי ברא את העולם אמר לו ר"ע הקב"ה אמר המין הראני דברי ברור אמר לו ר"ע מי ארג בגדך אמר המין אורג אמר לו ר"ע הראני דבר ברור וכלשון הזה אמר ר"ע לתלמידיו כשם שהטלית מעידה על האורג והדלת על הנגר והבית מעיד על הבנאי כך העולם מעיד על הקב"ה שבראו עכ"ל המדרש ואם נצייר שיולד אדם בדעת שלמה תיכף משעת הולדו הנה לא נוכל להשיג את גודל השתוממותו בראותו פתאום את השמים וצבאם הארץ וכל אשר עליה וכאשר נבקש את האיש הזה להשיב על שאלתנו אם העולם אשר הוא רואה עתה בפעם הראשונה נעשה מאליה בלי שום ספק שהדבר נעשה בחכמה נפלאה ובסדר נעלה מאד ומבואר בכתוב השמים מספרים כבוד וכו' מבשרי אחזה וגו' וא"כ הדבר תמוה ונפלא מאד להיפוך איך נואלו פילוסופים גדולים לומר שהעולם נעשה במקרה ? ופתרון החידה מצינו בתוה"ק המגלה לנו כל סתום והוא הכתוב 'לא תקח שוחד כי השוחד יעור עיני חכמים'....וע"כ צ"ל שהוא חק הטבע בכחות נפש האדם כי הרצון ישפיע על השכל ומובן שהכל לפי ערך הרצון ולפי ערך השכל כי רצון קטן ישפיע על שכל גדול רק מעט ועל שכל קטן ישפיע יותר ורצון גדול ישפיע עוד יותר אבל פטור בלא כלום אי אפשר וגם הרצון היותר קטן יוכל להטות איזה נטיה גם את השכל היותר גדול....ומעתה אין תימה מהפילוסופים שכפרו בחידוש העולם כי כפי גודל שכלם עוד גדלו יותר ויותר תאוותיהם להנאות עוה"ז ושוחד כזה יש בכחו להטות דעת אדם לומר כי שתי פעמים שנים אינן ארבע אלא חמש ואין כח בשכל האדם להכיר את האמת בלתי אם אינו משוחד בדבר שהוא דן עליו אבל אם הכרת האמת היא נגד רצונותיו של אדם אין כח להשכל גם היותר גדול להאיר את עיני האדם היוצא מזה כי יסודי האמונה מצד עצמם הם פשוטים ומוכרחים לכל אדם שאיננו בכלל שוטה אשר אי אפשר להסתפק באמיתתם אמנם רק תנאי שלא יהר האדם משוחד היינו שיהא חפשי מתאות עוה"ז ומרצונותיו וא"כ סיבת המינות והכפירה אין מקורה בקילקול השכל מצד עצמו כי אם מפני רצונו לתאוותיו המטה ומעור שכלו ...והמצוה להאמין היינו שלא יגביר תאוותיו על שכלו וממילא תבוא האמונה בהכרח ואין צורך להשתדל להשיג אמונה אלא להסיר את הגורמים להפסידה והיא תבא מאליה וגם בן נח גס השכל מ"מ יש בכח דעתו להכיר כי העולם מעיד על הקב"ה שבראו..."

already believes is the need to develop one's belief in Hashem from the theoretical or potential to the actual, i.e., by moving from a simple affirmation of this belief to a deep conviction of its truth.[73]

A person develops this conviction in three basic ways:[74]

- Reflecting and relying upon on our tradition to bring oneself through a process of clarification to absolute conviction.
- Verbalizing this belief even when others disagree and even when a person can't convince others of the veracity of his own beliefs.
- Maintaining this belief even if doing so requires making sacrifices, facing challenges, or, in the ultimate sense, giving one's life to preserve this *emunah*.

---

73 ספר החינוך מצוה כה: "וענין ההאמנה הוא, שיקבע בנפשו שהאמת כן, ושאי אפשר חילוף זה בשום פנים. ואם יושאל עליו ישיב לכל שואל שזה יאמין לבו, ולא יודה בחילוף זה אפילו יאמרו להרגו, שכל זה מחזיק וקובע האמנת הלב כשמוציא הדבר מן הכח אל הפועל, רצוני לומר כשמקיים בדברי פיו מה שלבו גומר..."

74 גם זה מדויק מאד בדברי ספר החינוך הנ"ל בהערה שלפני זה: אומר שעניין האמנה הוא כולל ג' דברים א) "שיקבע בנפשו שהאמת כן ושאי אפשר חילוף זה בשום פנים", ב) "ואם יושאל עליו ישיב לכל שואל שזה יאמין לבו", ג) "ולא יודה בחילוף זה אפילו יאמרו להרגו" (וכל שכן לא יחליף לנסיונות שהם פחות ממסירת נפש ממש). וגם ברור שכל זה מיירי אף למי שלא הוכיח אמונתו במופת נחתך כי הרי הוא כותב שלשה דברים אלו לפני שהוא מסיים מיד אחרי זה "ואם יזכה לעלות במעלות החכמה ולבבו יבין ובעיניו יראה במופת נחתך שהאמנה הזאת שהאמין אמת וברור אי אפשר להיות דבר בלתי זה אז יקיים מצות עשה זה מצוה מן המובחר." הרי ברור לכל מי שעיניו בראשו שכל הג' עניינים — קביעות בלב, להשיב לכולם, והמסירות נפש שמביא אמונתו מן הכח אל הפועל — בנויים אך ורק על אמונת המסורה מאבותינו.

ואני מדגיש את הנ"ל כי שמעתי אנשים אומרים שהמסורה אינו חזקה ומוצדקת מצד עצמה חס ושלום עד כדי לבנות עליה והרי דעה זו נסתרת בפירוש מדברי הספר החינוך האלו. וכן ברור גם בדברי ספר העיקרים, בספר אמונות ודעות לרב סעדיה גאון, בשו"ת הרשב"א, בדברי הרמב"ן, ובספר הכוזרי. שהמסורת מאבותינו כדאית היא לבנות עליה ואינה חסרה מצד עצמה שום דבר לעיכובא.

אמנם ידוע שלפי ספר החינוך הנ"ל מצוה כ"ה יש תוספת מצוה מן המובחר להגיע למופת נחתך "אם יזכה." וידוע לכולם שהרמב"ם במשנה תורה הלכות יסודי התורה פרק א הלכה א-ו והחובות הלבבות שער היחוד פרק ג הבינו שיש חיוב גמור לנסות להשיג כל אחד כפי יכולתו מופת נחתך ולא לסמוך על המסורת לבד.

4. *Aligning Our Actions with Our Emunah*

The mitzvah of *Anochi* also directs us to bring our actions into sync with our *emunah*. Our sages use a phrase *"ketanei emunah"* — people with little *emunah* — to describe those whose actions don't align with, and possibly even contradict, their stated convictions about Hashem. Obviously, an observant Jew will perform the commandments as best as possible. But it is important to realize that even within a framework of observance, our *emunah* is supposed to be visible and apparent in every aspect of our lives: publicly, privately, externally, and internally.[75] We well know that a person can be "observant" and yet still be vulnerable to all forms of human weakness. Fulfilling the mitzvah of *Anochi* helps develop the traits we need to preserve our integrity and live a life fully integrated with the will of Hashem.

---

75 קונטרס ספר הזכרונות לר' צדוק הכהן מצוה א: "...והנה מי שלא יעמיק בענין, יחשוב שמצוה זו אין צריך להזכירה, כי כל ישראל מאמינים בני מאמינים. אולם אף על פי שזה אמת בעצם האמונה בלב, עם כל זה בענין היציאה לפועל במעשה במה שנוגע לגוף, אנו רואים נגד זה. וכידוע גם כן מה שכתב בחובת הלבבות (ריש שער הבטחון) מתשובת המגוש לאותו פרוש, פעלך סותר את דברך ובמשנה (סוטה פרק ט' משנה י') משחרב בית המקדש פסקו אנשי אמנה, ובגמרא שם (מ"ח סוף ע"ב) אלו בני אדם המאמינים בהקב"ה. פירש רש"י (ד"ה שמאמינים) בוטחין בו לוותר ממונם לנוי הידור מצוה, ולצדקה, ולהוצאת שבת וימים טובים. והנה באמת זה קצת לנחמה לנו מה שאמרו שפסקו וכו' כבר משחרב בית המקדש, אבל לא חלילה שפסקה אמונה לגמרי מישראל חס ושלום, לא תהא כזאת בישראל וכבר בא חבקוק והעמיד כל התורה כולה על אחת, צדיק באמונתו יחיה (חבקוק ב', ד'), כמו שאמרו [בסוף מכות] (כ"ד.). וזה כל עסק האדם בעולם הזה, שכל מצוות התורה כולה מכוונים להגיע למטרה זו. ואמרו (מכילתא שמות ו') דבזכות האמונה בני ישראל נגאלים, אבל תואר השם אנשי אמנה, ובלשון הכתוב אמונים, לא יבוא אלא על השלם באמונתו לגמרי, עד שבכל פעולותיו לא ימצא דבר מנגד לזה...ועל כל פנים ממה שכתבנו יתבונן האדם עד כמה גדולה מדריגת האמונה השלימה, וכמה שקידה צריך להשריש בלבו אמונה שלימה. ואף על פי שבאמת כל אחד מישראל מאמין באמיתות השגחתו יתברך וכל פרטי עיקרי האמונה, מכל מקום אינו עדיין מושרש בלב להיות נגלה כן על ידי כוחות הפעולה היוצאים מן הלב, שלא תשכח ממנו אמונה זו לעולם...ודברים אלו עיקר גדול בהתחזקות האמונה, להאמין שהשם יתברך משגיח עליו עם קטנות מדריגתו כמו שהוא משגיח על הגדול שבגדולים, כי לפניו הכל שוים, וכל קטנות האמונה בא על ידי הייאוש בעצמו...והכלל בענינים הללו, הוא הזכרון התדירי בלב באמיתות הדברים הללו עד שיקבע אמיתותם נוכח עיניו, לא יזוזו ממנו רגע אחד. וכבר אמר רבי יוחנן בן זכאי בברכות (כ"ח ע"ב) תדעו כשאדם עובר עבירה אומר ולואי שלא יראני אדם. ואילו היתה אמונתו אמיתית שהשם יתברך מלא כל הארץ כבודו, וצופה עליו ורואה במעשיו, ודאי לא היה חוטא מעולם. אבל אף על פי שכל אחד מאמין זה אינו קבוע בלבו כן, ונשכח ממנו בעת החטא."

5. *Increasing Awareness of Hashem*

   It is one thing to believe in Hashem; it is another to be aware of Him. King David says "I place Hashem before me constantly."[76] This is yet another aspect of what the mitzvah of *Anochi* requires of the Jew who already believes in Hashem. We must strive for awareness of Hashem as much as possible. Our physical and imperfect nature pulls away from awareness of Hashem, and as we become distant from Him in our minds, we grow distant from Him in our hearts. The mitzvah is to "know Hashem," meaning to be aware of Him and to attempt to maintain this awareness of Him.[77] In this instance, the word "know" has a

---

76 עיין תהילים טז:ח, ועיין ברש"י שם: "בכל מעשי שמתי מוראו לנגד עיני ולמה כי מימיני הוא תמיד לעזרני לבל אמוט", ובמצודת דוד שם "שויתי ה' — תמיד אחשב כאילו ה' עומד נגדי ורואה מעשי."

ועיין בדברי הרמ"א אורח חיים א:א שהביא לשון הרמב"ם במורה נבוכים חלק ג פרק נב, והנה קטע משם: "שויתי ה' לנגדי תמיד הוא כלל גדול בתורה ובמעלות הצדיקים אשר הולכים לפני האלקים כי אין ישיבת האדם ותנועותיו ועסקיו והוא לבדו בביתו כישיבתו ותנועותיו ועסקיו והוא לפני מלך גדול ולא דבורו והרחבת פיו כרצונו והוא עם אנשי ביתו וקרוביו כדבורו במושב המלך כל שכן כשישים האדם אל לבו שהמלך הגדול הקב"ה אשר מלא כל הארץ כבודו עומד עליו ורואה במעשיו כמו שנאמר 'אם יסתר איש במסתרים ואני לא אראנו נאם ה' מיד יגיע אליו היראה וההכנעה בפחד השם יתברך ובושתו ממנו תמיד."

77 ביד המלך פ"א מיסודי התורה כתב על לשון הרמב"ם שידיעת דבר זה (שיש שם מצוי ראשון וכו') מצות עשה שנאמר אנכי ה' אלהיך וז"ל "ודע דכוונת עשה דידיעה זו אינה ידיעת השכל, דבידיעה מצד השכל אין כח בשום נברא להשיגו ולדעת אותו, וכאמור (שמות לג:כ) "כי לא יראני האדם וחי" רק דהכוונה הוא על ידיעה פשוטה בידיעה מוחלטת. והגם דלא שייך ציווי וחיוב על ידיעה אם לא במקום שיש לעמוד על בירור הענין, דאז שייך ציווי על השתדלות הבירור, ואחר שיתברר לו- ידע ממילא, משא"כ בידיעת הבורא ברוך הוא דלא יצוייר בו שום בירור כלל לדעת אותו ולהשיגו, ואיך שייך חיוב וציווי על ידעתו. והמצוה בזה יכול להיות על אמונה — להאמין באלהותו, אבל לא על הידיעה. אמנם הכוונה בזה הוא, דהמצוה והחיוב עלינו, דכמו דשרפים ואופנים וחיות, וגם הגלגלים אשר לדעת רבינו המה חיים ומכירים ויודעים את בוראם, וגם ההכרות וידיעות אלה של כל צבא מרום אינם מכח השגה, דהבורא ברוך הוא לא יושג בשום צד ובשום פנים מזולתו, רק ההכרה וידיעה של כל צבא מעלה הוא מחמת תום הרצון של הנבראים הקדושים והטהורים האלה, והמה חפצים בצדקת השם ויושר הנהגתו ושמחים בעבודתו, וכמו שקבעו חז"ל בברכת הלבנה ששים ושמחים לעשות רצון קונם וע"י רצונם הטוב התמידי אשר להם ומחשבתם הטהורה, לא יעלה להם שום ספק חלילה במציאות השם ברוך הוא וקבלת עול מלכותו ואלהותו, והחלטת יסוד ותכלית כל אמת הזה נתאמת להם בכח הרגשה עצמית ונחלט בדעתם בידיעה והחלטה פשוטה מצד אמיתתו ולא יצטרכו לשום אמונה כלל, כי כח האמונה לא הונח רק על דבר שהוא בספק ויאמין בצד אחד של הספק, אבל בידיעה פשוטה וחלוטה שלא עלה בה שום ספק לצד

meaning other than its more common one. While the word usually describes intellectual clarity, here the connotation is similar to "and Adam knew his wife Chava" (*Bereishis* 4:1), conveying closeness and intimate awareness.

Our tradition speaks of five levels of constant awareness.[78]

אחר לא הונח על זה שום כח אמונה כלל. ולפיכך לא מצינו בשום מקום אמונה בכל צבא מרום, כי המה אין להם שום רוע רצון ולא יעלה על מחשבתם כלל שום רעיון רוח שקר אשר יוליכם ואשר יביאם להסתפק נגד האמת, וממילא כל הענינים האמיתים גלוים וידועים לפניהם בידיעה פשוטה מצד האמת בעצמו. אך האדם מצד רוע רצונו ופיתוי יצרו ודמיונו הכוזב הנטוע אצלו בטבעו — ירע את מעשיו, ומקפח את שכלו ומעקם יושר מחשבתו ופלס מעגל ידיעתו, וכאשר סר לבו חלילה לעזוב דרכי ה' אזי ממילא אינו חפץ בה' וביושר משפטו וצדקתו, ורוע הרצון הזה בעצמו מוליד לו ספק באמיתת מציאותו ובקבלת עול אלהותו. ולכן מצינו בדברי חז"ל בכמה דברים מעוברי רצונו — שהמה כמו כופרי בעיקר, כי ע"י עבירות הללו שמרחיק האדם את עצמו מדרכי ה' ומצותיו- נולד לו ספק בעיקר אמיתתו. ולזאת הזהירנו תורתינו הקדושה (דברים י:יב, ושם יא:כב) "לאהבה את ה' ולדבקה בו ללכת בכל דרכיו ולשמור חוקיו ומשפטיו" והרבה אזהרות כדומה לזה. כי כאשר ידבק האדם את עצמו במידות השם ב"ה הישרים והנעימים ויהיה חפץ בה' ובמצוותיו, מתענג באהבתו, ומתעדן בעבודתו, ומזכך נפשו כל כך — עד שהוא רוצה ושמח במציאותו, ואז ממילא לא יהיה לו שום ספק חלילה באמיתת מציאותו, ולא שום רפיון כלל ועצלות חלילה בקבלת עול אלהותו. וידע את ה' בידיעה פשוטה מצד אמיתתו. וזהו שציוה דוד לשלמה בנו (דברי הימים א, כח:ט) "דע את אלהי אביך ועבדהו בלב שלם ובנפש חפיצה" והכוונה הוא כי ע"י שיעבוד את ה' בתום לבב ובתשוקת נפש ועי"ז יחפוץ בו בכל לבו אז ידע אותו."

78 בקונטרס ספר הזכרונות מצוה א ר' צדוק חוקר באריכות את הגדרת מילת "תמיד". והנה שאלתו בקיצור: "והנה מי שלא יעמיק בענין, יחשוב שמצוה זו אין צריך להזכירה, כי כל ישראל מאמינים בני מאמינים. אולם אף על פי שזה אמת בעצם האמונה בלב, עם כל זה בענין היציאה לפועל במעשה במה שנוגע לגוף, אנו רואים נגד זה. וכידוע גם כן מה שכתב בחובת הלבבות (ריש שער הבטחון) מתשובת המגוש לאותו פרוש, פעלך סותר את דברך.... ואף על פי שמצינו דוד המלך ע"ה אומר 'שויתי ה' לנגדי תמיד' (תהלים ט"ז, ח'), אין זו מדת כל אחד. וכבר כתב בסוף ספר מורה נבוכים (חלק ג' פרק נ"א), כי להיות אדם עסוק בעניני עולם הזה ועם כל זה לא ישכח דביקותו בהשם יתברך הוא מדריגה גדולה מאוד, לא זכו אליה אלא האבות ומשה רבינו לבד. ואם נאמר שאין צריך בזה תמיד ממש, אם כן הדבר צריך גבול וגדר ונתת דבריך לשיעורין. ובמשמעות 'תמיד' האמור בתהילים, אפשר לפי מה שאמרו בפרק שתי הלחם (מנחות צ"ט ע"ב) דפעם אחד שחרית ואחד ערבית קרינן ביה תמיד וקיים לא ימוש, הכי נמי קיים שויתי וגו' תמיד על ידי השימה על לב בוקר וערב זה. ואם כן כבר רוב ישראל המכוונים על כל פנים בפסוק אחד מקריאת שמע, כבר קיימו זה וזהו לענין הקיום תמיד, אך בתורה לא נזכר כלל שיהיה זה תמיד, ולא כל ימי חייך, כדרך שנאמר ביציאת מצרים דמשמעותו לזכור בכל יום על כל פנים, וממלת כל ריבו גם הלילות (ברכות י"ב ע"ב), אבל בזה שכתוב סתם אולי נחשוב שדי בזכירה פעם אחת בחודש או בשנה או בכל ימי חייו..."

בכדי לענות על שאלתו הוא בונה חמש דרגות:

1)"...ובעל הלכות גדולות והרמב"ן שלא מנו מצות עשה דאנכי מפני שהיא עיקר כולל,

Each level meets the definition of the word "constant" in some

מנו נגד זה אזהרת לא תעשה דהשמר לך פן תשכח את ה' אלקיך. וביאר הרמב"ן (מצות לא תעשה מצוה א') שענינו שלא לשכוח עיקר אלקות, לכפור או להסתפק בו [ועיין שם שכתב דנכפלה האזהרה במה שנאמר עוד. השמר לך פן תשכח את ה' אלקיך לבלתי שמור וגו' (דברים ח', י"א). והוא המקרא שזכרנוהו למעלה לענין אמונת ההשגחה, כמו שסיים בו בענין בפירוש. ואם כן יש לומר שהם אזהרות שונות, האחת לאמונת עיקר מציאותו יתברך, והשניה לאמונת ההשגחה, שכפל עליה שם מצות עשה גם כן כמו שנתבאר] והנה זה גם כן עיקר כולל, אלא שלענין האזהרה ומצות לא תעשה לא הוציאוהו מהכלל כמו שמנו אזהרת עבודה זרה, שמכל מקום שייך להזהיר על זה גם לפי דעתם ולפי מה שנתבאר כי לא שייך ציווי באמונה, כוונת האזהרה על השמירה עצמו שלא יבוא לידי כך, ודבר זה אזהרה גדולה כוללת מה שאמרו חז"ל הקורא בספרים חיצונים אין לו חלק לעולם הבא (סנהדרין צ'.) ובארו בגמרא (שם ק' ע"ב) ספרי מינין. והוא בכלל מה שאמרו (עבודה זרה י"ז. עיין תוספות שם ריש ע"ב) אל תקרב אל פתח ביתה (משלי ה', ח') זו מינות, שהקריבה אליהם והקריאה בספריהם גורמת לשכוח בהשם יתברך להסתפק או לכפור בו חס ושלום...הנה זה מה שראוי לזכור מאזהרה זו על פי דרכו של הרמב"ן דהוא על השמירה מכפירה. אולם פשט הכתוב היה נראה שהוא אזהרה על השכחה לבד בלא כפירה, רק ששוכח מלבו אמונת האלקות. אלא שאי אפשר לומר שיהיה זה אזהרה תמידית, על כן אמר שלא ישכח אפילו רגע אחד מאמיתות השם יתברך, דאם כן לא שבקת חיי. ואף על פי שמצינו דוד המלך ע"ה אומר "שויתי ה' לנגדי תמיד" (תהלים ט"ז, ח'), אין זו מדת כל אחד וכבר כתב בסוף ספר מורה נבוכים (חלק ג' פרק נ"א), כי להיות אדם עסוק בעניני עולם הזה ועם כל זה לא ישכח דביקותו בהשם יתברך הוא מדריגה גדולה מאוד, לא זכו אליה אלא האבות ומשה רבינו לבד. ואם נאמר שאין צריך בזה תמיד ממש, אם כן הדבר צריך גבול וגדר ונתת דבריך לשיעורין."

2) "ובמשמעות "תמיד" האמור בתהילים, אפשר לפי מה שאמרו בפרק שתי הלחם (מנחות צ"ט ע"ב) דפעם אחד שחרית ואחד ערבית קרינן ביה תמיד וקיים לא ימוש, הכי נמי קיים שויתי וגו' תמיד על ידי השימה על לב בוקר וערב זה. ואם כן כבר רוב ישראל המכוונים על כל פנים בפסוק אחד מקריאת שמע, כבר קיימו זה וזהו לענין הקיום תמיד, אך בתורה לא נזכר כלל שיהיה זה תמיד, ולא כל ימי חייך, כדרך שנאמר ביציאת מצרים דמשמעותו לזכור בכל יום על כל פנים, וממלת כל ריבו גם הלילות (ברכות י"ב ע"ב), אבל בזה שכתוב סתם אולי נחשוב שדי בזכירה פעם אחת בחודש או בשנה או בכל ימי חייו, ומצאתי בפסיקתא זוטרתי (פרשת עקב) "השמר לך פן תשכח וגו'" זה הפורק עול מלכות שמים אוכל בלא תפילה ובלא ברכה. נראה שמפרש השכחה הוא על ידי פריקת עול, ואף על פי שברכת הנהנין ואיסור האכילה קודם התפילה אינן אלא איסורין דרבנן, (עיין ברכות י' ע"ב), מכל מקום כיון שכבר הורגלו ישראל בהן העובר על זה הוא רק מצד פריקת עול מלכות שמים מעליו, ופריקת עול הוא אזהרת השכחה ולפי זה הוא אזהרה תמידית שלא יהיה שום רגע בפריקת עול מלכות שמים מעליו. ודבר זה צריך זכירות גדול להיות תמיד על לבבו עול מלכות שמים, נוסף על קבלת העול בקריאת שמע שחרית וערבית."

3) "ובספר יראים (סימן י"א) פירש אזהרה זו, שלא ישכח אדם מלקבל עליו עול מלכות שמים ולקרוא קריאת שמע בכל יום. ולמאן דאמר קריאת שמע דרבנן (ברכות כ"א.) יפרש שיזכור אדם תמיד את בוראו ואת מצוותיו עד כאן ודעתו דדי בקבלת העול בוקר וערב לבד, והוא הדין לענין תמיד דסיפא כך משמעו מסתמא, שיזכור בכל יום בוקר וערב או בזמן אחר ביום ובלילה ענין זה. ומי שקורא קריאת שמע ותפילה ולא כיוון כלום כי לבבו פונה לדברים אחרים, וכן כל היום כולו לא העלה זכרון השם יתברך אל לבו הרי זה עבר באזהרה זו לפי דבריו."

4) "ובשערי תשובה לרבינו יונה (שער ג' סימן כ"ז) כתב שזה אזהרה לזכור את השם

way, while together they form a progression leading the person

יתברך בכל עת. ומשמעות לשונו בכל עת ממש. וכמדומה דלא ניחא למרייהו דאמרת הכי להיות השוכח רגע אחד עובר בלאו, ונמצא האדם עובר רבוא ורבבות לאוין בכל יום כמו שנתבאר, כי לאו כל אדם זוכה להיות דבוק תמיד בהשם יתברך שלא ימוש מזכרונו לגמרי אף בעת עסקו בעניני עולם הזה וכיוצא וסיים שם עוד וחייב האדם להשתדל לקנות לנפשו תמיד הנהגות המחוייבות מן הזכירה, כמו היראה והצניעות וקישוט המחשבות ומעשים וכו'. ודברים הללו גם כן אין מבוארים יפה מה טוב חיוב זה לענין האזהרה, שאם הוא זוכר בהשם יתברך הרי קיים המצוה, ומנין לו להוסיף החיובים שאמר בכלל לשון אזהרה זו, ואם אינו זוכר העיקר מה בצע בהנהגות הטפלות אם אין נמשכים מהעיקר. והיראה היא מצות עשה בפני עצמה יתבאר לקמן אבל היה לו לומר זה על דרך הנסיון והבירור, לדעת אשר בלבבו אם הוא זוכר באמת בהשם יתברך ולא שכחו, יוכל להבחין זה על ידי יציאת המעשים לפועל שבהם ניכר אם הם נמשכים מהזכירה, וכדרך שנתבאר למעלה לענין מצות אנכי שהפעולות מעידים על זה והוא מה שסיים במקרא דהשמר וגו' השני לבלתי שמור מצוותיו, רצה לומר שזהו מצד השכחה בהשם יתברך פורק עול מצוותיו מעליו, וזה מעיד על שכחתו בהשם יתברך, ואולי לכך נתכוין וענין אזהרה זו כענין מצות אנכי לרמב"ם שאינה על הזכירה, רק על העדר השכחה. אלא שהפעולות מעידות אם לא נשכח ממנו, וכמו שנתבאר. ואף על פי שעיקר אזהרת השכחה לפי זה הוא על ההעלם מן הלב, מכל מקום לא דבר קטן הוא, וצריך שקידה גדולה על זכירת זה, עד שיוקבע הדבר בלבו ויהיו כל פעולותיו בלתי מכחישות זה וכאמור."

5) "ולדברי הכל חובת האדם להשתדל בזכירה זו בתמידות ואף שנאמר שיצא ידי חובת האזהרה בזכירת פעמיים ביום, הרי כיוצא בזה אמרו במצוות תלמוד תורה דבקריאת שמע שחרית וערבית קיים לא ימוש (כנ"ל), ומכל מקום צריך לעסוק גם כן תמיד. וכל שכן בזה שזה כל האדם, וכמו שכתב במורה נבוכים שם באורך איך ישים האדם כל מעייניו בענין (ההוא), והביא מאמר רבותינו ז"ל אל תפנו אל מדעתכם. [לפנינו מאמר זה (שבת קמ"ט.) ומלת אל סגולה, ומשמעו ענין אחר, עיין שם ברש"י] וכבר נמצא באיזה חיבורים כתוב, שלא יתמיד האדם בעסק התורה גם כן כל כך שזה מפרידו מדביקותו בהשם יתברך, ודבריהם בזה הוא כדעתן של חסידים הראשונים שהיו עסוקין תשע שעות ביום בתפלות, ומתוך שחסידים הם תורתן מתברכת (ברכות ל"ב ע"ב), והא ודאי עיקר כל המצוות ועסק התורה בכללם הוא כדי להגיע לדביקות זה התמידי בהשם יתברך. וכך אמרו חכמים (ירושלמי חגיגה פרק א' הלכה ז', ופתיחתא דאיכה ב') הלואי אותי עזבו ואת תורתי שמרו, המאור שבה מחזירם למוטב. הא למדת שעיקר מאור התורה הוא שמביא למוטב, דהיינו שלא לעזוב אותו יתברך. ומי שכבר זכה והגיע למדריגת הדביקות על ידי רוב השתדלותו בזה על ידי עסק התורה והמצוות, והגיע למעלת חסידים הראשונים, יוכל לנהוג כמוהם להרבות כל היום בעסק זה אף שממעטים על ידי זה בתורה. אולם מדת כל אחד השגת דביקותם בהשם יתברך אינו אלא בעסק התורה והמצוות, עם ההתבוננות לפני זה על ידי הברכה שלפניהם, לדעת כי השם יתברך הוא המצווה זה, ושכוונתו לקיים מצוותיו יתברך, ולכוונה זו לבד לומד ועושה כל מה שעושה. וכל זמן שהוא עסוק בלימודו ובקיום מצוותיו יתברך הרי איננו שוכחו כלל. וכמפורש גם כן בלשון האזהרה פן תשכח וגו' לבלתי שמור וגו', יש לדייק מזה הא השומר מצוותיו איננו שוכחו, ומחשבתו ניכרת מתוך מעשיו. ואף על פי שמחשבתו באותה שעה הוא בענין ההלכה שלומד או בענין מעשה מצוה שעושה, מאחר שזו ההלכה או המעשה הוא רצונו יתברך הרי רצונו יתברך הוא עצמותו, כי אצלו כביכול כולא חד, והרי מחשב בעצמותו ודבק בו יתברך. וכל זמן שהאדם איננו נקי עדיין מהסתת היצר הרע לתאוות גופניות וחמדות עולם הזה, הא ודאי אי אפשר לו להשיג דביקות אחר תמידי, זולת על ידי עסק התורה שהיא תבלין ליצר הרע (קדושין

closer to the ultimate goal described by King David as "I place Hashem before me constantly." These steps are:

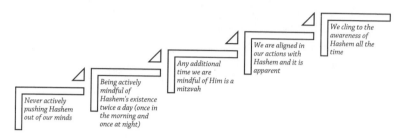

6. *A Real and Personal Relationship with Hashem*
   Some add that defining *emunah* as establishing Hashem's existence as Creator and Sustainer of the universe misses a key element of the Torah's statement. The mitzvah emphasizes "I am Hashem YOUR Master who took you out of Egypt from the house of servitude." The goal is to develop a personal relationship with Hashem, thus, one must actually work to see Hashem within his or her own experiences.[79] He is not just a

---

ל׳ ע״ב), אבל אחר שנזדכך גופו על ידי השתדלותו בעסק התורה והמצוות, אחר זה ראוי לו להתבונן בדביקות השם יתברך במחשבה. והוא מה שאמרו במדרש משלי (פרשה י׳) דשואלין לאדם אחר שעסק בתורה ומצוות אם צפה במרכבה, וכסא כבודו איך הוא עומד, ובזוהר האריכו בכמה מקומות מזה. ואף זה מכלל עסק התורה הוא על האמת, כי אי אפשר לדביקות המחשבה בו יתברך זולת בדרך החכמה וההשגה שהוא מהנסתרות שבתורתינו הקדושה וכמו שכתב במורה נבוכים שם שמי שיחשוב בה׳ וירבה לזכרו מבלי חכמה, אבל הוא נמשך אחר קצת דמיון לבד, או נמשך אחר אמונה שמסרה לו זולתו הוא אצלי וכו׳ בלתי זוכר ה׳ באמת ולא חושב בו וכו׳, ואמנם ראוי להתחיל בזה המין מן העבודה [שזכר למעלה שישים האדם מחשבתו בה׳ לבדו] אחר הציור השכלי וכו׳, עיין שם באורך.״

79 גמ׳ ברכות יג. במשנה: ״...אמר רבי יהושע בן קרחה למה קדמה פרשת שמע לוהיה אם שמוע כדי שיקבל עליו עול מלכות שמים תחלה ואחר כך מקבל עליו עול מצות.״
ועיין בהשגות הרמב״ן לספר המצוות במצוה עשה א ״אמר הכותב האמונה הזאת בדבור הזה ׳לא נפלאת היא ולא רחוקה היא׳ (דברים ל:יא) וכן בדברי רבותינו ז״ל מפורש שהוא קבלת מלכותו יתעלה והיא אמונת אלקות״, וגם בדבריו בלא תעשה ה ״...וקבלת המלכות הזו שקבלו בסיני הוא באמת מדבור אנכי.״
ועיין באבן עזרא ספר יסוד מורא שער שביעי ״ומצות הלב תחלתם ׳אנכי ה׳ אלקיך׳ שיאמין בכל לבו שהשם שהוציאו ממצרים הוא אלקיו והנה הוא מצות עשה,״ ובאבן עזרא על התורה שמות כ:א ״והנה זה הדיבור הראשון הוא עיקר כל התשעה דברים הנכתבים אחריו והוא קרוב ממצות הלב וטעם זה הדיבור שיאמין ותהיה אמונת לבו בלי ספק כי זה השם הנכבד שהוא נכתב ולא נקרא הוא לבדו אלקיו.״

Creator, He is MY Creator. He is not just a Sustainer, He is MY Sustainer. He is not just an Overseer, He is MY Overseer. He is Hashem: I strive to align myself with Him and to remain aware of Him. We must convert our beliefs and convictions into our experiential reality, such that they do not remain only cerebral, but rather become real facets of our experiences. This is done through a process referred to as "*hitztayarus banefesh*" — using visualization and internalization as tools to make Hashem real.[80]

ועיין בפירוש הרב שמשון רפאל הירש לפסוק "אנכי ה' אלקיך אשר הוצאתיך מארץ מצרים" (שמות כ:ב): "בפילוסופיה של הדת שבמשנותיהם הישנות והחדשות של הוגי הדעות מדובר הרבה על מה שהם מכנים 'האמונה במציאות האל' אבל המושג הזה רחוק כרחוק מזרח ממערב ממשמעותו של הדיבור הזה לגבי יסודותיה של מחשבת היהדות אינה זו שאני מאמין במציאות ה' בכלל ואף לא זו שה' הוא אחד ואחד בלבד אלא זו שה' האחד והיחיד היחיד אלוהי האמת הוא אלי שהוא ברא ויצר אותי הציג אותי על מעמדי והעמיד אותי על חובתי ועדיין הוא יוצרי ומעצבי נוצרי מדריכי ומנהלי. ולא זאת אמונתי שאני קשור אליו כתוצר מקרי של השתלשלות רבבות סיבות שבעולם הבריאה שהוא היה לה סיבה ראשונה לפני אלפי דורות אלא זאת שכל נשימה ונשימה וכל רגע ורגע של הוויתי מתת בלתי אמצעית היא של גבורתו וחסדו ושעלי להקדיש כל רגע ורגע מחיי בהווה ובעתיד לעבודתו בלבד, לשון אחר לא הידיעה על מציאות ה' הוא עיקר אלא ההכרה וההודאה שהוא אלי והוא לבדו תומך גורלי והוא לבדו מכונן את מעשי ידי..."

80 אור יחזקאל של הרבי יחזקאל לווינשטיין פרק א-ד עיין שם באריכות נפלאה, וגם בספר לב אביגדור של הרב אביגדור מיללער עמ' כה סימן ב, מהות הדעת ודרכי קניינה וז"ל: "...והענין הוא שיש מדרגות בידיעת הענינים השונות כפי השתתפות החושים בהן יש ידיעת שכל ויש ידיעת החוש התינוק שומע מאביו שהאש שורפת והוא מאמין באמונה שלמה בדברי אביו אבל עדיין אין לו ידיעת החוש בזה אבל כאשר נותן אצבעו בתוך האש אז נקנית לו ידיעה חושית הידיעה הראשונה לא פעלה עליו למעשה אבל ידיעת החוש שקנה תפעול עליו כל ימיו להזהר ולפי חדות ההרגשה החושית שיש בידיעה תבחן מדרגת הדעת..."

ועיין נמי ברמב"ם מורה נבוכים ח"א פרק נ: "דע, אתה המעין במאמרי זה, כי האמונה אינה הענין הנאמר בפה, אלא הענין שהצטייר בנפש כאשר מאמתים אותו שהוא כך כפי שהצטייר. אם אתה מאותם שמספיק להם מן ההשקפות הנכונות או שחושבים שהם נכונות, בכך שתאמר אותם בפיך בלי שתשכיל אותם ותבינם כל שכן שתחקור בהם על נכון הרי זה קל מאוד; כפי שאתה מוצא רבים מן הפתאים תופסים דעות שאינם מבינים להם ענין כלל אבל אם אתה ממי שנשאו לבו להתרומם למעלה הנעלה הזו מעלת העיון ושיתברר לך באמת שה' אחד אחדות אמיתית עד שלא ימצא לו הרכבה כלל ולא השערת חלוקה בשום פנים ואופן אם כן דע שאין לו יתעלה תאר עצמי כלל ולא בשום מצב וענין ושכשם שנמנע היותו גוף כך נמנע היותו בעל תאר עצמי אבל מי שסבור שהוא אחד בעל תארים מספר הרי הוא אומר שהוא אחד בפיו וסבור במחשבתו שהוא רבים וזה כעין מה שאומרים הנצרים הוא אחד אלא שהוא שלשה והשלשה אחד כך דברי האומר הוא אחד אלא שהוא בעל תארים מספר והוא ותאריו אחד עם סלוק הגשמות וקביעת הפשטות המוחלטת כאילו מטרתנו וחקירתנו אינם אלא היאך לומר לא היאך לקבוע בלבנו ואין קביעת דעה כי אם לאחר השכלה; כי קביעת הדעה היא אימות מה שהושכל שהוא גם חוץ למחשבה כפי שהושכל במחשבה ואם הושג עם דעה זו שלא יתכן היפך הדעה הזו כלל ולא ימצא

7. *Knowing Hashem Exists through Clarification and Proofs*
There is a dispute amongst the Rishonim whether the mitzvah of *Anochi* requires us to take our *emunah* further — from belief and conviction into the realm of knowledge. Some maintain

---

במחשבה מקום לדחיית דעה זו ולא השערת אפשרות הפכה יהיה זה נכון וכאשר תתפשט מן התאוות וההרגלים ואתה בעל תבונה ותתבונן במה שאומר בפרקים אלו אשר יבואו בשלילת התארים יתאמת לך הדבר בהכרח ואז תהיה ממי שמשכיל יחוד השם לא ממי שאומרו בפיו ואינו מבין לו ענין ויהיה מכלל אשר נאמר בהם קרוב אתה בפיהם ורחוק מכליותיהם אלא ראוי שיהיה האדם מכלל משכילי האמת ומשיגיו ואף על פי שאינו אומרו בפיו כמו שנצטוו החסידים ונאמר להם אמרו בלבבכם על משכבם ודמו סלה."

וע"ע בעלי שור לרב שלמה וולבה, שער ב פרק יז קטע ב: "...כל מה שאנו מרבים לצייר לעצמנו ציורים המאמתים לנו את התורה ומדות הבורא יתברך שמו מתחזקת אמונתנו ניתן להגיד, כי ציורים אמיתיים הנם המפתח לאמונה, כאשר יבואר עוד בעזרת ה', בצד הרע ידוע לנו כי הרהורי עבירה היינו ציורי עבירה קשים מעבירה כי כח הציור חזק מאד להביא לידי מעשים רבים כן הוא בצד הקדושה אשר חוט תכלת בציצית בכחו לעורר דמיון של הים וים דומה לרקיע ורקיע דומה לכסא הכבוד 'וראיתם אותו יתברך'..."

ובעלי שור שם בפרק יט: "כבר אמרנו כי הציור הוא המפתח לאמונה ציורים מעוררים ומחזקים את הכח והם המבססים את המחשבה ולכן כתב הרמב"ם כי אמונה זהו הציור הנכון והאמיתי אי לזאת הרוצה לחזק ולהעמיק את אמונתו זאת היא עבודתו כפי שכתב רבי יהודה הלוי בכוזרי ג:ה 'החסיד מצוה את המדמה להמציא ההדורה שבצורות הנמצאות אצלו בעזר הזכרון לדמות אליו הענין האלוקי המבוקש כמו מעמד הר סיני ומעמד אברהם ויצחק בהר המוריה וכמו משכן משה וסדר העבודה וחול הכבוד בבית המקדש וזולת זה הרבה' דבר גדול הוא לצייר לעצמו כיצד היה נראה יציאת מצרים קריעת ים סוף ושירת הים כשמשה רבנו אומר את השירה וכל ריבבות אלפי ישראל עונים אחריו על מתן תורה נצטווינו לדעת הרמב"ן בלאו 'שלא נשכח מעמד הר סיני ולא נסיר אותו מדעתנו אבל יהיה עינינו ולבנו שם כל הימים והוא אמרו יתעלה השמר לך ושמור נפשך מאד פן תשכח את הדברים אשר ראו עיניך ופן יסורו מלבבך כל ימי חייך והודעתם לבניך ולבני בניך יום אשר עמדת לפני ה' אלקיך בחורב וכו'.. (השגות הרמב"ן לספר המצוות של הרמב"ם לא תעשה ב)." וממשיך הרב וולבה: "יתאר נא המאמין לעצמו איך הוא בעצמו עומד בתחתית ההר יחד עם כל ששים רבוא מישראל ההר בוער באש עד לב השמים ומשה רבנו בראש ההר והוא שמע בנבואה דיבור אנכי ולא יהיה לך מפי הגבורה והוא נרתע לאחוריו ומתעלף מרוב אימה ופחד ורק טל של תחיה הנסוך עליו משורש התורה במרומים מחייהו ומקרבהו לשמוע הדברים עד תומן ואיך אינו פוסק אחר ך מלהשתומם על גדלות כזאת שזכה לה בתוך כלל ישראל לשמוע אלקים חיים מדבר אל האדם 'וחי' רוח הקודש בקרבו חיות נצחית ועם זאת הוא מתחנן לפני משה רבנו 'דבר אתה עמנו' כי ירא הוא לנפשו פן ימות אם יוסיף עוד לשמוע את קול השם ומשה רבנו מצטער על כך כי עמדו מרחוק מרוב יראה ולא גברה בהם רוב אהבה לדבר השם לשמוע כל התורה כולה מפיו יתברך ולא נצחה אהבה זו את פחד המות מי שנחרת בלבו ציור חי מאמיתת המעמד בהר סיני ויהיו עיניו ולבו שם כל הימים יתגבר כח אמונתו וגם ימצא בשכלו תמיד מהלך איתן לבסס אמונתו וידע 'מה להשיב לאפיקורס' והנה דברי ימינו הנם מלאים וגדושים מציורים של יופי וגדלות ואמת להפליא המחיה ציורים כאלה בלבו הנו נמצא תמיד בחברת שמעון הצדיק אשר גם אלכסנדר מוקידון התבטל לפניו בחברת הלל הזקן ור' עקיבא רבנו הקדוש רבא ואביי וכל אשר יוסיף להכיר גדולי ישראל בהווה ובעבר יתוספו לו ציורים מאמיתת תורה הקדושה."

that we must actually use whatever proofs are at our disposal to demonstrate the absolute necessity of Hashem's existence through pure intellect. This is not to say that we are to abandon the belief and conviction of our testimony and tradition, and start with a clean slate using only philosophy and logic to prove Hashem's existence. Rather, according to this view, we are to use intellectual proofs to affirm as absolute the basic foundation of belief, namely that Hashem does exist.[81] Other Rishonim disagree and say that it is unnecessary to engage in a process of objective proof, and doing so can lead people astray. Our tradition, which is based on the testimony of our ancestors, is more than sufficient as a foundation.[82] While there is no

---

81 רמב"ם יד החזקה פרק א הלכה א-ו, רמב"ם מורה נבוכים חלק ג פרק נא באריכות נפלאה, המבי"ט בספרו בית אלקים שער שלישי פרק א-ג (לפחות לגבי מקצת מיסודות אמונתנו יש מצוה לחקור על פי דעתו), פירוש המהרש"ל בהערות לסמ"ג מצוות אנכי, ספר החינוך מצוה כה (לכה"פ למצוה מן המובחר).

ועיין במלבי"ם על הפסוק "אנכי ה' אלקיך" בביאור דברי הרמב"ם (ולכאורה כמו"כ יתר האוחזים בשיטה זו) וז"ל בהתורה והמצוה לשמות כ:ב: "אולם שתי המצות האלה שהם מציאות ה' ושאין זולתו זה ישיג האדם בשכלו וה' נטע בשכל האדם ידיעות נשתלו בו מלדה ומבטן ואשר [כפי דעת אפלטון] תביא הנפש אתה ממקור מחצבתה שיש אלוה נמצא ושהוא אחד כמ"ש בפ' איוב במענה אליהו (סי' לו) ע"ש עד שמי שיביט בעין השכל בבתי נפשו ימצא דעות אלה טבועות בנפש כל אדם ומושרשות בנפשות כמו השכלות ראשונות ולא היה צריך לקבלם ממשה בדרך אמונה וע"כ באו הצווים האלה מאת ה' יוצר הנפשות והמצוה הוא שישתדל לדעת זה בידיעה ברורה."

והנה הוספתי שמצות החקירה (לאלה הסוברים שיש מצוה כזו) באה רק לבסס יסודות אמונתנו ולא לחקור באופן החקירה של החוקרים בעולם הרחב שמתחילים לחקור כאילו איננו יודעים כלום וסומכים אך ורק על מסקנות השכל בהאנושי לבד. כי לכאורה המעיין בדברי הראשונים שחקרו ברור כשמש כי דרכם רק לבסס אמונתנו ולהאיר על טעויות שאר החוקרים שלא הגיעו לאמת. ולכאורה אף דרך חקירה הנ"ל של החוקרים בעולם הרחב לא היו הראשנים עצמם מפחדים ממנו כי ידעו דרכי חכמה והיה להם חוש מהם המושכלות הראשונות באמת ואיפה הם טעו או הטעו עצמם מדרך הישר והאמיתי בחקירה, אבל דרגה זו של מלחמת ה' אומרים שזה רק לחכם גדול שמלא כריסו בש"ס ופוסקים ומכיר דרכי חכמה וכוונתו להציל יהודים הטועים כמו הרמב"ם במורה נבוכים וכדומה. ועיין בספר תניא שכן ביאר כוונתם, ועיין בהערה שאחר זו.

82 ר' אלחנן בספר קובץ שיעורים חלק ב סימן מז אות ט: "מה שכתב כבוד תורתו כי נראה מדברי הקדמונים שנחלקו אם מותר להתעסק בפילוסופיה באמת כן היא שנמצאו בין הקדמונים מתירים ומדברי החובות הלבבות בהקדמתו נראה שהיא מצות 'דע את אלקי אביך' (דברי הימים א כח:ט) שהאמונה תהא על ידי ידיעה והחולקים אמרו שהמאמין מפני קבלה מהאבות זו היא מצות האמונה אבל למעשה אצלנו אין שום נפקא מינה ממחלוקת זו כי הדבר פשוט כי גם לדעת המתירים אין ההיתר אלא היכא דלא שכיח

conclusive ruling in this matter, some contemporary thinkers point to our lack of familiarity with later developments in the field of philosophy as a reason why the approach of developing proofs is no longer broadly practiced.[83]

It is important to recognize that none of this is to say that one's belief should not make rational sense to him. We must develop, for ourselves, an approach to *emunah* that we are each comfortable with as individuals and that satisfies our sense of truth and honesty. The dispute described in the previous paragraph relates to seeking objective proof of Hashem's existence, something on the order of a nearly scientific proof. This is only required according to some Rishonim, but we must be able to defend, if only to ourselves individually, the rational foundation of our *emunah*.[84]

היזיקא היינו באנשים פחותי ערך כמונו אשר הסכנה עצומה לנטות ולטעות ולעולם לא יעמוד אדם במקום סכנה ותדע שהרי מצות האמונה היא לנער מבן י"ג שנה ולנערה בת י"ב היעלה על הדעת לאמר שהתורה חייבה לכל מנער ועד קטן טף ונשים שיהיו כולם פילוסופים כאריסטו ואין הקב"ה בא בטרוניא עם בריותיו אלא ברור שלא דברו בעלי השיטה הנ"ל אלא מיחידי סגולה אשר אינם מצויים כלל בדורותינו."

ועיין בשו"ת הרשב"א חלק א סימנים תיד — תיח בתשובה לחכמי פרובנציה באריכות נפלאה. ועיין בהקדמה לספר חובות הלבבות ממחבר פירוש "לב טוב" שהביא שמות החכמים האוסרים, ועיין בחיי אדם סוף פרק א הג"ה בשם הגר"א שאחרי חכם גוי אחד אמנואל קאנט כבר הפסקנו להשתמש בפילוסופיה למטרת בירור אמונתנו (מודפס רק בחלק מהדפוסים).

83 ועיין עוד בעניין אמונה פשוטה וחקירה להלן במצות לא תתורו.

84 עיין בספר עלי שור חלק ב עמ' רפח "איננו חייבים כלל לבסס אמונתנו בטענות פילוסופיות ובמחקר מעמיק. די לנו להשתמש בשכל הפשוט שלנו כדי לבסס אמונתנו. השכל הבריא אינו מתקשה כלל לעמוד על ההכרח שהקב"ה ברא את העולם, נתן את התורה מן השמים, ויביא את הגאולה. אבל לא נוכל לחסוך לכל מאמין את הטירחה לתת דעתו על ביסוס אמונתו בדרך שכלו, ורק כאשר יעשה כך תהיה אמונתו ודאית וברורה", ועיין בהמשך דבריו שם עמ' רצא "יש לנו עוד לדעת כי להרגשה אמיתית לא דמיונית יכולים להגיע רק על ידי השכל מה שנתברר בשכל יכול להתאמת בלב מה שלא נתברר בשכל יש לחשוד כי מה שנדמה לאדם כי הוא מאמין ברגש אין זה אלא דמיון בעלמא. על דרך זה כתב רמח"ל זללה"ה בספרו "חוקר ומקובל" כי כל חכמת הקבלה מיוסדת על פסוק 'וידעת היום והשבות אל לבבך' כי הקבלה מגלה מהלך בעניני אמונה וענין שאדם עומד על המהלך שלו מתישב היטב על הלב. איננו צריכים לעסוק בקבלה כדי למצוא מהלך באמונה. כאמור נוכל למצוא מהלך גם בשכל הפשוט. אבל מדברי רמח"ל אנו לומדים כי כשיש לאדם מהלך הענין יכול להתישב על לבו, ומכלל הן אתה שומע לאו."

ועיין בספר ליקוטי מוהר"ן שיחה ז אות ב וזה לשונו "אבל אי אפשר לבוא לאמונה אלא על ידי אמת כמובא בזהר (בלק קצח:) 'והיה צדק אזור מתניו ואמונה' (ישעיה יא) היינו

8. *Subjugation of Will — Servitude*
   The mitzvah of *Anochi* takes the believer a step further. Because of our recognition of Hashem, we are required to subjugate ourselves to Him and His will, and to serve Him. We are called upon to realize the inherent reality of our dependence on Him, to recognize that He is the only Being to whom it is fitting to look, rely upon, and thus subjugate ourselves to Him.[85] This servitude manifests itself through inner recognition: *hodaah* — verbal praise, *shevach* and *tehillah*, and active service — the *avodah* of the mitzvos.[86]

צדק היינו אמונה ואמרו שם אמונה אתקריאת כד אתחבר בה אמת". ועיין נמי בספר לקוטי עצות על הנושא 'אמת ואמונה' אות ד שמבואר יותר: "אי אפשר לבוא לאמונה כי אם על ידי אמת (היינו כי עיקר האמונה אינה אלא במה שאין השכל מבין כי במקום שהשכל מבין אין שייך אמונה ואם כן כשאין השכל מבין מהיכן יבוא להאמין במה שצריך להאמין על כן עיקר האמונה תלויה באמת שאם ירצה האדם להסתכל על האמת לאמתו יבין מאליו שצריכין להאמין האמונה הקדושה בהשם יתברך ובצדיקים האמיתיים ובתורתו הקדושה אף על פי שאי אפשר להבין בשכלנו המגשם כי על ידי הסתכלות על האמת בעין האמת יבין מרחוק שהאמת הוא כך רק שאי אפשר להבין בשכל וצריכין רק להתחזק באמונה שלמה והבן היטב)".

85 רמב"ם בפירוש המשניות בהקדמה לפרק חלק: "היסוד הראשון להאמין מציאות הבורא יתברך והוא שיש שם נמצא שלם בכל דרכי המציאות הוא עילת המציאות, הנמצאים כולם בו קיום מציאותם וממנו קיומם, ואל יעלה על הלב העדר מציאותו, כי בהעדר מציאותו נתבטל מציאות כל הנמצאים ולא נשאר נמצא שיתקיים מציאותו, ואם נעלה על לבנו העדר הנמצאים כולם זולתו לא יתבטל מציאות הש"י ולא יגרע, ואין האחדות והאדנות אלא לו לבד הש"י שמו כי הוא מסתפק במציאותו ודי לו בעצמו ואין צריך במציאות זולתו, וכל מה שזולתו מן המלאכים וגופי הגלגלים ומה שיש בתוכם ומה שיש למטה מהם הכל צריכין במציאותם אליו, וזה היסוד הראשון מורה עליו דיבור אנכי ה' אלהיך," ובהמשך שם היסוד החמישי "שהוא יתברך הוא ראוי לעבדו ולגדלו ולהודיעו גדולתו ולעשות מצותיו ושלא יעשו כזה למי שהוא תחתיו במציאות מן המלאכים והכוכבים והגלגלים והיסודות ומה שמורכב מהם לפי שכולם מוטבעים ועל פעולתם אין משפט ולא בחירה אלא לו לבדו הש"י..."

86 עיין בספר חובות הלבבות בפתיחה לשער עבודת האלקים וז"ל: "וראוי להקדים בפתיחת השער הזה ביאור אופני הטובות וחיובי ההודאה עליהם מבני אדם קצתם לקצתם. ונעלה מזה אל מה שאנו חייבים בו לבורא יתעלה מן השבח וההודאה על רוב חסדו וגודל טובו עלינו. ונאמר, כי מן הידוע אצלנו, כי כל מטיב אלינו, אנו חייבים להודות לו כפי כוונתו להועיל לנו. ואם יקצר במעשהו לדבר שיקרהו, וימנעהו מהיטיב אלינו, הודאתו חובה עלינו, כיוון שנתברר לנו כי דעתו עלינו לטוב, וכי כוונתו להועיל לנו. ואם תגיע לנו שום טובה על ידי מי שלא כוון בה אלינו, יסתלקו מעלינו חיובי ההודאה לו, ואין אנו חייבים בה... וכאשר נעמוד במחשבותינו על גדולת הבורא יתעלה, ועוצם יכולתו וחכמתו ועושרו, ונסתכל בחלישות האדם וחסרונו, ושאינו מגיע אל השלמות, ורוב צרכו ורישו לדבר שימלא מחסורו, ונבחון רוב טובות הבורא יתברך וחסדו עליו, וכשבראהו כמו שבראהו

The driver for all these modes of expression is the mitzvah of *Anochi*.[87]

By extension, perhaps the most basic expression of this recognition is prayer.[88] It is beyond the scope of this work to delve into the subject of prayer, but suffice it to say that prayer is one of the greatest expressions of *emunah*, as well as a powerful way to experience the true reality of Hashem's existence.

9. *Living with, and for, Hashem's Purpose*

Finally, the mitzvah of *Anochi* requires one to recognize that Hashem has an ultimate purpose for this world, and it is not

---

מן החסרון בעצמו, והוא רש וצריך אל מה שיש בו תקנתו, ולא יגיע אליו כי אם ביגיעת נפשו. וזה מחמלת הבורא עליו, כדי שיכיר את עצמו, ויבחן בכל ענייניו, וידבק בעבודת האל על כל פנים, ויקבל על זה גמול העולם הבא אשר לו נברא, כמו שהקדמנו מן הדברים בשער השני מן הספר הזה. כמה האדם חייב לו ית', מן העבודה והיראה והשבח וההודאה והתמדת התהילה".

87 גם זה שם בספר חובות הלבבות בפתיחה לשער עבודת האלקים וז"ל: "אם יש איש סכל, שחולק בחיוב כל זה לבורא יתברך על האדם, כשהוא מבחין ומתבונן בעניין הזה, ומודה באמת על עצמו, הלא ייעור הישן, ויקיץ המתעלם, ויבחין הכסיל, וישכיל המשכיל ברור חיוב קבלת עבודת האלוהים, עם ברור הראיות ופרסום העדים ואמיתת המופתים. וכמו שכתב הנביא עליו השלום למי שהתעלם מעיין בקבלת עבודת האלוהים ית': (דברים לב) הלה' תגמלו זאת, עם נבל ולא חכם".

בפסוק הנ"ל (דברים לב:ו) כתיב במלואו: "הלה' תגמלו זאת עם נבל ולא חכם הלא הוא אביך קנך הוא עשך ויכוננך" ועיין בכל המפרשים הראשונים לפסוק שהבינו כי זה תוכחת מגולה לעם ישראל הפונים לעבודת אלילים כי איך יעשו דבר זה אחרי שה' הוציאם ממצרים והביאם להר סיני והכינם להיות עם סגולה ונתן להם התורה שכתיב בראשיתה "אנכי ה' אלקיך אשר הוצאתיך מארץ מצרים מבית עבדים." הרי פסוק זו שבעל חובות הלבבות מצטט הוא התוכחה מן התורה למי שאינו מכיר בטובות ה' עלינו ופורק עול ואינו מכניע עצמו לפני ה' לעבדו כראוי.

88 עיין ברמב"ם בפירוש המשניות בהקדמתו לפרק חלק שמפרט ומבאר את הי"ג עיקרי אמונה "והיסוד החמישי שהוא יתעלה הוא אשר ראוי לעבדו ולרוממו ולפרסם גדולתו ומשמעתו ואין עושין כן למה שלמטה ממנו במציאות מן המלאכים והכוכבים והגלגלים והיסודות וכל מה שהורכב מהן לפי שכולם מוטבעים בפעולותיהם אין להם שלטון ולא בחירה אלא רצונו יתעלה..."

ועיין ברמב"ם משנה תורה הלכות תפלה פרק א הלכה א "מצות עשה להתפלל בכל יום שנאמר 'ועבדתם את ה' אלהיכם' מפי השבועה למדו שעבודה זו היא תפילה..."

ועיין בפירוש הרמב"ן לחומש על הפסוק בשמות ג:יג "...והכונה להם בזה כי משה אמר לפניו יתברך ואמר לי מה שמו שיגיד להם ה' שיורה הוראה שלמה על המציאות ועל ההשגחה והקב"ה השיבו למה זה ישאלו לשמי אין להם צורך לראיה אחרת כי אהיה עמהם בכל צרתם יקראוני ואענם והיא הראיה הגדולה שיש אלהים בישראל קרובים אלינו בכל קראנו אליו ויש אלהים שופטים בארץ וזה פירוש נכון באגדה זו".

an open-ended venture. Hashem has a very specific destiny and plan in mind for where the world is heading, with a very specific role designated for each individual. This process is in motion and progresses whether we like it or not, whether we help it or try to harm it, and whether we are aware of it or not. The Torah and the prophets repeatedly stress this fundamental component of our *emunah*.[89] This does not suggest a lack of free will; rather, our free will gives us the ability to choose to partner with Hashem's plan and purpose as a matter of choice.

The Talmud teaches that when a person dies, he will be asked a number of questions as part of his judgment. One of the questions will be, "Did you yearn for the redemption?"[90] The *Sefer Mitzvos Katan* (the "*SeMaK*") establishes that the requirement to yearn for the redemption is learned from the mitzvah of *Anochi*.[91] We know generally that one is only punished if he has previously been warned that he must or must not violate a given precept. How then can one be punished for failing to "yearn for redemption" if nowhere

---

89 דבר זה נזכר פעמים אין מספר בדברי הנביאים ע"ה: "ונשגב ה' לבדו ביום ההוא" (ישעיהו ב, יא); "והיה ה' למלך וגו' ביום ההוא יהיה ה' אחד ושמו אחד" (זכריה יד, ט); "כי אז אהפוך אל עמים לקרוא כלם בשם ה' לעבדו שכם אחד" (צפניה ג, טו). וסוף דבר, הלא זאת עדותנו בכל יום תמיד (דברים ו, ד), "שמע ישראל ה' אלהינו ה' אחד."

90 עיין בגמ' שבת לא. "אמר רבא בשעה שמכניסין אדם לדין אומרים לו נשאת ונתת באמונה קבעת עתים לתורה עסקת בפרו ורבו צפית לישועה פלפלת בחכמה הבנת דבר מתוך דבר ואפילו הכי אי יראת ה' היא אוצרו אין אי לא לא."

91 סמ"ק מצוה א: "לידע שאותו שברא שמים וארץ הוא לבדו מושל מעלה ומטה ובד' רוחות כדכתיב (שמות כ) אנכי ה' אלהיך וכתיב (דברים ד) וידעת היום והשבות אל לבבך כי ה' הוא האלהים בשמים ממעל ועל הארץ מתחת אין עוד ודרשו חכמים (פסיקתא פרשת ואתחנן) אפילו באויר ליגע פירוש לאפוקי מן הפילוסופים שאמרו שהעולם נוהג מאליו במזלות ואין לו מנהיג ולא דבר ואפילו קריעת ים סוף ויציאת מצרים וכל הנפלאות שנעשו כולו ברוח פיו והוא הוציאנו ממצרים ועשה לנו כל הנפלאות [ואמרו — חולין ז] ואין אדם נוקף אצבעו מלמטה אלא אם כן מכריזין עליו מלמעלה שנאמר (תהילים לז) מה' מצעדי גבר כוננו ובזה תלוי מה שאמרו חכמים (שבת לא) ששואלין לאדם לאחר מיתה בשעת דינו צפית לישועה והיכן כתיב מצוה זו אלא ש"מ בזה תלוי שכשם שיש לנו להאמין שהוציאנו ממצרים דכתיב אנכי ה' אלהיך אשר הוצאתיך וכו' ועל כרחך מאחר שהוא דיבור הכי קאמר כשם שאני רוצה שתאמינו בי שאני הוצאתי אתכם כך אני רוצה שתאמינו בי שאני ה' אלהיכם ואני עתיד לקבץ אתכם ולהושיעכם וכן יושיענו ברחמיו שנית כדכתיב (דברים ל) ושב וקבצך מכל העמים וכו'"

in the Torah is one told he must yearn for redemption? The *SeMaK* answers that in the verse, "I am Hashem your Master who took you out of Egypt from the house of servitude," the Torah presents this obligation. The larger message of this mitzvah is that Hashem took us out of Egypt and He did so for a purpose. When we ask ourselves what that purpose is, we must conclude that it is certainly for the purpose that the Prophets describe in the times of Mashiach: "The whole world will be filled with the awareness of Hashem." As long as the world has not yet reached this status, we are to anticipate that it will do so in the future. We must therefore yearn for the actualization of this prophecy as a function of our belief in the purpose of Hashem taking us out of Egypt. Moreover, we are not to stop at belief in this purpose. We are supposed to make this purpose our own. We pray three times daily, in the *Amidah*, "Speedily make flourish the offspring of David and raise his crown in your salvation for it is your salvation that we hope for all the day." We pray for this salvation.

Hashem created us to be partners with Him in bringing about His purpose for the world, forming us "*b'tzelem Elokim*" (in the image of Hashem), and giving us tremendous abilities to impact the world in a multitude of ways.[92] Each of us has a unique role to play in the larger plan and purpose of creation. We partner with Hashem both in the grand scheme and in the fulfillment of our own individual and unique destinies.[93]

---

92 ועיין כל שער א׳ בספר נפש החיים המפרט עניין שותפותינו עם הקב"ה ושזה כל עניין בריאת האדם בצלם אלקים. ומפרש שם בפרק א-ג שמילת "צלם" כוונתה דמיון בצד מה, ומילת "אלקים" הכוונה "בעל הכחות כולם." והוא מסביר באריכות בשער הראשון שצלם אלקים היינו שהאדם נברא בצורה שיש לו דמיון בצד מה עם ה׳ בזה שה׳ מנהיג, מסדר, ומקיים את רבי רבבן כחות ועולמות, כך ברא ושם את האדם בעולם שיש לו כח להנהיג, לסדר, ולקיים רבי רבבן כחות העולם. וה׳ בחר להנהיג עולמו על ידי שותפות זו עם האדם הנברא בצלם אלקים. ופשוט ומובן שכל הסיבה וכל התכלית לזה שהאדם יבין וירגיש שבידו להשפיע על קורות העולם ויש בידו אפשרות להטות העולם לכאן או לכאן, דבר זה מטיל על האדם אחריות גדולה להשגיח על כל מעשיו, דבוריו, ומחשבותיו כי אין דבר לריק ואין דבר שאינו משפיע בין לטוב בין להיפך חס ושלום.

93 עיין תחילת ספר מסילת ישרים: "יסוד החסידות ושרש העבודה התמימה הוא שיתברר

"Anochi" — Defining the Emunah of the Torah 99

Driving all these efforts is the mitzvah of *Anochi*, as explained by the *SeMaK*, which obligates us to genuinely yearn for and work toward the actualization of Hashem's plan and purpose for our world.

We can, of course, abuse our free will and live at odds with Hashem's plan and purpose. If we do, we not only miss out on the opportunity to be close to Him, but He inevitably drives the creation toward its ultimate purpose with or without us. The Ramchal teaches that there are two ways in which creation can reach its purpose: We can either partner with Hashem or He can bring it about without us.[94]

ויתאמת אצל האדם מה חובתו בעולמו ולמה צריך שישים מבטו ומגמתו בכל אשר הוא עמל כל ימי חייו. והנה מה שהורונו חכמינו זכרונם לברכה הוא, שהאדם לא נברא אלא להתענג על ה' ולהנות מזיו שכינתו שזהו התענוג האמיתי והעידון הגדול מכל העידונים שיכולים להמצא. ומקום העידון הזה באמת הוא העולם הבא, כי הוא הנברא בהכנה המצטרכת לדבר הזה. אך הדרך כדי להגיע אל מחוז חפצנו זה, הוא זה העולם. והוא מה שאמרו זכרונם לברכה (אבות ד): העולם הזה דומה לפרוזדור בפני העולם הבא. והאמצעים המגיעים את האדם לתכלית הזה, הם המצוות אשר צונו עליהן האל יתברך שמו. ומקום עשיית המצוות הוא רק העולם הזה. על כן הושם האדם בזה העולם בתחלה כדי שעל ידי האמצעים האלה המזדמנים לו כאן יוכל להגיע אל המקום אשר הוכן לו, שהוא העולם הבא, לרוות שם בטוב אשר קנה לו על ידי אמצעים אלה. והוא מה שאמרו, זכרונם לברכה (עירובין כב א): היום לעשותם ומחר לקבל שכרם: וכשתסתכל בדבר תראה כי השלמות האמיתי הוא רק הדביקות בו יתברך, והוא מה שהיה דוד המלך אומר (תהלים עג): ואני קרבת אלקים לי טוב. ואומר (שם כז): אחת שאלתי מאת ה' אותה אבקש שבתי בבית ה' כל ימי חיי וגו', כי רק זה הוא הטוב. וכל זולת זה שיחשבוהו בני האדם לטוב, אינו אלא הבל ושוא נתעה. אמנם לכשיזכה האדם לטובה הזאת, ראוי שיעמול ראשונה וישתדל ביגיעו לקנותה, והיינו שישתדל לידבק בו יתברך בכח מעשים שתולדתם זה הענין והם הם המצות."

94 עיין בספר דעת תבונות אות מח: "ונמצא שבאמת בשתי מדות אלה אותז האדון ב"ה תמיד, ושתים אלה קבע בחוקו מוסדי ארץ, א' — מדת השכר ועונש, היא הנהגת הטוב והרע בשיקול אחד לזכות ולחובה, ונקראת הנהגה זאת, הנהגת המשפט, שהקב"ה יושב ודן כל העולם כולו לפי מעשיהם הטובים והרעים. ואתיא תוך משפטו זה — מדת טובו אשר לפי חק שלמותו, לפי ענין ממשלתו, שבכחו הוא רוצה לתקן את כל נבראיו. והנה, לפי מדת השכר ועונש — הקב"ה, כביכול, משעבד מעשיו למעשי בני אדם, שאם הם טובים גם הוא יטיב להם, ואם הם רעים יוכרח, כביכול, להענישם; וכענין הכתוב (תהלים סח, לו): 'תנו עוז לאלהים'; והפכו (דברים לב יח, צור ילדך תשי); וכמאמרם ז"ל (איכה רבה א, לג), 'בזמן שישראל עושים רצונו של מקום — מוסיפים כח בגבורה של מעלה, וכשאינן עושים רצונו של מקום — מתישין כח של מעלה', ח"ו, ולפי מדת ממשלתו ושליטתו אמר (זכריה ג, ט), 'ומשתי את עון הארץ ההיא ביום אחד'; (ירמיהו נ, כ), 'יבוקש את עון ישראל ואיננו ואת חטאת יהודה ולא תמצאנה'. והנה לפי מדת הטוב ורע — משפטי ה' אמת לתת לאיש כדרכיו מדה כנגד מדה, והרבה דרכים למקום לשלם לאדם כפעלו,

The Additional Prohibition of Forgetting Hashem

Some Rishonim understand that parallel to the positive commandment of *Anochi* is the negative commandment, "Lest you come to forget Hashem your Master" (*Devarim* 8:11). Generally, when the Torah repeats a mitzvah in both positive and negative form, it does so to increase the importance of the issue in our eyes. In this case, "forgetting Hashem" is defined by the commentaries as denying the existence of Hashem, or even pushing Hashem out of our minds. This is referred to as "*prikas ol*," throwing off the yoke of Heaven.[95]

The Connection between Emunah and Simchah

In the Torah, we find a long litany of curses directed at a person who

וכאורח איש ימציאנו, אכו לחסד אם לשבטו. אך לפי עצת טובו בחק שלמותו ית' — הצד השוה שבהן, להחזיר את הכל — לטוב שלם, לתיקון הגמור שיהיה באחרונה. ועל דבר זה נאמר (מלאכי ג, ו), 'אני ה' לא שניתי'. ובמדרשו של רשב"י אמרו (זוהר כי תצא רפא. וע"ש), 'לא אשתני בכל אתר'. ואמנם הנהגת השכר ועונש היא המגולית ונראית תמיד לעיני הכל, אך הגלגול שהוא מגלגל הכל לטובה עמוק הוא, ולא עבידא לאיגלויי כי אם לבסוף, אבל מתגלגל הוא והולך בכל עת ובכל שעה ודאי, ואינו פוסק".

95 עיין ברמב"ן בהשגתו על ספר המצות לרמב"ם בחלק שכחת הלאוין: "המצוה הראשונה שנמנענו שלא ישכח אחד ממנו אמונת האלהות. וענין המניעה הזאת שנצטוינו מצוה ראשונה בקבלת מלכות שמים כלומר שנאמין שיש אלוה פועל כל הנמצאות מוציאן מאין מוחלט אל היש שהם עליו ואל היש שיחפוץ בו בכל זמן מן הזמנים והוא שאמר יתב' ויתעלה אנכי י"י אלהיך אשר הוצאתיך מארץ מצרים מבית עבדים, שהיא מצוה באמונה כמו שכתב הרב (מ"ע א) וביארנו אנחנו (מ"ע א) אותו בראיה מדבריהם ז"ל, צוה אותנו בזאת האמונה שהיא יסוד התורה וכפל לנו מניעה בכפירה ממנו שהוא בטול כל אמת. והוא אמרו (ואתחנן ו) השמר לך פן תשכח את י"י (אלהיך) אשר הוציאך מארץ מצרים מבית עבדים. ירצה בזה שלא נשכח עיקר האלהות ונכפור או נסתפק בו לומר שאין אלוה ושהעולם קדמון בעצמו או קדמון בסבה ועלה ולא ישתנה ונתן הראיה במצוה ובמניעה הנזכרים יציאת מצרים שנעשה באותות ומופתים מחודשים משנים התולדות מורים על אלוה קדמון חפץ ויכול ומחדש. שענין יציאת מצרים ליודעיו משתק כל כופר בחדוש העולם ומקיים האמונה בידיעת האלוה והשגחתו ויכלתו בכללים ובפרטים. וכפל המניעה הזאת ואמר ית' (עקב ח) השמר לך פן תשכח את י"י אלהיך לבלתי שמור מצותיו. וזו גם כן מניעה מלשכוח האמונה באלהות ושיכפור מפני זה בתורה ובמצות אמר (שם) ורם לבבך ושכחת את י"י אלהיך המוציאך מארץ מצרים מבית עבדים. ונתן עוד ראיה בזה מן האותות והמופתים הגדולים והנוראים אשר עשה לנו יתב' במדבר ואמר אחר זה (שם) המוליכך במדבר ארבעים שנה וגו'. כי מהם יתבאר לנו כי כל הטובות בארץ ובזולתה הם מאתו יתעלה לא בכחנו ועוצם ידינו. אבל והיה אם שכח תשכח את י"י אלהיך והלכת אחרי אלהים אחרים (שם) התראה גם בעבודה זרה. והנה נתבאר זה. וזאת המניעה, רצוני לומר מפסוק השמר לך פן תשכח את י"י, זכרה בעל ההלכות (אות קעא)."

does not serve Hashem with the appropriate *simchah* (*Devarim* 28:47).[96] The Rambam says that someone who does the mitzvos without *simchah* is a sinner and an imbecile. Although the Rambam does not elaborate or even present a source, his commentaries offer the above verse as a source. But here, too, we seem to encounter a punishment for an offense that was not previously communicated, as nowhere in the Torah do we find an explicit verse stating that we must serve Hashem with *simchah*. How are we then to understand this promise of terrible punishments?

Furthermore, the Ba'alei Mussar note the careful selection of words in the verses, "...and you walk with me [Hashem] in **keri**," "I [Hashem] will walk with you in **keri**" (*Vayikra* 26:23–24). The Targum Onkelos translates "*keri*" to mean *kashiyu*, with difficulty. In other words, the verse is conveying that if one observes all of the mitzvos but finds them burdensome, difficult, or invasive, he is liable for punishment. Let us think about this: If a person is ultimately doing the mitzvos and is loyal to Hashem, how can he be taken to task so drastically for doing so with a bad attitude?

The answer is that included in the observance of mitzvos is to contemplate the context in which they were given and what they truly represent. The Torah never commanded us to do mitzvos with a joyous and full spirit because it should be self-evident that it is our greatest pleasure to serve Hashem, and mitzvos provide us with the opportunity to do so. Our *emunah* (and *bitachon*) in Hashem and how He deals with us help us to realize that life is a gift, and the service of Hashem is based on our recognition of Hashem's goodness and kindness to us. We have no reason to feel entitlement. King David said about his attitude toward mitzvos, "I am glad about your statutes as one who has found tremendous bounty" (*Tehillim* 119:162). This is how someone who truly has *emunah* should relate to the Torah's mitzvos.

We can now understand the Rambam quite simply. The mitzvos that relate to *emunah*, *bitachon*, and our relationship with Hashem instruct us, albeit implicitly, to serve Hashem and live with *simchah*. By not doing so, even if we are loyal and observe the commandments, we

---

96 דברים כח:מז "תחת אשר לא עבדת את ה' אלהיך בשמחה ובטוב לבב מרב כל."

are missing the point. Thus, someone who serves Hashem but does so without *simchah* is truly a sinner and an imbecile. He is a sinner because the transgression of the essence of *emunah* and *bitachon* is tantamount to forgetting Hashem Himself. Perhaps the Rambam calls such a person an imbecile because he is doing the mitzvos, but he is missing out on the opportunity they provide to become closer to Hashem.

Bitachon — Trust in Hashem, and Emunah — Belief

A concept closely related to *emunah* is *bitachon*, which is another concept we aspire to internalize. It would be beyond our scope to present all the principles associated with *bitachon*, but it is nevertheless necessary to provide some structure to this concept, particularly to the extent to which it interacts with our main topic — *emunah*.

There is much discussion about the relationship between *emunah* and *bitachon*. On a purely technical level, *bitachon* is viewed as a branch of *emunah*: We first affirm Hashem's existence and then we accept Him as *Manhig* and *Mashgiach*, Director and Overseer of the world. This means that although *emunah* is a broad and all-encompassing concept, *bitachon* specifically describes the way in which we relate to Hashem's interactions with us on an ongoing basis. Living with and experiencing this actual relationship is in the realm of *bitachon*.[97]

---

97 ועיין בספר הזכרונות של רבי צדוק הכהן וז"ל: "והבטחון שזכרנו שמי שאינו בוטח הוא מקטני אמנה, הוא ענף מאמונת ההשגחה. והוא עיקר גדול שפרטיו מרובים, והאריך בו בחובת הלבבות. והנביאים ציוו מאד על זה בכמה מקומות. בטח בה' (תהלים ל"ז, ג'), בטחו בה' (ישעיה כ"ו, ד'). והזהירו אל ההיפוך. אל תבטחו בנדיבים וגו' (תהלים קמ"ו, ג'), ארור הגבר אשר יבטח וגו' בשר זרועו (ירמיה י"ז, ה') ויראה לי שבתורה בא על הענין הזה ביחוד גם כן מצוות עשה במקום אחר, והוא מה שנאמר (דברים ח', ב'-ג') וזכרת את כל הדרך וגו' למען ענותך וגו', ויענך וירעיבך וגו', למען הודיעך כי לא על הלחם וגו', על כל מוצא פי ה' וגו'. יראה שענין מצוה זו הוא הבטחון לעני בעניו בתכלית העוני שאין לו מה לאכול, יש לו לזכור ממה שעשה לישראל במדבר כן למען וגו' שיגיע לשלימות האמונה בהשגחה שהכל מהשם יתברך. ועיין מה שאכתוב לקמן (סימן ג') מענין מצוה זו ואמר עוד שם אחרי כן (פסוקים י"א-י"ח). השמר לך פן תשכח את ה' וגו', פן תאכל ושבעת וגו', ושכחת את ה' וגו', ואמרת בלבבך כוחי ועוצם ידי וגו', וזכרת את ה' אלקיך כי [הוא] הנותן לך כח לעשות חיל וגו'. הזהיר וציוה בזה מצוות עשה ולא תעשה לעשירים ששוכחים [וחושבים] שהכל בא להם מכח פעולתם, והעשיר בעשרו עלול לשכוח באמונה שהכל מהשם יתברך, והעני בעניו לא ישכח באמונת השם יתברך, אדרבא ירבה תפילה אליו אבל לא יאמין בנפשו לחשוב כי על שפל בריה כמוהו יהיה גם כן השגחת השם יתברך ועל זה באו שתי ציוויין הללו,

One method of conceptualizing this relationship sees *emunah* as a tree and *bitachon* as its fruit. Whereas it is possible for a tree to exist without producing fruit, it is not possible for fruit to grow without a tree. So too, it is possible for someone to be a *ma'amin* and yet not reach the level of *bitachon*. On the other hand, it is not possible for someone to have *bitachon* if he is not first a *ma'amin*.[98]

Another way to define the relationship between *emunah* and *bitachon* is to see *emunah* as the principles, and *bitachon* as the actions, with respect to our connection to Hashem. In other words, *emunah* is the word we use to describe the entire intellectual process that leads us to believe in Hashem, and *bitachon* is the resulting emotional and practical continuum in the process.[99]

ואזהרת [הבטחון] (הבטוחות) באדם הוא בכלל האזהרה שלא לומר כוחי ועוצם ידי וגו', כי מה נפקא מינה בוטח בכח עצמו או בכח מאדם אחר. ועל העשיר הזהיר שלא יבטח באחר דהיינו בכוחו, ולעני במה שיזכור לבטוח בהשם יתברך ואמר אחר ציווי העני ושמרת את מצוות וגו', להזהר על שמירת כלל המצוות, כי הבוטח בה' צריך שיהיה בטחונו עם שמירת מצוותיו, ולא שירשיע ויבטח בהשם יתברך שעם כל זה יטיב עמו וכמו דשנינו בהרואה (ברכות ס"ג.) בנוסחת העין יעקב גנבא אפום מחתרתא רחמנא קרי. ובפרק קמא דיומא (ט' ע"ב) רשעים היו אלא שתלו בטחונם בהקב"ה. שדבר זה אינו מידת הבטחון לבטוח שאף על פי שחוטא הקב"ה עמו, שזה גורם קלות ראש לחטוא. ואף על פי שרואה השעה משחקת לו, הרי אמרו בבבא קמא (נ'.) כל האומר הקב"ה וותרן וכו."

98 עיין בריש ספר אמונה ובטחון לרמב"ן שהמשיל אמונה לעץ ובטחון לפרי, שאפשר שיהיה עץ בלי פרי אבל אי אפשר שיהיה פרי בלא עץ. וז"ל שם פרק א: "האמונה והבטחון הם שני ענינים שהאחד צריך לחבירו ואין חבירו צריך לו, שהאמונה קודמת לבטחון ומתקיימת בלב המאמין, אע"פ שאין הבטחון עמה ואינה צריכה לו בקיומה, ולפיכך אינה מורה עליו. אבל הבטחון הוא מורה עליה, שאי אפשר לו להיות קודם לה ולא להתקיים בלעדיה. וכל הבוטח יקרא מאמין, אך לא כל המאמין יקרא בוטח. כי האמונה כמו האילן, והבטחון כמו הפרי. והפרי לאות על האילן או על עשב שגדל את הפרי ההוא. ואין האילן או העשב לאות על הפרי, כי יש אילנות שאינם עושים פרי, וכן עשבים הרבה, אבל אין פרי בלא אילן או עשב. וכמו שהחסידות שהיא מורה על החכמה שאי אפשר להיות אלא אם כן היה חכם כמו שאמרו1 אין בור ירא חטא ולא עם הארץ חסיד. אבל אין החכמה לאות על החסידות, שאפשר שיהא חכם והוא רשע. וכן הבטחון והאמונה: כל הבוטח מאמין, לפי שאין אדם בוטח אלא במי שמאמין בו שהיכולת בידו למלאות שאלתו, ואין כל המאמין בוטח, כי לפעמים ירא שמא יגרום החטא, או שמא קבל כבר על מעשיו הטובים בנסים שעשה לו הבורא. ומאשר מוצא עצמו חוטא ופושע כנגד חסדי הבורא יתברך אינו נושא נפשו לבטוח בו שיצילהו מצרתו, או שיתן לו רצון לבו ותאותו. ועל כן ישתדל בנוהג שבעולם להנצל מצרתו או להשיג שאלתו ובקשתו. ולולא היראה שמא יגרום החטא היה ההשתדלות להנצל אפילו על ידי נוהג העולם חסרון באמונתו..."

99 עיין בספר אמונה ובטחון להחזון איש וז"ל: "ולהאמור האמונה והבטחון אחת היא, רק האמונה היא המבט הכללי של בעליה, והבטחון המבט של המאמין על עצמו, האמונה

The Ramchal describes the transition that takes place within a person through this process as clarifying (*yisbarer*) and then subsequently making it real (*veyisames*).[100]

Bitachon is not only a branch of the mitzvah of *Anochi* and the *emunah* it is defining, but it is also part of the mitzvos of *Yichud Hashem*, *Ahavas Hashem*, and *Yiras Hashem*. We will see as we learn about those mitzvos that *bitachon* is actually part and parcel of the processes and fulfillment of those mitzvos. This overlap exists because those mitzvos also relate to the shaping and building of a very close and intimate relationship with Hashem, just as *bitachon* involves integrating a sense of Hashem's presence in one's own life.

Menuchas Hanefesh

The *Chovos Halevavos* explains that the real measure of one's *bitachon* is his ability to feel complete inner calm when faced with real-life situations and challenges, and to truly feel that his life is solely in the hands of Hashem and he does not have control over the outcome of any situation.[101] This inner peace is achieved by deeply integrating the

---

בבחינת הלכה, והבטחון בבחינת מעשה נקל להיות בוטח בשעה שאין עיקר התפקיד של הבטחון, אך מה קשה להיות בוטח בשעת תפקידו באמת, נקל לשגר בפיו ובשפתיו את הבטחון, שהוא להלכה ולא למעשה, רק כמתענג על דמיונות מזהירים ומשמחים, ומרוב הימים הוא מטעה את עצמו ומטעה את אחרים, כי אמנם עלה על בני גילו במדת הבטחון, ולאמתת הדבר משמש במדה זו להטבת חלומות נעימים על העתיד הכמוס ואמנם בזאת יבחן אם פיו ולבו שוין, האם בוטח הוא באמת או אך למד לשונו לצפצף בטחון, בטחון, ובלבו לא קוננה, כאשר נפגש במקרה הדורש בטחון, ואשר בשעה זו תפקידו של הבטחון לנהלו, להחלימו ולרפאותו, האם בשעה הקשה הלזו פנה אל הבטחון, ויבטח בו, או דוקא בשעה זו לא פנה אליו, ופנה אל רהבים ושטי כזב, אל אמצעים מגונים ותחבולות שוא."

100 עיין בספר מסילת ישרים פרק א וז"ל: "יסוד היסודות ושורש העבודה התמימה הוא שיתברר ויתאמת אצל האדם מה חובתו בעולמו ולמה שצריך שישים מבטו ומגמתו בכל אשר הוא עמל כל ימי חייו..." הרבה דיו נשפך במשך הדורות בהגדרת מילים אלו של יתברר ויתאמת אבל לכו"ע מדובר בשני שלבים עיקריים בהפנמת העניין: שלב ראשון הוא שכלי וכולל הגדרה, התבוננות, וביסוס העניין בשכל, ושלב שני כולל מדידת האדם את עצמו בכחותיו בתחום זה וכן השבה אל הלב והפנמה עד שהדבר נבלע בתוך דמו כביכול.

101 חובות הלבבות שער הבטחון פרק א: "אך מהות הבטחון היא מנוחת נפש הבוטח, ושיהיה לבו סמוך על מי שבטח עליו, שיעשה הטוב והנכון לו בענין אשר יבטח עליו, כפי יכלתו ודעתו במה שמפיק טובתו. אבל העיקר, אשר בעבורו יהיה הבטחון מן הבוטח, ואם יפקד לא ימצא הבטחון, הוא — שיהיה לבו בטוח במי שיבטח בו, שיקיים מה שאמר, ויעשה מה שערב, ויחשוב עליו הטוב במה שלא התנה לו ולא ערב עשוהו, שיעשהו נדבה וחסד."

principles of *emunah* to the point that one's *emunah* has left the realm of theory and has become entirely real.

There is a common misconception of *bitachon*, which leads many to live their lives with an overly rosy vision that "*hakol l'tovah*," everything is going to be fine. The Chazon Ish points out that while we do believe, of course, that everything Hashem does is ultimately for the best, we may not ever understand or appreciate how any given outcome is good. He therefore says that the more correct spirit of *bitachon* is "*hakol b'cheshbon*," everything is calculated by Hashem and is happening for a reason.[102] *Bitachon* is not meant to lead us to shrug off challenges and difficulties with mere platitudes that placate us or others with hope or good feelings. We never know what the outcome of any given situation will be, and it may not seem "good," not now and not ever. Rather, *bitachon* is meant to be a tool that allows us to process what is happening to us in a way that brings us closer to Hashem.

The Seven Traits That Inspire Bitachon

The *Chovos Halevavos* suggests that focusing on seven special characteristics of our relationship with the Creator will help to inspire us with *bitachon*.[103] We learn these elements from *Tanach*, in which the Creator

---

102 עיין בספר אמונה ובטחון פרק ב וז"ל: "טעות נושנת נתאזרחה בלב רבים במושג בטחון שם בטחון המשמש למדה מהוללה ועיקרית בפי החסידים נסתובבה במושג חובה להאמין בכל מקרה שפוגש האדם והעמידתו לקראת עתיד בלתי מוכרע ושני דרכים בעתיד אחת טובה ולא שניה כי בטח יהיה הטוב ואם מסתפק וחושש על היפוך הטוב הוא מחוסר בטחון ואין הוראה זו בבטחון נכונה שכל שלא נתברר בנבואה גורל העתיד אין העתיד מוכרע כי מי יודע משפטי ה' וגמולותיו יתברך אבל ענין הבטחון הוא האמון שאין מקרה בעולם וכל הנעשה תחת השמש הכל בהכרזה מאתו יתברך..."

103 חובות הלבבות שער הבטחון פרק ב: "אך הסיבות אשר בהן ייתכן הביטחון מהבוטח על הברואים הן שבע. א) אחת מהן, הרחמים והחמלה, כי האדם כשהוא יודע בחברו שהוא מרחם וחומל עליו, יבטח בו ותנוח נפשו עליו כל מה שיטריחהו מענייניו. ב) והשנית שיהיה יודע בו עם אהבתו שאיננו מתעלם ממנו ולא מתעצל בחפצו, אבל הוא יודע בו שהוא משתדל ומסכים לעשותו. כי אם לא יתברר לו ממנו כל זה, לא יהיה ביטחונו עליו שלם, מפני שהוא יודע התעלמותו ורפיונו בחפצו. וכאשר יתקבצו לבוטח ממי שבטח בו שתי מידות אלה: גודל רחמיו עליו ורוב השגחתו על ענייניו — יבטח בו מבלי ספק. ג) והשלישית שיהיה חזק לא ינוצח באשר הוא חפץ, ולא ימנעהו מונע מעשות בקשת הבוטח. כי אם יהיה חלש — לא ישלם הביטחון עליו, אף על פי שנתברר שהוא מרחם ומשגיח, מפני המנע דברים ממנו ברוב העניינים. וכאשר יתקבצו בו שלוש המידות האלה, יהיה הביטחון

is described as having these seven traits in the most ultimate sense, and no other being in the universe compares to Him in these areas. Integrating this reality about Hashem will help us generate full reliance on and trust in Him alone.

The seven facets of our relationship with Hashem are:

- He loves and shows kindness to me.
- He focuses attention on my situation.

עליו יותר ראוי. ד) והרביעית שיהיה יודע באופני תועלת הבוטח עליו, ולא יעלם ממנו מה שהוא טוב לו בנסתר ובנראה, ומה שייטב בו עניינו. כי אם לא ידע כל זה, לא תנוח נפש הבוטח עליו. וכאשר יתקבצו לו בו דעתו בתועלותיו ויכולתו בהם, ורוב השגחתו עליהם, וחמלתו עליו — יחזק ביטחונו בו מבלי ספק. ה) והחמישית שיהיה מתייחד בהנהגת הבוטח עליו מתחילת הוויתו וגידולו וינקותו ונערותו ובחרותו וישישותו וזקנתו עד תכלית עניינו. וכשיתברר כל זה ממנו לבוטח, יתחייב שתנוח נפשו עליו, וישען עליו, בעבור מה שקדם לו עליו מן הטובות העודפות והתועליות המתמידות. ויהיה זה מחייב חזקת ביטחונו בו. ו) והשישית שיהיה עניין הבוטח מסור בידו, ולא יוכל אדם להזיקו ולהועילו, ולא להטיב אליו ולא לדחות נזק מעליו זולתו, כעבד האסור אשר הוא בבית הבור ברשות אדוניו.
וכשיהיה הבוטח ברשות מי שבטח עליו על העניין הזה — יהיה יותר ראוי לבטוח עליו. ז) והשביעית שיהיה מי שבטח עליו בתכלית הנדיבות והחסד למי שראוי לו, ולמי שאינו ראוי לו, ותהיה נדיבותו מתמדת וחסדו נמשך לא ייכרת ולא יפסק. ומי שנקבצו בו כל המידות האלה עם כל מה שהזכרנו קודם לזה, נשלמו תנאי הביטחון בו, והתחייב היודע ממנו לבטוח בו ושתנוח נפשו עליו בגילויו ובנסתרו, בלבו ובאבריו, ולהימסר אליו ולרצות בגזרותיו, ולדון אותו לטוב בכל דיניו ומפעליו. וכאשר נחקור על אלה השבעה תנאים לא נמצאם כלל בברואים, ונמצאם כולם בבורא יתעלה. א) שהוא מרחם על בריותיו — כמו שכתוב תהלים רחום וחנון ה׳ וגו׳. ואמר סוף יונה ואני לא אחוס על נינוה העיר הגדולה...? וגו׳. ב) ושאינו מתעלם — כמו שכתוב תהלים הנה לא ינום ולא יישן שומר ישראל. ג) ושהוא חכם ולא ינוצח — כמו שכתוב איוב חכם לבב ואמיץ כוח! מי הקשה אליו — וישלם? ואמר (דברי הימים א כט) לך ה׳ הגדולה והגבורה והתפארת והנצח וההוד וגו׳. וכתיב צפניה ה׳ אלוהיך בקרבך גבור יושיע. ד) ושהוא מתייחד בהנהגת האדם מתחילת עניינו והתחלת גדולתו -כמו שכתוב האזינו הלא הוא אביך קנך הוא עשך ויכננך. ואמר תהלים עליך נסמכתי מבטן ממעי אמי אתה גוזי.
ואמר איוב הלא כחלב תתיכני וכגבינה תקפיאני... ושאר העניין. ה) ושתועלתו והזיקו אינם ברשות אדם כי אם ביד הבורא יתעלה לבדו — כמו שכתוב איכה מי זה אמר ותהי, ה׳ לא צוה. מפי עליון לא תצא הרעות והטוב. ואמר ישעיהו יבש חציר, נבל ציץ, ודבר אלהינו יקום לעולם! ואמר בהמשך אכן חציר העם. וכבר התברר העניין הזה במאמר השלישי מן הספר הזה במה שיש בו די. ו) ושנדיבתו כוללת וחסדו סובב — כמו שכתוב (תהלים קמה) טוב ה׳ לכל ורחמיו על כל מעשיו. ואמר (שם קלו) נותן לחם לכל בשר כי לעולם חסדו. ואמר (שם קמה) פותח את ידך ומשביע לכל חי רצון. ז) והשכל גוזר בהיקבץ אלה השבעה עניינים בבורא יתעלה מבלתי הנבראים, לכן הבאתי אלו הפסוקים מן הכתוב לזיכרון בלבד. וכאשר יתברר זה לאדם, ויתחזק הכרתו באמיתת חסד הבורא: יבטח בו וימסר אליו, ויניח הנהגתו עליו, ולא יחשדהו בדינו, ולא יתקצף על בחירתו לו. כמו שאמר דוד עליו השלום תהלים קיז כוס ישועות אשא ובשם ה׳ אקרא. ואמר בהמשך צרה ויגון אמצא ובשם ה׳ אקרא.״

- He is fully capable of doing as He wishes.
- He has intimate knowledge of what is best for me.
- He has always been there throughout my life.
- He assumes sole responsibility for me without interference from others.
- He is completely altruistic by nature.

The Role of Human Endeavor in an Emunah/Bitachon-Based World

Hashem created the world and man within it. He breathed a soul into man, giving man the intellect needed to build and develop the world physically and spiritually. As the prophet Yeshayahu said, "Not to lay void did Hashem create the world, rather to be established did He form it."[104] Our sages clearly understood this verse as being descriptive of all human efforts to advance the world, ranging from physically populating it and propelling it forward in areas of industry, technology, etc., to bringing about spiritual improvement and perfection. We must recognize, though, that Hashem is still the Creator, the Sustainer, and the Overseer. He directs and guides these processes and we are His partners. From behind the scenes, He orchestrates His plan and purpose, and these blend with our endeavors to forge the ultimate desired reality.[105]

---

104 עיין בפסוק ישעיה מה:יח: "כי כה אמר יהוה בורא השמים הוא האלהים יצר הארץ ועשה הוא כוננה לא תהו בראה לשבת יצרה אני יהוה ואין עוד."

105 עיין בספר דרך ה' חלק א פרק ה אות ג-ו וז"ל: "(ג) ואמנם עיקר מציאות העולם ומצבו האמיתי, הוא בכחות ההם העליונים, ותולדת מה שבהם, הוא מה שבגשמים השפלים. וזה בין במה שמתחלת הבריאה, ובין במה שמתחדש בהתחלפות הזמנים. והיינו כי כפי מה שנברא מן הכחות ההם וכפי הסידור שנסדרו והגבולים שהוגבלו, כך היה מה שנשתלשל אחר כך, לפי חק ההשתלשלות שרצה בו הבורא ית"ש, וכפי מה שנתחדש ומתחדש בהם, כך הוא מה שנתחדש ומתחדש בשפלים. אכן המציאות, המצב, והסדר, וכל שאר ההבחנות בכחות, הם כפי מה ששייך בהם לפי אמתת ענינם, והמציאות והמצב והסדר, וכל שאר המקרים בשפלים, משתלשל ונעתק למה ששייך בהם לפי אמתת ענינם (ד) והנה לפי שרש זה, תחלת כל ההויות, למעלה בכחות העליונים, וסופם למטה בשפלים, וכן תחלת כל הענינים המתחדשים, למעלה, וסופם למטה. אמנם פרט אחד יש שיוצא מן הכלל הזה, והוא מה שנוגע לבחירתו של האדם. כי כיון שרצה האדון ית"ש שיהיה היכולת לאדם לבחור במה שירצה מן הטוב ומן הרע, הנה עשהו בלתי תלוי בזה בזולתו, ואדרבא נתן לו כח להיות מניע לעולם עצמו ולבריותיו כפי מה שיבחר בחפצו. ונמצאו בעולם שתי

Each individual fits into this system in some way. As individuals, we partner with Hashem on the universal level, helping to bring about Hashem's glorious revelation in the world. In so doing, we are able to develop a close eternal relationship with Him.[106] This world provides the stage for such opportunities to arise, and thus everything that happens to us as individuals relates both to our being part of the whole, as well as to our direct relationship with Hashem.

MAINTAINING OURSELVES AND MAKING A LIVELIHOOD

Our tradition clearly maintains that Hashem decrees our livelihood and provides it to us through our natural efforts, which is referred to as *hishtadlus*.[107] Because Hashem delivers our livelihood through the

---

תנועות כלליות הפכיות, הא' — טבעית מוכרחת, והב' — בחיריית, הא' מלמעלה למטה, והב' מלמטה למעלה. המוכרחת היא התנועה שמתנועעים השפלים מהכחות העליונים, והנה היא מלמעלה למטה, הבחיריית היא מה שהאדם מניע בבחירתו. והנה מה שהוא מניע אי אפשר שיהיה אלא גשם מן הגשמים, כי האדם גשמי ומעשיו גשמיים, אבל מפני הקשר וההצטרפות הנמצא בין הכחות העליונים והגשמים, הנה בהתנועע הגשמי יגיע בהמשך ההתפעלות אל הכח העליון שעליו, ונמצאת התנועה הזאת מלמטה למעלה, הפך הטבעית המוכרחת שזכרנו. ואולם צריך שתדע, כי גם האדם עצמו אין כל מעשיו בחיריים, אבל יש מהם שיהיו מצד בחירתו, ויש אחרים שיסובב להם מצד גזירה עליונה לשכרו או לענשו וכמ"ש במקומו בס"ד. ואולם במה שהוא נמשך אחר הגזירה שעליו, יהיה משפטו כשאר עניני העולם, שתנועתם מלמעלה למטה כפי מה שינועעום הכחות העליונים. ובמה שמצד בחירתו, תהיה תנועתו מלמטה למעלה וכמו שביארנו (ה) והנה סידר האדון ב"ה, שכל הענינים אשר תפול בהם בחירתו של האדם, יגיעו להניע בתנועה הבחיריית את הכחות ההם, באותו השיעור והמדריגה שחקק להם. והיינו כי לא מעשיו לבדם יניעום, אלא אפילו דיבורו ואפילו מחשבתו. אך שיעור התנועה ומדריגתה, לא יהיו אלא באותו הגבול שגזרה והגבילתה החכמה העליונה (ו) ואמנם אחר התנועה הבחיריית תמשך בהכרח תנועה מוכרחת, כי כיון שהתנועעו הכחות העליונים מצד האדם, הנה יחזרו וינועעו בתנועה הטבעית את השפלים המשתלשלים מהם. ואולם יש בכל הענינים האלה חוקים פרטיים רבים, כפי מה שגזרה החכמה העליונה בעומק עצתה היותו נאות לבריאתו, ושוערו הדברים בשיעורים רבים, בין בהגעת התנועה מהאדם לכחות, בין בהגעת התנועה מהכחות לשפלים. ועל פי הרזים העמוקים האלה סובבים כל גלגולי הנהגתו ית' בכל מה שהיה ושיהיה."

106 עיין בספר דרך ה' חלק ב פרק ב אות ב וז"ל: "אך ההכנה הזאת [היינו זמן העבודה בעולם הזה] הנה היא סובבת על שני קטבים האחד אישיי והשני כללי האישיי הוא ענין קנית האדם את שלמותו במעשיו והכללי הוא התכונן המין האנושי בכללו לעולם הבא."

107 עיין בפסוקים בספר דברים ח:יא-יח "(יא) השמר לך פן תשכח את יהוה אלהיך לבלתי שמר מצותיו ומשפטיו וחקתיו אשר אנכי מצוך היום (יב) פן תאכל ושבעת ובתים טובים תבנה וישבת (יג) ובקרך וצאנך ירבין וכסף וזהב ירבה לך וכל אשר לך ירבה (יד)

veil of nature, we may have the impression that it is a true function of the cause-and-effect of our actions. Yet, our tradition also enjoins each person to make some degree of effort to earn a living.[108] These two ideas seem to present a conflict. If, in fact, our livelihood is decreed by Hashem and the apparent cause-and-effect relationship is an illusion, why are we put into a situation where it seems to us that we have to exert effort to attain our livelihood?[109]

ורם לבבך ושכחת את יהוה אלהיך המוציאך מארץ מצרים מבית עבדים (טו) המוליכך במדבר הגדל והנורא נחש שרף ועקרב וצמאון אשר אין מים המוציא לך מים מצור החלמיש (טז) המאכלך מן במדבר אשר לא ידעון אבתיך למען ענתך ולמען נסתך להיטבך באחריתך (יז) ואמרת בלבבך כחי ועצם ידי עשה לי את החיל הזה (יח) וזכרת את יהוה אלהיך כי הוא הנתן לך כח לעשות חיל למען הקים את בריתו אשר נשבע לאבתיך כיום הזה."

ועיין במסכת ביצה טז. וז"ל: "תני רב תחליפא אחוה דרבנאי חוזאה כל מזונותיו של אדם קצובים לו מראש השנה ועד יום הכפורים חוץ מהוצאת שבתות והוצאת י"ט והוצאת בניו לתלמוד תורה שאם פחת פוחתין לו ואם הוסיף מוסיפין לו א"ר אבהו מאי קראה (תהלים פא, ד) תקעו בחדש שופר (בכסא) ליום חגנו איזהו חג שהחדש מתכסה בו הוי אומר זה ראש השנה וכתיב (תהלים פא, ה) כי חק לישראל הוא משפט לאלהי יעקב מאי משמע דהאי חק לישנא דמזוני הוא דכתיב (בראשית מז, כב) ואכלו את חקם אשר נתן להם פרעה מר זוטרא אמר מהכא (משלי ל, ח) הטריפני לחם חקי."

ועיין נמי בספר חובות הלבבות שער הבטחון פרק ד: " ואומר בפירוש החלק הראשון מהם — והוא בענייני גוף האדם בלבד, והם חייו ומותו וטרף מזונו לעצמו, ומלבושו ודירתו ובריאותו, וחוליו ומידותיו, ואופני היושר בביטחון על אלוהים בכל עניין מהם שישליך את נפשו בהם להליכות הגוזר אשר גזר לו הבורא מהם, ותבטח נפשו באלוהים יתברך, וידע כי לא ייגמר לו מהם אלא מה שקדם בדעת הבורא שהוא הנכון לענייניו בעולם הזה ובעולם הבא, ויותר טוב לאחריתו. ושהנהגת הבורא לו בכולם שווה, אין לשום ברייה בהם עצה ולא הנהגה אלא ברשותו וגזרתו ודינו. וכמו שאין ביד הברואים חייו ומותו וחוליו ובריאותו, כן אין בידם טרף מזונו וסיפוקו ולבושו ושאר ענייני גופו."

108 בגמרא נדה ע: למדנו מרבי יהושע בן חנניא ש"הא בלא הא לא סגי." ובאורו הפשוט שיחד עם השתדלות רוחנית, מחויבים אנו לעסוק גם בהשתדלות גשמית. כך גם דרשו במדרש תהילים (קל"ו כ"ט): "'למען יברכך ה' אלוקיך' — יכול אפילו יושב ובטל? תלמוד לומר (דברים י"ד כ"ט): 'בכל מעשה ידך אשר תעשה.'"

כך גם כתב בעל "חובות הלבבות" בשער הבטחון פרק ד: "כמו שאין ביד הבריות לא חייו ולא מיתתו, ולא חליו ובריאותו, כך לא נמסרו לידם פרנסת מזונו ומחייתו ולבושו ושאר צרכי גופו. ואע"פ שברורה לו אמונתו שענינו נתון לגזרת הבורא יתברך, ומה שבוחר לו ה' אין בחירה יפה הימנה, הוא מחויב לטרות על עניני צרכיו, כטוב לו ביותר לפי ראות עיניו".

ועיין שם בפירוש מרפא לנפש שכותב: "הוא חייב לעשות את שלו להתעסק באיזה סיבה לטוב לו כמו שנאמר (דברים יד:כט) 'למען יברכך ה' אלקיך בכל מעשה ידך אשר תעשה.'" ועוד כתב שם בחובות הלבבות פרק ג: "יתכוין לקיים בזה מצות הבורא, שצוה לאדם להתעסק בסיבות העולם". ועיין שם בחובות הלבבות על מילים אלו בפירוש המרפא לנפש שציין כמקור לחיוב ההשתדלות את הפסוק בנביא 'לא לתהו בראה לשבת יצרה.'

109 שאלה זו נשאלה על ידי הרבה חכמי ישראל במשך הדורות. אבל נשתמש כאן בלשון

Numerous explanations are offered to address this idea:

- **To preserve free will:** If an individual's needs were provided without any effort on his part, he would be experiencing an open miracle, which would limit his free will. A major component of our service of Hashem is that we choose to do mitzvos; a reduction of free will runs contrary to the purpose of our existence.[110]
- **To attest to the greatness of man:** Attention is drawn to the human intellect — our *neshamah*. The need for man to fend for himself highlights the exalted nature of man, who is put in this world with nothing but his intellect which enables him to survive.[111]
- **To test man:** Will a person, faced with the pressing need to earn a living, limit his endeavors to moral, ethical, and appropriate efforts? Or will he sink to pursuing immoral, unethical, and inappropriate methods to attain his livelihood?[112]

הרב דסלר במכתב מאליהו, חלק א' עמ' 195, כדוגמה ברורה וחדה: "מאחר שמזונותיו של האדם קצובים לו מן השמים ופרנסתו היא נס כקריעת ים סוף אם כן למה עמס השם יתברך על האדם את עול ההשתדלות בדרך ארץ?"

110 עיין רמב"ן לבראשית ו' י"ט: "הרי תיבה בגודל זה אינה מספיקה לכל סוגי בעלי החיים, אלא חייבים אנו לומר שה' עשה נס שמועט החזיק את המרובה, אם כן מדוע הטריח את נח לבנות תיבה כה גדולה?" ומתרץ הרמב"ן: "עשו אותה גדולה למעט בנס כי כן הדרך בכל הניסים שבתורה או בנביאים לעשות כל אשר ביד האדם לעשות, והשאר יהיה בידי שמים". למדו האחרונים (אור יחזקאל אמונה י"א) שסיבת חיובו של האדם להשתדל בכל המצבים, לעשות כל שבידו, היא כדי למעט בנס. כי אם יהיו מצויים ניסים גלויים, תמעט בחירתנו החופשית. זהו רצון ה', שנמעט בנס, למרות שלא נועיל בכך מאומה לגבי התוצאה. בדומה לנאמר: "לעולם אל יעמוד אדם במקום סכנה ויאמר עושין לי נס, שמא אין עושין לו נס, ואם תימצי לומר עושין לו נס מנכין לו מזכיותיו" (תענית כ':). וכן כתב הרמב"ן (דברים כ' ה'): "התורה תצווה בדרך ארץ, ותעשה ניסים עם יראיו בהסתר, ואין החפץ לפניו לשנות טבעו של עולם."

111 עיין ספר דרך ה' חלק ד פרק ה אות ב וז"ל: "ואמנם עומק יותר יש בענין והוא כי הנה האדון ב"ה נתן לאדם דעה להיות מנהג עצמו בעולמו בשכל ובתבונה והעמים המשא עליו להיות מפקת על צרכיו כלם. והענין הזה מיוסד על שני שרשים האחד ליקרו של האדם וחשיבותו שניתן לו השכל והדעה הזאת להיות מנהל את עצמו כראוי..."

112 עיין בספר חובות הלבבות שער הבטחון פרק ג וז"ל: "והעילה אשר בעבורה חייב הבורא את האדם לחזר ולסבב על סיבות הטרף, ושאר מה שהוא צריך אליו, לשני פנים. אחד מהם, מפני שחייבה החכמה בחינת הנפש בעבודת האלוהים ובהמרותו, בחן אותה במה שמראה זו ממנה, והוא הצורך והחיסרון אל מה שהוא חוץ לה ממאכל ומשתה ומלבוש ומעון ומשגל, וציווה אותם לחזר עליהם להביאם בסיבות המוכנות להם, על פנים מיוחדים ועתים ידועים. מה שגזר הבורא שייגמר לאדם מהם, ייגמר וישלם בהשלמת הזדמנות הסיבות. ואשר לא גזר לו להיגמר בהם, לא ייגמר, וימנעו ממנו הסיבות. ונתבררו ממנו

- **To highlight our insecurity:** If all of our needs were provided without any effort on our part, we would become complacent and forget our dependence on Hashem.[113]
- **To correct the sin of Adam:** Adam HaRishon thought that he would succeed by following his own path to greatness rather than following Hashem's instruction. To repair the damage done by this sin, we must toil and struggle while keeping in mind that any and all success comes from Hashem.[114]

העבודה והעבירה בכוונה ובבחירה לאחת מהנה מבלתי האחרת. ויתחייב אחר זה הגמול והעונש, ואפילו לא גמר בהם המעשה."

113 עיין שם בהמשך דברי החובות הלבבות שער הבטחון פרק ג: "והשני, כי אילו לא הוצרך האדם לטרוח ולחזור ולסבב להבאת טרפו, היה בועט ורודף אחר העבירות, ולא היה משגיח על מה שהוא חייב בו על טובת האלוהים עליו. כמו שכתוב (ישעיה ה) "והיה כינור ונבל תוף וחליל ויין משתיהם, ואת פועל ה' לא יביטו ומעשה ידיו לא ראו." ואמר (דברים לב) "וישמן ישורון ויבעט. שמנת עבית כשית ויטוש אלוה עשהו." ואמרו זיכרונם לברכה: "יפה תלמוד תורה עם דרך ארץ, שיגיעת שניהם משכחת עוון. וכל תורה שאין עמה מלאכה סופה בטלה וגוררת עוון." וכל שכן מי שאין לו חלק באחת מהן, ולא שם לבו על אחת מהן. והיה מחמלת הבורא יתעלה על האדם, שהטרידו בענייני עולמו ואחריתו להתעסק כל ימי חייו בזה, ולא יבקש מה שאינו צריך לו ולא יוכל להשיגו בשכלו, כמו ענייני ההתחלה והתכלה. כמו שאמר החכם (קהלת ג) "גם את העולם נתן בלבם", מבלי אשר לא ימצא האדם את המעשה אשר עשה האלוהים מראש ועד סוף. ואם הוא מגביר עבודת האלוהים, ובוחר ביראתו, ובוטח בו בענייני תורתו ועולמו, וסר מן הדברים המגונים, וכוסף למידות הטובות — לא יבעט במנוחה, ולא יטה אל השלוה, לא ישיאהו היצר, ולא יפת בכשפי העולם. יסתלק מעליו טורח הגלגול והסיבוב בהבאת טרפו, מפני הסתלקות שני הפנים הנזכרים מעליו: הבחינה והבעיטה בטובה. ויבואהו טרפו בלי טורח ובלי יגיעה כפי ספוקו ומזונו. כמו שכתוב (משלי י) "לא ירעיב ה' נפש צדיק."

114 עיין בספר מכתב מאליהו חלק א עמ' 195 וז"ל: "ושורש זה כתוב בתורה (בראשית ג:יט) "כי שמעת...בזעת אפיך תאכל לחם וכו'" וידוע שענשי הקב"ה לא בדרך נקימה ח"ו אלא בדרך לימוד לתקן החטא וחטא אדם הראשון היה שחפץ לדעת גם את הרע ובזה הוציא את עצמו ממדרגת גן עדן שבה נתן ממשות רק לרוחניות הזכה והוריד את עצמו לעולם הזה עולם הגשמיות לראות ממשות בטבע ובגשמיות ועל כן ראתה חכמתו יתברך שתיקונו הוא אשר בהיותו בתוך הסתר זה בתוך ההשתדלות ביגיע כפיו על פי דרך הטבע יתעלה להבחין בלבבו את ביטול דמיון הטבע ואת אמתת השגחתו יתברך."

ועיין נמי בספר מסילת ישרים שאומר דבר זה בקיצור וז"ל שם בפרק כא: "וכבר היה האדם יכול להיות יושב ובטל, והגזרה היתה מתקימת, אם לא שקדם הקנס לכל בני האדם: "בזעת אפיך תאכל לחם" (בראשית ג'). אשר על כן, חייב אדם להשתדל איזה השתדלות לצורך פרנסתו, שכן גזר המלך העליון. והרי זה כמס שפורע כל המין האנושי, אשר אין להמלט ממנו. על כן אמרו (ספרי): "יכול אפילו יושב בטל? תלמוד לומר: "בכל משלח ידך אשר תעשה". אך לא שההשתדלות הוא המועיל, אלא שההשתדלות הוא המוכרח, וכיון שהשתדל הרי יצא ידי חובתו."

On one hand, our livelihood is decreed from on High, but it is subsequently delivered through the veil of nature so that it won't appear as an open miracle. On the other hand, a person's efforts create an appropriate vessel to receive the designated livelihood, when done in a moral and ethical way and with the awareness of our dependence on Hashem. When we do our part in this process, we can be fully reliant on Hashem that we will lack nothing we need. What is not yet clear is the scope and degree to which a person must make these efforts.

Is Hishtadlus a Mitzvah or Not?

Some of our greatest authorities have stated unequivocally that there is no mitzvah to pursue a livelihood, but that the efforts to do so are permissible. In fact, a person should ideally do only the bare minimum necessary so as not to rely on a miracle, and in so doing he fulfills the curse of "and by the sweat of your brow shall you eat bread."[115]

---

115 כך משמע מלשון הרמב"ן בפרשת נח שאמר שהסיבה שמוטל עלינו ענין ההשתדלות היא כדי שבהגיע אלינו פרנסתנו לא יראה הדבר כנס אלא יהיה אפשרות לתלות את זה בטבע. וכן איתא מפורש בספר מסילת ישרים פרק כא: "אמנם מה שיוכל לשמור את האדם ולהצילו מן המפסידים האלה הוא הבטחון, והוא שישליך יהבו על ה' לגמרי, כאשר ידע כי ודאי אי אפשר שיחסר לאדם מה שנקצב לו, וכמו שאז"ל במאמריהם (ביצה טז, א): כל מזונותיו של אדם קצובים לו מראש השנה וגו', וכן אמרו (יומא לח, ב): אין אדם נוגע במוכן לחבירו אפילו כמלא נימא, וכבר היה אדם יכול להיות יושב ובטל והגזירה היתה מתקיימת, אם לא שקדם הקנס לכל בני אדם, (בראשית ג, יט): בזעת אפך תאכל לחם, אשר על כן חייב אדם להשתדל איזה השתדלות לצורך פרנסתו, שכן גזר המלך העליון, והרי זה כמס שפורע כל המין האנושי אשר אין להמלט ממנו. על כן אמרו (ילקוט שמעוני דברים, רמז תתח): יכול אפילו יושב ובטל תלמוד לומר: בבל משלח ידך אשר תעשה, אך לא שההשתדלות הוא המועיל, אלא שהשתדלות מוכרח, וכיון שהשתדל הרי יצא ידי חובתו, וכבר יש מקום לברכת שמים שתשרה עליו ואינו צריך לבלות ימיו בחריצות והשתדלות, הוא מה שכתב דוד המלך ע"ה (תהלים עה, ז): כי לא ממוצא וממערב ולא וגו', כי אלהים שופט וגו' ושלמה המלך ע"ה אמר (משלי כג, ד): "אל תיגע להעשיר מבינתך חדל". אלא הדרך האמיתי הוא דרכם של החסידים הראשונים, עושים תורתן עיקר ומלאכתן תפלה, וזה וזה נתקיים בידם, כי כיון שעשה אדם קצת מלאכה משם והלאה אין לו אלא לבטוח בקונו ולא להצטער על שום דבר עולמי, אז תשאר דעתו פנויה ולבו מוכן לחסידות האמיתי ולעבודה התמימה."

ועיין בספר מכתב מאליהו חלק א' עמ' 188 שמביא מדברי רב זונדל מסאלאנט זצ"ל: "הלא צריכים לעסוק בהשתדלות רק מפני שאין אנו ראויים לנסים גלויים ועל כן אנו מחוייבים לעשות באופן אשר ההשפעה היורדת אלינו יהיה אפשר לתלותו באיזה סבה (והרוצה לטעות שהוא דרך הטבע יבא ויטעה) אם כן בזה נגמר השיעור אם על ידי ההשתדלות היותר קטנה יהיה מקום לטועה לתלות בסבה טבעית." ומביא הרב דסלר שהרב זונדל אמר

Others understand that it is the will of Hashem, and even a mitzvah, that we work to earn a livelihood. This in no way changes the fact that we still firmly believe that in this arena of our lives, everything is decreed upon High.[116]

Different groups and communities throughout the generations have adopted one of these two opposing views as their banner, but it is not as simple as that. Rav Dessler demonstrates that when we, as individuals, try to implement the principles of *bitachon* and *hishtadlus* in our own daily lives, we discover that rarely can one follow either of these paths perfectly. In fact, both opinions carry weight and need to be taken seriously by all.

The balance between seeing *hishtadlus* as a mere formality that we must satisfy and actually taking full responsibility for our *hishtadlus* while maintaining clarity that ultimately the results are all in His hands, is, in fact, truly elusive.[117] We see in the Torah that even Moshe, our teacher, was puzzled as he struggled to find the exact balance.[118] Accordingly, we are to accept that in our lives we will always struggle

---

על עצמו "אני קונה שטר הגרלה ובזה אני יוצא חובת ההשתדלות כי הרי אם אזכה בגורל אפשר לתלותו בדרך הטבע."

116 זה מצאנו בפשטות לשון החובות הלבבות והמפרשים שם שהשתמשו בלשון חיוב וצווי בענין ההשתדלות והביאו פסוקים המוכיחים כן כמו "לא תהו בראה לשבת יצרה" (ישעיה מה:יח) , "ששת ימים תעבוד" (שמות כ:ח), "יברך ה' בכל מעשה ידך אשר תעשה" (דברים יד:כט), "מלאו הארץ וכבשוה" (בראשית א:כח) וכדומה באלו רבים. ומובן מאליו שהחובות הלבבות והמפרשים דבריו סוברים שזה מעצם תהליך נסיון האדם בעולם הזה ולא רק תוצאת קללה של אדם הראשון.

117 עיין בספר מכתב מאליהו חלק א' עמ' 189 וז"ל: "ומשקל זה צריך להיות בדקדוק עצום ודיוק רב כי משני הצצדים היצר יארב עליו: אם ירבה בהשתדלותו מכפי ערך אמונתו הרי יכפור [באומרו כחי ועצם ידי עשה לי את החיל הזה], ואם ימעט מכפי ערכו יבא לתהות על הראשונות [אם לא ישיג בסוף את מבוקשו] וגם לכפור אח"כ. והיצר לפעמים מסית אותנו להרבות בהשתדלות — היינו בשעת רפיון רוחנו — ולפעמים יסיתנו לקצר בה — בשעת התעוררנו לרוחניות — , והמשקל בזה הוא דק מאד, ותלוי בבחירת האדם, ואי אפשר להגיע בו אל הנקודה האמיתית, אם לא מתוך יראת שמים טהורה המצלת מן הנגיעות."

118 שם בהמשך דבריו "ודבר זה מפורש בתורה שאפילו נביא ואפילו משה רבינו עליו השלום לא נתגלה לו איפה הנקודה האמיתית בכל ענין וענין בין הבטחון וההשתדלות, וזהו ששאל משה רבינו עליו השלום את הקב"ה בדבר שליחות המרגלים וענהו 'שלח לך' — 'לדעתך' פירוש שמנע ממנו בירור אמתת הענין על פי נבואה כי היה צריך לתת מקום לנסיון לכלל ישראל. ובזה מובן אשר שלחם משה גם אחר שאמר לו השם יתברך 'לדעתך' כי כשם שהיה שייך טעות בשילוחם כן היה שייך טעות באי שילוחם..."

with the tension between these two elements. This conflict serves as a constant reminder of the complexity of our existence and preserves our integrity as people of faith. If we slip into complacency in this area, there is a true concern that one's position is merely a dogmatic acceptance of one view, even if it may be practically or emotionally unsatisfying.

The Tension between Bitachon and Hishtadlus in Earthly Matters

There is no recipe that dictates precisely how these principles should guide one's life. Individual circumstances vary; each person must internalize the ideas and values described. Once he has done so, he can begin the challenge of finding the proper balance.[119] Maintaining that balance while juggling our various responsibilities requires inner strength and is a constant struggle.

By definition, as we move forward in life we will always be forced to deal with the tension between *bitachon* and *hishtadlus*. One does not resolve this question "once and for all" at any given point in his life and then coast along from there. Rather, as we (and the circumstances of our lives) change, our relationship with Hashem also changes. To properly accommodate these changes, we must always be prepared to adjust our attitudes and actions, such that we maintain the balance between reliance on Hashem and making the appropriate efforts to provide for ourselves and create the vessel necessary to receive Hashem's blessing.

Rav Dessler offers five tips to help strike this balance and avoid the dangers of adopting an extreme position that may not be appropriate:

---

119 שם בהמשך דבריו עמ' 192 "אמנם אם המשקל דק הוא כל כך והסכנה נוראה הלא ישאל האדם 'איך אעמוד על האמת בזה'? — אבל האדם יוכל לדעת את האמת אם אך ירצה עליו רק להתרכז בלבבו להביט על הענין במבט האמת ואז לבבו יבחין את הדרך האמיתית וזה אשר כתבנו במאמר לא נפלאת היא ולא רחוקה — 'מאחר שהשחד יעור עיני חכמים ואין אדם רואה חובה לעצמו איך אפשר הוא שנבחין את האמת הלא בכל דבר יש לנו נגיעה? אמנם התשובה שאין הנגיעה מכסה לגמרי את האמת כי גם אחרי אשר יפתח היצר את האדם לומר שגם דרך השקר אמת הוא מכל מקום יודע הוא בעצמו שדרך האמת אמתית יותר וזה מחסדי הבורא ב"ה שלא נתן רשות ליצר לכסות את האמת לגמרי אלא כל אדם יוכל להבחין בלבו באיזה דרך הוא האמת לאמתו."

"Anochi" — Defining the Emunah of the Torah

- Work on the attribute of *"histapkus"* — being satisfied with what we have.
- Use prayer as an opportunity to internalize that all is from Hashem.
- Make time to learn about the trait of *bitachon* so it becomes part of one's thoughts and feelings.
- Adopt the attribute of modesty as much as possible; without it, our efforts may lead us to excesses that distract both from our reliance upon, and the honor of, Hashem.
- Establish Torah and growth in *ruchniyus* as the main purposes of one's life and the focuses of one's passion.

Different Modes for the Masses Than for the Unique Individual

Our Sages grappled with this weighty question in the Gemara, specifically in the context of balancing one's need to earn a livelihood with the requirement to study Torah.[120] Rabbi Yishmael interpreted the verse, "and you shall gather your grains" (*Devarim* 11:13), as instruction that a person should use whatever time seems reasonable and necessary given his individual situation to attempt to attain a livelihood. All other time should be used to learn, and it goes without saying that a person should build a daily schedule around obligations such as prayer and any other mitzvos that cannot be done by others.

By contrast, Rabbi Shimon bar Yochai says that a person should only spend his time learning or engaged in other spiritual pursuits, such as prayer. Rabbi Shimon bar Yochai maintains that the Torah does not permit one to stop learning in order to attain a livelihood. One who

---

120 עיין שם בברכות לה: "ת"ר ואספת דגנך מה ת"ל לפי שנא' (יהושע א, ח) לא ימוש ספר התורה הזה מפיך יכול דברים ככתבן ת"ל ואספת דגנך הנהג בהן מנהג דרך ארץ דברי ר' ישמעאל ר"ש בן יוחי אומר אפשר אדם חורש בשעת חרישה וזורע בשעת זריעה וקוצר בשעת קצירה ודש בשעת דישה וזורה בשעת הרוח תורה מה תהא עליה אלא בזמן שישראל עושין רצונו של מקום מלאכתן נעשית ע"י אחרים שנא' (ישעיהו סא, ה) ועמדו זרים ורעו צאנכם וגו' ובזמן שאין ישראל עושין רצונו של מקום מלאכתן נעשית ע"י עצמן שנא' (דברים יא, יד) ואספת דגנך ולא עוד אלא שמלאכת אחרים נעשית על ידן שנא' (דברים כח, מח) ועבדת את אויביך וגו' אמר אביי הרבה עשו כרבי ישמעאל ועלתה בידן כר' שמעון בן יוחי ולא עלתה בידן א"ל רבא לרבנן במטותא מינייכו ביומי ניסן וביומי תשרי לא תתחזו קמאי כי היכי דלא תטרדו במזונייכו כולא שתא."

does opt to pursue a living over studying Torah is not on the spiritual level the Torah requires. Rather, one should engage in Torah study constantly, and rely on the assurance that his work will be done by others. The Gemara concludes that many tried to live in accordance with Rabbi Shimon bar Yochai's guidance and were not successful, while those who followed the path described by Rabbi Yishmael were successful.

The *Nefesh Hachaim*[121] explains the Gemara's conclusion: The counsel of the Torah for the masses, who generally operate on a more rudimentary level of *bitachon*, is to follow the opinion of Rabbi Yishmael. However, individual people who know that they (and their spouses) are on the level of *bitachon* to live according to the approach of Rabbi Shimon are permitted to do so, and should, in fact, try to live that way.

Even while following Rabbi Yishmael's path, a person must still make his Torah learning "*keva*" — permanent, and his work "*aray*" — temporary. This means that one's efforts to attain a livelihood must fit within the broader context of Torah learning and *avodas Hashem*. This is a matter of one's values and priorities, and is beyond the question of time allocated to each.

Some say the aforementioned means that practically, a person should still learn as much as possible at every spare moment, think in Torah while working if possible, and limit the amount of time and energy put into his work to the minimum necessary for survival.[122] Others

121 עיין בספר נפש החיים באורך בשער א פרק ח-ט, והנה קטע קטן מתוך דבריו שם: "ואמרו שם הרבה עשו כר"י ועלתה בידם. והרבה עשו כרשב"י ולא עלתה בידם. היינו רבים דוקא. כי ודאי שלכלל ההמון כמעט בלתי אפשר שיתמידו כל ימיהם רק בעסק התורה שלא לפנות אף שעה מועטת לשום עסק פרנסת מזונות כלל. ועז"א באבות כל תורה שאין עמה מלאכה וכו'. אבל יחיד לעצמו שאפשר לו להיות אך עסוק כל ימיו בתורתו ועבודתו ית"ש. ודאי שחובה מוטלת עליו שלא לפרוש אף זמן מועט מתורה ועבודה לעסק פרנסה חס ושלום. וכדעת ר' שמעון ב"י: והנה פסוק ואספת דגנך וגו' הוא מוצא מכלל פ' והיה שכולה נאמרה בל' רבים ופסוק ואספת נאמר בלשון יחיד. לכן קרי ליה אין עושה רצונו של מקו' כשמפנה עצמו אף מעט לעסק פרנסה."

122 גם זה שם בנפש החיים שער א פרק ח "והענין הוא. כמ"ש פ' כיצד מברכין (דף לה:) ת"ר ואספת דגנך כו' לפי שנאמר לא ימוש ספר התורה הזה מפיך גו' יכול דברים ככתבן. ת"ל ואספת דגנך הנהג בהן מנהג ד"א דברי ר' ישמעאל רשב"י אומר אפשר אדם חורש בשעת חרישה כו' תורה מה תהא עליה. אלא בזמן שישראל עושין רצונו של מקום מלאכתן נעשית ע"י אחרים כו'. ובזמן שאין ישראל עושין רש"מ מלאכתן נעשית ע"י עצמן שנאמר ואספת דגנך. ולכאורה תמוה דמוקי לקרא דואספת דגנך. כשאין עושין רש"מ. והא לעיל מינה כתיב והיה אם שמוע תשמעו

say that following Rabbi Yishmael means that regardless of how much time a person has to learn,[123] he should always be connected to Torah by thinking about it, applying its laws,[124] and viewing whatever time that remains for learning to learn as the "main event" of his schedule.[125]

אל מצותי וגו' לאהבה וגו' ולעבדו בכל לבבכם וגו'. ועלה קאמר ואספת דגנך. אבל הענין. כי ודאי שאין דעת ר' ישמעאל שיהא הרשות נתונה לאדם לפרוש ח"ו אף זמן מועט מעסק התורה. ולעסוק בפרנסה ויהי' בטל אותו העת מעסק התורה לגמרי ח"ו. אמנם רמזו ר"י בלשונו הק' הנהג בהן מנהג ד"א. ר"ל עמהן עם הד"ת. היינו שגם באותו העת ושעה מועטת שאתה עוסק בפרנסה כדי הצורך וההכרח לחיות נפש. עכ"פ ברעיוני מחשבתך תהא מהרהר רק בד"ת. וכן רבא אמר לתלמידיו ביומי ניסן ותשרי לא תתחזו קמאי דיקא. שלא לבא לבית מדרשו. אבל ודאי שתלמידי רבא לא היו בטלים ח"ו לגמרי מעסק התורה גם בביתם באלו הימים".

ועיין בשו"ע אורח חיים סימן קנה:א "אחר שיצא מבית הכנסת ילך לבית המדרש ויקבע עת ללמוד וצריך שאותו עת יהיה קבוע שלא יעבירנו אף אם הוא סבור להרויח הרבה", ושם בשו"ע סימן קנו:א ממשיך ופוסק "אח"כ ילך לעסקיו דכל תורה שאין עמה מלאכה סופה בטלה וגוררת עון כי העוני יעבירנו על דעת קונו ומכל מקום לא יעשה מלאכתו עיקר אלא עראי ותורתו קבע", ושם במשנה ברורה סימן קנו ס"ק ב הוא מסביר דברי השו"ע "אלא יעשה רק כדי פרנסתו", ולעיל במשנה ברורה סימן קנה ס"ק ד אמר "דעיקר מצות תלמוד תורה אין לה שיעור וחיובה הוא כל היום כל זמן שיש לו פנאי וכדכתיב לא ימוש ספר התורה הזה מפיך".

123 עיין במשנה ברורה סימן קנה ס"ק ג מביא שיש גדר של בעלי בתים ועליהם הוא אומר "ובעלי בתים שאינם לומדים רק ג' או ד' שעות ביום לא ילמדו בגמרא לחוד דבזה אינו יוצא אלא צריך שילמוד דוקא גם ספרי פוסקים כל אחד כפי השגתו", ובאמת כל דברי המשנה ברורה האלו הם העתק מדברי הש"ך ביורה דעה הלכות תלמוד תורה. רואים מכאן שהפסוקים מתייחסים לבני אדם שאינם לומדים כל זמן שיש להם פנאי כמו בשיטה הקודמת.

124 עיין באגרת הרמב"ן באמצע דבריו שכותב "וכאשר תקום מן הספר תחפש אשר למדת אם יש בו דבר אשר תוכל לקיימו".

ועיין נמי בשולחן ערוך הרב הלכות תלמוד תורה רק ג סעיף ד "קביעת עתים לתורה ...בכדי ללמוד ולזכור היטב לימוד המביא לידי מעשה בלבד שהוא חובה על הכל". הרי מצינו שלאלו שלא לומדים הרבה וקמים מלמודם צריכים לשים דגש מיוחד על לימוד דינים ברורים והלכה למעשה כדי לקיימם כל יום.

125 עיין בספר מכתב מאליהו א עמ' 90 "ומה יעשה האדם אשר במעשיו במשא ומתן הלא בהכרח יסיח דעתו מן התורה? באמת אינו כן כי זבולון ויששכר שניהם כאחד עוסקים בתורה זה בלימודה וזה בהחזקתה אך שאיפת עסקי שניהם אחת היא להגדיל תורה ולהאדירה ואך זה ימלא את כל חלל לבבות שניהם כמו שכתב בתורה 'שמח זבולון בצאתך ויששכר באהליך' שמחה אחת ושאיפה אחת לשניהם...ולכאורה צריך עיון הרי כשעושה מלאכתו חושב במלאכתו לבד ומסיח דעתו אלא על כרחך שפירוש דבריהם [של תוס' ברכות יא: 'שכבר'] כנ"ל שצריך שגם תכלית מלאכתו תהיה תורה ואם כן אין כאן היסח הדעת והוי עוסק בתורה כל היום".

ועיין במשנה אבות פרק א משנה טו "שמאי אומר עשה תורתך קבע" ועיין בפירוש הרמב"ם שם למשנה "עשה תלמוד תורה השרש והעיקר וכל שאר עסקיך נמשכים אחריו אם נזדמן נזדמן" ועיין נמי בפירוש הרבינו יונה שם למשנה "כמו שאמר באבות דרבי נתן כל העושה תורתו עקר ומלאכתו טפלה עושין אותו עיקר לעולם הבא" וברור ששני הראשונים האלו למדו שאין המשנה מדבר בשעות הלימוד אלא ביחס האדם לזמן שהוא לומד שזה יהיה העיקר.

Needs vs. Luxuries

The *Chovos Halevavos* says that to properly gauge how to go about earning a living, a person must distinguish between needs and luxuries.[126] A person who follows the opinion of Rabbi Yishmael, and of course works with the understanding that his livelihood is ultimately determined and delivered by Hashem, needs to make "reasonable effort." A reasonable effort starts with a clear definition of what one's needs are: shelter, food, utilities, clothing, and the various other costs of living a normal life within one's setting. One must then make an effort that, all things being equal, has the ability to provide the money necessary to cover those expenses. It is unacceptable to put forth a lesser effort than would appear necessary to meet one's needs at his given level and situation. On the other hand, it is useless to put forth any effort to make more money than what one needs. If Hashem wants to give someone extra, He will find a way to do so regardless of one's effort; any additional effort cannot possibly do anything to bring about receiving more.

We Have Been Given a Hint

The *Chovos Halevavos* advises further that the principles of *bitachon* should also help inform a person regarding the path he should take in choosing a profession. To properly apply this idea, a person must first take into account two basic realities: his physical build and his intellectual capacity. Every career or profession taxes a person both physically and mentally, but unequally so.[127] Some professions

126 עיין בספר חובות הלבבות שער הבטחון פרק ד וז"ל: "ופירוש החלק השני, הוא בענייני קנייני האדם וסיבות טרפו ואופני עסקיו, כמסחר ומלאכה והליכות הדרכים ומינוי ושכירות ועבודת המלכים וגזברות וקבלנות ואמנה וספרות ומיני העבודות וציד במדברות וימים והדומה לזה ממה שמתעסקים בו לקבץ ממון ולהרבות מותרי המחיה. ואופני יושר הביטחון בהם על האלוהים שיתעסק במה שזימן לו הבורא מהם לצורך סיפוקו ומזונו ולהגיע אל מה שיש בו די מן העולם. ואם יגזור לו הבורא בתוספת על זה, תבואהו מבלי טורח ויגיעה, כאשר יבטח על האלוהים בה, ולא ירבה לחזר על הסיבות ולא יסמוך עליהן בלבו. ואם לא יגזרו לו יותר מן המזון, אם היו משתדלים כל אשר בשמים ובארץ להוסיף עליו — לא היו יכולים בשום פנים ולא בשום סיבה. וכאשר יבטח באלוהים ימצא מנוחת לבו ושלוות נפשו, כי לא יעברנו חוקו אל זולתו, ולא יקדים ולא יאחר מעתו הנגזר לו בו."

127 עיין בספר חובות הלבבות שער הבטחון פרק ג וז"ל: "וכיון שהתברר חיוב הגלגול על הסיבות על בני אדם, נבאר עתה כי אין כל אדם חייב לחזר על כל סיבה מסיבות

tax a person more mentally and less physically, some more physically and less mentally, some tax neither very much, and some heavily tax a person both physically and mentally. A person should gravitate toward a profession that is naturally suited to his mental and physical abilities, or his work will be too overwhelming and he will not be able to serve Hashem properly. The natural world provides a perfect illustration of how this process is supposed to work. Each creature was created and designed with a specific nature and certain skills and faculties, and put in an environment that allows him to find his livelihood with relative ease. Hashem provides these for man as well; we just need to look at ourselves honestly in order to decode Hashem's direction for us and find our path.

הטרף, כי הסיבות רבות. מהן נקלות, שטרחם מעט, כסחורה בחנות או מלאכת יד שטרחה מעט, כתפירה וכאיחוי והספרות ואצור המסחרים ושכיר האריסים והפועלים והשמשים בעבודת האדמה. ומהן סיבות יש בהן יגיעה וטורח, כעיבוד העורות והוצאת הברזל והנחושת מן מוצאיהם, וזיקוק הכסף בעופרת, ונשוא המשאות הכבדות, ולכת בדרכים רחוקים תמיד, ועבודת האדמה וחרישתה וכיוצא בהם. ומי שהוא מבני אדם חזק בגופו וחלש בהכרתו, ראוי לו מהם מה שיש בו מן היגיעה כפי שיכול לסבול. ומי שהוא חלש בגופו והכרתו חזקה, אל יבקש מסיבות הטרף מה שמייגע גופו, אך ייטה אל מה שיהיה קל על גופו ויוכל להתמיד עליו. ולכל אדם יש חפץ במלאכה או סחורה מבלתי זולתה. כבר הטביע האל לה בטבעו אהבה וחיבה. וכן בשאר החיים: כמו שהטביע בטבע החתול צידת העכברים, ובטבע הנץ צידת מה שראוי לו מן העוף, ובטבע האיל צידת הנחשים. וכן יש מן העופות שיצודו הדגים לבד, וכן בטבע מין ומין ממיני החיים נטייה ותאווה אל מין ממיני הצמחים והחיים, הוטבע עליו להיות סיבה למזונו, ותכונת גופו ואבריו ראויים לדבר ההוא, כפה הארוך והשוק הארוך לעוף שהוא צד את הדגים, וכשן והציפורן החזק לארי, והקרניים לשור ולאיל. ואשר תוכן מזונו מן הצמח — לא נתן לו כלי הציד והטרף. ועל הדמיון הזה תמצא מידות בני אדם וגופותם מוכנות לסחורות ולמלאכות. ומי שמוצא במידותיו וטבעו כוסף אל מלאכה מהמלאכות, ויהיה גופו ראוי לה ויוכל לסבול את טרחה, יחזר עליה ישים אותה סיבה להבאת מזונו, ויסבול מותקה ומרירותה, ואל יקוץ כשיימנע ממנו הטרף בקצת העתים, אך יבטח באלוהים שיספיק לו טרפו כל ימי חייו. ויכווין בטרדת לבו וגופו בסיבה מן הסיבות והסבוב עליה, לעמוד במצוות הבורא שצווה האדם להתעסק בסיבות העולם בעבודת האדמה וחרישתה וזריעתה. כמו שכתוב (בראשית ב) ויקח ה' אלוהים את האדם ויניחהו בגן עדן לבדה ולשמרה. ולהשתמש בשאר בעלי חיים בתועלותיו ומזונותיו ובניין המדינות והכנת המזונות, ולהשתמש בנשים ולבעול אותן להרבות הזרע. ויהיה נשכר על כוונתו בהם לאלוהים בלבו ובמצפונו, בין שייגמר לו חפצו ובין שלא ייגמר לו חפצו. כמו שכתוב (תהלים קכח) יגיע כפיך כי תאכל אשריך וטוב לך. ואמרו רבותנו זיכרונם לברכה: וכל מעשיך יהיו לשם שמים. ויהיה ביטחונו באלוהים שלם, ולא יזיקנו הסיבוב על הסיבות להבאת טרפו בהם מאומה כשהוא מכווין בהם בלבו ובמצפונו לשם שמים."

Bitachon in Regard to the Fulfillment of Mitzvos

Whereas the outcome of our livelihood is determined on High and we only "go through the motions" to earn it, our success in serving Hashem through Torah and mitzvos is truly dependent on our efforts. Torah and mitzvos are the vehicles available to us to develop our relationship with Hashem. The outcome of this relationship is not decreed on High at the beginning of each year; the degree to which we utilize these pathways and grow in our relationship with Hashem varies with our commitment and the energy we put forth. Therefore, there should be no limit to the effort we exert in fulfilling the mitzvos, just as there is no limit to the potential for connection to Hashem.[128]

However, the Rema (Rav Moshe Isserles) does establish some parameters. He instructs that one should not spend more than twenty percent of one's net worth to fulfill a positive commandment. Of course, one must risk losing everything to avoid violating a negative commandment, as only danger to life supersedes the negative commandments of the Torah.[129]

---

128 עיין בספר חובות הלבבות שער הבטחון פרק ד וז"ל: " ופירוש החלק הרביעי, בענייני חובות הלבבות והאברים שהאדם מתייחד בתועלתם ונזקם. וזה כצום וכתפילה וכסוכה וכלולב וכציצית ושמירת השבת והמועדים, והמנע מן העבירות. וכל חובות הלבבות לא תעבורנה אל זולתו, ותועלותם וניזקם מיוחדים בו מבלי שאר בני אדם, ואופני יושר הביטחון בכולם על האלוהים יתברך מה שאני מבאר אותו. ומאלוהים אשאל להורות אותי האמת ברחמיו. והוא, כי מעשי העבודה והעבירה לא יתכנו לאדם כי אם בהקבץ שלושה דברים: האחד הבחירה בלבו ובמצפונו, והשני הכוונה וההסכמה לעשות מה שבחר בו, והשלישי שישתדל לגמור המעשה באבריו הנראים ויוציאהו אל גדר המעשה. ומה שאינו נעלם ממנו בהם, כבחירת העבודה והעבירה והכוונה וההסכמה על המעשה, הביטחון על האלוהים בזה טעות וסכלות. כי הבורא יתברך הניח ברשותנו בחירת עבודתו והמרותו, כמו שאמר (דברים ל) ובחרת בחיים. ולא הניח ברשותנו השלמת המעשה בעבודה ובעבירה, אלא בסיבות שהם חוץ לנו מזדמנות לקצת העתים ונמנעות בקצתם..."
ועיין נמי יסוד גדול בעניין כח הרצון ויחוד הלב בספר שיחות מוסר לרב חיים שמואלביץ, מאמר לב, באמצע דבריו שם: "אין גבול לכח האדם כשהוא מתאזר באומץ וגבורה ובידו להשיג הרבה מעבר לכחותיו הטבעיים," ושם בהמשך "אל יאמר אדם כיצד אגיע לגדלות ועמקות בתורה כבזמנו של הגאון רבי עקיבא איגר וכדומה והרי כחותי דלים ומעטים, טעות היא בידו כי הכל תלוי ברצונו וביחוד לבו אם יתבונן וידע ולבבו יבין וירגיש את הצורך הגדול לעליה בתורה יתנוצצו בנפשו רשפי כח וגבורה לאין שיעור ויגביר חיילים לתורה מעלה לרום להשיג יותר מכפי שיעור היגיעה ולכן הוא בבחינת מציאה".
ועיין בדברי הרב וולבה בספר עלי שור חלק א שער שני פרק כה כעין דברים אלו שמפליג ביותר בכח הרצון של האדם.

129 זה לשונו של הרמ"א שם אורח חיים סימן תרנו:א בשם כמה מהראשונים "ומי שאין לו

Yet, the Rema's rulings only address the pragmatic question of how much money one must expend to fulfill the mitzvos. With respect to one's intentions, desire, and will to do a mitzvah, the calculation is different. Hashem is not limited, so even if we do not succeed in doing a mitzvah, we can attain the same closeness to Hashem as if we had performed that mitzvah, provided we truly wish and attempt to do the mitzvah. If we do merit fulfilling a mitzvah, we add to that closeness even more.[130] Hence, the Rema's system for managing how one allocates his assets toward fulfilling mitzvos should not be extended to govern one's intentions or will to do mitzvos. Rather, one should have an intense desire to do all the mitzvos and come close to Hashem, and make the necessary plans and arrangement to do so. If, for whatever reason, he is unable to actualize his intentions, for financial or other reasons, he nevertheless grows in his relationship with Hashem.

We may be limited by our means, time, or energy, but Hashem is not.

The Bitachon of a Wicked Person

We have learned that *emunah* and *bitachon* represent two different levels. *Bitachon* develops when one's *emunah* transitions into a full-fledged ongoing trust in Hashem, i.e., my life should be saturated with the awareness that everything I experience is a function of that relationship with Hashem. In a trust-based relationship there are two parties who rely on one another.

Bitachon is thus meaningless in the world of a wicked person who has

---

אתרוג או שאר מצוה עוברת אין צריך לבזבז עליהם הון רב וכמו שאמרו המבזבז אל יבזבז יותר מחומש אפילו מצוה עוברת (הרא"ש ורבינו ירוחם נתיב י"ג חלק ב'). ודווקא מצות עשה אבל לא תעשה יתן כל ממונו קודם שיעבור (הרשב"א וראב"ד)"

130 עיין בספר חובות הלבבות שער הבטחון פרק ד וז"ל: " ואם יבטח על האלוהים בבחירת עבודתו, ויאמר לא אבחר ולא אכווין לעשות כלום מעבודת הבורא עד שיבחר לו הטוב ממנה, כבר תעה מדרך הישרה, ומעדו רגליו מאופני הנכונה. כי הבורא יתברך כבר צוונו לבחור במעשה העבודה, ולכוון אליו בהשתדלות והסכמה ובלב שלם לשמו הגדול. והודיענו שהוא אופני הנכונה לנו בעולם הזה ובעולם הבא. ואם יזדמנו הסיבות, ויתכן גמר המעשה בעבודתו אשר קדמה בחירתנו בה, יהיה לנו השכר הגדול על הבחירה בעבודה, ועל הכוונה לעשותה, ועל השלמת מעשיה באברים הנראים. ואם ימנע מן האברים גמר המעשה, יהיה לנו שכר הבחירה והכוונה כאשר זכרנו במה שקדם. וכן העונש על העבירה."

no reason to assume he can rely on Hashem, as the relationship is broken. Assuming that one can sin and yet still rely on Hashem essentially dismisses the fundamental assumption of the relationship and thus leads to more sin.[131] When one denies, ignores, or wants nothing to do with Hashem, the trust and intimacy in the relationship evaporate.[132] He no longer relies on the wicked person to do his part in the grand scheme of the world, and the wicked person can no longer rely on Him for his needs. Hashem may try to get the wicked person's attention or He may leave him to his own devices, but the wicked person is essentially on his own.

However, the level of *emunah* is still relevant to a wicked person, as even one who chooses to ignore the implications of Hashem's existence has actively taken a position in his *emunah*, which can still be developed or weakened further. The wicked person may still fully believe in Hashem, but he will find it increasingly difficult to rely on and trust Him. And it will certainly be difficult for such a person to genuinely feel Hashem in his life.

We should not misunderstand the above principle to mean that

131 עיין בספר הזכרונות לרב צדוק הכהן מצוה א וז"ל: "...ואמר אחר צווי העני 'ושמרת את מצות וכו' להזהר על שמירת כלל המצות כי הבוטח בהשם צריך שיהיה עם שמירת מצותיו ולא שירשיע ויבטח בהשם יתברך שעם כל זה יטיב עמו וכמו דבר שאמר בפרק הרואה מסכת ברכות סג. בנוסחת העין יעקב 'גנבא אפום מחתרתא רחמנא קרי ובפ"ק דיומא ט: 'רשעים היו אלא שתלו בטחונם בהקב"ה שדבר זה אינו מידת הבטחון לבטוח שאע"פ שחוטא הקב"ה עמו, שזה גורם קלות ראש לחטוא."

132 עיין בספר חובות הלבבות שער הבטחון פרק ג וז"ל: "והקדמה הרביעית שתהיה השגחתו חזקה והשתדלותו גדולה לקיים מה שחייבו בו הבורא מעבודתו, ולעשות מצוותיו, ולהיזהר מאשר הזהירו ממנו כפי מה שהוא מבקש, כדי שיהיה הבורא מסכים לו במה שהוא בוטח עליו בו. כמו שאמרו רבותנו זיכרונם לברכה: עשה רצונו כרצונך, כדי שיעשה רצונך כרצונו. בטל רצונך מפני רצונו, כדי שיבטל רצון אחרים מפני רצונך. ואמר הכתוב (תהלים לז) בטח בה' ועשה טוב שכן ארץ ורעה אמונה. ואמר (איכה ג) טוב ה' לקוויו לנפש תדרשנו. אבל מי שיבטח על הבורא והוא ממרה אותו, כמה הוא סכל וכמה דעתו חלושה והכרתו! כי הוא רואה כי מי שנתמנה לו מבני אדם על דבר, כשהוא מצווה אותו להתעסק בצורך מצרכיו או מזהיר אותו מדבר, ויעבור על מצוותיו ויגיע לממונה עוברו על מצוותו — כי יהיה הסיבה החזקה להימנע ממנו להיעשות מה שבטח עליו בו. כל שכן מי שעבר על חוקי האלוהים ומצוותיו אשר יעד, והועיד עליהם שתהיה תוחלת הבוטח עליו נכזבה כשימרהו, ולא יהיה ראוי להיקרא בשם בוטח באלוהים. אך הוא כמו שאמר הכתוב (איוב כז) כי מה תקוות חנף כי יבצע, כי ישל אלוה נפשו, הצעקתו ישמע אל. ואמר (ירמיה ז) הגנוב רצוח ונאוף והשבע לשקר. ואמר (שם) ובאתם ועמדתם לפני בבית הזה אשר נקרא שמי עליו. ואמר (שם) המערת פריצים היה הבית הזה אשר נקרא שמי עליו:"

Hashem doesn't love every human being; every person is one of His children, even if he is wayward or wicked. Hashem always desires his closeness and awaits his return, just as a parent still loves a rebellious child; however, as long as the person clings to his wicked ways, the breach of trust in the relationship cannot be repaired. If the wicked person doesn't seek to improve or better himself, Hashem will remain distant from him. Whatever Hashem does for him will be hidden and block any opportunity for the person to feel His intimate care. Hashem awaits his return, and if the person turns around and changes his ways, Hashem will help repair the damage and heal the relationship. This is expressed in the verse, "Return you rebellious children, so that I may heal those of you who return" (*Yirmiyahu* 3:22). The wayward ones here are still referred to as "children" even in their rebellion, and Hashem desires their return and not their destruction.

3

Lo Yihyeh — No Other Gods

SOURCE OF "LO YIHYEH"

The second of the Ten Commandments is the prohibition to worship any other force or being: "Do not have any other gods before me"(*Shemos* 20:3).[133]

Defining the Parameters of This Prohibition

The sages of the Talmud disagree regarding the definition on this prohibition. According to Rabbi Yossi, "*Lo Yihyeh*" prohibits the possession of any type of idol, while the other Sages argue that the prohibition precludes believing in or relying on any power other than the Almighty.[134]

The commentaries explain that Rabbi Yossi maintains that the Torah would only command speech or action; it would not prohibit specific

133 פסוק "לא יהיה לך אלהים אחרים על פני" הוא המקור למצות לא תעשה זו, והראיה לזה נמצא בגמ' מכות כד. "דרש רב שמלאי שש מאות ושלש עשרה מצות נאמרו למשה שלש מאות וששים וחמש לאוין כמנין ימות החמה ומאתים וארבעים ושמונה עשה כנגד אבריו של אדם אמר רב המנונא מאי קרא 'תורה צוה לנו משה מורשה', תורה בגימטרא שית מאה וחד סרי, אנכי ולא יהיה מפי הגבורה שמענום."

134 מכילתא פרשת יתרו פרשתא ו.

thoughts or feelings.[135] Hence the prohibition in question must relate directly to the possession of an idol, not to a belief. The other Sages disagree and assume that the Torah does command regarding thoughts of the heart; therefore, the commandment not to have "other gods" can also include restricting one's beliefs.

Halachic ruling applies both opinions, adopting the stringency of each. Therefore, one may not possess any form of idol. This includes any physical representation of a power or god that is worshipped,[136] and an idol that was made but never actually worshipped.[137] Possession of symbols or icons which have significance to various religions or other forms of worship is not prohibited, as these symbols or icons are not actually worshipped.[138] (The actual making of an idol is prohibited by other verses in the Torah.)

Actually worshipping an idol is, of course, forbidden under *Lo Yihyeh*

---

135 מהר"ל בספר תפארת ישראל פרק לח וז"ל: "...ועוד קשיא דלא מצינו מצוה על המחשבה שהרי המצות שבתורה הם מצות עשה ומצוות לא תעשה ובמחשבה לא שייך לא 'תעשה' כלל דלא נקרא זה מעשה ואף על גב דנענש על המחשבה מכל מקום מצוות לא תעשה לא שייך דלא שייך מעשה במחשבה..."

עיין בביאור הגרי"פ פערלא לספר המצוות לרס"ג עמ' קסה 'על כל פנים' — "מה שכתב הרמב"ם דלאו דלא יהיה לך וכו' הוא אזהרה שלא להאמין באחר זולתו לא יתכן לשיטת רבינו רב סדעיה הגאון וכו' דכל מצוה שיש בה לא תעשה ועשה אינם נמנים שניהם אלא במצוה אחת וכו' ואם כן אחר שמנה הגאון מצות עשה דהאמנה בה' ויחודו שהיא לדעתו בכלל עשה דקריאת שמע שוב לא יתכן למנות במצוה עצמה עוד לא תעשה במנין הלאוין שלא להאמין זולתו וכו' [וכיון שבכל זאת מנה הגאון לאו של לא יהיה לך] על כרחך צ"ל לדעת רבינו הגאון ז"ל דאין לאו זה מזהיר אלא על קיום הצלמים..."

ולפי ביאורו אפשר לומר שאף לשיטות הסוברים שלאו זה קאי על קיום הצלמים, בדרך כלל אפשר שהתורה יצוה אותנו על מחשבת הלב לבד.אמנם כאן, כיון שאיסור זה של האמנת הלב בכח אחר חוץ מה' נכלל במצות אנכי ה' אלקיך, הבינו לפי שיטת רבי יוסי שכוונת הפסוק לעשיית והחזקת הצלמים עצמם.

136 כן הוא דעת רש"י לפסוק שמות כ:ג 'לא יהיה לך — למה נאמר לפי שנאמר 'לא תעשה לך' אין לי אלא שלא יעשה העשוי כבר מנין שלא יקיים ת"ל 'לא יהיה לך' ", רס"ג (על פי הבנה אחת של הגרי"פ פערלא בפירושו לספר המצות לרס"ג עמ' קסח), הבה"ג (על פי ביאור הרמב"ן בדבריו בהשגות לספר המצות של הרמב"ם מצות עשה א'), וזוהר הרקיע (שהוא פירוש של הרשב"ץ על מנין המצוות של רבינו שלמה בן גבירול) עיין שם עמ' 100-101.

137 עיין רמ"א יורה דעה קמא:א.

138 עיין רמ"א יורה דעה קמא:א וז"ל: "וצורות שמשתחוים לו דינו כדין צלם ואסור בלא ביטול אבל אותן שתולין בצואר לא מיקרי צלם ומותר [בהנאה], וכיון שמותר בהנאה ממילא אין איסור לקיים אותן או להשהותן בביתו וגם אין איסור למוכרן." ולפי כל זה יצטרך כל אחד לדון לגופו של ענין בכל מקרה בו תהיה שאלה של קיום צורות או סמלים של דת אחרת. למשל: נראה שצלב איננו נקרא ע"ז לגבי זה כיון שאין משתחוים לו, אבל אולי ישנם צורות או פסלים אחרים שפעמים כן משתחוים להם ולאלו נייחס את דינו של הרמ"א, וצ"ע.

and numerous other prohibitions. Idol worship can be done in two possible ways. One manner is the ritual method or activities normally used to worship the idol, and these activities would be forbidden no matter how mundane or inane they may seem. In addition, worshipping an idol in the manner of the service in the Beis HaMikdash is forbidden, even if the worshippers of this idol do not serve it in that way. While the technical violation of worshipping foreign gods can be violated in various ways and is addressed by multiple references throughout the Torah, at the root of all such forbidden worship is the central tenet of *Lo Yihyeh*: It is forbidden to ascribe power to, believe in, or rely upon any force other than Hashem.[139]

Reasons for the Prohibition of "Lo Yihyeh"

Our belief in Hashem needs to be taken one step further. The Torah wants us to fully recognize that the Almighty is the only Being that possesses independent power and is thus truly reliable and worthy of our worship. It is important to maintain this awareness in order to avoid the mistake of the generation of Enosh.[140] During that time, people saw the majesty of the stars and constellations and assumed that the Creator would want man to recognize the glory of these heavenly bodies. This initial mistake led them to slowly ascribe power and independence to the heavenly bodies and eventually brought them

139 השגות הרמב"ן לספר המצות לרמב"ם לא תעשה ה וז"ל: "לא יהיה לך אלהים לא קאי על אזהרת עשיית הצלמים אלא קאי על איסור קבלת אלהים אחרים."

וכן מצאנו בפירוש הרמב"ן על התורה שמות כ:ב וז"ל: "והנה הזהירו בדבור השני תחילה שלא נקבל לנו אדון מכל האלהים זולתי ה' וכו'."

וכן נפסק להלכה ברמב"ם הלכות יסודי התורה פרק א הלכה ו, וכן איתא להדיא בסמ"ג לא תעשה א, ובספר החינוך מצוה כח.

140 עיין מלבי"ם לשמות כ:ג וז"ל: "'על פני' בא להוציא מטעות דור אנוש שהיו אומרים שהקב"ה חלק לכוכבים ומזלות מכבודו כמלך שחולק מכבודו לשריו ועבדיו על זה משיב 'על פני' שאני נמצא בכל מקום וגם במלך בשר ודם אין לחלק כבוד לשריו ועבדיו במעמד המלך שזה מורד במלכות."

ומלשונו נראה שנכלל בלאו זה שני דברים. הראשון היא הטעות במחשבה לחשוב שבאמת יש כח עצמאי חוץ מהבורא יתברך. השני שאסור לאדם לתלות את עצמו בגוף אחר כעבד לאדון.

ועיין נמי במהר"ל בספר תפארת ישראל פרק לח וז"ל: "והדבור השני שהוא לא יהיה לך אף שאינו כופר במציאות השם יתברך הוא ממעט ח"ו מציאותו יתברך כי ראוי שיאמין שהוא יתברך המציאות בלבד ואפס זולתו כאשר הוא האמת."

to full-fledged idol worship.[141] *Lo Yihyeh* is intended to help us firmly establish that Hashem does not want us to see the various created entities in the world, whether physical or spiritual, as having independent power or glory. These creations are nothing but manifestations of Hashem's power and glory.

In addition to the logical and theological problems associated with believing in or ascribing independent power to creations, there is also a moral problem. As is often the case, we can learn this from the metaphor of a human king. In an earthly kingdom, one understands that even if the king's ministers are powerful men and deserving of honor in their own right, nevertheless, in the presence of the king it would be inappropriate to give honor and attention to the ministers and not

141 עיין ברמב"ם הלכות עבודה זרה פרק א הלכה א-ב: "(א) בימי אנוש טעו בני אדם טעות גדול ונבערה עצת חכמי אותו הדור ואנוש עצמו מן הטועים היה וזו היתה טעותם אמרו הואיל והאלהים ברא כוכבים אלו וגלגלים להנהיג את העולם ונתנם במרום וחלק להם כבוד והם שמשים המשמשים לפניו ראויין הם לשבחם ולפארם ולחלוק להם כבוד וזהו רצון האל ברוך הוא לגדל ולכבד מי שגדלו וכבדו כמו שהמלך רוצה לכבד העומדים לפניו וזהו כבודו של מלך כיון שעלה דבר זה על לבם התחילו לבנות לכוכבים היכלות ולהקריב להן קרבנות ולשבחם ולפארם בדברים ולהשתחוות למולם כדי להשיג רצון הבורא בדעתם הרעה וזה היה עיקר עבודת כוכבים וכך היו אומרים עובדיה היודעים עיקרה לא שהן אומרים שאין שם אלוה אלא כוכב זה הוא שירמיהו אומר מי לא ייראך מלך הגוים כי לך יאתה כי בכל חכמי הגוים ובכל מלכותם מאין כמוך ובאחת יבערו ויכסלו מוסר הבלים עץ הוא כלומר הכל יודעים שאתה הוא לבדך אבל טעותם וכסילותם שמדמים שזה ההבל רצונך הוא. (ב) ואחר שארכו הימים עמדו בבני האדם נביאי שקר ואמרו שהאל צוה ואמר להם עבדו כוכב פלוני או כל הכֹוכבים והקריבו לו ונסכו לו כך וכך ובנו לו היכל ועשו צורתו כדי להשתחוות לו כל העם הנשים והקטנים ושאר עמי הארץ ומודיע להם צורה שבדה מלבו ואומר זו היא צורת הכוכב פלוני שהודיעוהו בנבואתו והתחילו על דרך זו לעשות צורות בהיכלות ותחת האילנות ובראשי ההרים ועל הגבעות ומתקבצין ומשתחוים להם ואומרים לכל העם שזו הצורה מטיבה ומריעה וראוי לעובדה וליראה ממנה וכהניהם אומרים להם שבעבודה זו תרבו ותצליחו ועשו כך כך ואל תעשו כך וכך והתחילו כוזבים אחרים לעמוד ולומר שהכוכב עצמו או הגלגל או המלאך דבר עמהם ואמר להם עבדוני בכך וכך והודיע להם דרך עבודתו ועשו כך ואל תעשו כך ופשט דבר זה בכל העולם לעבוד את הצורות בעבודות משונות זו מזו ולהקריב להם ולהשתחוות וכיון שארכו הימים נשתכח השם הנכבד והנורא מפי כל היקום ומדעתם ולא הכירוהו ונמצאו כל עם הארץ הנשים והקטנים אינם יודעים אלא הצורה של עץ ושל אבן וההיכל של אבנים שנתחנכו מקטנותם להשתחוות לה ולעבדה ולהשבע בשמה והחכמים שהיו בהם כגון כהניהם וכיוצא בהן מדמין שאין שם אלוה אלא הכוכבים והגלגלים שנעשו הצורות האלו בגללם ולדמותן אבל צור העולמים לא היה שום אדם שהיה מכירו ולא יודעו אלא יחידים בעולם כגון חנוך ומתושלח נח שם ועבר ועל דרך זה היה העולם הולך ומתגלגל עד שנולד עמודו של עולם והוא אברהם אבינו."

to the king himself. Once we properly recognize that Hashem is the ultimate Power, we realize that it is an offense to the King to focus on any of the powers He bestowed upon His creations.

The Concept of a Prohibition That Is Constant

The *Sefer HaChinuch* counts "*Lo Yihyeh*" among the six commandments in the Torah that apply on a constant basis. We can certainly understand how a positive commandment can be fulfilled constantly, by doing, thinking about, or engaging in some particular aspect of *avodah* all the time. However, we generally understand that a negative commandment is "fulfilled" only when a scenario arises whereby one is tempted to violate the prohibition and avoids the temptation to sin. Thus, it must be that a "constant" negative commandment represents an area that is an ongoing and constant struggle. In fact, only two negative commandments are considered "constant" by the *Sefer HaChinuch* — "*Lo Yihyeh*" and "*Lo Sassuru.*" We can infer from this that one is faced with temptation in these areas on an ongoing basis.

While we may not be running to worship idols, there are, as noted above, underlying attitudes and assumptions that can lead to worshipping other gods. The nature of our existence vis-à-vis Hashem and the world constantly challenges us to recognize Hashem as the only true source of independent power and to have a direct relationship with Him.

Intermediaries and "Shittuf"

Belief and Direct Access

A failure in the area of "*Lo Yihyeh*" can result in two possible outcomes. One potential expression would be subscribing to a belief system that rejects the concept of a Creator. Rejecting the idea of one G-d results in the same conclusion as belief in many gods: that there is no objective single source of truth.[142] In this sense, atheism is not a way around *Lo*

142 כך שמעתי מהגאון רב יעקב ויינברג זצ"ל ראש ישיבת נר ישראל: "לומר שאין אלוה הוא אותו דבר כמו לומר שיש אלוהות הרבה." וכוונתו הוא כך שעניין התורה הוא שיש לעולם מנהיג אחד והוא אותו אלוה שברא את העולם, וכיון שכן רק אותו ראוי לעבוד כלשון

Yihyeh; rather it is a denial of the existence of one G-d and is thus both a rejection of the first commandment and a transgression of the second.[143]

The second potential manifestation of a failure in *Lo Yihyeh* occurs when one turns to intermediaries as a way of approaching the Creator out of a belief that he doesn't have direct access to Hashem. We are to recognize that Hashem takes direct and active interest in us and there is no need for any other being to intercede or represent us. Approaching intermediaries is also included in the prohibition of *Lo Yihyeh*, even if one believes and accepts the ultimate superiority of the Almighty.[144]

הרמב"ם בי"ג עיקרים, וזה מה שמכריח את האדם להשתעבד דוקא לבורא עולם ולא לחפש עצות אחרות.

143 עיין בלשון הרמב"ם הלכות יסודי התורה פרק א הלכה ו: "וידיעת דבר זה מצות עשה שנאמר אנכי ה' אלקיך וכל המעלה על דעתו שיש שם אלוה אחר חוץ מזה עובר בלא תעשה שנאמר לא יהיה לך אלהים אחרים על פני פר בעיקר שזהו העיקר הגדול שהכל תלוי בו." הרי לשונו הנ"ל מדויק מאד שכל המעלה על דעתו שיש שם אלוה אחר חוץ מזה עובר בלאו דלא יהיה, וברור שכלול בהגדרה "וכל המעלה על דעתו שיש שם אלוה אחר חוץ מזה" (דהיינו שום דעה אחרת ממה שקבענו) גם הסוברים שהעולם מתנהג אך ורק על פי הטבע וכל הכחות שבו.

ועיין בספר דעת תבונות אות לו שמדבר על הדעות הטועות מאמונת ישראל וז"ל: "הדעת השלישי היא דעת המון האנשים שחושבים שדברי העולם הזה הולכים לפי חוקות טבעם שהטביע הבורא בתחתונים והשתדלותם וחריצותם הוא המועיל ועצלותם הוא המזיק כענין 'כחי ועוצם ידי עשה לי את החיל הזה' עוד אמרו הכל תלוי במזל ומקרה אחד לכל ואין כאן אלא הדרך הטבעי לא יותר אם להטיב אם להרע."

144 הנה לשון הספורנו בפסוק לא יהיה: "אף על פי שתקבלו מלכותי לא תעבוד זולתי כעובד לעבד המלך על דרך 'את ה' היו יראים ואת אלהיהם היו עובדים'."

וכן בסמ"ג לא תעשה א: "המצוה הראשונה שלא לעלות במחשבה שיש שום אלוה זולתי ה' שנאמר לא יהיה לך אלהים אחרים על פני מכאן אסרה תורה הקיום והשיתוף אף על פי שלא עבד ותניא במכילתא לפי שנאמר לא תעשה לך פסל וכל תמונה העשוי כבר מניין שלא יקיים תלמוד לומר לא יהיה לך ואין מקרא יוצא מידי פשוטו ומלשון 'על פני' דורש במדרש כפשוטו שאסור לשתף שם שמים ודבר אחר וזהו מה שהוא אומר שם אין מקרא יוצא מידי פשוטו ובפרק ארבע מיתות שאומר שם שכל המשתף שם שמים ודבר אחר נעקר מן העולם שנאמר 'בלתי לה' לבדו' המקרא ההוא בא לעונש וזה לאזהרה ואומר רבינו יעקב שמה שכתוב 'כי דברנו בה' ובך' (במדבר כא:ז) וכן 'חרב לה' ולגדעון' (שופטים ז:כ) אין זה שיתוף לאלהות ואדנות."

הגדרת ופרטי האיסור מצינו ג"כ בלשון ספר החינוך מצוה כח: "שלא נאמין אלהים זולתי השם יתברך לבדו, שנאמר שמות כ ג "לא יהיה לך אלהים אחרים על פני," ופירושו, לא תאמין אלוה אחר זולתי. וכתב הרמב"ן ז"ל לא תמצא לעולם שיאמר הכתוב אלהים אחרים רק על האמנת הלב, אבל על העשיה לא יאמר לעולם לא תעשה אלהים אחרים, כי לא תפול בלשון עשיה 'אחרים'. ויפה דקדק ז"ל, דברי פי חכם חן (קהלת י יב) וזאת המצוה היא העיקר הגדול שבתורה, שהכל תלוי עליו, כמו שאמרו ז"ל (ספרי במדבר טו כב) כל המודה בעבודה זרה, כאילו כופר בכל התורה כולה. ואחד המקבל באלוה לשום דבר זולתי השם לבדו, או העובד אותו דבר כדרך עבודתו, כלומר כדרך שעובדין אותו המאמינים בו, או אפילו שלא כדרך עבודתו, אם יעבדנו

The Torah wants man to have a relationship with his Creator; rendering Hashem irrelevant to one's entire experience by attempting to interact primarily with intermediaries divorces Hashem from one's life and is akin to denying His existence entirely.

There are many examples of this second type of weakness in *Lo Yihyeh*, whereby one believes in Hashem's existence, but actively looks to other sources for his needs. These include:

- Rejection of *Hashgachah Pratis* (Divine Providence over each individual)
- Sorcery, black magic, and all similar practices[145]

בארבע עבודות ידועות שהן זיבוח וקיטור וניסוך והשתחויה- עבר על לא יהיה לך. וניסוך וזורק דבר אחד הוא, ומתחייבין בזריקה כמו בניסוך.שורש מצוה זו נגלה וידוע. פרטיה, כגון מה שאמרו, שאם קבל באלוה אחר מכל הנבראים, ואפילו מודה שהקב"ה שולט עליו ועל אלהותו, עובר על לא יהיה, ומה הדבר שנקרא דרך עבודתו ושלא כדרך עבודתו, ואם עבדוהו דרך בזוי ועבודתו בכך מה דינו, וארבע עבודות האסורות בכל האלוהות, עד היכן מתפשט איסורן, כענין מה שאמרו ז"ל (עבודה זרה נא, א) דשובר מקל לפניה בכלל זובח הוא. וכן מה שאסרו ז"ל (שבת קמט א) לקרות בספרי עבודה זרה המחוברים בעניני עבודותיה, או בדברים (בענינים) אחרים שלה, כל שגורמין להאמין בה בשום צד, ואיסור הרהור הלב אחריה, ודין ישראל שעבדה אפילו פעם אחת מה דינו, ואם קבלו לאלוה וחזר תוך כדי דבור חייב, שלא נאמר בזה תוך כדי דבור כדבור, והוא הדין בענין קדושין. והעובדה מאהבה, שחבב אותה צורה לרוב יפיה או מיראה שלא תרע לו ולא שיקבלה באלוה, וכן העושה לה כבודים, כגון חיבוק, נישוק, סך, מלביש, מנעיל — מהו דין אסורו ודיני ביטולי עבודה זרה כיצד, והחילוק בין עבודה זרה דישראל לע"ז דעובד גלולים בענין בטולה, ואסורי הנאה של ע"ז עד היכן, והחלוק שבין תלוש הנעבד למחבר מעיקרו, ומאימתי היא נעשית ע"ז, ודין משמשי ע"ז, ואם בטל היא מה יהא במשמשיה, ותקרובת שלה מה דינו, ועבודה זרה שהניחוה עובדיה, וההרחקה מעובדיה ביום עבודתה וסמוך לו, והדברים האסורים לנו למכור להם לעולם מפני חשש קלונה, והרחקת עיר שיש עבודה זרה בתוכה, ויתר רוב פרטיה, מבוארים במסכתא הבנויה על זה, והיא עבודה זרה. ונוהגת בזכרים ונקבות בכל מקום ובכל זמן, והעובר עליה ועבד ע"ז כדרך עבודתה, או שלא כדרך עבודתה בארבע עבודות שכתבנו, בעדים והתראה -- נסקל. ובשגגה -- חייב להביא חטאת קבועה. וזאת המצוה היא מכלל השבע מצות שנצטוו כל בני העולם בכללן. אבל מכל מקום, חילוקין יש בפרטיה בין ישראל לשאר האומות, והכל מבואר שם בעבודה זרה. ומן החילוקין שבין ישראל לשאר האומות בענין המצות המוטלות על הכל הוא שישראל לא יתחיב לעולם בלא עדים והתראה, ושאר האומות אין צריכין התראה. לפי שאין חילוק בהן בין שוגג למזיד. וכן יתחייבו גם כן בהודאת פיהם. מה שאין כן בישראל שצריך עדים."

145 כן מצאנו בלשונו הזהב של ר' חיים מוולאזין בספרו נפש החיים שער ג פרק ט: "...וזו היתה כל ענין העבומ"ז של דורות הראשונים מימי דור אנוש שאז התחילו בעולם ענין העבומ"ז כמ"ש אז הוחל לקר' בשם ה'. שהיו עובדים לכחות הכוכבים והמזלות כל א' לכוכב ומזל מיוחד שבירר לעצמו. לא שחשב כל א' שאותו הכוכב הוא אלוה שברא את כל. שהרי מעולם היה שומה בפיהם של העבומ"ז לקרותו ית"ש אלהא דאלהין כמו שאמרו ז"ל. וכן אמר מלאכי הנביא בתוכחתו לישראל כי ממזרח שמש ועד מבואו גדול שמי בגוים כו' כי גדול שמי בגוים אמר ה' צבאות

- Atheism
- Fatalism or Determinism (if seen as realities outside of the will of Hashem)
- Pantheism or Naturalism (the belief that nature equals divinity

---

אלא שתחלת טעות דור אנוש היה. שחשבו בשבוש דעתם. כי רם ה' ועל. השמים כבודו ואין כבודו להשגיח על ברואי זה העולם השפל. ולכן חשבו שהסיר הוא יתברך השגחתו מהם ומסרם לכחות הגלגלים והמזלות שהמה ינהיגו זה העולם כרצונם והיה נחשב אצלם חולין ואיסור גמור וחוצפה גדולה נגדו יתברך להתפלל לשמו הנכבד והנורא לבקש מאתו צרכיהם השפלים. לזאת השתעבדו עצמם וכיונו כל עניני עבודתם ובקשתם לכחות הכוכבים והמזלות (ואופן עשייתם העבומ"ז. וזיבוחם וקטורם אליה עי' בתקון ס"ו.) והיו יודעים ג"כ להשביע המלאכים הממונים על המזלות. לדעת טוב ורע ושישפיעו להם עי"ז טובות והנאות עה"ז מכחם שנתמנו עליו מאדון כל ית"ש. ומעטים יחידי סגלה היו שהכירו וידעו באמת. שאף שהוא ית"ש מגביהי לשבת. עכ"ז הוא משפילי לראות בשמים ובארץ. ומהם שהיו עובדים לחיות ועופות כמ"ש (מ"ב סי' י"ז) ג"כ כוונתם היה להתדבק עצמם עי"ז להכח והמזל העליון של אותה הבריאה. שישפיע עליהם מכחו וממשלתו שנתמנה עליו מהבוי"ת. וז"ש הנשים הארורות לירמיה ומן אז חדלנו לקטר למלכת השמים והסך לה נסכים חסרנו כל כו (ירמיה מ"ד) ומהם שהיו משתעבדים ומזבחים ומקטרים לאיזה אדם שראו שכח ממשלת מזלו גדול מאד. בחשבם שע"י השתעבדם ועבודתם אליו יעלה מזלם עם מזלו. ומהם אף שלא היתה כוונת עבודתם להשפעת הנאות עוה"ז. אבל כוונתם היתה להשיג עי"ז איזה השגות שכלים שחמדו להם. כמו חכמת הקסמים וכיוצא איזה השגות. ומהם שהתדבקו לעבודת איזה אנשים כדי להמשיך השפעת אמונת אמון ועניני עתידות. וזהו הכל עבומ"ז גמורה. ובכלל לא יהיה לך אלהים אחרים כמ"ש הכל הרמב"ן ז"ל בפירושו על התורה שם. ועיין לק"ת ס"פ נח בענין דור הפלגה ואפילו להשתעבד ולהתדבק באיזה עבודה לבחי' רוה"ק שבאיזה אדם נביא ובעל רוה"ק. גם זה נקרא עבומ"ז ממש. כמו שמצינו בנבוכדנצר שהשתחוה לדניאל. ג"כ לא בעבור שהחזיקו לאלוה בורא כל. א'. לא שכיון בהשתחויתו להשתעבד ולהתדבק לרוח הקדש שבו. כמ"ש (דניאל ב') באדין מלכא נבוכדנצ' נפל על אנפוהי ולדניאל סגיד ומנחה ונחחין וכו' מן קשוט די אלהכון הוא אלם אלהין כו' וגלה רזין. די יכלת למגלא רזא דנה ושם (סי' ד') ועד אחרין על קדמי דניאל כו' ודי רוח אלהין קדישין בי' וכו'. ורז"ל אמרו (סנהדרין צ"ג) הטעם שלא היה דניאל בעת ציווי ההשתחוי' לצל' שאמר דניאל איזיל מהכא דלא לקיים בי פסילי אלהיהם תשרפון. ונ"נ אמר ג"כ יזיל דניאל מהכא דלא לימרו קליי' לאלהי' בנורא. וע' ז"ח רות ס' ע"ב. ובב"ר פ' ל"ו ובתנחומא ר"פ ויחי וכן אתה מוצ' בדניאל וכו' מה כתיב באדין מלכא נבוכדנצ' וכו' ומנחה ונחחין אמר לנסכא לי' אבל דניאל לא קיבל למה שכשם שנפרעין מעובדי עבומ"ז כך נפרעין מהעבומ"ז עצמה. וכן אמרו שם זה הטע' גם על יעקב אבינו ע"ה שלא רצה ליקבר במצרים הרי שקראו ז"ל ענין זה עבומ"ז. אף שהכוונה היתה לרוח אלהין קדישין דבי'. וי"ל עפ"ז הכתוב לא יהיה לך אלהים אחרים על פני. ר"ל שלא לכוין ח"ו בשום דבר לאיזה בחי' וכח פרטי אפי' אם יהיה אותו הכח בחי' פני היינו אפי' לפרט רו"הק שבאיזה אדם או פרט בחי' הקדושה שבאיזה כח עליון שבעליונים וכענין מאמרם ז"ל (ר"ה כ"ד) על לא תעשון אתי אפי' דמות שמשי המשמשין לפני במרום כגון אופנים ושרפים וחיות הקדש. ועם כי עיקר אזהרת הכתוב על כל העבומ"ז הנ"ל היינו בארבע עבודות דוקא אמנם עתה שעבודת התפלה בהשתעבדות כוונת הלב הוא במקום עבודת הקרבן. ודאי גם ע"ז שייך האזהרה."

וכן משמע מכל המפרשים שאינם מבחינים בין כח שהאדם מאמין או תולה עצמו בהם. וכן מדויק בלשון הרמב"ם בהלכות עבודת כוכבים פרק א:א-ב שכל התהליך שהביא לעבודה זרה כלל את האמונה בכל הנעשה על ידי כישוף, דיבור עם רוחות, וכל כדומה שנסיו להוציא כרצונם מהפעולות האלו שמכריחים הכוחות האלו כפי דעתם.

and that everything arises from natural properties and thus excludes supernatural or spiritual causes)

- Astrology (if the stars and constellations are viewed as having independent power)
- The belief in Satan as an independent force acting on his/its own
- Polytheism (belief in multiple deities)
- Trinity (belief that there is one God who is in three persons. This may not be polytheism, but it hints at *shittuf*)

The Temptation to Serve Idols and Use Intermediaries

We have argued above that it is irrational and immoral to look to other powers instead of Hashem. Yet there is still a temptation to do so. What is the substance of this temptation?

Hashem is transcendent and lacks any corporeality. It is therefore very difficult to conceive of Him, relate to Him, and serve Him, as we lack tools to visualize a Being that exists outside of the physical realm. Simultaneously, as physical creatures with physical needs, we are preoccupied with the physical aspects of our existence and the distance between us and the Almighty can seem very great. While Hashem provides those physical needs for us, he does so through nature, leaving us with the choice to either see Him in that process or not. Taken as a whole, it can present a challenge to subjugate ourselves, in body and mind, to Hashem.

Our tradition expands upon these inherent limitations and identifies specific motivations for the temptation to serve idols:

- To represent Hashem in a form that will make it easier to focus on and relate to Him[146]

---

146 עיין בפסוקים בשמות כ:יד-כא "(יד) וכל העם ראים את הקולת ואת הלפידם ואת קול השפר ואת ההר עשן וירא העם וינעו ויעמדו מרחק (טו) ויאמרו אל משה דבר אתה עמנו ונשמעה ואל ידבר עמנו אלהים פן נמות (טז) ויאמר משה אל העם אל תיראו כי לבעבור נסות אתכם בא האלהים ובעבור תהיה יראתו על פניכם לבלתי תחטאו (יז) ויעמד העם מרחק ומשה נגש אל הערפל אשר שם האלהים (יח) ויאמר יהוה אל משה כה תאמר אל בני ישראל אתם ראיתם כי מן השמים דברתי עמכם (יט) לא תעשון אתי אלהי כסף ואלהי זהב לא תעשו לכם (כ) מזבח אדמה תעשה לי וזבחת עליו את

- To permit promiscuity[147]
- To seek immediate predictable sources for livelihood and preservation without moral preconditions (as was commonplace in the ancient world)[148]

עלתיך ואת שלמיך את צאנך ואת בקרך בכל המקום אשר אזכיר את שמי אבוא אליך וברכתיך"

ועיין במפרשים שכולם הדגישו שפסוקים אלו באים לתת טעם לאזהרות אלו על עשיית צורות המרמזות על ה' ועל הכחות בעולם, כי כיון שראיתם את ה' מדבר איתכם ושמעתם קולו הנה ידוע לכם שהוא קרוב באשר ירד בכל כבודו על הר סיני ע"מ שתרגישו את כבודו. אשר על כן אינכם צריכים לעשות צלמים לקרב את לבכם אליו.

ועיין שם בפסוקים בשמות כ:יד-כא בפירוש האברבנאל שמסביר כל זה בטוב טעם ודעת.

ועוד כך נראה כוונת אהרון בעשיית העגל כפי שמפרש רבינו בחיי שמות לב:ד: "...ויש לך לדעת שאמרו 'אלה אלהיך ישראל' אילו אמרו כן על הכוונה הטובה [היינו כמו שכיוון אהרון בעשייתו שזה יהיה סמל למידת הדין שיעזור להם בעלייה לארץ ישראל] לא היתה בזה עבודה זרה כי האמנם שמדת הדין סייעה אותם באותה עלייה כענין הכתוב 'ויסע מלאך אלקים' אבל החטא היה במה שכתוב 'וישתחוו לו ויזבחו לו כי כוונת אהרון שהיתה בעגל למידת הדין ושלא להוציאן מרשותו של השם המיוחד הפכוה ישראל בגוף העגל עצמו כשהיו עובדים אליו."

ועיין נמי בספרי דברים א:ב: "ודי זהב — אמר להם הדבר הזה יתרה לכם לכל מה שעשיתם בעגל קשה עלי מן הכל כך אמר משה לישראל ודי זהב למשכן ודי זהב לעגל רבי בנאה אומר עבדו ישראל לעבודה זרה הרי הם חייבים כליה יבא זהב משכן ויכפר על זהב העגל" — ראינו מכאן שהמשכן בא לכפר על חטא העגל.

ועיין בספר נפש החיים שער א פרק ד בהג"ה וז"ל: "ולדרכנו יש לומר גם כן שרוצה לומר אל תחשבו שתכלית כוונתי הוא עשית המקדש החיצוני אלא תדעו שכל תכלית רצוני בתבנית המשכן וכל כליו רק לרמז לכם שממנו תראו וכן תעשו את עצמכם."

ועיין באריכות נפלאה בתולדת אדם של השל"ה, וכן במאמר שלו על פרשת תרומה, וכן במאמר רמזי המשכן של המלבי"ם על פרשיות תרומה תצוה, ובנפש החיים שער א פרקים ד-ז באריכות ובעוד הרבה מקומות שהמשכן והמקדש היו מכוונים בתבניתם וצורתם כנגד תבנית וצורת האדם ושני אלו מכוונים כנגד תבנית וצורת הנהגת ה' את העולם והכחות והעולמות הנשפעים מאתו. וברור שעם כל הנ"ל הקב"ה הבין שיש לבני אדם צורך אמיתי לפום דרגתנו הנמוכה לבנין עם כלים וכו' וכדי לכפר על חטא העגל נתן לנו המשכן וכל כליו שעל ידי שנראה אותם ועל ידי שנתבונן בהם נבא להשיג עומק בדרכי ה' באופן מסודר ומכוון.

147 עיין במסכת סנהדרין סג: "אמר רב יהודה אמר רב יודעין היו ישראל בעבודת כוכבים שאין בה ממש ולא עבדו עבודת כוכבים אלא להתיר להם עריות בפרהסיא מתיב רב משרשיא 'כזכור בניהם מזבחותם וכו' ואמר רב אלעזר כאדם שיש לו געגועין על בנו, בתר דאביקו ביה", ורש"י שם 'בתר דאביקו ביה' — אחר שנתקשרו בה מעצמן תקפה חיבתן עליהן.

148 דבר זה מפורש בפסוקים בתחילת פרשת ואתחנן, שם משה מוכיח את העם ומזהיר שלא יתפתו לע"ז כשיכנסו לארץ ישראל אלא יזכרו שהמה ראו מעשה ה' הגדול והנורא וידעו היטב שהוא משגיח על חייהם ושיש להם קשר איתו על ידי תורתן ותפילתן — עיין שם. והנה זה רצף הפסוקים שם בדברים א-כט: " (א) ועתה ישראל שמע אל החקים ואל המשפטים אשר אנכי מלמד אתכם לעשות למען תחיו ובאתם וירשתם את הארץ אשר יהוה אלהי אבתיכם נתן לכם (ב) לא תספו על הדבר אשר אנכי מצוה אתכם ולא תגרעו

ממנו לשמר את מצות יהוה אלהיכם אשר אנכי מצוה אתכם (ג) עיניכם הראת את אשר עשה יהוה בבעל פעור כי כל האיש אשר הלך אחרי בעל פעור השמידו יהוה אלהיך מקרבך (ד) ואתם הדבקים ביהוה אלהיכם חיים כלכם היום (ה) ראה למדתי אתכם חקים ומשפטים כאשר צוני יהוה אלהי לעשות כן בקרב הארץ אשר אתם באים שמה לרשתה (ו) ושמרתם ועשיתם כי הוא חכמתכם ובינתכם לעיני העמים אשר ישמעון את כל החקים האלה ואמרו רק עם חכם ונבון הגוי הגדול הזה (ז) כי מי גוי גדול אשר לו אלהים קרבים אליו כיהוה אלהינו בכל קראנו אליו (ח) ומי גוי גדול אשר לו חקים ומשפטים צדיקם ככל התורה הזאת אשר אנכי נתן לפניכם היום (ט) רק השמר לך ושמר נפשך מאד פן תשכח את הדברים אשר ראו עיניך ופן יסורו מלבבך כל ימי חייך והודעתם לבניך ולבני בניך (י) יום אשר עמדת לפני יהוה אלהיך בחרב באמר יהוה אלי הקהל לי את העם ואשמעם את דברי אשר ילמדון ליראה אתי כל הימים אשר הם חיים על האדמה ואת בניהם ילמדון (יא) ותקרבון ותעמדון תחת ההר וההר בער באש עד לב השמים חשך ענן וערפל (יב) וידבר יהוה אליכם מתוך האש קול דברים אתם שמעים ותמונה אינכם ראים זולתי קול (יג) ויגד לכם את בריתו אשר צוה אתכם לעשות עשרת הדברים ויכתבם על שני לחות אבנים (יד) ואתי צוה יהוה בעת ההוא ללמד אתכם חקים ומשפטים לעשתכם אתם בארץ אשר אתם עברים שמה לרשתה (טו) ונשמרתם מאד לנפשתיכם כי לא ראיתם כל תמונה ביום דבר יהוה אליכם בחרב מתוך האש (טז) פן תשחתון ועשיתם לכם פסל תמונת כל סמל תבנית זכר או נקבה (יז) תבנית כל בהמה אשר בארץ תבנית כל צפור כנף אשר תעוף בשמים (יח) תבנית כל רמש באדמה תבנית כל דגה אשר במים מתחת לארץ (יט) ופן תשא עיניך השמימה וראית את השמש ואת הירח ואת הכוכבים כל צבא השמים ונדחת והשתחוית להם ועבדתם אשר חלק יהוה אלהיך אתם לכל העמים תחת כל השמים (כ) ואתכם לקח יהוה ויוצא אתכם מכור הברזל ממצרים להיות לו לעם נחלה כיום הזה (כא) ויהוה התאנף בי על דבריכם וישבע לבלתי עברי את הירדן ולבלתי בא אל הארץ הטובה אשר יהוה אלהיך נתן לך נחלה (כב) כי אנכי מת בארץ הזאת אינני עבר את הירדן ואתם עברים וירשתם את הארץ הטובה הזאת (כג) השמרו לכם פן תשכחו את ברית יהוה אלהיכם אשר כרת עמכם ועשיתם לכם פסל תמונת כל אשר צוך יהוה אלהיך (כד) כי יהוה אלהיך אש אכלה הוא אל קנא (כה) כי תוליד בנים ובני בנים ונושנתם בארץ והשחתם ועשיתם פסל תמונת כל ועשיתם הרע בעיני יהוה אלהיך להכעיסו (כו) העידתי בכם היום את השמים ואת הארץ כי אבד תאבדון מהר מעל הארץ אשר אתם עברים את הירדן שמה לרשתה לא תאריכן ימים עליה כי השמד תשמדון (כז) והפיץ יהוה אתכם בעמים ונשארתם מתי מספר בגוים אשר ינהג יהוה אתכם שמה (כח) ועבדתם שם אלהים מעשה ידי אדם עץ ואבן אשר לא יראון ולא ישמעון ולא יאכלון ולא יריחן (כט) ובקשתם משם את יהוה אלהיך ומצאת כי תדרשנו בכל לבבך ובכל נפשך."

ועיין בנצי"ב לפסוקים הנ"ל, ובפרט פסוק יז וז"ל: "...אבל מתחילה יש לדעת דשני מיני עבודה זרה היו בימי בית ראשון א) הא דכתיב בישעיה פרק י 'ופסיליהם מירושלים ומשומרון' ואמרו בשיר השירים רבה שלא היה פסל בעולם שלא היה בירושלים ובשומרון ב) הוא מלכת שמים הוא השמש ומבואר הרבה בספר ירמיה פרק מד ושני מיני עבודה זרה הללו לא היו שוין בתכליתן בכוונת עושיהם דמין הראשון לא היו נעבדין בתורת אמונה שהמה מנהיגי ארץ ישראל ונותנים פרנסה אלא כל פסל הוא צורת מזל שבאמת הוא ממונה מאל עליון יתברך על איזה פרק בבריאה והמה עבדו לכל האמצעים בשביל כל הפרטים שהצטרכו להם באותה שעה אבל לא אמרו להם אלי אתה אלא עשו איזה עבודה השייך לכחם כפי ידיעתם באותו מזל ורק לצורך השעה לא כן מזל חמה שיש באמת

- To allow for the glory of man to be expressed[149]

The Talmud relates that the Men of the Great Assembly beseeched Hashem in His mercy to nullify the temptation for idolatry, which they felt was too difficult for people to overcome.[150] As the Second

---

כח רב כמו שאנו אומרים כח וגבורה נתן בהם להיות מושלים בקרב תבל והיה תשוקת ישראל בכל משך בית ראשון להנתק מהשגחת הקב"ה אשר פרנסת הארץ בא על ידי עבודת הקרבנות כידוע וגם היה תלוי בכמה תנאים שהתנה ה' בשמירת שביעית ותרומות ומעשרות וכדומה ונוח היה להם בהשגחת השמש באמונתם שיכולה היא להשגיח פרנסה בארץ ישראל גם נגד רצון ה' ובלי עבודתו ותנאיו יתברך אם אך יעבדו אותה כמו האומות העולם שמשתחוים לשמש..."

ועיין נמי בפירושו לפסוק כה: "...אבל כאשר נתיישן הדבר [אחרי כיבוש הארץ] ולא יהיה העסק רק בפרנסה בגידולי קרקע וכדומה תאמינו כי כמו כל העולם מתנהג בכח עבודה שאומות העולם משתחוים לשמש וכסבורים שמסר הקב"ה הנהגת העולם לה חס ושלום כך תחשוב שארץ ישראל תתנהג כמו כן 'והשחתם ועשיתם פסל תמונת כל' כמו שביארנו למעלה (פסוק יז) ועדיין אינו להכעיס כי אם לתיאבון דנוח לפניהם עבודת השמש שאינה באה בתנאים של קיום התורה והמצות כמו עבודת ה' אבל אחר כך סרה 'ועשיתם הרע בעיני ה' אלקיך להכעיסו' — תעשו עוד פעולות מגונות רק כדי להרחיק השכינה מן הארץ למען יהיה כח השמש בה כמו בכל התבל לפי דעתם וכך היה בימי אחז ומנשה וכדומה שהשתדלו שיהיו נמאסים בעיני ה' ולא יהיה משגיח עליהם כמו שבארנו בתוכחה דפרשת בחוקתי..." הרי מכל הפסוקים הנ"ל ופירושם יוצא שיש תאוה גדולה להרחיק את השכינה כדי שנוכל (לפי דעה מוטעת זאת) להשיג פרנסתנו בלי כל העול הגדול של תורה ומצות.

149 את זה ראינו אצל דור הפלגה שכתיב בהם "ויאמרו הבה נבנה לנו עיר ומגדל וראשו בשמים ונעשה לנו שם פן נפוץ על פני כל הארץ" (בראשית יא:ד). ואף שלא מבואר בפסוק מה היה חטאם, חז"ל פירשו הענין כך עיין במסכת סנהדרין קט.: "תניא רבי נתן אומר כולם לשם עבודת כוכבים נתכוונו כתיב הכא 'נעשה לנו שם' וכתיב התם 'ושם אלהים אחרים לא תזכירו' מה להלן עבודת כוכבים אף כאן עבודת כוכבים."

ועיין בכלי יקר לפסוקים הנ"ל שגם כן מסביר באופן נפלא וז"ל: "...וזה טעם הפלגה, כי מתחלה היו כולם שפה אחת ודברים אחדים והיה שלום ביניהם, וחששו המה פן ע"י שיתרבו בארץ יתפזרו, כי לא תשא אותם הארץ לשבת יחדיו במקום אחד, ויבאו לידי מלחמות כי תמיד מלחמה מצויה בין יושבי מדינה זו ליושבי מדינה אחרת. על כן אמרו הנה עכשיו אנחנו עם אחד שפה אחת ויש לחוש פן נפוץ בהכרח איש מעל רעהו ותפסק האחוה מבינינו, לפיכך נבנה מגדל וראשו בשמים ונעשה לנו שם, כי בנוהג שבעולם שכל אדם יש לו חשק ורצון לבא לדור בעיר גדולה מקום קבוץ אנשים רבים ואז נהיה לעם אחד ולא נפוץ איש מעל אחיו. ובאמת אילו לא היו אומרים ונעשה לנו שם, הטיבו את אשר דברו והיו באים עד תכלית השלום מצד מגדל זה, אמנם באמרם ונעשה לנו שם, גלו כל מזימות לבבם כי כוונתם שיצא שמם בעולם ויקראו בשמותם עלי אדמות אנשי המעלה, והיה גלוי לפני השם יתברך שעל ידי שהם מבקשים לקנות שם בעולם יבואו אל ההפך אשר חשבו..." הרי מפורש שאחד מהפיתויים של עובדי עבודה זרה היה להשיג כבוד עצמם על ידי שמרגישים שיש להם כח נפרד מהקב"ה, ולכן רצו להגדיל כבודם נגדו.

150 עיין במסכת סנהדרין סד.: "ת"ש 'ויזעקו בקול גדול אל ה' אלהיהם' (נחמיה ט׳ ד׳) מאי אמור אמר רב יהודה ואיתימא ר' יונתן בייא בייא היינו דאחרביה לביתא וקליא

Temple period progressed, it became exceedingly clear to the Men of the Great Assembly that the Jews were heading toward a long exile, without the national unity of previous generations. They had grave concerns that the temptation for idolatry could destroy the Jewish nation, and they were successful in eliminating the burning temptation for idolatry.

It is thus difficult for us to relate to the temptations described here, but we still have to deal with the underlying weaknesses in our nature that can bring us to attitudes that run contrary to the spirit of *Lo Yihyeh*.

Reliance on Money

The Rosh teaches that excessive focus on money or the like is the "beginning of idol worship."[151] While the phrase "the almighty dollar" may be used sarcastically, there is a grain of truth to it that we see expressed in the Rosh's comment.

Self-Deification and Self-Reliance

Self-worship, or self-reliance, is also included in the prohibition of *Lo Yihyeh*. When a person sees no higher source of his own power and ability, he violates *Lo Yihyeh*. Our sages even go so far as to interpret the verse, "You shall not have in your midst a strange power, and you shall not bow to strange gods" (*Tehillim* 81:10),

---

להיכלא וקטלינהו לצדיקי ואגלינהו לישראל מארעייהו ועדיין הוא מרקד בינן כלום יהבתיה לן אלא לקבולי ביה אגרא לא איהו בעינן ולא אגריה בעינן בתר דאביקו ביה יתבו תלתא יומא בתעניתא בעו רחמי נפל להו פיתקא מרקיעא דהוה כתיב בה אמת אמר רבי חנינא שמע מינה חותמו של הקדוש ברוך הוא אמת נפק כגוריא דנורא מבית קדשי הקדשים אמר להו נביא לישראל היינו יצרא דע"ז בהדי דקתפסי ליה אישתמיט ביניתא מיניה ואזל קליה בארבע מאה פרסי אמרו היכי ניעבד דילמא משמיא מרחמי עליה א"ל נביא שדיוהו בדודא דאברא וכסיוה באברא דשייף קליה דכתיב 'ויאמר זאת הרשעה וישלך אותה אל תוך האיפה וישלך את האבן העופרת אל פיה' (זכריה ה, ח) אמרי הואיל ועת רצון הוא ניבעי רחמי איצרא דעבירה בעו רחמי אימסר בידייהו חבשוהו תלתא יומי איבעו ביעתא בת יומא לחולה ולא אשכחו אמרו היכי נעביד ניבעי פלגא פלגא מרקיעא לא יהבי כחלינהו לעיניה אהני ביה דלא איגרי איניש בקרובתיה."

151 עיין בלשון ספר אורחות חיים להרא"ש (הידוע גם בשם "הנהגות הרא"ש"), יום שני אות כט וז"ל: "הסר ממך משענת בני אדם והצנע ללכת עם בוראיך ואל תשים זהב כסלך כי זאת תחילת עבודה זרה ופזר ממונך כאשר הוא רצונו כי בידו למלאות חסרונך ולתת טרף ביתך."

to be homiletically referring to the evil inclination: "What is this strange force that is within the midst of a person — it is the evil inclination."[152] We must realize that the challenge of believing in other powers — *Lo Yihyeh* — is not merely about prohibited belief systems or a list of unacceptable worship practices. The "strange god" within us encourages us to see ourselves as self-sufficient and thus push Hashem out of the picture. As such, *Lo Yihyeh* remains entirely relevant and practical all the time.

The verse says, "Guard yourself lest you forget Hashem..." and then enumerates many of the miracles and wonders that Hashem did for our people in the desert. Further on in the passage it says, "And you will say in your heart my strength and the strength of my own hands made this wealth. Remember Hashem for He is the one who gives you the strength to produce wealth."[153] It is clear that the Torah is warning us not to think we are the source of our own strength, faculties, and capabilities. Doing so means we have forgotten Hashem and pushed Him out of our hearts.

152 עיין במסכת שבת קה: וז"ל: "וכהאי גוונא מי שרי והתניא ר"ש בן אלעזר אומר משום חילפא בר אגרא שאמר משום ר' יוחנן בן נורי המקרע בגדיו בחמתו והמשבר כליו בחמתו והמפזר מעותיו בחמתו יהא בעיניך כעובד ע"ז שכך אומנתו של יצה"ר היום אומר לו עשה כך ולמחר אומר לו עשה כך עד שאומר לו עבוד ע"ז והולך ועובד א"ר אבין מאי קראה 'לא יהיה בך אל זר ולא תשתחוה לאל נכר' (תהלים פא, י) איזהו אל זר שיש בגופו של אדם הוי אומר זה יצר הרע לא צריכא דקא עביד למירמא אימתא אאינשי ביתיה כי הא דרב יהודה שליף מצבייתא רב אחא בר יעקב תבר מאני תבירי רב ששת רמי לה לאמתיה מוניני ארישא רבי אבא תבר נכתמא."

153 עיין בפסוקים שם דברים ח:יא-יח: "(יא) השמר לך פן תשכח את יהוה אלהיך לבלתי שמר מצותיו ומשפטיו וחקתיו אשר אנכי מצוך היום (יב) פן תאכל ושבעת ובתים טובים תבנה וישבת (יג) ובקרך וצאנך ירבין וכסף וזהב ירבה לך וכל אשר לך ירבה (יד) ורם לבבך ושכחת את יהוה אלהיך המוציאך מארץ מצרים מבית עבדים (טו) המוליכך במדבר הגדל והנורא נחש שרף ועקרב וצמאון אשר אין מים המוציא לך מים מצור החלמיש (טז) המאכלך מן במדבר אשר לא ידעון אבתיך למען ענתך ולמען נסתך להיטבך באחריתך (יז) ואמרת בלבבך כחי ועצם ידי עשה לי את החיל הזה (יח) וזכרת את יהוה אלהיך כי הוא הנתן לך כח לעשות חיל למען הקים את בריתו אשר נשבע לאבתיך כיום הזה."
הרי נראה לעין שפסוקים אלו באים להשריש בלבנו שאין ליהודי לחשוב 'כחי ועוצם ידי עשה לי את החיל הזה,' כי האומר כך דומה למי ששוכח את ה'. ושנתבונן שלא יתכן לשכוח את ה' אחרי שהוא עשה איתנו כל כך הרבה לעזור לנו להגיע למקום שאנחנו היום. התורה מזהירה את בנ"י ואותנו שכאשר יהיו לנו בתים גדולים ויפים ונהיה שקטים בארץ נצטרך להתחזק נגד נסיון זה.

For this reason, our Sages teach, "Someone who gets angry is likened to one who serves idols."[154] At its root, anger is an intense emotional outburst toward another to get the other person to change or do something. Aside from the fact that it is almost always irrational to think this type of expression will actually accomplish what the person desires, it also, more importantly, indicates that the person sees oneself as a "force." Although it may not pass through the mind of an angry person, in the depth of his anger is a form of self-deification. This is a slight denial, or suppression, of one's awareness of the reality of Hashem's Sovereignty in the world.[155]

Similarly, when a person is either overly haughty or has an inaccurate or inflated sense of his capabilities, he is teetering at the edge of this prohibition. Our Sages say, "Anyone who is haughty — [it] is as if he serves idols,"[156] and "In regard to one who is haughty, the Almighty says 'he and I can't live in the same world together,'"[157] as if to say that haughtiness (an overinflated sense of one's self and his capabilities) pushes Hashem out of the world.

---

154 עיין לשון הרמב"ם הלכות דעות פרק ב הלכה ג: "אמרו החכמים הראשונים כל הכועס כאילו עובד עבודת כוכבים." ועיין ברמב"ם פירוש המשניות על מסכת אבות פרק ב משנה י, שברור מדבריו שם שאת ההלכה הזו בהלכות דעות הרמב"ם למד מגמ' שבת קה: "המקרע בגדיו בחמתו והמשבר כליו בחמתו והמפזר מעותיו בחמתו יהא בעיניך כעובד ע"ז שכך אומנתו של יצה"ר היום אומר לו עשה כך ולמחר אומר לו עשה כך עד שאומר לו עבוד ע"ז והולך ועובד." אבל לשון "כל הכועס כאילו עובד עבודת כוכבים" מפורש בכמה מקומות בזוהר בראשית כז, ב; קרח קעט, ב; פנחס רלד, ב; ועוד.

155 עיין בספר התניא באגרת הקודש פרק כה וז"ל: "והוא בהקדים מארז"ל כל הכועס כאילו עובד עבו"ם וכו'. והטעם מובן ליודעי בינה לפי שבעת כעסו נסתלקה ממנו האמונה כי אילו היה מאמין שמאת ה' היתה זאת לו לא היה בכעס כלל ואף שבן אדם שהוא בעל בחירה מקללו או מכהו או מזיק ממונו ומתחייב בדיני אדם ובדיני שמים על רוע בחירתו אעפי"כ על הניזק כבר נגזר מן השמים והרבה שלוחים למקום ולא עוד אלא אפילו בשעה זו ממש שמכהו או מקללו מתלבש בו כח ה' ורוח פיו ית' המחייהו ומקיימו וכמ"ש כי ה' אמר לו קלל והיכן אמר לשמעי אלא שמחשבה זו שנפלה לשמעי בלבו ומוחו ירדה מאת ה' ורוח פיו המחי' כל צבאם החיה רוחו של שמעי בשעה שדיבר דברים אלו לדוד כי אילו נסתלק רוח פיו ית' רגע אחד מרוחו של שמעי לא יכול לדבר מאומה."

156 עיין במסכת סוטה ד: וז"ל: "א"ר יוחנן משום ר"ש בן יוחי כל אדם שיש בו גסות הרוח כאילו עובד עבודת כוכבים כתי' הכא (משלי טז, ה) תועבת ה' כל גבה לב וכתיב התם (דברים ז, כו) ולא תביא תועבה אל ביתך ורבי יוחנן דידיה אמר כאילו כפר בעיקר שנאמר (דברים ח, יד) ורם לבבך ושכחת את ה' אלהיך וגו'"

157 עיין במסכת סוטה ה. וז"ל: "אמר רב חסדא ואיתימא מר עוקבא כל אדם שיש בו גסות הרוח אמר הקב"ה אין אני והוא יכולין לדור בעולם שנא' (תהלים קא, ה) מלשני בסתר רעהו אותו אצמית גבה עינים ורחב לבב אותו לא אוכל אל תקרי אותו אלא אתו לא אוכל."

Using (or thinking) the phrase, "I can't," can also be a violation of this prohibition. Haughtiness is a form of self-deification, and thus is an aspect of the prohibition of *Lo Yihyeh* as it limits Hashem's greatness. Likewise, when a person inappropriately limits oneself, he too violates *Lo Yihyeh* by limiting Hashem's power because our abilities are directly supported by Hashem's assistance. Our tradition holds man in high esteem and extolls the amazing capabilities of every individual. This is expressed in teachings such as: "In the way that a person wants to go, Heaven helps him to go,"[158] and "One who comes to purify himself, Heaven helps him do so."[159] To achieve this, Hashem helps us overcome our evil inclination every day, "and if not for the fact that HaKadosh Baruch Hu helps him, a person would be unable to overcome the evil inclination."[160] We are all invested with faculties, talents, capabilities, and experience, and to some degree we are continually assessing ourselves and summing up those capabilities. Although this is pragmatic, and often useful for our daily functioning and self-preservation, it can get us into trouble, as we also have a Divine soul with unimaginable untapped potential and an Almighty who is ready to help us accomplish more than we ever imagined possible. So surely, if Hashem will help us, is there anything we cannot accomplish? Therefore, we have to be very careful when

158 עיין במסכת מכות דף י:

159 עיין במסכת יומא דף לח:

160 כך שמענו מרב נח ויינברג זצ"ל כפירוש לגמ' במסכת סוכה נב., וזה לשון הגמ' שם: "אמר רב יצחק יצרו של אדם מתגבר עליו בכל יום שנאמר 'רק רע כל היום' אמר רב שמעון בן לקיש יצרו של אדם מתגבר עליו בכל יום ומבקש להמיתו שנאמר 'צופה רשע לצדיק ומבקש להמיתו' ואלמלא הקב"ה עוזר לו אינו יכול לו שנאמר 'ה' לא יעזבנו בידו ולא ירשיענו בהשפטו'."

על הנ"ל היה מתבונן רב נח: הרי אם הקב"ה כן עוזר לו הוא כן יכול, וכמו כן יכול לעשות כל מה שה' רוצה ממנו. ואם תשאל אדם פלוני האם תוכל לעמוד בנסיון ולא לאכול בשר בחלב, יענה לך וודאי שכן, ואם תשאל אותו האם תוכל לאהוב את ה' בכל לבבך יענה לך שאינו בטוח או אולי. מתי פלוני צודק ומתי הוא טועה? היה אומר רב נח שבשתי התשובות הוא טועה. שהרי מי שהקב"ה איננו עוזר לו אינו יכול לעמוד כנגד הנסיון לאכול בשר בחלב, ומי שהקב"ה כן עוזר לו יכול גם לאהבו בכל לבבו ובכל נפשו. לכן ברוב הפעמים אמירת "אינני יכול" מיוסדת בטעות שהרי כולו תלוי בעזרת הקב"ה. זוהי עצם המלחמה עם היצר — לעבוד את ה' או לכה"פ לנסות ולא לקצר בעבודתו או חס ושלום ליפול לפריקת עול ועבודה זרה ממש.

we place limitations on ourselves, as doing so can cut us off from the limitless power of Hashem Himself.

How the Prohibition of Lo Yihyeh Applies to Bnei Noach

Up to this point, we have been speaking about the prohibition of *Lo Yihyeh* as it applies to Jews. How does this prohibition relate to Gentiles (Bnei Noach)? As we know, Gentiles are also obligated to believe in Hashem.

On one hand, Bnei Noach are explicitly prohibited from idol worship;[161] therefore, outright denial of Hashem (atheism) or outright worship of another deity would surely apply to Bnei Noach. On the other hand, the concept of properly understanding the Oneness of Hashem, and the issue of accessing Hashem through intermediaries, is not as straightforward and is the subject of some discussion. The conclusion seems to be that the full extent of understanding the Oneness of Hashem is the sole legacy of the Jewish People, as reflected by our affirmation in the verse, "*Shema YISRAEL Hashem Elokeinu Hashem Echad*."[162] In addition, while some *poskim*

161 דבר זה מפורש בגמ' סנהדרין נו. עד נו: וז"ל: "שבע מצוות נצטוו בני נח: דינין, ברכת ה', עבודה זרה, גילוי עריות, ושפיכות דמים, וגזל, ואבר מן החי..." ובהמשך הגמ': "מנא הני מילי 'ויצו ה' אלקים על האדם לאמר מכל עץ הגן אכול תאכל וכו'..." ובהמשך שם: "'אלהים' — זו עבודת כוכבים וכן הוא אומר לא יהיה לך אלהים אחרים..."
הרי מפורש בגמ' שלא רק שיש לבני נח איסור עבודה זרה אלא שגם פסוק "לא יהיה לך אלהים אחרים" שייך להם.

162 עיין בספר מנחת חינוך מצוה תיז וזה לשונו וז"ל: "שנצטוינו להאמין כי ה' יתברך וכו' אחד בלי שום שיתוף — [והיהודי] העובר על זה מבטל עשה וגם לא תעשה דלא יהיה לך אלהים אחרים על פני כך מבואר ברמב"ם הלכות יסודי התורה פרק א:ו...והנה כל באי עולם מצווים על זה — דבן נח גם כן מצווה על עבודה זרה אך כתיב שמע ישראל, היינו דישראל מקיים מצות עשה ולפיכך הרבה להם תורה ומצוות כמו שכתב הרב המחבר במצווה שלפני זה."
הרי שדעת המנחת חינוך שבן נח מצווה בכל מה שכרוך באיסור לא יהיה לך, אבל לפי דעתו אין בן נח מצווה ביחוד ה'. אלא שצריך ביאור לפי דבריו אלו פרטים הבן נח מצווה בהם ובאיזה לא? והנראה בעיני שכלל ישראל דווקא מצווים בעיון והבנה ביחודו יתברך ולעמוד על סוד היחוד ולהכניס כל זה לתוך עבודתם בקבלת עול מלכות שמים כזירוז לעלייה ולהידבק בו תמיד ולהפשיט החומריות כל מאי דאפשר. אבל אין כל פרטים אלו של מצוות יחוד שייכים לבני נח אלא רק איסור שיתוף.

prohibit intermediaries for Bnei Noach,[163] others permit this type of relationship.[164]

163 עיין בחדושי רע"א על דברי הרמ"א באו"ח סימן קנו, והוא מציין לעיין בשו"ת שער אפרים סימן כד וגם בשו"ת ושב הכהן סימן לח. וזה קטע קטן מלשון שו"ת שער אפרים סימן כד הנ"ל "נחזור לענייננו אחר שאין שום ראיה שבני נח אינן מוזהרין על השיתוף מנ"ל לחדש דין ואדרבא יש להביא ראיה איפכא שבני נח מוזברין על השיתוף כישראל חדא מדילפינן דבני נח נצטוו על עבודה זרה מדכתיב 'ויצו ה' אלקים על האדם...' דאמרינן שם בסנהדרין 'אלהים' זו ע"ז וכן הוא אומר 'לא יהיה לך אלהים אחרים'...ולפי זה כיון דילפינן [מדברי הסמ"ג] מלא יהיה לך אזהרה לשיתוף ואנו ילפי שנצטוו בני נח על ע"ז מאלהים אחרים מהיכי תיתי לחלק בין בני נח לישראל לענין איסור שיתוף."

ולכאורה אם תאמר מה נעשה עם דברי הר"ן ורבינו ירוחם המובאים בדעת הרמ"א הנ"ל, יש לדחות שכל כוונתם שבני נח אכן אינם מצווים על אמירת השבועה בשם האמונה שלהם שמבוסס על השיתוף והדיון הוא האם ישראל יכול להשתתף איתם באופן שהבן נח עלול לישבע באמונתו, אבל אה"נ שגם הם עצמם אסורים בעצם להאמין בה' בשותפות.

164 על פי הר"ן ספ"ק דמסכת עבודה זרה והנה תמצית לשונו שם: "...ומן הטעם הזה נהגו היתר בדבר [לעשות שותפות עם עכו"ם בזמן הזה] לפי שאין נשבעין בשם עבודת כוכבים..."

וברבינו ירוחם בתולדות אדם וחוה נתיב יז חלק ה' עמ' קנט: והנה חלק מלשונו שם: "וכתב ר"י כי היתר אחר בזמן הזה כי נשבעים בקדשים שלהם הנקרא עון גליון ואין תופסין בהם אלוהות ואף על פי שמזכירין שם שמים וכוונתם ל'ישו הנצרי' מכל מקום אין מזכירין שם עבודה זרה וגם דעתן לעושה שמים וארץ ואף על גב דמשתפין שם שמים ודבר אחר לא מצינו שאסור לגרום לאחרים לשתף וגם משום ולפני עור לא תתן מכשול ליכא דלא הוזהרו בני נח על השיתוף."

הרמ"א באו"ח קנו:א פוסק "ולא מצינו שיש בזה משום לפני עור לא תתן מכשול דהרי אינם מוזהרים על השיתוף."

4

Yichud Hashem — the Unity of Hashem

THE SOURCE OF THIS MITZVAH

We are all familiar with the *pasuk* of *Shema* which is the foundation of our *emunah*, "Hear, O Israel, Hashem is our Master, Hashem is One" (*Devarim* 5:6).[165]

Many Rishonim consider this verse the source of the commandment to believe in, and be aware of, the Oneness of Hashem. However, there is no clear primary source indicating that this belief should be counted as its own separate commandment among the 613 mitzvos. In addition, the wording of the verse, if it is indeed the source of a commandment, is different from the wording of other commandments in the Torah. While commandments are usually introduced as a dictate from Hashem

165 עיין ברמב"ם ספר המצות עשה ג' שכתב "והוא אמרו יתעלה שמע ישראל ה' אלוקינו ה' אחד וברוב מדרשות תמצאם יאמרו על מנת ליחד את שמי על מנת ליחדני ורבים כאלה... ויקראו מצוה זאת גם כן מלכות שמים כי הם יאמרו (ברכות יג.) כדי לקבל עליו עול מלכות שמים רוצים לומר להודות ביחוד ולהאמינו."
וכן בספר החינוך מצוה תיו ובסמ"ג עשה ב' ובסמ"ק עשה ב', וכן משמע מהרמב"ן שאיננו משיג כלל על הרמב"ם בספר המצות שהוא מסכים וכן ברמב"ן לחומש על הפסוק "שמע ישראל" הוא מציין שזו מצוה.

and in the form of direct instruction, Hashem's Oneness is framed as a declaration.[166]

As we will see ahead, there is a minority opinion that counts all aspects of *emunah*, including Hashem's unity, as one mitzvah which is fulfilled when saying *Kriyas Shema*. We will learn more about this opinion at a later time.

Regardless of whether one counts the mitzvah of Hashem's Unity as one of the 613 or not, it is clear that one way or another, "*Yichud Hashem*" — understanding and believing in the Unity of Hashem — is one of the most fundamental principles of Judaism. Grasping this Unity and making it part of one's awareness is of the deepest and most challenging aspects of our *emunah*.

Yichud Hashem — the Depth of Our Emunah

What exactly is the mitzvah of *Yichud Hashem*?

The Ramban explains that believing in the Oneness of Hashem is listed among the 613 mitzvos as an independent commandment, while at the same time it is also a deeper and more detailed understanding and integration of the *emunah* described by the mitzvah of "*Anochi*." In the Ramban's understanding, *Anochi* and *Yichud Hashem* are two distinct levels of relating to and understanding Hashem.[167] It is our goal in the coming pages to outline the boundaries of these two mitzvos, such that we better understand where the mitzvah of *Anochi* ends and where the mitzvah of *Yichud* begins.

The mitzvah of *Anochi*, as defined above, clearly requires us to conceive of Hashem as an infinite being whose Oneness is absolute. In the

---

166 ולפלא שכל המדרשים שהרמב"ם מרמז עליהם אינם נמצאים בידינו והרבה מעוררים שגם לא נכתב הפסוק בלשון צווי. וצ"ע כי אף שעדותו של הרמב"ם מספיק לנו אנו אין לנו מקור מפורש שהאמנת יחודו נמנה כמצוה בפני עצמה מתרי"ג מצות. ועיין לקמן בגדר המצוה, שיש באמת גאונים וראשונים שלא למדו כלל שיש מצוה נפרדת של יחוד ה' אלא מצות קריאת שמע לבד ותו לא.

167 זה לשון הרמב"ן שם על הפסוק: "שמע ישראל ה' אלהינו: גם בזה מצוה שיבאר כי בדבור אנכי ה' אלהיך יהיה היחוד, וכמו שאמרו (מכילתא בחדש ה) רבי נתן אומר מכאן תשובה למינים שהם אומרים שתי רשויות הן, שכשעמד הקב"ה על הר סיני ואמר אנכי ה' אלהיך מי מיחה כנגדו, אבל בא לבאר המצוה הזו והזכיר אותה אחר עשרת הדברות, לפי שהוא שרש באמונה, וכל מי שאינו מודה בה כופר בעיקר כעובד ע"ז."

Ramban's words, "This verse of *Anochi* informs us of Hashem's complete dominion over every aspect of physical and spiritual existence. Then, in turn, His dominion informs us of His infinity."[168] The Rambam uses slightly different words: "This Being [spoken about in the verse of *Anochi*] is the One running the universe with infinite power, since we see the universe with all of its constant uniform movements and it is not possible for such movement to continue in this way without the influence of a Force beyond it making this happen which is infinite."[169]

Yichud Hashem, then, clearly is not a new idea, rather the mitzvah of *Yichud Hashem* guides us to deepen our knowledge of Hashem and connection to Him, beyond our fulfillment of *Anochi*.

The *Zohar* understands this as the process of moving from general belief in Hashem to specific knowledge of Hashem and connection to Him, and to a full grasp of Hashem's Unity.[170] Others use this to explain

168 עיין פירוש הרמב"ן לשמות כ פסוק א.

169 עיין רמב"ם משנה תורה יסודי התורה א:ה. היסוד הוא שכדי להנהיג העולם בשליטה גמורה כמו שהפסוק מעיד שה' עשה במצרים וגם איך שהתורה מעידה שעשה ה' בבריאת העולם צריך להיות עם כח אין סופי בלי קץ ותכלית מעל מקום ומעל זמן ולא על ידי מציאות שמוגבלת בשום הגבלה של גוף או כל תכונה גשמית. והוא מה שהראשונים מגדירים שהוא אין סוף ושהוא חייב להיות עצם אחד פשוט בלי שום התחלקות ושום הגבלה, וזה היסוד של "יחוד ה'."

170 עיין בהקדמה לספר זוהר שמנה שם שלש עשרה מצוות וכתיב שם עמוד יב. "פקודא רביעאה למנדע דה' הוא האלקים כמו דאמר 'וידעת היום והשבות אל לבבך כי ה' הוא האלקים ולאתכללא שמא דאלקים בשמא דה' למנדע דאינון חד ולית בהו פרודא," וברעיא מהימנא פרשת וארא עמוד כה. "ולקחתי אתכם לי לעם והייתי לכם לאלקים וידעתם כי אני ה' אלקיכם פקודא דא קדמאה דכל פקודין ראשית קדמאה דכל פקודין למנדע ליה לקב"ה בכללא מאי בכללא למנדע דאית שליטא עלאה דאיהו רבון עלמא וברא עלמין כלהו שמיא וארעא וכל חייליהון ודא איהו בכללא וסופה דכולא בפרט למנדע ליה בפרט וכלל ופרט איהו רישא וסופא רזא דכר ונוקבא כחדא ...כד נפקו ישראל ממצרים לא הוו ידעי ליה לקב"ה כיון דאתא משה לגבייהו פקודא קדמאה דא אוליף לון דכתיב 'וידעתם כי אני ה' אלקיכם המוציא אתכם וכו' ואלמלא פקודא דא לא הוו ישראל מהימנין בכל אינון נסין וגבורן דעבד לון במצרים כיון דידעו פקודא דא באורח כלל אתעבידו להון נסין וגבורן ולסוף מ שנין דקא אשתדלו בכל אינון פקודין דאורייתא דאוליף לון משה בין אינון דמתנהגי בארעא בין אינון דמתנהגי לבר מארעא כדין אוליף לון באורח פרט ההוא דכתיב 'וידעת היום והשבות אל לבבך' היום דייקא מה דלא הוה רשו מקדמנת דנא 'כי ה' הוא האלקים' דא בורח פרט במלה דא כמה רזין וסתרין אית בה ודא וההוא דקדמיתא כלא מלה חדא דא בכללא."
ועיין בכתבי רב צדוק הכהן בספר הזכרונות, מצוות יחוד ה', שמסביר: "והנה בכאן בפרשת וארא אמרו שמצות 'וידעת היום' הוא פירוש ופרט למצות אנכי ובהקדמה אמרו שמצות 'וידעת היום' הוא בידיעת היחוד ושניהם אמת והכל אחד דידיעת אמיתת מציאותו ושליטתו דרך פרט הוא ידיעת היחוד האמיתי שאין פירוד כלל."

that this is the interrelationship between the mitzvah of *Anochi* and the mitzvah of *Yichud Hashem*. *Anochi* lays out the general knowledge and pathway to a connection with Hashem; *Yichud Hashem* does not introduce any new principles, per se, but it takes us into a deeper and more detailed knowledge and therefore builds a more intimate connection to Hashem.

Yichud Hashem prods a person to overcome the feeling of separateness and distance from Hashem and thus discover a more profound closeness to Hashem in his heart.[171]

The *Sefer HaChinuch* adds that in addition to the Oneness of Hashem being of the deepest and most fundamental principle of our *emunah*, it is also the underlying reason why a Jew must be willing to die in order to sanctify Hashem's name, rather than live a life in contradiction of the fact that his connection to the One Hashem is the only reason he really exists.[172]

Who Is Obligated in the Mitzvah of Yichud Hashem?

As is the case with all of the Constant Mitzvos, all Jews, male and female, are obligated in the mitzvah of *Yichud Hashem*.[173]

However, according to some opinions, we will see below that if the mitzvah of *Yichud Hashem* is integrated as a part of the mitzvah of *Kriyas Shema*, women would be exempt from *Yichud Hashem*, as they are exempt from *Kriyas Shema* and all time-bound positive commandments.

According to those who rule that *Yichud Hashem* is an independent mitzvah apart from *Kriyas Shema*, *Kriyas Shema* is nevertheless an opportunity to fulfill *Yichud Hashem*. Thus, while women are technically

---

הרי ראינו באופן ברור שהבנת יחוד ה' היא הפירוש והפרט לידיעת מציאותו, ואם כן מצות יחוד ה' היא הפרט וההמשך למצות אנכי.

171 כך משמע מלשון ההקדמה לזוהר עמוד יב. "פקודא רביעאה למנדע דה' הוא האלקים כמו דאמר 'וידעת היום והשבות אל לבבך כי ה' הוא האלקים ולאתכללא שמא דאלקים בשמא דה' למנדע דאינון חד ולית בהו פרודא."

172 זה לשון הספר החינוך מצוה תיז: "מדיני המצוה, מה שאמרו זכרונם לברכה שחייב כל אחד מישראל ליהרג על מצות יחוד, לפי שכל שאינו מודה ביחודו ברוך הוא כאילו כופר בעיקר, שאין שלמות הממשלה וההוד אלא עם האחדות הגמור, ולב כל חכם לב יבחן זה, ואם כן הרי מצוה זו מכלל איסור עבודה זרה שאנחנו מצווין ליהרג עליו בכל מקום ובכל שעה."

173 לשון ספר החינוך מצוה תיו: "ונוהגת מצוה זו בכל מקום ובכל זמן בזכרים ונקבות"

exempt from *Kriyas Shema*, they remain obligated to fulfill *Yichud Hashem* and may choose to do so by reciting *Kriyas Shema* twice a day.

There is some discussion regarding the extent to which Gentiles are obligated in the mitzvah of *Yichud Hashem*.[174]

PARAMETERS OF THE MITZVAH OF YICHUD HASHEM

Our tradition offers four different approaches to the essence of this mitzvah:

First Definition of Yichud: The Unity of Hashem's Being

Understanding the Infinite

The Ramban explains that knowing Hashem is Absolutely One is included in *emunah*, and is a function of knowing that He runs the world with infinite power and that there are no limitations to His will. In the mitzvah of *Anochi*, the Torah draws attention to Hashem's infinite power and lack of limitation by focusing on the Exodus from Egypt, an event recognizable to all as a demonstration of Hashem's unlimited capacity. It follows then that He is the Absolute One in Being, as His essence, and therefore His power, has no boundaries. If He was not Absolutely One in Being, He would necessarily have boundaries and limits and be unable to do as He wished.[175] Hashem's Oneness is thus closely connected to the basic fact of His existence.

---

174 עיין בספר מנחת חינוך מצוה תיו דמשמע מדבריו שהם כן מצווים בחלק ממצות יחוד דהיינו מכיון שהוא אוחז שאסור להם השיתוף ממילא הם חייבים להאמין שהוא אחד. וזה לשונו "והנה כל באי עולם מצווים על זה דבן נח גם כן מצווה על עבודה זרה", אבל הוא מוסיף שם שבכל זאת "כתיב שמע ישראל — היינו דישראל מקיים מצות עשה ולא בן נח." אבל כאמור צריכים להבין שבמצוה זו יש ודאי בחינות ושלבים בתהליך האמנת היחוד ששייכים אך ורק לישראל ואין זה רק עניין של קבלת שכר כמצווה ועושה וזה פשוט.

175 עיין ברמב"ן לספר שמות כ:ב וז"ל: "אנכי ה' אלהיך -הדבור הזה מצות עשה אמר אנכי ה' יורה ויצוה אותם שידעו ויאמינו כי יש ה' והוא אלהים להם כלומר הווה קדמון מאתו היה הכל בחפץ ויכולת והוא אלהים להם שחייבים לעבוד אותו ואמר אשר הוצאתיך מארץ מצרים כי הוצאתם משם תורה על המציאות ועל החפץ כי בידיעה ובהשגחה ממנו יצאנו משם וגם תורה על החדוש כי עם קדמות העולם לא ישתנה דבר מטבעו ותורה על היכולת והיכולת תורה על הייחוד כמו שאמר (לעיל ט יד) בעבור תדע כי אין כמוני בכל הארץ וזה טעם אשר הוצאתיך כי הם היודעים ועדים בכל אלה."

Nevertheless, both the Rambam and the *Chovos Halevavos* establish that knowing Hashem is Absolutely One is the mitzvah of *Yichud Hashem*, a mitzvah apart from *emunah*.[176] According to them, the mitzvah of *Yichud Hashem* requires one to develop an understanding of why Hashem must be One as a logical necessity, above and beyond the implicit *Yichud* that comes along with *emunah*.[177]

Understanding Hashem through His Actions in This World

Furthermore, Hashem reveals Himself to us through His actions in this world. Seeing those expressions and understanding what they can tell us about Him is an additional fulfillment of *Yichud Hashem*. Our

---

176 רמב"ם ספר המצות מצוה ב: "היא הצווי שצונו באמונת היחוד והוא שנאמין כי פועל המציאות וסבתו הראשונה אחד והוא אמרו יתעלה שמע ישראל ה' אלהינו ה' אחד וברוב המדרשות תמצאם יאמרו על מנת ליחד את שמי על מנת ליחדני ורבים כאלה רוצים בזה המאמר שהוא אמנם הוציאנו מן העבדות ועשה עמנו מה שעשה מן החסד והטוב על מנת שנאמין היחוד כי אנחנו חייבים בזה והרבה מה שיאמרו מצות יחוד ויקראו גם כן זאת המצוה מלכות שמים כי הם יאמרו כדי לקבל עליו עול מלכות שמים ר"ל להודות ביחוד ולהאמינו."

וזה לשון חובות הלבבות בשער היחוד: "אמר המחבר בגדר יחוד האלהים בלב שלם, הוא שיהיו הלב והלשון שוים ביחוד הבורא יתברך, אַחַר [אחרי] אשר יבין בדרכי הראיות בירור מציאותו ואמיתות אחדותו מדרך העיון, מפני שיחוד האלהים מתחלק במדברים כפי התחלקות הכרתם והבנתם. מהם מי שמיחד אותו בלשונו בלבד והוא שישמע בני אדם אומרים דבר והוא נמשך אחריהם מבלי דעת ענין מה שהוא אומר. ומהם מי שמיחדהו אחרי שיבין מדרך הראיות אמיתות הענין אך יחשבנהו במחשבתו כשאר האחדים הנמצאים ויבוא להגשים הבורא ולהמשילהו בצורה ובדמות מפני שאיננו יודע אמיתות יחודו וענין מציאותו. ומהם מי שמיחדהו בליבו ולשונו אחר שיבין האחד האמת והאחד העובר ויביא ראיות על בירור מציאותו ואמיתות יחודו וזהו החלק השלם בענין היחוד. על כן אמרתי בגדר היחוד השלם שהוא השוואת הלב והלשון ביחוד הבורא אַחַר [אחרי] שידע להביא ראיה עליו ולדעת אופני אמיתות אחדותו מדרך העיון."

177 הרי הרמב"ם ביד החזקה הלכות יסודי התורה פרק א הלכה ז מביא בלשונו תמצית "ההוכחה" שהאלקים אחד: "אלוה זה אחד הוא ואינו שנים ולא יתר על שנים אלא אחד שאין כיחודו אחד מן האחדים הנמצאים בעולם לא אחד כמין שהוא כולל אחדים הרבה ולא אחד כגוף שהוא נחלק למחלקות ולקצוות אלא יחוד שאין יחוד אחר כמותו בעולם אילו היו אלוהות הרבה היו גופין וגויות מפני שאין הנמנים השוין במציאותן נפרדין זה מזה אלא במאורעין שיארעו בגופות והגויות ואילו היה היוצר גוף וגוייה היה לו קץ ותכלית שאי אפשר להיות גוף שאין לו קץ וכל שיש לגופו קץ ותכלית יש לכחו קץ וסוף ואלהינו ברוך שמו הואיל וכחו אין לו קץ ואינו פוסק שהרי הגלגל סובב תמיד אין כחו כח גוף והואיל ואינו גוף לא יארעו לו מאורעות הגופות כדי שיהא נחלק ונפרד מאחר לפיכך אי אפשר שיהיה אלא אחד וידיעת דבר זה מצות עשה שנאמר ה' אלהינו ה' אחד." וגם ראינו הוכחה דומה בספר חובות הלבבות בשער היחוד עיין שם פרק ז ופרק ט באריכות.

awareness and knowledge of Hashem thereby progress from knowing He exists to knowing that He runs the world with unlimited power and to knowing Him via His actions.[178]

Accomplishing this is difficult. As finite beings, we are limited in our perception and thus lack ability to fathom Hashem's infinite essence.[179] Nevertheless, we are enjoined to try to do so to the extent of

---

178 עיין ברמב"ם הלכות יסודי התורה א:ז-י שמקשר עניין יחוד ה' אם ידיעת אמיתתו דרך מידותיו ותואריו כפי יכלתנו ושזה גם עניין בקשת משה "הראני נא את כבודך" וז"ל: "אלוה זה אחד הוא ואינו שנים ולא יתר על שנים אלא אחד שאין כיחודו אחד מן האחדים הנמצאים בעולם לא אחד כמין שהוא כולל אחדים הרבה ולא אחד כגוף שהוא נחלק למחלקות ולקצוות אלא יחוד שאין יחוד אחר כמותו בעולם אילו היו אלוהות הרבה היו גופין וגויות מפני שאין הנמנים השוין במציאותן נפרדין זה מזה אלא במאורעין שיארעו בגופות והגויות ואילו היה היוצר גוף וגוייה היה לו קץ ותכלית שאי אפשר להיות גוף שאין לו קץ וכל שיש לגופו קץ ותכלית יש לכחו קץ וסוף ואלהינו ברוך שמו הואיל וכחו אין לו קץ ואינו פוסק שהרי הגלגל סובב תמיד אין כחו כח גוף והואיל ואינו גוף לא יארעו לו מאורעות הגופות כדי שיהא נחלק ונפרד מאחר לפיכך אי אפשר שיהיה אלא אחד וידיעת דבר זה מצות עשה שנאמר ה' אלהינו ה' אחד. (ח) הרי מפורש בתורה ובנביאים שאין הקב"ה גוף וגוייה שנאמר כי ה' אלהיכם הוא אלהים בשמים ממעל ועל הארץ מתחת והגוף לא יהיה בשני מקומות ונאמר כי לא ראיתם כל תמונה ונאמר ואל מי תדמיוני ואשוה ואילו היה גוף היה דומה לשאר גופים. (ט) אם כן מהו זה שכתוב בתורה ותחת רגליו כתובים באצבע אלהים יד ה' עיני ה' אזני ה' וכיוצא בדברים האלו הכל לפי דעתן של בני אדם הוא שאינן מכירין אלא הגופות ודברה תורה כלשון בני אדם והכל כנויים הן שנאמר אם שנותי ברק חרבי וכי חרב יש לו ובחרב הוא הורג אלא משל והכל משל ראיה לדבר שנביא אחד אומר שראה הקדוש ברוך הוא לבושיה כתלג חיור ואחד ראהו חמוץ בגדים מבצרה משה רבינו עצמו ראהו על הים כגבור עושה מלחמה ובסיני כשליח צבור עטוף לומר שאין לו דמות וצורה אלא הכל במראה הנבואה ובמחזה ואמתת הדבר אין דעתו של אדם מבין ולא יכולה להשיגו ולחקרו וזה שאמר הכתוב החקר אלוה תמצא אם עד תכלית שדי תמצא. (י) מהו זה שביקש משה רבינו להשיג כשאמר הראני נא את כבודך ביקש לידע אמיתת המצאו של הקדוש ב"ה עד שיהיה ידוע בלבו כמו ידיעת אחד מן האנשים שראה פניו ונחקקה צורתו בלבו שנמצא אותו האיש נפרד בדעתו משאר האנשים כך ביקש משה רבינו להיות מציאות הקב"ה נפרדת בלבו משאר הנמצאים עד שידע אמתת המצאו כאשר היא והשיבו ברוך הוא שאין כח בדעת האדם החי שהוא מחובר מגוף ונפש להשיג אמיתת דבר זה על בוריו והודיעו ברוך הוא מה שלא ידע אדם לפניו ולא ידע לאחריו עד שהשיג מאמיתת המצאו דבר שנפרד הקדוש ברוך הוא בדעתו משאר הנמצאים כמו שיפרד אחד מן האנשים שראה אחוריו והשיג כל גופו ומלבושו בדעתו משאר גופי האנשים ועל דבר זה רמז הכתוב ואמר וראית את אחורי ופני לא יראו."

179 עיין ברמב"ם הלכות יסודי התורה הנ"ל פרק א הלכה ח: "ואמתת הדבר אין דעתו של אדם מבין ולא יכולה להשיגו ולחקרו וזה שאמר הכתוב 'החקר אלוה תמצא אם עד תכלית שדי תמצא.'"

ועיין ברמב"ם מורה נבוכים חלק א פרק נח וז"ל: "ואחר זאת ההקדמה אומר: שהאלוה ית' — כבר בא המופת שהוא מחויב המציאה, אין הרכבה בו, כמו שנעשה עליו מופת, ולא נשיג אלא ישותו בלבד, לא מהותו; אם כן, מן השקר שיהיה לו תואר חיוב — מפני

our abilities.[180] This is not an exercise in futility; while we are limited by our finite nature, we can get closer and closer to comprehending His essence over the course of our lives.[181] This growth process creates an

---

שאין ישות חוץ למהותו ויורה התואר על אחת מהם, כל שכן שתהיה מהותו מורכבת ויורה התואר על שני חלקיה, כל שכן שיהיו לו מקרים ויורה התואר גם כן עליהם; ואם כן אין לו תואר חיוב בשום פנים: אמנם תארי ההרחקה הם אשר צריך שיעשו — להישיר השכל למה שצריך שיאמינו בו ית'; מפני שלא יגיע מצדם רבוי בשום פנים, והם יישירו השכל לתכלית מה שאפשר שישיגהו האדם ממנו יתברך."

ועיין ברמח"ל בספר דעת תבונות אות לב: "אמר השכל -ראשונה צריך שתדעי, שאף על פי שאמרנו כבר שרצה האדון ב"ה לתת השגה מיקר שלמותו אל נבראיו, ודאי הוא שלא היה הרצון בזה לתת להם השגה מכל שלמותו אשר אין לו סוף שיעור ותכלית כלל; אלא אדרבה, רק קצה קטן ממנו רצה לגלות להם, ובו יהיה כל תענוגם בהשיגם אותו, כמו שביארנו. וזה דבר פשוט ונרצה מאד, מן הטעם כי אי אפשר לעלול ונברא אשר כמונו להשיג כל שלמות הבורא ית"ש, וכענין שנאמר (איוב יא, ז), "החקר אלוה תמצא, אם עד תכלית שדי תמצא". ונמצא, שכל מה שיוכלו להשיג הנבראים, לא יהיה אפילו כטפה מן הים הגדול מן השלמות של הבורא ית"ש.

ועיין בספר נפש החיים שער ב פרק ב וז"ל: "ומה שמושג אצלינו קצת ואנו מכנים ומתארים כמה תארים ושמות וכנויים ומדות. כמו שמצינום בתורה ובכל מטבע התפלה. כולם הם רק מצד התחברותו יתברך אל העולמות והכחות מעת הבריאה. להעמידים ולהחיותם ולהנהיגם כרצונו ית"ש. (והם אשר קראום בשם השתלשלות הספירות). ולפי כל שנויי פרטי סדרי ההנהגה שמשתלשל ונמשך לזה העולם אם לדין. אם לחסד. אם לרחמים. על ידי כחות העליונים והתמזגותם. משתנים השמות והכנויים והתארים. שלכל ענין פרטי מסדרי ההנהגה מיוחד לו כנוי ושם פרטי שכן מורים פירושם של כל התארים. שהם מצד הכחות הברואים כמו רחום וחנון פי' רחמנות וחנינה על הברואי'. ואפי' השם העצם המיוחד הוי"ה ב"ה. לא על עצמותו יתברך לבד אנו מיחדים לו. אלא מצד התחברותו יתברך עם העולמות. כפירושו היה הוה ויהיה ומהוה הכל. ר"ל הוא יתברך מתחבר ברצונו להעולמ' להווג ולקיימ' כל רגע. וז"ש האריז"ל בלשונו הקד' הובא בהקדמת פע"ח. שכל הכנויים והשמות הם שמו' העצמו' המתפשטים בספירות וע"ש."

180 ענין זה מבואר בספר דרך מצותיך מצוה כה שהוא מסביר שאף שאין תפיסת האדם מכיל מהותו ואחדותו איך שהוא, אנו יכולים לידע שהוא נמצא ושהוא אחד האמיתי לפי ראות עיני השכל וז"ל: "...וכך אחזה אלוה ממש בראותו כל העולם חי וקיים כל נברא לפי ערכו הגלגלים מתנועינעים והארץ יש בה כח הצומח להצמיח עשבים ואילנות עושים פרי ובעלי חיים מרגישים וכן הנפש שבאדם שכל העולם בכללו הוא כמו גוף אחד גדול מהלך ת"ק שנה והרי גוף זה בעצמו דומם ומאין בו חיות הזה שבכל אחד ואחד הנה זהו חיות האלקות שהוא יתברך מאיר ומשפיע בכללו וכמאמר חז"ל מה הנשמה ממלא את הגוף כך הקב"ה ממלא כל העולם..."

181 עיין ברמב"ם מורה נבוכים חלק א פרק נט וז"ל: "יש לשואל שישאל ויאמר: אחר שאין תחבולה בהשגת אמיתת עצמו, והמופת מכריח שהדבר המושג הוא שהוא נמצא לבד, ותארי החיוב כבר נמנעו, כמו שבא עליו המופת — באי זה דבר יפול היתרון בין המשיגים? אם כן, אשר השיגו משה רבינו ע"ה ושלמה הוא אשר ישיג האיש האחד מקצת דורשי החכמה — וזה אי אפשר בו תוספת? ומן המפורסם אצל בעלי התורה וגם אצל הפילוסופים, כי היתרון בזה הרבה. דע — כי הענין כן, ושהיתרון בין המשיגים עצום מאוד: כי כמו כל אשר יוסיפו בתארי המתואר — יתיחד יותר ויקרב המתאר להשגת

ongoing dynamic of belief and knowledge in fulfilling the mitzvah of *Yichud Hashem*, similar to one's progression in the mitzvah of *Anochi*. As we develop, we can attain clarity regarding some aspects of Hashem's Oneness, with the belief and knowledge that there are further levels that we still must work to comprehend.

Access Points: Names and Attributes of Hashem

To help us learn about Hashem through His actions, the Torah describes Hashem using many names, attributes, and anthropomorphic terminology.[182] These descriptions are meant to teach us something about Hashem and His ways. There is, however, great danger in assuming that the physical terms used by the Torah actually fully describe Hashem. We must be very careful not to make the mistake of thinking Hashem is a finite corporeal being, as the Torah itself warns us, "Be very careful, for you did not see any image when Hashem spoke to you..." (*Devarim* 4:15).

There are three main approaches to explain the Torah's repeated use of anthropomorphisms when speaking about Hashem:

אמיתתו, כן כל מה שתוסיף בשלילה ממנו ית' — תקרב אל ההשגה ותהיה יותר קרוב אליו ממי שלא שלל מה שכבר התבאר לך במופת שלילתו."

182 עיין ברמב"ם הלכות יסודי התורה פרק א הלכה ח-י: "(ח) הרי מפורש בתורה ובנביאים שאין הקב"ה גוף וגוייה שנאמר כי ה' אלהיכם הוא אלהים בשמים ממעל ועל הארץ מתחת והגוף לא יהיה בשני מקומות ונאמר כי לא ראיתם כל תמונה ונאמר ואל מי תדמיוני ואשוה ואילו היה גוף היה דומה לשאר גופים. (ט) אם כן מהו זה שכתוב בתורה ותחת רגליו כתובים באצבע אלהים יד ה' עיני ה' אזני ה' וכיוצא בדברים האלו הכל לפי דעתן של בני אדם הוא שאינן מכירין אלא הגופות ודברה תורה כלשון בני אדם והכל כנויים הן שנאמר אם שנותי ברק חרבי וכי חרב יש לו ובחרב הוא הורג אלא משל והכל משל ראיה לדבר שנביא אחד אומר שראה הקדוש ברוך הוא לבושיה כתלג חיור ואחד ראהו חמוץ בגדים מבצרה משה רבינו עצמו ראהו על הים כגבור עושה מלחמה ובסיני כשליח צבור עטוף לומר שאין לו דמות וצורה אלא הכל במראה הנבואה ובמחזה ואמתת הדבר אין דעתו של אדם מבין ולא יכולה להשיגו ולחקרו וזה שאמר הכתוב החקר אלוה תמצא אם עד תכלית שדי תמצא. (י) מהו זה שביקש משה רבינו להשיג כשאמר הראני נא את כבודך ביקש לידע אמיתת המצאו של הקדוש ב"ה עד שיהיה ידוע בלבו כמו ידיעת אחד מן האנשים שראה פניו ונחקקה צורתו בלבו שנמצא אותו האיש נפרד בדעתו משאר האנשים כך ביקש משה רבינו להיות מציאות הקב"ה נפרדת בלבו משאר הנמצאים עד שידע אמתת המצאו כאשר היא והשיבו ברוך הוא שאין כח בדעת האדם החי שהוא מחובר מגוף ונפש להשיג אמיתת דבר זה על בוריו והודיעו ברוך הוא מה שלא ידע אדם לפניו ולא ידע לאחריו עד שהשיג מאמיתת המצאו דבר שנפרד הקדוש ברוך הוא בדעתו משאר הנמצאים כמו שיפרד אחד מן האנשים שראה אחוריו והשיג כל גופו ומלבושו בדעתו משאר גופי האנשים ועל דבר זה רמז הכתוב ואמר וראית את אחורי ופני לא יראו."

- **Absolutely non-literal (Rambam):** The Rambam says that the Torah is merely using a language we humans can grasp and understand, and we should not, G-d forbid, understand the Torah literally in these areas. We are meant to use these references to extrapolate what we can in order to grow closer to Hashem by using a familiar language to describe who He is. At the same time, we are to believe firmly that these verses do not literally describe Him at all.[183] The Rambam even says that it is heretical to ascribe any physical characteristics to Hashem, thus understanding these verses in a literal sense.[184]
- **Preferably non-literal (Raavad):** The Raavad agrees with the Rambam that the Torah's anthropomorphic references do not literally describe Hashem. Rather, we are to learn and extrapolate from them. However, he disagrees with the Rambam that one who makes the mistake of reading these verses literally is a heretic; according to the Raavad, while someone who reads the verses as literally describing Hashem with physical attributes is deeply mistaken, that person cannot be called a heretic for his simple reading of the verses in the Torah.[185]
- **The Kabbalistic approach of emanations (*Sefiros*):** The Mekubalim (Kabbalists) approach the names, attributes, and

---

183 שם ברמב"ם הלכות יסודי התורה הנ"ל בהערות הקודמות.

184 עיין ברמב"ם הלכות תשובה פרק ג הלכה ז וז"ל: "חמשה הנקראים מינים האומר שאין שם אלוה ואין לעולם מנהיג, והאומר שיש שם מנהיג אבל הן שנים או יותר, והאומר שיש שם רבון אחד אבל שהוא גוף ובעל תמונה, וכן האומר שאינו לבדו הראשון וצור לכל, וכן העובד כוכב או מזל וזולתו כדי להיות מליץ בינו ובין רבון העולמים כל אחד מחמשה אלו הוא מין."

185 זה לשון הראב"ד שם בהלכות תשובה פרק ג הלכה ז: "אמר אברהם ולמה קרא לזה מין וכמה גדולים וטובים ממנו הלכו בזו המחשבה לפי מה שראו במקראות ויותר ממה שראו בדברי האגדות המשבשות את הדעת."

ויש לעיין מה כוונתו גדולים וטובים ממנו שהלכו בזו המחשבה. שהרי דבר פשוט הוא ביותר לשכל אנוש שאין הקב"ה יכול להיות בעל גוף וגויה. ואולי כוונת הראב"ד אינו על ה' עצמו אלא על התפשטות כחו ורצונו לתוך העולם שזה לכאורה כן מוגבל בתוך הכלים של עולם. וזה מה שאנו "רואים ויודעים ממנו" — מעשיו ופעולותיו בעולם הזה הבאים מכחו ורצונו האין סופי. ולכן מי שטועה לחשוב שהקב"ה "בעל גוף" מצד כחו ורצונו שמתגלה באופן מוגבל בעולם ואינו יכול להפריד מושג זה מידיעת מהותו ועצמותו אינו מין למרות שדעותיו אינם מדויקות ובטעות יסודם.

descriptions of Hashem in the Torah differently. According to the Kabbalistic approach, Hashem understood the difficulty that finite beings will have relating to the Infinite. To somehow bridge this gap, Hashem created a scaled system of emanations for Divine expression in the world. This system of Divine revelation and manifestation has both hidden and revealed dimensions to it. The hidden dimension — precisely how these scaled emanations emerge from the essence of Hashem's infinite being — is entirely hidden from us. Even attempting to access this dimension is forbidden, for it can only lead to mistaken conclusions. On the other hand, the revealed dimension of this system is within our ability to grasp. In fact, Hashem, by creating us in His image, gave us the tools to intuit and perceive the meaning of His doings in the world as we observe them. Of course, these observations do not represent an absolute definition of the Essence of Hashem and in no way limit Him or confine Him, but they are the access points Hashem has provided us with, by which we can try to know and grasp Him.

According to the Kabbalistic model, the various names, attributes, and descriptions of Hashem are actually quite literal, inasmuch as they relate to an element of a specific emanation from Hashem. Of course, we are warned that they do not describe or relate to the essence of Hashem's being, but they are very accurate and literally descriptive of some aspect of the ever-emerging revealed actions of Hashem in the world.[186] Thus, for example, when the Torah states that Hashem is kind,

186 זה לשון נפש החיים בשער ב פרק ה: "ולכאורה יפלא. כי 'אל מי תדמיון וגו'. אמנם הענין כמש"ל שכל השגתנו כביכול אותו ית"כ הוא רק מצד התחברותו ית' להעולמות. וסדר מצב העולמות והכחות כולם העליונים ותחתונים יחד בכלל. מסודרים כביכול בכל פרטיהם כתבנית קומת אדם. בסידור כל פרקי אבריו וגידיו וכל פרטי הענינים שבו והתאחדותם א' בחבירו. שהוא כוללם יחד בתוכו כל הכחות. והעולמות. כמ"ש לעיל בשער א'. והוא ענין השיעור קומה הנזכר בדבריהם ז"ל במדרשים. ועי' בע"ח שער עיגולים ויושר ענף ב' וג' וד' שם ושם בסוף השער בריש מהדורא תנינא. וכתב שם שזה רמז הכתוב ויברא אלקים אוז האדם בצלמו בצלם אלקים וע' עוד בריש שער הצלם ובשער ציור עולמות אבי"ע שם. ועצמותו ית' מתפשט ומסתתר בתוך כולם וממלאם והוא נשמתא דלהון. כביכול כענין הנשמה המתפשטת ומסתתרת בגוף האדם. לכן הורשינו לתארו יתברך ע"ז האופן הגהה: וזהו ענין כל התארים הנזכרים בתורה עליו ית' -- עין יד ורגל וכיוצא -- הכל מצד

we are to understand that He expresses an aspect of Himself through

התחברותו יתב׳ להעולמות שהם מסודרים על זה הסדר בכל אלו האברים. והם שמות עצמיים להכחות והעולמות, לא מושאלים. וכן גם באדם אינם שמות מושאלים. וגם לא שהם באדם רק לסימן ורמז להענינים העליונים הנעלמים כענין השם של האדם שהוא סימן לאותה הצורה והתבנית שהוסכם לקרות׳ בז׳ השם. אלא שגם באדם הם עצמיים כיון שהוא כלול ומשוכלל ומסודר בצלם דמות תבנית העולמות. ועיין במורה ח״א ובפרטות בפ׳ כ״ו שם. ובספר עבודת הקודש פרק כ״ו מחלק התכלית. ומה שהשיג על הרמב״ם בפ׳ ס״ה מזה החלק. ובריש ס׳ שערי אורה ובפרדס שער הכנויים פ״א. ובשל״ה בהקדמת תולדות אדם: וגם הרמב״ם ז״ל כתב במורה בפ׳ ע״ב מחלק הא׳ שכל העולם בכללו נקרא שיעור קומה. והאריך להמשיל כלל חלקי העולם לחלקי אברי האדם וכל עניניו שבו. ושהוא ית׳ הוא נשמת העולם כענין הנשמה לגוף האדם ע״ש. ודבריו ז״ל ראוים למי שאמרם. שכן מבואר בזוהר תולדות (ח״א קלד, ב) ע״ג ע״ש. ומדבריו ז״ל נשמע לדידן לענין סדר כלל העולמות כולם יחד. ושגורה בפי רז״ל שהאדם הוא איקונין ודיוקן מלכו של עולם יתב״ש.״

וזה לשון הדעת תבונות אות מ ״אמר השכל — יותר ממה שאמרת, אומר לך בענין זה. כי אמת הוא ודאי שהקב״ה היה יכול לברוא עולמו בדרך כל — יכלתו בלא שנוכל להבין במעשיו לא נמשך ולא קודם, לא סיבה ולא מסובב; ואם היה בורא כך — היה סותם פיהם של כל הבריות, שלא יפצו פה כלל על כל מעשיו, כי לא היה אפשר לנו להבין דרכו כלל ועיקר, כי דרך כל — יכלתו אינו נתפס משכלנו, ואינו מובן מן האדם אשר דעתו מוגבלת בחוקותיה הפרטיים. אבל מפני שרצה הרצון העליון שיוכלו בני אדם להבין קצת מדרכיו ופעולותיו, ואדרבה, רצה שיהיו משתדלים על זה ורודפים אחרי זה מאד, על כן בחר להיות פועל אדרבה בדרך בני האדם, פירוש, בסדר מושג ומובן. והכלל הוא — שרצה לפעול פעולותיו לפי ערך הנבראים, לא לפי ערכו, על כן נתן לנו מקום להתבונן בם, ולהבין לפחות מעט מזעיר, אם לא כביר. והראיה לדבר — מעשה בראשית ככתוב בתורתו, שהרי שם מעיד על עצמו שברא את עולמו בחילוק זמנים, והבדל מאמרות, ובסדר מה שרצה בו, ולא הכל בבת אחת, ולא במאמר אחד שהיה יכול להבראות. ומעתה יש לנו להבחין בכל פעולותיו וטעמיהם, וכל שכן בתולדותיהם, כל הסוגים והמינים והפרטים, ככל הסדר הנשמר בדרכי בני האדם.״

ועיין בספר דרך מצותיך של בעל הצמח צדק מצות האמנת אלקות עמ׳ נב וז״ל: ״והנה עתה יובן היטב ענין התוארים שכינו לו הנביאים וחז״ל שהתחלנו לבאר לעיל פרק ד׳ אשר הפילוסופים נדחקו מאד בזה ואמרו כי כל מה שאנו רואים שהכתוב מכנה המדות לבורא יתברך ויתעלה כמו שנאמר ׳יושב בשמים ישחק׳ (תהילים ב:ד), ׳כעסוני בהבליהם׳ (דברים לב:כא), ׳כאשר שש ה״ (דברים כח:סג), אינו שהוא בעל מדות כי הרי הוא אומר ׳אני ה׳ לא שניתי׳ (מלאכי ג:ו) ואילו היה פעמים כועס פעמים שמח היה משתנה אלא על הכל אמרו חכמים דברה תורה כלשון בני אדם ורצה לומר שהוא פועל פעולות דומות לפעולות הבאות מאתנו רצה לומר מתנועות נפשיות לא שהוא יתברך בעל תכונות נפשיות מטעם הנ״ל ועוד שכל מי שהוא בעל מדה הוא שני דברים הוא והמדה ובלשונם נושא המקרה ונשוא המקרה וזה לא יתכן בבורא יתברך שהוא אחד כנ״ל ראה עד אנה הביאם דחקם ובאמת לפי כוונתם שהמדות הם עצמותו בטוב נדחקו מפני שבו יתברך נתחייבו להסיר הריבוי והשינוי כמש״ל אבל באמת אינו כן אלא שנמצאו באמת המדות האלו למעלה באלקותו יתברך והן העשר ספירות דאצילות אלא שאינן ממהות המדות שבאדם ונעלים מהם עילויי רב וכמ״ש באגרת הקודש סימן טו בשם הה״מ ז״ל על פי ״ואנכי עפר ואפר״ וכמ״ש פרק ז אבל עם כל זה הם מהות מדות ויתכן כפשוטו באמת מ״ש יושב בשמים ישחק או כעסוני בהבליהם וכמ״ש וחרה אף ה׳ שהוא בחינת מידת הגבורה להתפעל בכעס ודין על המורד ולהענישו או להיפוך להתפעל במדת האהבה על הצדיק

what He does in the world by using the attribute we call kindness in a way that we can grasp.

In summary, according to the above three approaches, we are warned not to ascribe finite or corporeal qualities to Hashem. Nonetheless, the Torah speaks of Hashem in familiar terms to give us a frame of reference to work with while trying to learn who He is. In relation to Hashem's essence, these statements are non-descriptive. The Rambam says we can still extrapolate from the physical references to help ourselves come closer to grasping what we can of Hashem's essence. The Mekubalim understand such terminology as descriptions of the system Hashem created to interact with the world, while His essence is completely hidden from us and beyond us.

Second Definition of Yichud: The Exclusiveness of Hashem's Dominion

Ain Od Milvado as Yichud Hashem

The *Sefer HaChinuch* and the *Sefer Mitzvos Katan* define the mitzvah of *Yichud Hashem* differently. We are enjoined to see Hashem as the singular and exclusive dominant Force in the universe, from the spiritual sphere and throughout the entire physical realm. There is to be in our minds no other force, power, or being that has independent ability[187] to have influence in the universe.[188]

להטיב לו והמה מדות אלקיים ממש ואעפ"כ אין זה מחייב שינוי בו יתברך ולא ריבוי ונמשכו ממנו בבחינת אור וזיו דזיו וגם זאת על ידי צמצום הנ"ל."

187 לשון הרמח"ל בספר דעת תבונות אות לו: "אמר השכל — כן, ודאי הוא שזהו הענין בכלל. אבל עדיין דבר זה צריך לפנים. והוא ממש מה שאמר הכתוב (דברים ד, לח), 'אתה הראת לדעת וגו' אין עוד מלבדו', שפירשוהו ז"ל (סנהדרין סז ע"ב), 'אפילו לדבר כשפים'. והיינו, כי הנה כשאנו אומרים שהקב"ה הוא אחד, אינו די שנבין שהוא אחד במציאותו, דהיינו שאין מצוי מוכרח אלא הוא, ושאין בורא אלא הוא, אבל צריכים אנו להבין עוד, שאין שום שליט ומושל אלא הוא; ואין מנהיג לעולמו או לשום בריה בעולמו אלא הוא; ואין מעכב על ידו, ואין מונע לרצונו, וזהו ששליטתו יחידית וגמורה. והוא הענין מה שנתבאר בכתוב (דברים לב, לט), 'ראו עתה כי אני וגו' אני אמית ואחיה וגו' ואין מידי מציל'; וכן נאמר (איוב כג, יג), 'והוא באחד ומי ישיבנו וגו''; וכן אנו מעידים לפניו (איוב ט, יב), 'מי יאמר אליו מה תעשה'. ותדעי שזה יסוד גדול לאמונתנו הודאית, וכמו שנכתוב עוד לפנים בס"ד."

188 זה לשון הסמ"ק במצוה ב: "ליחד שמו של הקב"ה כדכתיב (דברים ו) 'שמע ישראל ה' אלהינו ה' אחד' וזהו קבלת עול מלכות שמים ליחדו פי' ר סעדיה גאון כי כמו שצריכין

The idea of Hashem being the only true Force in the universe is straightforward enough. It does, however, create several challenges that we will now explore.

Ain Od Milvado and Free Will

What is the position and role of man, and his ability to exercise free will? On one hand, man was created in the image of Hashem with G-d-like free will, to such an extent that the angels saw man as a reflection of Hashem in the lower spheres. On the other hand, we are saying here that *Yichud Hashem* entails a position that no other true force exists, including man. This question divides into two parts.

Hashem's Knowledge and Our Free Will

The first aspect of this dilemma relates to Hashem's knowledge. Does the foreknowledge that Hashem is all-knowing, beyond any limitation of time and space, preempt man's capacity to act freely?[189]

The question is a troubling one and has been asked by many. We will explore three basic approaches to this famous conundrum:

- **Infinite knowledge is different (Rambam):** The Rambam introduces this question with "perhaps you will

אנו להאמין כי הוא האדון המנהיג הכל כך יש לנו להאמין שאין זולתו מנהיג ועל כרחין כך הוא הדין שאם יש שנים ואין אחד יכול לעשות דבר בלי רשות חבירו אם כן שניהם חלשים ואיך נתפייסו שניהם לעשות כל האותות וכל הנפלאות שנעשו ואם כל אחד יכול לעשות בלי רשות חבירו אם כן ימית אחד מהם ימית שום בריה היום והשני יחיהו למחר כדי להודיע שיש כח לשני אלא שמע מינה יחיד הוא בשמים ובארץ ובז' רקיעים וזהו רמז אל"ף וחי"ת שבאח"ד וד' רמז לארבע רוחות העולם ולעתיד לבא יאמינו כל העולם שהוא אחד כדכתיב (זכריה יז) 'ביום ההוא יהיה ה' אחד ושמו אחד' פי' שיאמינו הכל שהוא אחד ושמו אחד."

וזה לשון הספר החינוך שם במצוה תיז: "שנצטוינו להאמין כי השם יתברך הוא הפועל כל המציאות אדון הכל אחד בלי שום שיתוף, שנאמר (דברים ו', ד'), 'שמע ישראל ה' אלהינו ה' אחד,' וזו מצות עשה היא, אינה הגדה, אבל פירוש שמע כלומר קבל ממני דבר זה ודעהו והאמן בו כי ה' שהוא אלהינו אחד הוא. והראיה שזו היא מצות עשה, אמרם זכרונם לברכה תמיד במדרשים על מנת ליחד שמו, כדי לקבל עליו מלכות שמים, כלומר ההודאה ביחוד והאמונה."

189 ז"ל הרמב"ם הלכות תשובה פרק ה הלכה ד: "שמא תאמר: והלא הקדוש ברוך הוא יודע כל מה שיהיה, וקודם שיהיה. ידע שזה יהיה צדיק או רשע או לא ידע. אם ידע שהוא יהיה צדיק — אי אפשר שלא יהיה צדיק, ואם תאמר שידע שיהיה צדיק ואפשר שיהיה רשע — הרי לא ידע הדבר על בוריו."

ask," and ultimately notes that the question is based on a faulty foundation. The question assumes that Hashem's knowledge works in the same way that a human's knowledge does, and that if He knows something will happen before it occurs, it means that no other outcome is possible. However, Hashem is infinite and so is His knowledge. Hashem's infinite knowledge is entirely different than ours and not understandable by us. Whereas our knowledge is bound to temporal limitations and I can only know of something before, after, or while it happens, infinite knowledge is not subject to boundaries of time. When we speak of Hashem knowing something we don't really have any understanding of what that means and how, if at all, His knowledge impacts our ability to make independent choices.[190]

- **Setting knowledge aside (Raavad):** According to the Raavad, Hashem interacts with the world within its own physical limitations of time, though of course Hashem's own essence and knowledge is entirely infinite. Thus, Hashem ignores (so to speak) His knowledge of our choices and their outcomes in the way He conducts Himself with the world.[191] We see this

---

190 עיין לשון הרמב"ם בהלכות תשובה פרק ה הלכה ה: "דע שתשובת שאלה זו ארוכה מארץ מדה ורחבה מני ים, וכמה עיקרים גדולים והררים רמים תלויים בה, אבל צריך אתה לידע ולהבין בדבר זה שאני אומר: כבר בארנו בפרק שני מהלכות יסודי התורה שהקב"ה אינו יודע מדיעה שהיא חוץ ממנו, כבני אדם שהם ודעתם שנים, אלא הוא יתעלה שמו ודעתו אחד, ואין דעתו של אדם יכולה להשיג דבר זה על בוריו. וכשם שאין כח באדם להשיג ולמצוא אמתת הבורא שנאמר: 'כי לא יראני האדם וחי', אין כח באדם להשיג ולמצוא דעתו של בורא. הוא שהנביא אמר: 'כי לא מחשבותי מחשבותיכם, ולא דרכיכם דרכי'. וכיון שכן הוא אין בנו כח לידע היאך ידע הקדוש ברוך הוא כל הברואים והמעשים, אבל נדע בלא ספק שמעשה האדם ביד האדם, ואין הקב"ה מושכו ולא גוזר עליו לעשות כך, ולא מפני קבלת הדת בלבד נודע דבר זה, אלא בראיות ברורות מדברי החכמה. ומפני זה נאמר בנבואה שדנין את האדם על מעשיו כפי מעשיו, אם טוב ואם רע. וזה הוא העיקר שכל דברי הנבואה תלויין בו."

191 זה לשון הראב"ד בהשגותיו לרמב"ם הלכות תשובה פרק ה הלכה ה: "אמר אברהם לא נהג זה המחבר מנהג החכמים שאין אדם מתחיל בדבר ולא ידע להשלימו והוא החל בשאלות קושיות והניח הדבר בקושיא והחזירו לאמונה וטוב היה לו להניח הדבר בתמימות התמימים ולא יעורר לבם ויניח דעתם בספק ואולי שעה אחת יבא הרהור בלבם על זה, ואע"פ שאין תשובה נצחת על זה טוב הוא לסמוך לו קצת תשובה ואומר, אם היו צדקת האדם ורשעתו תלוים בגזירת הבורא ית' היינו אומרים שידיעתו היא גזירתו והיתה לנו השאלה קשה מאד ועכשיו שהבורא הסיר זו הממשלה מידו ומסרה ביד האדם עצמו אין

type of conduct expressed in the Torah when Hashem says, "Let us go down and see whether this is in fact true" (*Bereishis* 18:21), and "And Hashem descended in order to see" (*Bereishis* 11:5), prior to punishing the evil that took place. While Hashem's foreknowledge is "true," He opts to set it aside in His interactions with the physical world. In this way, we are free to choose — and Hashem's knowledge does not interfere. It might best be explained that as the Creator, Hashem certainly knows all the possible choices we might make but does not prefer one over another.

- **Different spheres (Kabbalistic approach):** For the Mekubalim, the conflict between Hashem's knowledge and our free will highlights a fundamental teaching of Kabbalah. Reality is layered. In the lower realms of reality, where our physical experiences occur, we have free will, but in a higher — perhaps "truer" — realm, we don't. Hence, free will is largely relative to our level of consciousness and awareness of Hashem. We experience free will, making it real for us in this world, but there is a realm of existence where Hashem's knowledge is all there is and everything is already laid out.[192]

ידיעתו גזירה אבל היא כידיעת האצטגנינים שיודעים מכח אחר מה יהיו דרכיו של זה והדבר ידוע שכל מקרה האדם קטן וגדול מסרו הבורא בכח המזלות אלא שנתן בו השכל להיותו מחזיקו לצאת מתחת המזל והוא הכח הנתון באדם להיותו טוב או רע והבורא יודע כח המזל ורגעיו אם יש כח בשכל להוציאו לזה מידו אם לא וזו הידיעה אינה גזירה, וכל זה איננו שוה."

192 עיין בכתבי האריז"ל בסוף ספר ארבע מאות שקל כסף וז"ל: "שאלה ששאל הרב המובהק והמקובל האלקי כמהורר אברהם מונסוץ...יש לשאול דבר אחד והוא כי ראינו בספרי הקבלה ובספר הזוהר ובספר המדע ובספר הקנה בן קנה זצלה"ה כי בשעה שהאל מתעסק בבריאה אינו יודע אם כן הרי נתבאר שבעולם האצילות היא הידיעה והכריחה אם כן קשה לדברי רז"ל על פסוק ויאמר משה אמור אל הכהנים מלך ראשון שיעמוד לישראל ידקר בחרב אמר ליה ולי אתה אומר אמור אל כהנים שהרי הרג נוב עיר הכהנים ונמצא שהכריחה דעתו של שאול באיזה אופן שיהיה אם בבריאה אם באצילות ואם כן נמצא שהכריחה על כל פנים והתשובה שהיב מורי זללה"ה היא כי אמת שיש באצילות ידיעה אבל יש כח באדם לבחור זולתה כמו שאמר הכתוב ראה נתתי לפניך היום את החיים ואת הטוב ואת המות ואת הרע ובחרת בחיים למען תחיה אתה וזרעך הרי מכאן מובן שהכריחה ממעשה שאול וכן הכתוב מוכיח שהוא בחירה שנאמר ובחרת וגם לרז"ל שאמרו אין רע יורד מלמעלה כי למעלה באצילות הכל פשוט ואין אותה ידיעה יורדת למטה להכריח על האדם כי אין שכר ועונש ואין בחירה ורצון למעלה..."

At that heightened level of consciousness, one no longer experiences free will.

Man's Role in the World

In addition to understanding man's free will in relation to Hashem's infinite knowledge, we must further examine what exactly man is expected to accomplish in this world. If, in fact, *Ain Od Milvado* means that there is literally no true power other than Hashem, it would seem that man then has no ability to improve, achieve, or change anything, including himself.[193]

ובספר צדקת הצדיק אות מ: "...וכטעם ידיעה ובחירה שביאר האריז"ל בסוף ספר ארבע מאות שקל כסף ששניהם אמת כל אחד במקום בפני עצמו במקום הבחירה שם אין מקום לידיעה ובמקום הידיעה שם באמת אין מקום לבחירה..."

193 עיין בספר חובות הלבבות שער עבודת האלקים פרק ח וז"ל: "אמרה הנפש: מה שמצאתי בספרים מעניין ההכרח והגזרה והממשלה והחפץ, שהכל לאלוהים בכל מה שברא, מקופא וצומח וחי ומדבר. כמו שנאמר (תהילים קלה) 'כל אשר חפץ ה' עשה בשמים ובארץ.' ואמר (שמואל א ב) 'ה' ממית ומחיה מוריד שאול ויעל, ה' מוריש ומעשיר משפיל אף מרומם.' ואמר (איכה ג) 'מי זה אמר ותהי ה' לא צוה. מפי עליו לא תצא הרעות והטוב.' ואמר (ישעיה מה) 'יוצר אור ובורא חושך עושה שלום ובורא רע.' ואמר (תהילים קכז) 'אם ה' לא יבנה בית שוא עמלו בוניו בו, אם ה' לא ישמר עיר שוא שקד שומר.' ואמר (שם) 'שוא לכם משכימי קום מאחרי שבת, אוכלי לחם העצבים, כן יתן לידידו שנא.' והרבה ממה שדומה לזה, מה שיורה כולו כי האדם ושאר החיים הכינם הבורא לזיון העולם הזה, אם יניעם ינועו ברשותו וכוחו ויכולתו, ואם יניחם ינוחו ממעשיהם. כמו שנאמר (איוב לא) 'והוא ישקיט ומי ירשיע.' ואמר (תהילים קד) 'תסתיר פניך יבהלון, תוסף רוחם יגועון, ואל עפרם ישובון.' וכל דברי הראשונים בכל ספר, מודים מכל העניין הזה מבלי מחלוקת בו. ונמצא בספר התורה מה שחולק עליו, מה שמורה כי המעשים הנראים מן האדם נתונים ברשותו, והוא בוחר בהם בחפצו, והם הווים ברצונו ובחירתו, ועל כן התחייב בגמול ובעונש על העבודה ועל העבירה. והוא מה שאמר הכתוב: (דברים ל) 'ראה נתתי לפניך היום את החיים ואת הטוב, ואת המות ואת הרע.' ואמר (שם) 'ובחרת בחיים.' ואמר (מלאכי א) 'מידם הייתה זאת.' ואמר (איוב לא) 'כי פעל אדם ישלם לו.' ואמר (משלי יט) 'אולת אדם תסלף דרכו.' וכל מה שיש בספרנו מתורה ומצווה ומוסר מורה על בירור העניין הזה, וכן מה שיש בו מגמול העבודה ועונש העבירה, הכל מורה כי מעשי האדם מונחים אליו, וכי כבוד האלוהים נקי מטובתו ורעתו וצדקותיו ומעוותיו. והעניין אצלי קשה, והפיק בין שני העניינים קשה מאוד. ואם יש רפואה למדווה הזה, ירפאני האל ממנו על ידך. אמר השכל: אין במה שזכרת מקושי ההפקה בין שני אלו העניינים הנמצאים בספרים, גדול ממה שימצא ממנו בפועל בדרך הבחינה. והוא מה שאנחנו רואים ממעשי האדם שיהיו כפי דעתו וחפצו בקצת העתים, ויהיו שלא כרצונו וכוונתו בקצתם. והם יורוך כי יש לבורא יתעלה ממשלת עליו, ושהוא תחת מאסרו יתיר לו מה שיחפוץ, וימנעהו ממה שאינו חפץ. ויראה לך ממנו גם זה בתנועת לשונו ושמעו וראותו. ואני רואה אחר כך, שהגמול והעונש עוברים עליו כפי מעשהו ותנועותיו לעבודת האלוהים ולהמרותו."

There are several approaches to this matter as well. To understand man's obligation to change, the *Chovos Halevavos* makes a distinction between effort and outcome. Man is given power to exert effort in both physical and spiritual areas. Hashem, however, retains control over all outcomes. We thus have the ability, and therefore the obligation, to improve and to change, but we are not in control of the outcome of those efforts.[194]

The Rambam, on the other hand, makes no distinction between effort and outcome. In his view, Hashem invested man with complete reign over himself, and essentially over the entire lower order of the universe, consistent with the verse, "The Heavens are Hashem's and the earth He has given to man" (*Tehillim* 115:16). Inasmuch as the Creator desired to make us with free will, then it is His will that we are able to do whatever we want. Though Hashem defines His will for us, and we will be held accountable for our actions should they contravene His desire, He has implicitly given man free reign over himself regardless of the outcome.[195]

---

194 עיין בספר חובות הלבבות שער עבודת האלקים פרק ח וז"ל: "וכבר ארכו מחלוקת החכמים באופני ההפקה בין ההכרח והצדק...הנכון שנעשה מעשה מי שיאמין כי המעשים מונחים לאדם ייגמל וייענש עליהם, ונשתדל בכל אשר יועילנו אצל הבורא בשני העולמים, ונבטח באלוהים בטחון מי שהתברר אצלו, כי ממשלת כל המעשים והתנועות והתועלת והנזק בגזרת ה' ורשותו ובמאמרו. וכי לאל ית' הטענה הנצחת על האדם, ואין טענה לאדם אל האלוהים יתברך. והדעת הזאת קרובה אל דרך ההצלה מכל אשר קדם זכרו, כי מן האמת והנכונה שנודה בסיכלות בדבר הזה מחכמת הבורא יתברך, מפני חלישות דעתנו וממיעוט הכרתנו. ובסכלותנו בו פנים מאופני הטובה, ולזה נעלם ממנו. ואילו הייתה לנו בעומדנו על הסוד הזה תקנה, היה הבורא מגלה אותה לנו."

וברור שזה כוונת חז"ל בגמ' קידושין מ.: "מחשבה טובה מצרפה למעשה שנאמר ולחושבי שמו אמר רב אסי אפילו חישב אדם לעשות מצוה ונאנס ולא עשאה מעלה עליו הכתוב כאילו עשאה."

ועיין בספר חובות הלבבות שער הבטחון פרק ד בהבנת גמ' זו: "...והוא כי מעשי העבודה והעברה לא יתכנו לאדם כי אם בהקבץ שלשה דברים האחד הבחירה בלבו ומצפונו והשני הכונה וההסכמה לעשות מה שבחר בו והשלישי שישתדל לגמר המעשה באבריו הנראים ויוציאהו אל גדר המעשה ומה שאינו נעלם ממנו בהם כבחירת העבודה והעברה והכונה וההסכמה על המעשה הבטחון על האלקים בזה טעות וסכלות כי הבורא יתברך הניח ברשותינו בחירת עבודתו והמרותו כמו שכתוב ובחרת בחיים ולא הניח ברשותינו השלמת המעשה בעבודה ובעבירה אלא בסבות שהם חוץ לנו מזדמנות בקצת העתים ונמנעות בקצתם ...ואם יזדמנו הסבות ויתכן גמר המעשה בעבודתו אשר קדמה בחירתנו בה יהיה לנו השכר הגדול על הבחירה בעבודה ועל הכונה לעשותה ועל השלמת מעשיה באברים הנראים ואם ימנע מן האברים גמר המעשה יהיה לנו שכר הבחירה והכונה כאשר זכרנו במה שקדם וכן הענש והעברה."

195 עיין ברמב"ם הלכות תשובה פרק ה הלכה ד "אילו האל היה גוזר על האדם להיות צדיק או

The Mekubalim approach the question of man's power differently. Man was created in Hashem's image and does, in fact, have real powers, which are borrowed from — or mirror — Hashem's ultimate power. The nature of this power is expressed in the verse, "Hashem is your shadow on your right-hand side" (*Tehillim* 121:5), indicating that man's actions generate a shadow-like identical action by Hashem.[196] At the

---

רשע, או אילו היה שם דבר שמושך את האדם בעיקר תולדתו לדרך מן הדרכים או למדע מן המדעות או לדעה מן הדעות או למעשה מן המעשים כמו שבודים מלבם הטפשים הוברי שמים — היאך היה מצוה לנו על ידי הנביאים 'עשה כך ואל תעשה כך', 'הטיבו דרכיכם ואל תלכו אחרי רשעכם', והוא מתחלת ברייתו כבר נגזר עליו, או תולדתו תמשוך אותו לדבר שאי אפשר לזוז ממנו? ומה מקום היה לכל התורה כולה? ובאי זה דין ואיזה משפט נפרע מן הרשע או משלם שכר לצדיק? 'השופט כל הארץ לא יעשה משפט?'. ואל תתמה ותאמר: היאך יהיה האדם עושה כל מה שיחפוץ ויהיו מעשיו מסורים לו, וכי יעשה בעולם דבר שלא ברשות קונו ולא חפצו, והכתוב אומר: 'כל אשר חפץ ה' עשה בשמים ובארץ'? דע שהכל כחפצו יעשה, ואף על פי שמעשינו מסורין לנו! כיצד? כשם שהיוצר חפץ להיות האש והרוח עולים למעלה, והמים והארץ יורדים למטה, והגלגל סובב בעיגול, וכן שאר בריות העולם להיות כמנהגן שחפץ בו, ככה חפץ להיות האדם רשותו בידו וכל מעשיו מסורין לו, ולא יהיה לו לא כופה ולא מושך אלא הוא מעצמו ובדעתו שנתן לו האל עושה כל שהאדם יכול לעשות. לפיכך דנין אותו לפי מעשין: אם עשה טובה — מטיבין לו, ואם עשה רעה — מריעין לו. הוא שהנביא אומר: 'מידכם היתה זאת לכם', 'גם המה בחרו בדרכיהם' ובענין זה אמר שלמה: 'שמח בחור בילדותך... ודע כי על כל אלה יביאך האלהים במשפט', כלומר דע שיש בידך כח לעשות ועתיד אתה ליתן את הדין".

196 עיין ספר נפש החיים בכל שער א, ובפרט שער א פרק וז"ל שם: "ועתה מבואר הענין הנ"ל בפרק ה' שהאדם נקרא הנפש ונשמת החיים של רבי רבוון עולמות. לא נפש כנפש הנתון ודבוק ממש בתוך גוף האדם — דזה לא יתכן. אמנם היינו שכמו שכל פרטי תנועות ונטיית אברי הגוף הם ע"י הנשמת חיים שבו כפי תנועות חיותו ונטייתו -- כן הענין שכל נטיית הכחות והעולמות וסדרי המרכבה, תקונם ובנינם והריסות' ח"ו הוא רק כפי ענין התעוררת ממעשי האדם למטה. ומטעם שהוא כלול ומשוכלל במספר פרטי כחותיו וסדריהם עפ"י סדרי השתלשלות והתקשרות הכחות והעולמות עליונים ותחתונים כולם. והוא מצד שורש נשמתו העליונה שהיא הגבוה והפנימי' מהעולמות הנבראים כולם כנ"ל בפ"ה -- לכן הוא כולל את כולם. והטעם שנתבאר בפ"ה מחמת שורש נשמתו שהיא גבוה ופנימית מהעולמות. והטעם שנתבאר בפרק העבר מחמת שהוא כלול מכל העולמות. הכל א' כמו שנתבאר: ולזאת לו לבדו נתנה משפט הבחירה להטות עצמו ואת העולמות לאיזה צד אשר יחפוץ. או אף אם כבר גרם וסיבב ח"ו בחטאיו הריסת העולמות וסדרי המרכבה וחורבנם וירידתם ח"ו. יש כח וסיפוק בידו לתקן את אשר עיות ולבנות הנהרסות. מצד שהוא כלול ומשותף מכולם: וז"ש דוד המע"ה ה' צלך על יד ימינך. היינו שכמו שנטיית הצל של איזה דבר הוא מכוון רק כפי תנועות אותו הדבר לאן נוטה. כן בדמיון זה כביכול הוא ית"ש מתחבר לנטות העולמות כפי תנועות ונטיית מעשי האדם למטה. וכן מפורש במדרש אמר לו הקב"ה למשה לך אמור להם לישראל כי שמי אקי"ק אשר אקי"ק. מהו אקי"ק אשר אקי"ק כשם שאתה הוה עמי. כך אני הוה עמך. וכן אמר דוד ה' צלך על יד ימינך. מהו ה' צלך כצלך. מה צלך אם אתה משחק לו הוא משחק לך. ואם אתה בוכה

same time, Hashem continues to drive creation toward its ultimate destiny. When our efforts and actions align with His wishes, then our initiative will mesh together with His will, and bring about a successful "joint" result. When our pursuits do not follow His direction for the world, then He can (and does) override our initiatives. Man does have power, but within the context of bringing about the ultimate goal of creation. Hashem may use man's actions as the vehicle for acting in this world, but He is not restricted by, or limited to, man's choices.[197] We are taught, "Hashem has many messengers to prepare sustenance for those

---

הוא בוכה כנגדך. ואם אתה מראה לו פנים זעומות או מוסברות אף הוא נותן לך כך. אף הקב"ה ה' צלך כשם שאתה הוה עמו הוא הוה עמך ע"כ.

ובזוהר תצוה (ח"ב קפד, ב) תא חזי עלמא תתאה קיימא לקבלא תדיר כו' ולעלמא עלאה לא יהיב לי' אלא כגוונא דאיהו קיימא. אי איהו קיימא בנהירו דאנפין מתתא כדין הכי נהרין ליה מלעילא. ואי איהו קיימא בעציבו יהבין ליה האי דינא בקבליה כגוונא דא עבדו את ה' בשמחה. חדוה דב"נ משיך לגבי' חדוה אחרא עלאה. ה"נ האי עלמא תתאה כגוונא דאיהו אתער הכי אמשיך מלעילא כו.'

והוא ענין הכרובים שהיו מעורין כמער איש ולויות פניהם איש אל אחיו ובכרובי שלמה כתיב (ד"ה ב' ג) 'ופניהם לבית כמו שיתבאר בע"ה."

197 בספר דעת תבונות להרמח"ל אות לו ז"ל: "...ואמנם המאמין ביחוד ומבין ענינו, צריך שיאמין שהקב"ה הוא אחד יחיד ומיוחד, שאין לו מונע ומעכב כלל ועיקר בשום פנים ובשום צד, אלא הוא לבדו מושל בכל. לא מבעיא שאין רשות נגדו ח"ו, אלא הוא עצמו בורא הטוב והרע, כענין הכתוב (ישעיה מה, ז), 'יוצר אור ובורא חושך עושה שלום ובורא רע, אני ה' עושה כל אלה'; שאין אחר תחתיו שיהיה לו שליטה בעולם, דהיינו שאין שום שר ולא שום כח שני, כמו שחשבו עובדי עבודה זרה. ולא עוד, אלא שהוא לבדו משגיח על כל בריותיו השגחה פרטית, ואין שום דבר נולד בעולמו אלא מרצונו ומידו, ולא במקרה, ולא בטבע, ולא במזל; אלא הוא השופט כל הארץ וכל אשר בה, וגוזר כל אשר יעשה בעליונים ובתחתונים, עד סוף כל המדרגות שבכל הבריאה כולה. ומעוצם יחוד שליטתו הוא שאין לו שום הכרח וכפיה כלל, וכל סדרי המשפט וכל החוקים אשר חקק — כולם תלויים ברצונו, ולא שהוא מוכרח בהם כלל. הנה כשרוצה — משעבד רצונו, כביכול, למעשי בני האדם, כענין ששנינו (אבות פ"ג, יט), 'והכל לפי רוב המעשה'; וכשהוא רוצה — אינו חושש לכל המעשים, ומטיב בטובו למי שרוצה, וכמו שאמר למשה רבנו ע"ה (ברכות ז.), 'וחנותי את אשר אחון — אע"פ שאינו הגון'. וכבר נאמר (איוב לה, ו) 'אם חטאת מה תפעל בו ורבו פשעיך מה תעשה לו'; ואז נאמר (ירמיהו נ, כ) 'יבוקש את עון ישראל ואיננו וגו' כי אסלח לאשר אשאיר'; וכן נאמר (ישעיה מח, יא) 'למעני למעני אעשה לי ואיך יחל'; (שם מג, כה) 'אנכי אנכי הוא מוחה פשעיך למעני וחטאתיך לא אזכור'. וכן נאמר (זכריה ג, ט), 'ומשתי את עון הארץ ההיא ביום אחד'. זאת נחמתנו בעניינו, כי לא על מעשינו יפקוד, ולא לזכותנו ימתין, או מחסרון מעשים יחליפינו ח"ו, אלא מפני השבועה אשר נשבע לאבותינו והברית אשר כרת. הנה אפילו אם לא יהיה זכות בישראל — כשיגיע עת מועד, יום נסתם בלבו, הנה על כל פנים יושיענו ודאי, כי אדון כל הוא, ויכול לעשות כן כשהוא רוצה."

who fear Him,"[198] and "Hashem utilizes culpable people to bring bad things into the world and He utilizes meritorious people to bring about good in the world."[199]

Natural Law and Yichud Hashem

Yichud Hashem teaches that Hashem is the only true Force. How are we then to understand the system of nature, which certainly appears to run of its own accord, governed by its own internal laws?

The Torah itself contains conflicting messages in this area. On the one hand, the Torah describes nature as a system created by Hashem, set in place with permanent laws. The opening of the Creation account seems to teach this very principle with "And in the beginning of Hashem's creating the heavens and the earth" (Bereishis 1:1). Hashem maintains this natural order as a consistent and reliable environment within which His purpose for creation can unfold.

On the other hand, the Torah teaches us in numerous instances of Hashem's ability to override the laws of the natural order and perform "miracles" that cause unnatural events to occur. The miracles are, in fact, a central element of our interaction and relationship with Hashem, as individuals and as a nation.[200]

In essence, there is no conflict. The idea of *Ain Od Milvado* is that there is in fact nothing outside of His will. Natural events as well as miraculous ones only occur because Hashem wills them to. The Talmud goes so far as to say "*Ain Od Milvado*, even sorcery."[201] The system of

---

198 עיין במכילתא לשמות טז:לב.
199 כדאיתא במסכת סנהדרין ח. "כדתניא ראויה פרשת נחלות שתיכתב על ידי משה רבינו אלא שזכו בנות צלפחד ונכתב על ידן ראויה היתה פרשת מקושש שתיכתב ע"י משה רבינו אלא שנתחייב מקושש ונכתבה על ידו ללמדך שמגלגלין חובה ע"י חייב וזכות על ידי זכאי."
200 עיין בפסוקים בדברים ד:לב-לה: "(לב) כי שאל נא לימים ראשנים אשר היו לפניך למן היום אשר ברא אלהים אדם על הארץ ולמקצה השמים ועד קצה השמים הנהיה כדבר הגדול הזה או הנשמע כמהו (לג) השמע עם קול אלהים מדבר מתוך האש כאשר שמעת אתה ויחי (לד) או הנסה אלהים לבוא לקחת לו גוי מקרב גוי במסת באתת ובמופתים ובמלחמה וביד חזקה ובזרוע נטויה ובמוראים גדלים ככל אשר עשה לכם יהוה אלהיכם במצרים לעיניך (לה) אתה הראת לדעת כי יהוה הוא האלהים אין עוד מלבדו."
201 מנחות ז:

nature is created and directed by Hashem, even down to sorcery. All these forces are invested with Divine energy that causes them to continue, usually with internal rules that bind them most of the time. To this extent, nature forms a veil over the Divine energy, as it appears to run of its own accord.[202] In concept, though, natural events are no

202 עיין בספר נפש החיים שער ג פרק יב: "וזהו הענין שדרשו ז"ל בחולין (דף ז:) על פסוק כי ה' הוא האלקים אין עוד מלבדו אר"ח אפילו כשפים. כי כל עניני פעולות הכשפים נמשך מהכחות הטומאה של המרכבה טמאה. והוא ענין חכמת הכשוף שהיו הסנהדרין צריכין לידע. היינו חכמת שמות הטומאה וידיעת עניני כחות המרכבה טמאה בשמותיהם. שע"י יפעלו בעלי הכשופים פעולות וענינים משונים כשמשביעין כחות הטומאה בבחי' הטוב שבו שישפיע בתוכו חיות לעשות נפלאות היפך סדר כחות הטבעי' והמזלות. ועיין ע"ח שער קליפת נגה ריש פ"ד. מחמת שכן קבע הבורא אדון כל ית' עניני כחותיה' למעלה מכחות הטבעים הנמשכים מהכוכבי' והמזלות שעי"ז יהא בכחם לעשות פעולות גם היפוך טבעי כחות הכוכבים ומזלות שהוקבע בהם בעת הבריאה. כידוע שכל כח ועולם קבע בו הבורא יתברך כח ויכולת להנהיג ולהטות את הכח והעולם שתחתיו לכל אשר יהיה שמה הרוח וכו'. ומ"ש שם שמכחישין פמליא של מעלה ר"ל שרק סדור כחות הפמליא של הכוכבים והמזלות קבע הבורא יתב' כח בכחות הטומאה שיהו יכולין להפכם. אבל לא שיהא בכחם לשנות ח"ו מסדר הפעולות הקדושים של כחות המרכבה קדושה. ואדרבה כשמשביעין אותם בשמות של כחות הקדושה. ממילא כרגע מתבטל כל עניני פעולתם לגמרי. וכמ"ש (בתיקון י"ח) אלין דידעין בקליפין עבדין אומאה בשמהן ובהויות דקב"ה לאלין קליפין ובטלין גזרה. ועיין ע"ח בפ' הנ"ל. כיון שאין הכח שלהם מעצמם ח"ו. כי אין עוד מלבדו יתב' בעל הכחות כולם. וגם שבאמת הלא הכל מלא רק עצמות אחדותו הפשוט ית' ואין עוד מלבדו שום מציאות כח כלל לא כחות הטומאה ולא שום כח ושום עולם ונברא כלל. ז"ש אין עוד מלבדו אפילו כשפים: וזהו שמביא שם הש"ס ע"ז עובדא דההוא אתתא דהוות קא מהדרא למשקל עפרא מתותא כרעי' דר' חנינא אמר לה שקולי לא מסתייע' מילתיך אין עוד מלבדו כתיב. ופריך והאר"י למה נקרא שמן כשפים שמכחישין פמליא של מעלה. שאני ר"ח דנפיש זכותיה. ודאי שלא היה מחזיק עצמו ר' חנינא דנפיש זכותי' כ"כ מתורתו ומעשיו הטובים המרובים עד שבעבורם היה סמוך לבו שלא ישלוט בו פעולת הכשפים. אבל הענין כמש"ל כיון שבאמת אין בכחות המרכבה טמאה שום כח מעצמם חלילה. אלא שהוא יתב' קבע כחם למעלה מכחות טבעי הכוכבים ומזלות כדי שעל ידי זה יהא ביכולתם לעשות פעולות אף גם לשנות סדרי טבעי המזלות. ובלתי יתב' הם אפס ותהו. ולכן גם ר"ח לא שבטח על זכות קדושת תורתו ומעשיו המרובים. רק שידע ושיער בנפשו שזאת האמונה קבועה בלבו לאמיתה שאין עוד מלבדו יתב' שום כח כלל. והדביק עצמו בקדושת מחשבתו לבעל הכחות כולם אדון יחיד המלא כל עלמין ואין כאן שום שליטה ומציאות כח אחר כלל. לכן היה נכון לבו בטוח בזה שלא ישלטו עליו פעולות הכשפים הנמשכים מכחות המרכבה טמאה. ז"ש לא מסתייע' מילתיך אין עוד מלבדו כתיב: ובאמת הוא ענין גדול וסגולה נפלאה להסר ולבטל מעליו כל דינין ורצונות אחרים שלא יוכלו לשלוט בו ולא יעשו שום רושם כלל. כשהאדם קובע בלבו לאמר הלא ה' הוא האלקים האמתי ואין עוד מלבדו יתברך שום כח בעולם וכל העולמות כלל והכל מלא רק אחדותו הפשוט ית"ש. ומבטל בלבו ביטול גמור ואינו משגיח כלל על שום כח ורצון בעולם. ומשעבד ומדבק טוהר מחשבתו רק לאדון יחיד ב"ה. כן יספיק הוא יתב' בידו שממילא יתבטלו מעליו כל הכחות והרצונות שבעולם שלא יוכלו לפעול לו שום דבר כלל."

less miraculous — they provide a backdrop against which we can see Hashem's explicit intervention when an "open miracle" occurs. The "miracles" thus attest to Hashem's dominion over and direction of all facets of creation, demonstrating that everything, including nature, is subject to His will.

The above notwithstanding, there is a much deeper realization we need to bring to our understanding of the natural order. Each morning, we recite in the *berachah* of "*Yotzer Ohr*" that Hashem is "the One who renews with His goodness every day, all the time, the system of nature." Our Sages taught us that creation is a constant, ongoing reality. We are not to think of creation as a historical event on a timeline that occurred *x*-thousand or *x*-billion years ago. Hashem constantly creates by sustaining existence each and every moment.[203] In this regard, any concern with the age of the universe must be entirely secondary to the fundamental acknowledgment that Hashem constantly creates our world every moment by willing its existence. As far as the Torah is concerned, the system of nature we experience is as new right now as it was when it began. If not for Hashem's continued will that the universe should continue to exist, it would vanish in an instant, as if it never was.

When we refer to Hashem as "E-lohim" we describe Him as "the Almighty" — the Master of all powers, forces, and entities in the universe.[204] The numerical value of the Hebrew word א-להים is eighty-six. This is the same numerical value as the Hebrew word for the natural order, הטבע. This connection reminds us that the Almighty has exclusive

203 עיין בספר נפש החיים שער א׳ פרק ב וז"ל: "אבל הוא יתברך שמו כמו בעת בריאת העולמות כלם בראם והמציאם הוא יתברך יש מאין בכחו הבלתי תכלית כן מאז כל יום וכל רגע ממש כל כח מציאותם וסדרם וקיומם תלוי רק במה שהוא יתברך שמו משפיע בהם ברצונו יתברך כל רגע כח ושפעת אור חדש ואילו היה הוא יתברך מלק מהם כח השפעתו אף רגע אחת היו כלם לאפס ותהו וכמו שיסדו אנשי כנסת הגדולה בברכת יוצר אור 'המחדש בטובו בכל יום תמיד מעשה בראשית' וראיתם מפורשת כאמור 'לעושה אורים גדולים' (תהילים קלו:ז) שלא אמר עשה אלא עושה ובהג"ה שם בהמשך דברי הנפש החיים הנ"ל שער א פרק ב "ואף שאין חדוש ניכר לעין אמנם הד׳ יסודין עלאין דאינון השרשין הקדמאין ואבהן דכלא כנזכר בזהר וארא כג: שהם שרש כל מעשי בראשית ופנימיות כלם והם ד׳ אותיות הויה ברוך הוא התמזגותם והרכבתם כל עת ורגע בשרש שרשם אינו מושג כלל והוא יתברך מחדשם כל רגע לפי רצונו ..."

204 עיין בטו"ר ושו"ע אורח חיים סימן ה.

sovereign control of the entire natural order and yet He wants it to function as a set system with specific and consistent governing laws.[205]

But there is another name we use to describe Hashem. This is the "name of being," spelled out י-ה-ו-ה, which represents "He was, is, and will be." This name describes Hashem as above and beyond time and space, constantly bringing about all existence ex nihilo.[206] At its depth, this name teaches that existence never becomes a permanent reality, as its point of inception is beyond itself and an outside force must will it into being. Thus, while the natural order appears to be a set system with governing laws, it has no true independent ability to exist and

205 עיין נפש החיים שער ג פרק יא: "כי זה כל עיקר יסוד האמונה שצריך כל איש ישראל לקבוע בלבו שרק הוא ית"ש הוא הבעל כח האמיתי ונשמת וחיות ושורש העיקר שלו ושל כל הברואים והכחות והעולמות כולם: זהו ענין ופי' של שם אלקים בעל הכחות כולם. אבל עכ"ז לפי פירושו וענינו של זה השם משמע שיש במציאו גם עולמו' וכחות מחודשים מרצונו הפשוט יתברך שצמצם כבודו והניח מקום כביכול למציאות כחות ועולמות. אלא שהוא יתברך הוא נשמתם ומקור שרש כח חיותם שמקבלים מאתו יתב' שמתפשט ומסתתר בתוכם כביכול. כענין התפשטות הנשמה בגוף האדם. שאף שהיא מתפשטת בכל חלק ונקודה פרטית שבו. עכ"ז לא נוכל לומר שהגוף מתבטל נגדה כאילו אינו במציאות כלל. וכן בכל כח ועולם עליון שמתפשע בכל עצמות הכח והעולם שתחתיו. עכ"ז גם הכח והעולם התחתון ישנו במציאות. והוא כפי אשר מצדנו בענין השגתנו כמש"ל."

206 עיין נפש החיים שיר ג פרק יא: "זהו ענין ופי' של שם אלקים בעל הכחות כולם. אבל עכ"ז לפי פירושו וענינו של זה השם משמע שיש במציאו גם עולמו' וכחות מחודשים מרצונו הפשוט יתברך שצמצם כבודו והניח מקום כביכול למציאות כחות ועולמות. אלא שהוא יתברך הוא נשמתם ומקור שרש כח חיותם שמקבלים מאתו יתב' שמתפשט ומסתתר בתוכם כביכול. כענין התפשטות הנשמה בגוף האדם. שאף שהיא מתפשטת בכל חלק ונקודה פרטית שבו. עכ"ז לא נוכל לומר שהגוף מתבטל נגדה כאילו אינו במציאות כלל. וכן בכל כח ועולם עליון שמתפשע בכל עצמות הכח והעולם שתחתיו. עכ"ז גם הכח והעולם התחתון ישנו במציאות. והוא כפי אשר מצדנו בענין השגתנו כמש"ל: אבל שם העצם הוי"ה ב"ה מורה על הבחי' והענין כפי אשר הוא מצדו יתברך שנתבאר למעלה ואף שגם שם הוי"ה ב"ה נקרא ג"כ מצד התחברותו יתב' ברצונו להעולמות. כי עצמות אדון יחיד א"ס ב"ה בבחי' היותו מופשט מהעולמות לא אתרמיז בשום שם כלל. אעפ"כ העולמות המה בטלים ומבוטלים במציאות נגדו יתברך מצד זה השם הנכבד. והוא מעין הבחי' כפי אשר מצדו יתב .ולכן נקרא שם העצם שם המיוחד ב"ה: וזש"ה כי ה' הוא האלקים כו'. ר"ל עם כי מצד השגתנו הוא נקרא בשם אלקים ומצדו יתב' נקרא בבחי' שם הוי"ה ב"ה. באמת הכל א' וה' הוא האלקים כו'. כמש"ל פ"ז ענין הצמצום והקו דכלא חדא: וזהו ג"כ בכלל ענין יחוד פסוק ראשון דקריאת שמע ה' אלקינו ה' אחד. ר"ל לכוין שהוא יתב' הוא אלקינו בעל הכחות ומקור שורש נשמתנו וחיותנו ושל כל הברואים והעולמות. ואף שברא והמציא מציאות כחות ועולמות ובריות עכ"ז הוא בבחי' הוי"ה ואחד מצדו יתב' שאין הברואים כולם חוצצים ח"ו כלל נגד אחדותו הפשוט יתברך הממלא כל ונקרא גם עתה הויה ואחד:"

constantly depends on the will of the Almighty to keep it in existence.[207] The Torah states "For YHVH is Elohim — there is none other than Him" (*Devarim* 30:2), teaching us that although the natural order may appear as a set system with immutable laws, the truth is that Hashem wills that system's existence every second.[208]

Hashem, in His wisdom, created a natural system that presents itself to us as subject to specific principles and laws, but we must remain aware that this system is but a veil covering the Divine essence that animates all of creation. Hashem communicates with His creations from behind this veil and thus everything we see and experience must be seen as an expression of Hashem's will and reflective of our relationship with Him.

Evil and Negativity, and Ain Od Milvado

If everything exists only as a function of Hashem's constant will, as *Ain Od Milvado* indicates, how are we to understand the apparent existence of evil, destruction, and decay?

Man has long been fascinated with evil and its presumed power. Similar to man's documented efforts to reach the Divine through idol

207 עיין נפש החיים שער ג פרק ב: "אמנם פנימית ענין מקומו של עולם. הוא ענין גדול מאד. כי מה שכנוהו ית"ש מקומו של עולם. אין ערך כלל לענין מקום הנושא כל חפץ העומד עליו שעצמות התהות וקיום הכלי יש לה מציאות בפני עצמה. והמקום רק מצלת אותה שלא תפול ותשבר. וכן ענין חיות וקיום הגוף ע"י הנשמה. הגוף יש לו מציאות בפני עצמו. ואינו מתבטל ממציאותו גם בצאת הנשמה ממנו. אבל העולמות כולם כל עיקר התהוות מציאותם כג רגע הוא רק מאתו ית"ש. ואלו היה מסלק רצונו יתב' מלהוות אותם כל רגע היו לאין ואפס ממש. ורק מחמת שאין בכח שום נברא אף עליון כבעליונים להשיג מהות הענין איך כל העולמות וכל צבאם המה בעצם אין. ורק כל רגע המה מתהוים למציאות ממנו יתברך. לזאת בחרו להמשילהו יתברך ולהסביר לאזן שומעת בקרב חכמים. בתיבת מקום. שאף שכך גזרה חכמתו יתבר' ליתן מציאותו לעולמו באופן שילאה כל שכל להשיג איך הוא המשכת התהוותם ממנו ית"ש כל רגע ויוכל להדמות בעיני בשר שהעולם הוא מציאות וקיום בפני עצמו ח"ו. האירו חז"ל עיני השכל בהמשילם לענין מקום. שכמו שהכלי העומדת על איזה מקום. הגם שהכלי הרי יש לה באמת מציאות בפני עצמה. עכ"ז אם לא היה להכלי מקום שתעמוד עליו. היתה כלא הי' כן אף שהעולם כולו מורגש ונדמה כמציאות בפני עצמו. הוא ית"ש הוא מקומו שאלמלא הי' מקום ברצונו להתהוות העולמות. עאכ"ו שהיו כולם כלא היו וז"ש בספר יצירה (פ"א מ"ח) ע"פ בלימה בלו' פיך מלדב' ולבך מלהרהר. ואם רץ לבך שוב למקום שלכך נאמר רצוא ושוב. אמר למקום דייקא. היינו כאם ירוץ מחשבת לב האדם להשיג המושכל איך נמשך התהוותם כל רגע ממנו ית"ש. שוב למקום להשיג ערך המושכל מדמיון המורגש בבחי' מקום כנ"ל. וע' פי' רמב"ן ז"ל על משנה זו."

208 עיין נפש החיים שער ג פרקים ט-יג.

worship, there is likewise a lengthy history of man's attempts to harness the power of evil for his own benefit.

The first question, of course, is whether such power really exists. The Rambam writes in his commentary on the Mishnah that the methods used to control and wield evil forces, including sorcery, have no substance. They are entirely fabricated and unreliable and simply do not work at all.[209]

However, the Vilna Gaon argues that many of our great, wise men disagreed with the Rambam. The Talmud itself notes viable methods and practices that were used to manipulate the forces of evil and impurity.[210] The Torah prohibits utilizing these methods. The question is not whether forces of evil and impurity exist, but rather whether or not the specific attempts to manipulate these forces of evil had any real

---

209 עיין בפירוש המשנה לרמב"ם מסכת עבודה זרה פרק ד משנה ז: "ממה שאתה צריך לדעת כי הפולוסופים השלמים אינם מאמינים בטליסמנ'ס אלא לועגים להם ולאותם החושבים שיש להם השפעה וביאור זה יארך אבל אמרתי את זאת מפני שאני יודע שרוב בני אדם ואולי כולם נפתים אחריהם פתיות גדולה מאד ובדברים רבים ממיניהם וחושבים שהם דברים אמתיים ואין הדבר כן ואפילו טובים וחסידים מאנשי תורותינו חושבים שהם דברים נכונים אלא שהם אסורים מטעם התורה בלבד ואינם יודעים שהם דברים בטלים ושקריים הזהירה התורה עליהם כדרך שהזהירה על השקר והם דברים שנעשה להם פרסום רב אצל העמים והיסוד לכך הם האלצאבה והם האנשים אשר רחק אברהם אבינו מהם וחלק על דעותיהם הנפסדות במה שנתן ה' בלבו מן החכמה והיו מכבדים את הכוכבים ומיחסים להן פעולות לא להן והם שיסדו את משפטי הכוכבים והכשפים והלחשים והורדת הרוחות והשיחות עם הכוכבים והשדים והאוב והנחש והידעוני לכל מיניהם ודרישת המתים והרבה מן הענינים האלה אשר שלפה תורת האמת הרבה עליהם וכרתה אותם והם שרש העבודה זרה וענפיה והוא שהשקר הראשון משפטי המזלות אשר מתברר במדעי הטבע בטול הנחותיהם...." ועיין עוד שם בהמשך דבריו.

210 עיין בביאור הגר"א לשו"ע יו"ד סימן קעט ס"ק יג: "וכך כתב הרמב"ם בפירוש המשנה לפרק ד דעבודת כוכבים אבל כל הבאים אחריו חלקו עליו שהרי הרבה לחשים נאמרו בגמרא והוא נמשך אחר הפילוסופיא ולכן כתב שהכשפים ושמות ולחשים ושדים וקמיעות הכל הוא שקר אבל כבר הכו אותן על קדקדו שהרי מצינו הרבה מעשיות בגמ' על פי שמות וכשפים אמרה איהי מלתא ואסרתה לארבא אמרו וכו' (עיין שבת פא: וחולין קה:) ועיין בסוף פרק ד' מיתות ובירושלמי שם עובדא דר"א ור"י ובן בתירה וכן ר"ח ור"א דאיברו עגלה תילתא ורבי יהושע דאמר שם ואוקמיה בין שמיא לארעא (בכורות ח:) וכן אבישי בן צרויה (סנהדרין צה.) והרבה כיוצא ואמרו בסוף פרק ד' מיתות ובחולין ז: למה נקראו שמן כשפים? וכו' והתורה העידה 'ויהיו תנינים' ועיין זוהר שם וכן קמיעין בהרבה מקומות ולחשים רבו מלספר והפילוסופיא הטתו ברוב לקחה לפרש הגמרא הכל בדרך הלציי ולעקור אותם מפשטן וחס ושלום איני מאמין בהם ולא מהם ולא מהמונם אלא כל הדברים הם כפשטן אלא שיש בהם פנימיות לא פנימיות של בעלי הפילוסופיא שהם חצוניות אלא של בעלי האמת."

substance to them, and, consequently, if and when such activities are forbidden.

Taking the approach that evil forces do exist, what is their purpose and why would Hashem create and allow access to them? If they operate and function as evil or impure, they would seemingly do so in a manner at odds with Hashem's will and purpose for creation as a whole. *Ain Od Milvado* means that nothing can act in opposition to Hashem, so what are these forces?

One approach, mentioned in the Mishnah, is that these forces exist simply to test humanity and give man the choice between remaining faithful to Hashem and His will, or neglecting Him and following these other powers.[211] By creating evil forces, Hashem gave us another avenue in which to show our devotion to Him.

Furthermore, these forces facilitate a balance or tension between good and evil, allowing us to live in an environment in which we see deficiency. Our ability to experience and identify it as such helps facilitate choice and creates opportunity for us to work toward betterment and perfection.[212]

---

211 לשון המשנה מסכת עבודה זרה פרק ד משנה ז: "שאלו את הזקנים ברומי, אם אין רצונו בעבודה זרה, מפני מה אינו מבטלה. אמרו להן, אילו לדבר שאין לעולם צורך בו היו עובדין, היה מבטלו. הרי הם עובדין לחמה, וללבנה, ולכוכבים; יאבד עולמו, מפני השוטים. אמרו להן, אם כן, יאבד דבר שאין לעולם צורך בו, ויקיים דבר שצורך לעולם בו. אמרו להן, אף אנו מחזיקין ידי עובדיהן של אלו; ויאמרו, תדעון שהן אלוהות, שהרי אלו לא בטלו."
ובברייתא שם בגמ' דף נד: "אילו לדבר שאין העולם צריך היו עובדין הרי הוא מבטלה הרי הן עובדין לחמה וללבנה ולכוכבים ולמזלות יאבד עולם מפני השוטים אלא עולם כמנהגו נוהג ושוטים שקלקלו עתידין ליתן את הדין." הרי מפורש שאפשרות ע"ז היא מבחן לבני אדם שלא להתפתות ואם נתפתו עתידין ליתן את הדין.
ומשמע שאילו היו עובדים לדברים טפלים שאין בהם צורך חיוני לעולם היה ה' מבטל דברים אלו כדי להציל אנשים מפיתוי. אבל מכיון שבחרו לעבוד דברים שהעולם צריך להם ביותר אין בכך בכדי להצדיק את הפיכת העולם.

212 עיין ספר דרך ה' לרמח"ל חלק א פרק ב אות א-ב: "הנה התכלית בבריאה היה להיטיב מטובו יתברך לזולתו. והנה תראה, כי הוא לבדו יתברך שמו השלימות האמיתי המשולל מכל החסרונות, ואין שלימות אחר כמוהו כלל. ונמצא שכל שלימות שידומה חוץ משלימותו יתברך, הנה איננו שלימות אמיתי, אלא יקרא שלימות בערך אל עניין חסר ממנו; אך השלימות בהחלט אינו אלא שלימותו יתברך. ועל כן, בהיות חפצו יתברך להיטיב לזולתו, לא יספיק לו בהיותו מיטיב קצת טוב, אלא בהיותו מיטיב תכלית הטוב שאפשר לברואים שיקבלו. ובהיותו הוא לבדו יתברך הטוב האמיתי, לא יסתפק חפצו

More broadly, allowing evil forces to exist sets the stage for a greater revelation of the greatness and Unity of Hashem in the fullness of time. Whereas these forces currently seem to operate at odds with Hashem's purpose, in the end of time, evil will be removed from the world and the honor of Hashem and those who sacrificed and fought for good will be increased.[213]

הטוב אלא בהיותו מהנה לזולתו בטוב ההוא עצמו שהוא בו יתברך מצד עצמו, שהוא הטוב השלם והאמיתי. והנה מצד אחר, הטוב הזה אי אפשר שיימצא אלא בו. על כן גזרה חכמתו, שמציאות ההטבה האמיתית הזאת יהיה במה שיינתן מקום לברואים לשיתדבקו בו יתברך באותו השיעור שאפשר להם שיתדבקו; ואז נמצא, שמה מצד עצמם אי אפשר שיתוארו בשלימות כשלימותו יתברך, הנה מצד התדבקם בו יגיע להם באותו השיעור שאפשר לתאר בשלימות ההוא יתברך, מצד היותם מתדבקים בו, ויימצאו נהנים בטובה האמיתית ההיא בערך שאפשר להם ליהנות בה. ונמצא היות כונתו יתברך שמו בבריאה שברא, לברוא מי שיהיה נהנה בטובו יתברך באותו הדרך שאפשר שיהנה בו: ואולם גזרה חכמתו, שלהיות הטוב שלם, ראוי שיהיה הנהנה בו בעל הטוב ההוא; פירוש — מי שיקנה הטוב בעצמו, ולא מי שיתלוה לו הטוב בדרך מקרה. ותראה שזה נקרא קצת התדמות, בשיעור שאפשר, אל שלימותו יתברך. כי הנה הוא יתברך שמו שלם בעצמו, ולא במקרה, אלא מצד אמיתת עניינו מוכרח בו השלימות, ומשוללים ממנו החסרונות בהכרח. ואולם זה אי אפשר שיימצא בזולתו, שיהיה אמיתתו מכרחת לו השלימות ומעדרת ממנו החסרונות. אך להתדמות לזה במקצת, צריך שלפחות יהיה הוא הקונה השלימות שאין אמיתת עניינו מכריח לו, ויהיה הוא מעדיר מעצמו החסרונות שהיו אפשריים בו. ועל כן גזר וסידר שייבראו ענייני שלימות וענייני חסרון, ותיברא בריה שיהיה בה האפשרות לשני העניינים בשוה, ויותנו לבריה הזאת אמצעיים שעל ידם תקנה לעצמה את השלימויות ותעדיר ממנה את החסרונות; ואז יקרא שנתדמית במה שהיה אפשר לה לבוראה, ותהיה ראויה לידבק בו וליהנות בטובו:"

213 עיין בספר דעת תבונות לרמח"ל אות מ: "אמר השכל -יותר ממה שאמרת, אומר לך בענין זה. כי אמת הוא ודאי שהקב"ה היה יכול לברוא עולמו בדרך כל — יכלתו בלא שנוכל להבין במעשיו לא נמשך ולא קודם, לא סיבה ולא מסובב; ואם היה בורא כך — היה סותם פיהם של כל הבריות, שלא יפצו פה כלל על כל מעשיו, כי לא היה אפשר לנו להבין דרכו כלל ועיקר, כי דרך כל — יכלתו אינו נתפס משכלנו, ואינו מובן מן האדם אשר דעתו מוגבלת בחוקותיה הפרטיים. אבל מפני שרצה הרצון העליון שיוכלו בני אדם להבין קצת מדרכיו ופעולותיו, ואדרבה, רצה שיהיו משתדלים על זה ורודפים אחרי זה מאד, על כן בחר להיות פועל אדרבה בדרך בני האדם, פירוש, בסדר מושג ומובן. והכלל הוא — שרצה לפעול פעולותיו לפי ערך הנבראים, לא לפי ערכו, על כן נתן לנו מקום להתבונן בם, ולהבין לפחות מעט מזעיר, אם לא כביר. והראיה לדבר — מעשה בראשית ככתוב בתורתו, שהרי שם מעיד על עצמו שברא את עולמו בחילוק זמנים, והבדל מאמרות, ובסדר מה שרצה בו, ולא הכל בבת אחת, ולא במאמר אחד שהיה יכול להבראות. ומעתה יש לנו להבחין בכל פעולותיו וטעמיהם, וכל שכן בתולדותיהם, כל הסוגים והמינים והפרטים, ככל הסדר הנשמר בדרכי בני האדם. ונשוב לענינו. הנה כשאנו אומרים — יחוד, כבר שמעת שרצוננו לומר — שלילת כל זולתו, ונמצא זה דבר כללי לכל מעלות שלמותו אשר אין להם תכלית כלל, כי כל מה שהוא בו מעלה ושלמות — צריך להבין תמיד שאין זולתו במעלה ההיא, שאין הפך לו, שאין מונע לו; שכל זה מכלל היחוד הוא, כמו שביארנו. ושני דברים נמצינו למדים מן ההקדמה

הזאת, א' — מה שביארנו כבר, שאין שייך בשום מעלה אחרת שיהיה בורא מה שהוא הפך שלמותו כלל, אלא במעלת יחודו, פירוש, כישרצה לגלות מעלת יחודו ית' ולברר אותו ביאור מבואר היטב כנ"ל בכל חלקי גדרו. והב' — שלגבי מעלת היחוד השלם הזה — כל שאר המעלות הם כמו דברים פרטיים, וזה דבר כללי, שהרי הוא משקיף על כל המעלות כולם, כמו שהראינו לדעת, שבכל מה שיש בשלמותו שאין לו סוף ושיעור, בכולם הנה הוא יחיד בתכלית היחוד, אין זולתו, אין הפך לו, ואין מונע אליו, כמו שביארנו. ונשרש האמת הזה באמתת המצאו בהכרח, שהוא המרכז מכל מה שנוכל לדבר משלמותו, ולכל מה שלא נוכל לדבר גם כן; והיינו מה שידענו שהוא לבדו מחוייב המציאות, ומוכרח הוא שהוא יהיה, ושלא יהיה אלא הוא, וזה פשוט לכל בני האמונה הקדושה. ועוד לפנים תמצאי התועלת היוצא מן ההצעה הזאת. מעתה הנה כבר ראית מה שאמרתי לך למעלה כבר, מה נשתנה כח מעלת היחוד הזה מכל שאר המעלות אשר לשלמות — שזה הוא הנותן מקום להילוך הזה של חסרון ושלמות, עבודה וקיבול שכר. כי אמנם אם לא היה רוצה הרצון העליון אלא לגלות מעלות משלמותו, לא היה לו לפעול אלא דברים שלמים לפי השלמות ההוא שהיה רוצה לגלות, ולא היה ראוי שיהיה בהם שום חסרון כלל, כאשר כבר הקדמנו, שלברר כל מעלה אחרת חוץ ממעלת היחוד — אין שייך להראות חסרונות. ואם לא היה חסרון — לא היה מקום עבודה לאדם, ולא מקום שיקבל שכר. אך כשבחר שהמתגלה משלמותו יהיה יחודו ית', אז נמשך מזה שיהיה חסרון בנבראיו, שהרי צריך להראות החסרון כדי להראות שלילתו. אך אין זה עדיין סוף בירור היחוד; אלא שסוף דבר מכח שלמותו יעדר באמת החסרון, וישאר הכל מתוקן בכח ממשלת טובו השולט לבדו, אז נקרא שנגלה בפועל. ואמנם תראי מה יוצא מזה — כי הנה זה ודאי יגרום שאף על פי שהנבראים נבראו בחסרונם, אך לא יהיה החסרון מום קבוע בהם, אלא אדרבה מום עובר, מום שצריך לעבור על כל פנים, אלא שהרבה דרכים ימצאו להעביר אותו. ותביני שרש כל זה, כי הנה החסרון ההוא לא נולד אלא מהסתר פניו של האדון ב"ה, שלא רצה להאיר פניו על נבראיו מתחלה מיד, שיהיו שלמים בתחלה, אלא אדרבה, הסתיר פניו מהם והשאירם חסרים, כי הנה אור פני מלך — חיים ודאי, והסתרו הוא מקור כל רע, ועוד נדבר מזה לקמן בס"ד. אבל כיון שהכוונה התכליתית בהסתר הזה אינה להיות נסתר, אלא אדרבה ליגלות אחר כך, ולהעביר כל הרעה שנולדה רק מן ההסתר ההוא, הנה על כן שם לו חק ומשפט לגלות פני טובו הנסתרים; וזה או על ידי מעשים שיעשו בני האדם, הם המה המשפטים והתורות אשר נתן לנו תורתו תורת אמת, אשר יעשה אותם האדם וחי בהם בחיים הנצחיים, כי שכר מצוה — מצוה, הוא הארת פניו ית"ש, שהסתיר אותם מן האדם בתחלת יצירתו; כי הנה על כן לעמל נברא, בהיות היצר שולט בו, ורבה רעתו עליו בכל מיני חסרונות, והריחוק אשר לו מאור החיים; ומעשי המצוות מאירים עליו האור הגנוז, עד שבהשלימו חק מצוותיו, נשלם עצמו עמהם לאור באור החיים האלה. אמנם אם לא יטיב, הנה אף על פי כן ירצה היחוד העליון להתגלות, כי לא לנצח יסתיר פניו מעולמו, אך בחימה שפוכה ימלוך על החוטאים האלה בנפשותם, ונשאו את עונם עד יתמו חטאים מן הארץ, או כי יכנע לבבם הערל וישובו ויחיו. ולא עוד, אלא בהיות הכוונה בהסתר פנים שזכרנו, רק כי יחזור ויגלה אותם וישוב ירחמנו, הנה אפילו הבחירה הזאת שהוא מניח לנו עתה, ותמיד הדבר תלוי ועומד אם להטיב ואם להרע ח"ו לפי רוב המעשה, אין סופה להתקיים כך, אלא הזמן ששיערה המחשבה העליונה היותו צריך ומספיק לכל הנשמות אשר עשה, שבו יתוקנו — מי בצדקתם, מי בתשובתם ומי בקבלת היסורין; וזה הוא המועד אשר שם שיתא אלפי שנה, כדברי רז"ל (ר"ה לא.; סנהדרין צז ע"א). ואחר יחדש עולמו להיות בני האדם כמלאכים ולא כחמורים, אבל יהיו נפשטים מן החומר הגס הזה, ומן התולדות הרעות שלו, הן הם יצר הרע וכל הנמשך ממנו. ואפילו לימות המשיח קרא כתיב (יחזקאל לו, כו — כז), 'והסירותי לב האבן מבשרכם וגו' ועשיתי

Pitfalls in Yichud Hashem

The Ramchal says that it is very common for people to err in the area of *Yichud Hashem*.[214] He describes five common mistakes that can violate *Yichud Hashem*, along with five "remedies" to help one overcome the possibility of faltering:

- Actual idol worship.[215]
- The belief in or the service of intermediaries.[216]

את אשר בחוקי תלכו'. וחז"ל אמרו (שבת קנא.; מ"ר קהלת יב, ב), 'שנים אשר תאמר אין לי בהם חפץ' (קהלת יב, יב) — אלו ימות המשיח, שאין בהם לא זכות ולא חובה' וזה פשוט, כי כאשר יטהר האדם מיצר הרע, הנה אין עבודתו אלא בכח מוכרח, ואין השבח מגיע אליו כלל. אמנם, הנה זה הוא מחוקו של היחוד העליון לבדו ב"ה — להראות עוצם ממשלתו השלמה; שכל הזמן שהוא רוצה, מניח העולם להיות סוער והולך בילדי הזמן, עת אשר שלט הרע בעולם; ולא עוד, אלא שאינו מעכב על ידי הרע הזה מעשות כל אשר בכחו לעשות, ואפילו מגיעות בריותיו עד הדיוטא התחתונה. אפס כי לא מפני זה יאבד עולמו, כי הממשלה לו לבדו, והוא עשה, והוא סובל, והוא מחץ, והוא ירפא, ואין עוד מלבדו. והנה זה יתד חזק לאמונת בני ישראל, אשר לא ירך לבם לא מאורך הגלות ולא ממרירותו הקשה, כי אדרבה, הרשה הקב"ה והניח לרע לעשות כל מה שבכחו לעשות, כמו שביארנו. ובסוף הכל — כל יותר שהקשה הרע את עול סבלו על הבריות, כן יותר יגלה כח יחודו ית' וממשלתו העצומה אשר הוא כל יכול, ומתוך עומק הצרות הרבות והרעות מצמיח ישועה בכחו הגדול ודאי .כי הן אמת, שהיו יכולים בני אדם להיות זוכים במעשיהם, ומכירים הם האמת, ועוזבים אורחות השקר של העוה"ז ברצותם להתקרב אל בוראם; וזה בהיותם יודעים ומבינים כבר שכל מה שהוא הפך מן הדרך אשר צוה ה' אינו אלא מכלל סוג הרע שרצה הרצון העליון, וברא בהסתר פני טובו. ועל כן ימאסו בתרמית עיניהם זה, ויבחרו באור הגנוז והצפון — אור פני מלך חיים. ואם היו עושים כן, הנה היה יחודו ית' מתגלה אליהם מצד עצמם, ונמצאו מקרבים להם הישועה; ולא היה צריך הקב"ה להראותו הוא להם בדרך קשי הגלות וארכו, כי כיון שנתברר להם האמת מדעתם — די בזה, וכשנתברר — נתברר. כי כיון שכבר ראו הרע והכירוהו, ועזבוהו ואחזו באמתת יחודו — הרי נעשה מה שצריך, כי כל הכונה היא רק שיתאמת להם ענין זה, כדי שמשם והלאה יתענגו באמת שנתגלה להם, אם כן כשנתגלה — נתגלה."

214 זה לשון הרמח"ל בספר דעת תבונות אות לו: "ואמנם עיקר הידיעה הזאת היא לאפוקי ממיני סברות רעות הנופלים בלבות בני אדם, מהם שנפלו בלב עובדי עבודה זרה, ומהם בלב רוב המון עם הארץ, מהם בלב גויי הארץ, ומהם בלב פושעי ישראל הראשונים אשר השחיתו לעשות."

215 רמח"ל שם: "הנה העובדי עבודה זרה היו משני מינים, המין הראשון חשבו שהקב"ה נעלה מן הדברים השפלים, ואינו מביט בהם; ויש אחרים תחתיו, הם המה כוכבי השמים וכסיליהם, שריהם וכל צבאם, שהם המשגיחים בעולם. ועל כן העמידו להם עבודות, עשו להם מזבחות, להם יזבחו ולהם יקטרו, להמשיך מהם השפעה לתועלתם."

216 רמח"ל שם: "המין השני אמרו, חס וחלילה, שתי רשויות הם, אחד פועל טוב ואחד פועל רע, באמרם, אין הפך בלא הפכו; ובהיותו האל ית"ש תכלית הטוב, יהיה ח"ו כנגדו מי שהוא תכלית הרע; ומשני מקורות אלה, אמרו, נולדות הפעולות בעולם הזה, מקצתם

- Seeing the universe as an entirely independent, self-contained, and natural system.[217]
- The contention that Hashem made a covenant with Bnei Yisrael, but due to their constant rebelliousness and waywardness He can no longer redeem them and has thus chosen other people with whom to establish a covenant.[218]
- The belief that Hashem exists, but if we rebel against Him we can succeed at taking control of the world.[219]

In this vein, it behooves us (based on the mitzvah of *Yichud Hashem*) to establish attitudes that stand against each of these mistaken ideologies:[220]

לטובה ומקצתם לרעה. והוא ענין (סנהדרין לט ע"א) 'מפלגא ולעילא — דהורמיז, מפלגא ולתתא — דאהורמיז', שאמר ההוא מינא לאמימר."

217 רמח"ל שם: "הדעת השלישי, היא דעת המון האנשים, שחושבים שדברי העולם הזה הולכים לפי חוקות טבעם שהטביע הבורא בתחתונים, והשתדלותם וחריצותם הוא המועיל, ועצלותם הוא המזיק, כענין (דברים ח, יז) 'כחי ועוצם ידי עשה לי את החיל הזה'. עוד אמרו, הכל תלוי במזל, ומקרה אחד לכל, ואין כאן אלא הדרך הטבעי, לא יותר, אם להטיב אם להרע."

218 רמח"ל שם: "הדעת הרביעית היא דעת גויי הארץ האומרים, חטא ישראל, אין ישועתה לו באלהים סלה, ח"ו, 'כסף נמאס' קראו להם. כי הקב"ה בחר בהם ונתן להם הבחירה בידם להיות צדיקים או רשעים, והם הרשיעו לעשות, ומנעו ממנו ית', כביכול, שיוכל להטיב עוד להם, כענין (דברים לב,יח) 'צור ילדך תשי'; והוכרח לעזוב אותם ולהחליפם באומה אחרת ח"ו, מפני שאי אפשר להושיעם. ואורך הגלות מורה לכאורה על זה, ומפחיד הלבבות שאינם חזקים באמונה האמיתית."

219 רמח"ל שם: "הדעת החמישית, היא דעת פושעי ישראל, אותם שהיו מכירים את קונם ומכוונים למרוד בו, כמו שאמר (עי' סנהדרין קג ע"ב) 'כלום מכוין אני אלא להכעיס', וכל דכוותיה. וקרא כתיב (ישעיהו ג, ח) 'למרות עיני כבודו', שהיו חושבים שיוכלו לעשות נגד רצונו ח"ו, ויכעיסוהו במעשיהם הרעים, כמי שמכעיס את חבירו בעל כרחו. ואחרים חשבו להתחזק בכשפים וקסמים, ואחרים בידיעת מלאכי השרת ומשמרותיהם, כמ"ש במדרש (איכה רבה, פרשה ב, ב) שהיו אומרים לירמיהו, 'אנא מקיף לה מיא אנא מקיף לה אשא'".

220 רמח"ל שם: "ואמנם המאמין ביחוד ומבין ענינו, צריך שיאמין שהקב"ה הוא אחד יחיד ומיוחד, שאין לו מונע ומעכב כלל ועיקר בשום פנים ובשום צד, אלא הוא לבדו מושל בכל. לא מבעיא שאין רשות נגדו ח"ו, אלא הוא עצמו בורא הטוב והרע, כענין הכתוב (ישעיה מה, ז), "יוצר אור ובורא חושך עושה שלום ובורא רע, אני ה' עושה כל אלה"; שאין אחר תחתיו שיהיה לו שליטה בעולם, דהיינו שאין שום שר ולא שום כח שני, כמו שחשבו עובדי עבודה זרה. ולא עוד, אלא שהוא לבדו משגיח על כל בריותיו השגחה פרטית, ואין שום דבר נולד בעולמו אלא מרצונו ומידו, ולא במקרה, ולא בטבע, ולא במזל; אלא הוא השופט כל הארץ וכל אשר בה, וגוזר כל אשר יעשה בעליונים ובתחתונים, עד סוף כל המדרגות שבכל הבריאה כולה. ומעוצם יחוד שליטתו הוא שאין לו שום הכרח וכפיה כלל, וכל סדרי המשפט וכל החוקים אשר חקק — כולם תלויים ברצונו, ולא שהוא

- There is none other than Him, even in the face of the forces of evil and idol worship.
- There is no intermediary power or one with whom Hashem shares control.
- The natural universe is nothing but a veil over the power and will of Hashem. He can overturn it and manipulate it according to His will.
- Hashem has promised us that He will never exchange His covenant with Klal Yisrael for another people, and no matter how rebellious we are and for how many generations we have strayed, He can always redeem us in a moment.

מוכרח בהם כלל. הנה כשרוצה — משעבד רצונו, כביכול, למעשי בני האדם, כענין ששנינו (אבות פ"ג, יט), "והכל לפי רוב המעשה"; וכשהוא רוצה — אינו חושש לכל המעשים, ומטיב בטובו למי שרוצה, וכמו שאמר למשה רבנו ע"ה (ברכות ז ע"א), "וחנותי את אשר אחון — אע"פ שאינו הגון". וכבר נאמר (איוב לה, ו), "אם חטאת מה תפעל בו ורבו פשעיך מה תעשה לו"; ואז נאמר (ירמיהו נ, כ), "יבוקש את עון ישראל ואיננו וגו' כי אסלח לאשר אשאיר"; וכן נאמר (ישעיה מח, יא), "למעני למעני אעשה לי ואיך יחל"; (שם מג, כה), "אנכי אנכי הוא מוחה פשעיך למעני וחטאתיך לא אזכור". וכן נאמר (זכריה ג, ט), "ומשתי את עון הארץ ההיא ביום אחד". זאת נחמתנו בעניינו, כי לא על מעשינו יפקוד, ולא לזכותנו ימתין, או מחסרון מעשים יחליפינו ח"ו, אלא מפני השבועה אשר נשבע לאבותינו והברית אשר כרת. הנה אפילו אם לא יהיה זכות בישראל — כשיגיע עת מועד, יום נסתם בלבו, הנה על כל פנים יושיענו ודאי,כי אדון כל הוא, ויכול לעשות כן כשהוא רוצה. וממה שצריך להאמין, הוא קרוב למה שהזכרנו עתה, והיינו שבהיות שהוא ית"ש אינו מוכרח במעשיו, על כן לא יוכל שום נברא להתחזק ולעשות נגדו, אפילו שישתמש מן החוקים והסדרים עצמם שהוא ית' חקק, כי הרי הוא עשאם, והוא יכול לשנותם ולבטלם כרצונו; והיינו (סנהדרין סז ע"א), "אין עוד מלבדו — ואפילו כשפים", שזכרנו למעלה. שאף על פי שלפי סדרי המערכה העליונה שרצה הקב"ה וערך, הנה כשפים מכחישים פמליא של מעלה (סנהדרין שם), הנה כשהוא רוצה — מושל בכוחו ומבטלם, והיו כלא היו, ולא כשחשבו הפתאים שיוכלו להשתמש מכליו עצמם כנגדו ח"ו. הרי ראו כי שקר נסכם, לא לעזר ולא להועיל בם, הוא אדון כל, ואין זולתו. ואמנם זה הוא מה שיש לנו להאמין באמונה. אך בירור האמת הזאת הוא המתגלה מכל המעשים, מכל הבריות ומכל ההבטחות וכמו שביארנו לעיל. ונמצא, שגילוי יחודו זה הוא מה שרצה בו הרצון העליון, ועל פי כונה זאת חקק חוקות נבראיו; וכל המסיבות אשר גלגל וסבב, הם מה שצריך כדי לבא לתכלית הזה. והנה נוכל לומר שכל העולם ומלואו, וכל אשר נוכל להתבונן בו, הכל תלוי ועומד על ענין שלימות יחודו ית' שרצה לגלות בפועל לעיני הנבראים האלה. ויולד מזה שכאשר נבין גילוי יחודו זה במה תלוי, נבין גם כן חוקות הנבראים האלה, איך הם מסודרים, ועל מה הם עומדים. ותראי עוד לפנים בס"ד איך כשרצה הרצון העליון לבנות עולמו ולנהגו על ענין זה — מזה נמשך,ונולד כל ההילוך הזה שזכרנו, דהיינו חסרון האדם, ושלמות עבודתו, וקיבול שכרו, מה שלא נמשך משום סדר אחר."

- Even when we desire to go against the will of Hashem, we must remember that we cannot possibly wrest control of the creation from Him.

The Future Revelation of Hashem's Unity

The Prophets told us that world history will ultimately unfold into a grand revelation of the Unity of Hashem, as the verse says, "And it will be on that day that Hashem will be One and His name will be One" (*Zechariah* 14:9).

Hashem's Unity is thus a tenet of our belief system. It is something we contemplate and try constantly to integrate. However, it is easy for the untrained eye and mind to view the world as an independent, self-contained system without an ultimate purpose. Rashi notes that when we say the *Kriyas Shema*, we are explicitly affirming our belief that there is a future state of *Yichud Hashem*: "Hear Israel, YHVH, who is now Elokeinu (our Master), in the future YHVH will be One" — at a future point, all will recognize and serve Him.[221]

Everything Exists in Our Universe as a Facet of This Ultimate Revelation of Unity — Yeud

If complete revelation and acceptance of Hashem's Unity is the ultimate destiny of creation, each and every thing that exists within creation must then serve this purpose in some way. All aspects of creation, diverse as they may seem, ultimately will attest to Hashem's unity.[222] Unity does not mean that everything is the same; rather, all

---

221 עיין ברש"י לפסוק שמע ישראל שמפרש הפסוק כך: "ה' אלהינו ה' אחד ה' שהוא אלהינו עתה ולא אלהי האומות ע"א הוא עתיד להיות ה' אחד שנא' (צפניה ג) 'כי אז אהפוך אל עמים שפה ברורה לקרוא כולם בשם ה' ונאמר (זכריה יד) ביום ההוא יהיה ה' אחד ושמו אחד".

222 עיין בספר דעת תבונות לרמח"ל אות לו באמצע דבריו: "...ואמנם זה הוא מה שיש לנו להאמין באמונה. אך בירור האמת הזאת הוא המתגלה מכל המעשים, מכל הבריות ומכל ההבטחות וכמו שביארנו לעיל. ונמצא, שגילוי יחודו זה הוא מה שרצה בו הרצון העליון, ועל פי כונה זאת חקק חוקות נבראיו; וכל המסיבות אשר גלגל וסבב, הם מה שצריך כדי לבא לתכלית הזה. והנה נוכל לומר שכל העולם ומלואו, וכל אשר נוכל להתבונן בו, הכל תלוי ועומד על ענין שלימות יחודו ית' שרצה לגלות בפועל לעיני הנבראים האלה. ויולד מזה שכאשר נבין גילוי יחודו זה במה תלוי, נבין גם כן חוקות הנבראים האלה, איך הם מסודרים, ועל מה הם עומדים...".

the complexity we see in the universe somehow coalesces in a way that reveals the single Source of everything.

The above holds true for all components of creation, including man. Each person is unique and has his or her own specific contribution to the ultimate revelation of Hashem's Unity. The diverse natures, circumstances, and expressions in *Avodas Hashem* all create a symphony that results in more perfect unity.[223] We express this idea repeatedly on Rosh

223 עיין בספר עלי שור חלק ב׳ מערכת האדם פרק שנים עשר: "...היחידות של אדם הראשון לא נאבדה לזרעו עם ריבוי בני האדם עדיין כל אחד ואחד מבני האדם יחידי הוא עמו אדם הראשון וכל אחד עולם מלא כמוהו ...כל אחד הוא בריאה חד פעמית וידע זאת כל אדם : אני עם כחותי ותכונתי פרצוף פני וסגולות נפשי יחידי בעולם בין כל החיים עכשיו אין אף אחד כמוני בדורות שעברו לא היה כמוני ועד סוף כל הדורות לא יהיה כמוני ואם כך בודאי הקב"ה שלחני לעולם בשליחות מיוחדת ששום אחר אינו יכול למלאותה רק אני חד פעמיותי די לנו לדעת זאת : היחידות והישרות שיש לנו כמו שהיתה לאדם הראשון ואם נהיה ישרים כאשר בראנו האלקים ולא נבקש החשבונות הרבים המאבדים את הישרות כי אז נמלא את היעוד שההשגחה הטילה על היחידיות שלנו להשיב אמרים אמת לשולחנו."

ועיין נמי במכתב מאליהו חלק ד׳ עמ׳ 99: "מזל בא משורש 'נזל' (רד"ק) והוא מציין את ההשפעה היורדת ממעלה למטה וכן מבואר אצלינו במקום אחר (כרך ב׳ דף 158) שגדר המזל הוא הכלים והסביבה המושפעים לאדם מאת השי"ת כדי שימלא בהם את חלקו בתכלית הבריאה דהיינו חלקו המיוחד בגילוי כבודו יתברך היוצא לפועל על ידי בחירת האדם האם אפשר לאדם לשנות את מזלו על ידי בחירתו.... פשר הדבר הוא שיש שחלקו הוא עניין מסוים בגילוי כבוד שמו ית׳ והעניות והעשירות ושאר הנסיבות והמצבים אם רק כלים לזה ויש אשר העניות או העשירות הם מעצם חלקו בגילוי מי שחלקו למשל בתלמוד תורה הרי שנינו כל המקיים את התורה מעוני סופו לקיימו מעושר ולהיפך היינו שאם ממלא את תפקידו בשלמות יתכן ויתנו לו עוד כלים כדי שיוכל להמשיך בעבודתו כענין אוכל פירותיהם בעולם הזה."

ובמקום אחר במכתב מאליהו, חלק א׳ עמ׳ 22: "...אך אנו רואים שהוא מתחסד עמנו עוד הרבה למעלה מזה, נתבונן נא: -- הנה המצוה העקרית היא קידוש ה׳ כי היא כוללת הכל כל המצוות וכל ענייני עבודת ה׳ תוכנם הוא קידוש ה׳ במה שאנו מתגברים על יצרנו כדי לעשות רצונו יתברך — אנו מקדשים את שמו ומקרא מפורש הוא 'כל הנקרא בשמי ולכבודי בראתיו...' אין הכוונה כי השי"ת צריך לכבוד הזה אלא הוא לטובתנו שנזכה לזכות הגדולה הזאת לכבד את שמו ית׳ לקדשו ולרוממו על כל המעשים אמנם אם חבורת אנשים באו לכבד מלך בשר ודם וכול ינאמו בנוסח אחד ממש איך ירגיש בעצמו הנואם השני וכש"כ האחרון בידעו שלא הוסיף כלום על כל הקודמים על כן הוסיף השם יתברך בחסדו לברא כל אדם בכחות והתמזגויות אחרים וגם יצה"ר שלו ומלחמתו שונה וממילא גם קדוש ה׳ שלו שונה מאשר עשו חבריו ובכן לכל אחד אחד חלק מיוחד לעולם הבא שהוא שלו ממש ולא קדמו אחר בו ויש לכל אחד ואחד נחת רוח ואושר שלמים בשכרו בשביל זה גם סביבת כל אדם היא כראוי לפי ענינו וכפי אותו קדוש ה׳ אשר עליו לקדש יש אשר עליו לעמוד בנסיון העושר והנאות העוה"ז שלא יתגשם בם עד שישכח את יוצרו לגמרי וכמש"כ 'פן אשבע וכחשתי ואמרתי מי ה׳ ויש אשר עליו לסבול נסיון העוני וצרות רבות ואעפ"כ לא יהרהר אחר מידותיו ית׳ אנו בהיותנו לא נדע אבל יתכן כי אלו שאלו

Hashanah, when we add to each prayer the words, "And they will all form one band in order to do the will of the Creator with one complete heart."[224]

The individual's unique role is called *yeud*, meaning designation, function, and distinction.[225] Just as a king may delegate specific tasks necessary for the functioning of his country based on the individual skills and qualifications of his subjects, so too in the "*Malchus Shamayim*," the Kingdom of Heaven, in which we are all subjects, we are all given our unique tasks .[226]

לנשמה טרם שרדה לכאן באיזה חלק תבחר אם לעבור את הפרוזדור בדרך העושר והנחת או בדרך העוני והצער מסתבר מאד שהיתה בוחרת בדרך הסבל כי מי שלבו שבור קרוב הוא יותר לחשוב עם נפשו על דבר תכליתו."

224 זה נוסח התפילה שאנו נוהגין לומר בראש השנה ויום הכיפורים: "ובכן תן פחדך ה' אלקינו על כל מעשיך ואימתך על כל מה שבראת וייראוך כל המעשים וישתחוו לפניך כל הברואים ויעשו כולם אגודה אחת לעשות רצונך שלם כמו שידענו שהשלטון לפניך עז בידך וגבורה בימינך ושמך נורא על כל מה שבראת."

225 נתיבות שלום חלק א' נתיבי עבודת ה' מאמר א' "חובת האדם בעולמו" אות ה: "וכמו שיש ענין חובת אדם בעולמו במובן כללי שהכרה זו היא המכוונת דרכו בחיים בכל פעולה שעושה ועל זה צריך שישים מגמתו ומבטו בכל אשר עמל כן יש ענין חובת האדם בעולמו השייך לכל אחד במיוחד והוא על פי דאיתא מהאריז"ל שאינו דומה אדם לאדם מיום בריאת העולם ולכל אחד יש שליחות ויעוד מיוחדים שצריך לתקן בעולמו ולזה ישים כל מגמתו ומבטו והאות לדעת ענין חובתו בעולמו אמרו צדיקים שהדבר שמרגיש בו התגברות היצר ביותר סימן שזה עיקר יעודו ותכליתו בעולמו ועוד אמרו שאפילו מקיים כל התורה והמצוה אם לא תיקן יעודו המיוחד נמצא שלא מילא חובתו ותפקידו בעולמו גם בזה ראשית העבודה היא שיתברר ויתאמת אצלו מה הוא הדבר המיוחד הזה שבשבילו ירד לעולם הזה כי אז ידע שבזה אינו יכול לוותר בשום עניין ומוכרח לעמוד בקשרי מלחמה תמידיים ועד מסירות נפש וחייב הוא לנצח את החזית המיוחדת שלו ועל ידי זה יגיע לתיקון חובתו בעולמו כן שייך ענין זה גם בעשה טוב שיש לכל אחד ענין מיוחד שחננו השם יתברך שעל ידו יתעלה לזה בתורה ולזה בחסד וכדומה ועל ידי שמתבונן בכחותיו יוכל להכיר מהו הענין הזה השייך לחובתו המיוחדת בעולמו."

226 ספר דרך ה' חלק ב פרק ג בהשגחה האישית אות א-ג וז"ל: "(א) הנה כבר הקדמנו, שענין העבודה שנמסרה לאדם, תלוי במה שנבראו בעולם עניני טוב ועניני רע, והושם האדם ביניהם לבחור לו את הטוב. ואולם פרטי עניני הטוב רבים הם וכן פרטי עניני הרע, כי הלא כל מדה טובה מכלל הטוב, והפך זה כל מדה רעה. דרך משל, הגאוה א' מעניני הרע, והענוה מעניני הטוב. הרחמנות מעניני הטוב, והפכה האכזריות. ההסתפקות והשמחה בחלקו מעניני הטוב, והפכה מעניני הרע, וכן כל שאר פרטי המדות. והנה שיערה החכמה העליונה כל פרטי הענינים מזה המין שראוים לימצא וליפול אפשרותם בחק האנושיות, לפי התכלית העיקרי שזכרנו במקומו, והמציא אותם בכל בחינותיהם, סבותיהם ומסובביהם וכל המתלוה להם, וחקק אפשרותם באדם כמ"ש. ואמנם לשימצאו כל אלה הענינים, הוצרכו מצבים שונים בבני האדם, שכולם יהיו נסיון להם במה שיתנו מקום לכל פרטי בחינות הרע האלה, ומקום לאדם להתחזק כנגדם ולתפוס בסיבות. דרך

"This, Too, Is for the Best," and "All That the Merciful One Does Is for the Good"

Another outcome of integrating *Yichud Hashem* is a conviction that all events, good or seemingly bad, are directed by Hashem. There are no other forces, and there is no randomness or coincidence. Part of the mitzvah of *Yichud Hashem* is to accept that everything is from Hashem, and to react with this awareness to anything that happens. We work to strengthen our trust that Hashem is in control and does everything with a purpose. With this attitude, every event or experience can be

---

משל, אם לא היו עשירים ועניים, לא היה מקום לשיהיה האדם מרחם ולא אכזרי, אך עתה הנה ינוסה העשיר בעשרו, אם יתאכזר על העני הצריך לו או אם ירחם עליו. וכן ינוסה העני, אם יסתפק במועט שבידו ויודה לאלקיו או להפך. עוד יהיה העושר לעשיר נסיון לראות אם ירום בו לבו, או אם ימשך בו אחר הבלי העולם ויעזוב את עבודת בוראו. ואם עם כל עשרו יהיה עניו ונכנע, ומואס בהבלי העולם ובוחר בתורה ועבודה, וכן כל כיוצא בזה. ואמנם חילקה החכמה העליונה את מיני הנסיון האלה בין אישי מין האנושי, כמו שגזרה בעומק עצתה היותו ראוי ונאות. ונמצא לכל איש ואיש מבני האדם חלק מיוחד בניסיון ובמלחמת היצר, והוא פקודתו ומשאו בעוה"ז וצריך לעמוד בו כפי מה שהוא. ויודנו מעשיו במדת דינו ית', כפי המשא אשר ניתן לו באמת בכל בחינותיו בתכלית הדקדוק. והנה זה כעבדי המלך שכולם עומדים למשמעתו, ובין כלם צריך שתשתלם עבודת מלכותו, והנה הוא מפלג לכל אחד מהם חלק מה, עד שבין כלם ישתלמו כל החלקים המצטרכים לו. והנה כל אחד מהם מוטל עליו השלמת החלק ההוא אשר נמסר לו, וכפי פעולתו בפקודתו כן יגמלהו המלך. אך מדת החילוק הזה ודרכיו, נשגבים מאד מהשגתנו ואי אפשר לנו לעמוד עליהם, כי אם החכמה העליונה הנשגבה מכל שכל היא שיערתם והיא סידרתם באופן היותר שלם: (ב) והנה בהיות עניני העולם כלם נמשכים ונעתקים בהשתלשלות מענין לענין, ממציאותם בנבדלים עד מציאותם בגשמים וכמש"ל בחלק א' פרק ה', הנה כל הענינים האלה, פרטי נסיונו של האדם כמ"ש, מתחיל שרש בחינתם בנבדלים לפי המציאות השייך בהם מתיקון וקלקול כמש"ל, וכפי ענינם שם נידונין ונגזרים להמצא ולהתפשט עד הגשמיות באישים הראוים להם, עד שבכלל דין החילוק הזה, יכנסו כל פרטי המציאות למדריגותיהם. ועל כלם השקיף החכמה העליונה, וכפי אמתת מציאותן תגזור את היותר נאות והגון, וזה ברור כפי העיקרים שהקדמנו: (ג) נמצא לפי השרש הזה, שהצלחות העוה"ז וצרותיו יהיו לשינוסה בם האדם בחלק מחלקי הנסיון, ששיערה החכמה העליונה היותו נאות לאיש ההוא."

ועיין נמי בספר דעת תבונות אות קסח וז"ל: "ואמנם כלל תיקון הבריאה חילק אותו האדון ב"ה בין כל הנשמות אשר עשה לעבדו, לפי מה שידע היות הגון לכל אחד מהן לפי הענין שברא אותו, שהוא דבר נעלם מאוד מאוד, ולא הושג משום נביא וחוזה, כי כל זה נכלל בטעמי הגזירות שזכרנו, שהם נעלמים מן הנבראים, ולא יוודעו לנו אלא התולדות. ונמצא, שיש אדם שיגיע לו מצד שורש ענינו להיות מושפע בריבוי ההשפעה, שהוא אחד מן הדרכים שבהם נשלמת הבריאה כמו שביארנו, ויש אדם שיגיע לו מצד שורש ענינו להיות מושפע במיעוט ההשפעה, שהוא הדרך השני המצטרך להשלמת הבריאה. ואין כאן מצד מעשי בני האדם ההם, אלא מצד מה שמגיע להם לפי מה שחילק האדון ב"ה תיקון הבריאה בין הנבראים, כי זה תיקון לה וזה תיקון לה, כל אחד לפי דרכו."

a catalyst to come closer to Hashem. This outlook is captured by the common saying, taught to us in the Talmud, "*Gam zu l'tovah*" — this too is for the best, or "*Kol d'avid Rachmana l'tav avid*" — everything the Merciful One does is for good.[227]

There is an important nuance here regarding how we relate to evil. Our Sages teach, "Hashem does not associate His name with evil" (*Bereishis Rabbah* 3:6), yet the prophet said, "He [Hashem] forms light and creates darkness, He makes peace and creates evil" (*Yeshayah* 45:7). How are we to understand that Hashem created evil, but that He doesn't associate His name with the evil happening in the world?

The Ramchal answers that evil manifests in the world as a function of Hashem veiling, holding back, and not allowing His perfection to be revealed. Good occurs when Hashem directly reveals, influences, and showers His perfection onto the world. The root of — or the initial possibility for — evil to exist was not an act of creation by Hashem, but rather a result of Hashem limiting or restraining His perfection from being fully revealed in the world.[228]

---

227 עיין במסכת תענית כא.: "...ואמאי קרו ליה נחום איש גמזו? דכל מילתא דהוה סלקא ביה אמר 'גם זו לטובה', ועיין נמי במסכת ברכות אמר רב הונא אמר רב משום רבי מאיר וכן תנא משמיה דר' עקיבא לעולם יהא אדם רגיל לומר כל דעביד רחמנא לטב עביד כי הא דרבי עקיבא דהוה קאזיל באורחא מטא להההיא מתא בעא אושפיזא לא יהבי ליה אמר כל דעביד רחמנא לטב אזל ובת בדברא והוה בהדיה תרנגולא וחמרא ושרגא אתא זיקא כבייה לשרגא אתא שונרא אכליה לתרנגולא אתא אריה אכליה לחמרא אמר כל דעביד רחמנא לטב ביה בליליא אתא גייסא שבייה למתא אמר להו לאו אמרי לכו כל מה שעושה הקדוש ברוך הוא הכל לטובה."

228 עיין בספר דרך ה' חלק א פרק ה אות ח-ט וז"ל: "(ח) וצריך שתדע כי הנה אע"פ שבאמת סבת כל עניני הטוב בכל מקום שהם, פירוש — בין בכחות בין בתולדותיהם, הנה היא הארת פניו ית' כמ"ש, וסבת הרע בכל מקום שהוא, העלם הארתו, אמנם לטוב יתואר האדון ב"ה בשם סבה ממש לכללו ולפרטיו, אך לרע לא נתארהו ית"ש סבה ממש, כי אמנם 'אין הקב"ה מיחד שמו על הרעה', אלא העלם אורו והסתר פניו יחשב לשורש לו, כי זהו סבתו באמת, וזה על צד העדר הטוב. אבל לפרטי עניניו במציאותם, הנה האדון ב"ה שהוא כל יכול ואין לחפצו מניעה ולא ליכולתו גבול כלל, ברא שרש ומקור פרטי, מכוון בו התכלית הזה של הוצאת פרטי עניני הרע, כפי מה ששיערה החכמה העליונה היותו מצטרך למצב הנרצה באדם ובעולם. והוא מה שאמר הכתוב, יוצר אור ובורא חשך עושה שלום ובורא רע. וענין השורש הזה הוא כלל כחות שונים, ישתלשלו מהם עניני החסרון והרעות כלם בכל בחינותיהם, בין מה שנוגע לנפש בין מה שנוגע לגוף, בכל פרטיהם למחלקותם, ועוד נדבר מזה בחלק הב' בס"ד. והנה כלל הכחות האלה מתנהג לפעול או שלא לפעול, בין בכלו בין בחלקיו, אחר העלם אורו ית' והסתר פניו, כי כפי שיעור ההעלם, כך בשיעור זה תנתן שליטה וממשלה אל כלל הכחות האלה, או אל חלקים ממנו שיפעלו. והנה בהתגבר הכחות האלה ובמשלם, יוכחש כח הטוב, ויתקלקל מצב הכחות

Hashem chose to limit His presence in the world, thus enabling the existence of evil, for two possible purposes. One goal is to allow us to earn the greatest possible spiritual reward by overcoming challenge and striving toward perfection.[229] Furthermore, the partial hiding of His presence and the contrast with evil will result in much greater appreciation of His glory when His unity is ultimately fully revealed and it becomes apparent that there is nothing but Hashem.[230]

שרשי הנבראים שזכרנו, ויתחלשו הם וענפיהם, וכשיוכנעו הכחות האלה ותנטל מהם השליטה והפעולה, יגבר הטוב, ויתוקנו שרשי הנבראים ויתיצבו במצב הטוב ויתחזקו הם וענפיהם. ואולם כל מה שזכרנו מעניני הטוב והרע, ומלחמת השכל והחומר, וכל עניני תיקון וקלקול, שרש כל הענינים כלם, הם התגברות הכחות האלה, והגיע ענינם ותולדתם בנבראים, בשרשים או בענפים, או הכנעתם וביטול פעולתם, והסיר ענינם ותולדותם מן הנבראים, שרשים וענפים: (ט) והנה חילוקי מדריגות הרבה יש בענין כחות הרע שזכרנו והנשפע מהם. ובדרך כלל נקרא לנשפע מהם, טומאה, חשך, וזוהמא, או חול, וכיוצא. ולנשפע מהארת פניו ית' נקרא, קדושה, וטהרה, אור, וברכה, וכיוצא בזה. אבל בהבחנת פרטי הענינים, נבחין מיני הסוגים האלה ופרטיהם, שעליהם סובבת כל ההנהגה שהאדון ב"ה מנהג את עולמו:"

229 עיין בספר דרך ה' חלק א פרק ב אות ב: "ואולם גזרה חכמתו, שלהיות הטוב שלם, ראוי שיהיה הנהנה בו בעל הטוב ההוא; פירוש — מי שיקנה הטוב בעצמו, ולא מי שיתלוה לו הטוב בדרך מקרה. ותראה שזה נקרא קצת התדמות, בשיעור שאפשר, אל שלימותו יתברך. כי הנה הוא יתברך שמו שלם בעצמו, ולא במקרה, אלא מצד אמיתת עניינו מוכרח בו השלימות, ומשוללים ממנו החסרונות בהכרח. ואולם זה אי אפשר שיימצא בזולתו, שיהיה אמיתתו מכרחת לו השלימות ומעדרת ממנו החסרונות. אך להתדמות לזה במקצת, צריך שלפחות יהיה הוא הקונה השלימות שאין אמיתת עניינו מכריח לו, ויהיה הוא מעדיר מעצמו החסרונות שהיו אפשריים בו. ועל כן גזר וסידר שייבראו ענייני שלימות וענייני חסרון, ותיברא בריה שיהיה בה האפשרות לשני העניינים בשוה, ויותנו לבריה הזאת אמצעיים שעל ידם תקנה לעצמה את השלימויות ותעדיר ממנה את החסרונות; ואז יקרא שנתדמית במה שהיה אפשר לה לבוראה, ותהיה ראויה לידבק בו וליהנות בטובו." ועיין נמי בספר דעת תבונות אות כ"ו: "אמר השכל – שהאלוה ב"ה היה יכול ודאי לברוא האדם וכל הבריאה בתכלית השלמות; ולא עוד, אלא שמחוקו היה ראוי שיהיה כך, כי להיותו שלם בכל מיני שלמות — גם פעולותיו ראוי שתהיינה שלמות בכל שלמות. אלא שכאשר גזרה חכמתו להניח לאדם שישלים הוא את עצמו, ברא הבריות האלה חסרות השלמות. והרי זה כאילו עכב מדת שלמותו וטובו הגדול שלא לעשות כחק גדולתה בבריות האלה, אלא לעשותם באותה התכונה שרצה בה לפי התכלית המכוון במחשבתו הנשגבת."

230 עיין בספר דעת תבונות אות מ באמצע דבריו שם: "מעתה הנה כבר ראית מה שאמרתי לך למעלה כבר, מה נשתנה כח מעלת היחוד הזה מכל שאר המעלות אשר לשלמות — שזה הוא הנותן מקום להילוך הזה של חסרון ושלמות, עבודה וקיבול שכר. כי אמנם אם לא היה רוצה הרצון העליון אלא לגלות מעלות משלמותו, לא היה לו לפעול אלא דברים שלמים לפי השלמות ההוא שהיה רוצה לגלות, ולא היה ראוי שיהיה בהם שום חסרון כלל, כאשר כבר הקדמנו, שלברר כל מעלה אחרת חוץ ממעלת היחוד — אין שייך להראות חסרונות. ואם לא היה חסרון — לא היה מקום עבודה לאדם, ולא מקום שיקבל שכר. אך כשבחר שהמתגלה

While Hashem initially allowed for the root of evil, its potential was

---

משלמותו יהיה יחודו ית', אז נמשך מזה שיהיה חסרון בנבראיו, שהרי צריך להראות החסרון כדי להראות שלילתו. אך אין זה עדיין סוף בירור היחוד; אלא שסוף דבר מכח שלמותו יעדר באמת החסרון, וישאר הכל מתוקן בכח ממשלת טובו השולט לבדו, אז נקרא שנגלה בפועל. ואמנם תראי מה יוצא מזה — כי הנה זה ודאי יגרום שאף על פי שהנבראים נבראו בחסרונם, אך לא יהיה החסרון מום קבוע בהם, אלא אדרבה מום עובר, מום שצריך לעבור על כל פנים, אלא שהרבה דרכים ימצאו להעביר אותו. ותביני שרש כל זה, כי הנה החסרון ההוא לא נולד אלא מהסתר פניו של האדון ב"ה, שלא רצה להאיר פניו על נבראיו מתחלה מיד, שיהיו שלמים בתחלה, אלא אדרבה, הסתיר פניו מהם והשאירם חסרים, כי הנה אור פני מלך — חיים ודאי, והסתרו הוא מקור כל רע, ועוד נדבר מזה לקמן בס"ד. אבל כיון שהכוונה התכליתית בהסתר הזה אינה להיות נסתר, אלא אדרבה ליגלות אחר כך, ולהעביר כל הרעה שנולדה רק מן ההסתר ההוא, הנה על כן שם לו חק ומשפט לגלות פני טובו הנסתרים; וזה או על ידי מעשים שיעשו בני האדם, הם המה המשפטים והתורות אשר נתן לנו תורתו תורת אמת, אשר יעשה אותם האדם וחי בהם בחיים הנצחיים, כי שכר מצוה — מצוה, הוא הארת פניו ית"ש, שהסתיר אותם מן האדם בתחלת יצירתו; כי הנה על כן לעמל נברא, בהיות היצר שולט בו, ורבה רעתו עליו בכל מיני חסרונות, והריחוק אשר לו מאור החיים; ומעשי המצוות מאירים עליו האור הגנוז, עד שבהשלימו חק מצוותיו, נשלם עצמו עמהם לאור באור החיים האלה .אמנם אם לא יטיב, הנה אף על פי כן ירצה היחוד העליון להתגלות, כי לא לנצח יסתיר פניו מעולמו, אך בחימה שפוכה ימלוך על החוטאים האלה בנפשותם, ונשאו את עונם עד יתמו חטאים מן הארץ, או כי יכנע לבבם הערל וישובו ויחיו. ולא עוד, אלא בהיות הכוונה בהסתר פנים שזכרנו, רק כי יחזור ויגלה אותם וישוב ירחמנו, הנה אפילו הבחירה הזאת שהוא מניח לנו עתה, ותמיד הדבר תלוי ועומד אם להטיב ואם להרע ח"ו לפי רוב המעשה, אין סופה להתקיים כך, אלא הזמן ששיערה המחשבה העליונה היותו צריך ומספיק לכל הנשמות אשר עשה, שבו יתוקנו — מי בצדקתם, מי בתשובתם ומי בקבלת היסורין; וזה הוא המועד אשר שם שיתא אלפי שנה, כדברי רז"ל (ר"ה לא.; סנהדרין צז ע"א). ואחר יחדש עולמו להיות בני האדם כמלאכים ולא כחמורים, אבל יהיו נפשטים מן החומר הגס הזה, ומן התולדות הרעות שלו, הן הם יצר הרע וכל הנמשך ממנו. ואפילו לימות המשיח קרא כתיב (יחזקאל לו, כו — כז), 'והסירותי לב האבן מבשרכם וגו' ועשיתי את אשר בחוקי תלכו'. וחז"ל אמרו (שבת קנא.; מ"ר קהלת יב, ב), 'שנים אשר תאמר אין לי בהם חפץ' (קהלת יב, יב) — אלו ימות המשיח, שאין בהם לא זכות ולא חובה' וזה פשוט, כי כאשר יטהר האדם מיצר הרע, הנה אין עבודתו אלא בכח מוכרח, ואין השבח מגיע אליו כלל. אמנם, הנה זה הוא מחוקו של היחוד העליון לבדו ב"ה — להראות עוצם ממשלתו השלמה; שכל הזמן שהוא רוצה, מניח העולם להיות סוער והולך בילדי הזמן, עת אשר שלט הרע בעולם; ולא עוד, אלא שאינו מעכב על ידי הרע הזה מעשות כל אשר בכחו לעשות, ואפילו מגיעות בריותיו עד הדיוטא התחתונה. אפס כי לא מפני זה יאבד עולמו, כי הממשלה לו לבדו, והוא עשה, והוא סובל, והוא מחץ, והוא ירפא, ואין עוד מלבדו. והנה זה יתד חזק לאמונת בני ישראל, אשר לא ירך לבם לא מאורך הגלות ולא ממרירותו הקשה, כי אדרבה, הרשה הקב"ה והניח לרע לעשות כל מה שבכחו לעשות, כמו שביארנו. ובסוף הכל — כל יותר שהקשה הרע את עול סבלו על הבריות, כן יותר יגלה כח יחודו ית' וממשלתו העצומה אשר הוא כל יכול, ומתוך עומק הצרות הרבות והרעות מצמיח ישועה בכחו הגדול ודאי .כי הן אמת, שהיו יכולים בני אדם להיות זוכים במעשיהם, ומכירים הם האמת, ועוזבים אורחות השקר של העוה"ז ברצותם להתקרב אל בוראם; וזה בהיותם יודעים ומבינים כבר שכל מה שהוא הפך מן הדרך אשר צוה ה' אינו אלא מכלל סוג הרע שרצה הרצון העליון, וברא בהסתר פני טובו. ועל כן ימאסו בתרמית עיניהם זה, ויבחרו באור הגנוז והצפון — אור פני מלך חיים. ואם היו עושים כן, הנה היה יחודו ית' מתגלה אליהם

then increased and intensified through the sin of Adam HaRishon and then taken further by humanity in subsequent generations.[231] Indeed,

---

מצד עצמם, ונמצאו מקרבים להם הישועה; ולא היה צריך הקב"ה להראותו הוא להם בדרך קשי הגלות וארכו, כי כיון שנתברר להם האמת מדעתם — די בזה, וכשנתברר — נתברר. כי כיון שכבר ראו הרע והכירוהו, ועזבוהו ואחזו באמתת יחודו — הרי נעשה מה שצריך, כי כל הכונה היא רק שיתאמת להם ענין זה, כדי שמשם והלאה יתענגו באמת שנתגלה להם, אם כן כשנתגלה — נתגלה.

231 עיין בספר נפש החיים שער א פרק ו וז"ל: "הגהה: וזה היה קודם החטא לא היה כלול אז רק מכל העולמות וכחו' הקדושה לבד. ולא מכחות הרע. אבל אחר החטא נכללו ונתערבו בו גם כחות הטומאה והרע. וממילא עירב אות' עי"ז גם בהעולמות מזה הטעם שהוא כלול ומשותף מכולם והם מתעוררים ומשתנים כפי נטיית מעשיו. והוא ענין עץ הדעת טוב ורע: והענין כי קודם החטא. עם כי ודאי שהיה בעל בחירה גמור להטות עצמו לכל אשר יחפוץ להטיב או להיפך ח"ו. ני זה תכלית כוונת כלל הבריאה. וגם כי הרי אח"כ חטא. אמנם לא שהיה ענין בחירתו מחמת שכחות הרע היו כלולים בתוכו. כי הוא היה אדם ישר לגמרי כלול רק מסדרי כחות הקדושה לבד. וכל ענייניו היו כולם ישרים קדושים ומזוככים טוב גמור. בלי שום עירוב ונטי' לצד ההיפך כלל. וכחות הרע היו עומדים לצד וענין בפ"ע חוץ ממנו. והיה בעל בחירה ליכנס אל כחות הרע ח"ו כמו שהאדם הוא בעל בחירה ליכנס אל תוך האש. לכן כשרצה הס"א להחטיאו הוצרך. הנחש לבא מבחוץ לפתות. לא כמו שהוא עתה שהיצר המפתה את האדם הוא בתוך האדם עצמו. ומתדמה להאדם שהוא עצמו הוא הרוצה ונמשך לעשות העון ולא שאחר חוץ ממנו מפתהו. ובחטאו שנמשך אחר פתוי הס"א. אז נתערבו הכחות הרע בתוכו ממש. וכן בהעולמות. וזהו עץ הדעת טו"ר. שנתחברו ונתערבו בתוכו ובהעולמות הטוב והרע יחד זה בתוך זה ממש. כי דעת פי' התחברות כידוע. והענין מבואר למבין בע"ח שער קליפת נוגה פ"ב אלא שקיצר שם בענין. ועיין היטב בגלגולים פ"א. וזשרז"ל (שבת קמו א) כשבא נחש על חוה הטיל בה זוהמא. ר"ל בתוכה ממש. ומאז גרם עי"ז ערבוביא גדולה במעשיו. שכל מעשי האדם המה בערבוביא והשתנות רבות מאד. פעם טוב ופעם רע. ומתהפך תמיד מטוב לרע ומרע לטוב. וגם המעשה הטוב עצמה כמעט בלתי אפשר לרוב העולם שתהיה כולה קדש זכה ונקיה לגמרי. בלי שום נטיה לאיזה פניה ומחשבה קלה לגרמיה. וכן להיפך בהמעשה אשר לא טובה ג"כ מעורב בה לפעמים איזה מחשבה לטוב לפי דמיונו. וגם הצדיק גמור שמימיו לא עשה שום מעשה אשר לא טובה ולא שח מימיו שום שיחה קלה אשר לא טובה ח"ו. עכ"ז כמעט בלתי אפשר כלל שמעשיו הטובי' עצמם כל ימי חייו. יהיו כלם בשלימות האמיתי לגמרי ולא יהיה אפי' באחת מהנה שום חסרון ופגם בלל. וזש"ה (קהלת, ז) כי אדם אין צדיק בארץ אשר יעשה טוב ולא יחטא. ר"ל שא"א שלא יהיה עכ"פ קצת חסרון במעשה הטוב עצמה שעושה. כי חטא פי' חסרון כידוע. לכן כשמכניסין האדם למשפט לפניו ית"ש. צריך חשבונות רבים לאין שיעור. על כל הפרטי פרטים של כל מעשיו ודבוריו ומחשבותיו וכל פרטי הנהגותיו. באופני נטייתם לאן היו נוטים. וזש"ה (שם) אשר עשה האלקי' את האדם ישר כנ"ל והמה בחטאם בקשו חשבונות רבים. וע' זוהר אמור (ח"ג קז, א) סוף ע"א והוא מבואר שם ע"פ דברינו. ונמשך הענין כן עד עת מ"ת שאז פסקה אותה הזוהמא מתוכ' כמשרז"ל (שבת שם). ולכן אח"כ בחטא העגל ארז"ל (דף פט.) שבא שטן וערבב כו'. היינו שבא מבחוץ כמו בענין חטא אדה"ר כנ"ל. כי מתוכם נתגרש. וע"י חטא העגל חזרה אותה הזוהמא ונתערבה בתוכם כבתחלה . וזש"ה (הושע, ו) והמה כאדם עברו ברית. וז"ש הוא ית' לאדה"ר כי ביום אכלך ממנו מות תמות. לא שהיה ענין קללה ועונש. כי מפי עליון לא תצא כו'. אלא פי' שע"י אכלך ממנו תתערב בך הזוהמא של הרע. ולא יהיה תיקון אחר להפרידה ממך כדי להטיבך באחריתך. אם לא ע"י המיתה

our experience of evil is a function of "*Hester Panim*" — Hashem hiding His countenance — but that in no way means it is random or not under His supervision. He allowed for its existence and thus He controls the evil in the world, though evil is not to be seen as a direct expression of Hashem's essence. Evil exists for the sake of the greater purpose Hashem has for the world. Within our own individual lives, we certainly should see evil as something that befalls us because it serves the broader will of Hashem.

The Mishnah in *Berachos* teaches, "A person is obligated to make a blessing when evil befalls him, just as he is obligated to make a blessing

---

והעיכול: בקבר. וזהו ג"כ הענין מ"ש ית' אח"כ הן האדם היה כו' ועתה פן ישלח ידו ולקח גם מעץ החיים ואכל וחי לעולם. והלא חפצו ית"ש להטיב לברואיו ומה אכפת ליה אם יחיה לעולם. אמנם ר"ל שכאשר יאכל מע"הח וחי לעולם ישאר ח"ו בלא תיקון. שלא יתפרד הרע ממנו עד עולם ח"ו ולא יראה מאורות וטובה מימיו. לזאת לטובתו גירשו מג"ע. כדי שיוכל לבא לידי תיקון גמור כשתפרד הרע ממנו ע"י המיתה והעיכול בקבר. וזהו ענין הד' שמתו בעטיו של נחש (פ' במה אשה) שאף שלא היה להם חטא עצמם כלל. עכ"ז הוצרכו למיתה מחמת התערובת הראשון של הרע ע"י חטא אד"הר מעצת הנחש. וימשך הענין כן עד עת קץ הימין בלע המות לנצח. וגם עוד יתרון שיתבער אז הרע מן העולם ממציאותו. כמ"ש (זכריה, יג) ואת רוח הטומאה אעביר מן הארץ."

ועיין נמי בספר דרך ה' חלק א פרק ג: "(ו) הנה אדם הראשון בעת יצירתו היה ממש באותו המצב שזכרנו עד הנה. דהיינו שהנה הוא היה מורכב משני החלקים ההפכיים שאמרנו, שהם הנשמה והגוף, ובמציאות היו שני העניינים, הטוב והרע, והוא עומד בשיקול ביניהם להדבק במה שירצה מהם. והנה היה ראוי לו שיבחר בטוב, ויגביר נשמתו על גופו ושכלו על חומרו, ואז היה משתלם מיד, ונח בשלימותו לנצח: (ז) וצריך שתדע, שאף על פי שאין אנו מרגישים לנשמה בגוף פעולה אחרת זולת החיות וההשכלה, הנה באמת יש בחוקה שתזכך עצם הגוף וחומרו, ותעלהו עילוי אחר עילוי, עד שיהיה ראוי להתלוות עמה בהנאה בשלימות. ואמנם לדבר זה היה אדם הראשון מגיע אילו לא חטא, שהיתה נשמתו מזככת את גופו זיכוך אחר זיכוך, עד שהיה מזדכך השיעור המצטרך ונקבע בתענוג הנצחי: (ח) וכיון שחטא, נשתנו הדברים שינוי גדול. והוא, כי הנה בתחילה היו בבריאה החסרונות שהיו, בשיעור מה שהיה מצטרך לשיהיה אדם הראשון במצב השיקול שזכרנו, ויהיה לו מקום להרויח את השלימות ביגיע כפיו. אמנם על ידי חטאו — נוספו ונתרבו חסרונות בעצמו של אדם ובבריאה כלה, ועוד נתקשה התיקון ממה שהיה קודם. פירוש, כי הנה בתחילה היה נקל לו בצאת מן החסרון המוטבע בו וקנות השלימות, שכך סידרה החכמה העליונה את הדברים על פי מידת הטוב והיושר; כי יען לא היה אדם סיבה לרע ולחסרון שבו, אלא שכך הוטבע בו ביצירתו, הנה במה שיסיר עצמו מן הרע ויפנה אל הטוב — ישיג מיד צאת מן החסרון וקנות שלימות. אמנם בחטאו, כיון שעל ידו נסתר השלימות יותר משהיה ונתרבו החסרונות, והיה הוא הגורם רעה לעצמו, הנה לא יהיה עוד כל כך קל לו לשוב לצאת מן החסרון ולקנות השלימות כמות שהיה בעת שלא היה הוא גרמת חסרונו אלא שכך נוצר מעיקרו, וכמו שנתבאר. וכל שכן, שבהכרח השתדלותו המצטרך עתה להגיע לשלימות, הנה הוא כפול, כי יצטרך תחילה שישובו האדם והעולם אל המצב שהיו בראשונה קודם החטא, ואחר כך שיתעלו מן המצב ההוא אל מצב השלימות שהיה ראוי לאדם שיעלה."

when good befalls him." And yet, the blessing we make when good comes our way is, "*Baruch HaTov v'Hametiv*," blessed is the One Who is good and Who bestows goodness, whereas the blessing we make when evil befalls us is, "*Baruch Dayan HaEmes*," blessed is the true Judge." While we accept that even when evil that befalls us is a function of Hashem's will, at the same time we recognize that there is a distinction between "evil" and "good." Good is a direct expression of the essence of Hashem, bestowing upon us an opportunity for a pleasant connection to Him; evil is a utilitarian tool that Hashem uses in this world to facilitate certain outcomes necessary for the ultimate good.[232]

Why Do the Righteous Suffer and the Wicked Prosper? — Tzaddik v'Ra Lo, Rasha v'Tov Lo

We now have a basic introduction to understanding the famous problem that has vexed people of faith for so long. Why do we often see the righteous suffer and the wicked prosper?

We know that Moshe Rabbeinu,[233] and many prophets after him,[234]

---

232 עיין במשנה מסכת ברכות נד. "...ועל בשורות טובות אומר ברוך הטוב והמטיב על בשורות רעות אומר ברוך דיין האמת...חייב אדם לברך על הרעה כשם שמברך על הטובה." ופשוט מהמשנה שאף שמברכים על הטובה ועל הרעה אין היא אותה הברכה, כי בעולם הזה אנו מכירים היטב ומבחינים בין טוב ורע ולא חושבים שהם אותו דבר. ועוד משמע מהמשנה שהמושג חייב אדם לברך על הרעה כשם שמברך על הטובה הכוונה שאצל האדם בלבו צריך להיות באותו אמונה ובאותו כוונה שהוא מברך לה' הברכה הראויה לכל מצב בין טוב בין רעה כי הכל תחת השגחתו.

233 עיין בלשון הגמ' מסכת ברכות ז.: "וא"ר יוחנן משום ר' יוסי שלשה דברים בקש משה מלפני הקב"ה ונתן לו בקש שתשרה שכינה על ישראל ונתן לו שנאמר (שמות לג, טז) הלוא בלכתך עמנו בקש שלא תשרה שכינה על עובדי כוכבים ונתן לו שנאמר (שמות לג, טז) ונפלינו אני ועמך בקש להודיעו דרכיו של הקב"ה ונתן לו שנא' (שמות לג, יג) הודיעני נא את דרכיך אמר לפניו רבש"ע מפני מה יש צדיק וטוב לו ויש צדיק ורע לו יש רשע וטוב לו ויש רשע ורע לו אמר לו משה צדיק וטוב לו צדיק בן צדיק צדיק ורע לו צדיק בן רשע רשע וטוב לו רשע בן צדיק רשע ורע לו רשע בן רשע:אמר מר צדיק וטוב לו צדיק בן צדיק צדיק ורע לו צדיק בן רשע איני והא כתיב (שמות לד, ז) פקד עון אבות על בנים וכתיב (דברים כד, טז) ובנים לא יומתו על אבות ורמינן קראי אהדדי ומשנינן לא קשיא הא כשאוחזין מעשה אבותיהם בידיהם הא כשאין אוחזין מעשה אבותיהם בידיהם אלא הכי קא"ל צדיק וטוב לו צדיק גמור צדיק ורע לו צדיק שאינו גמור רשע וטוב לו רשע שאינו גמור רשע ורע לו רשע גמור ופליגא דר' מאיר דא"ר מאיר שתים נתנו לו ואחת לא נתנו לו שנא' (שמות לג, יט) וחנתי את אשר אחון אע"פ שאינו הגון ורחמתי את אשר ארחם אע"פ שאינו הגון."

234 עיין בספר שער הגמול להרמב"ן שעוסק בביאור העניין של צדיק ורע לו: "ואם תשאל ותאמר הרי שתקנו חכמים דרכים הללו לפי כוונתם ולפי הכרע פסוקי התורה והנביאים

struggled to reconcile such apparent injustices with our belief that Hashem is just and perfect in everything He does. These matters are far deeper than our intellect is capable of processing, and indeed, as our Sages remind us, "The success and pleasantness experienced by the wicked is not in our hands to grasp."[235] Nevertheless, our tradition does provide some general guidelines that help us examine the topic. The following paragraphs summarize some of the basic approaches we can use to think about "*tzaddik v'ra lo, rasha v'tov lo*."

- **True but hidden justice:** The Ramchal, in *Derech Hashem*, speaks about two overarching principles Hashem follows when judging our deeds and allocating reward. First, no act, good or evil, small or large, goes unpaid — either in this world or in the World to Come.[236] Second, a person's portion in the World to Come, where the ultimate reward is distributed, is based

---

ואם כן מהו זה שהנביאים צווחים על הענין הזה ומהו שתמה ירמיה על הרשעים יב:א 'צדיק אתה ה' כי אריב אליך אך משפטים אדבר אותך מדוע דרך רשעים צלחה', או יאמר דוד תהילים עג:יג 'אך ריק זכיתי לבבי וארחץ בנקיון כפי וכו', ותמה ישיעה על הצדיקים סג:יז 'למה תתענו ה' מדרכיך תקשיח לבנו מיראתך', ואמר חבקוק א:ג 'על שניהם למה תראני און ועמל תביט שוד וחמס לנגדי' וכתיב שם א:ד 'כי רשע מכתיר את הצדיק על כן יצא משפט מעוקל, ונתווכחו איוב וחבריו על דבר זה הרבה ורבותינו עצמם אמרו (משנה פרקי אבות ד:יט) 'אין בידינו שלוות רשעים אף לא יסורי צדיקים, דע שיש מרבותינו שחולקין על זאת המידה יש מהן שאומרים (שבת נה.) 'אין מיתה בלא חטא ואין יסורין בלא עון' ...ובהמשך דבריו שם ויש מרבותינו שסוברין והיא דעת רבי מאיר בברייתא שהזכרנו שאף על פי שהמדות הללו כך הם כמו שהסברנו ומקצת בני אדם נדונים בהם אבל עדיין יש צדיקים גמורים שלא בדרך המדות הללו מתיסרים ורשעים גמורים שיושבין שאנן ושקט בעולם ואלו הן תוכחותיו של איוב שבאו יסורין שלא על חטא כפי דעתו."

והוא אז ממשיך לבאר כמה יסודות בהבנת ספר איוב, שכל חבריו בסופו של דבר או אמרו שקר על איוב עצמו או שכפרו בדרכי ה' הקבועין ולכן התחייבו כולם להביא קרבן להתכפר אבל איוב שהתרעם וצעק אבל הסכים לצדקת עצמו וסירב מלכפור באמונתו בה' ובמשפט השגחתו לא הצטרך להביא קרבן בסוף ואז הרמב"ן מביא כלל גדול בענין זה, ועיין בהערות הבאים.

235 עיין בפרקי אבות פרק ד משנה כ: "רבי ינאי אומר אין בידינו לא משלות הרשעים ואף לא מיסורי צדיקים."

236 עיין בגמ' בבא קמא לח: "אמר רבי חייא בר אבא אמר רבי יוחנן אין הקב"ה מקפח שכר כל בריה אפילו שכר שיחה נאה דאילו בכירה דקאמרה מואב אמר לו הקב"ה למשה (דברים ב, ט) אל תצר את מואב ואל תתגר בם מלחמה מלחמה הוא דלא הא אנגריא עביד בהו צעירה דקאמרה בן עמי א"ל הקב"ה למשה (דברים ב, יט) וקרבת מול בני עמון אל תצורם ואל תתגר בם כלל דאפילו אנגריא לא תעביד בהו."

on the majority of one's deeds.[237] Those whose deeds were mostly meritorious will have a portion in the World to Come, while those whose actions were predominantly evil will not. To properly set all the records straight and fully abide by the first principle that no act goes unpaid, the *minority* of one's deeds must be addressed in this world. A righteous person must therefore be paid in this world for the minority of his evil deeds, and a wicked person must be compensated for any of his good deeds.[238] This then creates the apparent imbalance we see

---

237 זה לשון המשנה בפרקי אבות פרק ג משנה טו: "הכל צפוי והרשות נתונה ובטוב העולם נדון והכל לפי רוב המעשה."

238 עיין בספר דרך ה' חלק ב פרק ב אות ג-ד: "(ג) ואולם חק הבחירה, שמכריח האפשרות שזכרנו בחלקי המין האנושי להיותם טובים או רעים, וכן להיות קצתם טובים וקצתם רעים, הוא עצמו מכריח אפשרות זה גם כן במעשי כל איש מאישי המין, שאולם אפשר שיהיו כלם טובים או כלם רעים, ואפשר שיהיו קצתם טובים וקצתם רעים, וזה ממה שמעכב קיבוץ השלמים שזכרנו, כי כבר ימצא באיש אחד עצמו ענינים טובים וענינים רעים, ולהשגיח על קצתם ולא על השאר, אפילו אם אותם שיושגח עליהם יהיו הרוב, הנה אינו ממשפט הצדק, כי שורת הדין נותנת שכל המעשים יוגמלו הן גדולים הן קטנים הן הרבה הן מעט. על כן גזרה החכמה העליונה לחלק הגמול בין לשכר בין לעונש, בשני זמנים ובשני מקומות. והיינו שהנה כלל המעשים יתחלק לרוב ולמיעוט, ויודן הרוב לבדו במקום וזמן הראוי לו, והמיעוט לבדו במקום וזמן הראוי לו. ואולם הגמול האמיתי ועיקרי יהיה בעוה"ב וכמ"ש. ויהיה השכר, השאר האדם הזוכה נצחיי להתדבקות בו ית' לנצח, והעונש, היותו נדחה מהטוב האמיתי ואובד. אמנם הדין לענין זה, לא יהיה אלא על פי רוב המעשה, אך למעשים טובים אשר לרשע ולמעשים הרעים אשר לצדיק, על צד המיעוט, ימצא העוה"ז בהצלחותיו וצרותיו, שבו יקבל הרשע גמול מיעוט הזכות אשר לו בהצלחותיו, והצדיק עונש עונותיו ביסורין שבו. באופן שיושלם המשפט בכל, וישאר הענין לעוה"ב כמו שראוי למצב השלם ההוא. דהיינו שישארו הצדיקים לבדם בלי תערובת רעים ביניהם, והם בלי עיכובים בעצמם להנאה המעותדת להם, והרשעים ידחו ויאבדו, בלי שישאר להם טענה כלל: (ד) ואמנם גזר עוד חסדו ית' להרבות ההצלה לבני האדם, שימצא עוד מין צירוף אחר למי שיתכן בו הצירוף, דהיינו למי שגבר בו הרע תגבורת גדול, אך לא כל כך שיהיה משפטו להאבידו לגמרי, והוא כלל עונשים שהיותר רשום בהם הוא הדין בגהינם. והכונה בו הוא להעניש החוטא כפי חטאיו, באופן שאחרי הענשו לא יהיה עוד חוב עליו על המעשה הרע שעשה, ויוכל אחרי כן לקבל הגמול האמיתי כפי שאר מעשיו הטובים. ונמצא שעל ידי זה, האובדים ממש יהיו מזער לא כביר, כי הנה לא יהיו אלא אותם שגבר בהם הרע שיעור כל כך גדול, שאי אפשר שימצא להם מקום בשום פנים להיות נשארים בגמול האמיתי ובהנאה הנצחיית. והנה נמצא הדין מתחלק לשלשה חלקים, כי עיקרו הוא לעולם שאחר התחיה כמ"ש, אך המעשים הראוים ליגמל קודם לכן, הנה יש מהם שיוגמלו בעוה"ז ויש מהם שיוגמלו בעולם הנשמות. אכן משפטי הדין הזה בפרטיו איננו נודע כי אם לשופט האמיתי לבדו, כי הוא היודע אמתת מציאות המעשים ותולדותיהם בכל בחינותיהם ופרטיהם, ויודע מה מהם ראוי שיגמל בזמן אחד ובדרך אחד, ומה בזמן אחר ובדרך אחר. ומה שידענו אנחנו, הוא רק כלל דרכי

in our world, in which we have limited scope of vision and are unable to appreciate the larger picture.

Similarly, the *Chovos Halevavos* lists five working principles in *tzaddik v'ra lo* and five in *rasha v'tov lo*, each of which point to a deeper and broader form of balancing the scales of judgment.[239]

ההנהגה הזאת על מה היא מיוסדת ואל מה היא סובבת, והוא מה שביארנו שתכלית כל הענין הוא לקבץ קיבוץ שלמים שיהיו ראוים ליקבע לנצח בהתדבקותו ית', וכדי שענין זה ישתלם כראוי, הוצרכו הענינים הקודמים האלה כלם, להכין ולהזמין הענין הזה התכליתי וכמ"ש."

239 עיין בספר חובות הלבבות שער הבטחון פרק ג (באמצע) וז"ל: שם "ואם יאמר האומר: הנה אנחנו רואים מקצת צדיקים לא יזדמן להם טרפם אלא אחרי העמל והיגיעה, ורבים מאנשי העבירות בשלוה וחייהם בטוב ובנעימים — נאמר כי כבר קדמו הנביאים והחסידים לחקור על זה העניין. מהם מי שאמר (ירמיה יב) מדוע דרך רשעים צלחה. ואמר האחר (חבקוק א) למה תראני און ועמל תביט ושוד וחמס לנגדי ויהי ריב ומדון ישא. ואמר (שם) כי רשע מכתיר את הצדיק. ואמר (שם) תחריש בבלע רשע צדיק ממנו. ואמר אחר (תהלים עג) הנה אלה רשעים ושלוי עולם השגו חיל. ואמר (שם) אך ריק זכיתי לבבי וארחץ בנקיון כפי ואהי נגוע כל היום ותוכחתי לבקרים. ואמר אחר על פי אנשי דורו (מלאכי ג) גם בחנו אלוהים וימלטו והרבה כזה. אך הניח הנביא התשובה בביאור עילת זה. מפני שעילת כל אחד מן הצדיקים הנבחנים, וכל אחד מן הרשעים שהם בטובה בעולם הזה זולת עילת האחר, לכן העיר על זה באומרו (דברים כט) הנסתרות לה' אלהינו והנגלות לנו ולבנינו. ואמר החכם בדומה לזה (קהלת ה) אם עשק רש וגזל משפט וצדק תראה במדינה אל תתמה וגו'. ואמר הכתוב (דברים לב) הצור תמים פעלו כי כל דרכיו משפט. ועם כל זה ראיתי לבאר בעניין הזה מה שיהיה בו מעט הספקה. ואומר כי הפנים אשר בעבורם ימנע מהצדיק הזמנות טרפו עד שיטרח עליו ויבחן בו: אפשר שיהיה עוון שקדם לו התחייב להיפרע ממנו עליו, כמו שכתוב (משלי יא) הן צדיק בארץ ישולם. ויש שיהיה על דרך התמורה בעולם הבא כמו שכתוב (דברים ה) להיטבך באחריתך. ויש שיהיה להראות סבלו והסברתו הטובה בעבודת הבורא ית', כדי שילמדו בני אדם ממנו, כמו שידעת מעניין איוב. ויש שיהיה לרשע אנשי דורו, ויבחנהו הבורא יתעלה בעוני ובריש ובחלאים, להראות חסידותו ועבודתו לאלוהים מבלעדיהם. כמו שכתוב (ישעיה נג) אכן חליינו הוא נשא ומכאובינו סבלם. ויש שיהיה מפני שאיננו מקנא לאלוהים לקחת הדין מאנשי דורו, כמו שידעת מענין עלי ובניו, שאמר בהם הכתוב (שמואל א ב) והיה כל הנותר בביתך יבוא להשתחות לו וגו' אבל טובות האל יתברך על הרשע — יש שתהיה בעבור טובה שקדמה לו, יגמלהו האלוהים עליה בעולם הזה. כמו שאמר (דברים ז) ומשלם לשונאיו אל פניו להאבידו, ותרגמו בו הראשונים ומשלם לשנאוהי זכוון דאינון עבדין קדמוהי בחייהון לאובדיהון. ויש שתהיה על דרך הפיקדון אצלו, עד שיתן לו האל יתברך בן צדיק יהיה ראוי לה. כמו שכתוב (איוב יז) יכין וצדיק ילבש. ואמר (קהלת ב) ולחוטא נתן עניין לאסוף ולכנוס לתת לטוב לפני האלוהים. ואפשר שתהיה הסיבה הגדולה שבסיבות מותו ורעתו, כמו שכתוב (שם ה) עושר שמור לבעליו לרעתו. ואפשר שתהיה להאריך הבורא יתעלה לו עד שישוב ויהיה ראוי לה, כמו שידעת מעניין מנשה. ויש שתהיה לחסד שקדם אביו, והיה ראוי להטיב לבבנו בעבורו. כמו שנאמר ליהוא בן נמשי (מלכים ב י) בני רבעים ישבו לך על כסא ישראל. ואמר (משלי כ) מתהלך בתומו צדיק אשרי בניו אחריו. ואמר (תהלים לז) נער הייתי גם זקנתי ולא ראיתי צדיק נעזב

These calculations may confound us, as they don't allow for us to see the justice and *tikkun* within the scale and timeframe we would have expected.

- **Soft judgment:** The Ramchal in *Da'as Tvunos* suggests that there are times when so little merit is being generated by humanity that Hashem simply suspends strict judgement, and keeps the world going by preventing the attribute of justice from functioning in its normal way. At such times, the world would be destroyed if judgement were to be fully enforced. Even then, every thought, speech, and action is recorded at every moment, so there is no long-term ability for one to escape judgment. But from a universal point of view, justice must be soft — even seemingly erratic — at times. Regardless, at the end of time, all scores will be settled and balance will be restored, and each individual will be treated in accordance with his or her actions.[240]

וזרעו מבקש לחם. ויש שתהיה לנסות אנשי התרמית והמצפונים הרעים, כשהם רואים זה ממהרים לסור מעבודת הבורא, וחשים להתרצות אל אנשי הרשע וללמוד ממעשיהם. ויתברר הנבר לאלוהים, ויראה הנאמן בעבודתו בסבלו עת ששולטים בו ומביישים אותו, ויקבל שכר מהבורא יתעלה על זה, כמו שידעת מעניין אליהו עם איזבל, וירמיהו עם מלכי דורו."

240 כפי שמבאר בספר דעת תבונות אות קמב וז"ל: "אמר השכל — נדבר עתה על מה שאנחנו בו, שהוא מידת משפטו ית' הישר והמתוקן. וזה, כי מציאות העולם הזה בזמן הזה, שהוא כל זמן עבודת האדם בכל ענייניו ותולדותיו, תלוי רק במידת משפטו ית', לפי שזה הוא עולם וזמן שהכינו האדון ב"ה להראות בו יושר משפטו. ואין ענינו של העולם הזה מתוקן אלא בהעשות המשפט הזה על יושרו, וכמו שכתוב — (תהלים ט, יז), 'נודע ה' משפט עשה', וכתיב (ישעיהו ה, טז), 'ויגבה ה' צבאות במשפט', וכתיב (משלי כט, ד), 'מלך במשפט יעמיד ארץ'. והיינו, שאינו טוב לעולם כלל מה שהקב"ה מניח לרשעים להתהולל ולהרים קרנם, והנה הצדיקים מדוכאים, ושטנא נצח, ודאי אין זה טוב לעולם, אלא רע. אבל הטוב הוא, אדרבא, שהקב"ה יעשה משפט, ושיכניע את הרשעים וישפיל הגאים, וירומם הצדיקים וירים כבודם, וכן נאמר (משלי כא, טו), 'שמחה לצדיק עשות משפט', 'ובאבוד רשעים רנה' (משלי יא, י). ונמצא, שהזמן שהקב"ה מניח לרשעים החבל ארוך, שהם גוברים בעולם ומשחיתים את היושר ואת הצדקה, אין נקרא זה לגביו אלא כביכול — שינה. ובשעה שייקץ מן השינה הזאת, נאמר בו (תהלים עח, סה — סו), 'ויקץ כישן ה' וגו' ויך צריו אחור'. וזה, כי בשלמא אם באמת היה רוצה הקב"ה להנהיג עולמו רק בחסד ובהטבה גמורה, שלא יהיה בעולם רע כי אם טוב — זה היה נקרא תיקון לעולם; אבל היה צריך שלא יהיה מציאות לעוונות כלל, ולא יהיו נעשים מעשים שפוגמים הטוב ומעוותים אותו, וכמו שיהיה לעתיד לבא, דכתיב (תהלים קד, לה), 'יתמו חטאים מן הארץ', וכמאמרם ז"ל (ברכות י ע"א), 'חטאים כתיב'. ואז היה נקרא שהעולם מתנהג רק בחסד, והיינו שלא היה יצר הרע, אלא בני אדם עובדים את ה' בהכרח, כמו

The Ramchal describes the two main systems Hashem uses to

שכתוב (יחזקאל לו, כז), 'ועשיתי את אשר בחוקי תלכו'. אבל שיהיה הקב"ה ממתין לרשעים שתתמלא סאתם, שבין כך ובין כך לא יהיה העולם אלא תוהו ובוהו, ושסוף סוף הרשעים יאבדו — ודאי אין זה חסד, אלא דין קשה מאד. כי אדרבא, כבר זכרנו מאמר הכתוב למעלה (משלי ג, כד), 'ואוהבו שחרו מוסר'; וכתיב (עמוס ג, ב), 'רק אתכם ידעתי מכל משפחות האדמה על כן אפקוד עליכם את כל עונתיכם', וכמו שאמרו ז"ל (ע"ז ד ע"א) שהקב"ה נפרע מישראל מעט מעט, שלא ירבה עליהם הרע, שיצטרכו להיות מתמעטים ח"ו, אלא אדרבא, רוצה הוא בתיקונם וכמו שביארנו. ונמצא, שבהיות הקב"ה חפץ בעולמו, הנה ישב, כביכול, להנהיגו במשפט תמיד, לנקות ממנו כל רע המתילד בו מעט מעט, ואז נמצאו דברי העולם מתוקנים ומבורכים, ומצליחים כולם הצלחה רבה. אך אם ח"ו אין זכות בעולם, והרשע גובר הרבה, הנה הקב"ה אומר (דברים לב, כ), 'אסתירה פני מהם', וכתיב (דברים לא, יח), 'הסתר אסתיר פני ביום ההוא', ומיד החושך גובר, הרשע והסכלות, והחכמה נשפלת, והאמת מושלכת, וכל דברי העולם מתקלקלים ונפסדים. וכבר אמרו רז"ל (סוטה מט ע"א), אין לך יום שאין ברכתו וכו', וניטל אפילו טעם הפירות (שם מח ע"א), ואין הצלחה לא בדברים הגופניים ולא בדברים הנפשיים. והנה אם באמת כוונת הקב"ה היה רק לייסר הרשעים, כבר היה העולם נחרב בעבורם. אך כיון שאין כוונתו אלא להיטיב, ואין מוסרו ותוכחתו אלא מאהבה, כמו שביארנו, על כן רצה לכונן קיום מציאות לעולם אפילו בזמן שאין זכות, שהקיום הזה לא ישתנה ולא יתמוטט. והנה ישתמש לצורך זה מרוממותו ושליטתו, שהוא אינו משועבד לשום חוק, ואין לו שום כפיה, על כן יוכל לקיים את העולם גם שאין בני האדם הגונים. אמנם צריך שתביני היטב הענין הזה, כי הבחנות רבות יש בו, כי לכאורה נמצא חוטא נשכר, שיתקיים העולם בלי שיצטרך לזכות, ויתקיים במדת חסד ואהבה תחת חטאי הרשעים. אבל כשתבחיני כל מה שצריך להבחין בענין זה, תמצאי חכמה עמוקה בסדרי הנהגתו ית'. וזה, כי הנה כבר שמעת שהאדון ב"ה הוא שחידש רק ברצונו אפילו מציאות החסרון שגורמים העוונות, ומציאות התועלת שגורמים המעשים הטובים; וסידר סידרי הנהגות מתוקנות וישרות, סובבות על הקוטב הזה, ובאלה תלויה הצלחת העוה"ז בכל עניניו. ובהחזיקו במשפטו על פי כל הסדרים האלה, יהיה העולם מצליח בכל חלקיו. ואם יגרמו העוונות שהקב"ה יהיה כמו מואס ח"ו בבני העולם, וירחק מהם, הנה סידרי ההנהגות האלה יתבלבלו, כי לא יחזיק בם האדון ב"ה, וימצאו הקלקולים בכל דברי העולם ח"ו. אך אם יחזיק בהם להעמידם על בוריים — כל הבריות על מקומם יבואו בשלום. ואמנם יש הנהגה אחרת, וזמן אחר, שהיא ברבות הזכות בישראל, וכמו שביארנו לעיל, בעת התתקן העולם תיקון גמור, והוא שיהיה הקב"ה משנה מצב העולם לטובה, ויבטל ממנו כל רע, והיינו שלא יהיה יצה"ר בנשמות, ולא נזק והפסד בשום בריה, ואז ינהג העולם בתיקון גדול. והנה זה יהיה תיקון לעולם, לפי שיהיה העולם מזומן ומוכן להנהגה הזאת, כי יבטל ממנו הרע, ואז לא יצטרך עוד המשפט, אלא יתנהג ברחמים גמורים ובהטבה שלמה. וכל מה שעכשיו נסתר מיושבי הארץ, מפני שהמקום גורם להם כן, להיותו מקום שהחושך גובר בו לצורך העבודה, דהיינו לנסיון של האדם כמו שביארנו, הנה לעתיד לבא יגלה, שנאמר (ישעיהו מ, ה), 'ונגלה כבוד ה'' וגו'. אמנם יש זמן שהקב"ה מתרחק, כביכול, מעולמו, ואין משפטו נעשה, ואין ממשלתו מתגלית, והיה ראוי שיחרב העולם; אלא שגם בזמן ההוא הקב"ה רוצה בקיומו של עולם, ואז מקיים אותו רק בבח ממשלתו, כי מצד המשפט אינו ראוי להתקיים, ומשתמש מרוממותו שאינו נפגם ואינו חסר בעוונות בני האדם, לקיים העולם שלא יאבד. אבל אינו מרבה לו טובה והרווחה, אלא אדרבא, אינו נותן לו כי אם קיום מצומצם לבד, מה שאי אפשר בלאו הכי, בכדי שיתקיים. כי אין העולם מתוקן שיתנהג בהטבה זאת, אלא אדרבא, לא די שאין הרע סר ממנו, אלא שגובר בו יותר; אלא שהקב"ה

manage the world and bring about its ultimate purpose. The first system of justice governs reward and punishment in the narrow sense. The second system, called *Hanhagas HaYichud*, is the force that propels the world toward its ultimate stage, where Hashem's Oneness will be fully revealed, bringing glory to those who served Him. *Hanhagas HaYichud* at times overrides the system of justice, moving the world forward when such progress would not occur if subject to the usual cause and effect of reward and punishment.[241] As noted previously,

---

רוצה שלא יאבדו מעשיע ובכח ממשלתו היחידה מקיימו, אפילו שהדין נותן שיחרב, אמנם רק בצמצום גדול, כמו שביארנו."

241 בהמשך ספר דעת תבונות אות קסו וז"ל: "אמר השכל — הנה כיון ששם האדון ב"ה הנהגת השכר ועונש, מעתה יגיע לכל אדם כפי מעשיו — טוב לטובים ורע לרעים. אמנם העצה העמוקה של האדון ב"ה הוא לגלגל הדברים באופן שלא תהיה ההנהגה אלא לטוב, ולא יהיה מציאות רע כלל בעולם, וזה נקרא תיקון ההנהגה עצמה וזיכוכה. ואמנם כדי לעשות התיקון הכללי הזה, יצטרך להתנהג על פי שורש הענין של מציאות הטוב ורע, כי הרוצה לרפאות חולי רפואה שלמה צריך שישרש אחר הסיבה, ואז יסור המסובב. כן הדבר הזה, כדי לעשות שההנהגה לא תהיה אלא לטובה, ולא שיהיה בה מציאות רע, צריך לדעת הסיבה הגורמת הימצא עתה הרע בהנהגה, ועל פי הסיבה ההיא יצטרך לגלגל הדברים באופן שיצא הפרי הזה — שלא יהיה עוד בהנהגה הרע. וזה פשוט, כי אין הקב"ה רוצה להנחם, כאדם המתחרט ממעשיו הראשונים, ולעזוב דרך אחד בעבור דרך אחר, אלא על פי המונח הראשון עצמו יגלגל הדברים לבוא אל השלמות שהוא רוצה. ואמנם שורש הימצא הרע בהנהגה — כבר פירשנוהו שהוא מטעם גילוי יחודו ית', שצריך לגלות הרע ולהניחו לעשות כל מה שבחוקו, להראות אחר כך יחוד שליטתו ית' בהחזירו אותו לטוב. ומטעם הזה, כל עוד שיתעלם ויסתיר פניו האדון ב"ה, ויניח לרע להתגבר עד הגבול האחרון שאפשר לו להתגבר, דהיינו עד חורבן העולם, ולא עד בכלל, הנה זה יהיה טעם יותר להיגלות ולהיראות אחר כך אמיתת יחודו ית', בתקנו את הקלקולים ההמה בכח שליטתו, והאור ניכר מתוך החושך, וכמו שביארנו לעיל כבר. על כן ברצות האדון ב"ה לקבוע הנהגת העולם לטובה, צריך שיסדר הנהגתו על פי הענין הזה השרשי של גילוי היחוד שזכרנו, שממנו נולד הימצא עתה הטוב ורע. ואמנם השכר ועונש אינו תגבורת הרע, כי על כל פנים אין רע אלא לרעים, ועוזבי ה' יכלו, אבל אשר ידרשוהו — ידרש להם. אך תגבורת הרע הוא היות הקב"ה מסתיר פניו לגמרי מעולמו, שנאמר בו (משלי א, כח), 'אז יקראונני ולא אענה'; (ישעיהו כט, טו), 'ותהי האמת נעדרת וסר מרע משתולל', זה יקרא הסתר הגמור העשוי רק כדי לגלות אחר כך תיקון שלם, וכמו שאמר הכתוב (ישעיהו נט, טז), 'ותושע לו זרועו וצדקתו היא סטכתהו'. והיינו, כי לפי הסדר והנהגה הזאת אין משגיחין על הזכות או החובה, אלא ההנהגה נוהגת לפי סדריה, דהיינו, להניח תגבורת לרע כדי להראות אחר כך שליטת הטוב. וכל זמן תגבורת הרע, הנה גם הטובים יצטרכו לעמוד תחת עוני הרע, לא מפני שהדין כך, אלא שהשעה צריכה לכך. כי על כל פנים, אחר כך יקבלו שכר שלם כשיחזור הטוב ויגלה וישלוט, כפי הרעה שסבלו מתחילה, כמו שכתוב (תהלים צ, טו), 'שמחנו כימות עניתנו' וגו'. אך כל זמן תגבורת הרע לא יועיל זכותם להנצל ממנו, וכענין הכתוב (עמוס ה, יג), 'לכן המשכיל בעת ההיא ידום כי עת רעה היא'. ולא עוד, אלא שבהיות מטבע הרע

even at such moments when strict application of judgment is suspended, no individual deed, good or evil, goes unpaid for eternity. The suspension of judgment is a temporary measure to move Hashem's purpose forward, but every act is recorded and will eventually be duly rewarded or punished.

- ***Gilgulim***: Our mystical traditions teach of a concept called *gilgulim*, reincarnation, which can also help deal with the issue at hand. Broadly speaking, the system of *gilgulim* provides an individual soul more than one physical lifetime to reach the perfection, or *tikkun*, it is expected to achieve. Thus, it is possible that we may see someone experiencing something that appears to be unfair, but it is, in fact, precisely what that soul needs to accomplish its purpose.[242] In such cases, we

---

כל קלקול והשחתת סדר, על כן לא די שלא יועיל הזכות לצדיקים להנצל מן הרעה, אלא שאדרבא, אנשי רע יצליחו, והשעה תשחק להם, והישרים מעונים ונדכאים, וכמו שאמרו (סוטה מט ע"א), 'בעקבות משיחא חוצפא יסגי וכו' חכמת סופרים תסרח' וכו'. והכתוב עצמו (ישעיהו נט, טו), 'ותהי האמת נעדרת וסר מרע משתולל' וגו'.נמצא, שאם האדון ב"ה רוצה לנהג העולם לפי הנהגת היחוד — להכיר האור מתוך החושך ולעשות שהרע עצמו יחזור לטוב, הנה יצטרך לתת תגבורת לרע בלא השקיף אל זכות הצדיקים; אדרבא, אז נבנו עושי רשעה, והצדיקים — נשפל ראשם לעפר. ואחר זה יגלה ממשלתו, ופרי הגילוי יהיה להחזיר הרע עצמו לטוב, ולא יהיה עוד רע אלא טוב בעולם, ואז יקבלו הצדיקים שכרם, ולא קודם לכן. אך אם הוא מנהג לפי השכר ועונש, אז לא יהיה אלא טוב לטובים ורע לרעים, אמנם אין כאן מה שיגרום תיקון גמור להנהגה שיבטל מציאות הרע, כי למה יבטל וכבר איננו אלא לרעים, והרי הוא מוגבל בתחומו שלא לעשות כטבעו הרע אלא כמשפט הראוי. ולפי שהקב"ה רוצה באמת תיקון הגמור של העולם וביטול הרע לגמרי, על כן הוא רוצה ללכת עם הצדיקים בדרך הנהגת היחוד שזכרנו, שלא יועיל להם צדקתם להצילם מיסורי העוה"ז. וזה לא מטעם השכר ועונש ודאי, אלא כדי שיתוקן על ידם התיקון השלם. וזה טוב להם ודאי, שאז יקבלו שכר יותר גדול ממה שהיה להם לקבל לפי זכותם גרידא. אמנם טוב גם לעולם, כי אם לפי השכר ועונש היה מתנהג עמהם, לא היה יוצא פרי ממעשיהם הטובים אלא שכר מעשיהם, אך לא העברת הרע מן העולם. אך כיון שמה שהם סובלים אינו מטעם מעשיהם אלא מטעם סדר ההנהגה, על כן גם התועלת לא יהיה פרטי להם לתת להם שכר, אלא כללי להנהגה, לגלות בזכותם היחוד העליון, ויבטל הרע מן ההנהגה עצמה. ותראי איך נוסף עוד תועלת בזה — שאפילו גילוי הממשלה העליונה יהיה בזכות ולא בצדקה לגמרי. כי אף על פי שהוא בצדקה לגבי שאר בני האדם, אך לגבי הצדיקים הוא בזכות, ומטובם יטיב לעולם כולו, ונמצא כלל כנסת ישראל זוכה."

242 עיין בשער הגמול להרמב"ן שאמר: "רק למי שהוא יודע בעצמו שהוא צדיק גמור ואין לו פשע עון מספיק לרעה המוצאה אותו ואפשר שישא פנים בעצמו וישיא נפשו בצדקו... יהיה החושב מיחלו התלאות בעיניו או שלות רשעים הזה בסוד העיבור [גלגולים] אם זכהו האלקים לדעתו מפי הקבלה הנאמנה...ועם כל זה יחשוב בין היודע בין שאינו יודע שיש אחרי כל זה צדק וטוב טעם ודעת במשפט האלקים מן הצד הנעלם והכל בצדק ובמשפט."

simply lack the scope of vision to appreciate the justice of what we are observing. While this idea echoes similar approaches mentioned above, the concept of *gilgulim* adds a distinct and important dimension to the topic.

- **How does this knowledge help?** All the above notwithstanding, we can never know, in any given situation, what we are seeing or which of the above principles should be applied. The purpose and benefit of this discussion is to develop our appreciation of the depth, breadth, and complexity of the rules which govern Hashem's world.

  The Ramban summarizes the utility of understanding these principles as follows. Even if we cannot, or should not, attempt to apply these rules to specific situations, knowing the concepts helps deepen our perspective and sharpen our attitudes toward Hashem's involvement with the world. This clarification of our attitude serves to strengthen our *emunah* and *bitachon* by asserting our confidence that everything happens according to a specific plan and set of governing rules. Furthermore, we are

---

ועיין נמי בשער הגלגולים לר' חיים ויטל ומה שקיבל מהאריז"ל בענין זה. ובהקדמה מדבר שם באריכות על הפרט שאנו דנין בה.

ועיין בספר דרך ה' לרמח"ל חלק ב פרק ג אות י שגם כן מסביר שסיבת הגלגול הוא לתת לאדם יותר מחיים אחד לתקן, ובכך מסביר למה איננו תמיד מבינים את משפטי ה'. וזה לשונו שם "עוד שורש אחר נמצא להנהגה בעניני העוה"ז והוא שהחכמה העליונה סידרה להרבות עוד ההצלה כמ"ש שנשמה אחת תבא לעוה"ז פעמים שונות בגופים שונים ועל ידי זה הנה תוכל לתקן בפעם אחת את אשר קלקלה בפעם אחרת או להשלים מה שלא השלימה. ואולם בסוף כל הגלגולים לדין שלעתיד לבא הנה הדין יהיה עליה כפי כל מה שעבר עליה מן הגלגולים שנתגלגלה ומן המצבים שהיתה בם. והנה אפשר שיגיעו ענינים לאדם שנשמתו מגולגלת כפי מה שיוגרם לה מצד מה שעשתה בגלגול קודם וינתן לאדם ההוא בעולם מצב כפי זה וכפי המצב שינתן לו יהיה המשא אשר יוטל עליו וכמש"ל. וכבר דינו ית"ש מדוקדק על כל אדם לפי מה שהוא בכל בחינותיו פירוש — בכל פרטי מצבו. באופן שלא יעמס לעולם על אדם לעוה"ב שהוא הטוב האמיתי אשמה שאין לו באמת אבל יגיע לו מן המשא והפקודה בעוה"ז כפי מה שתפלג לו החכמה העליונה וכפי זה יידונו מעשיו. והנה פרטי בחינות רבות ימצאו בענין זה של הגלגול איך יהיה האדם נידון לפי מה שהוא בגלגולו ולפי מה שקדם בגלגול אחר לשיהיה הכל על פי המשפט האמיתי והישר ועל כל זה נאמר הצור תמים פעלו כי כל דרכיו משפט וכו'. ואין בברואים ידיעה שתוכל לכלול מחשבותיו ית"ש ועומק עצתו רק הכלל הזה ידענו ככל שאר הכללים שאחד ממקורות מקריהם של בני האדם בעוה"ז הוא הגלגול על פי אותם החוקים והמשפטים הישרים שהוחקו לפניו ית' להשלמת זה הענין כלו".

obligated, according to the Talmud, in what is called "*Tziduk Hadin*," proclaiming the justness of Hashem even when His hand seems to be dealing with us harshly. An understanding of some of the deeper rules and principles can help us do "*Tziduk Hadin*" more wholeheartedly.[243]

- **Questioning versus feeling pain:** The Ramban notes that we are not to challenge Hashem's ways or reform our belief system at times when we are unable to accept something we see or to understand why such occurrences can exist. Nevertheless, when we observe something particularly harsh that we cannot understand, we are allowed, and maybe even obligated, to cry out just like an ill person moans in pain.[244]

  In this context, the Talmud adds, "A person is not taken to task for what he says in the time of his suffering."[245] Hashem forgives our outbursts of anger and frustration when they are

243 עיין ברמב"ן בספר שער הגמול וז"ל: "ואם תשאל עלינו כיון שיש ענין נעלם במשפט ונצטרך להאמין בצדקו מצד שופט האמת יתברך ויתעלה למה תטריח אותנו ותצוה עלינו ללמוד הטענות שפירשנו והסוד שרמזנו ולא נשליך הכל על הסמך שנעשה בסוף שאין לפניו לא עולה ולא שכחה אלא שכל דבריו במשפט זו טענת הכסילים מואסי חכמה כי נועיל לעצמנו בלימוד שהזכרנו להיותנו חכמים ויודעי אלהים יתברך מדרך האל וממעשיו ועוד נהיה מאמינים ובוטחים באמונתו ובנודע ובנעלם יותר מזולתנו כי נלמוד סתום ממפורש לדעת יושר הדין וצדק המשפט וכן חובת כל נברא עובד מאהבה ומיראה לתור בדעתו לצדק המשפט ולאמת הדין כפי שידו משגת..."

244 בהמשך בספר שער הגמול וז"ל: "...ועל זה נתחרט איוב ושב בתשובה לבוראו שכבר ידע מדברי אליהוא טענה ההוא שאמר לו היא טענה הגונה ומקובלת והיא סוף השגת האדם בידיעה הזאת ואין אחריה קושיא בידיעת האדם ונתברר לו בידיעה שלימה מענין נבואתו במענה אלקים יתברך כי כל מעשיו דר ובהשגחה ושיש עוד בהם טעמים סתומים אין מחשבה משגת אותם זולתי המחשבה שקדמה לבריאתו של עולם יתברך שמו וחפצו ויתעלה לנצח וסוף דבר ראוי להאמין בזה הענין לכל בעל מקרה ופגע כי מקריהו וצרתו יהיה מיחס זה תחלה אל מיעוטט עבירות שעשה...רק למי שהוא יודע בעצמו שהוא צדיק גמור ואין לו פשע עון מספיק לרעה המוצאה אותו ואפשר שישא פנים בעצמו וישיא נפשו בצדקו...יהיה החושב מיחלו התלאות בעיניו או שלות רשעים הזה בסוד העיבור [גלגולים] אם זכהו האלקים לדעתו מפי הקבלה הנאמנה...ועם כל זה יחשוב בין היודע בין שאינו יודע שיש אחרי כל זה צדק וטוב טעם ודעת במשפט האלקים מן הצד הנעלם והכל בצדק ובמשפט." ובדבריו לעיל בהסבר הנביאים שצווחו אומר: "...ומה שצווחין על הענין אינו אלא כדברי החולה שמצטער על חליו ומפליג על החולי וצועק על תוקף הצער והכאב...אף על פי שיודעין שהמדה אמת והמשפט צדק."

245 עיין בגמ' בבא בתרא טז: "איוב לא בדעת ידבר ודבריו לא בהשכל (איוב לד:לה) וכתיב כי לא דברתם אלי נכונה כעבדי איוב (איוב מב:ז) אמר רבא מכאן שאין אדם נתפס בשעת צערו."

Yichud Hashem — the Unity of Hashem 193

part of an emotional response or human reflex.[246] However, maintaining that anger after the moment of suffering has passed is inappropriate and damages us and our relationship with Hashem.

Contemplating the Depth of Ain Od Milvado — Removing Separation from Ourselves and the World

The Torah emphasizes repeatedly the idea that "*ain od*" — there is none but [Hashem]. We read, "You were shown in order that you will know that YHVH is Elokim, there is none other than Him" (*Devarim* 4:35), and "You shall know today and you shall place it in your heart through contemplation, that YHVH is Elokim in the Heavens above and on the earth below, there is no other" (*Devarim* 4:39). These verses clearly relate to our topic, *Yichud Hashem*, but the Torah does not specify, in these verses or elsewhere, precisely what call to action results from the focus on "*ain od*."

Several suggestions are offered by various authors. The *Chovos Halevavos* focuses on the "you shall know" aspect of these verses, teaching that one must reach intellectual clarity regarding Hashem's absolute Unity.[247]

Rabbeinu Yonah understands that these verses directly command us to spend time contemplating the greatness of the infinite Creator.[248] Such contemplation should bring a person to a full awareness that the

246 עיין ברש"י שם לגמ' שפירש: " שאין אדם נתפס — להתחייב על שהוא מדבר קשה מחמת צער ויסורין דקאמר לא בדעת ידבר לא אמר לא ברשע ידבר אלא לא בדעת."

247 עיין בהקדמה לספר חובות הלבבות וז"ל: "... כמו אמונת הייחוד: אם אנחנו חייבים לעיין בו מצד שכלנו, או אם יספיק לנו אם נדעהו מצד הקבלה, שנאמר שאלוהינו אחד כאשר יאמרו הפתאים מבלי אות ומופת, או אם אנחנו חייבים לחקור על עניין "האחד האמת" ו"האחד העובר", להבדיל העניין אצלנו משאר עניני האחדים הנמצאים, אם לא. והעניין הזה, אין המאמין רשאי שלא ידענו, שהתורה הזהירה עליו: דכתיב (דברים ד) וידעת היום והשבות אל לבבך וגו'. וכן שאר מצוות הלבבות שזכרנו ושאנו עתידים לזכור, אשר לא תיגמר אמונת המאמין אם לא ידעם ויעשם. והיא החכמה הצפונה אשר היא אור הלבבות ונוגה הנפשות. ועליה אמר הכתוב (תהילים נא) הן אמת חפצת בטוחות ובסתום חכמה תודיעני."

248 עיין בספר שערי תשובה שער ג סימן יז: "...ומעלות התבונן בגדולת ה' שנאמר 'וידעת היום והשבות אל לבבך כי ה' הוא האלקים' ודוד אמר (תהילים יד:ב) 'ה' משמים השקיף על בני אדם לראות היש משכיל דורש את אלקים'..."

whole creation, though seemingly independent from Hashem, is really completely subsumed in Him and His will.[249]

The Ba'alei Mussar add that the purpose of this contemplation is to help us fully integrate our knowledge with our actions. We should live what we believe. Our *emunah* should develop from a mere thought or belief system into the reality with which we live.[250]

The Higher Unity and the Lower Unity — Yichuda Ila'ah and Yichuda Tata'ah (The Secret of Tzimtzum)

We have been focusing on the words "*ain od milvado*" as the foundation of *Yichud Hashem*. Upon fully contemplating the concept underlying these words, one encounters a deep challenge. We have stressed that *Yichud Hashem* teaches both that Hashem's very essence is completely unified and the He is the only true Power. Anything else that appears to us to be a single unit or to have power of its own is simply "borrowing" those features from Hashem, Who alone represents perfect and infinite Unity and power. This is expressed succinctly in the very words "*ain od milvado*," there is truly nothing else besides Him. And herein is the challenge. Taken to its literal and conceptual extreme, these words

---

249 זה לשון רב צדוק הכהן בספר הזכרונות על מצות יחוד ה': "[התבוננות זו שזכר רבינו יונה] היא התבוננות עיון בענין יחוד כמו שסיים אין עוד וממה שאמר סתם 'אין עוד' ולא אמר 'אין עוד אלהים זולתו' מבואר דלא בא כאן להוציא אמונת השניות שזה כבר הוזהרו לא יהיה לך וכו' ואין צריך ידיעה והתבוננות להרחיק זה כי די הרחקה מה שהרחקתו והזהירה על זה אבל התבוננות שאין עוד היינו שום דבר כלל חוץ ממנו וזה צריך התבוננות גדול להבין היטב כל פרטי הבריאה כולם איך אין שום דבר חוץ ממנו ומצות שמע ישראל וכו' הוא חוד בדרך שמיעה ואמונה וכיון דאמליכתיה וכו' תו לא צריכת שאין צריך להתבוננות רק לקבל עול מלכות שמים דרך אמונה לדעת שאין שום דבר נפרד ממנו וחוצץ בפניו גם אחר שנברא העולם אבל מצות 'וידעת היום' הוא ההתבוננות בזה והוא כל חכמת מעשה בראשית ומעשה מרכבה הידועים לחכמי האמת שכל ענין חכמה זו הוא להראות אמיתות היחוד הזה שכל הבריאה כולה שנראית כנפרדת מן הבורא באמת אין שום פירוד כלל ודבר זה תכלית כל הבריאה שיהיו הנבראים כולם מכירים שאינם דבר נפרד מן הבורא וזהו כל תכלית התורה והמצות כולם לזכך הלב להגיע לידיעה והשגה זו דרך ראיה והתבוננות שכל פעולת האדם ומעשה אנוש ותחבולותיו הכל כאשר לכל אין שום דבר נפרד ממנו יתברך, וכל מה שהפליגו חז"ל בזוהר וחכמי האמת בספריהם חובת העסק בחכמת האמת הוא ממצות 'וידעת היום.'"

250 בספר דעת תורה לרבי ירוחם ליוואוויץ לספר שמות עמ' קא וז"ל: "הנה ביארנו כי עיקר עבודת האדם הוא וידעת היום והשבות אל לבבך להכניס כל ידיעותיו בלב להיות הידיעות והלב אחד עד שידיעותיו יתהוו ויהיו לעצם הלב."

seem to indicate that there is in fact nothing else. Infinity encompasses everything; there cannot be Infinity plus creation. Hashem is existence itself and His infinite Existence rules out the possibility for anything else to exist.

The *Zohar*[251] and subsequent Kabbalistic works[252] express this idea quite clearly, which obviously presents many problems for us. We are in fact self-aware of our own existence. What's more, the same Torah that proclaims "*ain od milvado*" teaches of Hashem creating the world, in much color and detail. Even more disturbingly, if our contemplation ultimately leads us to the realization that nothing truly exists, what could possibly be the purpose of this contemplation?

Clearly, we need a model to help us work through this idea and synthesize the competing principles we are discussing. The *Zohar* creates specific terminology to help describe this idea .[253] Having a vocabulary with which to speak about this tension is a first step toward better

251 עיין בזוהר הקודש חלק א דף יח עמוד א: "יהו"ה אחד ושמו אחד תרין יחודין חד דעלמא עלאה לאתיחדא בדרגוי וחד דעלמא תתאה לאתיחדא בדרגוי..."

252 עיין בספר נפש החיים שער ג פרק ג: "והוא ענין הכתוב (ירמיה כ"ג) 'הלא את השמים ואת הארץ אני מלא.' ויותר מפורש במשנ' תור' 'וידעת היום וגו' כי ה' הוא האלהי' בשמי' ממעל ועל הארץ מתחת אין עוד.' וכן 'אתה הראת לדעת כי ה' הוא האלהים אין עוד מלבדו.' והוא ממש כמשמעו שאין עוד מלבדו יתב' כלל בשום בחי' ונקודה פרטית שבכל העולמו' עליונים ותחתוני' והבריו' כולם. רק עצמות אחדותו הפשוט ית"ש לבד. והוא פנימיות אמרם ז"ל בדברים רבה פ"ב ד"א כי ה' הוא האלהים וגו' יתרו נתן ממש וכו' רחב וכו' משה שמהו אף בחללו של עולם. שנאמר כי ה' כו' בשמים ממעל ועל הארץ מתחת אין עוד. מהו אין עוד אפי' בחללו של עולם: וזה ג"כ בכלל מאמרם ז"ל שהוא ית' מקומו של עולם ואין העולם מקומו. היינו שאף כל המקומות שמורגשים לחוש במציאות אין המקומות מקומות עצמים. אלא הוא ית"ש הוא המקום של כל המקומות. שמצדו יתב' נחשבים כולם כאלו אינם במציאות כלל גם עתה כקודם הבריאה."

253 עיין בזוהר הקודש חלק א דף יח עמוד א: "יהו"ה אחד ושמו אחד תרין יחודין חד דעלמא עלאה לאתיחדא בדרגוי וחד דעלמא תתאה לאתיחדא בדרגוי...", וביארו במושגים אלו מהזוהר כך עיין בספר נפש החיים שער ג פרק ו "והוא גם כן א' מהטעמים שאחר יחוד פסוק ראשון דק"ש אומרים בשכלמ"ו והוא כמ"ש להלן בפ' י"א שענין יחוד פ' ראשון בתיבת אחד היינו לכוין שאדון יחיד ב"ה הוא אחד בכל העולמו' והבריו' כולם אחדות פשוט כמשמעו וכולם נחשבים לאין ואין עוד מלבדו יתברך לגמרי ושלא נבא להתבונן חלילה על מהות הענין איך ומה. לזאת אנחנו אומרים אח"ז ברוך שכמל"ו שיתבאר שם שהכוונה הוא על הבחי' שמצד השגתנו שמתראה מציאות עולמות ובריות מחודשים ברצונו יתברך הצריכים להתברך מאתו והוא המולך עליהם זהו ב"ש כבוד מלכותו וכו', וזהו הענין שפסוק ראשון נקרא בזוהר יחודא עלאה ופסוק בשכמל"ו נקרא יחודא תתאה. והוא מבואר."

understanding the relationship between the various strands that weave together when thinking about *Yichud Hashem*.

The *Zohar* draws a distinction between *Yichuda Ila'ah* — Higher Unity, and *Yichuda Tata'ah* — Lower Unity. Higher Unity describes the true *Ain Od Milvado* in its purest and most literal level as we described here. In the ultimate, purely objective truth, there is nothing other than Hashem Himself. As finite beings "stuck" in finite creation, we cannot conceptualize this idea. We can declare and affirm our belief in it, but we cannot understand it cognitively. Most importantly, it leaves no room for us to grow closer and discover anything more about ourselves, the world, or Hashem.

Then there is the Lower Unity, which refers to Unity of Hashem that we can grasp and that is revealed within the (limited and subjective) framework of creation. When we talk about the mitzvah of *Yichud Hashem*, defined as understanding Hashem's Unity of Being and His Unity of Sovereignty over creation, we are thus referring to the Lower Unity. Within the realm of this Lower Unity, there is opportunity for self-awareness, a relationship with Hashem, and a realization of one's purpose.

This dichotomy of the existence of a Higher and Lower Unity, which is seemingly impossible, is the miracle of creation. *Kabbalah* refers to this miracle as *tzimtzum* — contraction or veiling.[254] In creating some-

254 עיין בספר נפש החיים שער ג פרק ז: "ואלו הב' בחי' הנ"ל שמצדו יתברך ומצדנו הן הן עצמן ענין הצמצום והקו הנזכר בדברי האריז"ל. ואשר מבואר שם שמצד הצמצום לא יצדק בו שום שינוי וחילוק מקום מעלה ומטה פנים ואחור. רק השואה גמורה אמתית. וכל עניני השינוים וחילוק המקומות וכל השמות וכנויים כולם נאמרים רק מצד בחי' הקו, ועיין נמי בספר התניא פרק כ "ולבאר היטב ענין זה, צריך להזכיר תחילה בקצרה ענין ומהות אחדותו של הקב"ה, שנקרא יחיד ומיוחד, וכל מאמינים שהוא לבדו הוא, כמו שהיה קודם שנברא העולם ממש שהיה הוא לבדו, וכמו שנאמר (תפילת שחרית): "אתה הוא עד שלא נברא העולם אתה הוא משנברא כו'", פירוש, הוא ממש בלי שום שינוי, כדכתיב (מלאכי ג ו): "אני ה' לא שניתי", כי עולם הזה, וכן כל העולמות העליונים, אינן פועלים שום שינוי באחדותו יתברך בהבראם מאין ליש, שכמו שהיה הוא לבדו הוא יחיד ומיוחד קודם הבראם, כן הוא לבדו הוא יחיד ומיוחד אחר שבראם, משום ד"כולא קמיה כלא חשיב", וכאין ואפס ממש. כי התהוות כל העולמות, עליונים ותחתונים, מאין ליש וחיותם וקיומם המקיימם שלא יחזרו להיות אין ואפס כשהיה, אינו אלא דבר ה' ורוח פיו יתברך המלובש בהם. ולמשל: כמו בנפש האדם, כשמדבר דבר אחד, שדיבור זה לבדו כלא ממש אפילו לגבי כללות נפשו המדברת, שהוא בחינת לבוש האמצעי שלה, שהוא כח

thing other than Himself, Hashem veiled from that creation the reality of *Yichuda Ila'ah*, the Higher Unity, allowing for the presence of a finite world which is seemingly incongruous with His existence. The true nature of Hashem's existence, to the exclusion of anything else, is thus hidden from us through the process of *tzimtzum*.[255]

הדיבור שלה, שיכול לדבר דיבורים לאין קץ ותכלית, וכל שכן לגבי בחינת לבוש הפנימי שלה, שהוא המחשבה, שממנה נמשכו הדבורים והיא חיותם, ואין צריך לומר לגבי מהות ועצמות הנפש, שהן עשר בחינותיה הנ"ל — חכמה, בינה, דעת וכו', שמהן נמשכו אותיות מחשבה זו המלובשות בדיבור זה כשמדבר, כי המחשבה היא גם-כן בחינת אותיות כמו הדיבור, רק שהן רוחניות ודקות יותר, אבל עשר בחינות חב"ד כו' הן שורש ומקור המחשבה, ואין בהם בחינת אותיות עדיין קודם שמתלבשות בלבוש המחשבה. למשל, כשנופלת איזו אהבה וחמדה בלבו של אדם, קודם שעולה מהלב אל המוח לחשב ולהרהר בה, אין בה בחינת אותיות עדיין, רק חפץ פשוט וחשיקה בלב אל הדבר ההוא הנחמד אצלו, וכל שכן קודם שנפלה התאוה והחמדה בלבו לאותו דבר, רק היתה בכח חכמתו ושכלו וידיעתו, שהיה נודע אצלו אותו דבר שהוא נחמד ונעים וטוב ויפה להשיגו ולידבק בו, כגון ללמוד איזו חכמה או לאכול איזו מאכל ערב; רק לאחר שכבר נפלה החמדה והתאוה בליבו, בכוח חכמתו ושכלו וידיעתו, ואחר-כך חזרה ועלתה מהלב למוח לחשב ולהרהר בה, איך להוציא תאותו מכח אל הפועל להשיג המאכל או למידת החכמה בפועל, הרי בכאן נולדה בחינת אותיות במוחו, שהן אותיות כלשון עם ועם המדברים והמהרהרים בהם כל ענייני העולם."

255 עיין בספר נפש החיים שער ג פרק ז: "כי באור מלת צמצום כאן אינו לשון סילוק והעתק ממקום למקום להתכנס ולהתחבר עצמו אל עצמו כביכול להמציא מקום פנוי ח"ו אלא כענין שאמרו בב"ר ס"פ מ"ה וצמצמה פניה ולא ראתה המלך. ובאיכה רבתי בריש א"ב דאני הגבר הלכה וצמצמה פניה אחר העמוד שפירושו שם לשון הסתר וכיסוי (עיין בערוך ערך צמצם). כן כאן מלת צמצום היינו הסתר וכסוי והכוונה שאחדותו ית"ש בבחי' עצמותו הממלא כל עלמין הוא מצומצם ומוסתר מהשגתנו וכענין אכן אתה אל מסתתר (ישעיה מ. ה) והשגתנו מה שאנחנו משיגים מציאת השתלשלות עולמות זה למעלה מזה בבחי' שונים מכנים אנחנו. בשם קו שהוא כעין קו המשתלשל: וז"ש האריז"ל שמצד הצמצום היינו מצד עצמות אחדותו יתב' שבהעולמות הממלא את כל. אשר אף שמאתנו הוא מצומצם ומוסתר. אבל בבחי' עצמותו. לא יצדק ענין מעלה ומטה. רק מצד הקו היינו מצד השגתנו שאנחנו מצדנו משיגים סדר העולמות דרך השתלשלות כעין קו יצדק מצדנו מעלה ומטה. (ואף גם זאת שמצד הצמצום היינו אף שהוא ית"ש צמצם והסתיר מהשגתנו אור עצמות אחדותו הממלא כל עב"ז לא יצדק בו מעלה ומטה אף מצד השגתנו אם היינו משיגים הסתר שוה בהשואה גמורה בכל המקומות בענין עיגול המקיף שלא יצדק בו מעלה ומטה וחילוק מקום אך מצד הקו היינו שמאחר שגזרה רצונו יתב' שגם אחר הצמצום וההסתר. אין ההסתר שוה להשגתנו בכל המקומות בשוה ואנחנו משיגים השגות שונים בחילוק בחי' פרטים דרך השתלשלות כעין קו אור המאיר השגתנו להשיג התגלות אורו יתב' בעולמות וכחות חלוקים. שכל עולם וכח היותר עליון ההתלגות אור האלקי בו יותר וגם השגתינו התגלות אורו יתב' בזה העולם הוא גם כן בבחי' ומדרגות שונים במקומות חלוקים כמו שמנו רז"ל עשר קדושות וג' מחנות מקודשות. זו למעלה מזו בערך קדושתם אז מצד קו אור השגתינו התגלות אורו ית' הוא שיצדק בו מעלה ומטה וכל חילוקי המקומות והבחי' שונים ופרטיהם המבוארים בדברי האריז"ל וכן ענין המקראות

To a certain extent, we acknowledge this tension constantly in our use of different names to relate to Hashem. We use the name comprised of *yud*, *hei*, *vav*, *hei* to refer to Hashem as the only existence —*Ain Od Milvado*. Deriving from the root of the Hebrew word "to be" (היה), this name describes Hashem's essence as Existence itself. It is thus representative of the Higher Unity. *Elokim*, on the other hand, expresses mastery over something; it is a concept only relevant in a framework within which there is something to be Master over, in this case, creation. As such, the name *Elokim* is associated with the Lower Unity.

In the first verse of the *Shema*, שמע ישראל ה' אלוקינו ה' אחד, we affirm the Higher Unity when we assert that He is One, truly One, in the most absolute sense. There is nothing else. We then immediately follow with ברוך שם כבוד מלכותו לעולם ועד, affirming the Lower Unity by invoking Hashem's Kingship. Kingship implicitly alludes to the miracles of *tzimtzum* and creation, as He can only be King if there is something outside of Himself over which to be King.[256]

The Higher/Lower Unity model thus provides a tool with which we may relate to the entire picture of reality, the level we can perceive and grasp as well as the reality that is beyond our ability to grasp, but still within our ability to acknowledge.[257] Appreciating this complex,

---

אל עליון ואלהינו בשמים יושב בשמים והרבה כיוצא. שמצד השגתנו יצדק לומר שבמקום זה ניכר יותר גם אצלנו התגלו' אור אלקותו יוז"ש מבמקו' אחר שהתגלו' אורו ית' הוא בבחי' הסתר מהשגתנו. וכענין שאמר יעקב אבינו ע"ה בעמדו על מקום המקדש כמו שקבלו רז"ל אין זה כי אם בית אלהים. ר"ל שבזה המקום מושג גם להשגת האד' שאין בו רק התגלות אור אלקותו יתברך לב."

256 עיין בספר נפש החיים שער ג פרק ו: "והוא גם כן א' מהטעמים שאחר יחוד פסוק ראשון דק"ש אומרים בשכלמ"ו והוא כמ"ש להלן בפ' י"א שענין יחוד פ' ראשון בתיבת אחד היינו לכוין שאדון יחיד ב"ה הוא אחד בכל העולמו' והבריו' כולם אחדות פשוט כמשמעו וכולם נחשבים לאין ואין עוד מלבדו יתברך לגמרי ושלא נבא להתבונן חלילה על מהות הענין איך ומה. לזאת אנחנו אומרים אח"ז ברוך שכמל"ו שיתבאר שם שהכוונה הוא על הבחי' שמצד השגתנו שמתראה מציאות עולמות ובריות מחודשים ברצונו יתברך הצריכים להתברך מאתו והוא המולך עליהם זהו ב"ש כבוד מלכותו וכו', וזהו הענין שפסוק ראשון נקרא בזוהר יחודא עלאה ופסוק בשכמל"ו נקרא יחודא תתאה. והוא מבואר."

257 עיין בספר נפש החיים שער ג פרק ה: "אבל עכ"ז הן הן גבורותיו ונוראותיו ית"ש. שאעפ"כ צמצם כביכול כבודו ית' שיוכל להמצא ענין מציאות עולמות וכחות ובריות נבראים ומחודשים בבחי' שונים וענינים מחולקים וחילוקי מקומות שונים מקומות קדושים וטהורים. ולהיפך טמאים ומטונפים והוא הבמי' אשר מצדינו. היינו שהשגתנו אינה משגת בחוש רק ענין מציאותם כמו שהם נראים שעפ"י זאת הבחי' נבנו כל סדרי חיוב הנהגתינו

multi-faceted aspect of our reality brings a deep humility and *Yiras Shamayim*.[258] Moreover, developing our understanding of the ultimately unknowable nature of the *Yichuda Ila'ah* protects us further from the dangers of possibly describing Hashem inappropriately or incorrectly.[259]

שנצטווינו מפיו ית' חק ולא יעבור. ומצד זאת הבחי' הוא שדימוהו רז"ל כביכול בענין הנשמה אל הגוף וכמ"ש בזוהר שהוא ית' הוא נשמתא דכל עלמין שכמו שבאדם לא נראה בחוש רק הגוף והנשמה אף שהיא מלאה את כל הגוף היא בבחינת הסתר לעיני בשר ונגלית לעיני שכל. כן כפי השגתינו הנגלית נראה מציאות העולמות והבריות כולם ושהוא ית"ש מתפשט ומסתתר כביכול בפנימו' כולם להחיות' ולקיימם כענין הנשמה שמתפשטת ומסתתרת בפנימו' כל פרטי חלקי אברי הגוף להחיותו. וכל השמות והכנוים והתארים והמדות עליו יתב' שמצינו בתוה"ק כולם מדברים מצד זאת הבחי' כפי שהוא מצדינו וסדרי חיוב הנהגותינו שהוא מצד התחברותו ית' אל העולמות שמצדם ועל ידיהם נמשך כל השינוים של פרטי סדרי ההנהגה כולם כמש"ל בשער ב': וז"ש בהקדמת התיקונים הנ"ל דע"ס דאצילות מלכא בהון איהו וגרמי' חד בהון אינון וחייהון חד בהון מה דלאו הכי בע"ס דבריאה דלאו אינון ואיהו חד לאו אינון וגרמיהון חד ועלת על כולא הוא נחית בעשר ספירן דאצילות ונהיר בע"ס דבריאה ובעשר כתות דמלאכייא ובעשר גלגלי דרקיעא. ולא אשתני בכל אתר רמז לב' הבחי' הנ"ל כמבואר ובב"ר פ"ד אמרו כשהוא רוצה הלא את השמים ואת הארץ אני מלא וכשהוא רוצה היה מדבר עם משה מבין שני בדי הארון. ארחב"א פעמים שאין העולם ומלואו מחזיקים כבוד אלהותו פעמים שהוא מדבר עם האדם מבין שערות ראשו כו' וכ"ה בשמות רבה פ"ג. רמזו ג"כ לאלו ב' הבחי' כמבואר למבין: ולכן נקרא הוא יתברך בכל דברי רז"ל בשם הקדוש ברוך הוא. פי כללו בזה השם הנכבד. אלו הב' בתי' יחד. כי קדוש פירושו מובדל ונעלה. והוא כפי אשר מצדו יתב' שהוא באמת מופרש ומובדל ומאד נעלה מכל עניני החילוקים ושנויים חלילה רק הכל מלא אחדות גמור לבד בהשוואה גמורה ומרומם מעל כל ברכה ותהלה ואיננו צריך להתברך ח"ו וע' תיקונ' ת"ע ק"ל סוף ע"א וגם לא שייך כלל לפי זאת הבחי' שום ענין תוספת ורבוי ברכה. כיון שהכל אחדות פשוט לבד כקודם הבריאה. וכמ"ש (ישעיה מ') ואל מי תדמיוני ואשוה יאמר קדוש. שזה הכתוב נאמר על עצמות אחדותו יתב' כידוע ברע"מ ותקונים ומצד בחי' השגתנו מציאות הכחות והעולמות. הוא נקרא ברוך כביכול מצד התחברותו יתב' אליהם. כי הם הצריכים לענין התוספת ורבוי ברכה ושפע ע"י מעשי האדם הרצוים כמש"ל בשער ב'. וזהו הקב"ה ר"ל שהוא מצדו ית' קדוש והוא הוא עצמו נקרא ברוך כביכול מצדנו והכל א'. וע"ז הבחי' שמצדנו הוא שנאמרו המקראות. אל עליון. יושב בשמים. והרבה כיוצא."

258 עיין בספר נפש החיים שער א פרק כב: "ומי שזיכהו ית"ש. להשיג נסתרות תוה"ק אשר השאירו לנו ברכה קדישי עליונין חכמי התלמוד כגון רשב"י וחביריו ותלמידיו וששותין מימיו בדורות האחרונים כמו הרב הקדוש איש אלקים נורא האריז"ל. אשר האירו עינינו בקצת טעמי וכונות המצות. הוא רק כדי שיתבונן כל א' לפי שכלו והשגתו. עד היכן מגיעים כל פרטי מעשיו ודבוריו ומחשבותיו וכל עניניו בהעולמות והכחות עליונים ותחתונים. ויתפעל ויתעורר מזה לעשות ולקיים כל מצוה וכל עניני עבודתו לבוראו ית"ש. בתכלית הדקדוק ובאימה ויראה ואהבה עצומה ובקדושה וטהרת הלב. ועי"ז יגרום תקונים יותר גדולים בהעולמות. מאם היה מקיים המצוה בלא קדושת וטהרת הכוונה. אמנם העיקר בכל המצות לעיכובא. הוא פרטי המעשה שבהם:"

259 עיין בספר מורה נבוכים חלק א פרק נז-נט ענין שלילת השגתנו והבנה בעצם הקב"ה, שבזה נדע נאמנה שאין בידינו להבין את האין סוף עד תכלית.

In summary, both sides of our original conflict are true. *Ein Od Milvado* is unequivocal: There is nothing but Hashem in the absolute, objective sense, but our reality is true as well inasmuch as we know Hashem wills it to be so. From our perspective, the universe exists and we exist as a part of it because Hashem created us. He is constantly involved in running and operating His entire creation.[260] To us, He is the Source of our existence and we can approach Him and serve Him. *Ain Od Milvado* is a truth the Torah had to reveal to us, for it conflicts

260 עיין בספר נפש החיים שער ג פרק ד וז"ל: שם "והענין כי ודאי האמת. שמצדו יתב' גם עתה אחר שברא וחידש העולמות ברצונו הוא ממלא כל העולמות והמקומות והבריות כלם בשיווי גמור ואחדות פשוט. ואין עוד מלבדו כמשמעו ממש. וכמ"של ממקראות מפורשים ובשם הרוקח ז"ל. וכמו שתקנו לנו קדמונינו ז"ל לומר קודם התפלה אתה הוא עד שלא נברא העולם אתה הוא משנברא העולם. ר"ל אף שכבר נבראו העולמות ברצונו הפשוט יתב'. עכ"ז אין שום שינוי והתחדשות ח"ו ולא שום חציצה מחמתם בעצמות אחדותו הפשוט. והוא הוא גם עתה כקודם הבריאה שהיה הכל מלא עצמות א"ס ב"ה גם במקום שעומדים העולמות עתה. ולבך תשית לדברי קדוש ה' רבינו שמואל אביו של הקדוש ר"י חסיד בשיר היחוד שחיבר. ביחוד יום ב' אין קצה כו' ואין תוך מבדיל בינותיך כו' ע"ש. וביחוד יום ג' סובב את הכל ומלא את כל. ובהיות הכל אתה בכל כו' ע"ש עוד בזה: ז"ש רז"ל בהדברים שדימו התחברותו יתברך להעולמות. להתחברות הנשמה להגוף מה הנפש טהור' בגוף אף הקב"ה טהור בעולמו (וי"ר סו' פ"ד) ר"ל כענין הנשמה אף שמתפשט' בכל פרטי אברי האדם. הנקיים וגם המלאים לכלוך טינופת וזוהמא. ועכ"ז אינם חוצצים כלל לענין טהרתה ובקדושתה וטהרתה עומדת. כן הענין. אם שהוא יתב' ממלא את כל. וכל המקומות. מקומות הטהורים והמקודשים ואשר איננם טהורים. אעפ"כ אינם חוצצים כלל ולא גורמים שום שינוי חלילה לקדושת טהרת עצמותו ואחדותו הפשוט יתב'. וז"ש (מלאכי ג) אני ה' לא שניתי. וכמ"ש בתז"ח דף פ"ח סוף ע"ד וכל ישראל דקבילו מניה אורייתא אינון עבדין לי' אחד בה ובכל אתוון ושמהן קדישין דילי' ובכל משריין עלאין ותתאין דאתבריאו בהו ובכל בריין עלאין ותתאין. ולעילא מכלהו אחד ולתתא מכלהו ומלגאו דכלהו ומלבר דכלהו איהו אחדכו' הכי איהו מלגאו דכל עלמין כמו מלבר דכל עלמין לא אשתני כו' (פרק ה) — אבל עכ"ז הן הן גבורותיו ונוראותיו ית"ש. שאעפ"כ צמצם כביכול כבודו ית' שיוכל להמצא ענין מציאות עולמות וכחות ובריות נבראים ומחודשים בבחי' שונים וענינים מחולקים וחילוקי מקומות שונים מקומות קדושים וטהורים. ולהיפך טמאים ומטונפים והוא הבמי' אשר מצדינו. היינו שהשגתנו אינה משגת בחוש רק ענין מציאותם כמו שהם נראים שעפ"י זאת הבחי' נבנו כל סדרי חיוב הנהגתינו שנצטווינו מפיו ית' חק ולא יעבור. ומצד זאת הבחי' הוא שדימוהו רז"ל כביכול כענין הנשמה אל הגוף וכמ"ש בזוהר שהוא ית' הוא נשמתא דכל עלמין שכמו שבאדם לא נראה בחוש רק הגוף והנשמה אף שהיא מלאה את כל הגוף היא בבחינת הסתר לעיני בשר ונגלית לעיני שכל. כן כפי השגתינו הנגלית נראה מציאות העולמות והבריות כולם ושהוא ית"ש מתפשט ומסתתר כביכול בפנימו' כולם להחיות' ולקיימם כענין הנשמה שמתפשטת ומסתתרת בפנימו' כל פרטי חלקי אברי הגוף להחיותו. וכל השמות והכנוים והתארים והמדות עליו יתב' שמצינו בתוה"ק כולם מדברים מצד זאת הבחי' כפי שהוא מצדינו וסדרי חיוב הנהגותינו שהוא מצד התחברותו ית' אל העולמות שמצדם ועל ידיהם נמשך כל השינוים של פרטי סדרי ההנהגה כולם כמש"ל בשער ב'."

with the very fact of our existence. This is a difficult concept, but it is one that provides us with a path toward a genuine relationship with Hashem as He truly is.

As noted above, contemplation and awareness of these ideas can greatly benefit one's *Avodas Hashem*. Nevertheless, there are several dangers associated with focusing on *Yichuda Ila'ah*.

First, even though we do need, at some point in our growth, to grasp the notion of Higher Unity, we are warned not to try to understand it on a deeper level. Basic knowledge of the Higher Unity is important and can affect one deeply in the form of greater humility, transcending inappropriate dogma, and achieving a sense of one's place vis-à-vis Hashem. But the mind is not meant to actually grasp the inner depth of the Higher Unity.[261] The Mishnah warns, "A person should not ask what was before and what is after, what is above and what is below."[262] Before, after, above, and below refer to those aspects of reality that extend beyond the capabilities of our perception — the *Yichuda Ila'ah*.

Further, a misunderstanding or misapplication of the Higher Unity can also lead a person to become confused about the binding nature of the laws of Torah and the importance of conducting oneself according to the specific boundaries and guidelines of *halachah*.[263] The assertion

---

261 עיין בספר נפש החיים שער ג פרק ח "ולכן נאסר החקירה והתבוננות במהות ענין הצמצום כמ"ש האריז"ל כמש"ל שלא הורשינו להתבונן כלל לידע ולהשיג מהות ענין מקומו של עולם איך שהכל מלא רק אחדותו הפשוט ית'. ואין עוד מלבדו כלל לגמרי מצדו יתב' והאמת שהוא בכלל שאל' וחקיר' מה לפנים שלמדוהו ז"ל (בר"פ אין דורשין) מכתוב כי שאל נא לימים ראשונים למן היום אשר ברא אלהים אדם וכו' ואי אתה שואל וכו'."

262 חגיגה יא:

263 עיין בספר נפש החיים שער ג פרק ג "אמנם כבר הקדמנו בתחלת דברינו. שהמשילו דבריהם ז"ל כגחלי אש. שיהא זהיר מאד בגחלתן שלא ליכנס להתבונן ולחקור יותר מדאי. בדברים שאין הרשות נתונה להתבונן הרבה ויכוה ח"ו. וכ"ה זה הענין הנורא. אין הדבר אמור אלא לחכם ומבין מדעתו פנימיות הענין בשיעורא דלבא לבד ברצוא ושוב. להלהיב בזה טוהר לבו לעבודת התפלה. אבל רב ההתבוננות בזה הוא סכנה עצומה. וע"ז נאמר בס"י ואם רץ לבך שוב למקום כמש"ל פ"ב וכמ"ש אי"ה להלן פרק ו'. ובאמת הייתי מונע עצמי מלדב' בענין זה כלל כי הראשוני' ז"ל הסתירו הענין מאד כמו שתרא' דברי קדוש ה' הרוקח ז"ל הובא לעיל שלא דיבר בזה רק ברמז. כי נאמנה את אל רוחם וכסו דבר. אבל שבתי וראיתי. שכך היה יפה להם לפי דורותיהם. אבל עתה הן ימים רבים ללא מורה. וכל דרך איש ישר בעיניו להלוך אחרי נטיית שכלו. וכל יצר מחשבו' לב האד' מלא רק לעוף במחשבתו אל כל אשר יענו שכלו. והעולה על כולם. שזה תורת כל האדם ונעשה משל גם בפי כסילים. לאמר הלא בכל מקום וכל דבר הוא אלהות גמור. ועינם

that there is "truly" nothing but Hashem, Who is infinite and unchanging, can lead to the suggestion that there is no purpose for mitzvos or other boundaries at all.[264] This is a heretical view. While we do not know why Hashem created the spiritual and physical worlds in the way He did, He clearly desired that we operate within a framework of boundaries, one in which we must learn to discern between pure and impure, permitted and forbidden. This too is part of the *tzimtzum*. We strive to cling to Him, and in so doing, we elevate and transcend the lowliness of the physical world, but we must remain firmly rooted in the construct of the universe Hashem put before us and the Torah He gave us to navigate that universe.

Finally, the *avodah* to recognize and appreciate *Yichuda Ila'ah* and *tzimtzum* is only recommended for people who are emotionally, mentally, and spiritually prepared to deal with it.[265] Even such people are encouraged

---

ולבם כל הימים להעמיק ולעיין בזה. עד שגם נערים מנוערים ממשכא להו לבייהו לקבוע כל מעשיהם והנהגתם בזה לפי שכלם זה. וכמה זהירות יתירה צריך האדם להזהר בזה ולשמור את נפשו מאד במשמרת למשמרת. שאם ח"ו יקחנו לבנו לקבוע לנו מחשבה זו להתיר לעצמנו להתנהג גם במעשה לפי המחשבה זו. הלא יוכל להולד מזה ח"ו הריסת כמה יסודות התוה"ק ר"ל. ובנקל יוכל להלכד ח"ו ברשת היצר שיראה לו היתרא עפ"י מחשבה זו דרך משל להרהר בד"ת בשאט נפש אף במקומות המטונפי'. אחר שיוקבע אצלו תחלה שהכל אלהות גמור. ורז"ל הפליגו בזה מאד וכרתוהו ברוח קדשם מהיות לו חלק לעה"ב ר"ל. כמ"ש (ברכות כ"ד ב') שבכלל כי דבר ה' בזה הוא גם המהרהר ד"ת במבואות המטונפים. וממילא נשמע סיפי' דהאי קרא הכרת תכרת וכו' ופירשוהו ז"ל בפ' חלק (צ' ע"ב) הכרת בעה"ז תכרת לעה"ב. ועוד כמה טעיות שיוכל לצא' ח"ו אם היה נקבע ההנהגה במעשה עפ"י זה הדרך. וזה שהביאני להכנס לדבר בזה הענין ולהזהיר ולהרחיק מטעות שיוכל להולד מזה ח"ו. ולהבין על בוריו כל מה שרמזו לנו רז"ל בזה והנם ככל דרכי ה' הישרים. ועת לעשות."

264 עיין בספר נפש החיים שער ג פרק ו: "כל יסודי תורה הקדושה בכל האזהרות והמצות כולם עשה ול"ת כולם הולכים עפ"י זאת הבחי' שמצד השגתנו שודאי יש חילוק ושינוי מקומות שבמקומות הטהורים מותרים וגם חייבים אנחנו לדבר או להרהר דברי תורה. ובמקומות המטונפים נאסרנו בהם אף ההרהור ד"ת. וכן כל עניני וסדרי חיוב הנהגותינו שנצטוינו מפיו בתוה"ק ובלתי זאת הבחי' שמצדנו אין מקום לתורה ומצות כלל." ובהמשך שם שער ג פרק ח: "וגם להזהר מאד' שלא יהא ממשכא לבא לקבוע כל סדר ההנהגה במעשה עפ"י זה הענין הנורא כי בקל יוכל להולד מזה להתנהג בכמה דברים גם נגד חוקי ויסודי תוה"ק ולא יעבור כתיב."

265 עיין בספר נפש החיים שער ג פרק ב: "וז"ש בספר יצירה (פ"א מ"ח) ע"פ בלימה בלו' פיך מלדב' ולבך מלהרהר. ואם רץ לבך שוב למקום שלכך נאמר רצוא ושוב מר למקום דייקא. היינו כאם ירוץ מחשבת לב האדם להשיג המושכל איך נמשך התהוותם כל רגע ממנו ית"ש. שוב למקום להשיג ערך המושכל מדמיון המורגש בבחי' מקום כנ"ל. וע' פי' רמב"ן ז"ל על משנה זו." ועיין בהמשך דבריו שם בנפש החיים שער ג פרק ג "אמנם כבר הקדמנו בתחלת דברינו. שהמשילו

to engage in this contemplation in the manner of *ratzah v'shav*, to run through and return. This is the description of the angels' activity in the vision of Yechezkel known as the *Ma'aseh Merkavah* (*Yechezkel* 1:14). The angels elevate, approach the Throne momentarily, and return to their positions. So too, even a person who is prepared to do so should contemplate the concept of the Higher Unity, but only briefly to work on greater humility, break through dogma, and feel "*bittul*," and then return to the basic framework of Lower Unity. An appropriate time to engage in this type of brief meditation is while reciting the first verse of the *Shema*.[266]

דבריהם ז"ל כגחלי אש. שיהא זהיר מאד בגחלתן שלא ליכנס להתבונן ולחקור יותר מדאי. בדברים שאין הרשות נתונה להתבונן הרבה ויכוה ח"ו. וכ"ה זה הענין הנורא. אין הדבר אמור אלא לחכם ומבין מדעתו פנימיות הענין בשיעורא דלבא לבד ברצוא ושוב. להלהיב בזה טוהר לבו לעבודת התפלה. אבל רב ההתבוננות בזה הוא סכנה עצומה. וע"ז נאמר בס"י ואם רץ לבך שוב למקום כמש"ל פ"ב וכמ"ש אי"ה להלן פרק ו."

266 עיין בספר נפש החיים שער ג פרק ח: "מטעם שודאי ראוי להאדם הישר חכם לבב הקבוע כל הימים בת"ת ומצות נאמנה את אל רוחו לידע מציאות זה הענין הנורא דרך כלל שאדון יחיד ית"ש מלא את כל ואין עוד מלבדו ית' להלהיב מזה טוהר קדושת מחשבתו לעבודת התפלה לכוין לבו באימה ויראה ורתת למקום הוא מקומו של עולם. (ומקומו של עולם הוא הוא כוונת ענין הצמצום. והוא מבואר כנ"ל). כמאמרם ז"ל שהמתפלל צריך שיכוין לבו למקום וכן אמרו וכשאתה מתפלל אל תעש וכו' אלא רחמים ותחנונים לפני המקום ב"ה וכענין שאמר ר"א לתלמידיו (ברכות כ"ח ב') דעו לפני מי אתם מתפללים. וכן ביחוד פסוק ראשון דק"ש בתיבת אחד ראוי להעובד אמתי לכוין בקדושת מחשבתו שהוא ית"ש מצידו הוא א' כמשמעו גם בכל הברואים כולם אחדות פשוט לבד כקודם הבריאה וכמ"ש אי"ה להלן: גם להיות ירא וחרד מזה מלעבור ח"ו על אחת ממצותיו יתברך כי מלא כה"כ כמש"ה (ירמיה כ"ג) אם יסתר איש במסתרים ואני לא אראנו כו' הלא את השמים ואת הארץ אני מלא וכעין שאמר דוד המע"ה שויתי ה' לנגדי תמיד: והוא ענין חילול ה' הנא' בכ"מ כעין שפי' בזוהר פסוק מחלליה וכו' שהוא לשון חלל ופניית מקום. כן הענין כאן שמראה ח"ו כאלו המקום שעומד בו הוא חלול פנוי ממנו ית' ואינו חושש מלעבור על מצותיו יתב' וכענין זה מאמרם ז"ל (ספ"ק דקדושין) כל העובר עבירה בסתר כאלו דוחק רגלי השכינה: (ובזה יתישב מאי דקשיא טובא ובעיני כל חכם לב יפלא. מאין התיר האריז"ל לעצמו לדבר ולהזכיר כלל ענין הצמצום כיון שהתבוננות בו אסורה. ולפמ"ש ענין הצמצום. באמת הענין נוהג בכל מקום וזמן גם בזה העולם לשרידים אשר ה' קורא לידע מציאות זה הענין הנורא מטעמים הנ"ל וכן ברע"מ ותקונים וקדוש ה' רבינו שמואל בעל שיר היחוד הנ"ל והרוקח ז"ל שהזכירו הענין ברמז למבין הכל מאל"ו הטעמים הנזכרים וכמבואר למבין ברוקח שם בשורש קדושת היחוד ע"ש). אמנם הזהר מאד בנפשך. זכור ואל תשכח אשר נתבאר למעלה שאין הדבר אמור אלא לדעת הענין ידיעת הלב דרך כלל בשיעורא דלבא לבד אבל לא לחקור ולהתבונן ח"ו במהות הענין וגם להזהר מאד' שלא יהא ממשכא לבא לקבוע כל סדר ההנהגה במעשה עפ"י זה הענין הנורא כי בקל יוכל להולד מזה להתנהג בכמה דברים גם נגד חוקי ויסודי תוה"ק ולא יעבור כתיב וכמש"ה וידעת היום והשבת אל'. לבבך כי ה' נו'. בשמים ממעל וכו' אין עוד. אל לבבך דוקא היינו רק באובנתא דלבא ושעורא דלבא לבד וכעין שאמרו בתפלה יכוין לבו למקום."

Third Definition of Yichud: Kabbalas Ol Malchus Shamayim — Accepting the Yoke of the Kingdom of Heaven

A central feature of *Yichud Hashem*, and indeed of serving Hashem altogether, is "*kabbalas ol Malchus Shamayim*," accepting the Yoke of Heaven upon oneself.[267] One's sense of Hashem's absolute Kingdom is

---

וע"ע בספר התניא פרק ד. ברור שכוונת הספר היתה לעזור אפילו לאנשים פשוטים להשיג את דרגת התבוננות באין סוף ברוך הוא בכל שעות התורה והמצוות ולא רק בשעת ק"ש ותפילה לבד. וז"ל שם בפרק ד: "ואף דהקב"ה נקרא אין סוף, (תהלים קמה ג): 'ולגדלתו אין חקר', ולית מחשבה תפיסא ביה כלל. וכן ברצונו וחכמתו, כדכתיב: (ישעיהו מ ח): 'אין חקר לתבונתו', וכתיב: (איוב יא ז): 'החקר אלוה תמצא'; וכתיב: (ישעיהו נה ח): 'כי לא מחשבותי מחשבותיכם', הנה על זה אמרו: במקום שאתה מוצא גדולתו של הקב"ה שם אתה מוצא ענותנותו (ילקוט שמעוני פרשת עקב רמז תתנו, ילקוט שמעוני ישעיהו רמז תפח). וצמצם הקב"ה רצונו וחכמתו בתרי"ג מצוות התורה ובהלכותיהן, ובצרופי אותיות תנ"ך, ודרשותיהן שבאגדות ומדרשי חכמינו ז"ל, בכדי שכל הנשמה או רוח ונפש שבגוף האדם תוכל להשיגן בדעתה ולקיימן כל מה שאפשר לקיים מהן במעשה דבור ומחשבה, ועל ידי זה תתלבש בכל עשר בחינותיה בשלשה לבושים אלו.ולכן נמשלה התורה למים: מה מים יורדים ממקום גבוה למקום נמוך,כך התורה ירדה ממקום כבודה, שהיא רצונו וחכמתו יתברך (ואורייתא וקודשא בריך הוא כולא חד ולית מחשבה תפיסא ביה כלל), ומשם נסעה וירדה בסתר המדרגות, ממדרגה למדרגה, בהשתלשלות העולמות, עד שנתלבשה בדברים גשמיים ועניני עולם הזה, שהן רוב מצוות התורה ככולם והלכותיהן, ובצרופי אותיות גשמיות בדיו על הספר, עשרים וארבעה ספרים שבתורה נביאים וכתובים; כדי שתהא כל מחשבה תפיסא בהן. ואפילו בחינות דבור ומעשה, שלמטה ממדרגת מחשבה, תפיסא בהן ומתלבשת בהן. ומאחר שהתורה ומצוותיה מלבישים כל עשר בחינות הנפש וכל תרי"ג אבריה, מראשה ועד רגלה, הרי כולה צרורה בצרור החיים את ה' ממש, ואור ה' ממש מקיפה ומלבישה מראשה ועד רגלה, כמו שכתוב: (שמואל ב כב ג): 'צורי אחסה בו', וכתיב: (תהלים ה יג): 'כצנה רצון תעטרנו', שהוא רצונו וחכמתו יתברך המלובשים בתורתו ובמצוותיה. ולכן אמרו: (משנה אבות ד יז): 'יפה שעה אחת בתשובה ומעשים טובים בעולם הזה מכל חיי (ה)עולם הבא'. כי עולם הבא הוא שנהנין מזיו השכינה, שהוא תענוג ההשגה, ואי אפשר לשום נברא, אפילו מהעליונים, להשיג כי אם איזו הארה מאור ה', ולכן נקרא בשם 'זיו השכינה'. אבל הקב"ה בכבודו ובעצמו, לית מחשבה תפיסא ביה כלל. כי אם כאשר תפיסא ומתלבשת בתורה ובמצוותיה, אזי היא תפיסא ומתלבשת בהקב"ה ממש, דאורייתא וקודשא בריך הוא כולא חד.ואף שהתורה נתלבשה בדברים תחתונים גשמיים, הרי זה כמחבק את המלך דרך משל, שאין הפרש במעלת התקרבותו ודביקותו במלך בין מחבקו כשהוא לבוש לבוש אחד בין שהוא לבוש כמה לבושים, מאחר שגוף המלך בתוכם. וכן אם המלך מחבקו בזרועו, גם שהיא מלובשת תוך מלבושיו, כמו שכתוב: (שיר השירים ב ו): 'וימינו תחבקני', שהיא התורה שנתנה מימין, שהיא בחינת חסד ומים."

267 עיין בסמ"ג מצות עשה ב: "להאמין ולשמוע היא הקבלה שהוא אחד בשמים ובארץ ובארבע רוחות העולם שנאמר 'שמע ישראל ה' אלקינו ה' אחד' שמע כמו תקבל וכן (דבה"י ב ו, כג) '[ו]אתה תשמע מן השמים': וצריך (ברכות יג, ב) שיאריך דלי"ת עד שיגמור בכוונתו מחשבה זו שביארנו, ולא יאריך באל"ף דאחד שלא יראה כאומר אי חד (עיי' ב"י שכתב שזהו מן הירושלמי): וזה האחד אינו כשאר האחדים שהמלך הוא אחד בארצו אבל אינו אחד מכל צדדין כי יש בארצו אנשים שהם אנשים כמותו ובשאר ארצות יש מלכים כמותו, ואם מלאך

certainly a strong barometer of whether a person is fulfilling the mitzvah of *Yichud Hashem*. According to the Rambam, this is actually the essence of the mitzvah itself.[268]

Our sages teach: "First a person must accept upon himself the yoke of Heaven and then accept upon himself the yoke of the mitzvos."[269] The first yoke creates my awareness and knowledge of reality, obligating me in turn to see the world from the perspective of Hashem's purpose. I must then internalize the responsibility that comes with this awareness to remain steadfast in my commitment to recognize and serve Hashem as the Master of the universe.

Our Torah, mitzvos, and other aspects of devotion to Hashem only have meaning when built upon the foundational context of our acceptance of Hashem's yoke. If a person happens to do a mitzvah or learn words of Torah but does not accept the yoke of Heaven, he or she is not actually performing a "mitzvah," a commandment. Only someone who at least recognizes the sole Dominion of Hashem in the world and thus accepts to serve Him because it is His will can be considered to have actually done the mitzvah.[270] In fact, *halachah* dictates that in order to fulfill a mitzvah, such as eating matzah on the first night of Pesach,

---

מן השמים ירד למטה לארץ הנה המלאך ההוא אחד בארץ אבל אינו אחד מכל צדדין כי יש בשמים מלאכים כמותו אבל ה׳ אלקינו אינו כך הוא אחד מכל צדדין."

וזה ענין הביטוי בחז"ל "קבלת עול מלכות שמים", ולהלכה מובא בפוסקים שלא די שאדם לא יפרוק עול זה אלא צריך בפועל לקבלו עליו פעמיים בכל יום, עיין במ"ב סימן ס ס"ק יא וגם סימן סא ס"ק ג.

268 עיין ברמב"ם ספר המצוות מצות עשה ג וז"ל: "היא הצווי שצונו באמונת היחוד והוא שנאמין כי פועל המציאות וסבתו הראשונה אחד והוא אמרו יתעלה שמע ישראל ה׳ אלהינו ה׳ אחד וברוב המדרשות תמצאם יאמרו על מנת ליחד את שמי על מנת ליחדני ורבים כאלה רוצים בזה המאמר שהוא אמנם הוציאנו מן העבדות ועשה עמנו מה שעשה מן החסד והטוב על מנת שנאמין היחוד כי אנחנו חייבים בזה והרבה מה שיאמרו מצות יחוד ויקראו גם כן זאת המצוה מלכות שמים כי הם יאמרו כדי לקבל עליו עול מלכות שמים ר"ל להודות ביחוד ולהאמינו."

269 עיין במסכת ברכות יד.: "אמר רבי יהושע בן קרחה למה קדמה שמע לוהיה אם שמוע אלא כדי שיקבל עליו עול מלכות שמים תחילה ואחר כך יקבל עליו עול מצות."

270 עיין בנצי"ב בספר העמק דבר על הפסוק בספר במדבר טו:לט וז"ל: "ולא תתורו אחרי לבבכם ואחרי עיניכם — לימדנו בזה מעשה המצוה שלא נחשבו למצוה אלא אם עושה ומאמין על כל פנים שהוא מצווה ועושה לאפוקי אם לבבו פונה אחרי מינות שאינו מאמין במצוה כלל אין בעשייתו נחשב למעשה וזהו 'אחרי לבבכם' ופירשו בגמ' ברכות יב: — זו מינות."

one must have intention that he is doing so to fulfill a mitzvah.[271] One cannot fulfill a mitzvah incidentally; an action devoid of the meaning provided by intention is not a mitzvah.

Fourth Definition of Yichud: Kriyas Shema — Declaring Hashem's Unity

There are several ways to look at the relationship between the mitzvah of *Kriyas Shema*, which is mandated by the Torah as a twice-daily obligation, and our topic, the mitzvah of *Yichud Hashem*. Strictly speaking, the mitzvah of *Kriyas Shema*, declaring Hashem's Unity, is an independent requirement. There is, of course, some obvious conceptual overlap between accepting Hashem's dominion and the substance of the *Kriyas Shema*, as reflected in the words, "Hear, O Israel, Hashem is your Master, Hashem is One."

Many Rishonim view the general mitzvah of *Yichud Hashem* as entirely distinct from the mitzvah to recite the *Shema* every morning and evening. The former relates to a steady effort to develop *Yichud Hashem* as a constant reality in our hearts and minds. Reciting *Shema* is a separate obligation, to specifically strengthen this awareness at each "changing of time periods" (i.e., morning and night) to shield ourselves from the pull of the physical world and its temptations.[272]

---

271 עיין בשו"ע או"ח סימן ס: "יש אומרים שאין מצות צריכות כוונה ויש אומרים שצריכות כוונה לצאת בעשיית אותה מצוה וכן הלכה."
ועיין שם במשנה ברורה ס"ק ז: "דע דלפי המתבאר מן הפוסקים שני כוונות יש למצוה א) כונת הלב למצוה עצמה ב) כונה לצאת בה דהיינו 'שיכוין לקיים בזה כאשר צוה ה' כמו שכתב הב"ח סימן ח' וכונת המצוה שנזכר בזה הסעיף אין תלוי כלל בכונת הלב למצוה עצמה...רק שמחולקים בענין אם חייב לכון קודם שמתחיל המצוה לצאת בעשיית אותה המצוה ולמצוה מן המובחר כו"ע מודים דצריך כונה כדאיתא בנדרים רבי אליעזר בר צדוק אומר עשה דברים לשם פועלם ונאמר ותהיה יראתם אותי מצות אנשים מלומדה וכמו שכתב הגר"א על הא דאיתא בסימן ח..."

272 זה לשון ספר החינוך במצות קריאת שמע מצוה תכ: "משרשי המצוה שרצה השם לזכות עמו שיקבלו עליהם מלכותו ויחודו בכל יום ולילה כל הימים שהם חיים כי בהיות האדם בעל חומר נפתה אחר הבלי העולם ונמשך לתאוותיו צריך על כל פנים זכרון תמידי במלכות שמים לשמרו מן החטא על כן היה מחסדו לזכותנו וצונו לזכרו שני העתים האלה בקבע ובכוונה גמורה אחת ביום להועיל לכל מעשינו שביום כי בהיות האדם זוכר בבקר אחדות השם ומלכותו וכי השגחתו ויכלתו על הכל ויתן אל לבו כי עיניו פקוחות על כל דרכיו וכל צעדיו יספור לֹא יתעלם ממנו דבר מכל דבריו ולא יוכל ממנו להחביא אחת

On the other hand, Rav Sadia Gaon and other Gaonim maintain that the only specific mitzvah of "*emunah*" is *Kriyas Shema*, at which point one affirms the concepts of *Anochi* as well as *Yichud Hashem*. These latter ideas are not actually distinct mitzvos. According to this approach, one's beliefs can only be considered a mitzvah when expressed in speech; thoughts and beliefs are not concrete enough. *Kriyas Shema* captures all the requirements of our belief in a spoken formula that is supposed to engage the mind and heart.[273] The Torah commands us to recite the *Shema* every morning and evening and to inscribe it in writing in our *tefillin* and *mezuzos*, thereby necessitating our constant involvement in *emunah* and *Yichud*.[274]

מכל מחשבותיו הלא יהיה לו למשמר מחשבתו זאת והודאת פיו בדבר הזה כל היום ההוא ויהיה הודאת הלילה בזה גם למשמר כל הלילה ומפני שיסוד המצוה מזה שזכרנו חייבונו זכרונם לברכה בה בכוונת הלב ואמרו שאם לא כיוון לבו בה לא יצא ידי חובתו שאין אדם נזכר בשום דבר אלא אם כן ישים כוונתו בו..."

ועיין בספר המצות לרס"ג עם ביאורי הגרי"פ פערלא עמ' קסד "והנה הרמב"ם וסייעתו ז"ל מלבד שמנו מצות עשה דקריאת שמע מנו גם כן מצות עשה דיחוד לעשה בפני עצמו מקרא ד'שמע ישראל ה' אלקינו ה' אחד' וענינה הוא שנאמין שבורא העולם הוא יוצר הכל והוא אחד ואין שני לו חלילה שביאר הרמב"ם בספר המצות עשין ב שכתב שם 'דזהו מה שאמרו כדי לקבל עליו עול מלכות שמים רצה לומר ההודאה ביחוד והאמנתו עכ"ל עיין שם ולפי זה לדעתו צריך לומר דאף על גב דשם אין הכוונה אלא למצות קריאת שמע כדמשמע ודאי בכל דוכתי דדוחק לפרש דרצו לומר כדי לקיים נמי מצות יחוד מלבד מצות קריאת שמע אלא הכי קאמרינן כדי לקבל עליו עול מלכות שמים בקריאה בפה דהיינו מצות קריאת שמע שהיא בקריאה מכל מקום מייתי הרמב"ם ראיה מלשון זה דהיחוד הוא מצוה בפני עצמה דאם לא כן מאי קאמר 'כדי לקבל עליו עול מלכות שמים' תיפוק ליה דקריאת שמע מצוה מצד עצמה היא אלא ודאי הכי קאמר כדי לקבל עליו מלכות שמים בקריאה בפה מצות יחוד שנקראת מלכות שמים שנכללת בפסוק זה שהיא מצוה חשובה מאד וכדי להגדיל מצות קריאת פסוק זה נקט הך לישנא אבל ודאי אין בקריאתו אלא מצות קריאת שמע בלבד ודוחק הוא ואין להאריך..." ושם בהמשך: "ויש לומר [ליישב הרמב"ם] כמו שתירץ בספר חרדים דמצות יחוד חייב אדם ליחד בכל רגע ולכך לא חשבה לאחת ממצות עשה שבתורה לבד עכ"ל עיי"ש"...ובהמשך "וכנראה דסבירה להו דמצות יחוד קיימת 'נמי' בקריאה בפה בכל פעם ופעם שקורא פסוק זה של שמע."

273 עיין עוד שם עמ' קעא וז"ל: "איברא דמכל הנך דוכתי במדרשות וברייתא דפרקי דר"א ופסיקתא שהבאתי מוכרח דלא מתקיימת מצות יחוד אלא בקריאת שמע שאנו קורין בפה פעמים בכל יום דאם לא כן מאי קאמר 'דמייחדים פעמים בכל יום' והרי בהאמנת הלב לעולם הם מייחדים ואין זו מצות עשה שהזמן גרמא כלל אלא ודאי דבהאמנת הלב לחוד לא מתקיימת עשה זו כלל אף דפשיטא ודאי דגם בקריאה בפה לחוד שלא בהאמנת הלב לאו כלום קעביד ...ואם כן ממילא מבואר מזה דלא מתקיימת מצות יחוד השם אלא בקריאת שמע בפה עם האמנת הלב."

274 ראוי לציין את הדעה המוזכרת בגמ' במסכת ברכות כא. שק"ש חיובה מדרבנן: "אמר רב יהודה אמר שמואל ספק קרא ק"ש ספק לא קרא אינו חוזר וקורא ספק אמר אמת ויציב ספק

The Bittul (Violation) of This Mitzvah

Someone who accepts or believes that Hashem is not One, or that He does not have exclusive Sovereignty and Dominion over the entire universe, violates this mitzvah. By extension, they are deficient in all mitzvos of the Torah, because all the mitzvos are predicated on the belief that Hashem exists, He is the Creator, and He is One.[275]

לא אמר חוזר ואומר מאי טעמא? ק"ש דרבנן אמת ויציב דאורייתא.." ועיין בתוס' מסכת מנחות מג: ד"ה 'ואיזו' "...ואיזו זו ק"ש מכתא בעלמא ק"ש דרבנן." הרי שלשיטה זו הבינו חז"ל את רצון התורה ורוח המצווה לייחד את שמו בכל בקר וערב וקבעו את פרשיות ק"ש על מנת לקיים מטרה זו. וליתר ביאור ועמקות בשיטה זו עיין בשאגת אריה סימן א.

275 עיין כל זה בלשון הספר החינוך מצוה תיו.

5

Ahavas Hashem — Loving Hashem

THE SOURCE OF THIS MITZVAH

The Torah commands in a number of places to love Hashem:

- "And you shall love Hashem, your Master, with all your heart, all your soul, and all your possessions" (*Devarim* 6:5).[276]
- "And you shall love Hashem, your Master, and guard His service, His statutes, His laws, and His commandments all the days" (*Devarim* 11:1).[277]

276 כל הראשונים ציינו פסוק זה כמקור העיקרי של מצוות אהבת ה' מן התורה. עיין ספה"מ להרמב"ם מצוות עשה ג', בחינוך מצווה תיז, בסמ"ג, ובסמ"ק.

277 עיין בנצי"ב שדייק בפסוק זה שיש ארבעה דברים המנויים בפסוק "משמרתו", "חקותיו", "משפטיו", "ומצוותיו," שכולם מבטאים עבודת ה' מאהבה. "משמרתו" מתכוון לסייגים וגזרות של רבנן שתוקנו כדי שנשמור את התורה ולא נבוא לידי ביטול התורה. "חקותיו" אלו המידות שהתורה נדרשת בהם. "משפטיו" אלו הדרשות וכל התורה שבעל פה שנדרש מהפסוקים להלכה. "ומצותיו" מתייחס למעשה המצוות ולא רק קיום המצוות עצמם אלא שהאדם יעודד אחרים לקיים מצוות התורה. א"כ אהבת ה' היא גורמת ומלוה לכל התהליך הזה של שלמות בקיום התורה לשמה אף לקיים הסייגים והגזרות שלא נבוא למצב של חשש ביטול רצונו. וכן אהבה זו גורמת ומלוה ללימוד התורה בשלמות משורש הדברים, וגם גורמת ומלוה לקיום התורה בפועל, לא רק לעצמנו אלא גם לדאוג לכך שאחרים יקיימוה.

- "And it shall be if you listen well to my commandments that I am commanding you today to love Hashem, your Master, and to serve Him[278] with all of your heart and all of your soul" (*Devarim* 11:13).[279]
- and "And now Israel, what does Hashem, your Master, ask from you but to fear Hashem, your Master, to walk in His ways, and to love Him and serve Hashem, your Master, with all your heart and all your soul, to guard the commandments of Hashem and His statutes that I am commanding you today for your benefit" (*Devarim* 10:12–13).[280]

---

278 עיין ברש"י לפסוק זה שמביא את הספרי "והלא כבר הזהיר בכל לבבך ובכל נפשך אלא אזהרה ליחיד ואזהרה לציבור."
הרמב"ן מסביר: "ובאור הענין כי השם לא יעשה הניסים תמיד לתת מטר הארץ בכל עת יורה ומלקוש ולהוסיף בדגן ובתירוש וביצהר ולהרבות גם העשב בשדה לבהמה או שיעצור השמים רק על מעשה רוב העם אבל היחיד הוא בזכותו יחיה והוא בעונו ימות והנה אמר בעשותם כל המצות מאהבה שלימה יעשה עמהם את כל הנסים האלה לטובה." דהיינו שיש לחדש מפסוק זה שיש כח מיוחד כאשר רוב העם עובדים את ה' באהבה שאז יעשה לנו נסים לכל הכלל בקביעות, אבל כשרוב הציבור אינו עובד מאהבה אז העולם מתנהג במשפט רגיל ליחידים, חוץ מהצדיקים שזוכים לנסים לפי זכותם הם.

279 בפסוק זה רואים את הקשר האמיץ בין אהבת ה' ועבודת ה'. חז"ל דרשו בריש תענית ב. על העבודה המדוברת בפסוק זה ואמרו "איזוהי עבודה שבלב זו תפילה." וראינו עוד שעבודה בדרך כלל קאי על כל המצוות בכלל וגם על הקרבנות והתפילה בפרט ובכולם הרעיון אחד שעבודה צריכה להיות בכוונה. יש כוונה שהיא לעיכובא ויש שהיא רצויה, וראינו בספר חובות הלבבות שער חשבון הנפש פרק ג שאמר כך "ודע כי המילות תהיינה בלשון, והעיון בלב. והמילות כגוף לתפילה, והעיון כרוח. וכשיתפלל המתפלל בלשונו, וליבו טרוד בזולת עניין התפילה, תהיה תפילתו גוף בלא רוח וקליפה בלא לב, מפני שגופו נמצא, ולבו בל עמו עת תפלתו", וכן בדברי האברבנאל בספרו נחלת אבות (פירוש למסכת אבות) פרק ב משנה יג "שתפילה בלא כוונה כגוף בלא נשמה", וכוונה זו היא הקירבת ה' והאהבת ה' שהאדם המתפלל מרגיש כלות הנפש ונטותה אל בוראה ע"י תפילה זו, והוא הדין שצריך להיות כן בכל המצוות. הקרבנות עצמם צריכים כוונת הכהן יש כוונות שהם לעיכובא ויש כוונות שהם רצויות אבל העיקר של הקרבן הוא פשוט לקרב את האדם המקריב בפרט ואת העולם כולו בכלל לה'. ואם כן פסוק זה מחדש לנו שלא רק שהאדם חייב סתם לאהוב את ה', אלא שהוא ג"כ חייב להכניס אהבה זו לתוך המצוות ושאר העבודה שלו.

280 עיין בנצי"ב לפסוק זה שמציין שיש ארבע עניינים שה' שואל בפסוק: "יראה", "אהבה", "שמירת המצות", "לטוב לך," ושכל אחד מארבע עניינים אלו מדבר בעיקר לארבע חלקי הכלל: "מנהיגים", "לומדי תורה", "בעלי בתים", "ונשים וקטנים." והוא אומר שמנהיגים כיון שיש להם כח המנהיגות צריכים יותר את הדגש ביראת ה' כדי להזכיר להם שה' עליהם ואין להם להשתמש בכח שלהם לשררה על הציבור באופן שאינו רצוי. לומדי תורה, כיון שעוסקים כל היום בדבר ה' זו הלכה ובלימוד הרצון העליון, יותר נדרש מהם השגה גבוהה באהבת ה' כתולדה טבעית שאמורה לבא כשאדם שקוע כל היום בעסק התורה. בעלי בתים שחיים ומתעסקים בעולם הגשמי ובחיצוניות יותר נדרש מהם בעיקר

THE GENERAL CONCEPT OF MITZVOS DEPENDENT ON THE HEART (MITZVOS HATELUYOS B'LEV)

The premise of the book *Chovos Halevavos* is that in addition to the actions that we must fulfill with our limbs (*chovos ha'evarim*), the Torah also commands thoughts, feelings, and beliefs we are to engage with our hearts and minds (*chovos halevavos*).[281] Accordingly, the Torah commands us to do certain mitzvos to achieve particular emotions.[282] Loving Hashem is one of the mitzvos that is dependent on the heart, the nexus of a human's emotional experience.

There are many mitzvos in the category of *chovos halevavos*. Since these mitzvos relate to the inner dimension of a person, the mind and heart, their fulfillment can only be measured qualitatively, not quantitatively.[283] Furthermore, they are all interrelated, and form one

---

השמירה במצות שידקדקו ביותר לקיים כל המצות שלהם כפי ההלכה ובדקדוק גדול כי רק אז יש להם הבטחת שמירה מנפילה ומטרדת עוה"ז. נשים וקטנים הם "לטוב לך" שעיקר הנדרש מהם הוא לעזור ולסייע לשאר חלקי הכלל לעזור להם שישיגו את מטרתם ותפקידם.

281 לשון חובות הלבבות בהקדמתו: "וראיתי החכמה הזאת שהיא חכמת חובות הלבבות, שהניחוה ולא חברוה בספר שיהיה כולל שורשיה, ושהיא כארץ עזובה ולא סדרוה בחבור שיקיף את כל פרקיה, ותמהתי על זה תימה גדולה. עד שאמרתי בלבי, שמא המין הזה מן המצוות, אין אנחנו חייבין בו מן התורה אלא שחיובו מדרך המוסר להורות הדרך הנכונה והישרה וכמוהו כמו התוספות, שהם רשות שאין אנחנו נתבעין בהם ולא נענשים, אם נתעלם מהם, ועל כן הניחו הקדמונים לחברה בספר, עד שחפשתי על חובות הלבבות מן השכל ומן הכתוב ומן הקבלה, אם אנחנו חייבים בהם אם לאו, ומצאתים, שהם יסודי כל המצות, ואם יארע בהם שום הפסד, לא תיתכן לנו מצוה ממצוות האברים. מן השכל, שאמרתי, כי כבר נתברר לנו, כי האדם מחובר מנפש וגוף ושניהם מטובות הבורא עלינו: האחד נראה, והשני אינו נראה. ואנחנו חייבים לעבוד אותו בעבור זה עבודה גלויה ועבודה צפונה. הגלויה, חובות האברים, כמו התפלה והצום והצדקה, ולמוד תורה ולַמְּדָהּ, ועשות סוכה ולולב וציצית ומזוזה ומעקה, והדומה להם, ממה שיגמר מעשהו על ידי חושי האדם הנראים."

282 גם זה שם בהקדמת חובות הלבבות: "אך העבודה הצפונה היא חובות הלבבות, כגון שנייחד האל בלבותינו, ושנאמין בו ובתורתו, ושנקבל עבודתו ונירא אותו ונכנע מפניו ונבוש ממנו, ונאהב אותו ונבטח בו ונמסור נפשותינו אליו, ושנפרוש מאשר ישנא ושנייחד מעשינו לשמו ושנתבונן בטובותיו והדומה לזה ממה שיוגמר במחשבת הלב ובמצפון מבלי אברי הגוף הנראים ממנו."

283 גם זה שם בהקדמה הנ"ל: "ואמרתי שמא המין הזה מן המצוות אינו מתיילד למצוות רבות, ועל כן הניחו אותם ולא חיברו בהם ספר מיוחד. וכאשר חקרתי על מספר מספרם ופרקיהם מצאתים לרוב מאוד בהתיילדם. עד שחשבתי כי מה שאמר דוד עליו השלום (תהילים קיט) לכל תכלה ראיתי קץ רחבה מצוותך מאוד, אמרו על מצוות הלבבות. כי

cohesive inner experience within a person. This experience becomes one's state of being, which ultimately extends outward and is manifest in one's external actions.[284]

It is not possible to be "complete" in the service of Hashem, no matter how learned, how precise, or how strict one is in fulfilling the mandates of Jewish Law, unless one also develops an inner state of awareness, subjugation, yearning, and desire to be connected with self, Hashem, and others in a healthy and wholesome way.[285] True completeness

---

מצוות האברים יש להם מספר ידוע, כמו תרי"ג מצוות, אך מצוות הלבבות רבות מאוד, עד כי אין לתולדותיהן מספר."

284 שם: "וכיוון שקוטב המעשה ועמודו בנויים על כוונת הלב ומצפונו, ראויה שתהא חכמת מצוות הלב קודמת בטבע לחכמת מצוות האברים."
ועיין גם בדברי האבן עזרא על הפסוק "כי קרוב אליך הדבר מאד בפיך ובלבבך לעשותו" וז"ל: שם "בפיך ובלבבך — שכל המצוות עיקרם הלב ויש מהם זכר בפה לחיזוק הלב ויש מעשה כדי שיזכור." הרי רואים משני ראשונים אלו שמצוות התלויות בלב אינם סתם כמצוות נפרדות אחד אחד אלא הם מהווים מערכת אחידה שמקשרת את לב האדם עם בוראו ועם עצמו. ככל שהאדם מקיים את מצוות הלב הרי שמעשיו נעשות ביתר שלמות ומצוות המעשיות שהוא מקיים מקושרות ומאוגדות בנפשו.

285 שם בהמשך ההקדמה לחובות הלבבות: "וידעתי דעת ברורה, כי חובות האברים לא תשלמנה לנו כי אם ברצון הלב וחפץ הנפש לעשותם ותאות לבנו לפעול אותם. ואם יעלה במחשבתנו, שאין לבותינו חייבין לבחור בעבודת השם ולחפוץ בה, יסתלק מעל אברינו חיוב המצוות שאנו חייבין בהם בו. מפני שאין מעשה נשלם מבלי חפץ הנפש בו. וכיון שנתברר, כי הבורא חייב את אברינו במצוותיו, לא היה נכון להניח נפשנו ולבנו, שהם מבחר חלקי עצמנו, שלא יחייבם בעבודתו כפי יכולתם, מפני שבהם גמר העבודה. ועל כן נתחייבנו בחובות גלויינו ומצפונינו, כדי שתהיה עבודתנו שלמה וגמורה וכוללת מצפונינו וגלויינו לבורא יתברך. וכאשר התברר לי חיובם מדרך השכל, אמרתי בלבי, שמא העניין הזה אינו כתוב בספר תורתנו, ועל כן הניחו לחברו בספר שיורנו אותו ויראנו ענייניו. עד אשר בקשתיו בספר התורה ומצאתיו שנזכר בו פעמים רבות כמו שנאמר 'ואהבת את ה' אלהיך בכל לבבך ובכל נפשך ובכל מאדך,' (דברים ו, ה) 'והיו הדברים האלה אשר אנכי מצוך היום על לבבך' (דברים ו, ו) ואמר 'לאהבה את ה' אלהיך לשמוע בקולו ולדבקה בו' (דברים ל, כ) ואמר 'לאהבה את ה' אלהיכם ולעבדו בכל לבבכם ובכל נפשכם' (דברים יא, יג) ואמר 'אחרי ה' אלהיכם תלכו ואתו תיראו' (דברים יג, ה) ואמר 'ואהבת לרעך כמוך' (ויקרא יט, יח) ואמר 'ועתה ישראל מה ה' אלהיך שואל מעמך כי אם ליראה' (דברים י, יב) ואמר 'ואהבתם את הגר' (דברים י, יט) והיראה והאהבה מחובות הלבבות. ואמר בלאוין שבהן 'לא תחמד אשת רעך ולא תתאוה וגו' (דברים ה, יז)'לא תקום ולא תטור' (ויקרא יט, יח) 'לא תשנא את אחיך בלבבך' (ויקרא יט, יז) 'ולא תתורו אחרי לבבכם ואחרי עיניכם' (במדבר טו, לט) 'לא תאמץ את לבבך ולא תקפוץ את ידך' (דברים טו, ז) ורבים כאלה. ואח"כ השיב את כל העבודה אל הלב ואל הלשון כמו שנאמר 'כי המצוה הזאת אשר אנכי מצוך היום וגו' לא בשמים היא וגו' ולא מעבר לים היא וגו' כי קרוב אליך הדבר מאד בפיך ובלבבך לעשותו' (דברים יא-יד) ובשאר ספרי הנביאים האריכו בעניין והשיבו אותו בכמה מקומות, ואינני צריך להביאם מפני שהם רבים וידועים. וכאשר התברר לי חיוב מצוות הלבבות מן התורה כאשר התברר מן השכל. חפשתי עליו בדברי

for a Jew must involve developing one's state of being along these lines. While there is endless room for growth in this area, one must develop himself to a significant degree, to the point his state of being as described infuses his or her external dimension, that of action.

Thus, loving Hashem is a crucial element for the inner dimension of a Jew who seeks greatness in service of Hashem. Lacking love of Hashem is tantamount to missing an essential limb. Love of Hashem is referred to as the "wings" that elevate our actions from ritualistic, dry acts of loyalty to the service of Hashem.[286] Love is the energy of the soul — expressed via the mind and heart — and infused into our actions, thus defining them as so much more than mere actions. The impact of our thoughts, speech, and actions on the spiritual realm is drastically increased when our being is filled with *ahavas Hashem*.[287] Regarding mitzvos of "thought

---

רבותינו זיכרונם לברכה ומצאתיו יותר מפורש בדבריהם ממה שהוא מפורש בספרים ומן השכל. קצתו בכלל, כמו שאמרו: 'רחמנא לבא בעי' (סנהדרין קו.) ואמרו: 'לבא ועינא תרי סרסורי דחטאה נינהו' (ירושלמי ברכות דף ט א) וקצתו בפרט, במסכת אבות שאין צורך להאריך בזכרו. ומצאתי הרבה ממנו במדותיהם ובמנהגיהם המקובלים מהם כשהיו נשאלים על ענייניהם 'במה הארכת ימים' (מגילה כז:) וראיתי מצד הכתוב עוד במכה נפש בשגגה (במדבר לה) שאינו חייב מיתה ומי שהוא שוגג במצוות 'אשר לא תעשינה' (ויקרא ד, ב) שהיו חייבים עליהם במזיד אחת מד' מיתות בית דין או כרת שאינו חייב עליהם אלא חטאת או אשם. בתנועתו. וכן אמרו במי שעשה מצווה, ולא נתכוין לעשותה לשם שמים, שאינו מקבל עליה שכר וכל זה ראיה כי העיקר בחיוב העונש אינו אלא עד שיהיו הלב והגוף משתתפין במעשה, הלב בכוונתו והגוף בפעולתו."

286 עיין בספר התניא פרק מ בשם התיקוני זוהר והמקובלים: "כי כמו שכנפי העוף אינם עיקר העוף, ואין חיותו תלוי בהם כלל, כדתנן: 'ניטלו אגפיה — כשרה', והעיקר הוא ראשו וכל גופו, והכנפיים אינם רק משמשים לראשו וגופו לפרחא בהון. וכך דרך משל, התורה ומצוות הן עיקר היחוד העליון, על ידי רצון העליון המתגלה על ידיהן; והדחילו ורחימו הם מעלים אותן למקום שיתגלה בו הרצון, אור אין סוף ברוך הוא, והיחוד, שהן יצירה ובריאה. והנה, אף דדחילו ורחימו הם גם כן מתרי"ג מצוות, אף על פי כן נקראין גדפין, להיות כי תכלית האהבה היא העבודה מאהבה. ואהבה בלי עבודה היא אהבה בתענוגים, להתענג על ה', מעין עולם הבא וקבלת שכר, ו'היום לעשותם' כתיב ולמחר לקבל שכרם. ומי שלא הגיע למדה זו, לטעום מעין עולם הבא, אלא עדיין נפשו שוקקה וצמאה לה' וכלתה אליו כל היום, ואינו מרוה צמאונו במי התורה שלפניו, הרי זה כמי שעומד בנהר וצועק מים מים לשתות, כמו שקובל עליו הנביא: 'הוי כל צמא לכו למים'. כי לפי פשוטו אינו מובן; דמי שהוא צמא ומתאווה ללמוד, פשיטא שילמוד מעצמו, ולמה לו לנביא לצעוק עליו 'הוי'? וכמו שנתבאר במקום אחר באריכות."

287 בספר התניא שם פרק מ וז"ל: "ובזה יובן היטב הא דדחילו ורחימו נקראים גדפין, דרך משל, כדכתיב: "ובשתים יעופף" [וכמו שכתב הרב חיים ויטאל ז"ל בשער היחודים פרק י"א], שהכנפים בעוף הן זרועות האדם כו'. ובתיקונים פירש, שהעוסקים בתורה ומצוות בדחילו ורחימו — נקראים בנים, ואם לאו — נקראים אפרוחים, דלא יכלין לפרחא."

and belief," Judaism does not tolerate remaining in the realm of ideas. We need to allow these ideas, thoughts, and beliefs to penetrate into and transform our emotional reality.

The Ramban adds that *ahavah* and *yirah* are inner pillars of the heart and that they that infuse our actions with power to make a deep impact on our world and on our relationship with Hashem. *Ahavah* is more directly associated with positive commandments, and *yirah* provides energy to protect from violating negative commandments; we use the attribute of love more readily to generate the energy to connect to Hashem through positive commandments, while fear and awe enable us to control our coarse nature and restrain ourselves from doing that which is forbidden.[288]

WHO IS OBLIGATED IN THIS MITZVAH?

The *Sefer HaChinuch* writes that this mitzvah applies in all places at all times to men and to women alike.[289]

DEFINING THE MITZVAH TO LOVE HASHEM

Infusing the Love of Hashem into Our Actions

One approach in Chazal and the Rishonim defines the requirement to love Hashem as a commandment to imbue all of our Divine Service with the love of Hashem and not to fulfill the Torah for personal gain or out of fear.[290]

288 עיין ברמב"ן שמות כ:ח באמצע דבריו וז"ל: "ואמת הוא ג"כ כי מדת זכור רמזו במצות עשה, והוא היוצא ממדת האהבה והוא למדת הרחמים, כי העושה מצות אדוניו אהוב לו ואדוניו מרחם עליו, ומדת שמור במצות לא תעשה, והוא למדת הדין ויוצא ממדת היראה, כי הנשמר מעשות דבר הרע בעיני אדוניו ירא אותו, ולכן מצות עשה גדולה ממצות לא תעשה, כמו שהאהבה גדולה מהיראה, כי המקיים ועושה בגופו ובממונו רצון אדוניו הוא גדול מהנשמר מעשות הרע בעיניו, ולכך אמרו דאתי עשה ודחי לא תעשה, ומפני זה יהיה העונש במצות לא תעשה גדול ועושין בו דין כגון מלקות ומיתה, ואין עושין בו דין במצות עשה כלל אלא במורדין, כמו לולב וציצית איני עושה, סוכה איני עושה, שסנהדרין היו מכין אותו עד שיקבל עליו לעשות או עד שתצא נפשו."

289 זה לשון הספר החינוך שם "ונוהגת בכל מקום ובכל זמן, בזכרים ונקבות"

290 עיין בתלמוד ירושלמי ברכות סז.: "עשה מאהבה ועשה מיראה עשה מאהבה שאם באת

Developing a Constant State of Love

Others understand that the Torah wants us to develop and reach a state of being whereby we experience constant love of Hashem.[291]

In fact, the Rambam, on different occasions, mentions both aspects as the essence of the mitzvah. It would seem that the Rambam includes both infusing our mitzvos with love of Hashem and attaining

---

לשנוא דע כי אתה אוהב ואין אוהב שונא עשה מיראה שאם באת לבעט דע שאתה ירא ואין ירא מבעט", ועיין נמי בסוטה לא.: "מאי איכא בין עושה מאהבה לעושה מיראה איכא הא דתניא רבי שמעון בן אלעזר אומר גדול העושה מאהבה יותר מהעושה מיראה שזה תלוי לאלף דור וזה תלוי לאלפים דור..."

וכן איתא בגדר המצוה לפי הסמ"ג עשה ג' וז"ל: "...אבל המעלה הטובה והעליונה בעבודת הבורא היא הכתובה אצל יחוד שמו ואהבת לעבוד את הבורא מאהבה שלא על מנת לקבל פרס ויחשוב בלבו הטובות שעשה לו הקב"ה כבר..."

וזה גם לשון הסמ"ק מצוה ג: "לאהוב את שמו של הקב"ה בכל לב כדכתיב (דברים ו) ואהבת את ה' אלהיך בכל לבבך ובכל נפשך ובכל מאדך וזו היא עבודת הבורא מאהבה, בכל לבבך כמו שדרשו רבותינו (ברכות נד) בשני יצריך פירוש שישנה אדם יצרו הרע המבקש תאותו לעזוב הכל למען תאות עשות מצות הבורא, ויש לו לשמוח בעשיית מצות קונו כאילו אבל ושתה ומילא כריסו מכל טובות והנאות שבעולם, בכל נפשך שיחשב עליו נפשו לכלום שלא ימנע מעשות מצות הבורא בשביל סכנת נפשו ופירשו רבותינו (סנהדרין עד) בעכו"ם וגילוי עריות ושפיכות דמים, ואפילו בצנעה יהרג ועל יעבור ושאר מצות בצנעה יעבור ואל יהרג אם ירצה אבל מדת חסידות שלא יעבור..."

291 זהו משמעות הלשון של הרמב"ם בפרק ב הלכות יסודי התורה הלכה א-ב: "האל הנכבד והנורא הזה מצוה לאהבו וליראה ממנו שנאמר 'ואהבת את ה' אלקיך' ונאמר 'את ה' אלקיך תירא', והיאך היא הדרך לאהבתו ויראתו בשעה שיתבונן האדם במעשיו וברואיו הנפלאים הגדולים ויראה מהם חכמתו שאין לה ערך ולא קץ מיד הוא אוהב ומשבח ומפאר ומתאוה תאוה גדולה לידע ה' הגדול כמו שאמר דוד צמאה נפשי לאלקים לאל חי..." משמע מלשונו שעיקר הקיום הוא לבוא לידי ההרגשה של צמאה נפשי לאלקים לאל חי.

וכן משמע מלשון ספר החינוך מצוה תיח "שנצטוינו לאהוב המקום ברוך הוא שנאמר ואהבת את ה' אלקיך וענין המצוה שנחשוב ונתבונן בפקודיו ופעולותיו עד שנשיגהו כפי יכולתנו ונתענג בהשגתו בתכלית העונג וזאת היא האהבה המחוייבת", ובהמשך דבריו שם כתיב "שורש מצוה זו ידוע שלא יקיים האדם מצוות השם ברוך הוא יפה רק באהבתו אותו" שמשמע שטעם המצוה הוא כדי שיעשה מצוות השם בשלמות אבל עצם המצווה היא רק להשיג האהבה.

וכן בהמשך שם: "דיני המצוה שראוי לאדם שישים כל מחשבתו וכל מגמתו אחר אהבת ה' ויעריך בלבו תמיד כי כל מה שהוא בעולם מעושר ובנים וכבוד הכל כאין וכאפס ותוהו כנגד אהבתו ברוך הוא וייגע תמיד כל היום בבקשת החכמה למען ישיג ידיעה בו, סוף דבר יעשה כל יכלתו להרגיל מחשבות לבו כל היום באמונתו ויחודו עד שלא יהי רגע אחד ביום ובלילה בהקיצו שלא יהא זוכר אהבת אדוניו בכל לבו והענין על דרך משל שיהא נזכר באהבת ה' יתברך תמיד כזכרון החושק תכלית החשק בחשוקתו היום שישיג להביאה אל ביתו."

a permanent state of love for Hashem in the mitzvah of *Ahavas Hashem*. Perhaps the Rambam sees these as levels along a continuum of growth (see note).[292]

---

292 ויש לעיין בדעת הרמב"ם והחינוך שבפשטות לשונם הגדירו המצוה כאהבה בתענוגים דהיינו שהמצוה להשיג רגש של אהבת ה' בלבו תמיד ואיך ידריכו האדם לעמוד על הנהר ולצעוק מים מים כדאיתא בלשון ספר התניא פרק מ על עניין השגת רגש אהבה תמיד לפני שמילא כריסו בלימוד התורה וקיום המצות עם אהבה ויראה. אבל עיין ברמב"ם בהלכות תשובה פרק י הלכה א-ג שהגדיר אהבת ה' בעיקר "לעבדו מאהבה" והנה לשונו: "(א) אל יאמר אדם הריני עושה מצות התורה ועוסק בחכמתה כדי שאקבל כל הברכות הכתובות בה או כדי שאזכה לחיי העולם הבא ואפרוש מן העבירות שהזהירה תורה מהן כדי שאנצל מן הקללות הכתובות בתורה או כדי שלא אכרת מחיי העולם הבא אין ראוי לעבוד את ה' על הדרך הזה שהעובד על דרך זה הוא עובד מיראה ואינה מעלת הנביאים ולא מעלת החכמים ואין עובדים ה' על דרך זה אלא עמי הארץ והנשים והקטנים שמחנכין אותן לעבוד מיראה עד שתרבה דעתן ויעבדו מאהבה: (ב) העובד מאהבה עוסק בתורה ובמצות והולך בנתיבות החכמה לא מפני דבר בעולם ולא מפני יראת הרעה ולא כדי לירש הטובה אלא עושה האמת מפני שהוא אמת וסוף הטובה לבא בגללה ומעלה זו היא מעלה גדולה מאד ואין כל חכם זוכה לה והיא מעלת אברהם אבינו שקראו הקב"ה אוהבו לפי שלא עבד אלא מאהבה והיא המעלה שצונו בה הקב"ה על ידי משה שנאמר ואהבת את ה' אלהיך ובזמן שיאהוב אדם את ה' אהבה הראויה מיד יעשה כל המצות מאהבה: (ג) וכיצד היא האהבה הראויה הוא שיאהב את ה' אהבה גדולה יתירה עזה מאוד עד שתהא נפשו קשורה באהבת ה' ונמצא שוגה בה תמיד כאלו חולה חולי האהבה שאין דעתו פנויה מאהבת אותה אשה והוא שוגה בה תמיד בין בשבתו בין בקומו בין בשעה שהוא אוכל ושותה יתר מזה תהיה אהבת ה' בלב אוהביו שוגים בה תמיד כמו שצונו בכל לבבך ובכל נפשך והוא ששלמה אמר דרך משל כי חולת אהבה אני וכל שיר השירים משל הוא לענין זה."

הרי מבואר שגם הרמב"ם מסכים שהעיקר לעבדו מאהבה, אלא שערבב את דבריו לעיל עם דעתו כאן שיש להשיג אהבת ה' בלבו ולשגות בה תמיד ושצריך להתבונן במעלותיו כדי להשיג אהבה זו. והנראה בדעת הרמב"ם שהוא מדבר במדרגות באהבה שבתחילה בפרק ב של יסודי התורה לא הזכיר אף פעם תענוג אלא צמאון הנפש הבא על ידי התבוננות, ובפרק ד שם הזכיר תוספת צמאון וכלות הבשר, אף אחרי שהתבונן במעשה בראשית ומעשה מרכבה, וכאן בהלכות תשובה הוא מדבר על הכוונה בעבודתו שהצמאון לידע ה' ישפיע על עבודתו ומצוותיו שיעשה הכל לשמה ובלבב שלם.

וא"ת הרי בדברי הרמב"ם עצמו בספה"מ מצוה ג' הזכיר האהבה בתענוגים וז"ל שם "היא שצונו לאהבו יתעלה וזה שנתבונן ונשכיל מצותיו ופעולותיו עד שנשיגהו ונתענג בהשגתו תכלית התענוג וזאת היא האהבה המחוייבת ולשון ספרי לפי שנאמר ואהבת את ה' אלהיך איני יודע כיצד אוהב את המקום תלמוד לומר והיו הדברים האלה אשר אנכי מצוך היום על לבבך שמתוך כך אתה מכיר את מי שאמר והיה העולם כבר בארו לך כי בהשתכלות תתאמת לך ההשגה ויגיע התענוג ותבא האהבה בהכרח." בנוסף, הרמב"ם תולה דעה זו על הספרי שהבנת דבריהם הוא להשיג האהבה בתענוגים שי"ל שזוהי המדרגה הסופית שכל לב משתוקק לו.

ועיין בדברי הרמב"ם בסוף היד החזקה ספר שופטים הלכות מלכים ומלחמות פרק יב הלכה ד-ה "לא נתאוו הנביאים והחכמים ימות המשיח לא כדי שישלטו על כל העולם ולא כדי שירדו בגוים ולא כדי שינשאו אותם העמים ולא כדי לאכול ולשתות ולשמוח

The Different Relationship Paradigms

In general, love can be described in the context of three different types of relationships:

- Two entities are attracted to one another because they complement or complete one another (examples of this paradigm in our world are male and female, protons and electrons, hot and cold).[293]
- Two entities are drawn to one another because they have a similar nature and direction (examples of this paradigm in our world are siblings and friends).[294]

אלא כדי שיהיו פנויין בתורה וחכמתה ולא יהיה להם נוגש ומבטל כדי שיזכו לחיי העולם הבא כמו שביארנו בהלכות תשובה ובאותו זמן לא יהיה שם לא רעב ולא מלחמה ולא קנאה ותחרות שהטובה תהיה מושפעת הרבה וכל המעדנים מצויין כעפר ולא יהיה עסק כל העולם אלא לדעת את ה' בלבד ולפיכך יהיו החכמים גדולים ויודעים דברים סתומים העמוקים וישיגו דעת בוראם כפי כח האדם שנאמר 'כי מלאה הארץ דעת את ה' כמים לים מכסים' ונראה שהגדר של מצוה זו כולל גם תשוקה להשיג האהבה בתענוגים אף בזה העולם".

293 מהר"ל בנתיבות עולם נתיב אהבת ה' פרק א: "בספר משלי (י"ז) בכל עת אוהב הרע ואח לצרה יולד. שלמה המלך רצה לומר, כי האדם אשר אוהב את רעו אהבתו דביקה בו, אף אם הגופות נפרדים מכל מקום נפשו של אוהב קשורה בו תמיד, ולכך אמר בכל עת אוהב הרע אף שאינו אצלו. ואמר ואח לצרה יולד ר"ל כי הריע הזה כאשר יולד לאוהב שלו צרה נחשב אחיו להושיע אליו מצרתו, כי האח ראוי שיושיע לו בעת צרתו כי אחיו הוא בשר מבשרו ראוי שיושיע אליו בעת צרתו וכאלו נעשה אליו הצרה, והאוהב גם כן בעת צרת אוהבו הוא לו אח. ומשמע מן הכתוב הזה כי עיקר האהבה הוא לריע שלו מפני שהם שוים ודומים ולכך שייך בהם אהבה. ולפי זה יש לשאול כאשר מצינו שאהבה היא לריע שלו במה שיש להם שתוף וחבור והדברים הרחוקים זה מזה אין בהם אהבה, אף כי קצת מן החכמים חשבו כי האהבה היא יותר אל דבר שהוא הפכו כמו אהבת איש לאשה והרי זה זכר וזו נקבה והם מחולקים אינם שוים."

294 גם זה שם במהר"ל נתיבות עולם נתיב אהבה פרק א בהמשך דבריו וז"ל: "והראיה שהאהבה לדברים שאינם שוים כי כל אהבה הוא חבור וכל חבור הוא לדבר שאינו דומה, כמו האדם שיש בו חמימות מתחבר אל דבר הקר שהוא הפך זה והארץ היבשה מתאוה למטר, והשנאה בין השוים והדומים כמו שאמרו (ב"ר פל"ט) כל אומן שונא את בני אומנתו וגם ת"ח שבבבל שונאים זה את זה (פסחים קי"ג, ב'), כי דבר זה שאין אחד אוהב עצמו לכך כל אשר הדבר רחוק ממנו אוהב אותו. לפי זה אין קשיא אף על גב שהשם ית' נבדל בלתי גשמי והאדם בשר ודם בעל חומר שייך בזה אהבה. אך הדבר הזה אי אפשר לומר שיהיה כך, שהרי מצינו בחוש הפך זה כי בני אדם שהם מתדמים באומה אחת אוהבים זה את זה, ואמרו חכמים (ב"ק צ"ב, ב') לא לחנם הלך הזרזיר אצל העורב אלא מפני שהוא מינו, ומה שאין אהבה לעצמו מפני כי האהבה הוא התשוקה אל הנאהב ואין כאן תשוקה כי הוא עצמו. ולכך האהבה בין איש לאשתו כי הוא הדבקות הגמור עד שנעשים דבר אחד

- One entity naturally desires to return to its original source.[295]

ויש בזה תשוקה, ואם כן האהבה מצד שהם דבר אחד ומצד הזה היא האהבה לא זולת זה. וכן מה שהוא משתוקק החם לקר הרי הקר הוא השלמתו ולפיכך הם כמו דבר אחד לגמרי, וכן בכל מקום שהדבר מתאוה אל דבר שהוא הפכו הדבר הזה מפני שיושלם באותו דבר ומכיון שיושלם בו נעשה עמו דבר אחד ומצד הזה האהבה. ומה שכל אומן שונא בני אומנתו דבר זה מצד אחר, כי לפעמים ההפך משלים אותו כמו שאמרנו ופעמים הדומה מאבד אותו, כמו כל אומן שמזיק את האחר. ות"ח שבבבל שהם שונאים זה את זה מבואר כי השכל הוא מלך נחשב וכמו שאמרו מאן מלכי רבנן ואין שני מלכים משתמשים בכתר אחד ולפיכך שונאים זה את זה. וראיה לזה מן התורה כי אף שצוה השם ית' מורא אב ואם וכן צוה על מורא רבו, ולא מצינו שצוה על אהבת אביו ועל אהבת אמו ועל אהבת רבו, דבר זה מפני שאין אלו שוים ומכיון שאינם שוים ודומים לא יפול ביניהם אהבה כלל רק יראה בלבד. ואם כן יקשה לך כי אצל הש"י תמצא שניהם האהבה והיראה ולמה זה ואיך שייך אהבה אל השם ית' שאין ביניהם שוים דמיון כלל. אמנם לפי מה שאמרנו לא יקשה כי אף שהוא ית' בשמים ואתה על הארץ ואי אפשר לומר בפה הרחוק שבין השם ית' ובין האדם, אבל פירוש הדבר כמו שאמרנו, כי השם ית' הוא קיום האדם וא"א זולתו ולפיכך שייך אהבה אליו, כי כל דבר הוא אוהב דבר אשר הוא השלמתו והוא ית' השלמת האדם."

295 גם זה שם במהר"ל נתיבות עולם נתיב אהבה פרק א וז"ל: "אמנם אשר נראה מדברי חכמים, כי האהבה שיש לאדם אל בוראו הוא מצד אחר, וזה שאמרו בפרק הרואה (ברכות ס"א, ב') כשהוציאוהו לרבי עקיבא להריגה זמן ק"ש היה והיו סורקין את בשרו במסרקות של ברזל והיה מתכוין לקבל עליו עול מלכות שמים באהבה אמרו לו תלמידיו רבינו עד כאן אמר להם כל ימי הייתי מצטער על הפסוק הזה בכל נפשך ואפילו הוא נוטל את נפשך אמרתי מתי יבא לידי ואקיימנו ועכשיו שבא לידי לא אקיימנו היה מאריך באחד עד שיצאת נשמתו באחד יצאת בת קול ואמרה אשריך ר' עקיבא שיצאת נשמתך באחד. ועתה יקשה לך למה היה מקיים שיאהב השם ית' בכל לבבו ובכל נפשו במה שהיה מאריך באחד עד שיצאה נשמתו באחד, אבל הדבר הזה, כי האהבה שיש לאדם אל השם ית' במה שהאדם מצד עצמו אינו דבר רק מן השם ית' בא האדם ואליו האדם שב, כי הכל שב אליו ית' ואין דבר זולתו רק השם ית' והוא אחד ואין זולתו, ולפיכך אמרו ז"ל (שם ו', א') אף על גב שקרא ק"ש בבית הכנסת צריך שיקרא ק"ש ג"כ על מטתו ואם ת"ח הוא אינו צריך מכל מקום צריך שיאמר פסוק אחד דרחמי כי בידך אפקיד רוחי, ומשמע אם יאמר קריאת שמע דהיינו שמע ישראל ה' אלהינו ה' אחד אין צריך שיאמר כי בידך אפקיד רוחי, והיכן אמר כי בידך אפקיד רוחי. אבל דבר זה שאמר ה' אחד שהוא ית' אחד ואין זולתו ומצד שהוא ית' אחד ואין זולתו הכל שב אליו, ובזה נשמתו הוא שב אל הש"י ומפקיד נשמתו ביד הש"י, ולפיכך ר"ע היה מאריך באחד עד שיצאה נשמתו, כי מה שהוא ית' אחד הנשמה אליו ית' תשוב, וכאשר היה מאריך באחד עד שיצאה נשמתו היתה נשמתו שבה אל הש"י לגמרי במה שהוא אחד, ומזה הצד נמצא האהבה, ולפיכך אמר ה' אלהינו ה' אחד ואהבת את ה' אלהיך וגו', כי מצד שהוא ית' אחד אין לשום נמצא בעולם הנפרד מאתו, כי הכל תלוים ודבקים בו יתברך כי הוא ית' עיקר הכל, ומפני כך שייך אהבה אל השם ית'. ויותר שייך אהבה אל השם ית' ממה ששייך אהבה בשאר דברים, כי כל אהבה שיש בין האוהבים אף שהם דבקים זה בזה, מכל מקום יש לכל אחד ואחד מציאות בעצמו, אבל האהבה אל הש"י במה שהאדם שב רוחו ונפשו אליו לגמרי עד שאין לאדם מציאות בעצמו ובזה הוא מתדבק לגמרי בו וכדכתיב (דברים י"א) לאהבה את ה' אלהיכם ולדבקה בו, ובזה שייך אהבה גמורה. וכמו שאמר רבי עקיבא כל ימי הייתי מצטער על פסוק זה ואהבת את ה' אלהיך בכל לבבך ובכל נפשך ועכשיו שבא לידי לא אקיימנו, כי זהו האהבה הגמורה כאשר מוסר נפשו אל ה' כי בזה דבק בו לגמרי והוא עצם האהבה."

Ahavas Hashem — Loving Hashem 219

Much can be learned from delving into and understanding these three different paradigms.[296] Our tradition puts great emphasis on the relationship between spouses as the appropriate model for *ahavas Hashem*, whereby the husband represents Hashem and the Jewish People are characterized as the wife.[297] This very tangible paradigm of love in our own lives is an extremely important tool for developing our love of Hashem. However, here we will focus on the Maharal's view that we should look to the third relationship paradigm as a framework for understanding the mitzvah to love Hashem. Our souls, which derive directly from the Divine, yearn for and desire to return to their source.[298]

---

296 מלשון הרמב"ם בהלכות תשובה פרק י הלכה ג: "וכיצד היא האהבה הראויה הוא שיאהב את ה' אהבה גדולה יתירה עזה מאוד עד שתהא נפשו קשורה באהבת ה' ונמצא שוגה בה תמיד כאלו חולה חולי האהבה שאין דעתו פנויה מאהבת אותה אשה והוא שוגה בה תמיד בין בשבתו בין בקומו בין בשעה שהוא אוכל ושותה יתר מזה תהיה אהבת ה' בלב אוהביו שוגים בה תמיד כמו שצונו בכל לבבך ובכל נפשך והוא ששלמה אמר דרך משל כי חולת אהבה אני וכל שיר השירים משל הוא לענין זה." משמע שהוא מבין שעיקר דוגמת אהבת ה' היא אהבת האיש לאשה.

וכן בספר העיקרים מאמר שלישי פרק לה משמע שהבין שאהבת הטוב שבה' היא דוגמת האהבה הראויה וזה גם בכיוון הרמב"ם שזה דומה לאהבת איש את האשה מצד מעלתה (לא מצד ההנאה שיש לו ממנה), אלא שלפי דעה זו יש עדיין צורך ליישב כל הקושיות של המהר"ל ממעשה רבי עקיבא ומטבע אהבת האשה, ומצינו גם במדרש שיר השירים רבה על הפסוק "צאינה וראינה בנות ציון במלך שלמה בעטרה שעטרה לו אמו..." ששם במדרש כתיב "אמר רבי יצחק: חזרתי בכל המקרא, ולא מצאתי שעשתה בת שבע עטרה לשלמה. רשב"י שאל את ר' אלעזר ברבי יוסי: איפשר ששמעת מאביך, מהו בעטרה שעטרה לו אמו? אמר לו: הן. משל למלך, שהיתה לו בת יחידה, והיה מחבבה ביותר מדאי, והיה קורא אותה בתי. לא זז מחבבה, עד שקראה אחותי, ועד שקראה אמי. כך הקב"ה, בתחילה קרא לישראל בת, שנאמר (תהלים מה): שמעי בת וראי והטי אזנך ושכחי עמך ובית אביך, לא זז מחבבן עד שקראן אחותי, שנאמר (שיר ה): פתחי לי אחותי רעיתי יונתי תמתי שראשי נמלא טל קוצותי רסיסי לילה, לא זז מחבבן, עד שקראן אמי, שנאמר (ישעיה נא): הקשיבו אלי עמי ולאמי אלי האזינו כי תורה מאתי תצא ומשפטי לאור עמים ארגיע. עמד רשב"י ונשקו על ראשו." ומשמע מהמדרש שכל סוגי היחסים בינינו ובין הקב"ה שייכים אלינו, כל אחד בזמן הראוי.

297 עיין ברמב"ם משנה תורה הלכות תשובה פרק י הלכה ג, הובא בהערה הקודמת.

298 זוהי מסקנת המהר"ל שם בנתיבות עולם נתיב אהבה פרק א: "ויתבאר לך כי יותר שייך אהבה אל הש"י במה שהאדם מוסר נפשו אל הש"י ודבוק בו לגמרי והוא אמיתת האהבה: וכן האהבה שיש מן הש"י אל ישראל כמ"ש הכתוב (מלאכי א') אהבתי אתכם, ותקנו רז"ל אוהב עמו ישראל אף כי האהבה הוא בין השווים ודומים מ"מ שייך אהבה בו ית', כי ישראל נקראו בנים למקום וידוע כי האב אוהב את בנו מפני שבא הבן ממנו ודבר שבא ממנו מצורף אליו ביותר, וישראל הם מן הש"י נבראים, כי אע"ג שכל הנבראים הם מן הש"י מ"מ אין דבר שבא ממנו בעצם ובראשונה כמו ישראל, כי שאר האומות הם טפלים בבריאה, וכמו שברא הש"י שאר הנבראים בשביל האדם ולא נבראו לעצמם

This idea is strongly supported by the fact that the verse obligating us to love Hashem is preceded by the verse describing the infinite nature and absolute Oneness of Hashem. Surely, this indicates that our love of Hashem is that of an entity yearning to return to its source, rather than that of complementing entities or similar natures attracted to each other.

Different Connotations or Usages of the Term Love

In addition to describing various relationship paradigms, linguistically, the term "love" — especially its Hebrew word *ahavah* — can be used to describe three distinct experiences. The Rishonim enumerate these three usages as follows:[299]

כך כל האומות הם בשביל ישראל, וא"כ ישראל הם הבריאה שבאה מן הש"י, ומאחר שישראל הם מעשה ידיו ויש כאן צירוף גמור שייך בזה אהבה ג"כ יותר מן האהבה אשר בין אוהבים, כי גם אהבה זאת שהוא אל דבר שבא ממנו הוא קרוב להיות כמו דבר אחד, ומזה הצד שייך אהבה, ואצל בשר ודם האב אוהב הבן ואין אהבת הבן אל האב כ"כ, וזה כי הבן יוצא ממנו והוא בשר מבשרו שייך בזה אהבה, אבל אין האב יוצא מן הבן ולכך אין שייך אהבה כ"כ שיאהב הבן את האב: ויש שהיו אומרים כי אהבת האדם אל הש"י מצד שהוא ית' הטוב הגמור וכל אחד אוהב הדבר שהוא טוב ומצד הזה הוא האהבה, אמנם אם אהבה בשביל הטוב היה מצוה לאהוב את רבו שקבל ממנו תורה ובודאי רבו טוב הוא. אבל הדברים כמו שבארנו כי ראוי שתהיה האהבה אל הש"י יותר מכל, מה שהאדם דבק בו ית' מוסר נפשו אליו מתקשר בו ומשלים אותו והיא האהבה האמתית."

299 עיין בספר העיקרים מאמר שלישי פרק לה: "אהבת הש"י היא המדרגה הגדולה שאין למעלה הימנה ולא יגיע אליה האדם אם לא אחר הגיעו למדרגה האחרונה מן היראה כמו שבארנו כי אברהם שנאמר עליו אוהבי לא הגיע למדרגה הזאת אלא בסוף ימיו ואחר העקידה שנאמר לו עתה ידעתי כי ירא אלהים אתה (בראשית כ"ב) ולפיכך צריך שנבאר ענין האהבה ומיניה ונאמר כי האהבה על ג' פנים אם אהבת הטוב ואם אהבת המועיל ואם אהבת הערב ואהבת הטוב הוא שיאהב האדם הדבר הנאהב מצד שהוא טוב גמור מבלי שיתערב באהבה ההיא קבלת התועלת ולא קבלת ערבות כלל אבל יאהב הטוב מצד מה שהוא טוב בלבד ואהבת המועיל הוא שיאהב הדבר הנאהב מצד התועלת שיקבל ממנו בלבד ואהבת הערב הוא שיאהב הדבר הנאהב מצד הערבות המגיע לו ממנו לא בעבור שהוא טוב ולא מועיל אלא שהוא ערב בלבד ואהבת המועיל והערב ישתנו ויתחלפו בפחות ויתר כפי רוב קבלת התועלת או התענוג ואפשר שיפסדו ואולם האהבה אשר תהיה בעבור הטוב בעצמו הנה זאת האהבה לא תפסד ולא תשתנה לפי שהאוהב לא יאהב האהוב בעבור שהוא טוב אליו כלומר בצרוף אל האוהב אבל למה שהתבאר לו שזה האהוב טוב בעצמו והאהוב הוא הידוע אצל האוהב והוא הדבר הנאהב בלבד החקוק בלבו עד שיצדק עליהם יחד גדר האהבה כי האהבה היא התאחד דבר הנאהב עם האוהב והתדבקם יחד דבוק שכלי בשלמות ואולם במועיל והערב הנה אין האהוב הוא הידוע אבל התועלת המגיע אל האוהב או התענוג המגיע אליו ולזה אי אפשר שיתאחד האוהב עם האהוב ומזה הצד תשתנה בהשתנות קבלת התועלת או התענוג או תפסד ואולם אהבת הטוב אי אפשר לה שתשתנה כלל כי אין לאוהב לקבל שום תועלת מן האהוב אלא

- *Ahavas Ha'areiv* — love of an enjoyable feeling or sensation
- *Ahavas Hamo'il* — love of personal benefit or gain (even if it isn't enjoyable)
- *Ahavas Hama'alah* — love of essential virtue for its own sake

Generally, we do not associate the first two usages with love of Hashem, as these express our love for ourselves and our own personal benefit, while love of Hashem is to love the essential virtue and perfection of Hashem for its own sake and to associate Him with those virtues. We thus make His virtue and perfection the foundation and focus of our relationship with Him. In light of the Maharal's words above, the very process of identification of Hashem's virtue and perfection molds our emotional need to return to Him, our source, in the deepest possible way. In other words, contemplation of Hashem's virtue generates a sense of something deeply familiar and becomes the catalyst for our need to be subsumed once again in Him.

Rav Noach Weinberg taught that *ahavas hama'alah* is the essential definition of the word love in the Torah. He said, "Love means to identify the virtues in another (Hashem, for example) and to associate him with those virtues. This leads to wanting to connect to him and to experiencing the pleasure of connecting to those virtues as well." According to his understanding, love of virtue is the definition of love in all regards, whether in loving our fellow Jew, loving our fellow human being, loving a convert, loving a spouse, or loving Hashem.

Etymologically, the Hebrew word *ahavah* (אהבה) — love, derives from the root word *hav* (הב) — to give. The connotation is clear: Love

---

הידיעה בו לבד ועל כן היתה האהבה אל הטוב מצד שהוא טוב היותר מעולה שבמיני האהבות..."

ועיין באברבנאל דברים ו:ה, וכן משמע מדברי הרמב"ם ביסודי התורה פרק ב, וכן בכל מוני המצוות.

יש לציין את דברי האור החיים הקדוש לפסוק "ואהבת" (דברים ו:ה) שכתב שם באורך שבעצם אהבת ה' נוגעת לכל ג' בחינות. אמנם העיקר הוא שה' הוא שלם ויחיד בכל המעלות הטובות שיש, אבל אהבתו הוא גם ערב לנו בבחינת "טעמו וראו כי טוב ה'..." (תהילים קמה), ואהבת ה' גם מועילה לנו לכבוש את כל העולם וברכותיו בבחינת "כל העולם לא נברא אלא לצוות לזה," (שבת ל:) דהיינו שלמי שהוא אוהב ה' באמת ה' יסדר שכל העולם ניתן לו לעזר בעבודתו.

is a by-product of giving and dedicating oneself to the object of one's attention.³⁰⁰ Without giving, love cannot exist. This is true of our love of Hashem as well. We know that Hashem does not lack anything and needs nothing from us, but in order to generate love for Hashem in ourselves, we have to give to Him, or at least go through the motions of trying to give to Him. This makes it real on our part.

Furthermore, the Hebrew word *ahavah* has the same numerical value (thirteen) as the word *echad* — one. This hints to the idea that love is inherently synonymous with unity and connection. When there are blocks and separations, the feeling of love is not fully accessible.

The Inner Process of Love

The love we are discussing is not a static feeling or emotional state; it is actually an internal process. And if love is a process, there are stages that precede it as well. The very first step, prior to developing love of Hashem, is to know Hashem. The mitzvos of *Anochi*, *Lo Yihyeh*, and *Yichud Hashem* all teach and reinforce our awareness of Hashem's existence and nature. By engaging in these mitzvos, we are called upon to list, affirm, and explore His virtues and associate them with Hashem's essence. Thus, *Anochi*, *Lo Yihyeh*, and *Yichud*, the first three of the Six Constant Mitzvos, feed into and mesh beautifully with the mitzvah to love Hashem. Those mitzvos form the foundation of our love of Hashem. The less effort we invest in the mitzvos of *Anochi*, *Lo Yihyeh*, and *Yichud Hashem*, the weaker this foundation will be and the harder it will be to develop love for Hashem.³⁰¹

Once knowledge and awareness of Hashem's essential virtue are firm in our minds and have become our reality, the internal process of love can begin. There are three stages in this process of loving Hashem: yearning, connection or unity, and *ta'anug* (spiritual fulfillment).

---

300 עיין במאמר קונטרס החסד של רב דסלר בספר מכתב מאליהו כרך א עמ' 37 וז"ל: "כללו של דבר זה אשר יתן האדם לזולתו לא יאבד ממנו אלא זו היא התפשטות עצמותו כי ירגיש אשר גם חלק לו בחבירו זה אשר נתן לו זו היא הדביקות שבין אדם לזולתו אשר נקרא לה בשם אהבה."

301 עיין ברמב"ם במשנה תורה הלכות תשובה פרק י הלכה ו וז"ל: "אינו אוהב הקדוש ברוך הוא אלא בדעת שידעהו ועל פי הדעה תהיה האהבה אם מעט מעט ואם הרבה הרבה לפיכך צריך האדם ליחד עצמו להבין ולהשכיל בחכמות ותבונות המודיעים לו את קונו כפי כח שיש באדם להבין ולהשיג כמו שבארנו בהלכות יסודי התורה."

1. *Stage 1: Yearning*
   When a person contemplates the greatness of Hashem and His virtues, the initial reaction is one of yearning to become closer to Him.[302] King David aptly expressed this feeling. "My spirit

---

302 עיין בלשון הרמב"ם הלכות יסודי התורה פרק ב הלכה א-ב: "(א) האל הנכבד והנורא הזה מצוה לאהבו וליראה אותו שנאמר ואהבת את ה' אלהיך ונאמר את ה' אלהיך תירא. (ב) והיאך היא הדרך לאהבתו ויראתו בשעה שיתבונן האדם במעשיו וברואיו הנפלאים הגדולים ויראה מהן חכמתו שאין לה ערך ולא קץ מיד הוא אוהב ומשבח ומפאר ומתאוה תאוה גדולה לידע השם הגדול כמו שאמר דוד צמאה נפשי לאלהים לאל חי וכשמחשב בדברים האלו עצמן מיד הוא נרתע לאחוריו ויפחד ויודע שהוא בריה קטנה שפלה אפלה עומדת בדעת קלה מעוטה לפני תמים דעות כמו שאמר דוד כי אראה שמיך מעשה אצבעותיך מה אנוש כי תזכרנו ולפי הדברים האלו אני מבאר כללים גדולים ממעשה רבון העולמים כדי שיהיו פתח למבין לאהוב את השם כמו שאמרו חכמים בענין אהבה שמתוך כך אתה מכיר את מי שאמר והיה העולם."

ועיין נמי בספר חובות הלבבות שער אהבת ה': "אבל מה הענין אהבה באלהים, הוא כלות הנפש ונטותה אל הבורא, כדי שתדבק באורו העליון, והוא שהנפש עצם פשוט רוחני, נוטה אל הדומה לה מהאישים הרוחניים, ומתרחקת בטבעה מאשר הוא כנגדה מן הגופות העבות, וכאשר קשרה הבורא יתברך בגוף זה העב, אשר רצה לנסותה בו בהנהגתה אותו (דבר זה מבואר אצלנו כ"פ בבית וביחוד בסלם), העיר אותה לחוס עליו ולמשוך התועלות אליו בעבור השתוף והחברה, אשר נטבעה ביניהם מתחלת הגידול, וכאשר תרגיש הנפש במה שיש בו תועלת לגופה ותקנה לגויתה, תטה במחשבתה אליו, ותכסוף לו כדי לבקש המנוחה ממדוי גופה ופגעיו, וכשתרגיש הנפש בענין שיוסיף לה אור וכח בעצמה, תטה במזימתה אליו, ותדבק בו במחשבתה ותתאוה אליו, וזאת תכלית האהבה הזכה: וכיון שהדבר כן, והיו קרואי הגוף רבים, וצרכיו אל מה שימצא מחסורו מתמידים, ולא היתה הנפש יכולה לעמוד מעיין לו בכל זה, מפני שאין לה השקט ומנוחה מבלי מרגוע גופה, נטרדה הנפש בעניני גופה ואהביה הראוים לה, והמתיחדים בעצמה אשר בהם הצלחתה בנוה מרגוע, וכאשר יבקע לה אור השכל, ויגלה לה גנות מה שנטתה לה באהבתה, מאשר בו הצלחתה בשני המעונים, תשוב מזה ותניח כל עניניה אל הבורא החונן, ותטה במחשבתה לבקש אופני הצלחה, מעוצם מה שנוקשה בו, וגודל מה שנוסתה בו. ואז תפרוש מן העולם ומכל תענוגיו, ותבזה הגופות וכל תאותם, וסמוך לזה יפקחו עיניה ויזדכו רואותיה מענין הסכלות באלהים ובתורתו, ותכיר האמת מן השקר, ויגלו לה פני אמתת בוראה ומנהיגה: וכאשר תבין גודל יכלתו ועוצם מעלתו, תכרע ותשתחוה לו ביראה ואימה מעצמותו וגדולתו, ולא תסור מזה עד אשר יבטיחנה הבורא יתעלה, וישקיט פחדה ומוראה, ואז תשוקה כוס האהבה באלהים, ותתבודד בו לייחד לבבה לו, לאהבה אותו, ולבטוח עליו, ולכסוף לו, ולא יהיה לה עסק בלתי עבודתו, ולא יעבור על רעיונה זולתו, ולא יעלה במחשבתה בלעדיו, ולא תשלח איבר מאיברי גופה אלא במה שימשך בזה רצונו, ולא תתיר לשונה כי אם בזכרו, ושבחו והודאתו ותהלתו מאהבה בו ומכסוף לרצונו, ואם ייטיב לה תודה, ואם יענה תסבול, ולא תוסיף עם זה כי אם אהבה בו ובטחון עליו (ע"ד הוכח לחכם ויאהבך, וכמ"ש בתורה ויענך וירעיבך וידעת עם לבבך כי כאשר ייסר איש את בנו ה' אלהיך מיסרך, ושנוי בנביאים אני יסדתי חזקתי זרועותם, ונאמר אהבתי אתכם אמר ה', ומשולש בכתובים כי את אשר יאהב ה' יוכיח וכאב את בן ירצה, והוא מאמר מתהפך בהכרח שהנוכח צריך ג"כ להיות אוהב, ע"ד כמים הפנים לפנים, ועל דרך זה אמר טובה תוכחת מגולה מאהבה מוסתרת, וטוב כעס משחוק. ועמש"ל במוסר ד'

yearns for Hashem, to Him who is the source of life" (*Tehillim* 42:3).[303] King Solomon spoke of being "lovesick" (*Shir HaShirim* 2:5), feeling like one who yearns for the fullness of love and its reciprocation but has not yet achieved it.[304]

The Rambam notes another expression of this stage of one's developing love for Hashem. The person is inspired to praise and glorify Hashem for His virtues, in turn generating even greater desire to know Him more deeply.[305]

Eventually, even the flesh itself, not just the soul, begins to long for closeness with Hashem. In the words of King David, "My soul thirsts for you [and] my flesh longs for you in a dry and thirsty land where there is no water" (*Tehillim* 63:2).[306]

דאוצר הטוב), כמ"ש על אחד מהחסידים שהיה קם בלילה, ואומר, אלהי הרעבתני, ועירום עזבתני, ובמחשכי הלילה הושבתני, ועזך וגדלך הורתני, אם תשרפני באש לא אוסיף כי אהב אותך ושמח בך, דומה למה שאמר איוב הן יקטלני לו איחל. ואל הענין הזה רמז החכם באמרו צרור המור דודי לי, ואמרו רז"ל אע"פ שמיצר ומימר לי דודי בין שדי ילין. וזה דומה למ"ש ואהבת את ה' אלהיך בכל לבבך ובכל נפשך ובכל מאודך."

303 עיין ברמב"ם בהלכות יסודי התורה פרק ב הלכה ב שהביא פסוק זה דווקא להגדיר את האהבה המתוארת שם.

304 עיין בנצי"ב בספר רינה של תורה לשיר השירים על הפסוק בשיר השירים ב:ה "סמכוני באשישות רפדוני בתפוחים כי חולת אהבה אני" וז"ל: "פירוש חולת אהבה לא כפי המפרשים שאני חולה מרוב אהבה והכי איתא בהלכות תשובה להרמב"ם פרק י אבל מדברי חז"ל מסכת סופרים נראה שפירשו להיפך שאני חולה על אהבת ה' והכי תניא סמכוני באשישות [בהלכות המאושרות] רפדוני בתפוחים [אלו אגדות שריחן יפה כתפוחים] כי חולת אהבה אני...הא מיהו מפרשים חז"ל מקרא הלז שהוא תפלה לקרב את נפש ישראל לאהבת ה' ע"י אשישות הלכה או ע"י תפוחים כי חולת אהבה אני שחסר לי אהבת ה' והוא תענוג נפש הישראלי שאני מתאוה להשיג...ולפי הענין יש לפרש דעיקר הקושי להשיג אהבת ה' אע"ג שהנפש נכספה להשיג הוא משום אהבת הטבע כמש"כ לעיל במקרא אני חבצלת השרון ואהבה זו דוחה אהבת ה'..." ע"ש דבריו באורך.

305 כל זה לשון הרמב"ם להדיא בהלכות יסודי התורה פרק ב הלכה ב: "והיאך היא הדרך לאהבתו ויראתו בשעה שיתבונן האדם במעשיו וברואיו הנפלאים הגדולים ויראה מהן חכמתו שאין לה ערך ולא קץ מיד הוא אוהב ומשבח ומפאר ומתאוה תאוה גדולה לידע השם הגדול כמו שאמר דוד צמאה נפשי לאלהים לאל חי."

306 עיין ברמב"ם הלכות יסודי התורה פרק ד הלכה יב: " בזמן שאדם מתבונן בדברים האלו ומכיר כל הברואים ממלאך וגלגל ואדם כיוצא בו ויראה חכמתו של הקב"ה בכל היצורים וכל הברואים מוסיף אהבה למקום ותצמא נפשו ויכמה בשרו לאהוב המקום ברוך הוא ויירא ויפחד משפלותו ודלותו וקלותו כשיעריך עצמו לאחד מהגופות הקדושים הגדולים וכ"ש לאחת מהצורות הטהורות הנפרדות מן הגולמים שלא נתחברו בגולם כלל וימצא עצמו שהוא ככלי מלא בושה וכלימה ריק וחסר."

2. *Stage 2: Connection and Unity*
   Intense yearning eventually moves one to a sense of connection and unity with Hashem. This connection is expressed in three main forms:

   - *Hasagah*: grasping Hashem and His ways and thus feeling connected to Him in heart and mind.[307]
   - Relationship: experiencing constant dialogue with, and the real presence of, Hashem in one's life at all times.[308]
   - *Bittul*: nullifying oneself in His presence, like an entity reconnecting with and becoming subsumed into its source.[309]

---

307 על פי הספרי על הפסוק והיו הדברים האלה אשר אנכי מצוך היום על לבבך, הרבה ראשונים מביאים שתהליך האהבה מתחיל עם השגת ה'. וזה לשון הרמב"ם בספר המצות עשה ג': "שצונו לאהבו יתעלה וזה שנתבונן ונשכיל מצותיו ופעולותיו עד שנשיגהו ונתענג בהשגתו תכלית התענוג וזאת היא האהבה המחויבת."
וכן הוא בלשון הספר החינוך מצוה תיח "וענין המצוה שנחשוב ונתבונן בפקודיו ופעולותיו עד שנשיגהו כפי יכלתנו, ונתענג בהשגתו בתכלית העונג, וזאת היא האהבה המחוייבת."
הרי ראינו ש"השגת" פקודי ה' או מעשי ה' או חכמת ה' היא השלב הראשון בתהליך שמביא לידי אהבה.

308 זהו כוונת הפסוק בשיר השירים ו:ג "אני לדודי ודודי לי." ועיין שם בפירוש צרור המור וז"ל: "מעולם מקושר נפשותינו בהקב"ה והוא בנו כשאינו מסלק הצדיקים הרועה בשושנים כשהוא רועה אותנו בצדיקים."
ועיין נמי במצודת דוד וז"ל: "ר"ל שכל תשוקתי היא אל דודי כן תשוקתו אלי והוא זה הרועה בשושנים להביא לי מהם תשורה והנמשל הוא לומר כמו שאני לא בחרתי באל נכר כן הוא לא עזבני מכל וכל לבחור בגויי הארצות ואף עתה מקבל ברצון עסק התורה והתפילה ומורים אצלו להשיב לי עלנהם גמול טוב."
הרי מכל הנ"ל רואים שפירוש הפסוק הזה מיירי בתהליך שמביא להרגשת החיבור בינינו ובינו.

309 עיין במהר"ל נתיבות עולם נתיב אהבה פרק א וז"ל: "וזה שאמרו בפרק הרואה (ברכות ס"א, ב') כשהוציאוהו לרבי עקיבא להריגה זמן ק"ש היה והיו סורקין את בשרו במסרקות של ברזל והיה מתכוין לקבל עליו עול מלכות שמים באהבה אמרו לו תלמידיו רבינו עד כאן אמר להם כל ימי הייתי מצטער על הפסוק הזה בכל נפשך ואפילו הוא נוטל את נפשך אמרתי מתי יבא לידי ואקיימנו ועכשיו שבא לידי לא אקיימנו היה מאריך באחד עד שיצאת נשמתו באחד יצאת בת קול ואמרה אשריך ר' עקיבא שיצאת נשמתך באחד. ועתה יקשה לך למה היה מקיים שיאהב השם ית' בכל לבבו ובכל נפשו במה שהיה מאריך באחד עד שיצאה נשמתו באחד, אבל הדבר הזה, כי האהבה שיש לאדם אל השם ית' במה שהאדם מצד עצמו אינו דבר רק מן השם ית' בא האדם ואליו האדם שב, כי הכל שב אליו ית' ואין דבר זולתו רק השם ית' והוא אחד ואין זולתו, ולפיכך אמרו ז"ל (שם ו', א') אף על גב שקרא ק"ש בבית הכנסת צריך שיקרא ק"ש ג"כ על מטתו ואם ת"ח הוא אינו צריך מכל מקום צריך שיאמר פסוק אחד דרחמי כי בידך אפקיד רוחי, ומשמע אם יאמר קריאת שמע דהיינו שמע ישראל ה' אלהינו ה' אחד אין צריך שיאמר כי בידך אפקיד רוחי, והיכן אמר כי בידך אפקיד

3. *Stage 3: Ta'anug — Spiritual Fulfillment*
   Though we may reach the stage of nullification just described, we do continue to exist and live our lives in the flesh and within the framework of a physical world. The result of the love process after yearning and connection is then the spiritual fulfillment of knowing that one has attained a level of connection to Hashem — the true source of life and existence — to which no other achievement or pleasure can compare.[310] This process

---

רוחי. אבל דבר זה שאמר ה' אחד שהוא ית' אחד ואין זולתו ומצד שהוא ית' אחד ואין זולתו הכל שב אליו, ובזה נשמתו הוא שב אל הש"י ומפקיד נשמתו ביד הש"י, ולפיכך ר"ע היה מאריך באחד עד שיצאה נשמתו, כי מה שהוא ית' אחד הנשמה אליו ית' תשוב, וכאשר היה מאריך באחד עד שיצאה נשמתו היתה נשמתו שבה אל הש"י לגמרי במה שהוא אחד, ומזה הצד נמצא האהבה, ולפיכך אמר ה' אלהינו ה' אחד ואהבת את ה' אלהיך וגו', כי מצד שהוא ית' אחד אין לשום נמצא בעולם הנפרד מאתו, כי הכל תלוים ודבקים בו יתברך כי הוא ית' עיקר הכל, ומפני כך שייך אהבה אל השם ית'."

310 עיין בלשון הספר החינוך מצוה תיח: "שנצטוינו לאהוב את המקום ברוך הוא, שנאמר [דברים ו', ה'] ואהבת את ה' אלהיך. וענין המצוה שנחשוב ונתבונן בפקודיו ופעולותיו עד שנשיגהו כפי יכלתנו, ונתענג בהשגתו בתכלית העונג, וזאת היא האהבה המחויבת. ולשון ספרי [כאן], לפי שנאמר ואהבת איני יודע כיצד אוהב אדם המקום, תלמוד לומר והיו הדברים האלה אשר אנכי מצוך היום על לבבך, שמתוך כך אתה מכיר את מי שאמר והיה העולם. כלומר, שעם התבוננות בתורה תתישב האהבה בלב בהכרת."
ועיין בספר עלי שור חלק ב עמ' תקסו: "יש בזה ענין רחב יותר הקשור בפרק הראשון של המסילת ישרים ' יסוד החסידות ושרש העבודה התמימה הוא שיתברר ויתאמת אצל האדם מה חובתו בעולמו ולמה צריך שישים מבטו ומגמתו בכל אשר הוא עמל כל ימי חייו. והנה מה שהורונו חכמינו זכרונם לברכה הוא, שהאדם לא נברא אלא להתענג על ה' ולהנות מזיו שכינתו שזהו התענוג האמיתי והעידון הגדול מכל העידונים שיכולים להמצא. ומקום העידון הזה באמת הוא העולם הבא, כי הוא הנברא בהכנה המצטרכת לדבר הזה. אך הדרך כדי להגיע אל מחוז חפצנו זה, הוא זה העולם. והוא מה שאמרו זכרונם לברכה: (משנה אבות ד טז): 'העולם הזה דומה לפרוזדור בפני העולם הבא'. והאמצעים המגיעים את האדם לתכלית הזה, הם המצוות אשר צונו עליהן האל יתברך שמו. ומקום עשיית המצוות הוא רק העולם הזה' הרי התענוג על ה' הוא 'התענוג האמיתי' וזה חידוש גדול שתתכן הבחנה בין תענוג אמיתי ותענוג בלתי אמיתי כי במושכל ראשון שלנו תענוג הוא ענין של הטעם האישי של האדם שלא שייך לדון עליו כלל אם הוא אמיתי או לא כדאמרי אינשי 'על טעם וריח אין להתוכח' ונמצינו לומדים כאן כי אכן יש 'תענוג אמיתי' והוא רק להתענג על ה', וכתב המס"י כי 'מקום העידון הזה באמת העוה"ב' היינו ההנאה מזיו השכינה שעל זה אמר רב 'העוה"ב אין בו לא אכילה ולא שתיה ולא פרו ורבו...אלא צדיקים יושבים ועטרותיהם בראשיהם ונהנים מזיו השכינה (ברכות יז.) והננו שואלים מיד אם מקום העידון הוא העוה"ב איפה מקום התענוג הרי אותו אין המס"י מזכיר כאן כי היה לו לכתוב כי 'מקום התענוג והעידון הוא העוה"ב ונראה מדויק דבריו חידוש עצום כי מקומו של התענוג על ה' הוא העוה"ז הרי כל מערכת האמת בנויה על היסוד כי תכלית האדם היא להיות איש אמת אף שמצד טבעו הוא כולו שקרים איפה נעוץ השקר שלו? הוי אומר בגוף הנמשך להנאות גשמיות ועיקר שאיפת האדם בחייו הוא ליהנות ככל האפשר מעתה הננו מבינים כי הפיכת

can cycle many times over, each time bringing deeper and deeper levels of love and fulfillment. Someone who reaches lofty heights in this process becomes wrought with a different kind of lovesickness. This lovesickness is one of saturation and complete absorption with Hashem to the point of being unable to focus on anything else.[311]

The Method of Fulfilling This Mitzvah

The Torah instructs us to love Hashem in this verse: "And you shall love Hashem, your Master, with all your heart, all your soul, and all your possessions" (*Devarim* 6:5). Our Sages teach that the subsequent verse provides the pathway to use in pursuing the goal of loving Hashem: "And these words that I command you today shall be upon your heart" (*Devarim* 6:6). Thus, the method we should adopt to attain love of Hashem is study and contemplation.[312]

הכולו שקרים לאיש אמת מתחילה בזה שיתלמד בתענוגים להבחין איזה התענוג האמיתי הן זוהי עבודה לעוה"ז דווקא להבחין בתענוגים ולהתאוות להתענג על ה' זיו השכינה היא השראה מלמעלה ומקומה הוא העוה"ב אך העבודה שלנו בעוה"ז היא להתענג על ה' 'והאמצעים המגיעים את האדם לתכלית הזה הם המצות ומקום עשיית המצות הוא רק העוה"ז' להלן נוכיח בע"ה כי ענין וסגולת המצות הוא להתענג על ה' כל מצוה באופן שלה."

311 זה כוונת פירוש הרמב"ם בפרק י להלכות תשובה הלכה ג: "וכיצד היא האהבה הראויה הוא שיאהב את ה' אהבה גדולה יתירה עזה מאוד עד שתהא נפשו קשורה באהבת ה' ונמצא שוגה בה תמיד כאלו חולה חולי האהבה שאין דעתו פנויה מאהבת אותה אשה והוא שוגה בה תמיד בין בשבתו בין בקומו בין בשעה שהוא אוכל ושותה יתר מזה תהיה אהבת ה' בלב אוהביו שוגים בה תמיד כמו שצונו בכל לבבך ובכל נפשך והוא ששלמה אמר דרך משל כי חולת אהבה אני וכל שיר השירים משל הוא לענין זה."
ועיין בנצי"ב בספרו רינה של תורה שגם מרמז לשלב זה על הפסוק בשיר השירים ה:ח "השבעתי אתכם בנות ירושלים אם תמצאו את דודי מה תגידו לו שחולת אהבה אני" וז"ל: "...והכוונה שכל הפשעים שלנו אינם מחמת שאין אנו מקבלים עלינו מלכותו יתברך וכמו שהעיד בלעם 'לא הביט און ביעקב ולא עמל בישראל כי ה' אלקיו עמו' — אע"ג שהוא פושע במצות ה' מכ"מ אינו כופר בעיקר וגם ימסור נפשו על אמונתו בכלל וכל מה שהוא פושע מחמת תאוה ומלוי רצון הגוף הוא מחמת שאין לו אהבת ה' רק אמונה והעדר אהבת ה' הוא מפני שהקב"ה מסתיר פנים ואור אהבתו ורוה"ק ממנו וממילא אין אהבת ישראל יכולה להיות נמשכת אחריו ואדרבה גורם להיות נמשך אחר אהבת העולם וטבע הגוף ביותר..." ע"ש דבריו באורך. ויש אם כן מקום גדול לפרש את דברי הרמב"ם שמדבר במצב שאדם הגיע ע"י סייעתא דשמיא וע"י היגיעה שלו למצב שמרגיש את אהבת ה' לו ולכן הוא נמשך אחר רגש התענוג הזה כל הזמן.

312 רמב"ם בספר המצות עשה ג' מביא לשון הספרי הדורש את ענין ההתבוננות מהפסוק:

If contemplation is the actual action we are to undertake to fulfill this mitzvah, we must define clearly what this "contemplation" entails in terms of subject, scope, quality, and depth.

The Quality and Depth of the Contemplation

The contemplation we are referring to here is not simply thought; thought is fleeting and ephemeral. Thoughts pass all too easily through our minds, which is why our Sages refer to thought as a bird flying in the air. Nor is this contemplation simply a matter of observation,[313] in the sense of observing the wonders of nature. Tens of thousands of people go to observe the Grand Canyon every year and walk away without having come to love Hashem. Contemplation isn't even captured by the idea of one's Torah learning process. Learning and integrating are two entirely different processes with virtually no overlap. Learning Torah, in and of itself, holds no guarantee to bring a person to love Hashem.

The kind of contemplation we are discussing is a combination of sustained focus and investment of one's entire capacity to investigate and find depth, coupled with integrating and discovering the personal relevance of one's conclusions. This process is sustained until the matter penetrates into the person's very being rather than remaining in the cerebral and theoretical realms of thought.[314]

"היא שצונו לאהבו יתעלה וזה שנתבונן ונשכיל מצותיו ופעולותיו עד שנשיגהו ונתענג בהשגתו תכלית התענוג וזאת היא האהבה המחוייבת ולשון ספרי לפי שנאמר ואהבת את ה' אלהיך איני יודע כיצד אוהב את המקום תלמוד לומר והיו הדברים האלה אשר אנכי מצוך היום על לבבך שמתוך כך אתה מכיר את מי שאמר והיה העולם כבר בארו לך כי בהשתכלות תתאמת לך ההשגה ויגיע התענוג ותבא האהבה בהכרח."

וזה לשון הספרי שבידינו: "והיו הדברים האלה אשר אנכי מצוך היום על לבבך. למה נאמר לפי שהוא אומר ואהבת את ה' אלהיך בכל לבבך איני יודע באיזה צד אוהבים את הקב"ה ת"ל והיו הדברים האלה אשר אנכי מצוך היום על לבבך והיו הדברים האלה על לבבך שמתוך כך אתה מכיר את הקב"ה ומדבק בדרכיו."

313 בעלי שור חלק ב' שער רביעי פרק שלישי קודם מביא לשון הרמב"ם בהלכות יסודי התורה פרק ב הלכה ב שהתבוננות בגדולת הבורא מביא מיד לידי אהבה וגם לידי יראה ואז הוא מסביר: "אותה התבוננות מביאה בבת אחת לאהבה ויראה גם יחד — התבוננות אינה מחשבה מופשטת."

314 בעלי שור שם בהמשך דבריו: "כשאדם נכנס להתבוננות היא מקיפה את האדם כולו השכל והרגש משתתפים בה ואף כחות גופו מחרישים ומתרשמים ממנה כאשר ההתבוננות מאירה לאדם את חכמת הבורא הנשמה והגוף מקבלים את האור כל אחד על דרכו הנשמה היא שלהבתיה במקורה היא חלק אלוק ממעל מהותה אהבה והיא מיד אוהבת

It follows that a person who actually wants to engage in this process must devote actual time and real energy, on an ongoing basis, in order to succeed [315] — anything short of that will likely not bear fruit.

The Subject of Our Contemplation

In the teaching mentioned above, our Sages defined, in a general sense, that we must use contemplation to achieve love of Hashem. But what precisely does the *pasuk*, "And these words which I command you today shall be upon your heart," refer to? What are "these words?"

In *Sefer HaMitzvos*, the Rambam says that "these words" are "Hashem's commandments and His deeds."[316] The Rambam seems to say that by contemplating (not merely learning) the words of Torah, which describe Hashem's commandments, we will come to love Him. In addition, contemplating Hashem's "doings," which are explained as either the actual wonders of creation and nature or events that reflect

---

ומתאוה תאוה גדולה לידע השם הגדול הגוף מקבל אור ההתבוננות כפי מהותה הוא נרתע לאחוריו ועומד על קטנותו לפני בוראו."

315 לשון הרמב"ם בהלכות תשובה פרק י הלכה ו: "דבר ידוע וברור שאין אהבת הקב"ה נקשרת בלבו של אדם עד שישגה בה תמיד כראוי ויעזוב כל מה שבעולם חוץ ממנה כמו שצוה ואמר בכל לבבך ובכל נפשך אינו אוהב הקב"ה אלא בדעת שידעהו ועל פי הדעה תהיה האהבה אם מעט מעט ואם הרבה הרבה לפיכך צריך האדם ליחד עצמו להבין ולהשכיל בחכמות ותבונות המודיעים לו את קונו כפי כח שיש באדם להבין ולהשיג כמו שבארנו בהלכות יסודי התורה."

ובתניא פרק ג': "...כי השכל שבנפש המשכלת כשמתבונן ומעמיק מאד בגדולת ה' איך הוא ממלא כל עלמין וסובב כל עלמין וכולא קמיה כלא חשיב נולדה ונתעוררה מדת יראת הרוממות במוחו ומחשבתו לירא ולהתבושש מגדולתו יתברך שאין לה סוף ותכלית ופחד ה' בלבו ושוב יתלהב לבו באהבה עזה כרשפי אש בחשיקה וחפיצה ותשוקה ונפש שוקקה לגדולת אין סוף ברוך הוא והיא כלות הנפש כדכתיב נכספה וגם כלתה נפשי וכתיב צמאה נפשי לאלקים וכתיב צמאה לך נפשי והצמאון הוא מיסוד האש הוא בלב ומקור המים והליחות מהמוח וכמ"ש בעץ חיים שער נ' שהיא בחינת חכמה שנקרא מים שבנפש האלהית ושאר המדות כולן הן ענפי היראה והאהבה ותולדותיהן כמ"ש במקום אחר והדעת הוא מלשון 'והאדם ידע את חוה' והוא לשון התקשרות והתחברות שמקשר דעתו בקשר אמיץ וחזק מאד ויתקע מחשבתו בחוזק בגדולת אין סוף ברוך הוא ואינו מסיח דעתו כי אף מי שהוא חכם ונבון בגדולת אין סוף ברוך הוא הנה אם לא יקשר דעתו ויתקע מחשבתו בחוזק ובהתמדה לא יוליד בנפשו יראה ואהבה אמיתית כי אם דמיונות שוא ועל כן הדעת הוא קיום המדות וחיותן והוא כולל חסד וגבורה פירוש אהבה וענפיה ויראה וענפיה."

316 לשון הרמב"ם בספר המצות עשה ג: "היא שצונו לאהבו יתעלה וזה שנתבונן ונשכיל מצותיו ופעולותיו עד שנשיגהו ונתענג בהשגתו תכלית התענוג וזאת היא האהבה המחוייבת."

His providence in the world, also bring one to love Hashem, albeit only if done properly as mentioned above.

However, in *Hilchos Yesodei HaTorah*, the Rambam never mentions the commandments as the focus subject of our contemplation,[317] nor does he specifically mention Hashem's Providence. Rather, he says that one must focus on "*Ma'aseh Bereishis and Ma'aseh Merkavah.*" *Ma'aseh Bereishis*, or the Work of Creation, refers to the deeper elemental level of the physical entities within creation (not physically wondrous things like the Grand Canyon, per se). *Ma'aseh Merkavah*, the Work of the Chariot, was a vision shown to the prophet Yechezkel and is classically understood to show or describe the inner spiritual workings and dimensions of Hashem's Providence. This is something more profound than observing events and interpreting them as Hashem's Providence, which was our earlier definition of "Hashem's doings." Furthermore, it seems from the Rambam that the exercise is less about the particulars of *Ma'aseh Bereishis* and *Ma'aseh Merkavah*, and more about seeing the greatness and glory of Hashem in relation to one's self within the context of the awesome and wondrous system He created.[318]

---

317 פשטות הרמב"ם שלא מצינו שמתייחס בפירוש ביד החזקה לענין ההתבוננות ב"מצותיו" כמו שאמר בספר המצות, אבל אולי הוא בא לרמז לזה בהלכות יסודי התורה פרק ד הלכה יג בלשונו הזהב: "ועניני ארבעה פרקים אלו שבחמש מצות האלו הם שחכמים הראשונים קוראין אותו פרדס כמו שאמרו ארבעה נכנסו לפרדס ואף על פי שגדולי ישראל היו וחכמים גדולים היו לא כולם היה בהן כח לידע ולהשיג כל הדברים על בוריין ואני אומר שאין ראוי לטייל בפרדס אלא מי שנתמלא כריסו לחם ובשר ולחם ובשר הוא לידע האסור והמותר וכיוצא בהם משאר המצות ואע"פ שדברים אלו דבר קטן קראו אותן חכמים שהרי אמרו חכמים דבר גדול מעשה מרכבה ודבר קטן הוויות דאביי ורבא אעפ"כ ראויין הן להקדימן שהן מיישבין דעתו של אדם תחלה ועוד שהם הטובה הגדולה שהשפיע הקדוש ברוך הוא ליישוב העולם הזה כדי לנחול חיי העולם הבא ואפשר שידעם הכל קטן וגדול איש ואשה בעל לב רחב ובעל לב קצר."

318 עיין רמב"ם הלכות יסודי התורה פרק ב-ד, ואי אפשר להביא כל לשונו כאן אלא נביא קטע קצר בפרק ד הלכה יב-יג: "(יב) בזמן שאדם מתבונן בדברים האלו ומכיר כל הברואים ממלאך וגלגל ואדם כיוצא בו ויראה חכמתו של הקב"ה בכל היצורים וכל הברואים מוסיף אהבה למקום ותצמא נפשו ויכמה בשרו לאהוב המקום ברוך הוא ויירא ויפחד משפלותו ודלותו וקלותו כשיעריך עצמו לאחד מהגופות הקדושים הגדולים וכ"ש לאחת מהצורות הטהורות הנפרדות מן הגולמים שלא נתחברו בגולם כלל וימצא עצמו שהוא ככלי מלא בושה וכלימה ריק וחסר. (יג) ועניני ארבעה פרקים אלו שבחמש מצות האלו הם שחכמים הראשונים קוראין אותו פרדס כמו שאמרו ארבעה נכנסו לפרדס ואף על פי שגדולי ישראל היו וחכמים גדולים היו לא כולם היה בהן כח לידע ולהשיג כל הדברים

Some of the *Sifrei HaKabbalah* suggest that the more technical focus on the subjects of *Ma'aseh Bereishis* and *Ma'aseh Merkavah*, as described by the Rambam in *Yesodei HaTorah*, has now been supplanted by the learning of *Kabbalah*. This includes the mystical and hidden components of the Torah — essentially descriptions of the spiritual realms, the study of which is limited to those who have rooted themselves firmly in the revealed levels of Torah, Talmud, and *halachah*.[319] Accordingly, those who have not yet reached this level of competency in the revealed parts of Torah should focus on "Hashem's commandments and His doings," as outlined by the Rambam in *Sefer HaMitzvos*.[320]

Timtum Halev (A Blocked Heart) — When Contemplation Doesn't Work

The *Sefer HaTanya* teaches that there are many levels of contemplation which lead to varying levels in the qualitative experience of

---

על בוריין ואני אומר שאין ראוי לטייל בפרדס אלא מי שנתמלא כריסו לחם ובשר ולחם ובשר הוא לידע האסור והמותר וכיוצא בהם משאר המצות ואע"פ שדברים אלו דבר קטן קראו אותן חכמים שהרי אמרו חכמים דבר גדול מעשה מרכבה ודבר קטן הוויות דאביי ורבא אעפ"כ ראויין הן להקדימן שהן מיישבין דעתו של אדם תחלה ועוד שהם הטובה הגדולה שהשפיע הקדוש ברוך הוא ליישוב העולם הזה כדי לנחול חיי העולם הבא ואפשר שידעם הכל קטן וגדול איש ואשה בעל לב רחב ובעל לב קצר."

319 עיין באריכות נפלאה בספר הזכרונות לרבי צדוק הכהן מצות יחוד ה' שמבאר שמעשה בראשית ומעשה מרכבה ברמב"ם הם שפה של פילוסופים ומדובר בהבנה חיצונית של הטבע וחלקיו ועולם הרוחני וחלקיו שאין ראוי לקוראם מעשה בראשית ומעשה מרכבה לפי דעתו. ועוד שידוע שלרמב"ם לא היה רב שלימדו קבלה ותורת הנסתר.

רבי צדוק הכהן עצמו מגדיר אחרת: ש"מעשה בראשית" כולל ידיעת והבנת דרכי הקב"ה איך שכחו ורצונו מתפשט לתוך הבריאה לברוא, לקיים, ולהנהיג את העולם, וזהו ענין של יחודא תתאה. "מעשה מרכבה" כולל ראיית כבוד הקב"ה באופן שלמעלה מגדרי התפשטות רצונו. ומוסיף שכל הספרים וספרי קבלה שיש בידינו כולם בגדר מעשה בראשית כיון שהיחס וההשגה שיש לנו בהם דרך קריאה או הבנה מרבותינו אינה אלא בדרגה של "מעשה בראשית". והוא מוסיף גם כן שקריאת ספרים אלו או ללמדם מתוך הכתב איך שהם אם ביאור המילים אינו נכלל אפילו בענין של מעשה בראשית אלא אם כן הוא מבאר אותם בכל עומקם עם משלים וביאורים לעומק שיהיה מובן ותפוס ביד התלמיד, ומעשה מרכבה בכלל אין זה אלא דרך מראה שמראין לתלמידים בדרגה עמוקה דרך ראייה כמו רוח הקודש או נבואה וזה בכלל אין לנו היום."

320 עיין ברמב"ם הלכות יסודי התורה פרק ד הלכה יג שאומר שעד שיתחיל להתבונן במעשה מרכבה ומעשה בראשית יתבונן בהוויות דאביי ורבא "שהם מיישבין דעתו של אדם תחלה."

closeness to Hashem.[321] However, there are situations in which, regardless of how hard a person works on contemplating Hashem, the individual does not reach *ahavas Hashem*. What is one supposed to do when confronted with this seeming failure in reaching love of Hashem?[322]

The *Tanya's* answer is based on a teaching of the *Zohar*. If a stubborn log won't catch fire when you try to ignite it, you hit the log and chip away at it until the fire eventually catches. The *avodah* a person must use when efforts to contemplate Hashem fail is similar to chipping away at the log. This is called "*mussar* and *cheshbon*." The *Tanya's* form of *mussar* is an intense and rather extreme form of self-chastisement. The goal is to break one's heart and humble oneself. *Cheshbon* is a process of

321 עיין בספר תניא פרק טז "זה כלל גדול בעבודת ה' לבינונים: העיקר הוא למשול ולשלוט על הטבע שבחלל השמאלי, על ידי אור ה' המאיר לנפש האלוהית שבמוח, ולשלוט על הלב, כשמתבונן במוחו בגדולת אין סוף ברוך הוא. להוליד מבינתו רוח דעת ויראת ה' במוחו, להיות סור מרע דאורייתא ודרבנן, ואפילו איסור קל של דבריהם חס ושלום ואהבת ה' בליבו בחלל הימני, בחשיקה וחפיצה, לדבקה בו בקיום המצוות דאורייתא ודרבנן, ותלמוד תורה שכנגד כולן. ויתר על כן, צריך לידע כלל גדול בעבודה לבינונים, שגם אם אין יד שכלו משגת להוליד אהבת ה' בהתגלות ליבו, שיהיה ליבו בוער כרשפי אש וחפץ בחפיצה וחשיקה ותשוקה מורגשת בלב לדבקה בו, רק האהבה מסותרת במוחו ותעלומות ליבו, [הגהה: והסיבה לזה היא מפני היות המוחין שלו ונפש רוח ונשמה שלו מבחינת עיבור והעלם תוך התבונה ולא מבחינת לידה והתגלות, כידוע ליודעי ח"ן], דהיינו, שהלב מבין ברוח חכמה ובינה שבמוחו גדולת אין סוף ברוך הוא, דכולא קמיה כלא חשיב ממש, אשר על כן יאתה לו יתברך שתכלה אליו נפש כל חי לידבק ולהכלל באורו. וגם נפשו ורוחו אשר בקרבו כך יאתה להן, להיות כלות אליו בחשיקה וחפיצה, לצאת מנרתיקן, הוא הגוף, לדבקה בו. רק שבעל כרחן חיות הנה בתוך הגוף וצרורות בו כאלמנות חיות. ולית מחשבה דילהון תפיסא ביה כלל, כי אם כאשר תפיסא ומתלבשת בתורה ובמצוותיה, כמשל המחבק את המלך הנזכר לעיל. ואי לזאת, יאתה להן לחבקו בכל לב ונפש ומאד, דהיינו קיום התרי"ג מצוות במעשה ובדיבור ובמחשבה, שהיא השגת וידיעת התורה, כנזכר לעיל. הנה, כשמעמיק בעניין זה בתעלומות תבונות ליבו ומוחו, ופיו וליבו שווין, שמקיים כן בפיו כפי אשר נגמר בתבונת ליבו ומוחו, דהיינו, להיות בתורת ה' חפצו ויהגה בה יומם ולילה בפיו, וכן הידיים ושאר אברים מקיימים המצוות כפי מה שנגמר בתבונת ליבו ומוחו, הרי תבונה זו מתלבשת במעשה דיבור ומחשבת התורה ומצוותיה, להיות להם בחינת מוחין וחיות וגדפין לפרחא לעילא, כאילו עסק בהם בדחילו ורחימו ממש אשר בהגלות ליבו [בחפיצה וחשיקה ותשוקה מורגשת בליבו ונפשו הצמאה לה' מפני רשפי אש אהבתו שבלבו כנזכר לעיל], הואיל ותבונה זו שבמוחו ותעלומות ליבו היא המביאתו לעסוק בהם."

322 עיין בספר התניא פרק כט וז"ל: "אך עוד אחת צריך לשית עצות בנפשות הבינונים, אשר לפעמים ועתים רבים יש להם טמטום הלב שנעשה כאבן ולא יכול לפתוח לבו בשום אופן לעבודה שבלב זו תפלה וגם לפעמים לא יוכל להלחם עם היצר, לקדש עצמו במותר לו מפני כבדות שבלבו."

self-analyzation and behavioral realignment. The *Tanya* says that these are ways a person can chip away at the metaphorical wood of a blocked heart and ignite it with the fire of *ahavas Hashem*. This may all sound quite dramatic, but it serves to show that a person may need something intense to break out of *timtum halev*, a blocked heart.[323]

---

323 עיין שם ספר תניא פרק כט בהמשך דבריו: "וזאת היא עצה היעוצה בזהר הקדוש, דאמר רב מתיבתא בגן עדן: 'אעא דלא סליק ביה נהורא — מבטשין ליה כו'. גופא דלא סליק ביה נהורא דנשמתא — מבטשין ליה כו'. פירוש נהורא דנשמתא, שאור הנשמה והשכל אינו מאיר כל כך למשול על חומריות שבגוף, ואף שמבין ומתבונן בשכלו בגדולת ה' אינו נתפס ונדבק במוחו כל כך שיוכל למשול על חומריות הלב מחמת חומריותן וגסותן, והסיבה היא גסות הקליפה שמגביהה עצמה על אור קדושת נפש האלהית ומסתרת ומחשיכה אורה. ולזאת צריך לבטשה ולהשפילה לעפר, דהיינו לקבוע עתים להשפיל עצמו להיות נבזה בעיניו נמאס, ככתוב (תהלים נא יט): 'לב נשבר... רוח נשברה'. היא הסטרא-אחרא, שהיא היא האדם עצמו בבינונים. שנפש החיונית המחיה הגוף היא בתקפה כתולדתה בלבו, נמצא היא היא האדם עצמו. ועל נפש האלהית שבו נאמר (ברכת אלהי נשמה): 'נשמה שנתת בי טהורה היא', שנתת בי דייקא, מכלל שהאדם עצמו איננו הנשמה הטהורה, כי אם בצדיקים, שבהם הוא להפך, שנשמה הטהורה שהיא נפש האלהית הוא האדם, וגופם נקרא 'בשר אדם'. וכמאמר הלל הזקן לתלמידיו, כשהיה הולך לאכול היה אומר שהוא הולך לגמול חסד עם העלובה ועניה, הוא גופו, כי כמו זר נחשב אצלו, ולכן אמר שהוא גומל חסד עמו במה שמאכילו, כי הוא עצמו אינו רק נפש האלהית לבד, כי היא לבדה מחיה גופו ובשרו, שהרע שהיה בנפש החיונית המלובשת בדמו ובשרו נתהפך לטוב ונכלל בקדושת נפש האלהית ממש בצדיקים. אבל בבינוני, מאחר שמהותה ועצמותה של נפש החיונית הבהמית שמסטרא-אחרא המלובשת בדמו ובשרו לא נהפך לטוב, הרי היא היא האדם עצמו. ואם-כן, הוא רחוק מה' בתכלית הריחוק, שהרי כח המתאוה שבנפשו הבהמית יכול גם-כן להתאוות לדברים האסורים שהם נגד רצונו יתברך, אף שאינו מתאוה לעשותם בפועל ממש ח"ו רק שאינם מאוסים אצלו באמת כבצדיקים, כמו שכתבנו לעיל (פרק יב). ובזה הוא גרוע ומשוקץ ומתועב יותר מבעלי חיים הטמאים ושקצים ורמשים כנ"ל, וכמו שכתוב (תהלים כב ז): 'ואנכי תולעת ולא איש וגו'". (וגם כשמתגברת בו נפשו האלהית, לעורר האהבה לה' בשעת התפלה, אינה באמת לאמיתו לגמרי, מאחר שחולפת ועוברת אחר התפלה, כנ"ל סוף פרק יג). ובפרט כשיזכור טומאת נפשו בחטאת נעורים, והפגם שעשה בעליונים, ושם הוא למעלה מהזמן, וכאילו פגם ונטמא היום ח"ו ממש. ואף שכבר עשה תשובה נכונה, הרי עיקר התשובה בלב, והלב יש בו בחינות ומדרגות רבות, והכל לפי מה שהוא אדם ולפי הזמן והמקום כידוע ליודעים. ולכן עכשיו, בשעה זו, שרואה בעצמו דלא סליק ביה נהורא דנשמתא, מכלל שהיום לא נתקבלה תשובתו, ועוונותיו מבדילים; או שרוצים להעלותו לתשובה עילאה יותר, מעומקא דלבא יותר. ולכן אמר דוד (תהלים נא ה): 'וחטאתי נגדי תמיד'. וגם מי שהוא נקי מחטאות נעורים החמורים, ישים אל לבו לקיים מאמר זוהר הקדוש להיות ממארי דחושבנא, דהיינו לעשות חשבון עם נפשו מכל המחשבות והדיבורים והמעשים שחלפו ועברו מיום היותו עד היום הזה, אם היו כולם מצד הקדושה או מצד הטומאה ר"ל, דהיינו כל המחשבות והדיבורים והמעשים אשר לא לה' המה ולרצונו ולעבודתו, שזהו פירוש לשון סטרא-אחרא כנ"ל (בפרק ו). ומודעת זאת, כי כל עת שהאדם מחשב מחשבות קדושות נעשה מרכבה בעת זו להיכלות הקדושה שמהן מושפעות מחשבות הללו, וכן להפך נעשה מרכבה טמאה בעת זו להיכלות הטומאה שמהן

מושפעות כל מחשבות רעות, וכן בדיבור ומעשה. עוד ישים אל לבו רוב חלומותיו, שהם הבל ורעות רוח, משום שאין נפשו עולה למעלה, וכמו שנאמר (תהלים כד ד): 'מי יעלה בהר ה' נקי כפים וגו'', 'ואינון סטרין בישין אתיין ומתדבקן ביה ומודעין ליה בחלמא מילין דעלמא וכו' ולזמנין דחייכן ביה ואחזיאו ליה מילי שקר וצערין ליה בחלמיה כו'', כמו שכתוב בזהר ויקרא [דף כ"ה עמוד א ועמוד ב], ע' שם באריכות. והנה, כל מה שיאריך בעניינים אלו במחשבתו, וגם בעיונו בספרים להיות לבו נשבר בקרבו ונבזה בעיניו נמאס ככתוב בתכלית המיאוס, ולמאס חייו ממש, הרי בזה ממאס ומבזה הסטרא-אחרא, ומשפילה לעפר, ומורידה מגדולתה וגסות רוחה וגבהותה שמגביה את עצמה על אור קדושת נפש האלהית להחשיך אורה. וגם ירעים עליה בקול רעש ורוגז להשפילה, כמאמר רז"ל 'לעולם ירגיז אדם יצר טוב על יצר הרע, שנאמר רגזו וגו'', דהיינו לרגוז על נפש הבהמית, שהיא יצרו הרע, בקול רעש ורוגז במחשבתו, לומר לו 'אתה רע ורשע ומשוקץ ומתועב ומנוול וכו'', ככל השמות שקראו לו חכמינו ז"ל. 'באמת, עד מתי תסתיר לפני אור אין-סוף ברוך הוא, הממלא כל עלמין היה הוה ויהיה בשוה, גם במקום זה שאני עליו, כמו שהיה אור אין-סוף ברוך-הוא לבדו קודם שנברא העולם בלי שום שינוי, כמו שנאמר 'אני ה' לא שניתי', כי הוא למעלה מהזמן וכו', ואתה מנוול וכו', מכחיש האמת הנראה לעינים, דכולא קמיה כלא ממש באמת, בבחינת ראייה חושיית'. והנה, על ידי זה יועיל לנפשו האלהית להאיר עיניה באמת יחוד אור אין סוף בראייה חושיית, ולא בחינת שמיעה והבנה לבדה, כמ"ש במקום אחר, שזהו שורש כל העבודה. והטעם, לפי שבאמת אין שום ממשות כלל בסטרא-אחרא, שלכן נמשלה לחושך שאין בו שום ממשות כלל, וממילא נדחה מפני האור. וכך הסטרא-אחרא, אף שיש בה חיות הרבה להחיות כל בעלי חיים הטמאים ונפשות אומות עכו"ם וגם נפש הבהמית שבישראל כנ"ל, מכל מקום הרי כל חיותה אינה מצד עצמה ח"ו אלא מצד הקדושה כנ"ל, ולכן היא בטלה לגמרי מפני הקדושה, כביטול החשך מפני האור הגשמי. רק שלגבי קדושת נפש האלהית שבאדם נתן לה הקב"ה רשות ויכולת להגביה עצמה כנגדה, כדי שהאדם יתעורר להתגבר עליה להשפילה ע"י שפלות ונמיכת רוחו ונבזה בעיניו נמאס, ובאתערותא דלתתא אתערותא דלעילא, לקיים מה שנאמר (ירמיהו מט טז): 'משם אורידך נאם ה'', דהיינו שמסירה מממשלתה ויכלתה, ומסלק ממנה הכח ורשות שנתן לה להגביה עצמה נגד אור קדושת נפש האלהית, ואזי ממילא בטילה ונדחית כביטול החשך מפני אור הגשמי. וכמו שמצינו דבר זה מפורש בתורה גבי מרגלים, שמתחלה אמרו 'כי חזק הוא ממנו', 'אל תקרי ממנו כו'', שלא האמינו ביכולת ה', ואחר-כך חזרו ואמרו 'הננו ועלינו וגו'', ומאין חזרה ובאה להם האמונה ביכולת ה'? הרי לא הראה להם משה רבנו ע"ה שום אות ומופת על זה, בנתיים רק שאמר להם איך שקצף ה' עליהם ונשבע שלא להביאם אל הארץ, ומה הועיל זה להם אם לא היו מאמינים ביכולת ה' ח"ו לכבוש שלושים ואחד מלכים? ומפני זה לא רצו כלל ליכנס לארץ! אלא, ודאי מפני שישראל עצמן הם מאמינים בני מאמינים, רק שהסטרא-אחרא המלובשת בגופם הגביה עצמה על אור קדושת נפשם האלהית בגסות רוחה וגבהותה בחוצפה בלי טעם ודעת; ולכן, מיד שקצף ה' עליהם והרעים בקול רעש ורוגז 'עד מתי לעדה הרעה הזאת וגו' במדבר הזה יפלו פגריכם וגו' אני ה' דברתי אם לא זאת אעשה לכל העדה הרעה הזאת וגו'', וכששמעו דברים קשים אלו נכנע ונשבר לבם בקרבם, כדכתיב 'ויתאבלו העם מאד', וממילא נפלה הסטרא-אחרא מממשלתה וגבהותה וגסות רוחה, וישראל עצמן הם מאמינים. ומזה יכול ללמוד כל אדם שנופלים לו במחשבתו ספיקות על אמונה, כי הם דברי רוח הסטרא-אחרא לבדה המגביה עצמה על נפשו, אבל ישראל עצמן הם מאמינים כו'. וגם הסטרא-אחרא עצמה אין לה ספיקות כלל באמונה, רק שניתן לה רשות לבלבל האדם בדברי שקר ומרמה להרבות שכרו, כפיתויי הזונה לבן המלך בשקר ומרמה ברשות המלך, כמו שנאמר בזוהר הקדוש."

The Various Components and Levels of Ahavas Hashem

We have defined the essence of the mitzvah to love Hashem as well as the methods needed to develop this love, yet the verse that commands us to love Hashem mentions additional levels that are included in this mitzvah. The verse describes these additional parameters: "And you shall Love Hashem, your Master, with all of your heart, all of your soul, and all of your possessions."

With All of Your Heart — B'chol Levavcha

The Ramban understands that "with all of your heart" refers to passion, meaning that one must channel all the passion within his heart to achieve the desired closeness with Hashem.[324] The Ibn Ezra interprets "with all your heart" to mean awareness, meaning that one must exert effort to be aware of Hashem as fully and as consistently as possible.[325]

While the Ramban and Ibn Ezra disagree regarding the specific intent of the words in this verse, they agree that ultimately one is required to channel his passion and develop constant awareness in service of Hashem. The only point of contention between them is how to read the words "with all your heart."

In addition to the debate between the Ramban and Ibn Ezra over the specific intent of the words, our Sages provide two homiletical interpretations of "with all your heart" (בכל לבבך). The word in the Torah for "your heart" is written as לבבך, with a seemingly unnecessary

---

324 עיין בלשון הרמב"ן לפסוק 'בכל לבבך': "על דעת המדרש (ספרי ואתחנן ו) הלב הנזכר כאן הוא הכח המתאוה כענין תאות לבו נתת לו (תהלים כא ג) אל תחמוד יפיה בלבבך (משלי ו' כה)." ועיין בלשון הסמ"ק במצות אהבת ה' שביאר פן אחד בפסוק בכל לבבך: "ויש לו לשמוח בעשיית מצות קונו כאילו אכל ושתה ומילא כריסו מכל טובות והנאות שבעולם." ומשמע כדעת הרמב"ן ש'בכל לבבך' מיירי בחשקת הלב.

325 לשון האבן עזרא לפסוק 'בכל לבבך': "הלב הוא הדעת והוא כנוי לרוח המשכלת כי הוא המרכבה הראשונה וכן חכם לב קונה לב."
ועיין ברמב"ם הלכות תשובה פרק י הלכה ג שהבאנו למעלה שכנראה כלל שני המשמעויות הנ"ל בבאור הפסוק: "וכיצד היא האהבה הראויה הוא שיאהב את ה' אהבה גדולה יתירה עזה מאוד עד שתהא נפשו קשורה באהבת ה' ונמצא שוגה בה תמיד כאלו חולה חולי האהבה שאין דעתו פנויה מאהבת אותה אשה והוא שוגה בה תמיד בין בשבתו בין בקומו בין בשעה שהוא אוכל ושותה יתר מזה תהיה אהבת ה' בלב אוהביו שוגים בה תמיד כמו שצונו בכל לבבך ובכל נפשך והוא ששלמה אמר דרך משל כי חולת אהבה אני וכל שיר השירים משל הוא לענין זה."

double "ב." The doubling hints that each of us has two hearts, both of which are subject to the obligation to serve and love Hashem. These two hearts can be understood as referring to one's good and evil inclinations. A person is called upon to harness and utilize all of his impulses in devotion to Hashem.[326] (This will be discussed in greater detail.) Another explanation of this unusual spelling is that a person should not be of two hearts toward Hashem; he should be singularly focused on and committed to Hashem and not be drawn to other devotions or loyalties.[327]

Serving Hashem with the Evil Inclination

With respect to serving Hashem with both the good and evil inclinations, we understand how to serve Hashem with the good inclination and we can readily identify the positive impulse within ourselves that drives us to do good and to be good. We are likewise motivated by this drive for good to serve Hashem. Thus, one serves Hashem with the good inclination. However, how does one serve Hashem with the inclination that seeks to do that which is evil or contrary to the will of Hashem?

Three suggestions are offered to explain the idea of serving Hashem with one's evil inclination:

- **Overcoming the evil inclination:** The simplest meaning is that we serve Hashem with the evil inclination when we control it and do not submit to its temptations. We can ultimately subdue and largely nullify its power over us. By doing so, we

326 כמבואר במשנה ברכות נד.: "בכל לבבך, בשני יצריך, ביצר טוב וביצר רע."

327 עיין בלשון הספרי המובא ברש"י: "דבר אחר בכל לבבך — שלא יהא לבך חלוק על המקום." ובבאור כוונת דברי חז"ל בזה "שלא יהא לבך חלוק על המקום" עיין בתלמוד ירושלמי ברכות סז.: "עשה מאהבה שאם באת לשנוא דע כי אתה אוהב ואין אוהב שונא." ובפירוש הפני משה שם: "אם באת לשנוא — התורה והמצות ולהשליך אחר גוך." ונראה בבאור הענין שיש מצבים בחיים שאף שאדם אוהב את ה' כיון שעדיין לא הגיע למדרגות הגבוהות ביותר, עדיין הוא יכול מאיזו סיבה לבוא לידי שנאה לתורה ולמצות. על זה כתיב בכל לבבך, היינו שתזכור שאתה אוהב את ה' ולכן אינו ראוי לחלוק על תורתו ועל מצותיו כי אין אוהב שונא. היינו שמצד אהבתך למקום יש לך לכבד רצונו אף שמשום מה תהיה לך התנגדות לזה.

will be able to serve Hashem with a full heart, not just with the portion of our heart that naturally wants to serve Him.[328]

- **Gaining insight:** The Shlah HaKadosh goes further and explains that beyond avoiding its temptations, there is an opportunity to learn from one's evil inclination.[329] The evil inclination does not merely push us to commit random acts of evil or rebellion against Hashem. Rather, one's evil inclination highlights that person's weaknesses by creating temptation in areas he or she needs to work on. It provides a tailor-made test for each individual. When one overcomes the temptation and does Hashem's will instead, he receives a double reward — for following the good inclination and for not listening to the advice of the evil inclination by focusing energies to strengthen oneself in the love of Hashem and following His will.
- ***Aveirah Lishmah*:** A third and more controversial approach to the possibility of serving Hashem with the evil inclination is called *Aveirah Lishmah*, a sin done for the sake of Heaven. Generally, the concept is understood to describe an act that is forbidden, but done with the goal of achieving a positive religious outcome that is more impactful than the sin of the act itself. Rabbinic literature suggests several examples of

328 עיין ברבינו יונה למשנה ברכות נד. שדרשו בכל לבבך בשני יצריך ביצר הטוב וביצר הרע וז"ל: "בכל לבבך בשני יצריך ביצר הטוב וביצר הרע עבודת יצר הטוב היא עשיית המצות ועבודת יצר הרע הוא שיכבוש יצרו המתגבר עליו וזו היא העבודה שלו..."
ועיין בסמ"ק עשה ג' שכתב באמצע דבריו שם: "בכל לבבך בשני יצריך פירוש שישנה אדם יצרו הרע המבקש תאותו לעזוב הכל למען עשות מצות הבורא ויש לו לשמוח בעשיית מצות קונו כאילו אכל ושתה ומילא כריסו מכל טובות והנאות שבעולם."

329 ז"ל השל"ה הקדוש בשער האותיות אות י באריכות דבריו שם: "...הכוונה ביצה"ר היא לטובה כפולה דהיינו שיסית את האדם כדי שיתאוה תאוה והאדם לא יציית לו ויאמר דברי הרב ודברי התלמיד דברי מי שומעין ואז יהיה שכרו כפול ומכופל כי לפום צערא אגרא וזהו שארז"ל והנה טוב זה היצ"ט מאוד זה היצה"ר הרי כל יצר לב האדם היא לטוב ואף היצר שהוא לרע זה הרע הוא לתכלית הטוב וטובה מאד וזהו הענין שהשני יצרים הם בלב כדאיתא בתיקונים שיש בלב ב' בתים א' משכן להיצ"ט והב' משכן להיצה"ר והאריך שם ואמר לב חכם לימינו ושם יצה"ט ולב כסיל לשמאלו ושם יצה"ר וזהו דתנן בכל לבבך בשני יצריך והנה האדם השומע ליצ"ר לפי כוונתו הנגלה אז הוא לשמאל הולך בסטרא דשמאלא ונתקיים למשמאילים סמא דמותא אמנם כשהולך אחר הנסתר של היצה"ר שהוא טוב מאד דהיינו כדי שיתאוה ויהיה גבור ויתגבר ואז שכרו מרובה אז מקיים שויתי ה' לנגדי תמיד כי מה' לא יצא רק טוב..."

such actions: Adam and Chava eating from the forbidden Tree of Knowledge to ostensibly better serve Hashem, Tzelafchad violating the laws of Shabbos in the desert to teach others the severity of desecrating Shabbos, and Eliyahu HaNavi offering a sacrifice on a forbidden *bamah* at Mt. Carmel. As a general rule, Rabbinic literature appears to accept such decisions when made by prophets and great *tzaddikim* of previous generations, who deemed extreme action necessary to safeguard the people or a sacred value.[330] Individuals, however, do not have license to act in this manner in their own personal lives.[331]

---

330 עיין בתוספות כתובות ג: ד"ה ולדרוש בסוף דבריו שם "... ובפרק מצות חליצה (שם קג. ושם) דפריך גבי יעל והא קמתהניא מעבירה ומשני טובתן של רשעים רעה היא אצל צדיקים שהטיל בה זוהמא ולא משני קרקע עולם היתה משום דהתם לא פריך אמאי לא מסרה עצמה דהא לא היה רוצה להמיתה דאדרבה היה צריך שתשמרהו אלא הכי פירושו והא מתהניא מעבירה למה משבחה הכתוב מנשים באהל תבורך ודרשינן בנזיר (דף כג: ושם) גדולה עבירה לשמה ממצוה שלא לשמה ופריך דיעל נמי הוה עבירה שלא לשמה דהא מתהניא מעבירה ומשני דלא מתהניא ועשתה עבירה לשמה כדי להציל את ישראל" וכן מצינו בשו"ת מהרי"ק סימן קסז "ובפרק נזיר כגץ גבי יעל 'והא קמתהניא מעבירה וכו' עד ולכך' הכתוב משבחה ודבר זה מותר לעשות דבר זה עבירה לשמה אפילו היא אשת איש כדי להציל כל ישראל, וכן מצינו באסתר בשעה שהמציאה עצמנ לאחשורוש..."

331 עיין בספר נפש החיים שער א פרק כב "ומשבא משה והורידה לארץ. לא בשמים היא. ולבל יתחכם האדם הגדול שהשגתו מרובה. לומר אנכי הרואה סוד וטעמי המצות בכחות ועולמות העליונים שראוי לי לפי שורש נשמתי או למי ומי לפי שורשו לעבור ח"ו על איזה מצוה. או לדחות שום פרט מפרטי המעשה לעשותה במגרעת אף דקדוק אחד מד"ס חו לשנות זמנה ח"ו. ולזה סיימה התורה ולא קם נביא כמשה וכמו שלמדו ז"ל אלה המצות שאין נביא רשאי לחדש דבר מעתה וכמו שסמכה התורה (דברים י"ג) את כל הדבר אשר אנכי מצוה גו' לא תוסף עליו ולא תגרע ממנו וגו'. שגם כי יקום בקרבך נביא וגו' ר"ל להוסיף או לגרוע ח"ו לא תשמע אל דברי הנביא ההוא אחרי ה' אלקיכם תלכו וגו'. והרי חזקיהו המלך שראה ברוה"ק דנפקין מיני' בנין דלא מעלי ולכן לא נסיב איתתא (ברכות י.) וכוונתו לש"ש שלא להרבות רשעי עולם. עכ"ז בא אליו ישעיה בדבר ה' ואמר לו כי מת אתה וגו'. ולא תחיה לעה"ב. משום דלא עסקת בפ"ו. ולא הועיל לו כל עוצם צדקותיו הנוראים להביאו לחיי עוה"ב בשביל שסבר להפטר ממנו' א' מתורת משה אף שכן ראה בהשגת רוח קדשו דיפקון מיני' בנין דלא מעלו וגם שהיה בשב ואל תעשה כי טעמי מצות עד תכליתם לא נתגלו עדיין לשום אדם בעולם אף לנושרע"ה. רק לאדה"ר קודם החטא והוא היין המשומר בענביו משש ימ"ב. והאור ששימש ביום ראשון שהיה אדה"ר צופה ומביט בו מסוף העולם וכו'. כי התוה"ק אצולה מלמעלה ראש מעל כל ההשגות. ואיך אפשר שיהא הדבר מסור להשגת האדם לשנות מהלכתם וסדר זמנם עפ"י רוחב דעתו והשגתו. וכמו שהשיבו ישעיה לחזקיה בהדי כבשי דרחמנא למה לך מאי דמפקדת אבעי לך למעבד ומאי דניחא קמיה קב"ה לעביד:ועדיין כשהיתה נבואה בישראל. היה נביא רשאי לחדש דבר להוראת שעה לבד. ואף גם לעבור על אחת ממצות ה'. כגון אליהו בהר הכרמל וכיוצא. אמנם זה עצמו הוא מאשר נצטוינו בתורת משה אליו תשמעון (דברים

Some, however, understand this concept more broadly.[332] According to the Rambam, for example, a person who has succumbed to the evil inclination and knows he will sin should at least search within himself and attempt to find a good intention and identify some sort of ulterior benefit that may come from his sin.[333]

With All of Your Soul — B'chol Nafshecha (Mesiras Nefesh)

We saw above that the Ramban and Ibn Ezra disputed the intent of the words "with all your heart." The next phrase in the pasuk, "with all your soul," is subject of a similar disagreement between the Ramban and Ibn Ezra. Each understands "with all your soul" to be the other's interpretation of "with all your heart." Thus, the Ramban explains that "with all your soul" refers to awareness, meaning that one must exert effort to

---

י"ח) שהוא ציווי ואזהרה לשמוע אל דברי הנביא גם כשיתנבא בשמו יתברך לעבור על איזה מצוה בשעה הצריכה לכך כמו שדרז"ל לבד מעכומ"ז. אבל לא חלילה לחדש דבר לקובעו לדורות. שהרי אסתר שהיתה אחת משבע נביאות (מגילה י"ד.) עכ"ז כששלחה לחכמים כתבוני לדורות השיבוה הלא כתבתי לך שלשים עד שמצאו לה אח"כ סמך מן המקרא (שם ז'.) וכן נ"ח ודאי שמצאו להם גם כן סמך מהמקרא ועיין במדרש שהביאו הרמב"ן ז"ל בפרשה בהעלתך משם רבינו ניסים גאון ז"ל."

332 עיין בספר עקידת יצחק פרשת במדבר שער עב "התכלית העליון שבתכליות: 'וכל מעשייך יהיו לשם שמים' (אבות ב)..." ושם בסוף הוא קובע "משפט כל מעשה אשר יעשה האדם אותו ותוארו לא יוקח — כי אם מהתכלית אשר אליו יכוון בו."

ועיין נמי בספר העיקרים לרב יוסף אלבו "כלל הדברים הוא, כי כל פעולה שיעשה העושה אותה לשם שמים — זוכה בה לחיי העולם הבא, ואף אם הפועל ההוא, יחשב בו שהוא רע."

ובקצת בעלי חסידות ראינו מבט דומה כגון בספר מי שלוח פרשת פנחס ד"ה וירא פנחס בן אלעזר "...דהנה יש יו"ד נקודות בזנות, הנקודה הא' מי שמקשט עצמו והולך במזיד לדבר עבירה היינו שהאדם בעצמו מושך עליו היצ"הר, ואח"ז יש עוד ט' מדרגות, ובכל המדרגות שניטל מהאדם כח בחירתו ואי אפשר לו להמלט מעבירה, עד המדריגה היו"ד, היינו מי שמרחיק עצמו מן היצ"הר ושומר עצמו מן העבירה בכל כוחו עד שאין ביכולתו לשמור א"ע יותר מזה, ואז כשנתגבר יצרו עליו ועושה מעשה אז הוא בודאי רצון הש"י."

333 עיין רמב"ם פירוש המשניות ברכות פרק ט שמבאר "ביצר הטוב וביצר הרע רצונם לומר שישים בלבו אהבת האל והאמונה בו אפילו בעת המרי והכעס והרוגז שכל זה הוא יצר רע כאמרם בכל דרכיך דעהו אפילו בדבר עבירה" ומצטט בזה את דברי הגמ' ברכות סג. "דרש בר קפרא איזוהי פרשה קטנה שכל גופי תורה תלוין בה 'בכל דרכיך דעהו והוא יישר אורחותיך' אמר רבא אפילו לדבר עבירה," וברש"י שם ד"ה "דעהו" — "תן לב אם צורך מצוה הוא כגון אליהו בהר הכרמל עבור עליה."

be aware of Hashem with as full a heart and as consistently as possible.[334] The Ibn Ezra identifies "with all your soul" as one's passion — that all of one's passion should be channeled toward Hashem and the fulfillment of His will.[335]

Our Sages read "with all your soul" homiletically as referring to the concept of *mesiras nefesh*, the willingness to give up one's life for the sake of Hashem. "With all your soul" would mean that a person is called to reach such a level of devotion and love of Hashem that he or she would rather die and forfeit his life than be forced to live without a relationship with Hashem.[336]

This idea is the focal point of the story of Rabbi Akiva's brutal death at the hands of the Romans. The Romans decreed upon Rabbi Akiva that he should have his flesh flayed off his body with red hot metal combs. While the executioner was carrying out the punishment, Rabbi Akiva recited the verse of *Shema Yisrael*. Rabbi Akiva's students turned to him in his last moments and asked, "Is it really necessary to go this far?" He answered, "All my days I have pained myself over the attainment of this verse '*b'chol nafshecha*' (with all your soul); now that I have the opportunity to fulfill it, shall I not do so?" Rabbi Akiva derived from the *pasuk* that our love of Hashem should be so intense, so unwavering, and so genuine, that we should

---

334 עיין המשך לשון הרמב"ן שם על הפסוק: "אם כן בכל נפשך הנפש המשכלת וכן והיתה נפש אדוני צרורה בצרור החיים (שמואל א כה כט) וכדברי רבותינו שדורשין בגמרא (ברכות נד) מכאן יהרג ואל יעבור יהיה "בכל נפשך" תוספת מפני שאמר בכל לבבך ובכל מאדך אמר גם כן בכל נפשך וטעם שתאהבנו כנפשך שתתן אותה באהבה או שנקראו היסורין או האברים חצי הנפש ובהריגה יאמר בכל נפשך."

335 ז"ל האבן עזרא שם: "נפשך היא הרוח שבגוף והיא המתאוה וכחה נראה בכבד."

336 משנה ברכות נד.: "ובכל נפשך אפילו הוא נוטל את נפשך." ועיין נמי במסכת סנהדרין עד. ובמסכת יומא פב. שהביאו פסוק זה כמקור החיוב ליהרג ולא לעבור בעבודה זרה. "אינהו [שמחייבים האדם ליהרג ולא לעבור בג' חמורות] דאמור כר"א דתניא ר"א אומר 'ואהבת את ה' אלקיך בכל לבבך ובכל נפשך ובכל מאדך אם נאמר בכל נפשך למה נאמר בכל מאדך ואם נאמר בכל מאדך למה נאמר בכל נפשך אם יש לך אדם שגופו חביב עליו ממונו לכך נאמר בכל נפשך ואם יש לך אדם שממונו חביב עליו מגופו לכך נאמר בכל מאדך" וברש"י שם פירש בד"ה "לכך" — כלומר תהא אהבתו חביבה לך יותר מכל החביב לך." הרי שחז"ל הבינו שכוונת בכל נפשך היא שאדם צריך למסור נפשו על קידוש ה' ולא לעבור על רצונו בעבודה זרה. היסוד לזה היא אהבת ה', שברגע שאדם צריך לחיות במצב שהוא עובר על הג' חמורות, ובזה מבטל כל הקשר שלו עם הקב"ה, חייו אינם חיים וא"כ אהבת ה' היא היא הגורמת לאדם למסור את נפשו."

be willing to give up our lives if the alternative is to forfeit a relationship with Hashem.[337]

Based on this principle, the *Shulchan Aruch* rules in accordance with the Tur in *Hilchos Kriyas Shema*: "A person must say *Kriyas Shema* with intention and with awe and fear with trembling and with sweat" (*Orach Chaim, Siman* 61:1). The Bach, in his comments on the Tur, understands the words "with awe and fear" as reference to the principle of loving Hashem with all of one's soul, meaning that every time we say *Kriyas Shema*, we are supposed to bring ourselves to the point of willingness to give our lives for the sake of Hashem.[338]

Figure out What You Are Willing to Die for and Live for It

Rav Noach Weinberg took this principle one step further. He pointed out that every day we say these words in *Kriyas Shema* and we are expected to be willing to die for what we believe in, but then we go right back to living our regular lives. The teaching of Rabbi Akiva's *mesiras nefesh* really means something much more pervasive than a willingness to die. Sit down and figure out what you are willing to die for, and live your whole life — every minute of every day — for that. If one really is willing to die for his or her relationship with Hashem, one's life should reflect that. This is a more practical application of *mesiras nefesh*. Rav Noach would add that, on some level, giving up one's life and dying with *mesiras nefesh* can be easier than living every day with *mesiras nefesh* for the love of Hashem.[339]

---

337 עיין בלשון הגמ' ברכות סא:: "בשעה שהוציאו את ר' עקיבא להריגה זמן ק"ש היה והיו סורקים את בשרו במסרקות של ברזל והיה מקבל עליו עול מלכות שמים אמרו לו תלמידיו רבינו עד כאן אמר להם כל ימי הייתי מצטער על פסוק זה בכל נפשך אפילו נוטל את נשמתך אמרתי מתי יבא לידי ואקיימנו ועכשיו שבא לידי לא אקיימנו היה מאריך באחד עד שיצתה נשמתו באחד יצתה ב"ק ואמרה אשריך ר"ע שיצאה נשמתך באחד אמרו מלאכי השרת לפני הקב"ה זו תורה וזו שכרה (תהלים יז, יד) ממתים ידך י"י ממתים וגו' אמר להם חלקם בחיים יצתה בת קול ואמרה אשריך ר"ע שאתה מזומן לחיי העוה"ב."

338 עיין כל זה במשנה ברורה סימן סא ס"ק ג.

339 בנצי"ב העמק דבר לפסוק בדברים ו:ד-ה מצאתי נפלאות על עניין זה וז"ל: "ה' אלקינו — אלקים משמעו בכ"מ מנהיג הטבע והליכות עולם והנה כל אומה יש לה שר מנהיג עולם אותה אומה אבל אנו מתנהגים גם בהליכות הטבע בהשגחת הויה המהוה הכל, ה' אחד — עוד יש לנו הנהגה נסית והיא מיוחדת לישראל וכדאיתא בברכות דף נ התם מוכחא מילתא

With All That You Have — Uv'Chol Me'odecha

Our sages offered two interpretations of the word "*me'odecha*."

The first suggestion is that "*me'odecha*" actually points us to a different word. The word *me'od* is etymologically similar to the word *middah*, which means measure. The verse calls on us to love Hashem regardless of the measure one has been dealt from the Heavenly realm, whether one has experienced goodness or sorrow, joy or pain, opportunity or challenge.[340] This idea is similar to what we learned in the mitzvah of *Yichud Hashem*.

Alternatively, "*me'odecha*" can be read as "your *me'od*," meaning your "everything." One must commit all one's belongings, possessions, and faculties to the love of Hashem. Rather than specify exactly which resources one must use in expressing love for Hashem, the Torah deliberately left this phrase generic, recognizing that some place the most

---

מאן עביד ניסא קוב"ה וא"כ הוא אחד בהנהגתו בזה האופן, ואהבת את ה' — אהבה משמעו על שני אופנים, א' שיהא מוותר מרצונו על דבר הנאהב וקיומו, ב' דביקות במחשבתו ותשוקה עצומה להשתעשע עם הנאהב ושתי כוונות אלו מוזהרים אנו בזה המקרא א' כמש"כ הרמב"ם הלכות יסודי התורה פרק ה הלכה ז 'ומנין שאפילו במקום סכנה אין עוברין על אחת מג' עבירות הללו שנאמר ואהבת את ה' אלקיך בכל לבבך ובכל נפשך אפילו הוא נוטל את נפשך והוא נתינה כל אשר לו על דבר כבודו ואמונתו', ב' כמש"כ הרמב"ם שם פרק ב הלכה א-ב 'האל הנכבד והנורא מצוה לאהבו שנאמר ואהבת את ה' אלקיך והאיך הוא הדרך לאהבתו ועל זה הכוונה איתא בברכות בירושלמי פרק הרואה שאמר ר"ע בפירוש דהאי קרא [בכל נפשך] רחמתיך בכל לבי רחמתיך בכל נפשי והוא מלשון 'התשכח אשה עולה מרחם בן בטנה' שמשמעו דביקות הרעיון באהבתו והכי פירוש הכתוב תהילים יח ארחמך ה' חזקי' ועיקר שתי משמעות הללו דלמי שמתנהג בהליכות עולם הטבע ולא הגיע לדרך חסידות למצוא אופן דביקות בה' ה"ז מתפרש מצות עשה באופן הראשון שיעמוד עכ"פ חזק באמונתו ולא ימירנו בשום אופן אפילו במסירת נפש ועל זה מתבאר כל הפרשה ולמי שמנתנהג במעלת הנפש הרי זה מוזהר באופן השני להשקיע מחשבתו באהבה ודביקות באיזה שעה רצונה לזה להזכיר שמו יתברך בק"ש ותפילה ומשום הכי כתיב ' את ה' ' ולא כדכתיב 'ואהבת לרעך' דשם אין משמעותו אלא כפירוש הא' שמניח רצונו לריעו אבל ' את ה' ' משמע שמזכיר שמו ודבק בו וכן להלן דברים יא:א 'ואהבת את ה" דמיירי לענין עבודת המצות באהבה כמבואר שם ג"כ מתבאר הכי ועל זה האופן יבואר פרשה זו בדרך המביא לכך."

340 משנה ברכות נד.: "דבר אחר 'ובכל מאדך' — בכל מידה ומידה שהוא מודד לך הוי מודה לו." וראינו שם במשנה שזה המקור לדין "חייב אדם לברך על הרעה כשם שמברך על הטובה," וברש"י שם ד"ה "דבר אחר" — מדות מדודות לך בין מידת טובה בין מידת פורענות. הכוונה מכל זה שאהבת ה' מחייבת אותנו לא רק להאמין שהכל בא מה' שזה כבר הזהירנו התורה במצוות אנכי ה' אלקיך ובמצוות ה' אחד, אלא שבנוסף לזה אנו צריכים להכיר שהכל בא מה' ולהודות לו על זה ולהמשיך לאהבו בזה או אפילו לאהבו יותר ע"י זה. וכן יש לומר שזה גם המקור למושג קבלת יסורים מאהבה.

value on their possessions, while for others, their bodies and faculties are dearest. Regardless of what is most precious to the individual, he should be willing to give that up for the objectively most valuable and precious thing in the universe — love of Hashem.[341]

The Five Levels of Pleasure

The *Sefer HaChinuch* expounds upon the *pasuk* we have just analyzed. Regarding the concepts of *b'chol levavcha, b'chol nafshecha, uv'chol me'odecha*, he writes that the basic requirement of this mitzvah is that a person should focus all thoughts and aspirations on the love of Hashem. One should permanently establish in his or her heart that every worldly pleasure — wealth, children, honor, (some texts of the *Sefer HaChinuch* add power to this list) — are all meaningless and have no value when compared to the love of Hashem.[342]

Rav Noach Weinberg created a very powerful tool for growth in one's love of Hashem using this idea of the *Sefer HaChinuch*. Rav Noach took the pleasures listed in the *Sefer HaChinuch* as a hierarchy of five levels of enjoyment, from the lowest to the highest, as follows:

1. Wealth — a type of physical enjoyment
2. Children — love
3. Honor — the power of being good
4. Rulership or power
5. Love of Hashem — ultimate transcendence and eternal fulfillment

---

341 כפי שמשמע ברש"י סנהדרין עד. ד"ה "לכך," וכדרשת חז"ל הידועה המובאת בברכות נד., סנהדרין עד., וביומא פב., וזה לשונם: "אם נאמר בכל נפשך למה נאמר בכל מאדך ואם נאמר בכל מאדך למה נאמר בכל נפשך אם יש לך אדם שגופו חביב עליו מממונו לכך נאמר בכל נפשך ואם יש לך אדם שממונו חביב עליו מגופו לכך נאמר בכל מאדך." ורש"י מוסיף שם בסנהדרין "לכך נאמר וכו' — כלומר תהא אהבתו חביבה לך יותר מכל החביב לך."
ועיין בסמ"ק שמבאר על פי דרכו הנ"ל ב'כל נפשך': "ובכל מאדך — פירוש אף על פי שיש סכנה לאבד כל ממונו אם יעבוד בוראו יהיה חושבו לכלום וכן בשעה שנוטלים אויבים ממונו ומצוה מוטלת עליו לעשות אל ימנע בשביל הפסד ממון."

342 זה לשון ספר החינוך מצוה תיח: "שראוי לו לאדם שישים כל מחשבתו וכל מגמתו אחר אהבת השם, ויעריך בלבו תמיד כי כל מה שהוא בעולם מעושר ובנים וכבוד (וממשלה), הכל כאין וכאפס ותוהו כנגד אהבתו ברוך הוא, וייגע תמיד כל היום בבקשת החכמה למען ישיג ידיעה בו, סוף דבר יעשה כל יכלתו להרגיל מחשבות לבו כל היום באמונתו ויחודו עד שלא יהי רגע אחד ביום ובלילה בהקיצו שלא יהא זוכר אהבת אדוניו בכל לבו."

He added that when studying these levels carefully, one can observe that the first four pleasures —physical enjoyment, love, being good, and power — have healthy and genuine expressions as well as misplaced and deceptive expressions. For example, physical pleasure, such as eating, can be experienced in an animalistic sense or it can be appreciated with a deep sense of enjoyment and recognition of the goodness one is experiencing. The same is true for love, which can be easily substituted with a cheap counterfeit (lust) or experienced as a genuine and wholesome connection with another human being. One's drive for honor can be assuaged with superficial validation, but in its authentic form that desire should motivate one to do good for its own sake. Rulership can take the form of control; its true expression is creativity and affirming and sustaining life.

Furthermore, each level is qualitatively more valuable than the previous one, such that no degree of a lower level can be exchanged for any amount of a higher level. For example, Rav Noach argued, all the physical enjoyment in the world, even that of a world expert and connoisseur, is not as valuable as the smallest measure of love. A person would forfeit all of life's physical pleasures to attain even a small amount of love. Likewise, one may forfeit the highest and greatest forms of love to be good and not be bad, and a person would sacrifice the pleasure of being good in order to create and give life.

This arrangement helps us maximize our fulfillment in life. Once we realize that what we truly want — an ultimate level of fulfillment — will only be attained through love of Hashem, we can slowly but surely upgrade every experience and find a way to focus on what is truly important. Our path to love of Hashem comes with the realization that He wired us to yearn for this ultimate fulfillment and that the entire universe is but a platform for transcendence and love of Hashem.[343]

---

343 ועיין בספר עלי שור חלק ב עמ' תקסו: "יש בזה ענין רחב יותר הקשור בפרק הראשון של המסילת ישרים יסוד החסידות ושרש העבודה התמימה הוא שיתברר ויתאמת אצל האדם מה חובתו בעולמו ולמה צריך שישים מבטו ומגמתו בכל אשר הוא עמל כל ימי חייו. והנה מה שהורונו חכמינו זכרונם לברכה הוא, שהאדם לא נברא אלא להתענג על ה' ולהנות מזיו שכינתו שזהו התענוג האמיתי והעידון הגדול מכל העידונים שיכולים להמצא. ומקום העידון הזה באמת הוא העולם הבא, כי הוא הנברא בהכנה המצטרכת

The hierarchy of pleasures taught by the *Sefer HaChinuch* can serve as a reminder of this goal any time we get distracted or diverted away from the path toward love of Hashem and ultimate fulfillment.

Bringing Others to the Love of Hashem

Love, by nature cannot be contained or confined narrowly. Our Sages understood this when they interpreted the word ואהבת (in the verse "And you shall love Hashem, your Master") with a dual meaning: You shall love and you shall cause another to love. Not only should you love Hashem yourself, but you shall also seek to make Hashem beloved upon others. This idea is called "*Ahaveihu al Habriyos*."[344]

לדבר הזה. אך הדרך כדי להגיע אל מחוז חפצנו זה, הוא זה העולם. והוא מה שאמרו זכרונם לברכה: (משנה אבות ד טז): 'העולם הזה דומה לפרוזדור בפני העולם הבא'. והאמצעים המגיעים את האדם לתכלית הזה, הם המצוות אשר צונו עליהן האל יתברך שמו. ומקום עשיית המצוות הוא רק העולם הזה' הרי התענוג על ה' הוא 'התענוג האמיתי' וזה חידוש גדול שתתכן הבחנה בין תענוג אמיתי ותענוג בלתי אמיתי כי במושכל ראשון שלנו תענוג הוא ענין של הטעם האישי של האדם שלא שייך לדון עליו כלל אם הוא אמיתי או לא כדאמרי אינשי 'על טעם וריח אין להתוכח' ונמצינו לומדים כאן כי אכן יש 'תענוג אמיתי' והוא רק להתענג על ה', וכתב המס"י כי 'מקום העידון הזה באמת העוה"ב' היינו ההנאה מזיו השכינה שעל זה אמר רב 'העוה"ב אין בו לא אכילה ולא שתיה ולא פרו ורבו...אלא צדיקים יושבים ועטרותיהם בראשיהם ונהנים מזיו השכינה' (ברכות יז.) והננו שואלים מיד אם מקום העידון הוא העוה"ב איפה מקום התענוג הרי אותו אין המס"י מזכיר כאן כי היה לו לכתוב כי 'מקום התענוג והעידון הוא העוה"ב ונראה מדויק דבריו חידוש עצום כי מקומו של התענוג על ה' הוא העוה"ז הרי כל מערכת האמת בנויה על היסוד כי תכלית האדם היא להיות איש אמת אף שמצד טבעו הוא כולו שקרים איפה נעוץ השקר שלו? הוי אומר בגוף הנמשך להנאות גשמיות ועיקר שאיפת האדם בחייו הוא ליהנות ככל האפשר מעתה הננו מבינים כי הפיכת הכולו שקרים לאיש אמת מתחילה בזה שיתלמד בתענוגים להבחין איזה התענוג האמיתי הן זוהי עבודה לעוה"ז דווקא להבחין בתענוגים ולהתאוות להתענג על ה' זיו השכינה היא השראה מלמעלה ומקומה הוא העוה"ב אך העבודה שלנו בעוה"ז היא להתענג על ה' 'והאמצעים המגיעים את האדם לתכלית הזה הם המצות ומקום עשיית המצות הוא רק העוה"ז' להלן נוכיח בע"ה כי ענין וסגולת המצות הוא להתענג על ה' כל מצוה באופן שלה."

344 ראינו את זה בילקוט שמעוני אות תתלז על הפסוק בדברים ו:ה "דבר אחר ואהבת את ה' אלהיך אהבהו על הבריות כאברהם אביך שנאמר ואת הנפש אשר עשו בחרן, והלא אם מתכנסין כל באי העולם לבראות יתוש אחד ולזרוק בו נשמה אינן יכולין [ומה תלמוד לומר ואת הנפש אשר עשו בחרן] אלא מלמד שהיה אברהם אבינו מגיירן ומכניסן תחת כנפי השכינה."

וגם הובא ברמב"ם ספר המצוות מצות אהבת ה': "וכבר אמרו שמצוה זו כוללת גם כן שנדרש ונקרא האנשים כלם לעבודתו ית' ולהאמין בו וזה כשתאהב אדם תשים לבך עליו ותשבחהו ותבקש האנשים לאהב אותו וזה על צד המשל כן כשתאהב האל באמת

Indeed, this is not a duty of one who loves Hashem, but rather a natural expression of one's love for Hashem. It is natural that when one is passionate about something — an idea, an object, or a person — he seeks to share his excitement and interest with others. When someone truly loves Hashem and sees that others lack this appreciation and connection, he will naturally want to help them recognize Hashem and come to love Him.[345]

Nevertheless, while sharing one's passionate love for Hashem is natural and praiseworthy, it must be done with care. In the laws of *lashon hara*, we learn that one should not praise Person A in the presence of someone who hates Person A, as doing so may elicit words of criticism and generate further animosity. Similarly, when praising Hashem we must be sensitive to our audience and make sure that our words do not generate rejection or hatred of Hashem.

The ability to share one's enthusiasm and love for Hashem without generating negativity in the listener reflects the special skill and genuine motivation of one who can successfully bring others closer to love of Hashem.

כמה שהגיעה לך מהשגת אמיתתו הנה אתה בלי ספק תדרש ותקרא הכופרים והסכלים לידיעת האמת אשר ידעת אותה ולשון ספרי ואהבת את ה' אהבהו על הבריות כאברהם אביך שנאמר ואת הנפש אשר עשו בחרן ר"ל כמו שאברהם בעבור שהיה אוהב השם כמו שהעיד הכתוב אברהם אוהבי שהיה גם כן לגודל השגתו דרש האנשים אל האמונה מחוזק אהבתו כן אתה אהוב אותו עד שתדרש האנשים אליו."

345 יש לחקור בכוונת הרמב"ם אם "אהבהו על הבריאות" הינו חלק מהמחויב במצות אהבת ה' או שהוא נכלל בקיום המצוה שבא באופן טבעי על ידי שהאדם מקיים מצות אהבה כראוי. לכאורה מסתימת לשון הרמב"ם בספה"מ נראה שהוא אומר שהאדם חייב להגיע גם לזה. אבל אם כן יש לתמוה למה הרמב"ם באף מקום ביד החזקה אינו מזכיר דין זה, אפילו כשהוא מגדיר אהבת ה'? ואפילו כשהוא מדבר על אברהם אבינו ואהבת ה' שלו אינו מזכיר דין זה כלל. ולכן מסתבר שהעניין כאן הוא מצוה קיומית שבאה באופן טבעי על ידי שהאדם מקיים מצות אהבת ה' כראוי. אבל יש להוסיף שאף שזה עניין קיומי הרי מ"מ נראה שזה העניין הוא כל הסיבה שהקב"ה חיבב את אברהם אבינו כל כך ובנה ממנו את העם הנבחר שנאמר בראשית יח:יז-יט "וה' אמר המכסה אני מאברהם אשר אני עושה ואברהם הוי יהיה לגוי גדול ועצום ונברכו בו כל גויי הארץ כי ידעתיו למען אשר יצוה את בניו ואת ביתו אחריו ושמרו דרך ה' לעשות צדקה ומשפט למען הביא ה' על אברהם את אשר דבר." ואיתא ברש"י שם "ולמה ידעתיו למען אשר יצוה, לפי שהוא מצוה את בניו עלי לשמור דרכי, וכדאיתא בישעיה מא:ח 'ואתה ישראל עבדי יעקב אשר בחרתיך זרע אברהם אוהבי.'" ועיין במפרשי הקרא שלמדו שהסיבה שה' בחר בנו להיות לו לעם זה בעבור שאנחנו זרע אברהם אוהבו שהוא אהב את הקב"ה כראוי.

ATTAINING AND SUSTAINING AHAVAS HASHEM

The Natural Love for Hashem That Jews Have Inherited from the Avos — Our Head Start

The *Sefer HaTanya* understands that our love of Hashem is not something we create or build from scratch. Within the recesses of our souls, a part of our being is ablaze with love for Hashem and experiences the deepest imaginable fulfillment that comes with closeness to Hashem. We are born in and live in a physical world, such that this aspect of ourselves may be yet hidden from us, but it is there.[346]

This deeply embedded characteristic is sometimes called the *pintele Yid* — the immutable Jewish spark inside all of us. We understand this to be a type of spiritual inheritance. Our forefathers Avraham, Yitzchak, and Yaakov actualized their love of Hashem and their *emunah* in Him to the point that it transformed them, making their connection to Hashem a spiritual legacy for their progeny forever.[347]

---

346 עיין בספר התניא פרק יח באמצע דבריו: "שהיא אהבה מסותרת שבלב כללות ישראל שהיא ירושה לנו מאבותינו רק שצריך להקדי' ולבאר תחלה באר היטב שרש אהבה זו ועניינה ואיך היא ירושה לנו ואיך נכלל בה גם דחילו. והענין כי האבות הן הן המרכבה ועל כן זכו להמשיך נר"נ לבניהם אחריהם עד עולם מעשר ספירות דקדושה שבארבע עולמות אבי"ע לכל אחד ואחד כפי מדרגתו וכפי מעשיו ועל כל פנים אפי' לקל שבקלים ופושעי ישראל נמשך בזיווגם נפש דנפש דמלכות דעשיה שהיא מדרגה התחתונה שבקדושת העשיה ואעפ"כ מאחר שהיא מעשר ספירות קדושות היא כלולה מכולן גם מחכמה דעשי' שבתוכה מלובשת חכמה דמלכות דאצילות שבתוכה חכמה דאצילות שבה מאיר אור א"ס ב"ה ממש כדכתיב ה' בחכמה יסד ארץ וכולם בחכמה עשית ונמצא כי אין סוף ב"ה מלובש בבחי' חכמה שבנפש האדם יהיה מי שיהיה מישראל ובחי' החכמה שבה עם אור א"ס ב"ה המלובש בה מתפשטת בכל בחי' הנפש כולה להחיותה מבחי' ראשה עד בחי' רגלה כדכתיב החכמה תחיה בעליה [ולפעמים ממשיכים פושעי ישראל נשמות גבוהות מאד שהיו בעמקי הקליפות כמ"ש בספר גלגולים]: הנה החכמה היא מקור השכל וההבנה והיא למעלה מהבינה שהוא הבנת השכל והשגתו והחכמה היא למעלה מההבנה וההשגה והיא מקור להן וזהו לשון חכמה כ"ח מ"ה שהוא מה שאינו מושג ומובן ואינו נתפס בהשגה עדיין ולכן מתלבש בה אור א"ס ב"ה דלית מחשבה תפיסא ביה כלל."

347 שם בספר תניא פרק יח: "והענין כי האבות הן הן המרכבה ועל כן זכו להמשיך נר"נ לבניהם אחריהם עד עולם מעשר ספירות דקדושה שבארבע עולמות אבי"ע לכל אחד ואחד כפי מדרגתו וכפי מעשיו ועל כל פנים אפי' לקל שבקלים ופושעי ישראל נמשך בזיווגם נפש דנפש דמלכות דעשיה שהיא מדרגה התחתונה שבקדושת העשיה ואעפ"כ מאחר שהיא מעשר ספירות קדושות היא כלולה מכולן גם מחכמה דעשי' שבתוכה מלובשת חכמה דמלכות דאצילות שבתוכה חכמה דאצילות שבה מאיר אור א"ס ב"ה ממש כדכתיב ה'

From this platform of natural love, we are able to build further and reach the highest levels. Love of Hashem is elusive. It is not something we can just turn on or create, as much as we need it. We are thus fortunate to have a foundation of natural love inherited from our forefathers upon which we can build. As we climb up the ladder of life, we come closer to Hashem and the natural love already within us finds ever greater expression.[348]

The *Tanya* adds that the natural, perhaps hidden, love inside the heart of every Jew is what enabled Jews over the generations to give their lives for the sake of *Kiddush Hashem*. These were often very simple, unlearned people, some were maybe even sinners. When a Jew is pushed into a corner and forced to confront his or her essence as a Jew, this deep point inside is aroused and a Jew will give his or her life, even if unable to articulate the reason for the sacrifice.[349]

Progressive Levels of Development Toward Pure Love for the Sake of Heaven

As we know, we are greatly influenced by the needs and desires of our worldly bodies. Even as we grow to attain love of Hashem, we must acknowledge the reality that our motivations are still tainted by our physical needs and wants. The ultimate goal is to transcend these limitations and reach an expression of loving Hashem that is purely motivated for the sake of Heaven. The Rambam describes this degree

בחכמה יסד ארץ וכולם בחכמה עשית ונמצא כי אין סוף ב"ה מלובש בבחי' חכמה שבנפש האדם יהיה מי שיהיה מישראל."

348 שם בספר התניא פרק יח: "ולכן כל ישראל אפילו הנשים ועמי הארץ הם מאמינים בה' שהאמונה היא למעלה מן הדעת וההשג' כי פתי יאמין לכל דבר וערום יבין וגו' ולגבי הקב"ה שהוא למעלה מן השכל והדעת ולית מחשבה תפיסא ביה כלל הכל כפתיים אצלו ית' כדכתיב ואני בער ולא אדע בהמות הייתי עמך ואני תמיד עמך וגו' כלומר שבזה שאני בער ובהמות אני תמיד עמך."

349 שם בספר התניא פרק יח: "ולכן אפי' קל שבקלים ופושעי ישראל מוסרים נפשם על קדושת ה' על הרוב וסובלים עינוים קשים שלא לכפור בה' אחד ואף אם הם בורים ועמי הארץ ואין יודעים גדולת ה'. וגם במעט שיודעים אין מתבוננים' כלל ואין מוסרי' נפשם מחמת דעת והתבוננות בה' כלל. אלא בלי שום דעת והתבוננות רק כאלו הוא דבר שאי אפשר כלל לכפור בה' אחד בלי שום טעם וטענה ומענה כלל והיינו משום שה' אחד מאיר ומחיה כל הנפש ע"י התלבשותו בבחי' חכמה שבה שהיא למעלה מן הדעת והשכל המושג ומובן."

of love for Hashem with no other motives: "Rather to do what is true because it is true and not to be concerned with any benefit that might ultimately come as a result."[350]

It takes a great deal of effort to reach such pure motivation for truth itself, but our Sages already pointed out, "A person should always serve Hashem, even if his motivations are not pure, because from within a state of impure motivations a person will come to a state of pure motivations.[351]

To help guide our growth in this area, the Shlah delineates four main levels governing love of Hashem. Each level can be further broken down into mirroring elements of love and fear of Hashem.[352] Recognizing these levels of *ahavas Hashem* allows us to better understand our

---

350 זה לשון הרמב"ם הלכות תשובה פרק י הלכה א-ב: "(א) אל יאמר אדם הריני עושה מצות התורה ועוסק בחכמתה כדי שאקבל כל הברכות הכתובות בה או כדי שאזכה לחיי העולם הבא ואפרוש מן העבירות שהזהירה תורה מהן כדי שאנצל מן הקללות הכתובות בתורה או כדי שלא אכרת מחיי העולם הבא אין ראוי לעבוד את ה' על הדרך הזה שהעובד על דרך זה הוא עובד מיראה ואינה מעלת הנביאים ולא מעלת החכמים ואין עובדים ה' על דרך זה אלא עמי הארץ והנשים והקטנים שמחנכין אותן לעבוד מיראה עד שתרבה דעתן ויעבדו מאהבה. (ב) העובד מאהבה עוסק בתורה ובמצות והולך בנתיבות החכמה לא מפני דבר בעולם ולא מפני יראת הרעה ולא כדי לירש הטובה אלא עושה האמת מפני שהוא אמת וסוף הטובה לבא בגללה ומעלה זו היא מעלה גדולה מאד ואין כל חכם זוכה לה והיא מעלת אברהם אבינו שקראו הקב"ה אוהבו לפי שלא עבד אלא מאהבה והיא המעלה שצונו בה הקדוש ברוך הוא על ידי משה שנאמר ואהבת את ה' אלהיך ובזמן שיאהוב אדם את ה' אהבה הראויה מיד יעשה כל המצות מאהבה."

351 זה לשון הרמב"ם הלכות תשובה פרק י הלכה ה: "כל העוסק בתורה כדי לקבל שכר או כדי שלא תגיע עליו פורענות הרי זה עוסק שלא לשמה וכל העוסק בה לא ליראה ולא לקבל שכר אלא מפני אהבת אדון כל הארץ שצוה בה הרי זה עוסק בה לשמה ואמרו חכמים לעולם יעסוק אדם בתורה ואפילו שלא לשמה שמתוך שלא לשמה בא לשמה לפיכך כשמלמדין את הקטנים ואת הנשים וכלל עמי הארץ אין מלמדין אותן אלא לעבוד מיראה וכדי לקבל שכר עד שתרבה דעתן ויתחכמו חכמה יתירה מגלים להם רז זה מעט מעט ומרגילין אותן לענין זה בנחת עד שישיגוהו וידעוהו ויעבדוהו מאהבה." ומקור דבריו מהגמ' במסכת סנהדרין קה: "לעולם יעסוק אדם בתורה ובמצות אפילו שלא לשמה שמתוך שלא לשמה בא לשמה."

352 עיין בשל"ה הקדוש תולדות האדם מאמר רביעי: "תכלית בריאת האדם בשביל לעבוד ה' אלהינו, כמו שנאמר בבריאת האדם לעבדה ולשמרה... והנה העבודה מצינו בתורה בשני פנים, דהיינו מיראה ומאהבה. והאריכו רבותינו ז"ל בזה, גם המחברים. גם בארו כי יש עבודת חוץ ויש עבודת פנים, דהיינו יראה ואהבה חצונית ויראה ואהבה פנימית, יראה ואהבה חצונית הוא שירא את עצמו ואוהב את עצמו, והיראה והאהבה הפנימית הוא שירא את השם יתברך ואוהב את השם יתברך. ולאחר עיוני בהבנת דבר מתוך דבר בדרוש הנחמד הזה, יגעתי ומצאתי כי העבודה תתחלק לשנים שהן ארבע בחוץ ולשנים שהן ארבע בפנים. רצוני לומר כי יראה חיצונית ואהבה חיצונית כל אחד יתחלק לשני חלקים ונקראים חוץ וחיצון, החוץ יותר חוצה מהחיצון, והחיצון מתקרב לפנימי, הרי שנים שהן ארבע בחוץ. וכן שנים שהן ארבע בפנים, כי יראה פנימית ואהבה פנימית, כל אחד יתחלק לשני חלקים, ונקראים פנים ולפני ולפנים, הרי שנים שהן ארבע בפנים."

motivations, identify our potential growth process, and chart our next steps. The levels are:

- Earthly Reward (*Schar and Onesh*)
  - Fear of Hashem due to the earthly consequences I will incur (*yiras ha'onesh*).[353]
  - Love of Hashem due to the earthly reward I will receive (*ahavas schar* or *ahavas ha'areiv*).[354]
- Eternal Reward (*Schar and Onesh*)
  - Fear of Hashem due to the eternal consequences I will incur.
  - Love of Hashem due to the eternal pleasure I will receive.[355]

---

353 שם בשל"ה בהמשך דבריו: "היראה שהיא עבודת חוץ, היא אשר יראת אלהים בלבו, אמנם הוא ירא מעבור על מצותיו שלא יענישוהו העונשים ההם המתחייבים מהעבירות ההם אשר הוזהר עליהם, וגם בבוא המצוה מעשית לידו, יקיימנה למען לא ימנע ממנו השכר המתחייב ומיועד מהמצוה ההיא, נמצא זה עובד מאהבת שכר ומיראת העונש. ואמרו בסוטה פרק היה נוטל (כד, ב), פרוש מאהבה פרוש מיראה, ופירש רש"י ז"ל, פרוש מאהבת שכר מצות ולא מאהבת מצות בוראו, ומיראה, של עונשין. עד כאן. והנה העבודה על זה הדרך עם שהיא טובה מאוד, שהרי זה נזהר ושומר עצמו מעשות כל רע, למען לא יטמא את עצמו ותגיע טומאתו אל מקדש הקדש, אינה עבודה ולא יראה שלימה, כי זה אינו ירא כי אם את עצמו."

354 שם בשל"ה בהמשך דבריו: "וכן האהבה שהיא מצד החסד, כי כל אהבת חסד, החלק החיצוני ממנה הוא שאדם אוהב את המקום מצד הצלחתו, כשרואה את עצמו מוצלח בכל ענייניו, יגזור אומר ויקום לו, לא תמעד אשוריו, בראות את עצמו אשר כל אשר יעשה יצליח משום תשוקת אהבתו בבוראו. או לפעמים עובד את השם כדי שיהיה אהוב בעיני השם, וישפיע לו רב טוב להיות לו עושר וכבוד ובנים ובני בנים, זהו כעבדים המשמשין את הרב על מנת לקבל פרס, וגם לענין יראה מסיים (אבות א, ג), ויהא מורא שמים עליכם. הנה עבודת האהבה שהזכרתי היא עבודת חוץ, אף על פי שהיא דרך ומבוא לבא לידי אהבה הפנימית, שמתוך שלא לשמה בא לשמה, מכל מקום זו האהבה אינה מגעת אלא עד לשמים, מה שאין כן האהבה הפנימית שהיא החסד באמת מעל השמים. ובפרק מקום שנהגו (פסחים נ, ב), רבא רמי, כתיב כי גדול עד שמים חסדך, וכתיב כי גדול מעל שמים חסדך, הא כיצד, כאן בעושין לשמה וכאן בעושין שלא לשמה וכן הוא לשון סמ"ג חלק עשין עשה ג' (ע"ש)."

355 שם בשל"ה בהמשך דבריו: "חלק שני מיראה ואהבה חיצונית, היא אשר חשבה החכם הרב ר' יוסף בן הרב המקובל ר' שם טוב בן שם טוב ליראה ועבודה אמיתית, אבל באמת עדיין היא מבחוץ. וזה לשונו בספר עין הקורא שלו, והעתיקו הרב בעל עבודת הקודש בחלק העבודה פרק ו', המדריגה הרביעית מדריגת מי שיעשה אלה המצות לתכליתם האמיתיית, והוא כדי שיהיה חופף עליו השפע האלהי, ויהיה איש אלהים קדוש דומה למלאכי השרת, ויגיע באחרית הענין אל שיזכה אל ההשארות הנצחי, לעמוד עם המלך ה' צבאות ולהנות מזיו השכינה, והיא הזכיה לחיי עולם הבא ולתחיית המתים. וזה העובד ישתדל בזאת העבודה בשמחה ובטוב לבב, מצד שהוא ירצה להתדבק באלהיו ולקחת משעור מעלתו כל מה שאפשר לפי טבעו, אחר שהיתה התכלית האחרונה לנמצאות הגעת השלמות באופן ידמה כל נמצא לפי טבעו אל השלם הראשון, ושישערו בו כמשפט הראשון הפשוט שבכל סוג וסוג. ואמנם זה

- Hashem's Greatness
  - Awe of Hashem's greatness (*yiras haRomemus*).[356]
  - Love of Hashem because of His virtue (*oved m'ahavah*).[357]

- Deep Emotional Connection
  - The fear of sin (*yiras chet* — fearing the damage to the honor of Hashem that sin causes).[358]

העובד, אם יצוייר שהוא יתברך יצוה דבר אף גם זאת לא יגיע אל זה העובד זה הטוב, הוא גם כן כבר ישתדל בכל כוחו לעשות רצונו, כי עשות מאמרו טוב, וראוי שיאהב ולא מפני זה תבטל האהבה....הרי ביראה ואהבה, שנים שהן ארבע, דהיינו חוץ וחיצון, כי לירא את עצמו בא, ירא את עצמו ואוהב את עצמו: ושנים שהן ארבע בפנים ביראה ואהבה, דהיינו עבודת פנים, ולפני ולפנים. ובשניהם ירא את ה' ולא את עצמו, וכן אוהב את ה' ולא את עצמו."

356 שם בשל"ה בהמשך דבריו: "כיצד, היראה הפנימית ביארה הזוהר פרשת בראשית (ח"א יא, ב) וזה לשונו, יראה דאיהי עיקרא, למדחל בר נש למריה בגין דאיהו רב ושליט עקרא ושרשא דכל עלמין, וכלא קמיה כלא חשיבא, כמה דאתמר וכל דארי ארעא כלא חשיבין, ולשוואה רעותיה בההוא אתר דאקרי יראה, עד כאן לשונו. ודבריו אלו קטני הכמות ורבי האיכות צריכין ביאור רחב, כמו שהאריך בביאור הרב ראשית חכמה בשער היראה עיין שם, אשרי עין הרואה את דבריו."

357 שם בשל"ה בהמשך דבריו: "ומן היראה זו הפנימיית יבוא להאהבה הפנימיית כיצד? כשיתבונן בגדולות ורוממות רם ונשא כדפירשתי, ואחר כך יתבונן כי לרוב גדולתו מראה רוב ענוותנותו וטובו וחסדו הגדול, והמציא את העולמות בנדבתו הטוב להטיבנו שנדע ונכיר את אלהותו, ותמיד השפיע לנו ברוב חסדו, אם במציאות האדם בכללו שהמציאו על תכונת איבריו בתכלית השלימות: וזה לשון הסמ"ג במצות האהבה, ויחשוב בלבו הטובות שעשה לו הקדוש ברוך כבר... כי זה ענין אהבה מעלה נוספת על היראה, היראה היא לירא ולבוש מפניו, שלא נסור חס ושלום מכל מה שצוה הן עשיין הן לא תעשיין דאורייתא ודרבנן, והאהבה היא שיהיה הכל בהתלהבות הלב ולעבוד אותו בשמחה, ולא יחוש לשום כאב ולשום נזק שיקרה לו מחמת עבודתו, וכל ממון שבעולם ואף גופו ונפשו הכל יהיה כאין בשביל אהבת עבודתו. ראה והתבונן באהבת אשה כשהאדם מזדווג עמה, בעת תוקף הנאתו לא היה פורש ממנה אפילו היה יודע הפסד גדול, קל וחומר מפני אהבת הקדוש ברוך הוא יהיה זהיר וזריז בעבודתו, לא יתן שינה לעיניו ולא שום מנוחה רק הכל לעבדו יתברך. ועל זה אמר הפסוק תחת אשר לא עבדת את ה' אלהיך בשמחה ובטוב לבב מרוב כל, ופירש האלהי האריז"ל, עבודתך תהיה כל כך בשמחה כו', יותר ממה שהיית שמח על רוב כל שהזדמן לך. והעידו תלמידי האלהי הנ"ל שאמר, מה שזכה לרוח הקודש היה בשביל שהיה שמח מאוד שמחה גדולה בקיום המצות ועל ענין אהבה זו אמרו רבותינו ז"ל במדרש רבה (ב"ר פ, ז) אמר רשב"ל, בשלשה לשונות של חיבה חבב הקדוש ברוך הוא את ישראל, בדביקה בחשיקה בחפיצה. בדביקה מנין, שנאמר, ואתם הדבקים בה' אלקיכם, בחשיקה מנין, שנאמר, חשק ה' בכם, בחפיצה מנין, שנאמר, ואשרו אתכם כל הגוים כי תהיו ארץ חפץ. ואנו למדין מפרשתו של אותו הרשע, בדביקה, ותדבק נפשו בדינה בת יעקב, בחשיקה, כתיב שכם בני חשקה נפשו בבתכם, בחפיצה, כי חפץ בבת יעקב. ר' אבא בן אלישע מוסיף עוד תרין, באהבה ובדבור, באהבה, אהבתי אתכם אמר ה', בדבור, דברו על לב ירושלים. ואנו למדין מפרשתו של אותו רשע, באהבה, ויאהב את הנערה, בדבור, וידבר על לב הנערה דברים שהם מנחמים את הלב, עד כאן לשונו."

358 שם בשל"ה בהמשך דבריו: "ועתה אבאר היראה שהיא לפני ולפנים, והיראה זו היא יוצאת

- To become a chariot for a great and powerful love (*ahavah rabbah*).[359]

מהאהבה הפנימית, אף שזכר רבינו תם מזה בהדברים שהעתקתי, מכל מקום אני אלך לפי ענייני בעומק הענין. הנה אם זוכה האדם לאהבה פנימית שהוא התלהבות הלב, ולעבוד את השם יתברך עבודה מתוקה, ובדביקה וחשיקה וחפיצה, ואז הוא דבק בה' וגם ה' חושק בו כדפירשתי. ואז מתאחדים כביכול, כי נעשה אז בצלם ובדמות אדם התחתון מכוון נגד האדם היושב על הכסא כאשר הארכתי בהקדמת תולדות אדם. ומזה נמשך העבודה צורך גבוה, רוצה לומר שלא די שעושה ומקיים ועובד את השם יתברך בכל אשר ציווהו בשמחה ובטוב לבב, נוסף הוא להיות מרכבה ולגרום שמעבודה ימשך צורך גבוה להיות השם מתוקן, שיתייחד המלך בכבודו בסוד ייחוד זיווג 'תפארת' ו'מלכות' כמו שהארכתי לעיל. כי זהו תכלית העבודה בשביל צורך גבוה, כי יש ויש הכח ביד האדם השלם לעשות התקון הזה, על כן כשנתדבק ונתקשר בהשם יתברך בדביקה ובחשיקה ובחפיצה אז בא לענין הזה לתקן השם, ואז מוסיף ביראה ונעשה ירא חטא...אחזור לענין הנה שלושת אלה שזכרתי יראה ואהבה הפנימיית, ויראה לפני ולפנים, הם כך. יראה הפנימיית הוא צדיק גמור השומר כל התורה תרי"ג מצות כללותיהן ופרטיהן ודקדוקיהן הן דאורייתא הן דרבנן, כל מה שמצווה עושה הן לא תעשה הן עשה מקיים הכל, לא משום יראת עונש ולא משום קבלת שכר, רק מיראת שמים, רוצה לומר שהוא ירא ובוש לעבור על ציווי מלך גדול רם ונשא רב ושליט. אחר כך נכנס ליותר מדריגה, דהיינו שעושה באהבה ואין עליו כמשאוי רק בשמחה ובטוב לבב ובדביקה וחשיקה וחפיצה. אחר כך נכנס ליותר מדריגה ליראה לפני ולפנים, כי מאחר שנתדבק בו יתברך יודע שהוא כביכול בדמותו ובצלמו ורוצה לקיים הדברים בשביל עצמיות וצורך גבוה לתקן שמו הגדול, ואז המורא עליו ביותר, וירא מפני החטא ביותר ממה שמחויב, כי יש עליו המורא תמיד שלא יחסר סוד התאחדות המלך בכבודו. נמצא היראה הראשונה בחינות צדיק גמור המקיים התורה לא גורע ולא מוסיף על מה שהוא מצווה, והאהבה היא הדביקה וחשיקה וחפיצה בכל אשר עושה, והיראה לפני ולפנים הוא חסיד עושה ביותר ממה שהוא מצווה מפני היראה הזו שהוא לפני ולפנים סוד יחוד השם...נחזור לענין, יראה הפנימית צדיק גמור, אהבה פנימית צדיק גמור, ודבוק בה בדביקה חשיקה חפיצה, יראה לפני ולפנים הוא בחינת חסיד המתחסד עם קונו ומתקן המלך בכבודו, והם בני עליה שמעלין את הקודש, אבל הם מועטים. וזו היתה מעלת אברהם אבינו כי ירא אלהים אתה, רוצה לומר יראה מתוך אהבה."

359 שם בשל"ה בהמשך דבריו: "אמנם יש עוד מדריגה על המדריגות, והיא בסתר המדריגה, שלא זכה ולא יזכה אליה שום אחד מבני עליה אלא משה רבינו ע"ה, והוא גם הוא בדרך נסתר, וזוהי אהבה מסותרת, ונקרא אותה בשם אהבה רבה. כי אהבה הפנימית נקרא בשם אהבת עולם, רצוני לומר שיכולין לזכות בה כל באי העולם הבוחר בה, אבל אהבה רבה זו לא קם כמשה ולא יקום, רק הוא לבדו בדרך הנסתר, זהו סוד ומשה עלה, על בני עליה. ואהבה רבה זו יוצאת מיראה שהיא לפני ולפנים, ותהיה אז האהבה לפני ולפנים, ויחזור להיות נקרא בן, כי כל אהבה בחינת בן. אמנם בחינה זו אף במשה רבינו ע"ה הוא בנסתר, על כן לא נקרא בשם בן בנגלה, להורות על זה רמוז בנסתר בזה הפסוק בעבדי במשה בכל ביתי נאמן, ב יתי נ אמן ראשי תיבות 'בן': והענין הוא, כבר כתבתי יראה לפני ולפנים סוד תיקון השם המלך בכבודו הוא זיווג תפארת ומלכות ששם סוד כל תקוני השם, בסוד ו"ה שהוא כלל ששה קצוות שהוא הבנין, ושם יש ריחוק מפני חטאינו הגורמים מגע גוי כדפירשתי בהקדמת תולדות אדם. אמנם יש זיווג לפני ולפנים סוד י"ה מהשם, 'חכמה' ו'בינה' על ידי ה'דעת' דרגא דמשה. ואמר הזוהר, ספירת 'בינה', נקרא 'בינה' על שם ב"ן י"ה, שהוא סוד הדעת המתמצע בין חכמה ובינה, שהם אותיות י"ה מהשם. ושם סוד נ'

Feeling Hashem's Love for Us

Almost everything we have learned thus far within the framework of the mitzvah of *Ahavas Hashem* has dealt with our love of Hashem. We explored the essential definition and levels of this mitzvah, as well as the process and methods available to us as we grow in our love of Hashem. We have not yet learned about how we can feel Hashem's love for us. Does experiencing Hashem's love for us fit in with the mitzvah to love Hashem?

The prophet tells us of Hashem's unique and intense love for the Jewish People: "I have loved you [Israel], so says Hashem" (*Malachi* 1:2). We are not only called Hashem's children, but Hashem's "first-born," expressing a unique relationship: "And you tell Pharoah that Hashem says — my first-born son, Israel" (*Shemos* 4:22). In *Shir HaShirim*, Shlomo HaMelech writes: "You are entirely beautiful, my beloved, and there is no blemish in you" (4:7), which is understood as Hashem speaking of His love toward Israel.

Chovos Halevavos teaches that one of the most direct ways to engage in the service of Hashem is to contemplate and appreciate the ubiquitous signs of Hashem's love for us in our lives and in the world in general. Focusing on these experiences should bring one to a state of *hakaras hatov*, gratitude, which motivates the individual to respond to Hashem by recognizing and serving Him.[360]

שערי בינה שנמסרו למשה זולת שער אחד, על כן לא נקרא בן בענין הזה בגלוי כי אם בנסתר. אבל היראה שהיא לפני ולפנים ששם עולים בני עליה, משה רבינו היה מקיף אותה וכוללה, כמו שנאמר, עבדי משה בכל ביתי נאמן, אבל הבית העליון שעליו נאמר (משלי כד, ג), בחכמה יבנה בית, לא היה עדיין שם משה בכל הבית נאמן, כי חסר בעוד שהיה חי שער הנ' המשתוה לחכמה. והבן מאוד אלו הדברים. מכל מקום היראה מילתא זוטרתי לגבי משה והבן."

360 עיין שם בחובות הלבבות שער עבודת אלוקים בהקדמה לשער: "וכבר נראה ממה שהקדמנו כי כוונת כל מטיב לזולתו מבני אדם הוא לתועלת עצמו תחילה, ולקנות קישוט נאה לעולם הזה או לעולם הבא, או לדחות צער מעל נפשו, או לתקנת ממונו. ואין כל זה מונע משבחם והודאתם מיראה ומאהבה אותם, ומהשיב להם גמולם, אף על פי שהטובה ההיא שאולה בידם, והם מוכרחים להטיב בה, כאשר זכרנו. וטובתם אינה תמידית, ולא נדיבותם נמשכת, וחסידותם מעורבת עם כוונת תועלת נפשם, או לדחות ההיזק ממנה. אם כן כמה האדם חייב מן העבודה והשבח וההודאה לבורא הטובה והמטיב בה, אשר אין תכלית לטובתו, אך היא מתמדת ונמשכת מבלתי כוונת תועלת ולא דחיית נזק, רק נדבה וחסד ממנו על כל המדברים. וממה שראוי לעמוד עליו, כי כל מטיב לזולתו מבני אדם מכל המינים אשר

Rav Noach Weinberg offered a different pathway to feeling Hashem's love for us. The verse recalls one of the rebellions in the desert: "And you murmured in your tents, and said because Hashem hated us He has brought us out of the land of Egypt and delivered us into the hands of the Emorites, in order to destroy us" (*Devarim* 1:27). Rashi explains that the Jewish People were projecting their own hatred for Hashem on Him, insisting that their feelings were mirrored by Hashem.[361] This would be

זכרנו, אין לו יתרון על מי שמטיב לו אלא במקרה מן המקרים. אבל באנושותם ועצמם נמשלים וקרובים זה לזה בעצם ובדמות ובחיבורם ובצלמם וטבעיהם וברוב מקריהם. ועם כל זה חייב מי שמטיבים לו מן העבודה למטיב מה שסיפרנו. ואם היינו חושבים, כי מי אשר מטיבים לו בתכלית החסרון והגריעות ובהרכבתו וחיבורו ודמותו, היה חייב בעבודה יותר. וכן כאשר נחשוב כי המטיב בטובה טוב ושלם מכל נמצא, ומי שמטיבים לו גרוע מכל נמצא וחלוש מכל נברא, השכל מחייב בתוספת העבודה למטיב עד אין תכלית. וכאשר נבחן על ההקשה הזאת דבר הבורא יתברך ובני אדם בשכלנו, נמצא הבורא יתברך נעלה ונישא ומרומם על כל נמצא וכל מושג בהרגשה ובשכל, כפי אשר התבאר בשער הראשון מן הספר הזה. וכן נמצא האדם בהקשתו אצל שאר מיני החיים שאינם מדברים חסר וחלש מכולן ויראה לך זה בשלושה עניינים אחד מהן בעניין גידולו ועוללותו כי נמצא שאר מיני החיים חזקים ממנו ויכולים לסבול הצער יותר ולנשא את עצמם, ואינם מטריחים אבותם בגידולם כאדם. והעניין השני כשנעיין במה שיש תוך גוף האדם מן הלכלוכים והטינופים, ומה שנראה עליו מחוץ ממה שהוא קרוב מהם, כשהוא נמנע מן הרחיצה והנקיות ימים רבים, וכן כאשר ימות, כי זוהמתו יותר כבדה מכל זוהמת כל נבלות שאר בעלי חיים, וצואתו יותר מסרחת מצואת שאר בעלי חיים, וכן שאר טינופיו. והעניין השלישי מה שהוא נראה מחולשת תחבולותיו כשיחסר כוח הדיבור אשר נתן לו הבורא יתרון על שאר החיים שאינם מדברים, למאורע שאירע במוחו. כי בעת ההיא יהיה נעווה ונתעב משאר בעלי חיים, ואפשר שישחית עצמו בשחיתות ובתמותות. ונמצא רוב בעלי חיים שיש להם מן ההכרה בדרכי טובתם והתחבולה בהשגת מזונותם, מה שמקצרים רבים מן המשכילים שבבני אדם מכמותם. כל שכן מי שיפקד שכלו מהם. וכאשר נעמוד במחשבותינו על גדולת הבורא יתעלה, ועוצם יכולתו וחכמתו ועושרו, ונסתכל בחלישות האדם וחסרונו, ושאינו מגיע אל השלמות, ורוב צרכו ורישו לדבר שימלא מחסורו, ונבחון רוב טובות הבורא יתברך וחסדו עליו, וכשבראהו כמו שבראהו מן החסרון בעצמו, והוא רש וצריך אל מה שיש בו תקנתו, ולא יגיע אליו כי אם ביגיעת נפשו. וזה מחמלת הבורא עליו, כדי שיכיר את עצמו, ויבחן בכל ענייניו, וידבק בעבודת האל על כל פנים, ויקבל על זה גמול העולם הבא אשר לו נברא, כמו שהקדמנו מן הדברים בשער השני מן הספר הזה. כמה האדם חייב לו ית', מן העבודה והיראה והשבח וההודאה והתמדת התהילה, עם בירור חיוב כל אשר הקדמנו, מן שבח בני אדם והודאתם קצתם לקצתם. ואם יש איש סכל, שחולק בחיוב כל זה לבורא יתברך על האדם, כשהוא מבחין ומתבונן בעניין הזה, ומודה באמת על עצמו, הלא ייעור הישן, וייקץ המתעלם, ויבחין הכסיל, וישכיל המשכיל ברור חיוב קבלת עבודת האלוהים, עם ברור הראיות ופרסום העדים ואמיתת המופתים.וכמו שכתב הנביא עליו השלום למי שהתעלם מעיין בקבלת עבודת האלוהים ית׳: (דברים לב) הלה׳ תגמלו זאת, עם נבל ולא חכם. אם כן, כבר נתברר חיוב קבלת עבודת האלוהים על בני אדם מצד התמדת טובותיו עליו."

361 עיין רש"י לפסוק דברים א:כז: "בשנאת ה׳ אותנו — והוא היה אוהב אתכם, אבל אתם שונאים אותו, משל הדיוט אומר מה דבלבך על רחמך מה דבלבי׳ עלך."

somewhat analogous to the idea that "the way you think in your heart that your friend sees you, is the way you will experience how they feel about you."[362] Rav Noach expounded upon this Rashi and taught that if one wants to feel Hashem's love, one should love Him with the confidence that He will reciprocate that love. Eventually, one recognizes that Hashem has always loved him more than he ever imagined. He added that this is the intent of the verse, "I am for my beloved and my beloved is for me" (*Shir HaShirim* 6:3), which first emphasizes our expression of love for Hashem and only afterward His love for us. To feel the love of Hashem we must first undertake to express our love toward Him.

The Vilna Gaon points out that ultimately our efforts to love Hashem (the arousal from below — *isarusah d'lesata*) only succeed and come to fruition when Hashem reciprocates from above (the arousal from Above — *isarusa d'l'Eilah*).[363] Thus, on some level, any progress we make in our love of Hashem necessarily implies that Hashem is responding and loving in return. The Netziv says that this is important to realize, as there are times when it may be difficult to recognize Hashem's expressions of love toward us.[364]

Dveikus

In addition to loving Hashem, the Torah requires us to cling to Hashem. The verses state, "And in Him you shall cling" (*Devarim* 10:20), and "...to love Hashem your Master, to listen to His voice, and to cling to Him" (*Devarim* 11:13). What does it mean to "cling to Hashem"?

According to the Rambam, the Torah is commanding us to cling to wise men and learn from their ways, as they represent the values and ideals the Torah teaches. By clinging to the wise man and learning from his ways, one clings to Hashem by proxy.[365]

---

362 רש"י שם לדברים א:כז

363 עיין בספר אבן שלמה אות יט (דפוסים ישנים): "כל רצון ואהבה ודבקות מקבל האדם מלמעלה אף שתלוי הכל באדם מ"מ צריך לקבל מלמעלה רק ההכנה תלוי באדם והרעותא בא מלמעלה כפי ערך העבודה וז"ש והתקדשתם והייתם קדושים שלעולם יפנה מחשבתו למעלה בקדושה וע"י כך ממשיך כח למעלה ומשפיעין לו קדושה מלמעלה."

364 בפירושו לשיר השירים ב:ה

365 זה לשון הרמב"ם בספר המצות: "המצווה הששית — הציווי שנצטווינו להתערב בין

Many Rishonim disagree. They maintain that clinging to Hashem is an extreme level of love for Hashem called *dveikus*.[366] Yet, by calling out this level and identifying it with a distinct name, the Torah seems to be categorizing *dveikus* in a class by itself. What is in fact unique about this intense love?

The Ramban defines *dveikus* as a state of being whereby all of one's focus is consumed by Hashem. He explains that most people experience periods of constricted consciousness and periods of expanded consciousness. Constricted consciousness occurs when one is engulfed by the physical world and absorbed in its distractions, its pleasures, its pain and suffering, and its general lowliness. In this confined and self-contained dimension, one becomes entrapped in constricted consciousness.

Consciousness can expand when one connects to the mind and soul, and to a realm of possibility, hope, potential for change, and long-term vision. Expanded consciousness leads to a sense of release, a feeling of calm, and a renewed drive for growth.

החכמים ולהתחבר אתם ולהתמיד ולשבת עמהם ולהשתתף עמהם בכל דרך מדרכי ההשתתפות: במאכל ומשתה ומקח וממכר, כדי שנגיע בכך להדמות למעשיהם ולהאמין בדעות האמתיות מדבריהם. והוא אמרו יתעלה: 'ולדבקה-בו' (שם יא, כב) וכבר נכפל גם הציווי הזה, ואמר: 'ובו תדבק' (שם י, כ). ובא הפירוש: 'ולדבקה בו' — הדבק בחכמים ותלמידיהם. זהו לשון הספרי. וכן הביאו ראיה על החובה לישא בת תלמיד חכמים ולהשיא בתו לתלמיד חכמים ולהנות תלמידי חכמים ולהתעסק עמהם ממה שנאמר 'ובו תדבק'. אמרו: 'וכי אפשר לו לאדם להדבק בשכינה? והא כתיב: 'כי ה' אלקיך אש אכלה הוא' (שם ד, כד) — אלא כל הנושא בת תלמיד חכמים' וכו'.״

366 עיין באבן עזרא דברים יא:כב: "לדבקה בו — בסוף והוא סוד גדול.״
ועיין בחובות הלבבות שער אהבת ה' בהקדמה: "וזרז עליו והשיב אותו במשנה תורה הרבה. כמו שנאמר (שם ל) לאהבה את ה' אלוהיך לשמוע בקולו ולדבקה בו. וטעם הדביקה — האהבה הנאמנה והלב השלם בה. כמו שאמר (משלי יח) ויש אוהב דבק מאח.״

ועיין נמי ברמב״ן דברים יא:כב: "...ויתכן שתכלול הדביקה לומר שתהיה זוכר ה' ואהבתו תמיד לא תפרד מחשבתך ממנו בלכתך בדרך ובשכבך ובקומך עד שיהיו דבריו עם בני אדם בפיו ובלשונו ולבו איננו עמהם אבל הוא לפני ה'. ויתכן באנשי המעלה הזאת שתהיה נפשם צרורה בצרור החיים כי הם בעצמם מעון לשכינה כאשר רמז בעל ספר הכוזרי ...״
הנה שיש מצב גבוה מאהבת ה'. שבאהבת ה' האדם משתוקק לדעת את ה' ומקשר דעתו תמיד עם ה' ובזה משתדל להתקרב אליו, אבל הוא עדיין במצב שיש מלחמה. יש ניגודים בטבעו והוא גם נמשך אחרי עוה״ז אף שזה במדה המתמעטת והולכת. אבל יש מצב שהאדם משתחרר ממצב זה לגמרי וה' עושה לו נס שהוא יכול להיות שייך לעוה״ז ולעשות ענייניו אבל לבו לגמרי למעלה עם ה' וכבר אינו נמשך אחר העוה״ז כלל.

Most of us experience an ongoing battle between these two diametrically opposed types of awareness. Our lives may look like rollercoasters, whereby we rise with expanded consciousness, and minutes (or even seconds) later, we fall back into constricted consciousness. This can be true even of someone who has achieved significant levels of loving Hashem. Regular love for Hashem, successful as it may be, will inevitably be interspersed with moments or periods of constricted consciousness.

Dveikus, by contrast, transcends this limitation. There are no interruptions. The Ramban describes *dveikus* as uninterrupted thought and awareness of Hashem even when walking, sleeping, awakening, and even when carrying out tasks that seem to require one's attention. A person with *dveikus* can engage in appropriate conversation with others, but in those very moments his heart is "not with them but rather above, in front of Hashem."[367]

The Connection between Talmud Torah and Ahavas Hashem

Our tradition teaches that Torah learning is deeply connected to love of Hashem. Torah emanates directly from Hashem, teaches us about Him, and brings us closer to Him.[368] Because of this deep connection

---

367 שם בסוף דברי הרמב"ן לפסוק בדברים יא:כב

368 כפי שמבואר ברמב"ם בספר המצות שהדרך לאהבת ה' היא ע"י ההתבוננות במצותיו. זה בנוי על דברי חז"ל בספרי על הפסוק "והיו הדברים האלה אשר אנכי מצוך היום על לבבך."

וכן מצאנו בלשון התניא שמבאר הסיבה למה התורה קשורה כל כך לאהבת ה' עיין שם בתניא בפרק ה' "דרך משל, כשאדם מבין ומשיג איזו הלכה במשנה או בגמרא לאשורה על בוריה, הרי שכלו תופס ומקיף אותה, וגם שכלו מלובש בה באותה שעה. והנה, הלכה זו היא חכמתו ורצונו של הקב"ה, שעלה ברצונו שכשיטעון ראובן כך וכך דרך משל ושמעון כך וכך, יהיה הַפְּסָק ביניהם כך וכך. ואף אם לא היה ולא יהיה הדבר הזה לעולם, לבא למשפט על טענות ותביעות אלו, מכל מקום מאחר שכך עלה ברצונו וחכמתו של הקב"ה, שאם יטעון זה כך וזה כך יהיה הַפְּסָק כך, הרי כשאדם יודע ומשיג בשכלו פסק זה, כהלכה הערוכה במשנה או גמרא או פוסקים, הרי זה משיג ותופס ומקיף בשכלו רצונו וחכמתו של הקב"ה, דלית מחשבה תפיסא ביה ולא ברצונו וחכמתו, כי אם בהתלבשותם בהלכות הערוכות לפנינו. וגם שכלו מלובש בהם. והוא יחוד נפלא שאין יחוד כמוהו ולא כערכו נמצא כלל בגשמיות, להיות לאחדים ומיוחדים ממש מכל צד ופנה. וזאת מעלה יתרה גדולה ונפלאה לאין קץ אשר במצות

between the mitzvah of Torah learning and the mitzvah of loving Hashem, the Torah takes to task those who spend their days and nights learning yet do not attain significant levels in their love of Hashem.[369]

The *Eglei Tal* insists that when a person learns and attains genuine insight into Torah, the fulfillment and enjoyment of that experience is itself a form of love of Hashem and of clinging to Him.[370] He contrasts

---

ידיעת התורה והשגתה על כל המצוות מעשיות, ואפילו על מצוות התלויות בדיבור, ואפילו על מצות תלמוד תורה שבדיבור. כי על ידי כל המצוות שבדבור ומעשה, הקב"ה מלביש את הנפש ומקיפה אור ה' מראשה ועד רגלה; ובידיעת התורה, מלבד שהשכל מלובש בחכמת ה', הנה גם חכמת ה' בקרבו, מה שהשכל משיג ותופס ומקיף בשכלו מה שאפשר לו לתפוס ולהשיג מידיעת התורה, איש כפי שכלו וכוח ידיעתו והשגתו בפשט רמז דרש וסוד."

369 עיין במהר"ל בהקדמה לספר תפארת ישראל: "ודבר זה מן התימה, שיהיה חורבן הארץ בשביל שלא ברכו בתורה תחילה, ולא בשביל עבודת כוכבים ומזלות וגלוי עריות ושפיכת דמים שהיו בבית ראשון. אמנם ביאור זה, כי הדבר שהוא סיבה אל מציאות דבר אחר, הוא גם כן סיבה אל קיום מציאותו. ואל יקשה לך כי הנגר הוא סיבה לבניין הבית, ועם כל זה בהעדר הנגר יישאר הבית קיים. דבר זה אינו, כי אין הנגר סיבה לבית, רק שהוא מקרב העצים יחד, ודבר זה הנגר פועל, לא עצם הבית, והבית נעשה מן הנגר במקרה. אבל דבר שהוא סיבה בעצם אל מציאות דבר אחר, כל שכן שהוא סיבה לקיום שלו, שהרי היה סיבה שיהיה נמצא, וכן גם כן הוא סיבה לקיום שלו, ודבר זה מבואר במופת. ולפיכך אם היו מברכין על התורה תחילה לומר ברוך נותן תורה לישראל, והיה אהבה אל הש"י [השם יתברך] במה שנתן תורה לישראל, כי זה עניין הברכה על התורה, שהוא יתברך מבורך על זה, ואוהב השי"ת בשביל הטוב שנתן לו התורה, ואז היה זה סיבה גם כן שתהיה התורה מתקיימת בישראל, שהיה השי"ת נותן בלבם לשמור ולעשות ולקיים, אף אם היו עוברים לפעמים מצווה אחת, היו חוזרים מיד לשמור ולעשות ולקיים, וזה היה מן השי"ת אשר הוא סיבה לתורה והוא גם כן סיבה שלא תתבטל. דומה לזה, כאשר הגיע נזק אל ענף היוצא מן האילן, אז העיקר שממנו יצא חוזר וגודל גידולו מן השורש, אשר היה סיבה לגידול שלו שיצא, ובלא השורש אין קיום לאילן כלל. ולפיכך אילו היו מברכין בתורה תחילה, מה שהוא יתברך סיבה לתורה ונתן להם התורה, והיו דבקים בו יתברך באהבה במה שנתן תורה לישראל, מצד הדבקות הזה היה השי"ת סיבה גם כן שלא תתבטל התורה. אבל מפני שלא ברכו בתורה תחילה, שלא היו דבקים בו יתברך באהבה במה שנתן תורה לישראל, לא היה כאן סיבה מקיימת את התורה בישראל, ובאו לידי זה שעברו על התורה ודבר זה גורם שאבדה הארץ. ואמרו: דבר זה נשאל לחכמים ולנביאים ולמלאכים ולא פירשוהו, עד שפירשו הקב"ה בעצמו."

ועיין בדברי הנצי"ב דברים י:יב: "...אכן זקני הדור שהם ת"ח עמלי תורה עליהם מוטל מצוות אהבת ה' ודביקות הרעיון בו יתברך בכל לב ובכל נפש ומצוות מעשיות בכל מיני דקדוקים היותר אפשר שהרי התורה מכשרתו לכך וגם ללכת בדרכי ה' מה הוא רחום וכמש"כ הרמב"ם בהלכות דעות פרק ה שת"ח משונה בכל דרכיו מאיש המוני במאכלו ובהילוכו ובדיבורו וכל זה הקב"ה שואל מעמו..."

370 עיין בהקדמה לספר אגלי טל וז"ל: "...ואדרבה כי זה היה עיקר מצות לימוד התורה להיות שש ושמח ומתענג בלמודו ואז דברי תורה נבלעין בדמו ומאחר שנהנה מדברי תורה הוא נעשה דבוק לתורה."

this view with those who suggest that Torah learning must be accompanied by a serious and severe mindset.

Regardless of the overlap and synergy between learning and the love of Hashem, it is crucial to remember that the mitzvah of learning Torah is completely distinct from the mitzvah to love Hashem. The essential definition and parameters of each mitzvah are entirely different from one another. Torah study requires one "to study and to clarify the word of Hashem and the wisdom of Hashem as it appears in His Torah."[371] The mitzvah to love Hashem, as we saw above, is "to contemplate the ways of Hashem and the wisdom of Hashem until we are brought to a yearning and ultimately a connection to Hashem in our hearts."[372] Because of the fundamental distinction between the two mitzvos, it is entirely possible that a person may learn day and night for years and never attain any significant level of love for Hashem.[373] It is therefore inappropriate to rely exclusively on Torah learning as one's means for fulfilling the mitzvah of loving Hashem.

The Bittul (Violation) of This Mitzvah

We have established that the mitzvah to love Hashem is constantly incumbent upon us.[374] Therefore, when a person involves himself in pursuing worldly desires purely for personal enjoyment and not at all for the sake of Heaven, he is in violation of this positive commandment.[375]

---

371 עיין ברמב"ם בספר המצות: "המצווה הי"א היא הציווי שנצטווינו ללמד חכמת התורה וללמדה — וזהו הנקרא: תלמוד תורה, והוא אמרו 'ושיננתם לבניך' (שם שם, ז). ולשון ספרי: 'ושיננתם לבניך — אלו תלמידיך'. וכן אתה מוצא בכל מקום שהתלמידיים קרויים בנים, שנאמר: 'ויצאו בני הנביאים' (מלכים-ב ב, ג) ושם אמרו 'ושיננתם — שיהיו מחדדים בתוך פיך: כשאדם שואלך דבר, לא תהא מגמגם לו, אלא תהא אומר לו מיד'. וכבר נכפל צווי זה כמה פעמים: 'ולימדתם ועשיתם, [ו]למען ילמדו' (דברים לא, יב). וכבר הרבו להדגיש מצווה זו ולזרז עליה בהרבה מקומות בתלמוד. ואין הנשים חייבות בה, שהרי נאמר 'ולמדתם אותם את-בניכם', אמרו: 'בניכם — ולא בנותיכם', כמו שנתבאר בגמרא קדושין."

372 כדלעיל בכל דברינו למעלה בהבנת מצוה זו.

373 כדראינו במהר"ל לעיל בהקדמה לספר תפארת ישראל שלמדו תורה בימי הבית ראשון אבל כיון שלא הכירו את ה' הלימוד לא עזר למנוע את חורבן הבית.

374 זה לשון החינוך שם " וזאת מן המצות התמידיות על האדם ומוטלות עליו לעולם."

375 זה לשון החינוך שם "ועובר על זה וקובע מחשבותיו בענינים הגשמיים ובהבלי העולם שלא לשם שמים רק להתענג בהם לבד, או להשיג כבוד העולם הזה הכואב להגדיל שמו, לא לכוונה להטיב לטובים ולחזק ידי ישרים, ביטל עשה זה וענשו גדול."

6

Yiras Hashem – Fear of Hashem

SOURCE OF THE MITZVAH

The mitzvah to fear Hashem is learned from the following verse: "Hashem, your Master, you shall fear, and Him you shall serve and with His name you shall make oaths" (*Devarim* 6:13), and "Hashem, your Master, you shall fear, Him you shall serve, cling to Him, and in His name you shall take oaths" (*Devarim* 10:20).[376]

While the *Monei HaMitzvos* explicitly counted *Yiras Hashem* as one of the 613 commandments, many struggle to establish that these verses definitively mandate *yirah* as a commandment rather than just a virtue.[377]

---

376 כן הוא בכל מוני המצות: הרמב"ם בספר המצות מצות עשה ד, וגם בהלכות יסודי התורה פרק ב הלכה א, ספר החינוך מצוה תלב, סמ"ג מצות עשה ד', ספר יראים סימן תה, וסמ"ק מצות עשה ד'.

377 הרמב"ם בספר המצות מצות עשה ד וז"ל: "ובגמרא סנהדרין (נו א) אמרו על דרך הויכוח באמרו ית' (ס"פ בהר) ונוקב שם י"י מות יומת ואימא פירושי דכתיב אשר נקבו בשמות ואזהרתיה מן את י"י אלהיך תירא. רוצה לומר אולי אמרו נוקב שם י"י הוא שיזכור השם לבד מבלתי שיברך ואם תאמר אי זה עון בזה נאמר שהוא עזב היראה כי מיראת השם שלא יזכר שמו לבטלה. והיתה תשובת השאלה הזאת ודחיית המאמר הזה כשאמרו חדא דבעינא שם בשם וליכא, כלומר שיברך את השם בשם כמו שאמרו יכה יוסי את יוסי, ועוד

WHO IS OBLIGATED IN THIS MITZVAH?

The *Sefer HaChinuch* says that the mitzvah of *Yiras Hashem* is incumbent upon all human beings. The unusual reference to "all human beings" seems to indicate that *yiras Hashem* applies not only to all Jews, male and female, but also to Gentiles.[378] Apparently, the *Sefer HaChinuch* understands that the mitzvah to fear Hashem derives from basic *emunah* and service of Hashem; these are incumbent upon all human beings under the Noachide laws.

THE ESSENTIAL DEFINITION OF THE MITZVAH

Although there is a consensus that *yiras Hashem* should be counted as one of the 613 commandments, there is a range of opinions as to the essential definition of the mitzvah and precisely what the Torah actually commands us to accomplish.

Yiras Hashem Completes Our Emunah

Some define *yiras Hashem* as an appendage, or limb, of *emunah* rather than a "freestanding" mitzvah.[379] By contrast, the mitzvah to love

---

אזהרת עשה היא וכל אזהרת עשה לא שמה אזהרה. כלומר זה אשר אמרת אזהרתיה מן את י"י אלהיך תירא אינו אמת כי זה צווי והיא מצות עשה ואין מזהירין בעשה. הנה כבר התבאר שאמרו את י"י אלהיך תירא מצות עשה."

378 זה לשון החינוך במצוה תלב: "ונוהגת בכל מקום ובכל זמן, ובכל מין האדם. וזאת אחת מן המצות התמידיות על האדם שלא יפסק חיובן מעל האדם לעולם אפילו רגע אחד, ומי שבא דבר עברה לידו חייב להעיר רוחו ולתת אל לבו באותו הפרק שהשם ברוך הוא משגיח בכל מעשה בני אדם וישיב להם נקם כפי רוע המעשה."

379 כך מצאתי בספר עלי שור חלק א שער ב פרק כ: "...כתוב 'וירא ישראל את היד הגדולה אשר עשה ה' במצרים וייראו העם את ה' ויאמינו בה' ובמשה עבדו' השאלה מפורסמת למה התורה מקדימה כאן את היראה לאמונה אשר לפי מושגינו קודם האדם מאמין ואחר כך הוא ירא הגאון האדמו"ר מאוזרוב זללה"ה בספרו אש דת עומד על השאלה ומצביע על דברי הזוהר הקדוש בראשית דף נט ע"א 'כל בר נש דדחיל ליה לקב"ה שרייא עמיה מהימנותא כדקא יאות דההוא בר נש שלים בפולחנא דמריה ומאן דלא שרייא ביה דחלא דמריה לא שרייא עמיה מהימנותא ולאו איהו כדאי למיהוי ליה חולקא בעלמא דאתי' הרי דוקא אדם הירא את הקב"ה שורה עמו האמונה כראוי והוא אדם השלם בעבודת בוראו ונמצא כי באמת היראה היא ההתחלה לאמונה הרחב ביאור לפי דעתי העניה הרמב"ם מביא בספר המצוות שלש מצוות באמונה ואלו הן 'מצוה א היא הציווי אשר צונו בהאמנת האלהות והוא שנאמין שיש שם עלה וסיבה הוא פועל לכל הנמצאים והוא אמרו אנכי ה' אלקיך, מצוה ב היא הציווי שצונו בהאמנת היחוד והוא שנאמין שפועל

Hashem is unanimously described as its own independently classified mitzvah. What then is the difference between these two mitzvos, such that fear of Hashem is an extension of *emunah*, while love of Hashem stands on its own?

One way to define the unique role of *yirah* is that it helps us connect and remain constantly engaged with the essence of reality. Living in reality is what this mitzvah is all about. In that sense, *yirah* overlaps specifically with the mitzvah of *emunah*; together they help create our reality in mind and heart. Other mitzvos can build upon this platform and further connect us with Hashem, but without the foundation of *emunah* and *yirah*, we are not fully tuned in to reality and thus cannot properly serve Hashem.[380]

A General Commandment Not to Sin

The Ibn Ezra's interpretation of the commandment of *Yiras Hashem*, "Do not transgress any of the prohibitions in the Torah,"[381] is an odd definition. If a person reveres Hashem enough to refrain from

המציאות וסיבתו הראשונה אחד והוא אמרו יתברך שמע ישראל ה' אלקינו ה' אחד, מצוה ג היא שצונו להאמין יראתו יתברך ולפחד ממנו ולא נהיה ככופרים ההולכים בשרירות לבם ובקרי אבל נירא ביראת ענשו בכל עת וזהו אמרו יתברך את ה' אלקיך תירא" הרי הרמב"ם מונה את היראה כמצות אמונה להאמין יראתו יתברך נמצא כי יראה היא חלק מהאמונה."

380 בהמשך דבריו בעלי שור שם: "ולפי הנתבאר בפרק הקודם עיקר האמונה הוא 'ציור' והציורים המעוררים פחד מהדר גאון עוזו יתברך ויראה מהמשפט והעונש השמימי גם הם באמונה יסודם והנה האמנת האלקות כלומר האמונה במציאותו יתברך היא לבדה מסוגלת לעשות רושם כה עמוק בלבנו עד שהיא יכולה לשנות את כל הילך מחשבותינו ובאמת כותב הרמב"ן בהשגותיו שם בסה"מ כי מצוה זו היא קבלת עול מלכות שמים בכל זאת לרוב המאמינים נשארה אמונה זו מופשטת למדי רושם עוד יותר חזק צריך להתקבל מ'האמנת היחוד' שהיא הידיעה הנוראה ש'אין עוד מלבדו' ואכן הרמב"ם שם בהמשך דבריו כותב כי מצוה זו היא קבלת עול מלכות שמים כלומר שהיא מחייבת את האדם לכל ימי חייו להשתעבד אך ורק לרצון ה' אך גם זה אמונה זאת מתעוררת בכל תקפה רק לרגעים בשעת התעלות יתרה כגון בשעת קריאת שמע וקשה מאד לחיות באמונה זו בכל שעות היום רק אמונת היראה ובפרט יראת החטא והעונש היא היא עשויה ללוות את האדם תמיד לרסן את יצריו ולדרבנו למעשים טובים נמצא כי האמונה בפועל הגמור היא אמונת היראה דווקא אמר מעתה כי מה ש'בא חבקוק והעמידן על אחת וצדיק באמונתו יחיה' זה נאמר על אמונת היראה כי הצדיק החי באמונתו הוא דווקא המאמין יראתו יתברך להפחד ממנו."

381 לשון האבן עזרא לדברים ו:יג: "את ה' אלקיך תירא — שלא תעשו מצות לא תעשה," ובדברים י:כ: "את ה' אלקיך תירא — שלא תעברו על מצות לא תעשה."

transgressing a negative prohibition, why must the Torah add a verse instructing him to fear Hashem by not transgressing any of the prohibitions? If a person doesn't revere Hashem enough to restrain himself, why would the commandment to fear Hashem get his attention more so than any other commandment?

This question is expressed by the Netziv, and he uses it to shed light on Rav Achai Gaon's description of the mitzvah. Rav Achai states that *yirah* is a constant mitzvah, incumbent upon each person, all the time.[382] According to the Netziv, Rav Achai's teaching helps us understand the need for the mitzvah altogether and addresses the problem generated by the Ibn Ezra's interpretation, in that his interpretation doesn't seem to justify the verse being written twice. But according to Rav Achai and the Netziv, being in a constant state of *yirah* protects and guards one from transgression and develops one's ability to be a better and more self-aware decision maker.

Yiras Ha'Onesh (Fear of Consequences/Punishment)

Some Rishonim define *yirah* as "*yiras ha'onesh*," fear of consequences.

382 רב אחאי גאון בשאילתא קא פירש את הפסוק "את ה' אלקיך תירא" כך: "דמתבעי ליה למיהוי אימתא דקוב"ה עליה איניש תדירא." ועיין שם בהעמק שאלה לנצי"ב "... הסביר לנו רבינו פירוש הכתוב הזה שמשמעותה קשה דאם נפרש שנירא מלעבור איזה אזהרה וכ"פ הא"ע וא"כ אינו עשה מיוחדת אלא כללית על כל האזהרות אבל אין לזה מקום דהוא מובן מאליו כיון שהקב"ה הזהיר יש להזהר ובלא מורא אין אזהרה ומי שלא יחוש לאזהרה לא יחוש לאזהרת מורא זו... [ולכן] פירש רבינו משמעות המקרא שיהא אימתא דקוב"ה אפילו לא הגיע לידו עון וכענין שנאמר שויתי ה' לנגדי תמיד."

ועיין בספר ראשית חכמה היראה פרק ג אות א-יג שגם כן הרגיש בזה והנה קטע קטן מאד מתוך אריכות דבריו הנפלאים שם, אות ז: "ובזה נתרץ גם כן ביראה הראשונה שלא הזכיר לב לפי שאותה היראה אינה בלב לבד אלא היא כוללת על כל איברי האדם העוברים כל התורה שכל אבר ואבר צריך לירא שלא יעבור במצוה התלויה באותו אבר כמו שהים שומר חוקו שלא יעבור על דרך שפירש החובות הלבבות (שער חשבון הנפש פרק ג) אמנם היראה השניה שהיא על מצות עשה היא היראה התלויה בלב שהיא לבחון האדם בלבו טובות הבורא עליו כדפירשנו ועל דרך הזה 'הלב יודע וכו' נודע מה שפירש בתיקוני זוהר בהקדמה יג: שלב סתם הוא הלב מבין הלב יודע וכ' והיינו דחילו עאל בלביה שהוא סוד ה'י' מאלקים והיראה סתם שהיא כוללת לא תעשה היא היראה התחתונה זהו נלע"ד." הרי ביאר שליראה יש בחינה של 'לא תעברו על המצות שבתורה,' שיותר מכוונת כלפי האברים וגוף האדם, לפי שבכלל חק טבעם נמנעים מלעבור על רצונו יתברך שכך נשבעו במעי אמם לפני הבורא. בחינה שניה של יראה היא בהתגלות לבו — שמעוררת את האדם לעשות רצון קונו ולעבדו כיון שרואה את הקב"ה לפניו כל הזמן.

Accordingly, one must inculcate oneself with a genuine awareness and fear that Hashem may visit upon the sinner the consequences of his sins at any moment.[383] The mitzvah of *Yiras Hashem*, practically speaking, can be fulfilled when one recognizes Hashem's greatness as demonstrated by His power to punish. This is the most basic way one can prevent oneself from sinning and thus subjugate his will to follow the will of Hashem.[384] We will return to this theme later.

Understanding Divine Consequences and Punishment in Judaism

If we are to fear Hashem and His ability to punish, we need to understand the Torah's approach to punishment. At times, the Torah seems to portray Hashem as an angry, jealous Being who exacts vengeful retribution on all sinners in the most vicious and painful way. This is one of the great misconceptions about Judaism — that it is a faith of fear and guilt — but this couldn't be further from the truth. Hashem created and sustains the world with pure kindness,[385] and the Torah teaches that Hashem views all of humanity as His precious creations.[386] Hashem is infinite, complete, and perfect in every way; He surely does not "fly off the handle," nor does He have psychotic

---

383 הרמב"ם ספר המצות מצות עשה ד וז"ל: "והמצוה הרביעית היא שצונו להאמין יראתו יתעלה ולהפחד ממנו ולא נהיה ככופרים ההולכים בקרי אבל נירא ביאת ענשו בכל עת והוא אמרו יתעלה (ואתחנן ו) את י"י אלהיך תירא."
וכן איתא בספר החינוך מצוה תלב: "להיות יראת ה' על פנינו תמיד לבלתי נחטא, כלומר שנירא ביאת ענשו ולא יהיה לבבנו בלי מגור אליו כל היום," ובהמשך דבריו שם: "שורש המצוה ביראת ה' נגלה לכל רואי השמש, כי השמירה הגדולה מן החטא הוא יראת ענשו."

384 עיין בקנאת סופרים לדברי הרמב"ם בספר המצות מצוה ד' וז"ל: "ובחיבור היד פירש באופן אחר דהיינו בחשבו בגדולת הבורא העצומה לאין תכלית ובמעשיו ובראויו הנפלאים והגדולים מיד הוא נרתע לאחוריו ויירא ויפחד וידע שהוא בריה קטנה שפלה אפלה וכו' ואיכא למידק מאי שנא הכא במצות היראה שמנאה למצוה ביראת העונש משום את ה' אלקיך תירא ולעיל במצות האהבה לא מנה בכללה מה שהוא מצפה לגמול ויש לומר דדווקה גבי אהבת ה' כלל כי אם אהבת עצמו מיקרי אבל גבי יראה מה שהוא עובד מחמת יראת העונש גם כן יראת ה' מיקרי אף על פי שאינה במדרגה חשובה כל כך כמו יראת הרוממות שבארה הרב ז"ל בחיבור היד בלשונו המובא לעיל ולפי שבזה החיבור לא נחית הרב ז"ל כי אם למניינא לא דקדק כל כך בביאור גדר המצוה כמו בחיבור היד שבאר שם מצות היראה שהיא נבחרת וחשובה מאד מיראת העונש."

385 כדכתיב בתהילים פט:ג "כי אמרתי עולם חסד יבנה שמים תכן אמונתך בהם."

386 עיין במשנה בפרקי אבות ג:יד "הוא היה אומר חביב אדם שנברא בצלם", ועיין נמי במסכת מגילה י: "מעשי ידי טובעים בים ואתם אומרים שירה".

tendencies or a warped need to see one suffer while He takes revenge for each infraction.[387] It is philosophically absurd to think of Hashem in this way.

Rather, although we may not appreciate it as such when it is happening, we must understand Divine consequences (punishment) as therapeutic and reparative in nature.[388] The Talmud teaches, "*ain yissurim b'lo avon*," there is (generally) no suffering without sin.[389] The

387 עיין בספר דרך ה' חלק א פרק א אות ה: "וכן צריך שידע, שמציאותו יתברך — מציאות פשוט בלי הרכבה וריבוי כלל, וכל השלימויות כולם נמצאים בו בדרך פשוט. פירוש: כי הנה בנפש ימצאו כחות רבים שונים, שכל אחד מהם גדרו בפני עצמו. דרך משל, הזכרון כח אחד, והרצון כח אחר, והדמיון כח אחר, ואין אחד מאלה נכנם בגדר חבירו כלל. כי הנה גדר הזכרון — גדר אחד, וגדר הרצון — גדר אחר, ואין הרצון נכנם בגדר הזכרון, ולא הזכרון בגדר הרצון, וכן כלם. אך האדון יתברך שמו איננו בעל כוחות שונים, אף על פי שבאמת יש בו עניינים שבנו הם שונים; כי הרי הוא רוצה, והוא חכם, והוא יכול, והוא שלם בכל שלימות. אמנם אמיתת מציאותו הוא עניין אחד שכולל באמיתתו וגדרו, פירוש אמיתת עניינו, כי אין שייך גדר בו יתברך, אלא על צד היתר, לשון כל מה שהוא שלימות. ונמצא שיש בו כל השלימויות, לא כדבר נוסף על מהותו ואמיתת עניינו, אלא מצד אמיתת עניינו בעצמה שכוללת באמיתה כל השלימויות, שאי אפשר לעניין ההוא מבלתי כל השלימויות מצד עצמו. והנה באמת הדרך הזה רחוק מאד מהשגתנו וציורנו, וכמעט שאין לנו דרך לבארו ומלות לפרשו. כי אין ציורנו ודמיוננו תופס אלא עניינים מונבלים בגבול הטבע הנברא ממנו יתברך, שזה מה שחושינו מרגישים ומביאים ציורו אל השכל; ובברואים הנה הענינים רבים ונפרדים. אולם כבר הקדמנו, שאמיתת מציאותו יתברך אינה מושגת, ואין להקיש ממה שרואים בברואים על הבורא יתברך, כי אין עניינם ומציאותם שוה כלל שנוכל לדין מזה על זה. אבל זה גם כן מן הדברים הנודעים בקבלה, כמו שכתבנו, ומאומתים בחקירה על פי הטבע עצמו בחוקותיו ומשפטיו, שאי אפשר על כל פנים שלא ימצא מצוי אחד משולל מכל הטבע חוקות וגבוליו, מכל העדר וחסרון, מכל ריבוי והרכבה, מכל יחס וערך, ומכל מקרי הברואים, שיהיה הוא הסבה האמיתית לכל הנמצאות ולכל המתילד בם; כי זולת זה, מציאות הנמצאות שאנו רואים והתמדתם היה בלתי אפשרי."

388 עיין במדרש שוחר טוב לתהילים פרק צב: "'להגיד כי ישר ה' — אמרו לו לאדם הראשון מי גרם לך מיתה אמר להם אני גרמתי לעצמי אמרו לו ולא עשה לך הקב"ה דבר זה? אמר להם חס ושלום לא אבל אני גרמתי לעצמי משל למה הדבר דומה לחולה שהיה מוטל במטה הלך הרופא וראה אותו התחיל מצוה ואומר לו דבר פלוני לא תאכל אותו שהוא רע לו ומסוכן למות לימים אכל ממה שאמר לו הרופא שלא לאכול אותו שהוא מסוכן למות אמרו שמא הרופא עשה לך דבר אמר להם לאו אני הוא שעשיתי לעצמי שציוה לי כי מעץ הדעת טוב ורע לא תאכל שהוא רע לך ומסוכן למות ואני הוא שעשיתי כי ישרים דרכי ה' הוי 'להגיד כי ישר ה'.'"

389 עיין במסכת שבת נה.: "אמר רב אמי אין מיתה בלא חטא ואין יסורין בלא עון אין מיתה בלא חטא דכתיב (יחזקאל יח, כ) הנפש החוטאת היא תמות בן לא ישא בעון האב ואב לא ישא בעון הבן צדקת הצדיק עליו תהיה ורשעת הרשע עליו תהיה וגו' אין יסורין בלא עון דכתיב (תהלים פט, לג) ופקדתי בשבט פשעם ובנגעים עונם מיתיבי אמרו מלאכי השרת לפני הקב"ה רבונו של עולם מפני מה קנסת מיתה על אדם הראשון אמר להם מצוה קלה צויתיו ועבר

function of consequences and punishments is thus very similar to the purpose of a doctor's treatment.[390] While the latter may not be a pleasant experience, it serves an important and ultimately recognizable purpose.

Moreover, we must understand that much of the pain we experience from these consequences and punishments are simply the reality brought about by the cause and effect of our actions.[391] Just as the blackened and damaged lungs of a chain smoker are a logical consequence of smoking, so too our spiritually harmful actions bring about negative spiritual consequences and damage to our souls, which can then manifest themselves in suffering or affliction.[392]

עליה א"ל והלא משה ואהרן שקיימו כל התורה כולה ומתו א"ל (קהלת ט, ב) מקרה אחד לצדיק ולרשע לטוב וגו' הוא דאמר כי האי תנא דתניא ר"ש בן אלעזר אומר אף משה ואהרן בחטאם מתו שנא' (במדבר כ, יב) יען לא האמנתם בי הא האמנתם בי עדיין לא הגיע זמנכם ליפטר מן העולם מיתיבי ארבעה מתו בעטיו של נחש ואלו הן בנימין בן יעקב ועמרם אבי משה וישי אבי דוד וכלאב בן דוד וכולהו גמרא לבר מישי אבי דוד דמפרש ביה קרא דכתיב (שמואל ב יז, כה) ואת עמשא שם אבשלום תחת יואב (שר) הצבא ועמשא בן איש ושמו יתרא הישראלי אשר בא אל אביגיל בת נחש אחות צרויה אם יואב וכי בת נחש הואי והלא בת ישי הואי דכתיב (דברי הימים א ב, טז) ואחיותיהן צרויה ואביגיל אלא בת מי שמת בעטיו של נחש מני אילימא תנא דמלאכי השרת והא איכא משה ואהרן אלא לאו ר"ש בן אלעזר היא וש"מ יש מיתה בלא חטא ויש יסורין בלא עון ותיובתא דרב אמי תיובתא."

ועיין בתוס' שם ד"ה "ש"מ" שמבין ששיטת אין יסורים בלא עון נדחה, אבל עיין ברמב"ן בשער הגמול שחולק על זה וסובר שרק השיטה של אין מיתה בלא חטא נדחה אבל שיטת אין יסורין בלא עון לא נדחה.

390 כנ"ל במדרש שוחר טוב

391 כנ"ל במדרש שוחר טוב

392 עיין בספר נפש החיים שער א פרק יב וז"ל: "וכן עונש הגיהנם ענינו גם כן שהחטא עצמו הוא עונשו. כמ"ש (משלי ה') עונותיו ילכדונו את הרשע ובחבלי חטאתו יתמך. תיסרך רעתך גו' (ירמי' ב') כמו שנתבאר שכאשר האדם עושה אחת ממצו' ה' אשר לא תעשנ' הפגם והחורבן נרשם ח"ו תיכף למעלה בשרשו ולעומת זה אמלאה החריבה הוא מקים ומגביר כחות וחיילי הטומאה והקליפות. הרחמן ית"ש יצילנו. ומשם ממשיך גם על עצמו רוח הטומאה שמלפפתו בעת עשיי' העון ואחר עשותו הרוח טומאה מסתלק למקומו והוא בחייו בגיהנם ממש המקיפו בעת עשיית החטא רק שאינו מרגיש עדיין עד אחר פטירתו שנלכד אז ברשת אשר הכין הן כחות הטומאה והמזיקין שנבראו ממעשיו וזשרז"ל רשעים מעמיקים להם גיהנם ר"ל שהן עצמם המעמיקים לעצמם הגיהנ' ומרחיבין אותו ומבעירין אותו בחטאי' וכמ"ש (ישעי' נ') הן כלכם קודחי אש גו' לכו באור אשכם ובזקות בערתם מידי היתה זאת לכם וגו'. לכן כשתפסו אנשי כנה"ג להיצה"ר נכבה אז גם הגיה' מעצמו כמ"ש בזוהר תרומה (ח"ב קט, ב) ריש ע"ב כגוונא דחייביא מתחממן בנורא דיצה"ר כו' בכל חמומא וחמומא כו' הכי אתוקד נורא דגיהנם זמנא חדא לא אשתכח יצה"ר בעלמא כו' וכל ההוא זמנא כבה נורא דגיהנם ולא אתוקד כלל. אהדר יצה"ר לאתריה שארו חייבי עלמא לאתחממא ביה שארי נורא דגיהנם לאתוקדא דהא גיהנם לא אתוקד אלא בחמימו

So, is Hashem repairing and treating a person's soul via this "therapy," or is he merely experiencing the inevitable results of his own actions? In a way, it is a combination of both. On one hand, he may have done something wrong and generated negative spiritual energy; on the other hand, Hashem loves every individual and only wants to bestow good upon His people. As a result, He allows the inevitable consequences to occur, but He guides the process in such a way that it can have a therapeutic and reparative effect upon the individual.[393]

דתוקפא דיצר הרע דחייביא. זש"ה כי פועל אדם ישלם לו שהפעולה עצמה הטובה היא אם רעה ח"ו היא היא עצמה התשלומין שלו כנ"ל ועיין זוהר קרח (ח"ג קעז, א). וז"ש באבות ששכר מצוה מצוה ושכר עבירה עבירה ז"ש כי את כל מעשה וגו' ר"ל המעשה עצמה העומדת ונרשמת כמות שהיא כמש"ל."

393 כי הרי למדנו מצד אחד מה שאמרו חז"ל במסכת בבא קמא נ. "כל האומר הקב"ה וותרן הוא יוותרו חייו" וכמו שהסביר הנפש החיים בשער א פרק יב: "ולכן ארז"ל בב"ק (דף נ.) כל האומר הקב"ה וותרן הוא יותרו חייו כו'. וכ"ה בירושלמי פ"ה (ה:א) דשקלים ובב"ר פס"ז ובתנחומא פ' תשא ובש"ט תהלים ולכאורה יפלא הלא אפי' אדם איש חסד מתנהג במדת ותרנות אמנם הוא כמש"ל שאינו ע"ד העונש ונקימה ח"ו. רק חטאים תרדף רעה שהחטא עצמו הוא עונשו כי מעת הבריאה קבע הוא ית"ש כל סדרי הנהגת העולמות שיהיו תלוים כפי התעוררות מעשה האדם הטובים ואם רעים ח"ו. שכל מעשיו ועניניו נרשמים מאליהם כל א' במקורו ושרשו והוא מוכרח לקבל דינו ע"י אותן כחות הטומאה שהגביר במעשיו. כפי ערך וענין הפגם ובזה ממילא יתוקן הפגם של העולמות ושל נפשו או ע"י כח התשובה שמגעת עד שורשה העליון עולם התשובה עלמא דחירו ונהירו דכלא ומשם מתאצל ונשפע תוספת קדושה עליונה ואור מבהיק להתם ולכלות כל טומאה ולתקן העולמות כמקדם וביתרון אור חדש מעולם התשובה המופיע עליהם לזאת אין שייך ותרנות בזה וז"ש באבות וכל מעשיך בספר נכתבים. היינו שמעצמן נכתבים ונרשמים למעלה."

וגם ראינו דומה לזה לעיל בהערה 388 במדרש תהילים צב.

ועיין בנצי"ב בהעמק דבר לויקרא כו:ג: "מעתה היה הדבר ראוי לישאל אם רצון המצוה יתברך בקיום המצות או אינו אלא כמו רופא מזהיר ומודיע שאין לו רצון כלל שהאדם יהא נזהר באזהרתו דמה לו בטובת האדם ורעתו? אבל באמת אינו כן אלא הקב"ה חפץ בקיום המצות והרי זה דומה כרופא המזהיר את בנו שחפץ מאד שיהא הבן נזהר כדי שיהיה חי ומקיים את עולמו של האב המזהיר וגם יש הבדל במעשה באזהרת הרופא לבנו מאזהרתו לאחר אף על גב שבגוף אזהרה אין נפקא מינה מכל מקום יש הבדל בדבר הרופא שבשעה שמזהיר לבנו מבטיח לו אם יהא נזהר שיהא בריא עוד יתן לו שעשועים מה שאין כן בשעה שמזהיר לילד אחר אין מבטיח לו שעשועים והיינו משום שעל ידי זהירות בנו עומד עולמו של הרופא מה שאין כן על ידי זהירות ילד אחר...."

אבל בנוסף לזה בתורה הקב"ה קורא אותנו 'בני בכורי ישראל', וגם כתוב בפסוק 'צור ילדך תשי' ואומרים חז"ל בספרי על הפסוק בדברים לב:יח "ד"א צור ילדך תשי — כל זמן שאני מבקש להיטיב אתכם — אתם מתישים כח של מעלה. עמדתם על הים, ואמרתם (שמות טו) זה אלי ואנוהו, ובקשתי להיטיב אתכם — וחזרתם ואמרתם במדבר יד נתנה ראש ונשובה מצרים. ועמדתם על הר סיני, ואמרתם שמות כד כל אשר דבר ה' נעשה ונשמע, ובקשתי להיטיב לכם — חזרתם בכם ואמרתם לעגל שמות לב אלה אלהיך ישראל! הוי, כל זמן שאני מבקש להיטיב לכם — אתם מתישים כחו של מעלה."

This interplay is a unique feature of Hashem's interaction with us, and is referred to as "sweetening the bitter with bitter."[394] Every act or

---

וראינו נמי בפסוק בדברים ח:ה "וידעת עם לבבך כי כאשר ייסר איש את בנו יהוה אלהיך מיסרך" וכתוב בספר דרך ה' חלק שני פרק ח אות א שכל דין ומשפט ה' על מעשי עמו ישראל הם משורש האהבה כאב על בנו וזה לשונו "ממה שיבחן מאד בהשגחתו ית' הוא היות יסוד כל סדרי ההשגחה ודרכיה — יושר המשפט וקו הדין וכענין שנאמר שבט מישור שבט מלכותך וכתוב מלך במשפט יעמיד ארץ. ואמנם ידענו באמת שאין חפצו של הקב"ה אלא להטיב והנה הוא אוהב את ברואיו כאב האוהב את בנו אלא שמטעם האהבה עצמה ראוי שייסר האב את בנו להטיבו באחריתו וכענין שנאמר כי כאשר ייסר איש את בנו ה' אלקיך מיסרך. ונמצא שהמשפט והדין עצמו ממקור האהבה הוא נובע ואין מוסרו של הקב"ה מכת אויב ומתנקם אלא מוסר אב הרוצה בטובת בנו וכמ"ש. ואולם משרש זה נולדים שני ענינים האחד — שהמוסר עצמו יהיה ממותק ולא קשה ואכזרי כי האהבה עצמה תמזוג את הדין ברחמים. והשני — שלפעמים כשהשעה צריכה לכך יעבור האדון ב"ה על שורת הדין לגמרי וינהג ברחמים וכענין שנאמר וחנותי את אשר אחון ורחמתי את אשר ארחם. והנה בהיות שרצה הקב"ה בבחירת האדם במעשיו וביושר משפט הגמול לשלם לאיש כמעשהו הנה כביכול משעבד הוא את הנהגתו למעשה האדם שלא ייטיב לו ולא ירע לו אלא כפי מעשיו. אך באמת הנה האדון ב"ה אינו משועבד לשום חק ואינו צריך לזולתו ולא מתפעל משום דבר ועל כן כשירצה להשתמש מרוממותו הנה יפעל וינהג כפי רצונו בלי הכרח או עיכוב כלל. ואולם להנהגת המשפט ינהג כפי השעבוד שזכרנו אך כשתגזור חכמתו היות נאות העברה על שורת הדין הנה ישתמש מרוממותו ויחוד שליטתו ויעבור על פשע ויתקן כל קלקול בעוצם כחו. נמצאו כאן שני מיני השגחה השגחת השכר ועונש והשגחת השליטה והיחוד ובשני הדרכים משגיח כבודו ית' תמיד על ברואיו. כי הנה הוא משגיח בהשגחת המשפט לשפוט תמיד את כל המעשה. ומשגיח בהשגחת השליטה לקיים בכחו ויכלתו את הבריאה ולא תחרב ברוע מעללי בני האדם"

מכל הנזכר לעיל אנו רואים שמשפט ה' ועונשיו עלינו הם בדרך רפואה מאהבה כאב המרפא בנו מאהבה ורוצה לתקנו וראינו שבעצם העונש מגיע אלינו בעיקר מעצמנו אלא שידוע שיש קצת יסורים שבאים מה' וכיון שראינו שה' גם יכול לחנות ולרחם על אשר רוצה משמע שאם המשפט והעונש מגיעים אלינו הוא גם נתן רשות לזה לקרות ואם כן הוא גם מעורב וקשור לביאת העונש.

394 עיין בלשון הפסוקים שמות טו:כב-כו: "ויסע משה את ישראל מים סוף ויצאו אל מדבר שור וילכו שלשת ימים במדבר ולא מצאו מים. ויבאו מרתה ולא יכלו לשתת מים ממרה כי מרים הם על כן קרא שמה מרה. וילנו העם על משה לאמר מה נשתה ויצעק אל יהוה ויורהו יהוה עץ וישלך אל המים וימתקו המים שם שם לו חק ומשפט ושם נסהו. ויאמר אם שמוע תשמע לקול יהוה אלהיך והישר בעיניו תעשה והאזנת למצותיו ושמרת כל חקיו כל המחלה אשר שמתי במצרים לא אשים עליך כי אני יהוה רפאך."

ועיין בלשון המכילתא שם לפסוק כה: "רבן שמעון בן גמליאל אומר בוא וראה כמה מופרשין דרכי הקב"ה מדרכי בשר ודם בשר ודם במתוק מרפא את המר אבל הקב"ה מרפא את המר במר..."

וכן איתא בנוסח דומה במדרש תנחומא פרשת בשלח על הפסוק בשמות טו:כה

וכן הזכיר הרמב"ן על הפסוק בשמות טו:כה "וטעם ויורהו ה' עץ שהראה אותו עץ ואמר לו השלך את העץ הזה אל המים וימתקו ובעבור שלא מצאתי לשון מורה אלא בענין למוד ויורני ויאמר לי (משלי ד ד) למדני וכן כלם נראה בדרך הפשט כי העץ ההוא ימתיק המים בטבעו והוא סגולה בו ולימד אותה למשה ורבותינו אמרו (מכילתא ותנחומא כאן) שהיה

detail of any sin causes a certain measure of damage to the spiritual universe, to our souls, and to our relationship with Hashem.[395] This negative impact is "bitter." Hashem, being compassionate, merciful, and not purely judgment-oriented[396] does not cause the consequences of our actions to be immediate. As the prophet says, Hashem is "*Nosei avon*" — He bears our sin, and waits for us to repent on our own.[397]

העץ מר והוא נס בתוך נס כענין המלח שנתן אלישע במים (מלכים ב ב כא) ואם כן אמר "ויורהו" כי לא היה העץ נמצא במקום ההוא והקב"ה הורהו את מקומו או שהמציאהו אליו בנס ושוב מצאתי בילמדנו (מדרש תנחומא כאן) ראה מה כתיב שם ויורהו ה' עץ ויראהו לא נאמר אלא "ויורהו" הורהו דרכו כלומר שהורהו ולמדהו דרכו של הקב"ה שהוא ממתיק המר במר."

ואינו בפסוק בירמיהו ב:יט שהחטא ועזיבת ה' נקרא רע ומר דכתיב "תיסרך רעתך ומשבותיך תוכחך ודעי וראי כי רע ומר עזבך את יהוה אלהיך ולא פחדתי אליך נאם אדני יהוה צבאות."

ושם על הפסוק בירמיה ב:יט בפירוש המלבי"ם הוא גם כן מסביר איך שהיסורים והתוכחה מה' על החטאים ועבירות שלנו הוא תיקון הרע והמר מהרע והמר של העבירה עצמה וזה לשונו שם "אבל פה אומר כי היסורים הם מסובבים מן דרכך הרע בעצמו בדרך סבה ומסובב טבעי, כי "רעתך" בעצמך היא "תיסרך", לא השוט והשבט, רק הרעה עצמה שעשית. והתוכחה אינו ע"י שיודיעוך הרעה המסובב ע"י משובתיך רק "משובתיך" בעצמה "תוכחך", כי עת תפקח עיניך תמצא כי דרכך הרע הוא רע מצד עצמו הגם שלא היה היזק נמשך ממנו. (ולפ"ז מה שהתוכחה בכ"מ תהיה ע"י מסובב חוץ מן המעשה תהיה פה ע"י המעשה עצמה. ומה שהיסור יהיה תמיד ע"י עונשים רצוניים של המיסר תהיה פה על ידי המסובב מן הרע). והנה התוכחה תפעול על הידיעה שיראה לו בראיות כי הדבר רע. והיסורים יפעלו על הראיה וההרגש שירגיש במכאוב. אומר לעומת זה "וראי ודעי" ומפרש "ודעי כי רע וראי כי מר עזבך את ה' אלהיך", שהעזיבה בעצמה, היא רע מצד עצמה ומר מצד העונש הנמשך מאתה, וזה מגביל נגד "תיסרך רעתך וראי כי מר", ונגד "משובתיך תוכחך ודעי כי רע. ולא פחדתי אליך" ר"ל עזבך את אלהיך הוא רע ומר אבל פחדתי אליך אינו רע ומר, ר"ל כי את עזבת עבודת ה' מצד שנדמה לך שעבודה זאת קשה עליך והיא רע ומר, אבל תראה כי פחדתי אליך היתה טובה ומתוקה כי עת שהיית מפחד ממני היית חפשית מכל עבודה ומוצלחת לא כן עת עזבת את פחדתי ופחדת מן האלילים, ומבאר כי לא תוכל לאמר שפחדתי אליך היה רע ומר."

395 עיין בנפש החיים שער א פרק יב: "רק חטאים תרדף רעה שהחטא עצמו הוא עונשו כי מעת הבריאה קבע הוא ית"ש כל סדרי הנהגת העולמות שיהיו תלוים כפי התעוררות מעשה האדם הטובים ואם רעים ח"ו. שכל מעשיו ועניניו נרשמים מאליהם כל א' במקורו ושרשו."

396 כמו שאנו יודעים בעצמנו וגם כדכתיב בתורה "אל רחום וחנון...", ועיין במאמר המדרש (בראשית רבה יב,טו) על בריאת העולם: "בתחילה עלה במחשבתו לברוא את העולם במידת הדין... ראה שאין העולם מתקיים, שיתף עמו מידת הרחמים."

397 עיין בספר תומר דבורה פרק א, מידת נושא עון: "והרי זה גדול מהקודם שהרי לא יעשה האדם עון שלא יברא משחית כדתנן העובר עבירה אחת קונה לו קטיגור אחד והרי אותו קטיגור עומד לפני הקב"ה ואומר פלוני עשאני, ואין בריה מתקיימת בעולם אלא בשפעו של הקב"ה והרי המשחית הזה עומד לפניו ובמה מתקיים, הדין נותן שיאמר הקב"ה איני

When necessary, the negative consequences that do occur serve to correct the damage done, thus "sweetening" the original "bitter" impact with "bitter" results that then allow the person to move on.

Ultimately, the notion of sweetening bitter with bitter can take two forms. The first, and preferred, form of healing bitterness is through one's own repentance. Repentance is bitter. It involves recognizing and owning up to one's mistakes and wanton sins. It means regretting one's choices and developing a plan for change.[398] This process can be harsh, but it works to heal the bitterness of sin. Hashem always prefers this avenue of healing, and thus waits and bears our sin, withholding punishment or consequences, to give us the opportunity to repent.[399] Sometimes, however, He deems it necessary to release the bitter negativity that our sin generated and allow its effect to be felt "measure for measure" in the form of painful consequences.[400] These experiences are generally referred to

---

זן משחיתים ילך אצל מי שעשאו ויתפרנס ממנו והיה המשחית יורד מיד ונוטל נשמתו או כורתו או נענש עליו כפי עונשו עד שיתבטל המשחית ההוא, ואין הקב"ה עושה כן אלא נושא וסובל העין וכמו שהוא זן העולם כולו זן ומפרנס המשחית הזה עד שיהיה אחד משלשה דברים, או שישוב החוטא בתשובה ויכלהו ויבטלהו בסגופיו, או יבטלהו שופט צדק ביסורים ומיתה, או ילך בגיהנם ושם יפרע חובו. והיינו שאמר קין גדול עוני מנשוא ופירשו חז"ל כל העולם כולו אתה סובל ירצה זן ומפרנס, ועוני כבד שאין אתה יכול לסובלו פירוש לפרנסו עד שאשוב ואתקן, א"כ הרי זה מדת סבלנות גדולה שיזון ומפרנס בריה רעה שברא החוטא עד שישוב. ילמוד האדם כמה צריך שיהיה סבלן לסבול עול חבירו ורעותיו שהריע עד שיעור כזה שעדיין רעתו קיימת, שחטא נגדו והוא יסבול עד יתקן חבירו או עד שיתבטל מאליו וכיוצא."

398 עיין במלבי"ם למכילתא שמות טו:כה שהקב"ה ממתיק מר במר: "ובאשר האדם מורכב משני עולמות הנפש היא מעולם הרוחני והגוף מעולם הגשמי ותהלוכות הגוף תנון תחת הטבע ותהלוכות הנפש תחת הנס ולמעלה מן הטבע ומי מרה נעשו מרים על פי הנס כי היה על ידי חטא הנפש בדעות ואמונות הומתקו על ידי מרירות טבעי מעץ מר שהוא משל על מרירות הגוף בהכנעה ובצום ובתשובה עד שהגוף שהוא עץ השדה ונמשל לצומח המר לו מאד על ידי כן המתיק מרירות הנפש ויהי לה למרפא כמו שמרירות העץ המתיק את המים."

399 כדכתיב בספר יחזקאל לג:יא: "אמר אליהם חי אני נאם אדני יהוה אם אחפץ במות הרשע כי אם בשוב רשע מדרכו וחיה שובו שובו מדרכיכם הרעים ולמה תמותו בית ישראל." את הפסוק הזה ואת הרעיון שעומד מאחריו אנו מזכירים פעמים אחדות בתפילות במשך ימי הרחמים והרצון.

400 בדראינו בנפש החיים שער א פרק יב: "ולכאורה יפלא הלא אפי' אדם איש חסד מתנהג במדת ותרנות אמנם הוא כמש"ל שאינו ע"ד העונש ונקימה ח"ו. רק חטאים תרדף רעה שהחטא עצמו הוא עונשו כי מעת הבריאה קבע הוא ית"ש כל סדרי הנהגת העולמות

as *yissurim* (suffering). This is the second type of sweetening bitter with another, therapeutic bitter.

The topic of suffering is a broad one and warrants being dealt with thoroughly in its own book. We have covered only its most rudimentary elements here as they relate to understanding *yiras Hashem* (see also the section *Tzaddik v'Ra Lo* under *Yichud Hashem*, page 183).

YIRAS HAROMEMUS (AWE OF THE GREATNESS OF HASHEM)

Other Rishonim define the essence of this mitzvah as "*yiras ha-Romemus*," awe of Hashem's greatness.[401] This awe is not meant to incapacitate us or to turn us into groupies of Hashem but rather to connect us to reality. We must be deeply in tune with reality and with what Hashem is, such that our view of the world and of ourselves is transformed to service of Hashem.[402] According to this position, the goal of *yirah* is to

---

שיהיו תלוים כפי התעוררות מעשה האדם הטובים ואם רעים ח"ו. שכל מעשיו ועניניו נרשמים מאליהם כל א' במקורו ושרשו והוא מוכרח לקבל דינו ע"י אותן כחות הטומאה שהגביר במעשיו. כפי ערך וענין הפגם ובזה ממילא יתוקן הפגם של העולמות ושל נפשו או ע"י כח התשובה שמגעת עד שורשה העליון עולם התשובה עלמא דחירו ונהירו דכלא ומשם מתאצל ונשפע תוספת קדושה עליונה ואור מבהיק להתם ולכלות כל טומאה ולתקן העולמות כמקדם וביתרון אור חדש מעולם התשובה המופיע עליהם לזאת אין שייך ותרנות בזה וז"ש באבות וכל מעשיך בספר נכתבים. היינו שמעצמן נכתבים ונרשמים למעלה."

401 כן איתא ברמב"ם הלכות יסודי התורה פרק ב הלכה א-ב וז"ל: "(א) האל הנכבד והנורא הזה מצוה לאהבו וליראה אותו שנאמר ואהבת את ה' אלהיך ונאמר את ה' אלהיך תירא: (ב) והיאך היא הדרך לאהבתו ויראתו בשעה שיתבונן האדם במעשיו וברואיו הנפלאים הגדולים ויראה מהן חכמתו שאין לה ערך ולא קץ מיד הוא אוהב ומשבח ומפאר ומתאוה תאוה גדולה לידע השם הגדול כמו שאמר דוד צמאה נפשי לאלהים לאל חי וכשמחשב בדברים האלו עצמן מיד הוא נרתע לאחוריו ויפחד ויודע שהוא בריה קטנה שפלה אפלה עומדת בדעת קלה מעוטה לפני תמים דעות כמו שאמר דוד כי אראה שמיך מעשה אצבעותיך מה אנוש כי תזכרנו ולפי הדברים האלו אני מבאר כללים גדולים ממעשה רבון העולמים כדי שיהיו פתח למבין לאהוב את השם כמו שאמרו חכמים בענין אהבה שמתוך כך אתה מכיר את מי שאמר והיה העולם."
וכן איתא בסמ"ג מצות עשה ד' וז"ל "מצות עשה ליראה את ה' הנכבד והנורא שנאמר את ה' אלקיך תירא..."

402 עיין בספר מסילת ישרים פרק כה: "וכיון שיתברר לו שבכל מקום שהוא, הוא עומד לפני שכינתו יתברך, אז מאליה תבוא בו היראה והפחד פן יכשל במעשיו, שלא יהיו כראוי לפי רוממות כבודו, והוא מה שאמרו (אבות ב, א) דע מה למעלה ממך, עין רואה ואזן

live with respect, reverence, and genuine awareness of Hashem and His greatness. Only with this awareness are we "truly alive."

The Abarbanel argues that this interpretation of *yirah* is mainly intellectual and not emotional, and would more aptly be called wisdom or knowledge of Hashem than fear of Hashem.[403] Rather, he

---

שומעת, וכל מעשיך בספר נכתבים, כי כיון שהשגחת הקב"ה על כל דבר, והוא רואה הכל, ושומע הכל, ודאי שכל המעשים יהיו עושים רושם, וכלם נכתבים בספר אם לזכות או לחובה, ואמנם הדבר הזה אינו מצטייר היטב בשכל האדם, אלא על ידי התמדת ההתבוננות וההסתכלות הגדול, כי כיון שהדבר רחוק מחושינו לא יציירוהו השכל אלא אחר רוב העיון וההשקפה, וגם אחר שיציירהו יסור הציור ממנו בנקל אם לא יתמיד עליו הרבה, ונמצא שכמו שרוב ההתבונן הוא הדרך לקנות היראה התמידית, כן היסח הדעת וביטול העיון הוא המפסיד הגדול שלה, יהיה מחמת טרדות או ברצון, כל היסח דעת ביטול הוא ליראה התמידית."

403 עיין באברבנאל על הפסוק בדברים י:יב: "ואמנם, המין השני שזכרו מהיראה, הנה הוא גם כן בלתי צודק: לפי שהנה היה ראוי שתיקרא 'חכמה' או 'ידיעה', אחרי שעניינה ההתבוננות במעשה השם יתברך ונפלאות פעולותיו וההשערה בגדולתו ורוממות מעלתו, וזהו פרי החכמות ותכליתם, ומאיזה צד תיקרא הידיעה הזאת 'יראה'? ואם אמרו שתיקרא כן בעבור שמהידיעה תימשך היראה, הנה היה יותר ראוי שתיקרא 'פליאה', לפי שיפלא האדם ממנו, כי הידיעה העליונה האלהית תביא בנפש האדם פליאה והתבהלות, וכאמרו (תהלים קלט יד): 'נפלאים מעשיך ונפשי יודעת מאד', ולא תבוא ממנה יראה. והנה, ביחזקאל (יחזקאל א, יחזקאל י), שזכר מראות אלהים, לא זכר בו היראה. וכן הדבר בכל איש, שהידיעה לא תביאהו לידי יראה, אבל ההיפך תימצא בידיעת הקדמונים מהחוקרים, כי כל עוד שיבחנו רוממות וגדולת השם יתברך ודלות עצמם במציאות, תיבטל מהם היראה ממנו יתברך, להבטל היחס בינם לבינו, ואמנם תגדל הפליאה בדבר. וכמו שאמר לאיוב על אלה הדברים (איוב טו ד): 'הוכח בדבר לא יסכון ומלים לא יועיל בם, אף אתה תפר יראה ותגרע שיחה לפני אל'. ולא ידעתי מי הביא האנשים החכמים האלה לתאר המעלה הזאת העיונית בשם 'יראה', שהיא מתייחסת אל המעשים ולא אל העיון. כל שכן, שהכתוב אומר (תהלים קיא י): 'ראשית חכמה יראת ה', שכל טוב לכל עשיהם', רוצה לומר, שהתחלת החכמה היא בשלמות המידות שהיראה עִקָּרָם, ואינו דבר נמשך אחר החכמה כי אם התחלה לה. ויותר היה ראוי שתקרא זה 'אהבה'. ומה שאמרו, ש'יראה' ו'אהבה' הם דבר אחד כשתהיה מזה המין, הנה, רצו לקבץ בין הדברים הסותרים במהותם. כי אהבת האדם לדבר הוא בלי ספק זולתי יראה ממנו, כי האהבה תגזור הָאוֹתוּת מה, והיראה תגזור התנגדות מה. ועוד, שהנה, לא מצאנו בכתובים שהביאו ראיה על זה שיאמר שם יראה על זה המין, רוצה לומר, מיראת המעלה, כי הנה אמר (תהלים קמז יא): 'רוצה ה' את יראיו' — לא כיוון על החכמים יודעי סדר המציאות, כי אם למה שיבאר מייד '... למייחלים לחסדו'. וגם אמרו (תהלים לד י): 'יראו את ה' קדשיו' לא נאמר על היודעים בחכמת האלהות, כי אם על הקדושים במעשיהם, ולכן אמר '...כי אין מחסור ליראיו; כפירים רשו ורעבו ודורשי ה' לא יחסרו כל טוב', הנה, ביאר שהיראים הם דורשי ה', שדורשים אותו להושיעם בעת צרתם.ומה שאמר איוב (איוב לא כג): 'כי פחד אלי איד אל ומשאתו לא אוכל', לא כיוון במילת 'שאתו' על רוממות מעלתו במציאות, כמו שפירשו בו, אבל היה 'ומשאתו לא אוכל' נרדף למה שאמר 'כי פחד אלי איד

maintains, the mitzvah of *yirah* is *yiras chet*, which we will explore shortly.

The *Mesilas Yesharim* says that the basic function of *yiras haRomemus* is not just to reach the expanded consciousness already described. Through contemplating Hashem's wisdom, kindness, power, sovereignty over creation, and all virtues and aspects of Hashem's perfection, a person can reach a state of emotional awe. This awe serves to keep us humble and focused on the importance of avoiding sin, while also infusing our service toward Him with the appropriate amount of subjugation and reverence.[404]

Yiras haRomemus is also explained explicitly in the *Zohar* and in the *Sifrei HaKabbalah*. The *Zohar* teaches: "*Yirah*, which is the foundation of all service, is that a person should fear Hashem because He is great and sovereign, the source and the root of all realms within creation [physical and spiritual] and everything is considered as null and as nothing before Him."[405] The *Sefer Reishis Chachmah* explains that the specific words used by the *Zohar*, "Great" and "Sovereign" (רב ושליט), represent specific aspects of the *kavanah* we are to have in our *yiras haRomemus*. These ideas are detailed as follows:

אל', כי השאת הוא הפחד, כמו שנאמר (משלי א כז): 'בבא כשואה פחדכם', (משלי ג כה): 'ומשאת רשעים', וכן הביאו אותם המדקדקים. ותמיה אני, איך לא עשו גם כן החכמים האלה שני מינים באהבת השם יתברך — אהבת השכר ואהבת המעלה, כי באמת יותר יצדק על המעלה שם האהבה, כמו שזכרתי. סוף דבר, שיראת המעלה הוא דבר לא יחייבהו השכל והסברא הישרה, ולא יורו עליה הכתובים, ולא נמצא כן בדברי חז"ל."

404 עיין בספר מסילת ישרים פרק כד: "המין הב' הוא יראת הרוממות, והוא שהאדם ירחק מן החטאים, ולא יעשה מפני כבודו הגדול יתברך שמו, כי איך יקל, או איך יערב לבו של בשר ודם שפל ונמאס לעשות דבר נגד רצונו של הבורא יתברך ויתעלה שמו, והנה זאת היראה אינה כל כך קלה להשיג אותה, כי לא תולד אלא מתוך ידיעה והשכלה להתבונן על רוממותו יתברך, ועל פחיתותו של האדם, כל אלה דברים מתולדות השכל המבין ומשכיל. והיא היראה אשר שמנוה לח"ב מא' מחלקי החסידות אשר זכרנו, בה יבוש האדם ויחרד בעמדו לפני קונו להתפלל או לעבוד כל עבודה, היא היראה המשובחת שנשתבחו בה חסידי עולם, והוא מה שמשה מדבר ואומר (דברים כ"ח): ליראה את השם הנכבד והנורא הזה את ה' אלהיך." וברור שהבנתו בענין יראת הרוממות שאינה חכמה או ידיעה אלא דבר המתבטא במידות האדם ומעשיו.

405 זה לשון הזוהר בראשית יא: "יראה דאיהי עקרא למדחל בר נש למריה בגין דאיהו רב ושליט עקרא ושרשא דכל עלמין וכלא קמיה כלא חשיב כמה דאתמר וכל דיירי ארעא כלא חשובין ולשואה רעותיה בההוא אתר דאקרי יראה."

- **Hashem is "Great" (רב)**. The word "*Rav*" connotes the power to transcend boundaries. In this context, by thinking of Hashem as Great, we reflect on five particular ways in which He is beyond comparison:[406]
  - His presence pervades existence.[407]
  - As He is Infinite, His essence cannot be grasped by physical beings.[408]
  - His demonstrated power over all of creation.[409]
  - His kindness and compassion; He is the very source of compassion.[410]
  - His ultimate wisdom and counsel.[411]

---

406 עיין בספר ראשית חכמה שער היראה פרק א: "מצינו בתורתנו הקדושה, כשבאה לייחס היראה ייחסה היראה לידו"ד, כאמרו: 'מה ידו"ד אלהיך שואל מעמך כי אם ליראה את ידו"ד אלהיך' (דברים י יב); וכן: 'את ה' אלהיך תירא ואותו תעבוד' וגו' (דברים יא יט); וכן: 'אם לא תשמור לעשות את כל דברי התורה הזאת וגו' ליראה את השם הנכבד והנורא הזה את ה' אלהיך' (דברים כח כט). ונודע כי הוא ושמו אחד, וכמו שנודע יותר בבירור ליודעים ד"ה. ומאחר שהוא כן, כל מה שנמצא שיתכנה לה' גדול ומושל, יתכנה לו יתברך. מצינו שידו"ד נקרא גדול, שנאמר: 'גדול ה' ומהולל מאד ולגדולתו אין חקר' (תהלים קמה ג). ומאחר שהוא נקרא גדול, ראוי שנחקור באי זה בחינות יקרא גדול. מצינו 'גדול' בפסוק בבחינות שונות."

407 עיין בספר ראשית חכמה שם בהמשך: "הראשון שהוא גדול בבחינת הארה, היא הארה שאין לה קץ ותכלית, עד שכל המאורות שבכל העולם העליון, וכל שכן מה שממנו ולמטה, כולם הם חשך כנגדו, כדפירשו בתקונים (תיקוני הזוהר קלד): כתר עלאה, אף על גב דאיהו אור קדמון, אור צח, אור מצוחצח, אוכם איהו קדם עילת העילות. ואחר כך עוד: ועילת העילות לית נהורא קיימא קמיה, כל נהורין מצוחצחין מתחשכאן קמיה, עכ"ל."

408 עיין בספר ראשית חכמה שם בהמשך: "אם בבחינת עומק ההשגה, על זה נקרא הוא יתברך אין סוף, שאין להשגתו סוף, מה שאין כן כל הנבראים, שכל עלול ישיג בעילתו בהתמדת הזמן, אבל עילת על כל יתברך, מיום שנברא העולם ולא קודם לא היה מי שעמד על עומק השגתו: וכן פירש בפרשת וירא (זוהר קג) בפסוק 'נודע בשערים בעלה' (משלי לא כג), אמר זה לשונו: תא חזי, קוב"ה אסתלק ביקריה, דאיהו גניז וסתים בעלוייא סגיא, לא איתי בעלמא ולא הוה מן יומא דאתברי עלמא דיכיל לקיימא על חכמתא דיליה, ולא יכיל לקיימא ביה בגין דאיהו גניז וסתים ואסתלק לעילא לעילא, וכולהו עלאי ותתאי לא יכלין לאתדבקא, עד דכולהו אמרי 'ברוך כבוד ה' ממקומו', עכ"ל. ומפשטי דבריו יש ראיה אל כוונתינו, עם היות שהמאמר הזה דבריו עמוקים."

409 עיין בספר ראשית חכמה שם בהמשך: "וכן התפשטות אורו בנמצאים זה פשוט, דעילת על כלא נהיר בי' ספירן דאצילות וכו' כדפירשו בתיקונים (תקוני הזהר שם)."

410 עיין בספר ראשית חכמה בהמשך: "וכן גדולת הרחמים, הוא מקור הרחמים, כי באור פני מלך חיים, ואם אפילו בנאצל הראשון אנו שוללים הדין ממנו, כל שכן בעילת על כל העילות."

411 עיין בספר ראשית חכמה בהמשך: "ועניין גדול העצה, יובן במה שאמר בפרשת בראשית (זוהר בראשית כב) בעניין 'נעשה אדם', זה לשונו בקיצור: מאי ניהו דאמר 'ראו עתה כי אני אני הוא' (דברים לב לט)? אלא דא איהו עילת העילות, עילה על כל עילאין, דההוא

Yiras Hashem — Fear of Hashem 275

- **Hashem is "Sovereign" (שליט).** The word "*Shalit*" connotes rulership and power of control. When describing Hashem as Sovereign, we refer to the scope and span of His rulership from three perspectives:
  - His Sovereignty emanates from beyond the system of creation and therefore has no limits.[412]
  - His Sovereignty spans the whole of creation including all of the upper spiritual realms and all of the lower physical realms.[413]
  - His Sovereignty is over every single aspect of each organism within creation — mineral, plant, creature, and human.[414]

דאתקרי עילת העילות עילת מאלין עילות, דלא יעביד חד מאלין עילות שום עובדא עד דנטיל רשו מההוא דעליה, כמה דאוקימנא לעילא ב'נעשה אדם', 'נעשה' ודאי, על תרין אתמר דאמר דא להההוא דלעילא מיניה 'נעשה', וההוא דלעילא מיניה לא עביד מדעם עד דנטיל עצה מחבריה, אבל ההוא דאתקרי עילת כל העילות דלית לעילא מיניה ולית לתתא שוה ליה, כמה דאת אמר 'ואל מי תדמיוני ואשוה' (ישעיהו מ כה), אמר: 'ראו עתה כי אני אני הוא ואין אלהים עמדי' דנטיל עצה מניה, עד כאן לשונו לענייננו."

412 עיין שם בספר ראשית חכמה בהמשך: "וכן מצינו בכתובים, שנתייחס לשם הזה הממשלה, בדברי המשורר עליו השלום (תהלים כב נט): 'כי לה' המלוכה ומושל בגוים', וכן בדברי הימים: 'לך ה' הגדולה והגבורה והתפארת וגו' לך ה' הממלכה והמתנשא לכל לראש והעושר והכבוד מלפניך ואתה מושל בכל'. ומה שיתייחס לו הממשלה אחר שהזכיר כל המידות הנזכרות, הוא במה שביאר הרשב"י ע"ה במאמר שהעתקנו, כי ידו"ד הוא חיות פנימי המתפשט בכל העולמות, כעניין הנשמה המתפשטת בגוף שאין מקום פנוי ממנה, כן ידו"ד הוא שקיו דאילנא כמו שנתבאר בתיקונים (דף יג) במאמר אליהו. והיינו עניין הממשלה המתייחס לו, שכמו שהנשמה היא הנותנת לאדם החכמה והבינה והמדע והכח ושאר המידות שבאדם, שהם עיקר הממשלה באדם, שכולם נפעלות על ידי הנשמה, כן שם ידו"ד הוא המושל לפעול כל הפעולות, וממנו הכל על ידי עילת העילות המייחד הכל הנקשר בו."

413 עיין שם בספר ראשית חכמה בהמשך: "עוד נתייחס הממשלה לידו"ד בבחינה אחרת בדברי המשורר ע"ה, באמרו (תהלים קג כ): 'ברכו ה' מלאכיו גבורי כח עושי דברו וגו' ברכו ה' כל צבאיו משרתיו וגו' ברכו ה' כל מעשיו בכל מקומות ממשלתו'. וכדי לבאר עניין אומרו 'בכל מקומות ממשלתו', צריכים אנו לבאר שלושה פסוקים אלו בקצרה. והעניין יובן במה שנתבאר במאמר הקודם בראשו, שאמר שאין לך מלאך שאין נמצא בו שם ידו"ד, ששם ידו"ד נמצא בכל מקום, ואמר: 'ועל דא אית ליה לבר נש לאמלכא ידו"ד בכל ספירן ובכל כרסיין ובכל מלאכין'. נמצא שבעולם הכסא הוא ידו"ד כמו שהוא באצילות, וכן בעולם המלאכים וכן בעשיה בכל אבר ואבר דבר נש."

414 עיין בספר ראשית חכמה בהמשך: "ואופן שימצא ידו"ד בכל אבר ואבר, אפשר כמה שפירשו בתיקונים (דף קלח), שכל אבר יש בו ד' יסודות. ועוד כמה שפירשו שם, שכל אבר יש בו עור ובשר וגידים ועצמות, ופירשו שם כי עצם ובשר וגידים עלייהו שריא ברכה וקדושה וייחוד, ואלו הג' נודע שהם סוד יד"ו. ועוד פירש שם, משכא איהו דמות אדם מלכות, כל דיוקנין אתחזיין ביה וכו', הרי ה' אחרונה. והעניין שימצא ידו"ד בכל הבריות

YIRAS CHET (THE FEAR OF SIN ITSELF)

There is also an additional opinion that defines the mitzvah to fear Hashem as *yiras chet*, the fear of sin itself. This fear is not the fear of consequences discussed above; rather, it is the fear of doing something contrary to the will of Hashem.[415]

נתבאר באופן אחר ברעיא מהימנא פרשת 'בא אל פרעה' (דף מב עמוד א), זה לשונו: כל חיות דאינון חיות הקדש באתוון דשמא קדישא אתקריאו, הדא הוא דכתיב (ישעיה מג ז): 'כל הנקרא בשמי ולכבודי בראתיו'. ואפילו כל בריין איתבריאו בהון, ולית בריאה דלא רשים בהאי שמא, בגין לאשתמודעא למאן דברא ליה. והאי איהו י' דיוקנא דרישא דכל בריין, ה' ה' דיוקנא דה' אצבען דימינא וה' דשמאלא, ו' דיוקנא דגופא. ובגין דא, 'ואל מי תדמיוני ואשוה יאמר קדוש', לית כל בריה דאשווה כוותי, ואף על גב דבראתי לה כדמות אתוון דילי, דאנא יכיל למחאה ההיא צורה ולמעבד לה כמה זמנין וכו', עד כאן לשונו לענייננו. הרי בפירוש מבואר במאמר הזה היות כל בריותיו חתומים בחותם שמו יתברך, להורות שבורא אחד להם והוא מושל בהם למחות צורתם כרצונו, כחומר ביד היוצר."

415 זה לשון סמ"ק מצות עשה ד: "לירא פי' שיש לו לירא שלא יעבור על דעת קונו ומה שצוהו לא בשביל דאגת פורענות בלבד אלא אפילו אינו ירא כלל ובטוח שלא יקבל פורענות יש לו לירא ולכון לדאוג שלא יכעיס מלך גדול ונורא עליו."
ועיין נמי בפירוש האברבנאל לפסוק ועתה ישראל מה ה' אלקיך שואל מעמך... שהבין גדר המצוה ביראת חטא כי יראת עונש אינו יראה מה' אלא יראת צער עצמו ויראת הרוממות נקרא בשם חכמה ולא בשם יראה ולכן יראה חייב להיות מלעבור על רצונו כי רב הוא וז"ל שם "..אבל הנראה בעיני בדרוש הזה הוא, ששני מיני היראה אשר הניחו החכמים אשר זכרתי שימצאו בבני אדם אליו יתברך, מהנפש החיונית והמשכלת, אינם צודקים, ולא ייוחסו אליו יתברך, ולא נקראו אצלו בשם "יראה" אם המין הראשון, מהיפעלות הנפש החיונית, מבואר נגלה הוא, שלא ייוחס אל השם יתברך:לפי שהעבודה אליו יתברך בכל הדברים היא מסודרת כפי הדעת וההתבוננות, והיא מפועל השכל, אם מהעיוני ואם מהמעשי, ואינו מפועל הנפש החיונית, כי הנפש החיונית לא תתפעל כי אם ממה שתשיג בחושים, כיראת השור מהזאב או הדוב, אם בראותו אותו ואם בשמעו את קולו; אבל לא תתפעל הנפש החיונית מתוך התבוננות והסתכלות מה, כמו שיהיה העניין ביראת העונשים, שהיא נמשכת מהתבוננות הדברים העוברים והסתכלות מעשה ה', שכל זה איננו מפועל הנפש החיונית כי אם מהשכל; וגם, שההתפעלות ההוא איננו ראוי שיִקרא כי אם אונס והכרח, ואיך תהיה העבודה אשר כזאת טובה ויאמרו חז"ל שמתוך שלא לשמה יבוא לשמה?! כי ההיפעלות האונסיי ההוא, אי אפשר שיבוא בשום צד שתהיה העבודה בו לשמה בזמן מהזמנים. וזהו אמרם ז"ל (במסכת שבת דף פח פרק רבי עקיבא, וריש פרק קמא דעבודת-אלילים, גם פסחים דף נ): "אמר רב אבדימי בר חמא: מאי דכתיב 'ויתייצבו בתחתית ההר'? — מלמד שכפה עליהם את הר כגיגית, ואמר להם 'אם אתם מקבלים את התורה מוטב, ואם לאו — שם תהיה קבורתכם'. אמר רב אחא: מכאן מודעה רבא לאורייתא". רצו לומר בזה, שהיה זה אונס גמור, והוא מודעה רבה לתורה, שלא יהיו מחוייבים בשמירתה, עד שהיתה התשובה, שקיימו וקיבלו עליהם התורה מרצונם בימי מרדכי ואסתר, שנאמר (אסתר ט): "קיימו וקיבלו עליהם" — קיימו מה שקיבלו כבר, וזה כולו ממה שיורה, שמה שיש בו אונס, אין בו קיום עבודה. ואמנם, המין השני שזכרו מהיראה, הנה הוא גם כן בלתי צודק לפי שהנה היה ראוי שתיקרא "חכמה" או "ידיעה", אחרי שעניינה ההתבוננות במעשה השם יתברך ונפלאות פעולותיו וההשערה בגדולתו ורוממות מעלתו, וזהו פרי החכמות ותכליתם, ומאיזה

Fear of violating Hashem's will by sin can take several forms. The *Mesilas Yesharim* describes this as a fear of doing anything disrespectful toward Hashem.[416] The Abarbanel adds another dimension — a sin flies in the face of all the good Hashem does for us. If we stay focused on all the good in our lives and the fact that Hashem has created an entire world for us, we would recognize that keeping His will is the very least we can do to show our appreciation for what He

---

צד תיקרא הידיעה הזאת "יראה"? ואם אמרו שתיקרא כן בעבור שמהידיעה תימשך היראה, הנה היה יותר ראוי שתיקרא "פליאה", לפי שיפלא האדם ממנו, כי הידיעה העליונה האלהית תביא בנפש האדם פליאה והתבהלות, וכאמרו (תהלים קלט יד): "נפלאים מעשיך ונפשי יודעת מאד", ולא תבוא ממנה יראה. והנה, ביחזקאל (יחזקאל א, יחזקאל י), שזכר מראות אלהים, לא זכר בו היראה. וכן הדבר בכל איש, שהידיעה לא תביאהו לידי יראה, אבל ההיפך תימצא בידיעת הקדמונים מהחוקרים, כי כל עוד שיבחנו רוממות וגדולת השם יתברך ודלות עצמם במציאות, תיבטל מהם היראה ממנו יתברך, להבטל היחס בינם לבינו, ואמנם תגדל הפליאה בדבר. וכמו שאמר לאיוב על אלה הדברים (איוב טו ד): "הוכח בדבר לא יסכון ומלים לא יועיל בם, אף אתה תפר יראה ותגרע שיחה לפני אל". ולא ידעתי מי הביא האנשים החכמים האלה לתאר המעלה הזאת העיונית בשם "יראה", שהיא מתייחסת אל המעשים ולא אל העיון. כל שכן, שהכתוב אומר (תהלים קיא י): "ראשית חכמה יראת ה', שכל טוב לכל עשיהם", רוצה לומר, שהתחלת החכמה היא בשלמות המידות שהיראה עִקָּרָם, ואינו דבר נמשך אחר החכמה כי אם התחלה לה. ויותר היה ראוי שתקרא זה "אהבה". ומה שאמרו, ש"יראה" ו"אהבה" הם דבר אחד כשתהיה מזה המין, הנה, רצו לקבץ בין הדברים הסותרים במהותם. כי אהבת האדם לדבר הוא בלי ספק זולתי יראה ממנו, כי האהבה תגזור הֲאוֹתוּת מה, והיראה תגזור התנגדות מה. ועוד, שהנה, לא מצאנו בכתובים שהביאו ראיה על זה שיאמר שם יראה על זה המין, רוצה לומר, מיראת המעלה, כי הנה אמר (תהלים קמז יא): "רוצה ה' את יראיו" — לא כיוון על החכמים יודעי סדר המציאות, כי אם למה שיבאר מייד "...למייחלים לחסדו". וגם אמרו (תהלים לד י): "יראו את ה' קדשיו" לא נאמר על היודעים בחכמת האלהות, כי אם על הקדושים במעשיהם, ולכן אמר "...כי אין מחסור ליראיו; כפירים רשו ורעבו ודורשי ה' לא יחסרו כל טוב", הנה, ביאר שהיראים הם דורשי ה', שדורשים אותו להושיעם בעת צרתם. ומה שאמר איוב (איוב לא כג): "כי פחד אלי איד אל ומשאתו לא אוכל", לא כיוון במילת "שאתו" על רוממות מעלתו במציאות, כמו שפירשו בו, אבל היה "ומשאתו לא אוכל" נרדף למה שאמר "כי פחד אלי איד אל", כי השאת הוא הפחד, כמו שנאמר (משלי א כז): "בבא כשואה פחדכם", (משלי ג כה): "ומשאת רשעים", וכן הביאו אותם המדקדקים. ותמיה אני, איך לא עשו גם כן החכמים האלה שני מינים באהבת השם יתברך — אהבת השכר ואהבת המעלה, כי באמת יותר יצדק על המעלה שם האהבה, כמו שזכרתי.סוף דבר, שיראת המעלה הוא דבר לא יחייבהו השכל והסברא הישרה, ולא יורו עליה הכתובים, ולא נמצא כן בדברי חז"ל..."

416 זה לשון מסילת ישרים פרק כד: "...זאת היראה שאנו בביאורה עתה דהיינו יראת החטא והיא כמו חלק מיראת הרוממות שזכרנו וכמו מין בפני עצמה והיינו כי הנה ענינה הוא שיהיה האדם ירא ודואג תמיד על מעשיו פן נתערב בם איזה שמץ חטא או פן יהיה שם איזה דבר קטן או גדול שאינו לפי גדל כבודו יתברך ורוממות שמו והנך רואה היחס הגדול שבין יראה זו ויראת הרוממות שזכרנו כי התכלית בשניהם שלא לעשות דבר נגד רום כבודו יתברך."

does for us.[417] To sin is to deny that good; *yiras chet* is to fear denial of that good.

A third aspect of *yiras chet* is a concern for the depletion of Hashem's honor that is caused by sin.[418] One who sins gives the impression that Hashem

---

417 עיין באברבנאל לפסוק דברים י:יב וז"ל: "...אבל אמיתת הענין הזה כולו אצלי כפי מה שאומר הנה העבודה אליו יתברך אצלנו ראויה ומחוייבת בבחינת החסדים אשר קבלנו ממנו יתברך אם המציאות וההויות בבריאה ואם השמירה וההתמדה במציאות ועם זה אהבתו לאבותינו והוצאתו אותנו ממצרים ונתינת התורה וירושת הארץ ושאר הטובות אשר עשה עמנו בזולת המנהג הטבעי כי אם בדרך נס ופלא כפי רצונו המוחלט ומפאת ההטבה הזאת אשר הגדיל ה' לעשות עמנו נתחייבנו לאהבה אותו ומתוך האהבה ההיא לעבדו בכל לבבנו ובכל נפשנו כי היתה העבודה והאהבה שנים במאמר ואחד במציאות כהתאחדות הכח והפעל שהאהבה אליו הוא הכח הנמצא בנפש המסתבבת בה והעבודה הוא הפועל היוצא ממנו ומלבד האהבה הראוי אליו לעבדו עוד צריך לאדם שישמור את עצמו תכלית השמירה מחטוא לפניו ומלהקציפו כי אין ראוי שיהיה כפוי טובה למי שגמלו כל כך בחסדים והטבות הנה יש לנו אם כן עם האלוה יתברך חיוב האהבה לעבוד עבודתו וחיוב השמירה והיראה מלהקציפו ואין דבר זה בעבור רוממות מעלתו בעצמו ונפלאות יצוריו וסדרם לשנצטרך בזה שכלתנו וחכמה יתירה כי אם מפאת חסדיו בבריאה ושמירתו העליונה המתמדת עלנו תמיד שיודע אותם כל אדם..."

418 עיין בשל"ה הקדוש בתולדות אדם מאמר רביעי: "...ועתה אבאר היראה שהיא לפני ולפנים, והיראה זו היא יוצאת מהאהבה הפנימית, אף שזכר רבינו תם מזה בהדברים שהעתקתי, מכל מקום אני אלך לפי ענייני בעומק הענין. הנה אם זוכה האדם לאהבה פנימית שהוא התלהבות הלב, ולעבוד את השם יתברך עבודה מתוקה, ובדביקה וחשיקה וחפיצה, ואז הוא דבק בה' וגם ה' חושק בו כדפירשתי. ואז מתאחדים כביכול, כי נעשה אז בצלם ובדמות אדם התחתון מכוון נגד האדם היושב על הכסא כאשר הארכתי בהקדמת תולדות אדם. ומזה נמשך העבודה צורך גבוה, רוצה לומר שלא די שעושה ומקיים ועובד את השם יתברך בכל אשר ציווהו בשמחה ובטוב לבב, נוסף הוא להיות מרכבה ולגרום שמעבודה ימשך צורך גבוה להיות השם מתוקן, שיתייחד המלך בכבודו בסוד ייחוד זיווג 'תפארת' ו'מלכות' כמו שהארכתי לעיל. כי זהו תכלית העבודה בשביל צורך גבוה, כי יש ויש הכח ביד האדם השלם לעשות התקון הזה, על כן כשנתדבק ונתקשר בהשם יתברך בדביקה ובחשיקה ובחפיצה אז בא לענין הזה לתקן השם, ואז מוסיף ביראה ונעשה ירא חטא...אחזור לענין הנה שלושת אלה שזכרתי יראה ואהבה הפנימיית, ויראה לפני ולפנים, הם כך. יראה הפנימיית הוא צדיק גמור השומר כל התורה תרי"ג מצות כללותיהן ופרטיהן ודקדוקיהן הן דאורייתא הן דרבנן, כל מה שמצווה עושה הן לא תעשה הן עשה מקיים הכל, לא משום יראת עונש ולא משום קבלת שכר, רק מיראת שמים, רוצה לומר שהוא ירא ובוש לעבור על ציווי מלך גדול רם ונשא רב ושליט. אחר כך נכנס ליותר מדריגה, דהיינו שעושה באהבה ואין עליו כמשאוי רק בשמחה ובטוב לבב ובדביקה וחשיקה וחפיצה. אחר כך נכנס ליותר מדריגה ליראה לפני ולפנים, כי מאחר שנתדבק בו יתברך יודע שהוא כביכול בדמותו ובצלמו ורוצה לקיים הדברים בשביל עצמיות וצורך גבוה לתקן שמו הגדול, ואז המורא עליו ביותר, ויירא מפני החטא ביותר ממה שמחויב, כי יש עליו המורא תמיד שלא יחסר סוד התאחדות המלך בכבודו. נמצא היראה הראשונה בחינות צדיק גמור המקיים התורה לא גורע ולא מוסיף על מה שהוא מצווה, והאהבה היא הדביקה וחשיקה וחפיצה בכל אשר עושה, והיראה לפני ולפנים הוא חסיד עושה ביותר ממה שהוא מצווה מפני היראה הזו שהוא לפני ולפנים סוד יחוד השם...נחזור לענין, יראה הפנימית צדיק גמור, אהבה פנימית צדיק גמור, ודבוק

is not important and His will is not binding, and thereby diminishes His honor. *Yiras chet* is the fear of being an agent in lessening Hashem's honor.

PRACTICAL OUTGROWTHS OF THE MITZVAH OF YIRAS HASHEM

The most basic and straightforward application of *yiras Hashem* is avoiding sin by restraining oneself and controlling one's desires.

Nonetheless, various works suggest additional aspects of *yiras Hashem*, which we list here briefly:

- **Subjugation:** To recognize Hashem as a reality in one's life and to subjugate oneself to Hashem, even though He cannot be seen.[419]
- **Embarrassment:** To be ashamed at the realization of one's feebleness and fallibility and thus develop a sense of seriousness.[420]

בה בדביקה חשיקה חפיצה, יראה לפני ולפנים הוא בחינת חסיד המתחסד עם קונו ומתקן המלך בכבודו, והם בני עליה שמעלין את הקודש, אבל הם מועטים. וזו היתה מעלת אברהם אבינו כי ירא אלהים אתה, רוצה לומר יראה מתוך אהבה."

419 עיין בספר מסילת ישרים פרק יט: "הנה עיקר היראה היא יראת הרוממות שצריך האדם לחשוב בעודו מתפלל או עושה מצוה, כי לפני מלך מלכי המלכים הוא מתפלל או עושה המעשה ההוא, והוא מה שהזהיר התנא (שבות פ"ב): וכשאתה מתפלל דע לפני מי אתה מתפלל, והנה ג' דברים צריך שיסתכל האדם ויתבונן היטב, כדי שיגיע אל זאת היראה: האחד שהוא עומד ממש לפני הבורא יתברך שמו ונושא ונותן עמו, אף על פי שאין עינו של אדם רואהו, ותראה כי זה הוא היותר קשה שיצטייר בלב האדם ציור אמיתי, יען אין החוש עוזר לזה כלל, אמנם מי שהוא בעל שכל נכון, במעט התבוננות ושימת לב, יוכל לקבוע בלבו אמיתת הדבר, איך הוא בא ונושא ונותן ממש עמו יתברך, ולפניו הוא מתחנן ומאתו הוא מבקש, והוא יתברך שמו מאזין לו מקשיב לדבריו, כאשר ידבר איש אל רעהו ורעהו מקשיב שומע אליו. ואחר שיקבע זה בדעתו, צריך שיתבונן על רוממותו יתברך, אשר הוא מרומם ונשגב על כל ברכה ותהלה, על כל מיני שלימות שתוכל מחשבתנו לדמות ולהבין."

420 עיין שם בספר מסילת ישרים פרק יט בהמשך: "ועוד צריך שיתבונן על שפלות האדם ופחיתותו, לפי חומריותו וגסותו, כל שכן לפי החטאים שחטא מעודו, כי על כל אלה אי אפשר שלא יחרד לבו ולא ירעש בעודו מדבר דבריו לפניו יתברך, ומזכיר בשמו ומשתדל להרצות לו, הוא מה שאמר הכתוב (תהלים ב): 'עבדו את ה' ביראה וגילו ברעדה', וכתיב (שם פ"ט): אל נערץ בסוד קדושים רבה ונורא על כל סביביו, כי המלאכים להיותם יותר קרובים אליו יתברך מבני הגוף החומרי קל להם יותר לדמות שבח גדולתו, על כן מוראו עליהם יותר ממה שהוא על בני האדם, ואמנם דוד המלך עליו השלום היה משבח ואומר (שם ה'): אשתחוה אל היכל קדשך ביראתך, וכתיב (מלאכי א'): מפני שמי נחת הוא,

- **Reverence:** To develop reverence for Torah and mitzvos. (This translates into precision in fulfilling the mitzvos, beautification of mitzvos, honor of the Torah and those who learn it, and proper reverence for holy places such as a *Beis HaKnesses* and a *Beis HaMidrash*.[421])

ואומר (עזרא ט'): אלהי בושתי ונכלמתי להרים אלהי פני אליך. ואולם היראה הזאת צריך שתתגבר בלב בתחלה, ואחר כך תראה פעולותיה גם באיברי הגוף הלא המה: כובד הראש וההשתחואה שפלות העינים וכפיפת הידים כעבד קטן לפני מלך רב, וכן אמרו בגמרא (שבת י'): רבא פכר ידיה ומצלי, אמר כעבדא קמי מאריה."

421 עיין שם בספר מסילת ישרים פרק יט בהמשך: "והנה דברנו עד עתה מן ההכנעה ומן הבושת, ונדבר עתה מענין הכבוד, הנה כבוד המצוה ויקרה, כבר הזהירונו עליו חז"ל ואמרו (ב"ק ט'): זה אלי ואנוהו, התנאה לפניו במצות, ציצית נאה, תפילין נאה, ספר תורה נאה, לולב נאה וכו', וכן אמרו הידור מצוה עד שליש, עד כאן משלו מכאן ואילך משל הקב"ה. הרי דעת שפתותיהם ז"ל ברור מללו, שאין די בעשות המצוה לבד, אלא שצריך לכבדה ולהדרה. ולהוציא ממי שלהקל על עצמו יאמר אין הכבוד אלא לבני האדם המתפתים בהבלים אלה, אך הקב"ה אינו חושש לזה, כי הוא מרומם מדברים האלה ונשגב מהם, וכיון שהמצוה נעשית לאמתה די בזה, אמנם האמת הוא שהאדון ברוך הוא נקרא אל הכבוד (תהלים כ"ט), ואנו חייבים לכבדו, אע"פ שאינו צריך לכבודנו ולא כבודנו חשוב וספון לפניו, ומי שממעט בזה במקום שהיה יכול להרבות, אינו אלא חוטא. הוא מה שהנביא מלאכי מתרעם על ישראל בדבר ה' (מלאכי א'): וכי תגישון עור לזבוח אין רע הקריבהו נא לפחתך הירצך או הישא פניך, ואולם חז"ל הזהירונו להתנהג הפך זה בעבודה, ואמרו (סוכה נ'): בענין מים שנתגלו שלא יסננם במסננת, מטעם אימור דאמרי להדיוט, לגבוה מי קאמר?! לית ליה הקריבהו נא לפחתך?! ראה נא מה חסרון יש במים שנסתננו, וכבר מותרים הם להדיוט, ואפילו הכי אסורים הם לגבוה משום שאינו דרך כבוד, ואמרו עוד בספרי (דברים י"ב): וכל מבחר נדריכם, דהיינו שלא יביא אלא מן המובחר. וכבר מצאנו קין והבל, הבל הביא מבכורות צאנו ומחלביהן, וקין הביא מן הפסולת מפרי האדמה כפי' ז"ל, ומה עלה בהם (בראשית ד'): וישע ה' אל הבל ואל מנחתו ואל קין ואל מנחתו לא שעה, ואומר (מלאכי א'): וארור נוכל ויש בעדרו זכר ונודר וזובח משחת לה' כי מלך גדול אני. וכמה דברים הזהירונו ז"ל שלא יהיו מצות בזויות עלינו, וכבר אמרו (מגילה ל"ב): כל האוחז ספר תורה ערום נקבר ערום מפני ביזוי המצוה. וסדר העלאת ביכורים יהיה לנו לעינים לראות מה הוא הידורן של מצות, שכך שנינו (בכורים פ"ג): השור הולך לפניהם וקרניו מצופות זהב ועטרה של זית בראשו וכו', עוד שם העשירים מביאים בכוריהם בקלתות של זהב והעניים בסלי נצרים כו', עוד שם ג' מדות בבכורים: בכורים, תוספת בכורים, ועיטור בכורים וכו', הרי לנו בהדיא כמה ראוי לנו להוסיף על גופה של מצוה כדי להדרה, ומכאן נלמוד לכל שאר מצות שבתורה. ואמרו (שבת י'): רבא רמי פוזמקי ומצלי אמר (עמוס ד'): הכון לקראת אלהיך ישראל. עוד ארז"ל (ב"ר פס"ה): על הפסוק 'בגדי עשו בנה החמודות', אמר רשב"ג אני שמשתי את אבא כו', אבל עשו כשהיה משמש את אביו לא היה משמש אלא בבגדי מלכות, והנה א"כ לבשר ודם, קל וחומר למלך מלכי המלכים הקב"ה שהעומד לפניו להתפלל ראוי הוא שילבש בגדי כבוד, ויושב לפניו כמו שיושב לפני מלך גדול. והנה בכלל זה יש כבוד השבתות ויום טוב שכל המרבה לכבדם, ודאי עושה נחת רוח ליוצרו, שכן צונו וכבדתו, וכיון שכבר התאמת לנו שכבודו מצוה, הנה מיני הכבוד רבים הם, אך הכלל הוא שכל מעשה שבו נראה חשיבות לשבת צריכים אנו לעשותו. על כן היו החכמים הראשונים עוסקים בהכנות השבת, איש איש לפי דרכו (שבת קי"ט), ר"א הוה יתיב אתכתקא דשינא ומנשב נורא, רב ספרא מחריך רישא,

- **Using His name with reverence:** To be in awe of Hashem's name and not mention it flippantly or in vain.[422] This extends the prohibition in the Ten Commandments, "Do not take Hashem's name in vain" (*Shemos* 20:7), to include revering

---

רבא מלח שיבוטא, רב הונא מדליק שרגא, רב פפא גדיל פתילתא, רב חסדא פריס סלקא, רבה ורב יוסף מצלחו ציבי, רב נחמן מכתף ועייל מכתף ונפיק, אמר אלו מקלעין לי ר' אמי ור' אסי מי לא מכתפינא קמייהו, ותראה היקשו של רב נחמן שיש לנו ממנו מקום לימוד, כי הנה היה מתבונן מה היה הוא עושה לפי דרכו לאדם שהוא חפץ לכבודו, וכזה עצמו היה עושה בשבת. ועל דבר זה נאמר (ברכות יז, ב): 'לעולם יהא אדם ערום ביראה', לדעת ולהתבונן דבר מתוך דבר, ולחדש המצאות לעשות נחת רוח ליוצרו בכל הדרכים שאפשר להראות היות מכירים גודל רוממותו עלינו, אשר על כן כל מה שיתיחס לו יהיה נכבד עלינו כבוד גדול, וכיון שהוא ית' בטובו הגדול עם כל שפלותנו רצה בענוותו לחלוק לנו כבוד ולמסור לנו דברי קדושתו, לפחות בכל כחנו נכבדם, ונראה היקר אשר להם אצלנו, ותראה שזאת היא היראה האמיתי שהיא יראת הרוממות שזכרנו שבה תלוי הכבוד המתקרב אל חיבוב האהבה, וכמו שאכתוב עוד בס"ד, מה שאין כן יראת העונש שאינה העיקרית ואין מעלות המדות האלה נמשכות הימנה. ונחזור לענין השבת, הנה אמרו (שבת קי"ט): רב ענן לביש גונדא, דהיינו שהיה לובש בגד שחור בערב שבת, כדי שיהיה ניכר יותר כבוד השבת בלובשו בו בגדים נאים, נמצא שלא לבד ההכנה לשבת הוא מכלל הכבוד, אלא אפילו ההעדר שמכחו יבחן יותר מציאות הכבוד, גם הוא מכלל המצוה, וכן אסרו לקבוע סעודה בערב שבת מפני כבוד השבת, וכן כל כיוצא בזה. ובכלל היראה עוד כבוד התורה ולומדיה, ובהדיא שנינו (אבות פ"ד): כל המכבד את התורה גופו מכובד על הבריות, ואז"ל (סנהדרין ק"ב): אמר ר"י מפני מה זכה אחאב למלכות כ"ב שנה, לפי שכבד את התורה שנתנה בכ"ב אותיות שנאמר וישלח מלאכים אל אחאב וגו', והדבר הזה לא אוכל לעשות. ואז"ל (ברכות י"ח): היה הולך ממקום למקום (וספר תורה עמו), לא יניחנו בשק ויניחנו על החמור וירכב עליו, אלא מניחו בחיקו כו', ואסרו עוד (מו"ק כ"ה): לישב על המטה שספר תורה עליה. וכן אמרו (עירובין צ"ח): אין זורקין כתבי הקודש ואפילו הלכות ואגדות. ואסרו (מגילה כ"ז): להניח נביאים וכתובים על גבי חומשים, הן אלה דברים שאסרו חז"ל לכל עדת ישראל, והחסיד יש לו ללמוד מאלה ולהוסיף עליהם כהנה וכהנה לכבוד שם ה' אלהיו. ובכלל זה הניקיון והטהרה הצריכה לדברי תורה שלא לעסוק בה אפילו בהרהור במקומות המטונפים, ולא בידים שאינם נקיות, וכבר הרבו חז"ל להזהיר על זה במקומות רבים, ובענין לומדי תורה, הנה מקרא כתוב מפני שיבה תקום והדרת פני זקן, ומינה ילפינן לכל מיני כבוד שאפשר לעשות להם שראוי ודאי לחסיד שיעשהו. וכבר אז"ל (כתובות ק"ג): ואת יראי ה' יכבד, זה יהושפט מלך יהודה, שכיון שהיה רואה תלמיד חכם היה עומד מכסאו ומחבקו ומנשקו ואומר לו רבי רבי מורי מורי. ורבי זירא כשהיה חלש מלימודו, היה משים עצמו על פתח בית המדרש, לעשות מצוה כשיקום מלפני התלמיד חכם (ברכות כ"ח). כל אלה דברים שכבר רואים אנחנו היות הבורא, יתברך שמו, חפץ בה וגלה דעתו העליון בזה, וכיון שכן מי האיש החפץ לעשות נחת רוח ליוצרו, הנה בדרך זה ילך ויוסיף לקח בתחבולותיו ולעשות הישר לפניו יתברך שמו. ובכלל זה כמו כן כיבוד בית הכנסת ובית המדרש שאין די שלא ינהג בהם קלות ראש, אלא שינהג בהם כל מיני כבוד ומורא בכל מנהגיו ובכל פעולותיו, וכל מה שלא היה עושה בהיכל מלך גדול לא יעשה בהם."

422 זה לשון ספר יראים בסימן תה: "יראת השם. כתוב בפרשת ואתחנן את ה' אלהיך תירא פי' של יראת ה' שלא להזכיר אדם שם בשמים לבטלה דאמרינן בתמורה פ"א [ד' א'] אזהרה למוציא ש"ש לבטלה דכתיב את ה' אלהיך תירא..."

Hashem's name as a positive commandment, resulting in a more severe sin.[423]

- ***Kavanah*:** To be deliberate when performing a mitzvah by thinking about Hashem as one prepares to do a mitzvah.[424]
- ***Cheshbon Hanefesh* (Spiritual Accounting):** To be careful and mindful of one's service of Hashem and his relationship with Him. Proper *yiras haRomemus* and *yiras chet* should generate in a person the need to search and scrutinize his actions to identify areas in need of growth and make the necessary plans to improve them.[425] We will return to this in a moment.

---

423 תמורה ד.

424 בהמשך דברי היראים שם: "ומזה המקרא למדנו שיהא אדם מערער בהגיעו לדבר מצוה שבמחשבת הלב היא היראה דתניא [ב"מ נ"ח ב'] ויראת מאלהיך דבר המסור ללב נאמר בו ויראת."

425 לשון המסילת ישרים בפרק ב: "הנה ענין הזהירות הוא שיהיה האדם נזהר במעשיו ובעניניו, כלומר, מתבונן ומפקח על מעשיו ודרכיו, הטובים הם אם לא, לבלתי עזוב נפשו לסכנת האבדון חס וחלילה ולא ילך במהלך הרגלו כעור באפלה. והנה זה דבר שהשכל יחייבהו ודאי. כי אחרי שיש לאדם דעה והשכל להציל את עצמו ולברוח מאבדון נשמתו, איך יתכן שירצה להעלים עיניו מהצלתו, אין לך פחיתות והוללות רע מזה ודאי. והעושה כן הנה הוא פחות מהבהמות ומהחיות אשר בטבעם לשמור את עצמם ועל כן יברחו וינוסו מכל מה שיראה להם היותו מזיק להם. וההולך בעולמו בלי התבוננות אם טובה דרכו או רעה, הנה הוא כסומא ההולך על שפת הנהר אשר סכנתו ודאי עצומה ורעתו קרובה מהצלתו. כי אולם חסרון השמירה מפני העורון הטבעי או מפני העורון הרצוני דהיינו סתימת העינים בבחירה וחפץ, אחד הוא. והנה ירמיהו היה מתאונן על רוע בני דורו מפני היותם נגועים בנגע המדה הזאת, שהיו מעלימים עיניהם ממעשיהם בלי שישימו לב לראות מה הם: הלהעשות אם להעזב? ואמר עליהם (ירמיהו ח, ו): אין איש נחם על רעתו לאמר וגו' כלה שב במרוצתם כסוס שוטף במלחמה. והיינו, שהיו רודפים והולכים במרוצת הרגלם ודרכיהם מבלי שיניחו זמן לעצמם לדקדק על המעשים והדרכים, ונמצא שהם נופלים ברעה בלי ראות אותה. ואולם הנה זאת באמת אחת מתחבולות היצר הרע וערמתו להכביד עבודתו בתמידות על לבות בני האדם עד שלא ישאר להם ריוח להתבונן ולהסתכל באיזה דרך הם הולכים, כי יודע הוא שאלולי היו שמים לבם כמעט קט על דרכיהם, ודאי שמיד היו מתחילים להנחם ממעשיהם, והיתה החרטה הולכת ומתגברת בהם עד שהיו עוזבים החטא לגמרי. והרי זו מעין עצת פרעה הרשע שאמר (שמות ה, ט): תכבד העבודה על האנשים וגו', שהיה מתכוין שלא להניח להם ריוח כלל לבלתי יתנו לב או ישימו עצה נגדו, אלא היה משתדל להפריע לבם מכל התבוננות בכח התמדת העבודה הבלתי מפסקת כן היא עצת היצר הרע ממש על בני האדם, כי איש מלחמה הוא ומלמד בערמימות, ואי אפשר למלט ממנו אלא בחכמה רבה והשקפה גדולה. הוא מה שהנביא צווח ואומר (חגי א, ה): שימו לבבכם על דרכיכם. ושלמה אמר בחכמתו (משלי ו, ד-ה): אל תתן שנה לעיניך ותנומה לעפעפיך, הנצל כצבי מיד וגו'. וחכמינו ז"ל אמרו (מועד קטן ה, א): כל השם ארחותיו בעולם הזה, זוכה ורואה בישועתו של הקדוש ברוך הוא. ופשוט הוא שאפילו אם יפקח האדם על עצמו, אין בכחו לינצל אלולי הקדוש ברוך הוא עוזרו, כי

- ***Ahavas Hashem***: Finally, *yiras Hashem* enables love of Hashem. The *SeMaK* explains that a loving and trust-based relationship is unable to function and thrive without respect for the will of the other. In the context of loving Hashem, we must realize that without respecting and revering Hashem and taking His will seriously, our "love" for Him is superficial and lacking.[426]

היצר הרע תקיף מאד, וכמאמר הכתוב (תהלים לז, לב): צופה רשע לצדיק ומבקש להמיתו, ה' לא יעזבנו וגו'. אך אם האדם מפקח על עצמו, אז הקדוש ברוך הוא עוזרו וניצול מן היצר הרע, אבל אם אינו מפקח הוא על עצמו, ודאי שהקדוש ברוך הוא לא יפקח עליו. כי אם הוא אינו חס, מי יחוס עליו. והוא כענין מה שאמרו רבותינו זכרונם לברכה (ברכות לג, א): כל מי שאין בו דעה אסור לרחם עליו. והוא מה שאמרו (אבות א, יד): אם אין אני לי מי לי."

ולהלן במסילת ישרים פרק כד: "אך חלקי היראה הזאת ב', הא' הוא בהוה או עתיד, והב' בעבר. בהוה הוא, שיהיה האדם ירא ודואג על מה שהוא עושה, או על מה שהולך לעשותו פן יהיה בו דבר, או פן יכנס בו איזה דבר אשר לא לפי כבודו יתברך, וכמו שכתבי לעיל. בעבר הוא, שיהיה האדם חושב תמיד על מה שכבר עשה, ויירא וידאג פן יצא מתחת ידיו איזה חטא בלא שידע, והוא כענין בבא בן בוטא (כריתות כ"ה): שהיה מקריב אשם תלוי בכל יום. ואיוב אחר משתה בניו היה משכים והעלה עולות מספר כלם כי אמר איוב אולי חטאו בני וגו', ואז"ל על משה ואהרן בענין שמן המשחה שמשח משה לאהרן שהרי נאמר בו (שמות ל'): על בשר אדם לא ייסך, ולאהרן נצטוה שימשחהו בו, והיו מתיראים שמא מעלו בו באיזה צד שנהגו שלא כמצוה, ז"ל (הוריות י"ב): ועל דבר זה דאג משה ואמר שמא מעלתי בשמן המשחה, יצתה בת קול ואמרה כטל חרמון וגו', ועדיין היה אהרן דואג שמא משה לא מעל ואני מעלתי, יצתה בת קול ואמרה וכו', הרי לך מדתם של חסידים שאפילו במצוה שעשו היו דואגים ואומרים שמא נתערב בהם שמץ פסול חס ושלום."

426 עיין בלשון הסמ"ק מצות עשה יראת ה' וז"ל: "והאהבה והיראה יכולין להיות במקום אחד כמו שמצינו באברהם שנקרא אוהב וירא אוהב שנאמר (דברי הימים ב:ב) לזרע אברהם אוהבך וירא שנאמר (בראשית כב) כי ירא אלקים אתה ואם תאמר היאך יתכן להיות אם יהיה אוהב אינו ירא ואם ירא אינו אוהב אשכילך האוהב הוא הזריז במצות עשה ולא תעשה וכמו כן שלא על מנת לקבל פרס כי כשיחשוב אדם הטובה שעשה לו הקב"ה שיצרו ובראו מהבל מטיפה סרוחה שנאמר (איוב ו) הלא כחלב תתיכני ואחר כך נותן לו לחם לאכול ובגד ללבוש ושאר טובות אין מספר ויש לו לחשוב במי שהוא למטה ממנו בעוני וביסורין אם כן יטרח כל ימיו ויחיה כפלי כפלים לא יספיק לגמול ליוצרו אחת מני אלף מן הטובות שעשה לו כי מה טיבו להחשב יותר מיתוש אחד רק ברצון בוראו הלא יוצר היתוש יצרו גם יחשוב בגדולתו של הקב"ה ובענוותנותו וחכו ממתקים והנה אפי' לא נהנה האדם ממנו כביכול יש לאוהבו מפני מדותיו הטובות ואהבה זו היא כמו שמצינו בבריותו שברא כי יש אדם נאהב יותר מאותו שלא נהנה ממנו כלל מפני מדותיו הטובות מאותו שנהנה ממנו ומדת האהבה זו היא זריזות להיות זריז לעשות גדר לפרוש קודם שבא החטא לידו ומדת האהבה שזהו זריזות גדולה ממדת היראה שזהו זהירות להיות זהיר כשתבא עבירה לידו אל יעשנה אבל האהבה היא זריזות מקודם לכן שלא יבא לידי עבירה ועוד שזה לאלפים דורות וזה לאלף דור גם אמרו חכמים (סוטה דף מט עבו"ם דף כ: שקלים דף ו) זהירות מביא לידי זריזות א"ה הזהיר הרי זה משובח והעושה מאהבת שכר או מיראת יסורין טוב הוא שמאמין בהקב"ה שיש בידו להטיב לו אם יעשה רצונו

YIRAS HASHEM DRIVES SPIRITUAL ACCOUNTING (CHESHBON HANEFESH)

An important outgrowth of *yiras Hashem* is *cheshbon hanefesh*, the need for constant spiritual accounting. The *Mesilas Yesharim*, which is organized according to the attributes of one's character, explains that the attribute of *zehirus*, carefulness, can only be attained with *cheshbon hanefesh*. Carefulness leads one to maintain regular spiritual accounting so that he is constantly in touch with the areas he needs to improve. One is very careful and meticulous regarding that which he or she is in awe of; in this respect the trait of *zehirus* is an integral feature of *yiras Hashem*.

In the progression of one's development, the *Mesilas Yesharim* places *zehirus*, which is associated with *yiras Hashem*, prior to *zerizus*, alacrity, an expression of *ahavas Hashem*.[427] Thus, the message is that *cheshbon hanefesh*, as a component of *zehirus*, assists in attaining love for Hashem.

A spiritual accounting such as this begins with an internal review of one's thoughts, speech, and actions to find any deficiencies and, of course, to correct any outright mistakes or sins. This is described as *pishpush* (searching).[428] A second process, *mishmash* (scrutinizing),[429] then probes further into the permissible thoughts, speech, and actions

---

ולהביא עליו פורענות אם יעבור על מצותיו אך לא הגיע לעיקר המצוה אלא העושה מאהבה שלא ע"מ לקבל פרס והעושה מאהבת אדם או מיראת אדם זו היא מדה רעה אך מ"מ יעשה שמתוך שלא לשמה בא לשמה."

427 עיין בפירוש אורות גנוזים של חכם יעקב הלל על ספר מסילת ישרים. שם מסביר שזהירות היא כנגד מידת הדין שהוא מצד שמאל וזריזות הוא מידת החסד שהוא מצד ימין. ולכן חשבון הנפש שהוא ודאי סניף הזהירות הוא גם כן נכלל תחת הצד שמאל שהוא נגד מידת הדין מידת היראה.

428 במסילת ישרים פרק ג: "כי הנה הפשפוש במעשים הוא לחקור על כלל המעשים ולהתבונן בו, הנמצא בהם מעשים אשר לא יעשו אשר אינם הולכים על פי מצות ה' וחקיו, כי כל אשר ימצא מאלה יבערם מן העולם."

429 גם זה שם בהמשך דבריו של המסילת ישרים: "אך המשמוש היא החקירה אפילו במעשים הטובים עצמם, .לחקור ולראות היש בענינם איזה פניה אשר לא טובה או איזה חלק רע שיצטרך להסירו ולבערו. והרי זה כממשמש בבגד לבחון הטוב וחזק הוא או חלש ובלוי כן ימשמש במעשיו לבחון תכונתם בתכלית ההבחנה עד שישאר זך ונקי. כלל הדבר: יהיה האדם מעיין על מעשיו כולם, ומפקח על כל דרכיו שלא להניח לעצמו הרגל רע ומדה רעה, כל שכן עבירה ופשע."

to see how they can be more complete.[430] Finally, an additional form of spiritual accounting involves planning ahead and making the necessary adjustments to one's life to protect him from sin and maintain an ever expanding level of Divine service .[431]

The *Chovos Halevavos* encourages an entirely different form of spiritual accounting, which is to arouse internal dialogue geared toward increasing one's awareness of Hashem and *hakaras hatov*, debt of gratitude, toward Him.[432] While the above processes of *cheshbon hanefesh* focus largely on avoiding sin, the latter type of spiritual accounting is meant to bring a person to an ever greater service of Hashem in a positive sense.

DEVELOPING YIRAS HASHEM

1. *Stage 1 — Contemplation*
   We learned, with respect to the mitzvah of *Ahavas Hashem*, that the core method for reaching and increasing *yiras Hashem*

430 ג"ז שם במסילת ישרים פרק ג: "הנה הרוצה לפקח על עצמו, שתים הנה ההשקפות הצריכות לו: האחת, שיתבונן מהו הטוב האמיתי שיבחר בו האדם, והרע האמיתי שינוס ממנו. והשניה, על המעשים אשר הוא עושה לראות אם הם מכלל הטוב או מכלל הרע. וזה, בשעת מעשה ושלא בשעת מעשה. בשעת מעשה שלא יעשה שום מעשה מבלי שישקול אותו במאזני זאת הידיעה. ושלא בשעת מעשה שיעלה לפניו זכרון כלל מעשיו וישקול אותם כמו כן במאזני המשקל הזה לראות מה יש בם מהרע למען ידחה ואתו, ומה מן הטוב להתמיד בו ולהתחזק בו. ואם ימצא בהם מן הרע, אז יתבונן ויחקור בשכלו איזה תחבולה יעשה לסור מן הרע ההוא וליטהר ממנו. ודבר זה הודיעונו חכמינו זכרונם לברכה באמרם (ערובין יג, ב): נוח לו לאדם שלא נברא יותר משנברא, ועכשיו שנברא יפשפש במעשיו, ואיכא דאמרי ימשמש במעשיו. ותראה ששני הלשונות הם שתי אזהרות טובות ומועילות מאד."

431 וזו כוונת המשנה בפרקי אבות פרק א משנה ב "ועשו סייג לתורה." בספר אבן שלמה פרק א אות ד בשם הגר"א: "כל אחד צריך לגדור עצמו מן העבירות לפי טבע מזגו אף שאין דרכו נכונה בעיני הבריות שאינם מכירים בטבעו רק בדבר שהוא נגד התורה לא יסמוך על שכלו למשל להתענות בשבת."

432 עיין בספר חובות הלבבות שער חשבון הנפש פרק א: "אבל החשבון עם הנפש הוא השתדלות האדם בעניני תורתו ועולמו בינו ובין שכלו כדי שידע בזה מה שיש לו ומה שיש עליו מן החובות" ועיין שם בפרק ב "ועל המאמין לחשב עם נפשו במה שהוא חייב לאלהים יתברך וידקדק בדבר בתכלית יכלתו וכפי השגתו ממנו ומה שיגיע אליו במעשה ישתדל בו ויטרח ומה שלא יוכל להשיגו במעשה ישיגהו בידיעה ויתאוהו בלשונו ויכסף אליו בלבו כמו שאמר דוד עליו השלום אחלי יכנו דרכי חקיך ואמר הנחמדים מזהב ומפז רב ומתוקים מדבש ונופת צופים והבורא ידינהו לזכות והוא חייב לצפות לעתות אשר תשיג ידו ויוכל בהן לשלם מה שיתכן לו מחובות הבורא יתברך."

is through the contemplation of Hashem.[433] The focus of this contemplation should be on three areas:

▸ **Creation:** The Rambam calls this contemplation of *Ma'aseh Bereishis* (the Work of Creation), which is not simply referring to seeing Hashem as the Creator of nature, but understanding creation as a complex physical and spiritual hierarchy created by Hashem. This contemplation engenders a deeper appreciation for the loftiness, power, and greatness of Hashem.

▸ **Providence:** The Rambam refers to this as *Ma'aseh Merkavah* (the Work of the Chariot, described in the vision of Yechezkel). *Ma'aseh Merkavah* describes the deeper organizing forces in the spiritual realm that govern Hashem's providence over the universe. Through contemplation of His Providence, we come to an even deeper appreciation of Hashem's unfathomable wisdom, His sovereignty, and His various modes of interaction with us.[434]

---

433 עיין רמב"ם הלכות יסודי התורה פרק ב הלכה א-ב: "האל הנכבד והנורא הזה מצוה לאהבו וליראה אותו שנאמר ואהבת את ה' אלהיך ונאמר את ה' אלהיך תירא. והיאך היא הדרך לאהבתו ויראתו בשעה שיתבונן האדם במעשיו וברואיו הנפלאים הגדולים ויראה מהן חכמתו שאין לה ערך ולא קץ מיד הוא אוהב ומשבח ומפאר ומתאוה תאוה גדולה לידע השם הגדול כמו שאמר דוד צמאה נפשי לאלהים לאל חי וכשמחשב בדברים האלו עצמן מיד הוא נרתע לאחוריו ויפחד ויודע שהוא בריה קטנה שפלה אפלה עומדת בדעת קלה מעוטה לפני תמים דעות כמו שאמר דוד כי אראה שמיך מעשה אצבעותיך מה אנוש כי תזכרנו ולפי הדברים האלו אני מבאר כללים גדולים ממעשה רבון העולמים כדי שיהיו פתח למבין לאהוב את השם כמו שאמרו חכמים בענין אהבה שמתוך כך אתה מכיר את מי שאמר והיה העולם."

והנה לשון הספרי שבידינו: "והיו הדברים האלה אשר אנכי מצוך היום על לבבך. למה נאמר לפי שהוא אומר ואהבת את ה' אלהיך בכל לבבך איני יודע באיזה צד אוהבים את הקב"ה ת"ל והיו הדברים האלה אשר אנכי מצוך היום על לבבך והיו הדברים האלה על לבבך שמתוך כך אתה מכיר את הקב"ה ומדבק בדרכיו." וברור שהרמב"ם ביסודי התורה הנ"ל הבין שכוונת הספרי שבהתבוננות גם מגיעים ליראה ולא לאהבה בלבד.

434 עיין באריכות נפלאה בספר הזכרונות לרבי צדוק הכהן במצות יחוד ה', שמבאר שהמעשה בראשית ומעשה מרכבה של הרמב"ם הוא בכלל לשון של פילוסופים והיא הבנה חיצונית של הטבע וחלקיו ואין ראוי לקרות למושגים אלו מעשה בראשית ומעשה מרכבה, וידוע שלרמב"ם לא היה רב שלימדו קבלה ותורת הנסתר.

ורבי צדוק הכהן עצמו מגדיר אחרת ש"מעשה בראשית" הוא כולל כל ידיעה והבנה בהקב"ה איך שאלקותו מתפשט לתוך עולמו לברוא, לקיים, ולהנהיג עולם, וזהו ענין של

- **Torah:** The Rambam calls this *Pekudav* (Hashem's commandments). This does not refer to learning the information in the Torah, rather it is the processing and contemplating of the Torah with the express purpose of developing a greater appreciation for Hashem's wisdom, His loftiness, His attributes, His methods of interaction with the world, and His plan and purpose in creation.

Likewise, we learned that the *Zohar* and other *Sifrei HaKabbalah* described contemplation as the pathway to *yirah*. In the words of the *Zohar*: "The *yirah*, which is the main point of our service, is to fear Hashem, to contemplate and fathom Him, because He is great and sovereign, the source and the root of all the realms of the universe (physical and spiritual), and everything is considered as null and as nothing before Him."[435]

Contemplation is critical for achieving *yirah*. The *Mesilas Yesharim* points out that we need to use our minds to overcome our physicality. Hashem, being infinite and non-physical, cannot be perceived with the five senses. When we want to approach Hashem, we need to use our minds without any physical medium.[436]

Furthermore, adds the *Mesilas Yesharim*, even when we do grasp the greatness of Hashem, the physical world and our physical

יחודא תתאה, ו"מעשה מרכבה" כולל כל ראיית כבוד הקב"ה ואלקותו שאיתו הוא מנהיג עולמו דרך חזיון ורוח הקדש לא בדרך חכמה והבנה. והוא מוסיף שכל הספרים וספרי קבלה שיש בידינו כולם בגדר מעשה בראשית כיון שהיחס וההשגה שיש לנו בהם דרך קריאה או הבנה מרבותינו אינה אלא בדרגה של "מעשה בראשית" היינו שאנו מבינים בהם רק הפשט והבירור דרך חכמה. והוא מוסיף גם כן שקריאת ספרים אלו או ללמדם מתוך הכתב איך שהם אם ביאור המילים אינו נכלל אפילו בענין של מעשה בראשית אלא אם כן הוא מבאר אותם בכל עומקם עם משלים וביאורים לעומק שיהיה מובן ותפוס ביד התלמיד, ומעשה מרכבה בכלל אין זה אלא דרך מראה שמראין לתלמידים בדרגה עמוקה דרך ראייה כמו רוח הקודש או נבואה וזה בכלל אין לנו היום.

435 זה לשון הזוהר בראשית יא: "יראה דאיהי עקרא למדחל בר נש למריה בגין דאיהו רב ושליט עקרא ושרשא דכל עלמין וכלא קמיה כלא חשיב כמה דאתמר וכל דיירי ארעא כלא חשובין ולשואה רעותיה בההוא אתר דאקרי יראה."

436 עיין בספר מסילת ישרים פרק כה: "ואמנם הדבר הזה אינו מצטייר היטב בשכל האדם, אלא על ידי התמדת ההתבוננות וההסתכלות הגדול, כי כיון שהדבר רחוק מחושינו לא ציירוהו השכל אלא אחר רוב העיון וההשקפה."

nature can easily distract us to the degree that contemplation has no effect on us.[437] The Ba'alei Mussar emphasize that in order to overcome the limitations imposed by our physicality, and to ensure our contemplation bears fruit and brings one to genuine *yiras Shamayim*, one must undertake to contemplate these matters consistently. The Ba'alei Mussar thus established that a person should set aside time (ideally half an hour, but not less than five minutes) every single day without fail for such contemplation.[438]

---

437 שם במסילת ישרים פרק כה בהמשך: "וגם אחר שיציירהו יסור הציור ממנו בנקל אם לא יתמיד עליו הרבה, ונמצא שכמו שרוב ההתבונן הוא הדרך לקנות היראה התמידית, כן היסח הדעת וביטול העיון הוא המפסיד הגדול שלה, יהיה מחמת טרדות או ברצון, כל היסח דעת ביטול הוא ליראה התמידית."

438 עיין בספר עלי שור חלק א' שער שני פרק יב וז"ל: "רמב"ם פרק ד משמונה פרקים 'האדם השלם צריך לו שיזכור מדותיו תמיד וישקול פעולותיו ויבחון תכונות נפשו יום יום מה שיראה נפשו נוטה לצד קצה מן הקצוות ימהר ברפואה ולא יניח התכונה הרעה להתחזק בשנותו מעשה הרע וכן ישים לנגד עיניו המדות הפחותות אשר לו וישתדל לרפאותם תמיד' יסוד החינוך המוסרי אינו בשמיעת שיחות וקריאת מאמרים אלא בקביעות יום יומית המיועדת 'לבחון תכונות נפשו יום יום' על ידי ספרי מוסר ברציפות בעיון ובחזרה תמידית כמשפט לימוד תורה כך מובא בקונטרס שערי אור להגר"י בלזר ז"ל (שהוא ההקדמה לספר אור ישראל) בשם גדולים קדמונים ולכך הסכימו כל גדולינו תופסי ישיבות בדור האחרון מהנסיון ידוע שהקובע זמן ללימוד מוסר יום יום משתנה הוא לטובה מבלי שירגיש בכך בהתנהגותו בזהירותו ובשאיפתו לדרגות התורה."

ובהמשך דבריו שם: "כאן הננו עומדים בעבודה החשובה ביותר בחיי תורה ובחיי האדם לכן עלינו להרחיב בביאור ההתבוננות סוד גדול הוא מסודות התורה הוא מתבאר בדרך עץ חיים לרמח"ל 'וזה תראה כי שניהם בתכונה אחת נבראו שכל האדם והתורה המשכלת אותו ותורה אור אור ממש ולא חכמה לבד ואף גם זאת נמשלה לאש כי כל מלותיה ואותיותיה כמו גחלת הם אשר בהניח אותם כאשר הם לא יראו כי אם גחלים וגם כמעט עמומים מי שישתדל לעסק בם אז תתלהב וכנגד שכל אדם עשויים כן כי גם יש לו כח השגה רבה אך כאשר יתלהט בכח התבוננות הנה על כן חוב הוא מוטל על האדם לשום עצמו להתבונן' ולמה נברא השכל ב'כח' 'ואם היתה הידיעה רחבה ועומדת על לב בני האדם לא היו חוטאים לעולם אך לא היה אפילו היצר קרוב אליהם ושולט עליהם ולהיות שהקב"ה רצה שאדם יהיה בעל יצר שיוכל להיות מנוצח או נוצח בשיקול אחד לכן יש בהם הידיעה אך סגורה כגחלת ושתוכל להתפשט כשלהבת והבחירה ביד האדם' הרי ההכרח להתבוננות הוא מעיקרי היצירה כי זוהי הדרך המביאה לידי הפעלת השכל וכל אשר יתחזק ויתפשט השכל באדם מתבטל יותר היצר, ועיין במשנה ברורה סימן א ס"ק יב 'וצריך האדם לקבוע לו עת ללמוד ספרי מוסר בכל יום ויום אם מעט ואם הרבה כי הגדול מחבירו יצרו גדול הימנו ותבלין היצר הרע הוא תוכחת מאמרי חז"ל."

ועיין בספר נפש החיים במאמרים בסוף הספר מאמר יט שעושה חשבון כמה קב חומטין של יראה צריכים לערב בכור של לימוד התורה כדי שישתמר: "על כל פנים התורה היא העקר ובכור תורה די קב יראה והוא ערך חלק 1/180 ולכן לערך טו שעות לימוד די בה'

In addition, the Ba'alei Mussar note that to maximize this contemplation and ensure it continues to develop in depth over time, one must strive for a contemplative experience that encompasses all the faculties of the person. It must involve real and sustained focus, and it should engage the cerebral, intellectual, and emotional faculties when contemplating Creation, Providence, and Torah.[439]

2. *Stage 2 — Personalized Contemplative Arrangements (Ma'arachos)*
Rabbeinu Yonah takes the principles of contemplation one step further. He establishes that a person must actually create *ma'arachos*, personalized contemplative arrangements.[440] The idea is that in addition to focus and genuine contemplation, a person needs to personalize his efforts by organizing his thoughts and his approach in order to attain genuine *yiras Hashem*. In fact, until a person dies, he may easily find himself performing mitzvos out of habit, *mitzvos anashim melumadah* — an undesirable manner of doing the mitzvos
Although Rabbeinu Yonah does not provide examples or specific methodology, we see throughout our tradition numerous

---

מינוטין יראה", ונהוג בישבות כעת שעושים סדר מוסר בערך חצי שעה בהמלצת רבנים ובעלי מוסר.

439 כל זה למדנו באריכות לעיל במצות אהבת ה' וכל שאמרנו שם לגבי איכות ההתבוננות נאמר כאן.
בעלי שור חלק ב' שער רביעי פרק ג קודם מביא את לשון הרמב"ם בהלכות יסודי התורה פרק ב הלכה ב שהתבוננות בגדולת הבורא מביא מיד לידי אהבה וגם לידי יראה, ואז הוא מסביר: "אותה התבוננות מביאה בבת אחת לאהבה ויראה גם יחד התבוננות אינה מחשבה מופשטת כשאדם נכנס להתבוננות היא מקיפה את האדם כולו השכל והרגש משתתפים בה ואף כחות גופו מחרישים ומתרשמים ממנה כאשר ההתבוננות מאירה לאדם את חכמת הבורא הנשמה והגוף מקבלים את האור כל אחד על דרכו הנשמה היא שלהבתיה במקורה היא חלק אלוק ממעל מהותה אהבה והיא מיד אוהבת ומתאוה תאוה גדולה לידע השם הגדול הגוף מקבל אור ההתבוננות כפי מהותה הוא נרתע לאחוריו ועומד על קטנותו לפני בוראו."

440 עיין בספר שערי תשובה שער שלישי אות טו וז"ל: "...ונאמר על האנשים שאינם עורכים מחשבות להתבונן תמיד ביראת ה' (ישעיה כט יג-יד) 'ותהי יראתם אתי מצות אנשים מלומדה לכן הנני יוסף להפליא את העם הזה הפלא ופלא ונאמר (ירמיה יב:א-ב) מדוע דרך רשעים צלחה קרוב אתה בפיהם ורחוק מכליותיהם ונאמר (תהילים עג:כז) כי הנה רחקיך יאבדו."

versions of such *ma'arachos*, meditations, designed by the Sages to help themselves focus on their individual paths in *yiras Hashem*.[441]

3. *Stage 3 — Training and Conditioning Oneself in Yirah*
   For the individual to progress, *yirah* must be conditioned — not merely learned or contemplated. A human being, steeped in the physical world and conditioned to respond to physical stimuli, can have difficulty experiencing sustained *yiras Hashem*.[442] To grow in *yiras Hashem*, a reconditioning is necessary whereby a person restrains his physical nature and aligns it with the insights and principles learned through the contemplation process.[443]
   The Torah describes this realignment as learning to fear Hashem, as expressed in the following verses: "...in order that you may learn to fear Hashem" (*Devarim* 14:23), and (regarding a king's obligation to carry a sefer Torah at all times), "And it will be with him and he will read from it all the days of his life

441 עיין בגמ' ברכות טז: עד יז. הרבה מחשבות ערוכות של כל אמורא ואמורא מה שהיה מתחנן לפני המקום "רבי יוחנן בתר דמסיים צלותיה אמר הכי..." ובהמשך הסוגיא שם יז. "מרגלא בפומיה דאביי ..." עיין שם בכל הסוגיא שיש עשרות דוגמאות לזה. כמו"כ פרקי אבות הם בדרך זו של מחשבות ערוכות, כל חכם וחכם כפי מידתו וכפי השגתו, מה צריכים אנשי דורו לתקן כדי שישיגו שלמות.

442 זה לשון המסילת ישרים פרק כו: "ונמצא שכמו שרוב ההתבונן הוא הדרך לקנות היראה התמידית כן הסח הדעת ובטול העיון הוא המפסיד הגדול שלה יהיה מחמת טרדות או ברצון כל הסח הדעת בטול הוא ליראה תמידית הוא מה שצוה הקדוש ברוך הוא אל המלך 'והיתה עמו וקרא בו כל ימי חייו למען ילמד ליראה את ה' אלקיו' (דברים יז:יט) הא למדת שאין היראה נלמדת אלא מן הקריאה הבלתי נפסקת ותדקדק שאמר למען ילמד ליראה ולא אמר למען ייראו אלא לפי שאין היראה מושגת בטבע כי אדרבה רחוקה היא ממנו מפני גשמיות החושים ואינה נקנית אלא על ידי למוד ואין למוד ליראה אלא ברוב ההתמדה בתורה ודרכיה בלי הפסק והוא שיהיה האדם מתבונן ומעין בדבר הזה תמיד בשבתו בלכתו בשכבו ובקומו עד שיקבע בדעתו אמתת הדבר דהינו אמתת המצא שכינתו יתברך בכל מקום והיותנו עומדים לפניו ממש בכל עת ובכל שעה ואז ייראו אותו באמת והוא מה שדוד המלך מתפלל ואומר הורני ה' דרכך אהלך באמתך יחד לבבי ליראה שמך (תהילים פו:יא)."

443 עיין בספר עלי שור חלק א עמ' צא. "בשלב השני [של לימוד המוסר] משווה הלומד את מה שהבין מתוך מאמרי חז"ל או הספר עם מצבו ומציאותו וישתדל לקבוע באיזה מדה הוא רחוק מהדברים ומה הגורמים לכך בשלב זה של הלימוד הכניס רבנו הגאון רב ישראל סלנטר זלה"ה את חידושו העיקרי 'הוא דורש חזרה תכופה על אותו מאמר כמה פעמים ולא חזרה בעלמא אלא ברגשת הנפש וסערת הרוח ובשפתיים דולקות כלומר חזרה זאת תהיה בקול ובנגינה לעורר התרגשות והתפעלות."

in order that he will learn to fear Hashem to guard all the words of this Torah and these statutes to do them" (*Devarim* 17:19). This is not just an intellectual exercise. The Torah is prescribing a blueprint for changing one's entire psyche and behavior. Importantly, *yiras Hashem* is the only mitzvah in the entire Torah that requires such a reconditioning for proper fulfillment.[444] The reason is self-apparent: *Yiras Hashem* is the bedrock of an individual's requirement to transform the physical nature into one aligned with the will of Hashem.

The verse describes the transformative process: "The hollow person shall learn to use the heart and the wild donkey will give birth to a person" (*Iyov* 11:12). A person, from birth, is initially hollow and likened to a wild donkey. Naturally and physically speaking, in this state a person lacks connection to depth and meaning. He needs to be transformed from hollow to full of heart,[445] which occurs through the contemplation process described above. In addition, a person is naturally disposed to behave like a wild donkey, seeking to gratify his or her own needs and desires, with little regard for the possible damage to self or to others.[446] While a person may develop and become more sophisticated so as to not directly harm himself or others, there is no guarantee that he changes course from being the "wild donkey." Taming the donkey and transforming oneself into a true human requires this reconditioning process.

---

444 עיין בספר עלי שור חלק א עמ' צו: "אמרנו כי היראה היא כח אינסטינקטיבי במעמקי סתרי האדם העבודה היא להעלותה משם שתהיה גלויה בלב ומורגשת לאדם יש ללמוד ליראה את השם הנכבד והנורא את ה' אלקינו."

ועיין באבן עזרא לפסוק בדברים יד:כג: "וטעם שנית להיות למען תלמד כטעם עגלה מלומדה והטעם רגילות והוא הישר בעני", הרי פירש לשון תלמד בענין ההרגל.

445 עיין במצודות דוד לפסוק באיוב יא:יב: "כי גם הסכל הריק מחכמה עם כי עשה העמל מחסרון הדעת עכ"ז ענש יענש כי ראוי לאיש נבוב וריק מחכמה לקנות לב להשתדל בחכמה להשכיל דרכי ה' כי כל אדם כאשר יולד הוא כעיר פרא מבלי חכמה וכאשר יכין לבו הנה ישכיל וכ"כ ראוי לכל איש נבוב להכין לבו להרגיל בחכמה."

446 עיין שם ברמב"ן על הפסוק באיוב יא:יב: "ועיר פרא — האדם בהוולדו ילך ויזיק בתולדתו כעיר הפראים במדבר ולא יבין ורצונו לומר כי איננו מכיר ערך עצמו אם צדיק הוא או הרשיע אם לא יתן לבו בזה ויתפלל לאלהיו להבינו שגיאות ולנקותו מנסתרות."

The Talmud described the conditioning as a constant conflict: "A person must constantly antagonize the evil inclination with the good inclination, as it says, 'antagonize and you will not come to sin'" (*Tehillim* 4:5).[447] Constant confrontation between one's physical and one's loftier impulses is a necessity. Avoiding the conflict grants a win to the untamed wild donkey. Ultimately, by embracing this tension, one reaches the stage of transformation described by the Sages: "Make Hashem's will your will, that He may make your will His will. Nullify your will to His will, that He may nullify His will to your will" (*Pirkei Avos* 2:4).

Many specific aspects of this process are detailed and elaborated upon in the *Chovos Halevavos*, where two chapters of the book are dedicated to the theme of serving Hashem by subjugating oneself to Him. These are the Gate of Service of Hashem (שער עבודת האלקים)[448] and the Gate of Subjugation (שער הכניעה).[449]

THE EXTERNAL AROUSES THE INTERNAL

Transformation may require a sustained effort to be successful. In addition to the detailed steps described in the *Chovos Halevavos*, our tradition teaches a general principle that can be helpful. One's external behavior has the ability to affect his internal reality. This allows an individual to jump-start the process of attaining *yirah* even while working to integrate all the principles and methods discussed above.[450] By acting

447 עיין במסכת ברכות ה.: "א"ר לוי בר חמא אמר ר"ש בן לקיש לעולם ירגיז אדם יצר טוב על יצר הרע שנא' (תהלים ד, ה) רגזו ואל תחטאו. אם נצחו מוטב ואם לאו יעסוק בתורה שנאמר אמרו בלבבכם אם נצחו מוטב ואם לאו יקרא קריאת שמע שנאמר על משכבכם אם נצחו מוטב ואם לאו יזכור לו יום המיתה שנאמר ודומו סלה."

448 עיין בספר חובות הלבבות שער עבודת האלקים פרק ג: " הוא, שגדר העבודה, כניעת מי שמטיבין לו למטיב בטובה, שיגמלהו על טובתו כפי יכולתו."

449 עיין בספר חובות הלבבות שער הכניעה פרק א: " אבל הכניעה היא שפלות הנפש ושחותה ומעוט ערכה אצלה, והיא מידה ממידות הנפש. וכאשר תתיישב בה, יראו אותותיה על האברים, מהם הלשון הרכה והקול הנמוך, והענווה בעת הכעס, ומיעוט הנקמה אחר היכולת עליה."

450 עיין בספר החינוך מצוה כ, שלא לשבור עצם מקרבן הפסח: "ואל תחשוב בני לתפוש על דברי ולומר, ולמה יצווה אותנו השם יתברך לעשות כל אלה לזיכרון אותו הנס, והלא

in the manner of someone with true *yiras Shamayim*, one can impact his inner dimension and gain steps toward the transformation described.

Our tradition offers some practical examples. Saying *baruch Hashem* and *gam zu l'tovah* can help strengthen one's *emunah*,[451] wearing dark clothing can arouse humility,[452] and fulfilling mitzvos even when we don't fully understand them or how they connect us to Hashem has an impact on our thought process.[453]

בזיכרון אחד יעלה הדבר במחשבתנו ולא יישכח מפי זרענו? דע כי לא מחכמה תתפשני על זה, ומחשבת הנוער ישיאך לדבר כן. ועתה בני, אם בינה — שמעה זאת והטה אוזנך ושמע, אלמדך להועיל בתורה ובמצוות: דע, כי האדם נפעל כפי פעולותיו, ולבו וכל מחשבותיו תמיד אחר מעשיו שהוא עוסק בהם, אם טוב ואם רע. ואפילו רשע גמור בלבבו וכל יצר מחשבות לבו רק רע כל היום, אם יערה רוחו וישים השתדלותו ועסקו בהתמדה בתורה ובמצוות, ואפילו שלא לשם שמים, מיד ינטה אל הטוב, ומתוך שלא לשמה בא לשמה, ובכוח מעשיו ימית היצר הרע, כי אחרי הפעולות נמשכים הלבבות. ואפילו אם יהיה אדם צדיק גמור ולבבו ישר ותמים, חפץ בתורה ובמצוות, אם יעסוק תמיד בדברים של דופי — דרך משל, שהכריחו המלך ומינהו באומנות רעה, באמת אם כל עסקו תמיד כל היום באותה אומנות — ישוב בזמן מן הזמנים מצדקת לבו להיות רשע גמור. כי ידוע הדבר ואמת, שכל אדם נפעל כפי פעולותיו, כמו שאמרנו. ועל כן אמרו חכמים זיכרונם לברכה: 'רצה המקום לזכות את ישראל לפיכך הרבה להם תורה ומצוות' (מכות פרק ג משנה ט"ז), כדי להתפיס בהן כל מחשבותינו ולהיות בהן כל עסקינו, להיטיב לנו באחריתנו. כי מתוך הפעולות הטובות אנחנו נפעלים להיות טובים וזוכים לחיי עד. ורמזו זיכרונם לברכה על זה באומרם: 'כל מי שיש לו מזוזה בפתחו וציצית בבגדו ותפילין בראשו — מובטח לו שלא יחטא' (מנחות מג ב), לפי שאלו מצוות תמידיות, ונפעל בהן תמיד. לכן, אתה ראה גם ראה מה מלאכתך ועסקך, כי אחריהם תימשך ואתה לא תמשכם. ואל יבטיחך יצרך לומר: 'אחרי היות לבי שלם ותמים באמונת אלהים, מה הפסד יש כי אתענג לפעמים בתענוגי אנשים, לשבת בשווקים וברחובות, להתלוצץ עם הלצים ולדבר צחות, וכיוצא באלו הדברים שאין מביאים עליהם אשמות וחטאות, הלא גם לי לבב כמו להם, קוטני עבה ממותניהם, ומדוע ימשכוני הם אחריהם' אל בני! השמר מפניהם פן תילכד ברשתם! רבים שתו מתוך כך כוס תרעלתם — ואתה את נפשך תציל. ואחר דעתך זה, אל יקשה עליך מעתה ריבוי המצוות בעניין זכירת נסי מצרים, שהם עמוד גדול בתורתנו. כי ברבות עסקינו בהם נתפעל אל הדבר, כמו שאמרנו."

451 עיין במכתב מאליהו חלק ג עמ' 161 "דרך החיצונית — הדרך הראשונה היא דרך של חינוך דהיינו שיחנך האדם את עצמו לעסוק באמונה גם באופן חיצוני ירגיל את עצמו לומר תמיד בכל הזדמנות ברוך ה' אם ירצה ה' בעזרת ה' וכדומה."

452 עיין רש"י קידושין מ. ד"ה "ילבש שחורים — שלא יראה עצמו בכבודו אולי ירך לבבו בכך..."

453 גם זה במכתב מאליהו חלק ג' עמ' 161 "וכן בכל המצות שהאדם מקיים גם כשחסרה בהן כוונה פנימית הרי על כל פנים מקיים צווי ה' יתברך וגם בזה מחזק את האמונה בה' בדרך חיצונית וזה יביאהו להיות ירא מלעבור עבירה כי כבר הורגל לשמור את צוויי ה' יתברך ולהתרחק ממה שנגד רצון הבורא יתברך..."

YIRAS HASHEM AND FREE WILL

There is a very deep connection between *yiras Hashem* and free will. The Talmud teaches: "Even though all basic aspects of disposition are predetermined by Hashem before a person is born, in regard to wickedness or righteousness a person is not predisposed more to one than the other. This is the meaning of Rabbi Chanina's teaching, 'everything is in the hands of Heaven except for the fear of Heaven,' as it says in the verse, 'And now Israel what does Hashem ask of you but to fear Him,' only this thing does Hashem ask of you because the other things are in His hand but this [choosing with free will to fear Him] is in your hand."[454] This passage teaches that *yiras Hashem* is the one thing we actually have the unmitigated ability to choose to do. Moreover, the Talmud seems to indicate that exercising one's free will is synonymous with *Yiras Hashem*.[455]

While all humans are endowed with capacity for free will, it does not necessarily follow that we are automatically and constantly using it. Rather, we are created with the capacity to grow and develop ourselves to become self-aware decision makers.

Rav Dessler further teaches that each person has only one specific point or "front line" where the real battle to use his or her free will is currently taking place. He calls this one's *nekudas habechirah*, point of *bechirah*. Most of an individual's choices and actions throughout the day follow his conditioning (positive or negative) without any real struggle. Two armies may fight a battle on the front line, but behind each army there is territory that is already conquered and under its control. Likewise, one's *yetzer hara* and *yetzer tov* struggle over one particular point, though each has "territory" — behaviors, attitudes, etc. — that

---

454 עיין נדה טז: "דדריש ר' חנינא בר פפא אותו מלאך הממונה על ההריון לילה שמו ונוטל טפה ומעמידה לפני הקב"ה ואומר לפניו רבש"ע טפה זו מה תהא עליה גבור או חלש חכם או טיפש עשיר או עני ואילו רשע או צדיק לא קאמר כדר' חנינא דא"ר חנינא הכל בידי שמים חוץ מיראת שמים שנאמר (דברים י, יב) ועתה ישראל מה ה' אלהיך שואל מעמך כי אם ליראה וגו'" ועיין שם ברש"י שמסביר כך "כי אם ליראה — דבר זה לבדו הוא שואל ממך לפי שהכל בידו וזה בידך."

455 עיין בספר עלי שור חלק ב עמ' לח שלומד מהגמ' הנ"ל שבחירה עצמה נקראת יראת שמים: "מצינו בחז"ל שהבחירה בטוב נקראת יראת שמים."

have long been conquered. The front line of battle can change via the idea that *mitzvah goreres mitzvah* (one mitzvah pulls another mitzvah) or *aveirah goreres aveirah* (one sin pulls another sin), but at any given moment, one's free will is only expressed in the area of true battle. Hence, the person must focus more on dealing with the immediate struggle than on how he arrived at that situation, which may not have even been in his control.[456]

Rabbeinu Yonah says that free will, like *ahavas Hashem*, has many levels of expression, each higher than the one preceding it. The Torah calls upon us to use free will to "choose life," encapsulating the purpose for which we were endowed with free will. Rav Wolbe explains that choosing life occurs on many levels, starting with one's choices in the biological/physical realms and progressing all the way up to the highest form of life, which is *dveikus* — connection to Hashem's pure existence.[457]

---

456 עיין בספר מכתב מאליהו של רב דסלר חלק א עמ' 113 וז"ל: "כששני עמים נלחמים הנה המלחמה היא במקום מערכתה כל מה שאחורי צבא העם האחד הוא כולו תחת רשותו ואין לו שם שום ניגוד כלל וכן מה שהוא מאחורי השני כולו ברשות השני אם האחד ינצח פעם בקרב וידחה את השני מרחק מה אזי בהתחדש הקרב יהיה במקום שיעמדו שניהם אז אבל במקום שרכש לו הראשון שם אין עוד מלחמה כי הוא ברשותו הרי שבפעל יש רק חזית אחת ובכל שטח שתי המדינות הוא מקום הקרב כן הוא גם בענין הבחירה כל אדם יש לו בחירה היינו בנקודת פגישת האמת שלו עם האמת המדומה תולדת השקר, אבל רוב מעשיו הם במקום שאין האמת והשקר נפגשים שם כלל כי יש הרבה מן האמת שהאדם מחונך לעשותו ולא יעלה על דעתו כלל לעשות ההיפך וכן הרבה אשר יעשה מן הרע והשקר שלא יבחין כלל שאין ראוי לעשותו אין הבחירה שייכת אלא בנקודה שבין צבאו של היצה"ט לצבאו של היצה"ר הרבה נכשלים תמיד בלשון הרע מפני שהורגלו בו ולא יעלה על דעתם כלל כי רע הוא ואותם אנשים עצמם לא יבוא לפניהם יצר הרע להציע להם מחשבת חילול שבת ביטול תפילה וציצית ותפילין וכדומה והיינו משום שבשבת ותפילין וציצית נתחנכו והורגלו כל כך עד שאין כניסה שם ליצר הרע אמנם נקודה זו של ההבחירה אינה עומדת תמיד על מצב אחד כי בבחירות הטובות האדם עולה למעלה היינו שבמקומות שהיו מערכת המלחמה מקודם נכנסים לרשות היצה"ט ואז המעשים הטובים שיוסיף לעשות בהם יהיה בלי שום מלחמה ובחירה כלל וזהו מצוה גוררת מצוה וכן להיפך הבחירות הרעות מגרשות היצה"ט ממקומו וכשיוסיף לעשות מן הרע ההוא יעשנו בלי בחירה כי אין עוד אחיזה ליצה"ט במקום ההוא וזהו אז"ל (אבות ד:ב) עבירה גוררת עבירה וכן כיון שעבר אדם עבירה ושנה בה הותרה לו...." עיין שם באורך.

457 עיין בשערי תשובה לרבינו יונה שער ג אות יז: "ודע כי המעלות העליונות נמסרו במצות עשה. כמו מעלות הבחירה שנאמר (דברים ל) ובחרת בחיים. ומעלות תלמוד תורה שנאמר (דברים ו) ודברת בם. ומעלות לכת בדרכי ה' שנאמר (שם כח) והלכת בדרכיו. ומעלות התבונן בגדולת ה' שנאמר (דברים ד) וידעת היום והשבות אל לבבך כי ה' הוא האלהים, ודוד אמר (תהלים יד) ה' משמים השקיף על בני אדם לראות היש משכיל דורש את

In this vein, it is crucial to recognize that a person's actions may or may not be a function of free will. If one does not exercise and engage his free will, it could be because he is living in accordance with the basic elements of his physical nature and simply responding to external stimuli or conditioning. One could thus theoretically live an entire life without exercising his free will even once.[458]

The main tool for accessing and increasing the effectiveness and the scope of our free will is developing *yiras Hashem*. The more awareness of Hashem we have, the better and more effective choosers we will be.[459]

WHEN IS THE MITZVAH OF YIRAH FULFILLED?

The *Sefer Yeraim* describes the mitzvah of *yirah* as one that can be fulfilled "a thousand times each day."[460] This statement introduces a larger question. Is this something unique to *yirah*, or can all such mitzvos, including *Anochi*, *Yichud*, *Ahavah*, and the like, also be fulfilled a thousand times a day?[461]

אלהים, ומעלות זכרון חסדיו והתבונן בהם שנאמר (דברים ח) וזכרת את כל הדרך ונאמר (שם) את ה' אלהיך תירא. ומעלות האהבה שנאמר (שם ו) ואהבת את ה' אלהיך ומעלות הדביקות שנאמר (שם י) ובו תדבק. לכל אחת מהנה כמה מדרגות כאשר יתבאר בעז"ה. ובעבור מעלות האלה נברא האדם שנאמר (ישעיה מג) כל הנקרא בשמי ולכבודי בראתיו. ומה תקות הנברא אם לא ישים עמל נפשו ועיקר עסקו בדברים שנברא בעבורם."

458 עיין בספר עלי שור חלק א עמ' קנה: "אולם נתבוננה בעצמנו כלומר באדם המבוגר האם אנחנו מרבים להשתמש בכח הבחירה? טבעיים חינוך הרגל ונגיעות שולטים בנו כמעט שלטון מוחלט מנוער עד שיבה יתכן שאדם יוציא שנותיו מבלי להזדקק לכח הבחירה בעל טבעים נוחים אשר לא זז מחינוך בית הוריו מצוותיו מלומדה נגיעותיו מחזקות אותו בדרכו (כבוד והערכה כצדיק) נסיונות לא פקדוהו הרי יוכל להוציא את שנותיו בשם טוב מבלי שהיה בוחר בדרכו מתוך הסכמה שכלית עצמאית זוהי דוגמה קיצונית אבל כשנתבונן בעצמנו ניווכח כי פעמים נדירות מאד אנו משתמשים בכח הבחירה הרשות נתונה אך במעשה שולטים בנו הטבעים החינוך ההרגל והנגיעות הן בהכרעות הגורליות בחיים והן בהכרעות הקטנות היום יומיות ואיה הבחירה?"

459 עיין בספר עלי שור חלק ב עמ' לט: "הרי המהלך הבסיסי הוא בחירה של יראה או בחירה מתוך יראה בודאי לא במדרגה גבוה של יראה מדובר כאן אלא בתחושה בסיסית של מציאות הבורא והיא הממריצה את האדם להיות בוחר בטוב."

460 זה לשון ספר יראים סימן תה: "...וגדולה היא יראת ה' שהרי אדם יכול לקיימה אלף פעמים ביום שבכל שעה ורגע זוכר אדם את המצוה וחרד לבו עליה לקיים את ה' אלהיך תירא."

461 עיין בספר הזכרונות לרבי צדוק הכהן על מצות אנכי ה'. שם באמצע דבריו הוא חוקר להבין גדר הלאו של פן תשכח את ה' אלקיך והביא ראיה מהספר יראים במצות יראה לשם בענין פן תשכח ומבואר בדעתו שהגדר של ספר היראים קאי לא רק במצות יראה

We saw above the teaching of the *Sheiltos* and the Netziv that the verse, "And you shall fear Hashem" (*Devarim* 10:20), teaches us that we have an obligation to reach a constant state of *yirah*.[462] In that sense, there is no particular situation in which this mitzvah applies any more than another. On the other hand, the *Sefer HaChinuch* writes that the main scenario for fulfilling *yirah* is at the moment when one is tempted to sin and restrains himself.[463] Can these approaches be reconciled? How do they fit in with the idea that the mitzvah of *yirah* can be fulfilled a thousand times each day?

The *Mesilas Yesharim* explains that there is no contradiction between these views, as they relate to the different aspects of *yirah* outlined

---

אלא בכל המצות התמידיות. עוד שמענו מרגלא בפומיה של רבינו ראש הישיבה הרב נח ויינברג זצ"ל שאביו היה מזרזו בדבר זה שכל פעם ביום שהוא חושב או זוכר שיש בורא עולם הוא מקיים בזה מצוה.

462 רב אחאי גאון בשאילתא קא פירש את הפסוק "את ה' אלקיך תירא" כך: "דמתבעי ליה למיהוי אימתא דקוב"ה עליה איניש תדירא." ועיין שם בהעמק שאלה לנצי"ב "...הסביר לנו רבינו פירוש הכתוב הזה שמשמעותה קשה דאם נפרש שנירא מלעבור איזה אזהרה וכ"פ הא"ע וא"כ אינו עשה מיוחדת אלא כללית על כל האזהרות אבל אין לזה מקום דהוא מובן מאליו כיון שהקב"ה הזהיר יש להזהר ובלא מורא אין אזהרה ומי שלא יחוש לאזהרה לא יחוש לאזהרת מורא זו...[ולכן] פירש רבינו משמעות המקרא שיהא אימתא דקוב"ה אפילו לא הגיע לידו עון וכענין שנאמר שויתי ה' לנגדי תמיד."
ועיין בספר ראשית חכמה היראה פרק ג אות א-יג שגם כן הרגיש בזה והנה קטע קטן מאד מתוך אריכות דבריו הנפלאים שם, אות ז: "ובזה נתרץ גם כן ביראה הראשונה שלא הזכיר לב לפי שאותה היראה אינה בלב לבד אלא היא כוללת על כל איברי האדם העוברים כל התורה שכל אבר ואבר צריך לירא שלא יעבור במצוה התלויה באותו אבר כמו שהים שומר חוקו שלא יעבור על דרך שפירש החובות הלבבות (שער חשבון הנפש פרק ג) אמנם היראה השניה שהיא על מצות עשה היא היראה התלויה בלב שהיא לבחון האדם בלבו טובות הבורא עליו כדפירשנו ועל דרך הזה 'הלב יודע וכו' נודע מה שפירש בתיקוני זוהר בהקדמה יג: שלב סתם הוא הלב מבין הלב יודע וכ' והיינו דחילו עאל בלביה שהוא סוד ה'י' מאלקים והיראה סתם שהיא כוללת לא תעשה היא היראה התחתונה זהו נלע"ד." הרי ביאר שליראה יש בחינה של 'לא תעברו על המצות שבתורה,' שיותר מכוונת כלפי האברים וגוף האדם, לפי שבכלל חק טבעם נמנעים מלעבור על רצונו יתברך שכך נשבעו במעי אמם לפני הבורא. בחינה שניה של יראה היא בהתגלות לבו — שמעוררת את האדם לעשות רצון קונו ולעבדו כיון שרואה את הקב"ה לפניו כל הזמן.

463 עיין שם בספר החינוך מצוה תל וז"ל: "ונוהגת בכל מקום ובכל זמן ובכל מין האדם וזאת אחת מן המצות התמידיות על האדם שלא יפסק חיובן מעל האדם לעולם אפילו רגע אחד ומי שבא דבר עבירה לידו חייב להעיר רוחו ולתת אל לבו באותו הפרק שהשם ברוך הוא משגיח בכל מעשה בני אדם וישיב להם נקם כפי רוע המעשה ועובר על זה ולא שת לבו בכך באותן שעות בטל עשה זה שזו היא שעת קיום עשה זה בכיון ואולם כל ימי האדם וכל עתותיו בכלל המצוה לעמוד זריז ונזכר עליה."

above. *Yiras ha'onesh* is fulfilled at the moment one is tempted to sin, while *yiras HaRomemus* and *yiras chet* can be fulfilled constantly.[464] We briefly touched upon these different aspects of *yirah* above; we will now return to refine them as levels in a progression toward a perfect state of *yirah*.

LEVELS OF YIRAH PROGRESSING TOWARD ULTIMATE PURE MOTIVATION

We learned above, in the chapter about *ahavas Hashem*, that the Shlah HaKadosh enumerates four mirroring levels of *ahavah* and *yirah*, specifically invoking *yiras ha'onesh*. These were divided between *yiras ha'onesh* in this world and *yiras ha'onesh* in the World to Come. In general, *yiras ha'onesh* is an externally motivated form of *yirah*, while *yiras haRomemus* and *yiras chet* are higher and purer motivations of *yirah*.[465]

464 עיין במסילת ישרים פרק כב: "אך חלקי היראה הזאת ב', הא' הוא בהוה או עתיד, והב' בעבר. בהוה הוא, שיהיה האדם ירא ודואג על מה שהוא עושה, או על מה שהולך לעשותו פן יהיה בו דבר, או פן יכנס בו איזה דבר אשר לא לפי כבודו יתברך, וכמו שכתבי לעיל. בעבר הוא, שיהיה האדם חושב תמיד על מה שכבר עשה, ויירא וידאג פן יצא מתחת ידיו איזה חטא בלא שידע, והוא כענין בבא בן בוטא (כריתות כ"ה): שהיה מקריב אשם תלוי בכל יום. ואיוב אחר משתה בניו היה משכים והעלה עולות מספר כלם כי אמר איוב אולי חטאו בני וגו', ואז"ל על משה ואהרן בענין שמן המשחה שמשח משה לאהרן שהרי נאמר בו (שמות ל'): על בשר אדם לא ייסך, ולאהרן נצטוה שימשחהו בו, והיו מתיראים שמא מעלו בו באיזה צד שנהגו שלא כמצוה, ז"ל (הוריות י"ב): ועל דבר זה דאג משה ואמר שמא מעלתי בשמן המשחה, יצתה בת קול ואמרה כטל חרמון וגו', ועדיין היה אהרן דואג שמא משה לא מעל ואני מעלתי, יצתה בת קול ואמרה וכו', הרי לך מדתם של חסידים שאפילו במצוה שעשו היו דואגים ואומרים שמא נתערב בהם שמץ פסול חס ושלום."

465 עיין בשל"ה הקדוש תולדות האדם מאמר רביעי. לא נעתיק כאן את כל לשונו שם אלא מה שקשור ליראה: "תכלית בריאת האדם בשביל לעבוד ה' אלהינו, כמו שנאמר בבריאת האדם לעבדה ולשמרה... והנה העבודה מצינו בתורה בשני פנים, דהיינו מיראה ומאהבה. והאריכו רבותינו ז"ל בזה, גם המחברים. גם בארו כי יש עבודת חוץ ויש עבודת פנים, דהיינו יראה ואהבה חצונית ויראה ואהבה פנימית, יראה ואהבה חצונית הוא שירא את עצמו ואוהב את עצמו, והיראה והאהבה הפנימית הוא שירא את השם יתברך ואוהב את השם יתברך. ולאחר עיוני בהבנת דבר מתוך דבר בדרוש הנחמד הזה, יגעתי ומצאתי כי העבודה תתחלק לשנים שהן ארבע בחוץ ולשנים שהן ארבע בפנים. רצוני לומר כי יראה חיצונית ואהבה חיצונית כל אחד יתחלק לשני חלקים ונקראים חוץ וחיצון, החוץ יותר חוצה מהחיצון, והחיצון מתקרב לפנימי, הרי שנים שהן ארבע בחוץ. וכן שנים שהן ארבע בפנים, כי יראה פנימית ואהבה פנימית, כל אחד יתחלק לשני חלקים, ונקראים פנים ולפני ולפנים, הרי שנים שהן ארבע בפנים. ועתה אפרשם אחת לאחת: היראה שהיא עבודת חוץ, היא אשר יראת אלהים בלבו, אמנם הוא ירא מעבור על מצותיו שלא

We further reviewed above which of these types of awe (*yiras*

יענישוהו העונשים ההם המתחייבים מהעבירות ההם אשר הוזהר עליהם, וגם בבוא המצוה מעשית לידו, יקיימנה למען לא ימנע ממנו השכר המתחייב ומיועד מהמצוה ההיא, נמצא זה עובד מאהבת שכר ומיראת העונש. ואמרו בסוטה פרק היה נוטל (כד, ב), פרוש מאהבה פרוש מיראה, ופירש רש"י ז"ל, פרוש מאהבת שכר מצות ולא מאהבת מצות בוראו, ומיראה, של עונשין. עד כאן. והנה העבודה על זה הדרך עם שהיא טובה מאוד, שהרי זה נזהר ושומר עצמו מעשות כל רע, למען לא יטמא את עצמו ותגיע טומאתו אל מקדש הקדש, אינה עבודה ולא יראה שלימה, כי זה אינו ירא כי אם את עצמו. וכן האהבה שהיא מצד החסד, כי כל אהבת חסד, החלק החיצוני ממנה הוא שאדם אוהב את המקום מצד הצלחתו, כשרואה את עצמו מוצלח בכל ענייניו, יגזור אומר ויקום לו, לא תמעד אשוריו, בראות את עצמו אשר כל אשר יעשה יצליח משום תשוקת אהבתו בבוראו. או לפעמים עובד את השם כדי שיהיה אהוב בעיני השם, וישפיע לו רב טוב להיות לו עושר וכבוד ובנים ובני בנים, זהו כעבדים המשמשין את הרב על מנת לקבל פרס, וגם לענין יראה מסיים (אבות א, ג), ויהא מורא שמים עליכם. הנה עבודת האהבה שהזכרתי היא עבודת חוץ, אף על פי שהיא דרך ומבוא לבא לידי אהבה הפנימית, שמתוך שלא לשמה בא לשמה, מכל מקום זו האהבה אינה מגעת אלא עד לשמים, מה שאין כן האהבה הפנימית שהיא החסד באמת מעל השמים. ובפרק מקום שנהגו (פסחים נ, ב), רבא רמי, כתיב כי גדול עד שמים חסדך, וכתיב כי גדול מעל שמים חסדך, הא כיצד, כאן בעושין לשמה וכאן בעושין שלא לשמה וכן הוא לשון סמ"ג חלק עשין עשה ג' (ע"ש) ...חלק שני מיראה ואהבה חיצונית, היא אשר חשבה החכם הרב ר' יוסף בן הרב המקובל ר' שם טוב בן שם טוב ליראה ועבודה אמיתית, אבל באמת עדיין היא מבחוץ. וזה לשונו בספר עין הקורא שלו, והעתיקו הרב בעל עבודת הקודש בחלק העבודה פרק ו', המדריגה הרביעית מדריגת מי שיעשה אלה המצות לתכליתם האמיתית, והוא כדי שיהיה חופף עליו השפע האלהי, ויהיה איש אלהים קדוש דומה למלאכי השרת, ויגיע באחרית הענין אל שיזכה אל ההשארות הנצחי, לעמוד עם המלך ה' צבאות ולהנות מזיו השכינה, והיא הזכיה לחיי עולם הבא ולתחיית המתים. וזה העובד ישתדל בזאת העבודה בשמחה ובטוב לבב, מצד שהוא ירצה להתדבק באלהיו ולקחת משעור מעלתו כל מה שאפשר לפי טבעו, אחר שהיתה התכלית האחרונה לנמצאות הגעת השלמות באופן ידמה כל נמצא לפי טבעו אל השלם הראשון, ושישערו בו כמשפט הראשון הפשוט שבכל סוג וסוג. ואמנם זה העובד, אם יצוייר שהוא יתברך יצוה דבר אף גם זאת לא יגיע אל זה העובד זה הטוב, הוא גם כן כבר ישתדל בכל כוחו לעשות רצונו, כי עשות מאמרו טוב, וראוי שיאהב ולא מפני זה תבטל האהבה....הרי ביראה ואהבה, שנים שהן ארבע, דהיינו חוץ וחיצון, כי לירא את עצמו בא, ירא את עצמו ואוהב את עצמו: ושנים שהן ארבע בפנים ביראה ואהבה, דהיינו עבודת פנים, ולפני ולפנים. ובשניהם ירא את ה' ולא את עצמו, וכן אוהב את ה' ולא את עצמו. כיצד, היראה הפנימית ביארה הזוהר פרשת בראשית (ח"א יא, ב) וזה לשונו, יראה דאיהי עיקרא, למדחל בר נש למריה בגין דאיהו רב ושליט עקרא ושרשא דכל עלמין, וכלא קמיה כלא חשיבא, כמה דאתמר וכל דארי ארעא כלא חשיבין, ולשוואה רעותיה בההוא אתר דאקרי יראה, עד כאן לשונו. ודבריו אלו קטני הכמות ורבי האיכות צריכין ביאור רחב, כמו שהאריך בביאור הרב ראשית חכמה בשער היראה עיין שם, אשרי עין הרואה את דבריו... ומן היראה זו הפנימיית יבוא להאהבה הפנימיית כיצד?, כשיתבונן בגדולות ורוממות רם ונשא כדפירשתי, ואחר כך יתבונן כי לרוב גדולתו מראה רוב ענוותנותו וטובו וחסדו הגדול, והמציא את העולמות בנדבתו הטוב להטיבנו שנדע ונכיר את אלהותו, ותמיד השפיע לנו ברוב חסדו, אם במציאות האדם בכללו שהמציאו על תכונת איבריו בתכלית השלימות: וזה לשון הסמ"ג במצות האהבה, ויחשוב בלבו הטובות

ha'onesh, yiras HaRomemus, or *yiras chet)* represents the essence of the

---

שעשה לו הקדוש ברוך כבר...כי זה ענין אהבה מעלה נוספת על היראה, היראה היא לירא ולבוש מפניו, שלא נסור חס ושלום מכל מה שצוה הן עשיין הן לא תעשיין דאורייתא ודרבנן, והאהבה היא שיהיה הכל בהתלהבות הלב ולעבוד אותו בשמחה, ולא יחוש לשום כאב ולשום נזק שיקרה לו מחמת עבודתו, וכל ממון שבעולם ואף גופו ונפשו הכל יהיה כאין בשביל אהבת עבודתו. ראה והתבונן באהבת אשה כשהאדם מזדווג עמה, בעת תוקף הנאתו לא היה פורש ממנה אפילו היה יודע הפסד גדול, קל וחומר מפני אהבת הקדוש ברוך הוא יהיה זהיר וזריז בעבודתו, לא יתן שינה לעיניו ולא שום מנוחה רק הכל לעבדו יתברך. ועל זה אמר הפסוק תחת אשר לא עבדת את ה' אלהיך בשמחה ובטוב לבב מרוב כל, ופירש האלהי האריז"ל, עבודתך תהיה כל כך בשמחה כו', יותר ממה שהיית שמח על רוב כל שהזדמן לך. והעידו תלמידי האלהי הנ"ל שאמר, מה שזכה לרוח הקודש היה בשביל שהיה שמח מאוד שמחה גדולה בקיום המצות ועל ענין אהבה זו אמרו רבותינו ז"ל במדרש רבה (ב"ר פ, ז) אמר רשב"ל, בשלשה לשונות של חיבה חבב הקדוש ברוך הוא את ישראל, בדביקה בחשיקה בחפיצה. בדביקה מנין, שנאמר, ואתם הדבקים בה' אלקיכם, בחשיקה מנין, שנאמר, חשק ה' בכם, בחפיצה מנין, שנאמר, ואשרו אתכם כל הגוים כי תהיו ארץ חפץ. ואנו למדין מפרשתו של אותו הרשע, בדביקה, ותדבק נפשו בדינה בת יעקב, בחשיקה, כתיב שכם בני חשקה נפשו בבתכם, בחפיצה, כי חפץ בבת יעקב. ר' אבא בן אלישע מוסיף עוד תרין, באהבה ובדבור, באהבה, אהבתי אתכם אמר ה', בדבור, דברו על לב ירושלים. ואנו למדין מפרשתו של אותו רשע, באהבה, ויאהב את הנערה, בדבור, וידבר על לב הנערה דברים שהם מנחמים את הלב, עד כאן לשונו... ועתה אבאר היראה שהיא לפני ולפנים, והיראה זו היא יוצאת מהאהבה הפנימית, אף שזכר רבינו תם מזה בהדברים שהעתקתי, מכל מקום אני אלך לפי ענייני בעומק הענין. הנה אם זוכה האדם לאהבה פנימית שהוא התלהבות הלב, ולעבוד את השם יתברך עבודה מתוקה, ובדביקה וחשיקה וחפיצה, ואז הוא דבק בה' וגם ה' חושק בו כדפירשתי. ואז מתאחדים כביכול, כי נעשה אז בצלם ובדמות אדם התחתון מכוון נגד האדם היושב על הכסא כאשר הארכתי בהקדמת תולדות אדם. ומזה נמשך העבודה צורך גבוה, רוצה לומר שלא די שעושה ומקיים ועובד את השם יתברך בכל אשר ציווהו בשמחה ובטוב לבב, נוסף הוא להיות מרכבה ולגרום שמעבודה ימשך צורך גבוה להיות השם מתוקן, שיתייחד המלך בכבודו בסוד ייחוד זיווג 'תפארת' ו'מלכות' כמו שהארכתי לעיל. כי זהו תכלית העבודה בשביל צורך גבוה, כי יש ויש הכח ביד האדם השלם לעשות התקון הזה, על כן כשנתדבק ונתקשר בהשם יתברך בדביקה ובחשיקה ובחפיצה אז בא לענין הזה לתקן השם, ואז מוסיף ביראה ונעשה ירא חטא...אחזור לענין הנה שלושת אלה שזכרתי יראה ואהבה הפנימיית, ויראה לפני ולפנים, הם כך. יראה הפנימיית הוא צדיק גמור השומר כל התורה תרי"ג מצות כללותיהן ופרטיהן ודקדוקיהן הן דאורייתא הן דרבנן, כל מה שמצווה עושה הן לא תעשה הן עשה מקיים הכל, לא משום יראת עונש ולא משום קבלת שכר, רק מיראת שמים, רוצה לומר שהוא ירא ובוש לעבור על ציווי מלך גדול רם ונשא רב ושליט. אחר כך נכנס ליותר מדריגה, דהיינו שעושה באהבה ואין עליו כמשאוי רק בשמחה ובטוב לבב ובדביקה וחשיקה וחפיצה. אחר כך נכנס ליותר מדריגה ליראה לפני ולפנים, כי מאחר שנתדבק בו יתברך יודע שהוא כביכול בדמותו ובצלמו ורוצה לקיים הדברים בשביל עצמיות וצורך גבוה לתקן שמו הגדול, ואז המורא עליו ביותר, וירא מפני החטא ביותר ממה שמחויב, כי יש עליו המורא תמיד שלא יחסר סוד התאחדות המלך בכבודו. נמצא היראה הראשונה בחינות צדיק גמור המקיים התורה לא גורע ולא מוסיף על מה שהוא מצווה, והאהבה היא הדביקה וחשיקה וחפיצה בכל אשר עושה, והיראה לפני ולפנים הוא חסיד עושה ביותר ממה שהוא מצווה מפני היראה הזו שהוא לפני ולפנים סוד יחוד השם...נחזור לענין, יראה

mitzvah of *Yiras Hashem*. Ultimately, a person should strive to attain all three expressions of *yirah*, growing from the externally motivated fear of punishment to the purer forms, but each level can serve to help us in its proper context, even if we think we may have progressed and already graduated to a higher level.

The concepts behind the terms *yiras ha'onesh, yiras haRomemus,* and *yiras chet* were developed by the Rishonim[466] to explain Chazal's con-

---

הפנימית צדיק גמור, אהבה פנימית צדיק גמור, ודבוק בה בדביקה חשיקה חפיצה, יראה לפני ולפנים הוא בחינת חסיד המתחסד עם קונו ומתקן המלך בכבודו, והם בני עליה שמעלין את הקודש, אבל הם מועטים. וזו היתה מעלת אברהם אבינו כי ירא אלהים אתה, רוצה לומר יראה מתוך אהבה. אמנם יש עוד מדריגה על המדריגות, והיא בסתר המדריגה, שלא זכה ולא יזכה אליה שום אחד מבני עליה אלא משה רבינו ע"ה, והוא גם הוא בדרך נסתר, וזוהי אהבה מסותרת, ונקרא אותה בשם אהבה רבה. כי אהבה הפנימית נקרא בשם אהבת עולם, רצוני לומר שיכולין לזכות בה כל באי העולם הבוחר בה, אבל אהבה רבה זו לא קם כמשה ולא יקום, רק הוא לבדו בדרך הנסתר, זהו סוד ומשה עלה, על בני עליה. ואהבה רבה זו יוצאת מיראה שהיא לפני ולפנים, ותהיה אז האהבה לפני ולפנים, ויחזור להיות נקרא בן, כי כל אהבה בחינת בן. אמנם בחינה זו אף במשה רבינו ע"ה הוא בנסתר, על כן לא נקרא בשם בן בנגלה, להורות על זה רמוז בנסתר בזה הפסוק בעבדי במשה בכל ביתי נאמן, ב יתי נ אמן ראשי תיבות 'בן': והענין הוא, כבר כתבתי יראה לפני ולפנים סוד תיקון השם המלך בכבודו הוא זיווג תפארת ומלכות ששם סוד כל תקוני השם, בסוד ו"ה שהוא כלל ששה קצוות שהוא הבנין, ושם יש ריחוק מפני חטאינו הגורמים מגע גוי כדפירשתי בהקדמת תולדות אדם. אמנם יש זיווג לפני ולפנים סוד י"ה מהשם, 'חכמה' ו'בינה' על ידי ה'דעת' דרגא דמשה. ואמר הזוהר, ספירת 'בינה', נקרא 'בינה' על שם ב"ן י"ה, שהוא סוד הדעת המתמצע בין חכמה ובינה, שהם אותיות י"ה מהשם. ושם סוד נ' שערי בינה שנמסרו למשה זולת שער אחד, על כן לא נקרא בן בענין הזה בגלוי כי אם בנסתר. אבל היראה שהיא לפני ולפנים ששם עולים בני עליה, משה רבינו היה מקיף אותה וכוללה, כמו שנאמר, עבדי משה בכל ביתי נאמן, אבל הבית העליון שעליו נאמר (משלי כד, ג), בחכמה יבנה בית, לא היה עדיין שם משה בכל הבית נאמן, כי חסר בעוד שהיה חי שער הנ' המשתוה לחכמה. והבן מאוד אלו הדברים. מכל מקום היראה מילתא זוטרתי לגבי משה והבן."

466 עיין בדרשות הר"ן דרוש השביעי וז"ל: "...ותשובות כל אלו השאלות כי העובד מיראה שני מינים ואחד שיעבוד הש"י כדי שישיגנו הגמול וייטיב ה' יתברך לו בעולם הזה ובעולם הבא ומאשר ירא לנפשו פן ישיגנו ה' יתברך על עבירות בעולם הזה באבדן הבנים וכליון הממון וזולתו מן הרעות סוף דבר לא יעשה המצות ולא ירחיק העבירות רק לתועלתו ולחמלתו על נפשו ועל גופו וזהו שאמר עליו 'פרוש מאהבה פרוש מיראה או שהוא מכלל העוסקים במצות שלא לשמן והחלק השני שתקבל הנפש זכרון רוממותו יתברך וגבורותיו ונפלאותיו והזכרון והידיעה הזאת יהיו מקובלים בנפש ומצוים בה בכל עת ונעצרים וחרותים בלב ושיקבל הנפש בזה מורא גדול ובושה וצניעות מצויים בה בכל עת ויהיה דבר נמנע לנפש לעבור את פי ה' כאשר ירא העבד את רבו והבן את אביו גם כי יודע אליו שלא יגיענו עונש בבטול מצותו וכבר הזהיר איוב בפסוק אחד משבח את עצמו שכבר השיג אלו הפעולות אמר כי פחד אלי איד אל ומשאתו לא אוכל ועל החלק השני נאמר בכל הגמרא שיראת ה' יסוד הכל ועליו נאמר בסוטה תרווייהו צדיקי גמורי אתון אלא מר מאהבה ומר מיראה."

trast between an *oved m'yirah* and an *oved m'ahavah* — one who serves Hashem without pure motivation, i.e., out of fear, versus one who serves Hashem with pure motivation, i.e., out of love.[467] Subsequently, we find that the Acharonim refined *yirah* further into the categories and hierarchy we have described: *yiras ha'onesh* — fear of punishment, *yiras haRomemus* — awe of Hashem's greatness, and *yiras chet* — fear of sin.[468]

ועיין גם בספר העיקרים מאמר שלישי פרק לב וז"ל: "ענין היראה בכל דבר הסוג הנפש אחור והתקבץ כחותיה אליה כשתשער איזה דבר מחרידה וזה על שני פנים אם שתשער איזה דבר מזיק ותחרד ממנו מיראת היזק שתשער שאפשר שיגיע ממנו ואם שתשער איזה דבר גדול ורם ונשא וגבה מאד ותחרד ממנו כשתתבונן דלות ושפלות ערכה בערך אל הדבר הגדול ההוא אף אם לא תשער שיגיע נזק מן הדבר ההוא ולא תירא ממנו וכשאדם מקיים המצות בעבור היראה שהיא על דרך הראשון כלומר מיראת העונש או מאהבת השכר יקרא בלשון רז"ל עובד מיראה שלא לשמה אמרו רז"ל במסכת סוטה פרק נוטל שבעה פרושין הם וכו' כלומר שהן שלא לשמה ומנו בכללם פרוש מאהבה פרוש מיראה ואמרו ליה לתנא לא תתני פרוש מאהבה פרוש מיראה דאמר רב יהודה אמר רב לעולם יעסוק אדם בתורה ובמצות אפילו שלא לשמה שמתוך שלא לשמה בא לשמה ופירש רש"י ז"ל מאהבה ומיראה מאהבת שכר ומיראת עונש הרי מבואר שהעוסק בתורה ובמצות לאהבת שכר וליראת עונש נקרא עוסק בתורה שלא לשמה ואולם המקיים המצות ליראת השם ואהבתו והיותו נכנע למצותיו הוא שקראוהו רז"ל עוסק בתורה לשמה רצה לומר שאינו מקיים המצות ליראת העונש ואהבת השכר אלא מאשר יצייר בלבבו רוממות ה' ומעלתו בעבור זה נכנע לעשות רצונו שהוא היראה על הדרך השני שאמרנו והיא התכונה האחרונה שאדם מגיע אליה באמצעות מצות התורה ..."

467 עיין בדרשות הר"ן וספר העיקרים הנ"ל בהערה הקודמת

468 עיין בספר מסילת ישרים פרק כד שכבר בתקופה הזאת התחילו להגדיר את סוגי היראה כ"יראת העונש", "יראת הרוממות", "ויראת חטא": "אמנם צריך שנקדים כי מיני היראה הם ב' שהם ג': האחד קלה מאד להשיגה אין דבר קל כמוהו, והב' קשה מן הכל, ושלימותה כמו כן שלימות גדול מאד.יש יראת העונש, וזהו המין האחד, ויש יראת הרוממות, וזהו המין הב', שיראת החטא חלק ב' ממנו, ונבאר עתה ענינם והבדליהם. יראת העונש, כפשוטה שאדם ירא מעבור את פי ה' אלהיו מפני העונשים אשר לעבירות, אם לגוף, ואם לנפש. והנה זאת קלה ודאי כי כל אדם אוהב את עצמו, ויירא לנפשו, ואין דבר שירחיק אותו מעשות דבר אחד יותר מן היראה שלא תבואהו בו איזה רעה, ואין יראה זו ראויה אלא לעמי הארץ, ולנשים אשר דעתן קלה, איך אינה יראת החכמים ואנשי הדעת. המין הב' הוא יראת הרוממות, והוא שהאדם ירחק מן החטאים, ולא יעשה מפני כבודו הגדול יתברך שמו, כי איך יקל, או איך יערב לבו של בשר ודם שפל ונמאס לעשות דבר נגד רצונו של הבורא יתברך ויתעלה שמו, והנה זאת היראה אינה כל כך קלה להשיג אותה, כי לא תולד אלא מתוך ידיעה והשכלה להתבונן על רוממותו יתברך, ועל פחיתותו של האדם, כל אלה דברים מתולדות השכל המבין ומשכיל. והיא היראה אשר שמנוה לח"ב מא' מחלקי החסידות אשר זכרנו, בה יבוש האדם ויחרד בעמדו לפני קונו להתפלל או לעבוד כל עבודה, היא היראה המשובחת שנשתבחו בה חסידי עולם, והוא מה שמשה מדבר ואומר (דברים כ"ח): ליראה את השם הנכבד והנורא הזה את ה' אלהיך, זאת היראה שאנחנו בביאורה עתה דהיינו יראת החטא היא כמו חלק מיראת הרוממות שזכרנו, וכמו מין בפני עצמו, והיינו כי הנה ענינה הוא שיהיה האדם ירא ודואג תמיד על מעשיו, פן

As mentioned previously, each category serves an important function in our relationship with Hashem and the world. Nevertheless, there is a growth process by way of which one's *yirah* becomes elevated from fear of punishment to something much more refined. We will now explore this progression.

Lowest Level: Yiras Ha'Onesh — Fear of Punishment

Yiras ha'onesh, motivated by one's instinctive desire to avoid pain, is viewed as the lowest level of *yirah*.

Even this apparently simple and basic form of awe of Hashem has some complexity to it. In *Sefer Hamitzvos*, the Rambam incorporates fear of punishment into his definition of *yirah*: "We are commanded to believe in His fear and to be afraid of Him, and not to walk around like heretics that follow the whims of their heart, but rather we should fear the potential coming of His punishment at any time."[469] On the other hand, in *Mishneh Torah*, he describes a different type of *yirah*: "When a person considers these things [the wonders of nature], he will immediately be taken aback and be in fear and know that he is a small creature, lowly, and dark, standing with frail and limited intellect before the All-Knowing."[470] Moreover, in *Hilchos Teshuvah*, the Rambam criticizes one who observes the mitzvos out of fear of the

---

נתערב בם איזה שמץ חטא, או פן יהיה שם איזה דבר קטן או גדול שאינו לפי גודל כבודו יתברך ורוממות שמו."

469 זה לשון הרמב"ם בספר המצות עשה ד: "והמצוה הרביעית היא שצונו להאמין יראתו יתעלה ולהפחד ממנו ולא נהיה ככופרים ההולכים בקרי אבל נירא ביאת ענשו בכל עת והוא אמרו יתעלה (ואתחנן ו) את י"י אלהיך תירא."

470 עיין ברמב"ם ביסודי התורה פרק ב הלכה א-ב: "(א) האל הנכבד והנורא הזה מצוה לאהבו וליראה אותו שנאמר ואהבת את ה' אלהיך ונאמר את ה' אלהיך תירא: (ב) והיאך היא הדרך לאהבתו ויראתו בשעה שיתבונן האדם במעשיו וברואיו הנפלאים הגדולים ויראה מהן חכמתו שאין לה ערך ולא קץ מיד הוא אוהב ומשבח ומפאר ומתאוה תאוה גדולה לידע השם הגדול כמו שאמר דוד צמאה נפשי לאלהים לאל חי וכשמחשב בדברים האלו עצמן מיד הוא נרתע לאחוריו ויפחד ויודע שהוא בריה קטנה שפלה אפלה עומדת בדעת קלה מעוטה לפני תמים דעות כמו שאמר דוד כי אראה שמיך מעשה אצבעותיך מה אנוש כי תזכרנו ולפי הדברים האלו אני מבאר כללים גדולים ממעשה רבון העולמים כדי שיהיו פתח למבין לאהוב את השם כמו שאמרו חכמים בענין אהבה שמתוך כך אתה מכיר את מי שאמר והיה העולם."

Torah's punishments.[471] What, in fact, is the Rambam's true position regarding *yiras ha'onesh*?

A basic approach would offer that the Rambam addresses two distinct types of fear of punishment. One is the instinctive and selfish fear of the pain brought about by punishment;[472] the second fear is recognition of Hashem's power, as demonstrated by the very fact that He can punish us for our sins.[473]

We can then organize the Rambam's comments as follows. In *Hilchos Teshuvah*, where he discourages serving Hashem out of fear of punishment, he is directing his ire at the self-centered fear of personal pain. The Rambam sees no benefit in motivation generated by this instinctive avoiding of pain. In *Sefer Hamitzvos*, when defining *yirah* as fear of potential punishment, he is referring to the recognition of Hashem's power to punish. This is not instinctive or visceral, but rather an understanding of spiritual cause-and-effect. Finally, in *Yesodei HaTorah*, the Rambam describes the contemplative and higher state of *yirah* — *yiras haRomemus* — which we will soon discuss.[474]

---

471 עיין ברמב"ם הלכות תשובה פרק י הלכה א-ב: "(א) אל יאמר אדם הריני עושה מצות התורה ועוסק בחכמתה כדי שאקבל כל הברכות הכתובות בה או כדי שאזכה לחיי העולם הבא ואפרוש מן העבירות שהזהירה תורה מהן כדי שאנצל מן הקללות הכתובות בתורה או כדי שלא אכרת מחיי העולם הבא אין ראוי לעבוד את ה' על הדרך הזה שהעובד על דרך זה הוא עובד מיראה ואינה מעלת הנביאים ולא מעלת החכמים ואין עובדים ה' על דרך זה אלא עמי הארץ והנשים והקטנים שמחנכין אותן לעבוד מיראה עד שתרבה דעתן ויעבדו מאהבה. (ב) העובד מאהבה עוסק בתורה ובמצות והולך בנתיבות החכמה לא מפני דבר בעולם ולא מפני יראת הרעה ולא כדי לירש הטובה אלא עושה האמת מפני שהוא אמת וסוף הטובה לבא בגללה ומעלה זו היא מעלה גדולה מאד ואין כל חכם זוכה לה והיא מעלת אברהם אבינו שקראו הקב"ה אוהבו לפי שלא עבד אלא מאהבה והיא המעלה שצונו בה הקדוש ברוך הוא על ידי משה שנאמר ואהבת את ה' אלהיך ובזמן שיאהוב אדם את ה' אהבה הראויה מיד יעשה כל המצות מאהבה."

472 כך נראה לחלק שלא יהיו דברי הרמב"ם בספר המצות ובהלכות תשובה סותרים אלו את אלו ממש, ונראה מדויק בדבריו שם גם כן בהלכות תשובה שאמר "ואפרוש מן העבירות שהזהירה תורה מהן כדי שאנצל מן הקללות הכתובות בתורה או כדי שלא אכרת מחיי העולם הבא."

473 וזה מדויק בלשונו בספר המצות לכאורה שכתב "להאמין יראתו יתעלה ולהפחד ממנו ולא נהיה ככופרים ההולכים בקרי אבל נירא ביאת ענשו בכל עת והוא אמרו יתעלה (ואתחנן ו) את י"י אלהיך תירא" שנראה מלשונו שיראים מה' עצמו בגלל הכח שיש לו להביא עונש בכל עת שזה כבר בחינה של רוממות אלא שקשורה לעונש, ועיין נמי בלשון הספר החינוך על זה שגם כן מגדיר כך "להיות יראת ה' על פנינו תמיד לבלתי נחטא, כלומר שנירא ביאת ענשו ולא יהיה לבבנו בלי מגור אליו כל היום."

474 עיין בקנאת סופרים לדברי הרמב"ם בספר המצות מצוה ד' וז"ל: "ובחיבור היד פירש באופן

The Abarbanel argues that recognizing Hashem's power through the context of punishment should not be understood in the framework of *yirah* at all. While it is certainly a reality that Hashem does punish when necessary, recognition of this reality puts us under duress; it does not generate awe of Hashem. Duress is not *yirah*. Accordingly, only contemplative awe and appreciation of Hashem's greatness would be considered a fulfillment of *yirah*.[475] Certainly, this approach would classify the selfish fear of pain we described above as duress, not *yirah*.

Rav Yisroel Salanter is famous for advocating *yiras ha'onesh* even in its base form, fear of personal pain. He may have felt that no matter how deeply a person thinks about and contemplates Hashem's awesomeness, and no matter how much insight and inspiration is thereby generated, ultimately one needs to curb the urge to sin and exercise self-control in service of Hashem. *Yiras ha'onesh* may contain lowly elements of motivation, but practically and functionally it can serve to ensure that our fear of Hashem is truly genuine.[476] This sentiment is clearly implied in the

---

אחר דהיינו בחשבו בגדולת הבורא העצומה לאין תכלית ובמעשיו ובראויו הנפלאים והגדולים מיד הוא נרתע לאחוריו ויירא ויפחד וידע שהוא בריה קטנה שפלה אפלה וכו' ואיכא למידק מאי שנא הכא במצות היראה שמנאה למצוה ביראת העונש משום את ה' אלקיך תירא ולעיל במצות האהבה לא מנה בכללה מה שהוא מצפה לגמול ויש לומר דדווקה גבי אהבת ה' כלל כי אם אהבת עצמו מיקרי אבל גבי יראה מה שהוא עובד מחמת יראת העונש גם כן יראת ה' מיקרי אף על פי שאינה במדרגה חשובה כל כך כמו יראת הרוממות שבארה הרב ז"ל בחיבור היד בלשונו המובא לעיל ולפי שבזה החיבור לא נחית הרב ז"ל כי אם למניינא לא דקדק כל כך בביאור גדר המצוה כמו בחיבור היד שבאר שם מצות היראה שהיא נבחרת וחשובה מאד מיראת העונש."

475 עיין בדברי האברבנאל לפסוק ועתה ישראל מה ה' אלקיך שואל מעמך (דברים י:יב) וז"ל: "...וגם שההתפעלות ההוא איננו ראוי שיקרא כי אם אונס והכרח ואיך תהיה העבודה אשר כזאת טובה ויאמרו חז"ל שמתוך שלא לשמה יבא לשמה כי ההפעלות האונסיי ההוא אי אפשר שיבא בשום צד שתהיה העבודה בו לשמה בזמן מהזמנים וזהו אמרם ז"ל במסכת שבת פח. פרק רבי עקיבא וריש פרק קמא דע"ז אמר רב אבדימי בר חמא מאי דכתיב ויתיצבו בתחתית ההר מלמד שכפה עליהם את ההר כגיגית ואמר להם אם אתם מקבלים את התורה מוטב ואם לאו שם תהא קבורתכם אמר רב אחא מכאן מודעא רבה לאורייתא רצו בזה שהיה זה אנס גמור והוא מודעא רבה לתורה שלא יהיו מחוייבים בשמירתה עד שהיתה התשובה שקיימו וקבלו עליהם התורה מרצונם בימי מרדכי ואסתר שנאמר קיימו וקבלו עליהם קיימו מה שקבלו כבר וזה כלו ממה שיורה שמה שיש בו אונס אין בו קיום עבודה."

476 באגרת המוסר וז"ל: "בלי דעת ובלי תבונה נכיר שהאמונה המרחפת בנו שהאלקים שופט הוא לתת לאיש כפרי מעללו היא ראשית מצעדנו לעבודתו יתברך הוא מאמר חז"ל בא חבקוק והעמידן על אחת וצדיק באמונתו יחיה וכו מאמר חז"ל ב"ב עח: על כן יאמרו

Mesilas Yesharim as well, as he writes that it is very easy to acquire *yiras Hashem*, since it is instinctual and is borne out of pure self-interest and self-preservation, thus serving a purpose in preventing us from sinning.[477]

Middle Level: Yiras HaRomemus — Awe of Hashem's Greatness

Many understand that *Yiras haRomemus* is the purer and more ideal expression of awe of Hashem. When one's awe of Hashem's greatness motivates him or her to act, improve, or restrain his nature, it demonstrates clarity and a stark perception of reality. Awe of Hashem's greatness should arouse people to serve Him because of who He *is*, not because of what He can do for them.[478]

However, the Abarbanel notes that this awe results mainly from intellectual depth and clarity about Hashem's greatness. He prefers to call this strong awareness of reality "*chachmah*," wisdom.[479] What he

---

המושלים בואו חשבון וכו' הפסד מצוה כנגד שכרה ושכר עבירה כנגד הפסדה אכן למורת רוח ודאבון לב כח הכללי הזה רק מסתתר בנו נחבא במצפוני הלב בל יראה החוצה אם לא נשים לב לשדד אדמות לבבנו בהרחבת רעיוני המוסר אי לזאת גם הכח הכללי הלזה בל ישלח פארותיו על האברים לאסרם במאסר היראה וכו'"

ועיין בספר עלי שור חלק א שער שני פרק כ שמוסיף באור בדבריו וז"ל: "...הרי רבינו גאון ישראל נ"ע בדברו על האמונה היסודית המסתתרת בלב כל איש בישראל מתכוון בפשטות אל יראת העונש שהאלקים שופט הוא ורק אמונה זו בכחה להעמיד אותנו על רגלינו בעבודת ה' והנה ידוע הוא כי רבנו הגאון רב ישראל נ"ע משתית עבודת האדם דווקה על יראת העונש ורגילים להבין בזה שהוא הקיל עלינו שלא נצטרך להתעלות אל יראת הרוממות דווקה אשר זהו דבר קשה על כל אדם מישראל מה שאין כן יראת העונש שהיא מצויה גם אצל פשוטי העם אולם לפי כל הנ"ל יתבארו הדברים כמין חומר כי יראת העונש אינה קולה לעומת יראת הרוממות אלא ה"בפועל" והשיא שבאמונה בודאי יש לכל אדם לשאוף ליראת הרוממות אך אמונה בלי יראת העונש עדיין לקויה היא..."

477 עיין בספר מסילת ישרים פרק כד "יראת העונש, כפשוטה שאדם ירא מעבור את פי ה' אלהיו מפני העונשים אשר לעבירות, אם לגוף, ואם לנפש. והנה זאת קלה ודאי כי כל אדם אוהב את עצמו, ויירא לנפשו, ואין דבר שירחיק אותו מעשות דבר אחד יותר מן היראה שלא תבואהו בו איזה רעה, ואין יראה זו ראויה אלא לעמי הארץ, ולנשים אשר דעתן קלה, איך אינה יראת החכמים ואנשי הדעת."

478 כדראינו בכל לשונות המחברים שהבחינו בין יראת העונש ויראת הרוממות. יראת העונש פחותה בדרגה כיון שמעורב בה "יראת כאב עצמו" מה שאין כן ביראת הרוממות המכוונת כלפי "האל הנכבד והנורא הזה."

479 הנה קטע מלשון האברבנאל לפסוק דברים י:יב: "ואמנם, המין השני שזכרו מהיראה, הנה הוא גם כן בלתי צודק: לפי שהנה היה ראוי שתיקרא 'חכמה' או 'ידיעה', אחרי שעניינה ההתבוננות במעשה השם יתברך ונפלאות פעולותיו וההשערה בגדולתו ורוממות

calls *yirah* is the sense of reverence and respect for Hashem due to His unceasing kindness toward us,[480] and this *hakaras hatov* should lead a

---

מעלתו, וזהו פרי החכמות ותכליתם, ומאיזה צד תיקרא הידיעה הזאת 'יראה'? ואם אמרו שתיקרא כן בעבור שמהידיעה תימשך היראה, הנה היה יותר ראוי שתיקרא 'פליאה', לפי שיפלא האדם ממנו, כי הידיעה העליונה האלהית תביא בנפש האדם פליאה והתבהלות, וכאמרו (תהלים קלט יד): 'נפלאים מעשיך ונפשי יודעת מאד', ולא תבוא ממנה יראה. והנה, ביחזקאל (יחזקאל א, יחזקאל י), שזכר מראות אלהים, לא זכר בו היראה. וכן הדבר בכל איש, שהידיעה לא תביאהו לידי יראה, אבל ההיפך תימצא בידיעת הקדמונים מהחוקרים, כי כל עוד שיבחנו רוממות וגדולת השם יתברך ודלות עצמם במציאות, תיבטל מהם היראה ממנו יתברך, להבטל היחס בינם לבינו, ואמנם תגדל הפליאה בדבר. וכמו שאמר לאיוב על אלה הדברים (איוב טו ד): 'הוכח בדבר לא יסכון ומלים לא יועיל בם, אף אתה תפר יראה ותגרע שיחה לפני אל'. ולא ידעתי מי הביא האנשים החכמים האלה לתאר המעלה הזאת העיונית בשם 'יראה', שהיא מתייחסת אל המעשים ולא אל העיון. כל שכן, שהכתוב אומר (תהלים קיא י): 'ראשית חכמה יראת ה', שכל טוב לכל עשיהם', רוצה לומר, שהתחלת החכמה היא בשלמות המידות שהיראה עִקָּרָם, ואינו דבר נמשך אחר החכמה כי אם התחלה לה.ויותר היה ראוי שתקרא זה 'אהבה'. ומה שאמרו, ש'יראה' ו'אהבה' הם דבר אחד כשתהיה מזה המין, הנה, רצו לקבץ בין הדברים הסותרים במהותם. כי אהבת האדם לדבר הוא בלי ספק זולתי יראה ממנו, כי האהבה תגזור הָאוֹתוּת מה, והיראה תגזור התנגדות מה. ועוד, שהנה, לא מצאנו בכתובים שהביאו ראיה על זה שיאמר שם יראה על זה המין, רוצה לומר, מיראת המעלה, כי הנה אמר (תהלים קמז יא): 'רוצה ה' את יראיו' — לא כיוון על החכמים יודעי סדר המציאות, כי אם למה שיבאר מייד '...למייחלים לחסדו'. וגם אמרו (תהלים לד י): 'יראו את ה' קדשיו' לא נאמר על היודעים בחכמת האלהות, כי אם על הקדושים במעשיהם, ולכן אמר '...כי אין מחסור ליראיו; כפירים רשו ורעבו ודורשי ה' לא יחסרו כל טוב', הנה, ביאר שהיראים הם דורשי ה', שדורשים אותו להושיעם בעת צרתם. ומה שאמר איוב (איוב לא כג): 'כי פחד אלי איד אל ומשאתו לא אוכל', לא כיוון במילת 'שאתו' על רוממות מעלתו במציאות, כמו שפירשו בו, אבל היה 'ומשאתו לא אוכל' נרדף למה שאמר 'כי פחד אלי איד אל', כי השאת הוא הפחד, כמו שנאמר (משלי א כז): 'בבא כשואה פחדכם', (משלי ג כה): 'ומשאת רשעים', וכן הביאו אותם המדקדקים. ותמיה אני, איך לא עשו גם כן החכמים האלה שני מינים באהבת השם יתברך — אהבת השכר ואהבת המעלה, כי באמת יותר יצדק על המעלה שם האהבה, כמו שזכרתי. סוף דבר, שיראת המעלה הוא דבר לא יחייבהו השכל והסברא הישרה, ולא יורו עליה הכתובים, ולא נמצא כן בדברי חז"ל."

480 ועיין באברבנאל לפסוק בדברים י:יב "אבל אמיתת העניין הזה כולו אצלי הוא כפי מה שאומר: הנה, העבודה אליו יתברך אצלנו ראויה ומחוייבת בבחינת החסדים אשר קיבלנו ממנו יתברך, אם המציאות וההויות בבריאה, ואם השמירה וההתמדה במציאות, ועם זה אהבתו לאבותינו והוצאתו אותנו ממצרים ונתינת התורה וירושת הארץ ושאר הטובות אשר עשה עמנו בזולת המנהג הטבעי כי אם בדרך נס ופלא כפי רצונו המוחלט. ומפאת ההטבה הזאת, אשר הגדיל ה' לעשות עמנו, נתחייבנו לאהבה אותו. ומתוך האהבה ההיא, לעבדו בכל לבבנו ובכל נפשנו, כי היתה העבודה והאהבה שניים במאמר ואחד במציאות, כהתאחדות הכוח והפועל, שהאהבה אליו הוא הכוח הנמצא בנפש המסתבכת בה, והעבודה הוא הפועל היוצא ממנו. ומלבד האהבה הראוי אליו לעבדו, עוד צריך לאדם שישמור את עצמו תכלית השמירה מחטוא לפניו ומלהקציפו, כי אין ראוי שיהיה כפוי טובה למי שגמלו כל כך מחסדים והטבות. הנה יש לנו, אם כן, עם האלוה יתברך, חיוב האהבה לעבוד את

person to an emotional connection to Hashem which makes him avoid all sin and live at a higher standard of service. We will see later that others may view this motivation as something called *yiras chet*.

As noted earlier, the *Mesilas Yesharim* seems to understand that awe itself is meant to translate into an emotional state. If so, then there isn't much difference between the opinions here, at least with regard to the fact that *yirah* is meant to effect a person's emotions.

Highest Level: Yiras Chet — Fear of Sin Itself

Yiras chet can be understood in two ways. One approach identifies *hakaras hatov* as the primary motivator of *yiras chet*. The Abarbanel explains that humans have a basic need to reciprocate the goodness bestowed upon them by others. It is disrespectful to show a lack of gratitude to someone who has done something for me. Defined as such,

---

עבודתו, וחיוב השמירה והיראה מלהקציפו. ואין דבר מזה בעבור רוממות מעלתו בעצמו ונפלאות יצוריו וסדרם, לשנצטרך בזה שכלתנות וחכמה יתרה, כי אם מפאת חסדיו בבריאה ושמירתו העליונה המתמדת עלינו תמיד, שיודע אותם כל אדם. ומלבד שמהבחינה הזאת נתחייב לאהבה אותו וליראה מלפניו, הנה יש עוד שכר טוב לאוהביו ולשומרי מצוותיו, שהקב"ה ייטיב עמהם ויגמלם שכר אהבתם ועבודתם. ויימשך גם כן, מהיראה והשמירה מהחטא, ההינצל מהפגעים ומהרעות המתחדשות בעולם. הרי לך בזה שני מיני אהבה שנתחייב להשם יתברך: האחת — כעל כל אשר גמלנו השם יתברך בבריאה, ורב טוב לבית ישראל שהוציאם ממצרים ועשה עמהם להפליא; ושנית — מתקוות השכר המתחייב לאדם מאותה העבודה והאהבה. ועל זה אמר אנטיגנוס איש סוכו (אבות פרק א משנה ג): 'אל תהיו כעבדים המשמשים את הרב על מנת לקבל פרס', רוצה לומר, שתהיה אהבתם ועבודתם מהמין הראשון, כלומר מפני החסדים והטובות אשר כבר עשה עמהם, לא לתקוות השכר שיעשה וייתן בעתיד. כי העובד מפני השכר המקווה מורה שהוא כפוי טובה מהחסד אשר קיבל במה שעבר, ולכן לא ישים אליו ליבו ולא ייירא מפניו כי אם בעבור השכר העתיד לבוא, וכאמרם (עבודה זרה יט.) 'במצוותיו חפץ מאד — ולא בשכר מצוותיו'. וכן יצא לנו מזה גם כן שני מיני היראה אליו יתברך: אם שלירא מפניו, רוצה לומר מלהקציפו, כי אחר שהיטיב עמנו כל-כך מהטובות, אין ראוי שנכעיסהו במעשינו; ואם שנירא מהעונשים אשר יגיעו אלינו בהקציפנו אותו. לא שיהיה כאן אהבה ולא יראה בבחינת מעלתו, כי אם בבחינת מעשיו אשר עשה עמנו או אשר יעשה בעתיד או בהווה מהשכר או מהעונש. ואל המינים השניים הנזכרים, רצוני לומר, אהבת השכר העתיד או העונש העתיד לבוא, אמרו במסכת סוטה, כשמנו שם השבעה פרושים שהם שלא לשמה, (סוטה כב:) 'פרוש מאהבה, פרוש מיראה', ופירש רש"י 'מאהבת השכר ומיראת העונש', שהם שני המינים האחרונים מהאהבה והיראה אשר זכרתי, שאינם מינים שלמים כראשונים, ולכן היו שניהם שלא לשמה, להיותם בבחינת העתיד, אם לקיבול השכר בעבור האהבה, ואם להינצל מהעונשים בעבור היראה. ואינם בבחינת החסדים והטובות אשר עשה עמנו יתברך, שהיא הבחינה השלמה."

one could argue that *yiras chet* represents a lower form of *yirah*, since *hakaras hatov* is innate and natural to the human condition — not the product of a lofty and pure contemplative process.[481]

The second possible definition of *yiras chet* is a fear of diminishing the honor and the glory of Hashem through sin. The *Mesilas Yesharim* defines this as an extension, and perhaps a further refinement of, *yiras haRomemus*. The individual realizes that *yirah* is not just a private, personal matter of his relationship with, or attitude toward Hashem. Rather, the actions of each individual and how he lives impact the overall way in which Hashem's influence and power is manifest in the world.[482] A sin necessarily and automatically has a harmful effect in the spiritual world; *yiras chet* is the fear of causing such harm. *Yiras chet*, understood this way, surpasses the other levels of *yirah* because it relates broadly to Hashem's revelation in the world and is not merely a feature of the individual's relationship with Him.

Yirah as a Means vs. Yirah as an End

We understand that *yirah*, in any of its definitions, serves to save one from sin. While we recognize this as a function of *yirah*, we must think about whether *yirah* is simply a means to help one live appropriately, or whether the achievement of *yirah* is an end of importance unto itself.

481 כנ"ל בהערה קודמת בשם האברבנאל

482 זה לשון המסילת ישרים פרק כד: "...זאת היראה שאנו בביאורה עתה דהיינו יראת החטא והיא כמו חלק מיראת הרוממות שזכרנו וכמו מין בפני עצמה והיינו כי הנה ענינה הוא שיהיה האדם ירא ודואג תמיד על מעשיו פן נתערב בם איזה שמץ חטא או פן יהיה שם איזה דבר קטן או גדול שאינו לפי גדל כבודו יתברך ורוממות שמו והנך רואה היחס הגדול שבין יראה זו ויראת הרוממות שזכרנו כי התכלית בשניהם שלא לעשות דבר נגד רום כבודו יתברך."

ועיין נמי בשל"ה הקדוש בתולדות אדם מאמר רביעי "אחר כך נכנס ליותר מדריגה, דהיינו שעושה באהבה ואין עליו כמשאוי רק בשמחה ובטוב לבב ובדביקה וחשיקה וחפיצה. אחר כך נכנס ליותר מדריגה ליראה לפני ולפנים, כי מאחר שנתדבק בו יתברך יודע שהוא כביכול בדמותו ובצלמו ורוצה לקיים הדברים בשביל עצמיות וצורך גבוה לתקן שמו הגדול, ואז המורא עליו ביותר, וירא מפני החטא ביותר ממה שמחויב, כי יש עליו המורא תמיד שלא יחסר סוד התאחדות המלך בכבודו. נמצא היראה הראשונה בחינות צדיק גמור המקיים התורה לא גורע ולא מוסיף על מה שהוא מצווה, והאהבה היא הדביקה וחשיקה וחפיצה בכל אשר עושה, והיראה לפני ולפנים הוא חסיד עושה ביותר ממה שהוא מצווה מפני היראה הזו שהוא לפני ולפנים סוד יחוד השם."

Our Sages teach, "If there is no *yirah* there is no wisdom," indicating that *yirah* is a prerequisite for something else, but the verse continues, "If there is no wisdom, there is no *yirah*," turning *yirah* into a goal as well.[483] Evidently, there are two different dimensions to *yirah*. It is a means and a facilitator of wisdom, but it is also an end state, an ultimate level that is reached with the attainment of wisdom.

Our Sages alluded to this duality in the metaphors they chose to describe *yirah*. They visualized *yirah* as a gate one passes through before entering a home (wisdom), while in another passage they describe *yirah* as the house itself (the destination), and wisdom as the key or the gate to reach it.[484]

Yirah as a means or introduction entails basic reverence for Hashem's existence and His will, and respect for wisdom in general. Attempts to attain wisdom without this state of mind will be fruitless, as such efforts are likely motivated by ulterior motives. A true thirst for knowledge and wisdom must be preceded by a reverence and awe of Hashem, the ultimate Source of wisdom.[485]

---

483 משנה מסכת אבות פרק ג משנה יז: "...אם אין חכמה אין יראה אם אין יראה אין חכמה."

484 כל זה בגמ' שבת דף לא. וז"ל: "אמר רבה בר רב הונא כל אדם שיש בו תורה ואין בו יראת שמים דומה לגזבר שמסרו לו מפתחות הפנימיות ומפתחות החיצונות לא מסרו לו בהי עייל (ממאמר זה משמע שיראת שמים היא הקדמה לחכמת התורה), מכריז רבי ינאי חבל על דלית ליה דרתא ותרעא לדרתא עביד (ממאמר זה משמע שיראת שמים היא התכלית וחכמת התורה היא ההקדמה)."

485 עיין בספר נפש החיים שער ד פרק ד-ה: "אמנם ודאי דאי אפשר לומר שאין צריך לענין עסק התורה שום טוהר המחשבה ויראת ה' חלילה. שהרי משנה שלימה שנינו אם אין יראה אין חכמה. ואמרו ביומא (דף עב:) מאי דכתיב 'למה זה מחיר ביד כסיל לקנות חכמה ולב אין' אוי להם לת"ח שעוסקים בתורה ואין בהם יראת שמים כו'. ובשמות רבה פ"מ כל מי שהוא יודע ואין בידו יראת חטא אין בידו כלום שקפליות של תורה ביראת חטא. ובהקדמת הזוהר (ח"א יא, ב) אמר רשב"י שהיראה איהי תרעא לאעלא לגו מהימנותא ועל פקודא דא אתקיים כל עלמא כו' ודא עקרא ויסודא לכל שאר פקודין דאורייתא מאן דנטיר יראה נטיר כולא לא נטיר יראה לא נטיר פקודי אורייתא כו', ע"ש. ובפר' בהר (ח"ג קת, א) מאי עול מ"ש אלא כהאי תורה כו' ה"נ איצטריך ליה לבר נש לקבלא עליה עול בקדמיתא ולבתר דיפלח ליה בכל מה דאצטריך. ואי לא קביל עליה האי בקדמיתא לא ייכול למפלח. הדא הוא דכתיב 'עבדו את ה' ביראה'. מהו ביראה כד"א ראשית חכמה יראת ה' כו'. וע"ד האי בקדמייתא הוא דכלא כו' בגין דבהאי עויל לשאר קדושה ואי האי לא אישתכח לגביה לא שריא ביה קדושה דלעילא כו'. ואמרו עוד כל שיראת חטאו קודמת לחכמתו חכמתו מתקיימת. כי יראת ה' תחלה היא עיקר הקיום של חכמת התורה. וכמשרז"ל בשבת (דף לא.) אר"ל מאי דכתיב והיה אמונת עתך כו' אמונת זה סדר זרעים כו'. חשיב שם בזה הפסוק כל הש"ס ומסיים ואפילו הכי יראת ה' היא אוצרו. דימה הכתוב את התורה לרב תבואות והיראה לאוצר המחזיק בו המון תבואות ומשתמרים בתוכו.

The *yirah* that develops with the attainment of wisdom is a profound and heightened awareness of Hashem at all times. Awareness brings one to subservience, nullification to His will, and true humility in the presence of Hashem.[486]

The Relationship between Love and Fear of Hashem

We have examined in detail the mitzvos of *Ahavas Hashem* and *Yiras Hashem* respectively and independently, but these mitzvos also work in tandem. We noted above that *yiras Hashem* can serve to provide the necessary context for one's love of Hashem to be appropriate and genuine.[487]

שיראת ה' היא האוצר לחכמת התוה"ק שעל ידה תתקיים אצל האדם. ואם לא הכין לו האדם תחלה אוצר היראה -- הרי רב תבואות התורה כמונח ע"פ השדה למרמס רגל השור והחמור ח"ו שאינה מתקיימת אצלו כלל. וכן אמרו ע"ז הכתוב בשמות רבה (שמות רבה ל, יד) אתה מוצא אדם שונה מדרש הלכות ואגדות ואם אין בו יראת חטא אין בידו כלום משל לאדם כו' יש לי אלף מדות של תבואה. א"ל יש לך אפותיקאות ליתן אותם בהם כו'. שנאמר והיה אמונת עתך כו' ע"ש ולפי ערך גודל אוצר היראה אשר הכין לו האדם. כן ע"ז הערך יוכל ליכנס ולהשתמר ולהתקיים בתוכו תבואות התורה כפי אשר יחזיק אוצרו. כי האב המחלק תבואה לבניו. הוא מחלק ונותן לכל א' מדת התבוא' כפי אשר יחזיק אוצרו של הבן אשר הכין ע"ז מקודם. שאף אם ירצה האב וידו פתוחה ליתן לו הרבה. אמנם כיון שהבן אינו יכול לקבל יותר מחמת שאין אוצרו גדול כ"כ שיוכל להחזיק יותר. גם האב א"א לו ליתן לו עתה יותר. ואם לא הכין לו הבן אף אוצר קטן. גם האב לא יתן לו כלל. כיון שאין לו מקום משומר שתתקיים אצלו. כן הוא ית"ש ידו פתוחה כביכול להשפיע תמיד לכל איש מעם סגולתו רב חכמה ובינה יתירה. ושתתקיים אצלם ויקשרם על לוח לבם. להשתעשע אתם בבואם לעולם המנוחה ותלמודם בידם. אמנם הדבר תלוי לפי אוצר היראה שתקדם אל האדם. שאם הכין לו האדם אוצר גדול של יראת ה' טהורה. כן ה' יתן לו חכמה ותבונה ברוב שפע כפי שתחזיק אוצרו. הכל לפי גודל אוצרו. ואם לא הכין האדם אף אוצר קטן שאין בו יראתו יתב' כלל ח"ו. גם הוא ית' לא ישפיע לו שום חכמה כלל. אחר שלא תתקיים אצלו. כי תורתו נמאסת ח"ו כמשרז"ל. וע"ז אמר הכתוב (תהלים, קיא) ראשית חכמה יראת ה'. וכמבואר בהקדמת הזוהר (ח"א ז, ב) ר"ח פתח ראשית חכמה יראת ה' כו' האי קרא הכי מבעי לי' סוף חכמה כו'. אלא איהי ראשית לאעלא לגו דרגא דחכמתא עלאה כו'. תרעא קדמאה לחכמה עלאה יראת ה' איהי כו' ע"ש. הרי מבואר הגם שהיראה היא מצוה א' ואמרו בירושלמי ריש פאה (א:א) שכל המצו' אינן שוות לדבר אחד מן התורה. אמנם מצות קניית היראה ממנו ית' רבה היא מאד. מצד שהיא מוכרחת לעיקר הקיום ושימור התוה"ק ובלתה גם נמאסת ח"ו בעיני הבריות. לכן צריכה שתקדם אצל האדם קודם עסק התורה."

486 זה לשון הזוהר בראשית יא: "יראה דאיהי עקרא למדחל בר נש למריה בגין דאיהו רב ושליט עקרא ושרשא דכל עלמין וכלא קמיה כלא חשיב כמה דאתמר וכל דיירי ארעא כלא חשובין ולשואה רעותיה בההוא אתר דאקרי יראה." ומובן שהזוהר מיירי בדרגה עלאה של יראה שהיא בעצם תכלית בפני עצמה.

487 זה לשון הסמ"ק מצוה ד': "לירא את הקב"ה כדכתיב דברים י ודרשו רבותינו קדושין נו ב"ק עא פסחים כב בכורות דף ו 'את' לרבות ת"ח לירא פי' שיש לו לירא שלא יעבור על

Ahavah and *yirah* further complement each other by elevating both the body and the soul in the service of Hashem, as the body is more affected by *yirah* while the soul is reached more readily through *ahavah*.[488]

Similarly, the Ramban describes an interrelationship between *yirah* and *ahavah* reflected in the complementary roles of negative commandments (*yirah*) and positive commandments (*ahavah*). While both sets

---

דעת קונו ומה שצוהו לא בשביל דאגת פורענות בלבד אלא אפילו אינו ירא כלל ובטוח שלא יקבל פורענות יש לו לירא ולכון לדאוג שלא יכעיס מלך גדול ונורא עליו ואזהרה מכאן למוציא שם שמים לבטלה והאהבה והיראה יכולין להיות במקום אחד כמו שמצינו באברהם שנקרא אוהב וירא אוהב שנאמר דברי הימים ב:ב לזרע אברהם אוהבך וירא שנאמר בראשית כב כי ירא אלקים אתה ואת תאמר היאך יתכן להיות אם יהיה אוהב אינו ירא ואם ירא אינו אוהב אשכילך האוהב הוא הזריז במצות עשה ולא תעשה וכמו כן שלא על מנת לקבל פרס כי כשיחשוב אדם הטובה שעשה לו הקב"ה שיצרו ובראו מהבל מטיפה סרוחה שנאמר איוב י הלא כחלב תתיכני ואחר כך נותן לו לחם לאכול ובגד ללבוש ושאר טובות אין מספר ויש לו לחשוב במי שהוא למטה ממנו בעוני וביסורין אם כן יטרח כל ימיו ויחיה כפלי כפלים לא יספיק לגמול ליוצרו אחת מני אלף מן הטובות שעשה לו כי מה טיבו להחשב יותר מיתוש אחד רק ברצון בוראו הלא יוצר היתוש יצרו גם יחשוב בגדולתו של הקב"ה ובענוותנותו וחכו ממתקים והנה אפי' לא נהנה האדם ממנו כביכול יש לאוהבו מפני מדותיו הטובות ואהבה זו היא כמו שמצינו בבריותו שברא כי יש אדם נאהב יותר מאותו שלא נהנה ממנו כלל מפני מדותיו הטובות מאותו שנהנה ממנו ומדת האהבה זו היא זריזות להיות זריז לעשות גדר לפרוש קודם שבא החטא לידו ומדת האהבה שזהו זריזות גדולה ממדת היראה שזהו זהירות להיות זהיר כשתבא עבירה לידו אל יעשנה אבל האהבה היא זריזות מקודם לכן שלא יבא לידי עבירה ועוד שזה לאלפים דורות וזה לאלף דור גם אמרו חכמים סוטה דף מט עבו"ם דף כ: שקלים דף ו זהירות מביא לידי זריזות א"ה הזהיר הרי זה משובח והעושה מאהבת שכר או מיראת יסורין טוב הוא שמאמין בהקב"ה שיש בידו להטיב לו אם יעשה רצונו ולהביא עליו פורענות אם יעבור על מצותיו אך לא הגיע לעיקר המצוה אלא העושה מאהבה שלא ע"מ לקבל פרס והעושה מאהבת אדם או מיראת אדם זו היא מדה רעה אך מ"מ יעשה שמתוך שלא לשמה בא לשמה..."

488 עיין בספר עלי שור חלק ב עמ' תפג. לאחר שמביא את דברי הרמב"ם ביסודי התורה פרק ב שאדם מתבונן במעלות הקב"ה וזה מביאתו גם לידי אהבה וגם לידי יראה, מוסיף בעלי שור: "אותה התבוננות מביאה בבת אחת לאהבה ויראה גם יחד התבוננות אינה מחשבה מופשטת כשאדם נכנס להתבוננות היא מקיפה את האדם כולו השכל והרגש משתתפים בה ואפ כחות גופו מחרישים ומתרשמים ממנה כאשר ההתבוננות מאירה לאדם את חכמת הבורא הנשמה והגוף מקבלים את האור כל אחד על דרכו הנשמה היא שלהבתיה במקורה היא חלק אלוק ממעל מהותה אהבה והיא מיד אוהבת ומתאוה תאוה גדולה לידע את השם הגדול הגוף מקבל אור ההתבוננות כפי מהותו הוא נרתע לאחוריו ועומד על קטנותו לפני בוראו ההתבוננות אחת היא והשפעתה מתחלקת לשתים הנשמה מתאוה לקירוב והגוף נרתע נמצינו לומדים כי מקומה של אהבה היא בנשמה ומקומה של יראה בגוף אדם חי מורכב מנשמה וגוף ואי אפשר להיות זה בלא זה לכן גם בעבודת ה' ישנה הרכבה זו ובה היא מתבטאת באהבה ויראה ואי אפשר זו בלי זו רק על ידי שתיהן יחד מגיע האדם לשלימות."

of mitzvos are necessary, our observance of the positive and negative commandments reflects different aspects of our relationship with Hashem.[489]

Furthermore, *yirah* and *ahavah* can work together in a cycle that helps one grow closer to Hashem. A person may go through a stage whereby he feels small and insignificant before Hashem (*yirah*), but can still yearn for closeness, and attain a connection and a relationship (*ahavah*). True connection can result in greater recognition of Hashem's greatness and thus bring a person to deeper humility, and the cycle starts again.[490]

There is yet another, more mystical aspect of the relationship between *ahavah* and *yirah*. We mentioned above that one's love of Hashem can act as wings to elevate one's mitzvos. The *Tikunei Zohar* teaches that both

---

489 עיין ברמב"ן לפסוק בשמות כ:ח וז"ל: "...ואמת הוא ג"כ כי מדת זכור רמזו במצות עשה, והוא היוצא ממדת האהבה והוא למדת הרחמים, כי העושה מצות אדוניו אהוב לו ואדוניו מרחם עליו, ומדת שמור במצות לא תעשה, והוא למדת הדין ויוצא ממדת היראה, כי הנשמר מעשות דבר הרע בעיני אדוניו ירא אותו, ולכן מצות עשה גדולה ממצות לא תעשה, כמו שהאהבה גדולה מהיראה, כי המקיים ועושה בגופו ובממונו רצון אדוניו הוא גדול מהנשמר מעשות הרע בעיניו, ולכך אמרו דאתי עשה ודחי לא תעשה, ומפני זה יהיה העונש במצות לא תעשה גדול ועושין בו דין כגון מלקות ומיתה, ואין עושין בו דין במצות עשה כלל אלא במורדין, כמו לולב וציצית איני עושה, סוכה איני עושה, שסנהדרין היו מכין אותו עד שיקבל עליו לעשות או עד שתצא נפשו."

490 עיין בספר התניא פרק ג: "כשמתבונן ומעמיק מאד בגדולת ה', איך הוא ממלא כל עלמין וסובב כל עלמין וכולא קמיה כלא חשיב, נולדה ונתעוררה מדת יראת הרוממות במוחו ומחשבתו, לירא ולהתבושש מגדולתו ית' שאין לה סוף ותכלית, ופחד ה' בלבו. ושוב יתלהב לבו באהבה עזה כרשפי אש, בחשיקה וחפיצה ותשוקה ונפש שוקקה לגדולת אין סוף ברוך הוא. והיא כלות הנפש, כדכתיב: (תהלים פד): 'נכספה וגם כלתה נפשי' וגו'; וכתיב: (תהלים מב): 'צמאה נפשי לאלהים' וגו'; וכתיב: (תהלים סג): 'צמאה לך נפשי' וגו'. והצמאון הוא מיסוד האש שבנפש האלהית, וכמו שכתבו הטבעיים. וכן הוא בעץ חיים, שיסוד האש הוא בלב, ומקור המים והליחות מהמוח, וכמו שכתב בעץ חיים שער נ', שהיא בחינת חכמה שנקרא מים שבנפש האלהית. ושאר המידות כולן הן ענפי היראה והאהבה ותולדותיהן, כמו שבארנו במקום אחר. והדעת הוא מלשון (בראשית ד א): 'והאדם ידע את חוה', והוא לשון התקשרות והתחברות, שמקשר דעתו בקשר אמיץ וחזק מאוד, ויתקע מחשבתו בחוזק בגדולת אין סוף ברוך הוא, ואינו מסיח דעתו. כי אף מי שהוא חכם ונבון בגדולת אין סוף ברוך הוא, הנה אם לא יקשר דעתו ויתקע מחשבתו בחוזק ובהתמדה, לא יוליד בנפשו יראה ואהבה אמיתית, כי אם דמיונות שוא. ועל כן הדעת הוא קיום המידות וחיותן. והוא כולל חסד וגבורה, פירוש, אהבה וענפיה ויראה וענפיה." מובן מאליו שאין התהליך הפנימי הזה המדובר בספר התניא דבר שעושה פעם אחת ותו לא צריכת, אלא זה תהליך פנימי שעושים שוב ושוב וכל פעם משיגים עוד דרגות של ביטול והתלהבות ועוד עומק של אהבה ויראה ותולדותיהן במידות הנפש האלקית.

ahavah and *yirah* are likened to wings.[491] With these wings, our service and devotion can ascend on high; without these wings our mitzvos may remain stuck in this lower realm. As physical beings, we interface with reality through the physical realm. While we believe that our physical actions impact the spiritual world, the degree to which we can positively affect the spiritual world is largely dependent on the quality of our inner spiritual reality. When one is infused with *ahavah* and *yirah*, the effects and influence of his physical endeavors are propelled outward, and even the most mundane activities can have profound spiritual impact.[492]

491 עיין בספר התניא פרק מ בשם התיקוני זוהר והמקובלים: "כי כמו שכנפי העוף אינם עיקר העוף, ואין חיותו תלוי בהם כלל, כדתנן: 'ניטלו אגפיה — כשרה', והעיקר הוא ראשו וכל גופו, והכנפיים אינם רק משמשים לראשו וגופו לפרחא בהון. וכך דרך משל, התורה ומצוות הן עיקר היחוד העליון, על ידי רצון העליון המתגלה על ידיהן; והדחילו ורחימו הם מעלים אותן למקום שיתגלה בו הרצון, אור אין סוף ברוך הוא, והיחוד, שהן יצירה ובריאה. והנה, אף דדחילו ורחימו הם גם כן מתרי"ג מצוות, אף על פי כן נקראין גדפין, להיות כי תכלית האהבה היא העבודה מאהבה. ואהבה בלי עבודה היא אהבה בתענוגים, להתענג על ה', מעין עולם הבא וקבלת שכר, ו'היום לעשותם' כתיב ולמחר לקבל שכרם. ומי שלא הגיע למדה זו, לטעום מעין עולם הבא, אלא עדיין נפשו שוקקה וצמאה לה' וכלתה אליו כל היום, ואינו מרוה צמאונו במי התורה שלפניו, הרי זה כמי שעומד בנהר וצועק מים מים לשתות, כמו שקובל עליו הנביא: 'הוי כל צמא לכו למים'. כי לפי פשוטו אינו מובן; דמי שהוא צמא ומתאווה ללמוד, פשיטא שילמוד מעצמו, ולמה לו לנביא לצעוק עליו 'הוי'? וכמו שנתבאר במקום אחר באריכות."

492 בספר התניא שם פרק מ וז"ל: "ובזה יובן היטב הא דדחילו ורחימו נקראים גדפין, דרך משל, כדכתיב: 'ובשתים יעופף' וכמו שכתב הרב חיים ויטאל ז"ל בשער היחודים פרק י"א, שהכנפים בעוף הן זרועות האדם כו'. ובתיקונים פירש, שהעוסקים בתורה ומצוות בדחילו ורחימו — נקראים בנים, ואם לאו — נקראים אפרוחים, דלא יכלין לפרחא."

7

Don't Follow the Desires of Your Heart and Eyes — Lo Sassuru

SOURCE OF THE PROHIBITION

The Torah writes, "And they will be for you *tzitzis*, and you shall see them and remember all the mitzvos of Hashem and you will not stray after the desires of your heart and eyes which have led you to immorality" (*Bamidbar* 15:39). Our Sages derived from this verse a negative commandment forbidding one from following the desires of the heart and eyes.[493]

REASON FOR THIS PROHIBITION

Simply speaking, this prohibition guards us from sin. However, the

493 עיין בלשון הגמ' בברכות יב: וז"ל: "אלא דעת מינים הרהור עבירה והרהור ע"ז מנלן? דתניא אחרי לבבכם זו מינות וכן הוא אומר 'אמר נבל בלבו אין אלהים' אחרי עיניכם זה הרהורי עבירה [זנות] שנאמר 'ויאמר שמשון אל אביו אותה קח לי כי היא ישרה בעיני' 'אתם זונים' זה הרהור ע"ז וכן הוא אומר 'ויזנו אחרי הבעלים'." ובריתא זו גם מקורו בספרי לפרשת שלח (במדבר פרק טו פרשתא ע) עיין שם בקצת שינוי לשון.

Sefer HaChinuch expands this and develops a deeper rationale for the prohibition. A fundamental principle in Judaism is that thought gives birth to our experiences, and ultimately to our behavior. Thus, a person who is engulfed in sinful or wanton thoughts will very likely come to sin. Here the Torah reveals to us something profound about human nature. The Torah assumes that the person wants to be good and doesn't want to sin, yet it recognizes that it is natural to think about sin (which is not, in and of itself, considered sinning). However, teaches the Torah, know this about yourself — if you allow your mind to dwell on sinful thoughts, you will inevitably be led to sin. If you truly do not want to sin, you must catch yourself at the onset of the process and avoid thinking about sin altogether.

We defined above that negative commandments are fulfilled by avoiding the temptation when it occurs. A constant prohibition means that the temptation is constant. One can combat this constant temptation by filling the mind with Torah, *emunah*, *ahavah*, and *yirah*.[494] These are the tools Hashem put at our disposal to create a positive experience that leads to good. Chazal express this by teaching, "A mitzvah brings about another mitzvah and a sin brings about another sin."[495]

---

494 עיין ברמב"ם הלכות איסורי ביאה כב:כא "שאין מחשבת עריות מתגברת אלא בלב פנוי מן החכמה."

495 תנחומא, פרשת כי תצא אות א "כי תצא למלחמה — שנו רבותינו: מצוה גוררת מצוה ועבירה גוררת עבירה 'וראית בשביה וגו' וגלחה את ראשה ועשתה את צפרניה' — כדי שלא תמצא חן בעיניך. מה כתיב בתריה? כי תהיין לאיש שתי נשים וגו'. שתים בבית — מריבה בבית, ולא עוד אחת אהובה ואחת שנואה או שתיהן שנואות. מה כתיב אחריו? כי יהיה לאיש בן סורר ומורה. כל מאן דנסיב יפת תאר — נפיק מנייהו בן סורר ומורה, שכן כתב בדוד, על שחמד מעכה בת תלמי מלך גשור בצאתו למלחמה — יצא ממנו אבשלום, שבקש להרגו, ושכב עם עשר פלגשיו לעיני כל ישראל ולעיני השמש, ועל ידו נהרגו מישראל כמה רבבות, ועשה מחלוקת בישראל, ונהרג שמעי בן גרא ושבע בן בכרי ואחיתופל, ולמפיבשת ולאיש בשת הרג, והשליט ציבא על כל בית שאול. ותניא, ר' יוסי אומר: וכי מפני שאכל בן סורר ומורה חצי ליטרא בשר ושתה חצי לוג יין חי, אמרה תורה יצא לבית דין ויסקל? אלא הגיעה תורה לסוף דעתו של בן סורר ומורה, שסופו לגמר נכסי אביו עם הסריקין שאכל ושתה עמהן, ומבקש למודו ואינו מוצא, ויצא לפרשת דרכים והורג ומלסטם את הבריות; ואמרה תורה ימות זכאי ואל ימות חייב, שמיתתן של רשעים הנאה להם והנאה לעולם. בן סורר ומורה — כתיב אחריו כי יהיה באיש חטא משפט מות והומת. אם ניצל מזו — לא ניצל מזו. למדנו שעבירה גוררת עבירה. ומצוה גוררת מצוה, מנין? דכתיב כי יקרא קן צפור לפניך שלח תשלח וגו' למען ייטב לך והארכת ימים. אחריו מה כתיב? כי תבנה בית חדש, תזכה לבנות בית חדש ולעשות מעקה. מה כתיב אחריו? לא

WHO IS INCLUDED IN THIS PROHIBITION?

The *Sefer HaChinuch* teaches that this prohibition applies to all Jews, male and female.[496]

Chazal note that this prohibition even applies to a blind person. Although a blind person cannot see the "object of his desire," he can still be drawn to heresy and other violations that depend on the mind and heart.[497]

THE ESSENTIAL DEFINITION OF THIS PROHIBITION

Lo Sassuru refers to straying after desires or thoughts that can lead a person to then commit an actual sin, whether a sin of thought, speech, or deed, as defined by the Torah.[498]

The Torah mentions different types of straying. One component of *Lo Sassuru* is expressed by the words "after the desires of your heart,"

תזרע כרמך כלאים, תזכה לכרם ולזרוע שדה. מה כתיב אחריו? לא תחרוש בשור ובחמור, תזכה לשורים וחמורים. מה כתיב אחריו? לא תלבש שעטנז, תזכה לבגדים נאים מן צמר ולבגדים נאים מפשתים. מה כתיב אחריו? גדלים תעשה לך, תזכה למצות ציצית. מה כתיב אחריו? כי יקח איש אשה, תזכה לאשה ולבנים. הרי למדנו שמצוה גוררת מצוה ועבירה גוררת עבירה לפיכך נסמכו פרשיות אלו זו לזו."

496 ספר החינוך מצוה שפז: "והמצוה הזאת באמת יסוד גדול בדת, כי המחשבות הרעות אבות הטומאות, והמעשים ילדיהן, ואם ימות האדם טרם יוליד אין זכר לבנים, נמצאת זאת המניעה שורש שכל הטובות יוצאות ממנה. ודע בני ותהא מרגלא בפומך מה שאמרו זכרונם לברכה [אבות פ"ד מ"ה], עברה גוררת עברה ומצוה גוררת מצוה, שאם תשית דעתך למלאות תאותך הרעה פעם אחת תמשך אחריה כמה פעמים, ואם תזכה להיות גבור בארץ לכבוש יצרך ולעצום עיניך מראות ברע פעם אחת יקל בעיניך לעשות כן כמה פעמים. כי התאוה תמשוך הבשר כמשוך היין אל שותיו, כי הסובאים לא תשבע נפשם לעולם ביין אבל יתאוו אליו תאוה גדולה, ולפי הרגילם נפשם בו תחזק עליהם תאותם, ולו ישתו שם כוס מים יפוג יקוד אש תאות היין ויערב להם. כן הדבר הזה, כל איש בהרגילו בתאוות ובהתמידו בהן יחזק עליו יצרו הרע יום יום, ובהמנעו מהם ישמח בחלקו תמיד כל היום, ויראה כי האלהים עשה את האדם ישר והמה בקשו חשבונות רבים ללא תועלת של כלום."

497 כמו שראינו לעיל בשם המלבי"ם בהתורה והמצוה על הפסוק "לא תתורו" במדבר טו:לט, וביאורו לסדר הפסוקים 'אחרי לבבכם ואחרי עיניכם' ומה שדרשו חז"ל בספרא על הפסוק כי לפי זה אפילו סומא יכול לעבור על לאו זה כיון שהכל תלוי בלב.

498 עיין בספר החינוך מצוה שפז: "ענין לאו זה שנמנענו שלא ניחד מחשבותינו לחשוב בדעות שהם היפך הדעת שהתורה בנויה עליו לפי שאפשר לבוא מתוך כך למינות, אלא אם יעלה על לבו רוח לחשוב באותן דעות הרעים יקצר מחשבתו בהם וישנה לחשוב בדרכי התורה האמתיים והטובים. וכמו כן שלא ירדוף האדם אחר מראה עיניו. ובכלל זה שלא לרדוף אחר תאוות העולם הזה כי אחריתם רעה וכדי בזיון וקצף."

referring to straying after thoughts that could lead to heresy. Actual thoughts of heresy are directly prohibited under the mitzvos of *Anochi*, *Lo Yihyeh*, and *Yichud Hashem*. Hence, the wording here is very precise and addresses an earlier stage. These words forbid thoughts or thought processes that could lead a person to actual heretical thoughts.[499]

The second aspect of *Lo Sassuru* is described as straying "after your eyes," referring to the temptations one sees with the eyes. While immoral acts are, of course, prohibited by the Torah, *Lo Sassuru* adds a layer by forbidding fantasizing about,[500] or gazing upon, anything that could tempt one to commit an actual act of immorality proscribed by the Torah.[501]

---

499 רמב"ם הלכות עבודת כוכבים פרק ב הלכה ב-ג: "(ב) ספרים רבים חברו עובדי כוכבים בעבודתה היאך עיקר עבודתה ומה מעשיה ומשפטיה צונו הקב"ה שלא לקרות באותן הספרים כלל ולא נהרהר בה ולא בדבר מדבריה ואפילו להסתכל בדמות הצורה אסור שנאמר אל תפנו אל האלילים ובענין הזה נאמר ופן תדרוש לאלהיהם לאמר איכה יעבדו שלא תשאל על דרך עבודתה היאך היא אע"פ שאין אתה עובדה שדבר זה גורם להפנות אחריה ולעשות כמה שהן עושין שנאמר ואעשה כן גם אני: (ג) וכל הלאוין האלו בענין אחד הן והוא שלא יפנה אחר עבודת כוכבים וכל הנפנה אחריה בדרך שהוא עושה בו מעשה הרי זה לוקה ולא עבודת כוכבים בלבד הוא שאסור להפנות אחריה במחשבה אלא כל מחשבה שהוא גורם לו לאדם לעקור עיקר מעיקרי התורה מוזהרין אנו שלא להעלותה על לבנו ולא נסיח דעתנו לכך ונחשוב ונמשך אחר הרהורי הלב מפני שדעתו של אדם קצרה ולא כל הדעות יכולין להשיג האמת על בוריו ואם ימשך כל אדם אחר מחשבות לבו נמצא מחריב את העולם לפי קוצר דעתו כיצד פעמים יתור אחר עבודת כוכבים ופעמים יחשוב ביחוד הבורא שמא הוא שמא אינו מה למעלה ומה למטה מה לפנים ומה לאחור ופעמים בנבואה שמא היא אמת שמא היא אינה ופעמים בתורה שמא היא מן השמים שמא אינה ואינו יודע המדות שידין בהן עד שידע האמת על בוריו ונמצא יוצא לידי מינות ועל ענין זה הזהירה תורה ונאמר בה ולא תתורו אחרי לבבכם ואחרי עיניכם אשר אתם זונים כלומר לא ימשך כל אחד מכם אחר דעתו הקצרה וידמה שמחשבתו משגת האמת כך אמרו חכמים אחרי לבבכם זו מינות ואחרי עיניכם זו זנות ולאו זה אע"פ שהוא גורם לאדם לטרדו מן העולם הבא אין בו מלקות."

500 עיין בלשון הגמ' ברכות יב: "אחרי עיניכם זה הרהור עבירה שנאמר ויאמר שמשון אל אביו אותה קח לי כי היא ישרה בעיני." וברור שנכלל ב"אחרי עיניכם" הרהורי עבירות זנות למיניהם כמו שהביאו חז"ל ראיה משמשון.

501 עיין בלשון ספר החינוך מצוה שפז: "...וכמו כן שלא ירדוף האדם אחר מראה עיניו." ועיין נמי סמ"ק מצוה ל: "...אחרי עיניכם דרשו רבותינו (סנהדרין צב) זהו זנות שלא יסתכל בנשים לשם זנות אף על גב דמסיק שהסתכלות בנשים מקרא דונשמרתם מכל דבר רע (ע"ז כ קידושין ע ב"ב נה שבת סד ברכות סא וכד) ההוא הסתכלות בנשים שלא לשם זנות רק שנהנה בהסתכלה אי דמיין עליה כשורי או כי קאקי חיורי שרי ומטעם זה אסרו חכמים להרצות מידו לידה מעות וכל דבר שיכוון לבא לידי הרהור זנות בנשים אסור לעשות..."
והנראה בביאור הדבר שהסתכלות בכוונת או מחשבת זנות היא עבירה מצד עצמה אבל

Don't Follow the Desires of Your Heart and Eyes — Lo Sassuru

The *Sefer HaChinuch* expands the idea of straying after one's eyes. He includes in this category any activity whereby a person pursues the pleasures of this world without appropriate intentions.[502] An example of appropriate intention would be eating to be healthy and to have the energy necessary to serve Hashem; eating merely to indulge an impulse would be characterized as inappropriately straying after one's eyes. One who partakes of physical pleasures simply to satisfy his desires becomes entrenched in the physical world and quickly finds himself on a "slippery slope" toward actual sin. According to the *Sefer HaChinuch*, the Torah imposes boundaries at the early stage of intention in order to protect the person from reaching that point.

The Malbim explains that *Lo Sassuru*, as it relates to what the Torah calls "the desires of the heart," occurs in two stages. Initially, in our formative years (for the most part), we see and experience various things, and we associate feelings with those experiences. This starts with the most basic positive and negative associations, such as pain, pleasure, fear, etc., and can expand to more particular associations, such as one's favorite chocolate chip cookie. Once we are conditioned to certain associations, the feelings we associate with a particular experience and the pull to relive that moment can be easily triggered. At that point, the heart desires that experience and one is led toward it.

Following this pull is the second stage of straying after the desires of one's heart. *Lo Sassuru* guides one to not only avoid thoughts that lead to sin, but to work through one's inner bias and system of associations such that he is in greater control of the triggers that generate desire. In this manner, one addresses the root of the problem, which was developed in his formative years. One should question: Why do I desire

---

המסתכל בכוונה ליהנות מיופי אסרו חז״ל על סמך הפסוק ונשמרתם כיון שבקלות האדם יכול לבוא לידי הרהור וטומאה של שכבת זרע לבטלה.

502 עיין בספורנו על הפסוק במדבר טו:לט: "ואחרי עיניכם — להשיג תאוות שנתתם עיניכם בהם".

וכן איתא בספר החינוך מצוה שפז: "וכן מי שהוא תר אחר עיניו, כלומר שהוא רודף אחר תאוות העולם כגון שהוא משים לבו תמיד להרבות תענוגים גדולים לנפשו מבלי שיכוין בהן כלל לכוונה טובה, כלומר שלא יעשה כדי שיעמוד בריא ויוכל להשתדל בעבודת בוראו, רק להשלים נפשו בתענוגים, כל מי שהוא הולך בדרך זה עובר על לאו זה תמיד בכל עת עסקו במה שאמרנו."

this thing? Is it truly desirable or am I chasing after my conditioned association of good feelings with that experience?[503] This idea will be further expounded upon later in this book.[504]

Rabbeinu Yonah adds that *Lo Sassuru* includes planning or scheming to actually commit a sin of any kind.[505]

THE PRIMARY SCENARIO FOR BEING TESTED IN THIS PROHIBITION

The *Sefer HaChinuch* classifies *Lo Sassuru* as one of the Six Constant Mitzvos. As discussed previously, a prohibition is constant if the temptation to transgress it is constant. Thus, *Lo Sassuru* teaches that we must always be vigilant because the temptation to stray from the path of Hashem lurks just beneath the surface, no matter how connected to Him we may be.[506] This is a reality of the human condition. We must

---

503 עיין במדרש תהילים פרק יד שדורש על הפסוק בירמיה יז:י: "אני ה' חוקר לב ובוחן כליות למה הזכיר את הלב ואת הכליות מכל האיברים? אלא העינים הולכות אחר הלב והאזנים ומאתים ושמונה אברים שבאדם כולם הולכים אחר הלב והכליות יועצות את הלב והלב גומר לפיכך אני מזכיר את הלב והכליות בלבד והקב"ה חוקר את הלב ובוחן את הכליות."

504 המלבי"ם בהתורה והמצוה לפסוק במדבר טו:לט וז"ל: "...והנה דעת רבים שהתעוררות חמדת הלב אל העברה בא מסבת החושים כמו שאמרו העין רואה והלב חומד ואמרו שאין אדם מתאוה אלא ממה שראו עיניו אמנם חז"ל דייקו ההיפך כי בצד אחד לולא קדמו ציורי התאוה למשול בלבו בדרך רע או דרכי מינות שמשלו בלבו להסיר מפניו יראת ה' ופחדו לא היה נפעל ממראה עיניו ומה שנפעל ממראה עיניו אל התאוה זה אות כי כבר סללו ציורי התאוה מסילה בלבבו מקודם וכן שקדמו בלבו מחשבות שאין להקל ביראת ה' המשקיף על נסתריו ונגלהו ומזה הסביר הראב"ע (האבן עזרא) מה שצותה התורה 'לא תתאוה בית רעך ולא תחמוד אשת רעך' שאם ישפיל ציורי התאוה ולא יעלה על פני הלב וכן אם יזכור תמיד שה' צוה והזהיר ועומד עליו ורואה במעשיו לא יגיע לידו חיבה כלל כמו שלא יחמוד הכפרי בבת המלך וזהו שאמר שהעינים הולכים אחרי הלב שלולא ציורי התאוה שקננו בלבו לא יתפעל מראות עיניו ועל כן הקדים ולא תתורו אחרי לבבכם שהוא הקודם לצייר ציורי התאוה ומדות הרעות ואז יתור אחרי עיניו והביאו ראיה נגד האומרים שלא יתפעל הלב אל הציורים הרעים רק על ידי שהובילו אותם העינים אל הנפש פנימה דהא גם הסומא יעשה תועבות גדולות אף שלא ראה בעיניו."

505 עיין רבינו יונה בספר שערי תשובה שער ג אות מה: "ולא תתורו אחרי לבבכם ואחרי עיניכם הוזהרנו בזה שלא לחשוב לעשות עבירה וכל דבר פשע וחטא כענין שנאמר במשלי כד:ח מחשב להרע ושלא להרהר בדברי המינים פן יכשל וימשך אחריהם."

506 זה פשטות הקרא בבראשית ו:ה: "וירא ה' כי רבה רעת האדם בארץ וכל יצר מחשבת לבו רק רע כל היום." ועיין במסכת סנהדרין צא. שדורש את הפסוק בבראשית ד:ז "לפתח חטאת רובץ": "וא"ל אנטונינוס לרבי נשמה מאימתי ניתנה באדם משעת פקידה או משעת יצירה א"ל משעת יצירה א"ל אפשר חתיכה של בשר עומדת שלשה ימים בלא מלח

therefore live our lives aware of this reality and maintain a strategy to avoid slipping into sin. Our sages expressed this notion in *Pirkei Avos*. "Hillel says…don't believe in yourself until the day you die."[507] This teaching does not mean that one should belittle oneself or doubt his own potential, rather one must remain aware that even if he reaches true achievements of spiritual growth, he does not become immune to falling. Yochanan, the High Priest, served in his position loyally for eighty years, but at the end of his life he became a Sadducee.[508] One must always live with caution and a sense of the vulnerability of the human condition.

While we have established that *Lo Sassuru* requires that we remain vigilant and mindful of our human nature, there are three scenarios whereby a person can actively violate *Lo Sassuru*:

- When thinking, contemplating, or reading about an idea which borders on or leads to heresy. If a person does not resist the temptation to explore the idea further, he violates the prohibition.[509]
- When engaged in a physical, mundane activity, such as

ואינה מסרחת אלא משעת פקידה אמר רבי דבר זה למדני אנטונינוס ומקרא מסייעו שנאמר (איוב י, יב) ופקודתך שמרה רוחי ואמר ליה אנטונינוס לרבי מאימתי יצה"ר שולט באדם משעת יצירה או משעת יציאה א"ל משעת יצירה א"ל א"כ בועט במעי אמו ויוצא אלא משעת יציאה אמר רבי דבר זה למדני אנטונינוס ומקרא מסייעו שנאמר (בראשית ד, ז) לפתח חטאת רובץ" היינו שהיצר הרע כבר פועל באדם מיום שנולד.

507 משנה באבות ב:ד "ואל תאמין בעצמך עד יום מותך."

508 עיין בברכות כט.: "והא תנן אל תאמן בעצמך עד יום מותך, שהרי יוחנן כהן גדול שמש בכהונה גדולה שמונים שנה, ולבסוף נעשה צדוקי."

509 כדאיתא ברמב"ם הלכות עכו"ם פרק ב הלכה ב: "וכל הנפנה אחריה בדרך שהוא עושה בו מעשה הרי זה לוקה ולא עבודת כוכבים בלבד הוא שאסור להפנות אחריה במחשבה אלא כל מחשבה שהוא גורם לו לאדם לעקור עיקר מעיקרי התורה מוזהרין אנו שלא להעלותה על לבנו ולא נסיח דעתנו לכך ונחשוב ונמשך אחר הרהורי הלב מפני שדעתו של אדם קצרה ולא כל הדעות יכולין להשיג האמת על בוריו ואם ימשך כל אדם אחר מחשבות לבו נמצא מחריב את העולם לפי קוצר דעתו כיצד פעמים יתור אחר עבודת כוכבים ופעמים יחשוב ביחוד הבורא שמא הוא שמא אינו מה למעלה ומה למטה מה לפנים ומה לאחור ופעמים בנבואה שמא היא אמת שמא היא אינה ופעמים בתורה שמא היא מן השמים שמא אינה ואינו יודע המדות שידין בהן עד שידע האמת על בוריו ונמצא יוצא לידי מינות ועל ענין זה הזהירה תורה ונאמר בה ולא תתורו אחרי לבבכם ואחרי עיניכם אשר אתם זונים כלומר לא ימשך כל אחד מכם אחר דעתו הקצרה וידמה שמחשבתו משגת האמת כך אמרו חכמים אחרי לבבכם זו מינות."

eating, drinking, cohabiting, etc., for purely selfish and base intentions.[510]

- Upon seeing certain things (more details to follow) a person must take care to turn their gaze away so as not to stray into inappropriate or immoral thought. Failing to do so is a violation of *Lo Sassuru*.[511]

PASSIVE VIOLATION — (LAV SHE'AIN BO MA'ASEH)

Many transgressions delineated in the Torah have an action component. These transgressions bear specific earthly and heavenly punishments, depending on the act and the degree of culpability as specified in the Torah. There is, however, a category of negative commandments that can be violated without any action. These prohibitions, while no less forbidden, do not generate any earthly or heavenly punishment. *Lo Sassuru* is in this latter category; one violates it by his or her inaction and by allowing oneself to stray.[512]

---

510   זה לשון הספר החינוך מצוה שפז: "וכן מי שהוא תר אחר עיניו, כלומר שהוא רודף אחר תאוות העולם כגון שהוא משים לבו תמיד להרבות תענוגים גדולים לנפשו מבלי שיכוין בהן כלל לכוונה טובה, כלומר שלא יעשה כדי שיעמוד בריא ויוכל להשתדל בעבודת בוראו, רק להשלים נפשו בתענוגים, כל מי שהוא הולך בדרך זה עובר על לאו זה תמיד בכל עת עסקו במה שאמרנו."

511   זה כוונת הפסוק בספר ישעיה לג:טו: "...ועוצם עיניו מראות ברע" שמדבר על מעלות ישעיה שהיה עוצם עיניו מלראות בכל דבר האסור לראות.
ועיין נמי בגמ' בבא בתרא נז: דהכי איתא "(ישעיהו לג, טו) ועוצם עיניו מראות ברע א"ר חייא בר אבא זה שאין מסתכל בנשים בשעה שעומדות על הכביסה היכי דמי אי דאיכא דרכא אחריתא רשע הוא אי דליכא דרכא אחריתא אנוס הוא לעולם דליכא דרכא אחריתא ואפ"ה מיבעי ליה למינס נפשיה." ועיין שם ברש"י "היכי דמי — דמשתבח ביה קרא אם עוצם עיניו דמשמע שאם לא יעצים עיניו אינו לא צדיק ולא רשע: אי דאיכא דרכא אחרינא — ואזיל בהך: רשע הוא — ואף על פי שעוצם עיניו שלא היה לו לקרב אלא להרחיק מן העבירה דקיימא לן חולין (דף מד:) הרחק מן הכיעור: אנוס הוא — אם מסתכל דרך הליכתו ואונס רחמנא פטריה ולמה מזקיקו הכתוב להעצים עיניו דמדמשתבח ביה קרא שמעינן דצריך לעצום עיניו: למינס נפשיה — להטות עיניו לצד אחר והיינו דמשתבח ביה קרא דאי אניס נפשיה חסיד הוא."

512   עיין בלשון ספר החינוך מצוה שפז: "ואין לוקין על לאו זה, לפי שאין זה דבר מסוים שנוכל להתרות בו העובר עליו, כי מהיות האדם בנוי בענין שאי אפשר לו שלא יראה בעיניו לפעמים יותר ממה שראוי, וכמו כן אי אפשר לו שלא תתפשט המחשבה לפעמים יותר מן הראוי, על כן אי אפשר להגביל האדם בזה בגבול ידוע. גם כי פעמים אפשר לעבור על לאו זה מבלי שום מעשה, וכבר כתבתי למעלה שכל לאו שאפשר לעבור עליו מבלי מעשה אף על פי שעשה בו מעשה אין לוקין עליו לפי הדומה."

One should not take *Lo Sassuru* lightly. Human nature has the potential to distract a person and divert one to a course in life that will not only leave the person without a portion in the World to Come, but often without anything to show for himself in this world either. *Lo Sassuru* can provide an antidote to this feature of our nature and help us stay the course of devotion and service of Hashem.[513]

"AFTER THE DESIRES OF YOUR HEART" – THIS REFERS TO HERESY

We learned above that actual heresy is explicitly forbidden as violations of *Anochi*, *Lo Yihyeh*, and *Yichud Hashem*. Our Sages teach that "following after the 'desires of your heart' refers to heresy,"[514] meaning that it is also forbidden to engage in thoughts or thought processes that can lead a person to heresy.

The Rambam summarizes, "And not only is it forbidden to investigate the concepts within idol worship, but rather we are prohibited from entertaining, focusing our attention on, or getting drawn into any thought that can cause a person to uproot one of the fundamental principles of Torah. This is because the human mind is frail and limited, and not everyone can delve into the intellectual depths and underpinnings of truth successfully. If everyone was to simply follow his own thoughts, the world would be destroyed due to the limited ability of humans to reach the depths of truth. Thus, the Torah warns us by saying, 'Do not follow after the desires of your hearts and eyes,' meaning people should not follow after their frail and limited intellect, thinking they have grasped the depth of truth."[515]

---

513 עיין ברמב"ם הלכות עבו"ם פרק ב הלכה ג: "... ולאו זה אע"פ שהוא גורם לאדם לטרדו מן העולם הבא אין בו מלקות."

514 עיין ברכות יב: "דתניא אחרי לבבכם זו מינות וכן הוא אומר (תהלים יד, א) אמר נבל בלבו אין אלהים אחרי עיניכם זה הרהור עבירה שנאמר (שופטים יד, ג) ויאמר שמשון אל אביו אותה קח לי כי היא ישרה בעיני אתם זונים זה הרהור ע"ז וכן הוא אומר (שופטים ח, לג) ויזנו אחרי הבעלים."

515 עיין ברמב"ם הלכות עבודת כוכבים פרק ב הלכה ג: "וכל הלאוין האלו בענין אחד הן והוא שלא יפנה אחר עבודת כוכבים וכל הנפנה אחריה בדרך שהוא עושה בו מעשה הרי זה לוקה ולא עבודת כוכבים בלבד הוא שאסור להפנות אחריה במחשבה אלא כל מחשבה שהוא גורם לו לאדם לעקור עיקר מעיקרי התורה מוזהרין אנו שלא להעלותה על לבנו ולא נסיח דעתנו

Outside Works — Sefarim HaChitzonim

The Mishnah teaches, "All of the people of Israel have a share in the World to Come, as it says, 'Your nation are all righteous they will inherit the land for eternity, my transplanted tree my handiworks through which I have pride.' And these are the specific people who will not have a share in the World to Come: One who denies that the resurrection of the dead is a concept rooted in *Tanach*, or that Torah is not from Hashem, or a heretic. Rabbi Akiva includes anyone who reads *Sefarim HaChitzonim*, books from the outside."[516]

The Gemara later goes on to define *Sefarim HaChitzonim* as either one of the following:[517]

- *Sefer Ben Sira*: The writings of a man named Ben Sira. While these proverbial teachings did contain some ideas which may have had value, they were intertwined with words of emptiness and vanity. The work was thus viewed as a distraction and something that could lead to *bittul Torah*, wasting precious time that could be used for Torah.
- *Sifrei Minim* (the books of the heretics): This is a reference to any books which contain heresy.

The Books of the Heretics — Sifrei Minim

The Rishonim identify heretical works as the writings of Aristotle and other Greek philosophers, as well as any philosophical work that

---

לכך ונחשוב ונמשך אחר הרהורי הלב מפני שדעתו של אדם קצרה ולא כל הדעות יכולין להשיג האמת על בוריו ואם ימשך כל אדם אחר מחשבות לבו נמצא מחריב את העולם לפי קוצר דעתו כיצד פעמים יתור אחר עבודת כוכבים ופעמים יחשוב ביחוד הבורא שמא הוא שמא אינו מה למעלה ומה למטה מה לפנים ומה לאחור ופעמים בנבואה שמא היא אמת שמא היא אינה ופעמים בתורה שמא היא מן השמים שמא אינה ואינו יודע המדות שידין בהן עד שידע האמת על בוריו ונמצא יוצא לידי מינות ועל ענין זה הזהירה תורה ונאמר בה ולא תתורו אחרי לבבכם ואחרי עיניכם אשר אתם זונים כלומר לא ימשך כל אחד מכם אחר דעתו הקצרה וידמה שמחשבתו משגת האמת כך אמרו חכמים אחרי לבבכם זו מינות ואחרי עיניכם זו זנות ולאו זה אע"פ שהוא גורם לאדם לטרדו מן העולם הבא אין בו מלקות."

516 סנהדרין צ.
517 סנהדרין ק:

denies the basic axioms of our faith.[518] These writings, which focus on questions surrounding the origin of the universe, tend to reject the notion of Divine Providence and Hashem's direct involvement in the lower order of reality, even though they largely accept that He does exist.[519] The Rambam summarized the objection to these works in his ruling[520] that a Jew must avoid reading or looking into any books, writings, or ideas that could uproot any of the foundations of the Torah.[521]

Modern day atheists, who explicitly deny the existence of G-d altogether, would certainly be considered *minim*. Their works would undoubtedly be included in the category of *sifrei minim*.[522]

---

518 עיין נמי במסכת סנהדרין ק: במשנה שאסרו לקרות בספרים החיצונים והקורא בהם אין לו חלק לעולם הבא ובפירוש הרב עובדיה ברטנורא שם: "ספרי מינים כגון ספרי אריסטו היוני וחבריו."

ועיין נמי במסכת ברכות כח: באופן אחר: "תנו רבנן כשחלה רבי אליעזר נכנסו תלמידיו לבקרו אמרו לו למדנו אורחות חיים ונזכה בהן לחיי עולם הבא אמר להם הזהרו בכבוד חבריכם ומנעו בניכם מן ההגיון והושיבום בין ברכי תלמידי חכמים וכשאתם מתפללים דעו לפני מי אתם עומדים ובשביל כך תזכו לחיי העולם הבא." ואף שרש"י שם פירש "ההגיון" — להרגילום במקרא יותר מדאי, מ"מ עיין בצל"ח שם בסוגיא שפירש את זה על עניין לימוד הפילוסופיה אלא שכאן הגמ' רק אומרת "מנעו בניכם מן ההגיון" ואין כאן ארור ולא עניין איסור מפורש. הצל"ח גם מוסיף שזה מטעם "עת לעשות לה'" שצריכים אנו לשמור עצמנו ממשיכה לעקור את יסודות התורה, ויש לעיין בכוונתו.

519 וזה לשון הריב"ש בתשובה סימן מה: "אבל ספרי הטבע לא מן השם הוא זה [היינו שאינם בכלל חכמת יונית], אבל ראוי לימנע מהם אם הם מתאמצים לעקור עיקרי תורתינו הקדושה ובפרט שני עמודי התוך אשר היא נכונה עליהם שזהו חידוש העולם והשגחת השם יתברך בפרטי המין האנושי," והוא מוסיף שם שגם סברו כן הרב האי גאון והרשב"א.

520 הל' עבודת כוכבים ב:ג

521 עיין לקמן במצוה זו נעיין איך הראשונים הצדיקו לעצמם ללמוד ספרי המינים.

522 דבר זה יוצא ברור מלשון הרמב"ם בהלכות תשובה פרק ג הלכה ז-ח: "חמישה הן הנקראים מינים: האומר שאין שם אלוה ואין לעולם מנהיג, והאומר שיש שם מנהיג אבל הן שנים או יותר, והאומר שיש שם רבון אחד אבל שהוא גוף ובעל תמונה, וכן האומר שאינו לבדו הראשון וצור לכל, וכן העובד כוכב או מזל וזולתו כדי להיות מליץ בינו ובין רבון העולמים. כל אחד מחמשה אלו הוא מין. (ח) שלשה הן הנקראים אפיקורסין: האומר שאין שם נבואה כלל ואין שם מדע שמגיע מהבורא ללב בני האדם, והמכחיש נבואתו של משה רבינו, והאומר שאין הבורא יודע מעשה בני האדם. כל אחד משלשה אלו הן אפיקורוסים. שלושה הן הכופרים בתורה: האומר שאין התורה מעם ה', אפילו פסוק אחד, אפילו תיבה אחת, אם אמר משה אמרו מפי עצמו, הרי זה כופר בתורה, וכן הכופר בפרושה והוא תורה שבעל פה, והמכחיש מגידיה, כגון צדוק ובייתוס, והאומר שהבורא החליף מצוה זו במצוה אחרת, וכבר בטלה תורה זו אע"פ שהיא היתה מעם ה', כגון ההגרים. כל אחד משלשה אלו כופר בתורה."

הבאתי כל לשונו שם וברור שמינות כולל אלו שסוברים שיש שם אלוה אלא שאינו מנהיג וגם אלו שסוברים שאין שם אלוה כלל. ולא אלו בלבד אלא כל הכתבים שמעוררים

Books about Nature and Secular Knowledge — Sifrei HaTeva V'haSheva Chochmos

Sifrei minim, works of heresy, are forbidden to read and investigate. In the context of evaluating and defining *sifrei minim*, we find the Rishonim struggling with the question of whether there is a problem with reading other books of secular knowledge, such as scientific works, especially if there may be some heretical ideas mixed in.

The Rashba famously backed a ban forbidding all learning of such "secular wisdom" unless both the student and teacher were over twenty-five years of age.[523] There was grave concern that the methodologies used in these books would lead an immature student away from Torah. On the other hand, *Chachmei Proventzia*, the leaders of the Jewish communities in France and Italy at the same time, did allow younger students to learn these books.[524] The *Chochmei Proventzia* argued that

---

חששות וספקות בכל היסודות של הבורא מנהיגותו והשגחתו, תורה מן השמים (בכתב או בעל פה), נבואה, שכר ועונש, וכו' הוא נכלל באיסור זה.

523 עיין בתשובות הרשב"א חלק א סימן תטז וז"ל: "עשינו עתה לכרם ה' צבאות מחיצה גמורה נטלנו שיבא מכשורה והחרמנו בחרם גמור כאשר תראו רשום בכתב אמת בספר הברית אשר כרתנו לאלקינו שלא ילמדו ושלא ילמדו אותן החכמות עד שיהיו הלומד והמלמד בן עשרים וחמש שנה ואחר שימלא כריסו מעדני תורה..."

524 עיין בשו"ת הרשב"א חלק א סימנים תיד — תיח השייכים לחרם שהרשב"א החרים על חכמי פרובנציה. וידוע שתוכן העניין היה למוד השבע חכמות מספרי המינים (שבזמנם כל הלימוד הזה היה מעורב ומשולב עם דברי הבאי וכפירה תוך כדי לימוד עצם החכמה של הטבע). חכמי פרובנציה טענו שהם ידעו איך לברר ולהפריד בין הטפל והעיקר ולא לימשך אחרי הטפל, והרשב"א כתב בסימן תיד: "...כי הדברים מושכים את הלב בעבותות אהבה וסופם כסופה מעורר על תורת אמת מסה ומריבה לפי שכל דבריהם בנויין על הטבע ובני אדם אשר בעפר יסודם ימשכם הטבע בחוט הסרבל ובלבם על התורה יחבל...וכל המאמין בדבר שלא יגזרהו ההקשים הטבעיים יקראו אותו פתי יאמין לכל דבר והם לבדם בעיניהם בעלי חכמה ואנחנו נחשבנו כבהמה...ואם יש בספרים ההם קצת דברים מועילים יש בהם כמה נזקים ושועלים כרמים מחבלים ומודכים המתמיד בהם בחבלי השוא ונתעה לא יאמן ויצא שבר הדבר הטוב ההוא בהפסדיו במכות אשר הכוהו חרמים בין ידיו."

ובסימן תיח שמביא מענה מחכמי פרובנציה זה לשונם: "...אלו תערומות החכמה וטענותיה להציל את נפשה ולהפך בזכותה והיא הכוללת ההגיון והטבע והאלהות אשר אתם מבקשים לקחתה ותועלותיהם בלי ספק רבים להעמיד האדם על ידיעת בוראו במופת ועל הרחקת האמונות הכוזבות בחק התורה מעליו ובכלל הנה תועלות החכמה האנושית רבו מספור בחזוק הלבבות בתורת משה רבינו עליו השלום אשר היא מקור חיינו ומי יבא על תכליתם..."

ובהמשך מנו שם לפחות שבע תועליות חשובות שהאדם משיג בלימוד חכמות אלו. ומובן מכל זה שדברו אף על לימוד חכמת ההגיון והטבע (אלא שיש לעיין אם הרשב"א יתנגד

one needs much of the general knowledge taught in these works to understand Torah properly. They felt that it was possible for the teacher and student to filter out any objectionable material in such books and retain the valuable knowledge contained therein.[525]

It is important to note that in the Middle Ages, when the Rashba and his contemporaries dealt with this question, science and philosophy were intertwined. As such, books of secular knowledge were often predicated upon and peppered with heresy. The Rashba was concerned, based on what he saw around him, that people could not rely on themselves to filter out problematic material.

Moreover, argued the Rashba, even books that did not contain specific sections or passages of heresy could lead one astray with their overall methodology. These books encouraged methods of inquiry that could push one outside the boundaries of faith by insisting, for example, that only that which can be empirically observed or proven should be taken as truth. Although there is value in the knowledge itself, one can find himself in a weaker place in his relationship with Hashem if this approach is taken out of context or overemphasized. An attempt was made to address these concerns by restricting such study to older and more developed students.

A third reservation voiced by the Rashba was that we should be able to glean much of the knowledge we need from within the Torah's traditions. Accordingly, one should be prepared to sacrifice greater levels of knowledge in order to maintain a fence around his or her *emunah*.

In the *Shulchan Aruch*, the Rema rules that a person should not study other sources of wisdom on a regular basis; rather, Torah study should

---

ללימוד חכמת הטבע וההגיון כשהספר שלומדים ממנו והמורה אינם משלבים ומערבים שום דבר מדברי מינות).

525 עיין מעין פשרה בלשון שו"ת הריב"ש סימן מה: "...אמנם ספרי הטבע המפורסמים לא מן השם הוא זה אבל ראוי לימנע מהם אם הם מתאמצים לעקור עקרי תורתינו הקדושה." ועיין נמי בספר מגן אבות לרשב"ץ על מסכת אבות פרק ב משנה יט וז"ל: "...וכן מה שאסרו ללמוד חכמת יונית כמו שנזכר בפרק מרובה ואחרון מסוטה לא אמרו זה על חכמה שהיא על דרך חקירה שכלית ...ומה שאמרו בברכות בפרק תפילת השחר מנעו בניכם מן ההגיון אינו כולל חכמת א"ל מנט"ק (שזה חכמת הלוגיקה בלשון ערבי)." ומפורש בדבריו שעצם לימוד ספרי הטבע שהם בנויים על מהלך של דרך חקירה שכלית אינו אסור.

be one's main focus.[526] Yet, he acknowledges that one may study other books occasionally, provided that one avoids *sifrei minim*, books of heresy, entirely.

In our world today, books of secular knowledge do not usually carry problematic or heretical messages. Nonetheless, there are different approaches regarding the extent that secular knowledge should be included in various Jewish educational frameworks.

Situations When These Materials May Be Permitted

All of the above notwithstanding, we know that the Rambam, Ramban, and many other great leaders throughout the generations did, in fact, delve into these subjects. Clearly, there are situations that permit reading and investigating even topics that involve heresy.[527]

One general rule is that it is permitted to learn in order to apply Torah law (*l'hislamed Shani*).[528] The Talmud uses this principle in several instances to permit activities that may be forbidden under any other circumstances. For example, a judge or a Rav may investigate sorcery or idol worship practices to understand exactly how they are done. He must do so in order to appropriately apply the relevant Torah law in cases that come before him. This rule would permit specific individuals, in relevant types of leadership positions, to investigate those matters they need to know. This could possibly be applied to heresy as well.

Another principle is that we should know what to answer to the heretic. We should not be vulnerable to challenges and criticisms of nonbelievers, and we must have the knowledge necessary to refute

---

526 עיין רמ"א יו"ד סימן רמו:ד "ואין לאדם ללמוד כי אם מקרא משנה וגמרא והפוסקים הנמשכים אחריהם ובזה יקנה העולם הזה והעולם הבא אבל לא בלמוד שאר החכמות ומכל מקום מותר ללמוד באקראי בשאר חכמות ובלבד שלא יהיו ספרי המינים..."

527 עיין בשו"ת הריב"ש סימן מה, ובספר ליקוטי אמרים תניא פרק ח שהקשו על הרמב"ם והרמב"ן ודעמם מהראשונים שלמדו חכמות אלו.

528 עיין בכמה מקומות בגמ' חז"ל התירו ללמוד ולהיכנס להתעסק בכמה סוגי איסורים כדי להבין ולהורות בתור דיין ומנהיג: סנהדרין סח., ר"ה כד:, וע"ז יז:. אבל עיין במסכת ע"ז ד. מעשה ברב ספרא שאמרו חבריו עליו שהוא אדם גדול והמינים בחנו אותו בשאלתם על סתירות בפסוקים והוא לא ידע לענות והגמ' אומרת שהוא היה אדם גדול ותלמיד חכם בגמ' אבל לא במקרא ולכן לא ידע להשיב למינים על סתירתם. ומשמע קצת מגמ' זו שיש אנשים ששייכים לתחום הזה ויש שאינם שייכים.

their attacks on the Torah. A Jew who is likely to come into contact with a heretic needs to be familiar with the subject matter and arguments of heresy. But just as the preceding exception is limited, this principle, too, could be limited to those individuals who are positioned in such a way that they truly need to be able to have dialogues with heretics to defend Torah and protect its integrity.[529]

We also know of a concept based on the verse, "It is a time to act for Hashem, they have abandoned your Torah."[530] This rule allows an individual, in some instances, to do things that would otherwise be prohibited. Such extreme situations could occur when sinning is necessary to save the Jewish People and the Torah.[531] It should be self-evident that

529 עיין במשנה בפרקי אבות פרק ב:יד "ודע מה להשיב לאפיקורס."
ועיין בשו"ת הריב"ש סימן מה וז"ל: "כדי להשיב את האפיקורס עשה ספר המורה לסתור המופתים והראיות שהביא הפילוסוף לקיים קדמות העולם וכן בענין ההשגחה ולפי שהיו בזמנו הרבה מישראל נבוכים בעקרי התורה מפני מה שלמדו מן החכמה ההיא ויש לומר כמו שאמרו במסכת חגיגה טו. על רבי מאיר היכי גמיר תורה מפומיה דאחר וכו' והיתה התשובה רבי מאיר קרא אשכח ודרש 'הט אזנך ושמע דברי חכמים ולבך תשית לדעת' לדעתם לא נאמר אלא לדעתי כלומר שרשעים הם ועם כל זה אמר הט אזנך ובארו שם הא בגדול הא בקטן כלומר כשהתלמיד אדם גדול מותר שיבור הסולת וישליך הפסולת כמו שאמרו שם רבי מאיר רמון מצא תוכו אכל קליפתו זרק."
ראינו שיש היתר לחכם ללמוד חכמות אלו כדי להשיב לאפיקורסים וסומכים עליו שהוא יתפוס את העיקר וישליך את הפסולת היינו יבין הטעות ויישב האמת על נכונו.
ועיין נמי בשולחן ערוך הרב הלכות תלמוד תורה קונטרס אחרון פרק ג: "...דבאמת יש לומר דבן דמא (עיין תלמוד ירושלמי מסכת פאה פרק א הלכה א) לא רצה ללמוד יונית לצרכיו כמ"ש היפה מראה שם אלא לתשובת המינים שיוכל להתוכח עמהם שהיה דבר מצוה או לדבר מצוה אחרת שיוכל להציל איזה ישראל כשיהיה קרוב למלכות אלא שהיא מצוה שאפשר לעשות על ידי אחרים כמו שאמר תוספות שלא היה בו צורך ציבור כל כך [ולכן רבי יהושע לא התיר לבן דמא]" ומשמע מכל הנ"ל שדע מה להשיב ולריישר דעתם של בני ישראל הטועים אין מוטל על כל אחד אלא דווקא לקצת אנשים המסוגלים וכשהצורך גדול.
ועיין בלקוטי אמרים תניא פרק ח וז"ל: "מה שאין כן בחכמת האומות עובדי גלולים הוא מלביש ומטמא בחינת חב"ד שבנפשו האלהית בטומאת קליפת נוגה שבחכמות אלו שנפלו שמה בשבירת הכלים מבחינת אחוריים של חכמה דקדושה כידוע ליודעי חן אלא אם כן עושה אותן קרדום לחתוך בהן כדי להתפרנס מהן בריוח לעבוד ה' או שיודע להשתמש בהן לעבודת ה' או לתורתו וזהו טעמו של הרמב"ם ורמב"ן ז"ל וסיעתן שעסקו בהם."

530 עיין תהלים קיט, קכו כתיב "עת לעשות לה' הפרו תורתך."

531 עיין במסכת ברכות נד. לדוגמא: "כל חותמי ברכות שבמקדש היו אומרים עד העולם משקלקלו המיני' ואמרו אין עולם אלא אחד התקינו שיהו אומרים מן העולם ועד העולם והתקינו שיהא אדם שואל את שלום חברו בשם שנאמר (רות ב, ד) והנה בעז בא מבית לחם ויאמר לקוצרים ה' עמכם ויאמרו לו יברכך ה' ואומר (שופטים ו, יב) ה' עמך גבור החיל ואומר (משלי כג, כב) אל תבוז כי זקנה אמך ואומר (תהלים קיט, קכו) עת לעשות לה' הפרו תורתך רבי נתן אומר

the concept of a "necessary sin" that can be used only under the most extreme conditions; nonetheless, it has been utilized over the course of our history. Some suggest that the Rambam and the Ramban relied on this idea when they studied and investigated Greek philosophy to better understand the challenges of their respective generations. Being well-grounded in Torah and *yiras Shamayim*, they felt they would be able to study these topics and avoid the potential pitfalls, and ultimately bring others back to the proper path with their own writings. Here, too, great caution is needed when making this calculation.[532]

What Is One Who Already Struggles with These Issues to Do?

In the preceding paragraphs, we summarized the views that prohibit, or severely limit, the study of philosophy and theology. These

---

הפרו תורתך משום עת לעשות לה'", ושם ברש"י הבין הכלל בזה "ואומר עת לעשות לה' הפרו תורתך — פעמים שמבטלים דברי תורה כדי לעשות לה' אף זה המתכוין לשאול לשלום חברו זהו רצונו של מקום שנאמ' בקש שלום ורדפהו מותר להפר תורה ולעשות דבר הנראה אסור." הרי מבואר בגמ' שהתירו איסור מפורש כדי לקיים אמונת ישראל שלא יבואו הרבים לחשוב שיש רק עולם אחד ולא שתי עולמות. וראינו שעל סמך היתר זה של עת לעשות התירו לכתוב תורה שבעל פה, וגם התירו ללומדי תורה להתפרנס מן התורה (עיין בכסף משנה הלכות תלמוד תורה ג:י), והתירו כמו כן לימוד תורה לנשים בדורות האחרונים. וזה גם הבנת כמה מפרשים להסביר את זה שהרמב"ם והרמב"ן התירו לעצמם לימוד הספרים החיצונים בכדי לדעת איך להשיב לבבות בני ישראל ולהציל התורה בכללותה.

532 עיין בריב"ש סימן מה: "ולכן הביא הרמב"ם ז"ל בראש ספר המורה פסוק זה של הט אזנך וכו' ועם כל זה לא נמלט הרב ז"ל מהמשך קצת אחר החכמה בקצת המופתים כגון בבן הצרפתית (מורה נבוכים חלק א פרק מב) ובמעמד הר סיני (מורה נבוכים חלק א פרק י) ואולי לא היתה כונתו רק באשר לא יוכל להשיב האנשים ההם לגמרי מן הקצה אל הקצה ובאר להם ענינים מעטים מן התורה בדרך מסכמת לפילוסופיא וגם זה כתבו ברמז ובהעלם גם במלאכים שנראו לאברהם אבינו עליו השלום אמר שהיה במראה הנבואה וכבר השיב עליו הרמב"ן ז"ל בפירוש התורה בפרשת וירא והחכם רבי יהודה הלוי ז"ל גם הוא היה חכם גדול בתלמוד ועשה פירוש נאה לתורה ולספרי הנביאים והלך בעקבות הרמב"ם ז"ל אמנם גם הוא הטו את לבבו אותן החכמות הרבה מדרך האמת והפך דעת הרב רבינו משה בקצת ענינים כגון בענין ידיעת השם בעתיד האפשרי וכן בעמידת השמש ליהושע והשיב צל המעלות אחורנית כתב דברים שאסור לשומעם וכן בהשארות הנפש ובהשגחה בענין עונשי הרשעים בעולם הזה כמ"ש כל זה בספרו קראו מלחמות ה' ומעתה ישא כל אדם קל וחומר בעצמו אם שני המלכים האלה לא עמדו רגליהם במישור בקצת דברים כבודם במקומם מונח ואם היו גדולי העולם איך נעמוד אנחנו אשר לא ראינו מאורות לערכם וכמה וכמה ראינו פרקו עול התפלה נתקו מוסרות התורה והמצוה מעליהם בסבת למוד אותן חכמות וכמו שאמר רבינו האי גאון בתשובה שכתבתי למעלה."

fields of study exist to address questions — such as the origins of life and the purpose of existence — that confound many people. We discussed the approach that suggests that we should limit ourselves to Torah study and hope that everything else we need will come with greatness in Torah. However, if one already struggles with these issues, what should he do? Must he refrain from studying books and ideas that may help him reach clarity and better understanding? Many Jews today do, in fact, struggle with these questions. Some may be completely detached from their Jewish roots or knowledge of Torah, others may be deeply connected to the Torah but due to their inquisitive nature or desire for greater clarity have already given much thought to the questions dealt with by these very philosophers whose works are discouraged, even forbidden.

Those individuals who are unfamiliar with Torah and who may not view the wisdom or values of the Torah as truly relevant to their lives cannot be expected to suspend their inquiry into other sources of knowledge. They do not view Torah as uniquely authoritative; even those who wish to study Torah would not do so at the expense of excluding the study of other works. It would be unreasonable, and entirely counterproductive, to tell them to refrain from studying philosophical works.

Rather, the approach most commonly taken is to encourage inquiry and to attempt to demonstrate that Torah is in fact rational and reasonable, and that it contains direct insight into Divine wisdom. This approach, combined with an effort to respond to philosophical challenges to Torah in the language of philosophical and rational discourse, shows that Torah and Torah study are not anti-intellectual pursuits.

Furthermore, even with respect to those who are already familiar with Torah and struggle with the questions of the philosophers, it is important to recognize the purpose of *Lo Sassuru*. The Torah is addressing the functioning of the human mind and the perils of unrestrained curiosity; it does not seek to control one's thinking or breed narrowness. As the Rambam writes, the concern is not that one may find that something other than the foundations of the Torah is true, but rather that once one begins to travel the path of inquiry, he may no longer be able to effectively judge what is true regarding these issues. The Torah is confident that our tradition is strong enough to justify itself — it is not necessary to engage in open-ended inquiry as to its veracity. Nevertheless, we know that many Rishonim encouraged bolstering the Torah belief system with evidence, clarification, and rational proofs.

Ultimately, whether one is presently committed to Torah but is challenged by philosophical questions, or one is entirely unsure of the relevance of Torah to his life, there can be a need to think about and explore these issues. The key factor is the attitude and assumption with which one begins. One should accept the Torah for what it is and look at the philosophical/theological/historical questions within the context of better understanding the truths of the Torah. This may be a long, ongoing, or even lifelong process, but one should not remain in a constant state of flux, evaluating the Torah and keeping score to determine how it stacks up against the other sources of knowledge he is currently reading or contemplating. It is only possible to truly appreciate and understand the Torah from within, not while sitting on the sidelines thinking about it.

"AFTER YOUR EYES" — THIS REFERS TO IMMORALITY

Immoral acts are, of course, forbidden. *Lo Sassuru* adds a layer of protection to guard one from sinning. One must take care not to be led astray by the pleasures of this world. Our eyes are our first line of defense against being swept away by the indulgences of the physical world.

More broadly, the mitzvah, "Do not stray after your eyes," includes (in addition to actually gazing upon anything that will lead to the arousal of desires that could lead to sin,[533]) fantasizing about immoral acts,[534] planning or scheming to commit an actual sin,[535] indulging in the

---

533 כמו שראינו לעיל בשם הספר החינוך מצוה שפז ובשם הסמ"ק מצוה ל.

534 כמו שראינו בגמ' ברכות יב: "אחרי עיניכם" — זו הרהורי עבירה.

535 כמו שראינו לעיל בשם רבינו יונה בשערי תשובה שער ג אות מה.

pleasures of this world without constructive intention,[536] and allowing one's physical biases to lead him astray.[537]

We should also keep in mind the words of the Rambam that *Lo Sassuru* is often treated lightly by people. It seems less severe because although it is a sin unto itself, this form of *Lo Sassuru* does not entail an actual act.[538]

Defining Forbidden Gazing

As noted, some Rishonim understand that the prohibition "Do not follow after your eyes" refers to gazing at women or anything that arouses the physical desires.

However, the *SeMaK* points out that there are actually two different types of gazing.[539] Gazing with immoral intent, such as gazing at a woman

---

536 כמו שראינו לעיל בספורנו על הפסוק "אחרי עיניכם" ובספר החינוך מצוה שפז.

537 כמו שראינו במלבי"ם בהתורה והמצוה על הפסוק אחרי עיניכם ובמדרש תהילים מזמור יד.

538 כמו שראינו לעיל בשם הרמב"ם הלכות עבודת כוכבים פרק ב הלכה ג.

539 סמ"ק מצוה ל: "...אחרי עיניכם דרשו רבותינו (סנהדרין צב) זהו זנות שלא יסתכל בנשים לשם זנות אף על גב דמסיק שהסתכלות בנשים מקרא דונשמרתם מכל דבר רע (ע"ז כ קידושין ע ב"ב נה שבת סד ברכות סא וכד) ההוא הסתכלות בנשים שלא לשם זנות רק שנהנה בהסתכלה אי דמיין עליה כשורי או כי קאקי חיורי שרי ומטעם זה אסרו חכמים להרצות מידו לידה מעות וכל דבר שיכון לבא לידי הרהור זנות בנשים אסור לעשות...", והנראה בביאור הדבר שהסתכלות בכוונת או מחשבת זנות הוא בעצם מטמא והוי עבירה מצד עצמה אבל המסתכל בכוונה ליהנות מיופי אסרו חז"ל על סמך הפסוק ונשמרתם כיון שבקלות האדם יכול לבוא לידי הרהור וטומאה של שכבת זרע לבטלה.

ועיין בבית שמואל על שו"ע אבן העזר סימן כא:א שהבין בדעת הרמב"ם שאיסור הסתכלות באשה אינה אלא איסור דרבנן, אבל בהלכות תשובה פרק ד הלכה ד מפורש שהמסתכל בעריות עובר משום לאו דאורייתא דלא תתורו וצ"ע.

ועיין עוד ברמב"ם בפרק כא מהלכות איסורי ביאה הלכה ב שקודם כל הביא איסור לקרוץ עין באשה ערוה אבל בהמשך אותו הלכה הביא שאסור להסתכל אפילו באצבע קטנה של אשה אם נתכוון ליהנות מיפיה.

ועיין בכל זה בלשון ספר התשובה על הרמב"ם בהלכות תשובה פרק ד הלכה ד: "המסתכל בעריות מעלה על דעתו שאין בכך כלום והוא אומר וכי בעלתי או קרבתי אצלה והוא אינו יודע שראיית העינים עון גדול שגורמת לגופו של עריות שנאמר ולא תתורו אחרי לבבכם ואחרי עיניכם. דבריו צ"ב שאיסור ולא תתורו לא מיירי בעריות דוקא, אלא המסתכל באשה ליהנות מיפיה עובר בלאו הזה, ולמה הרמב"ם קבע חומר הסתכלות בעריות דוקא, ואיסורו מפרש שיגיע לגופן של עריות, והלוא כל הסתכלות בנשים יש בזה איסור, וכן עלול להגיע לידי עבירה. ועיין נדרים (כ.) שכל הצופה בנשים סופו בא לידי עבירה, ולא מיירי בעריות דוקא, ואולי חידוש קמ"ל הרמב"ם כאן שמהסתכלות יבוא אפילו לידי עריות שאסורם חמור, ואף שבטל יצרא דעריות. ומיהו עיין לשונו פרק כ"א דאסו"ב (ה"ב)

with whom one would not be allowed to have a relationship, is prohibited under the heading of *Lo Sassuru*. The Torah is cautioning the person to maintain a distance from sin by not looking excessively at the source of his desire.[540] In the case of a man looking at a woman, this would be relevant with respect to any woman with whom one is forbidden to be intimate.

On the other hand, gazing upon a woman to appreciate her beauty would not necessarily be prohibited by *Lo Sassuru* since the person does not have immoral intention.[541] Nevertheless, the Torah instructs, "And

---

שדעתו לא מבורר, שפוסק שאסור לשחוק או לרמוז בעיניו או להסתכל ביופי, ומפרש בעריות דוקא, ושוב מביא בכל אשה שאסור להסתכל באצבע קטנה של אשה ליהנות, ולשמוע קול הערוה או לראות שערה אסור, ולשונו צ"ע ואכמ"ל."

והנראה לי פשוט דדעת הרמב"ם כמו דעת הסמ"ק במצוה ל שהגמ' שאוסרת הסתכלות משום לא תתורו מיירי בהסתכלות לשם זנות, וזוהי כוונת הרמב"ם בהלכות תשובה פרק ד הלכה ד שנקט לשון 'המסתכל בעריות' כלומר עם כוונת זנות, ובהלכות איסורי ביאה הלכה ב שכתב לקרוץ עין אין זה בגדר הסתכלות כל כך. אבל כשכתב שאסור להסתכל באצבע קטנה של אשה אם נתכוון ליהנות מיופיה הרי מפורש שהגדיר בזה האיסור השני שהביאו חז"ל מהפסוק של 'ונשמרת מכל דבר רע' וכמו ביאור הסמ"ק שזה מיירי בהסתכלות עם כוונה ליהנות מיופיה דהוא אסור מטעם 'ונשמרת.' ועיין נמי בסמ"ג לאווין קכו שכתב שאסור מדברי חכמים באבות להסתכל בנשים ולכאורה אין כוונתו שהסתכלות תמיד איסור דרבנן אלא רק הסתכלות ליהנות מיופיה, כן נראה לי.

540 עיין בלשון הרמב"ם הלכות תשובה פרק ד הלכה ד: "...המסתכל בעריות, מעלה על דעתו שאין בכך כלום, שהוא אומר וכי בעלתי או קרבתי אצלה. והוא אינו יודע שראיית העינים עון גדול, שהיא גורמת לגופן של עריות, שנאמר: 'ולא תתורו אחרי לבבכם ואחרי עיניכם'"

541 עיין בחיי אדם כלל ד סעיף ד שהסתכלות בכוונה ליהנות מיופיה אסור משום 'לא תתורו.' ועיין נמי במ"ב סימן עה ס"ק ז בשם הפרי מגדים מ"ז סימן עה ס"ק א שהסתכלות ביופיה אסור מדאורייתא, ולכאורה משמע שהלאו הוא 'לא תתורו' כי לכו"ע 'ונשמרת' אינו אלא אסמכתא בעלמא. ועיין נמי בערוך השולחן אבן העזר סימן כא שכותב "ואסור לקרוץ להן בידיו או ברגליו ולרמוז להן בעיניו ולהרהר בהן וע"ז נאמר 'ולא תתורו'..."

הרי מכל הני פוסקים משמע שיש דרך להבין שאפילו איסור הסתכלות בכוונה ליהנות מיופיה כבר נאסר מטעם 'לא תתורו' וצריך עיון בסוגיות בש"ס עצמם לפי מה שראינו לעיל בסמ"ק שלכאורה מוכח שיש לחלק בין 'לא תתורו' ובין 'ונשמרת' כמו שהוא חילק. והנראה לי בזה שיש לדייק מלשון הערוך השולחן שכתב 'ולהרהר בהן' דהכוונה הוא כך: שאם הוא מסתכל כדי ליהנות מיופיה ולא בא אז ברגע זה להרהור עבירה הוא רק עבר משום 'ונשמרת,' אבל אם בעת ההסתכלות כדי ליהנות מיופיה הוא גם בא לידי הרהור כבר עבר על 'לא תתורו' אם האשה אינו אשתו או אשה פנויה (עיין לקמן). ואם דברי אלו נכונים אפשר להבין שלכו"ע הדין כמו הסמ"ק והרמב"ם שחילקו בין כוונה לזנות וכוונה ליהנות מיופיה אלא שהאחרונים כולם כתבו שליהנות מיופיה אסור משום 'לא תתורו' כי כך הוא הדרך הרגיל שמי שמסתכל באשה אסורה אם כוונה ליהנות מיופיה הוא באותו רגע מתחיל להרהר בה ועובר משום 'לא תתורו.' ושבתי וראיתי כעין דברים אלו בשו"ת שבט הלוי חלק ה סימן קצז אות א "...וידוע ואין להכחיש דמאן דמרמז בעינוי וקורץ בידיו להערוה דרך תאוה הולך גם אחרי עיניו דהיא מן התורה ומה שקורץ בידיו וכו' הוכחה דנכנסו הדברים בלבו והולך אחריהן ועיין בספר עצי ארזים שכתב גם כן בדרך כעין זה."

you shall guard yourself from any evil" (*Devarim* 23:10), urging us to avoid anything that could bring about impurity of thought or deed. Our Sages interpreted this verse as, "Do not think about something during the day which could lead to impurity at night."[542] Although at the time of gazing one's intentions may not be sinful, nonetheless he must be careful, as thoughts can later change and the image can become associated with sin.[543]

Gazing at an Unmarried Woman

We just learned that gazing with immoral intent is prohibited by *Lo Sassuru*. The classic example of this is a man gazing with sinful thought at a woman who is married to another man. However, strictly speaking according to Torah law, any single woman is permitted by marriage to a man. One could therefore suggest that if a man gazes at an unmarried woman, even with lustful thought, he is not contemplating a forbidden relationship, as they could, theoretically, marry.[544] Nevertheless, the

---

הנה מדויק בדבריו שעד כדי שההסתכלות או הרמיזה נכנסה ועושה רושם בלבו הוא מתחיל להרהר אחריה ושוב האיסור הוא מטעם לא תתורו ולא מטעם ונשמרת בלבד.

542 עיין במסכת עבודה זרה כ.: "מסייע ליה לרב דאמר רב אסור לאדם שיאמר כמה נאה עובדת כוכבים זו מיתיבי מעשה ברשב"ג שהיה על גבי מעלה בהר הבית וראה עובדת כוכבים אחת נאה ביותר אמר (תהלים קד, כד) מה רבו מעשיך ה' ואף ר"ע ראה אשת טורנוסרופוס הרשע רק שחק ובכה רק שהיתה באה מטיפה סרוחה שחק דעתידה דמגיירא ונסיב לה בכה דהאי שופרא בלי עפרא ורב אודויי הוא דקא מודה דאמר מר הרואה בריות טובות אומר ברוך שככה ברא בעולמו ולאסתכולי מי שרי מיתיבי (דברים כג, י) ונשמרת מכל דבר רע שלא יסתכל אדם באשה נאה ואפילו פנויה באשת איש ואפי' מכוערת ולא בבגדי צבע [של] אשה ולא בחמור ולא בחמורה ולא בחזיר ולא בחזירה ולא בעופות בזמן שנזקקין זה לזה ואפילו מלא עינים כמלאך המות אמרו עליו על מלאך המות שכולו מלא עינים בשעת פטירתו של חולה עומד מעל מראשותיו וחרבו שלופה בידו וטיפה של מרה תלויה בו כיון שחולה רואה אותו מזדעזע ופותח פיו וזורקה לתוך פיו ממנה מת ממנה מסריח ממנה פניו מוריקות קרן זוית הואי."

543 כמו שראינו לעיל בסמ"ק מצוה ל.

544 עיין בבית יוסף אבן העזר כא:א וז"ל: "וכתוב בארחות חיים בשם רבינו יונה אסור להסתכל באשת איש מן התורה שנאמר לא תתורו אחרי לבבכם ואחרי עיניכם ואסור להסתכל בפנויה מדברי קבלה שנאמר ברית כרתי לעיני ומה אתבונן על בתולה."

וכן איתא בסמ"ג לאוין סימן קכו.

ועיין נמי בפירוש המשניות להרמב"ם מסכת סנהדרין פרק ז משנה ד וז"ל: "ואשה שאינה נשואה מותר למי שאינה ערוה עליו ליהנות בהסתכלות בצורתה ואין איסור בכך אלא בדרך הצניעות והפרישות מן המותר כדי שלא יכשל באסור לפי שהחסידים מתעבים את זה ואף על פי שהוא מותר מחשש שמא תהיה אותה האשה אשת איש [בעתיד] ויתמיד כפי שהורגל מקודם."

verse "I have made a covenant with my eyes, and thus how could I contemplate being together with a virgin" (*Iyov* 31:1)[545] indicates that one should avoid such a gaze or thoughts about unmarried women as well.[546]

Women Gazing at Men

The foregoing primarily focused on the requirement for a man to avoid becoming aroused by gazing with lustful thought at a woman. There is a *Midrashic* source that teaches that the reverse is equally applicable:[547] "Rabbi Yossi says, just as it is forbidden for a man to feast his eyes on a woman, so too it is forbidden for a woman to feast her eyes on a man, if she is not permitted to him."[548]

The *Sefer HaChinuch* clearly includes women in the prohibition of *Lo Sassuru*. Accordingly, a woman is no less prohibited to gaze at a man with

---

הנראה בביאור החילוק הזה כיון שאשת איש אסורה לו אם יבוא להרהר בה מיד עובר, אבל בפנויה בעצם מצד התורה היא מותרת לו ויש לו עצה של פת בסלו. ולזה בא החידוש של הפסוק באיוב שעל פי הבנת חז"ל איוב אומר שאף שמצד הדין היה מותר להסתכל בה הוא מנע את עצמו מכך כיון שהיה יכול לבא גם כן בעתיד להרהורי עבירה וטומאה. ועיין במפרשי המקרא, שם רש"י לומד "ברית כרתי לעיני שלא להסתכל באשת איש ומה אתבונן על בתולה מה לי להתבונן בה כך היתה חסידותי שלא לתת עין אפילו בפנויה שמא לאחר ימים תנשא ונמצאתי כרוך אחריה כך מפורש באבות דרבי נתן." והנראה שכוונת רש"י כמו שהסברנו שכיון שפנויה מותרת לו בעצם ויש לו פת בסלו אין איסור מצד הדין להסתכל עליה, אבל איוב מנע עצמו מזה מצד החסידות כיון שיכול לבוא למצב שהוא כרוך אחריה והיא בעתיד תנשא לאחר ואז לא יהיה לו פת בסלו ויבוא לידי טומאה.

545 איוב לא:א: "ברית כרתי לעיני ומה אתבונן על בתולה." ועיין ברש"י לפסוק: "ברית כרתי לעיני — שלא להסתכל באשת איש 'ומה אתבונן על בתולה' — מה לי להתבונן בה כך היתה חסידותי שלא לתת עין אפילו בפנויה שמא לאחר ימים תנשא ונמצאתי כרוך אחריה כך מפורש באבות דרבי נתן."
ועיין במלבי"ם שם "ברית כרתי לעיני ומה אתבונן על בתולה', שמה שהתבוננתי עליה להסתכל בה, היה רק לשמח חתן וכלה כמ"ש כל הנהנה מסעודת חתן ואינו משמחו וכו', לא לתור אחרי העין."

546 וע"ע במשנה ברורה סימן עה ס"ק ז שכותב "וכל זה לא איירי אלא לענין איסור קריאת שמע דהאיסור הוא להרבה פוסקים לקרות נגד המגולה אפילו בלא מכוין לאיסתכולי אבל לענין איסור הסתכלות לכו"ע המסתכל אפילו באצבע קטנה כיון שמסתכל להנות עובר בלאו דלא תתורו אחרי עיניכם...וכתבו הפוסקים דבתולות דידן בכלל נידות הם משיגיעו לזמן ווסת ובכלל עריות הם."

547 עיין בילקוט שמואל רמז קה.

548 עיין בלשון הספרי בספר ילקוט שמואל רמז קה "אמר רבי יוסי אם כן עשית בנות ישראל כזונות דכשם שאסור לזון את עיניו מאשה שאינה ראויה לו כך אי אפשר לאשה לזון את עיניה מאיש שאינו ראוי לה."

sinful intent than a man is prohibited to gaze at a woman.[549] As noted, this of course would not apply to one's spouse, as lustful thoughts about a spouse would not be sinful. There is a disagreement among the *poskim* whether in fact women bear the same obligations under "and you shall guard yourself" as men, as per the quote from Rabbi Yossi, or not.[550]

Specific Exceptions

There are, of course, situations in which it may be necessary to look closely at a woman. The Gemara criticizes someone who refuses to save a woman's life due to excessive piety.[551] Thus, in life threatening situations, we are not concerned that one's gazing could lead to lustful thoughts. The assumption is that when engaged in saving a life, one remains focused on the task at hand. Likewise, a doctor who is required to touch or gaze at a member of the opposite sex in order to treat his patients may do so for the same reason.[552]

---

549 זה לשון ספר החינוך במצוה שפז: "ונוהגת מצוה זו בכל מקום ובכל זמן בזכרים ונקבות." וכן איתא באגרות משה אבן העזר חלק א סימן סט: "ולכן יש חילוק בנשים דבאיסור הרהור מקרא ד'ונשמרת' ליתנהו דאינו גורם להן שום דבר במשמוש עיין שם בנדה וכל שכן שלא יגרום בהרהור ואף שלפעמים רואות דם מחימוד אין בראיית דם שום איסור אבל איסור הרהור מקרא ד'אחרי עיניכם' שהוא שלא להרהר לעבור עבירת זנות איכא גם בנשים כמו שאיכא איסור הרהור עבודה זרה כדאיתא בספר החינוך שהבאתי."
ועיין נמי בלשון שו"ת שבט הלוי חלק ה סימן קצז אות ב "ובאמת כן הוא כי אין להכחיש שאם באמת [הנשים] מסתכלות לשם זנות ואישות עוברים הנשים כמו האנשים דלא תתורו אחרי לבבכם ואחרי עיניכם הוא לאו השוה בכל שמצווין הנשים על הלאוין כמו האנשים."

550 עיין בשו"ת שבט הלוי חלק ה סימן קצה "ורבי יוסי נמוקו עמו והלכה כמותו", ועיין נמי בשו"ת משנה הלכות חלק ה סימן קלב שסובר שהלכה כספרי, וכנראה שסברתם שאף שאין איסור 'ונשמרת' שייך לאשה כל כך כיון שאינן באין לידי טומאה במשמושן וכל שכן הרהורן, מכל מקום ראינו לעיל שלגבי קול באשה ערוה שיש שאסרו מכיר אף ברדיו ואף באינו האשה כי האיסור על ההנאה מההסתכלות. ואפשר שהוא הדין כאן שלא אסרו רק מצד שיכול לבוא לידי טומאה אלא אסרו עצם ההנאה של הסתכלות בדרך זו.
עיין בשו"ת יביע אומר חלק א סימן ו אות ה שסובר שאין הלכה כספרי זו אלא באשה אין איסור של 'ונשמרת מכל דבר רע' שאין מצב כזה באשה שהיא מהרהרת על דבר אחד ביום והיא תבוא לידי טומאה בלילה משום שהרהורן ואפילו משמושן באותו מקום אינו גורם להם טומאה.

551 עיין בסוטה כא: ז"ל: "היכי דמי חסיד שוטה כגון דקא טבעא איתתא בנהרא ואמר לאו אורח ארעא לאיסתכולי בה ואצולה."

552 עיין במסכת עבודה זרה כ: "אסור להסתכל בבגדי צבעונין של אשה, אמר רבי יהודה אמר רב אפילו שטוחין על גבי כותל אמר רב פפא ובמכיר בעליהן...אמר רב חסדא הני מילי בעתיקי אבל בחדתי לית לן בה דאי לא תימא הכי אנן מני לאשפורי היכי יהבינן הא קא מסתכל, ולטעמך הא דאמר רב יהודה מין במינו מותר להכניס כמכחול בשפופרת הא קא מסתכל אלא בעבידיה טרוד הכי נמי בעבידתיה טריד." וזה המקור למושג שראינו בכמה

In some cases, one is expected to look at a woman. Prior to marrying a woman, a man should, in fact, look at her and determine if he finds her attractive. The Gemara goes so far as to say that it is forbidden to marry without doing so.[553]

The Gemara offers another case where looking at a woman is not forbidden. In that example, a man turns a corner and comes face-to-face with a woman. The momentary glance is not forbidden, and in the Gemara's case, it even prompted the Tanna's recognition of the woman's beauty. The momentary glance is not assumed to be immediately accompanied with sinful thought.[554]

HEART OR EYES – WHICH ONE IS THE TRIGGER FOR SIN?

From the order in the verse, "Do not stray after the desires of your heart and your eyes," our Sages infer that there is a hierarchy to desire: "We see from the order of the verse that the eyes are drawn after the heart. And if you say that is not true...rather the heart is pulled astray by the eyes, have we not seen a blind person sin wantonly to break the whole Torah?"[555]

Yet, we are also taught, "The eyes see, the heart desires, and the limbs complete the sin,"[556] which is an apparent indication that the eyes initiate the process of sin by generating desire in the heart.

מקומות בש"ס ופוסקים שבשעה שאומן טריד בעשיית אומנותו אין היצר שולט ולכן איסורים כאלו של הסתכלות או נגיעה אינם חלים.

553 עיין מסכת קידושין מא: "אסור לאדם שיקדש אשה את האשה עד שיראנה."

554 עיין במסכת עבודה זרה כ. ז"ל: "מעשה ברשב"ג שהיה על גב מעלה בהר הבית וראה עובדת כוכבים אחת נאה ביותר אמר מה רבו מעשיך ה' ...שואלת הגמ' ולאיסתכולי בה מי שרי? מיתיבי "ונשמרתה מכל דבר רע שלא יסתכל אדם באשה נאה ואפילו פנויה באשת איש ואפילו מכוערת...ובסוף הגמ' מתרצת קרן זוית הואי [היינו שלא כיוון ליהנות מראייתה אלא ראה אותה באופן פתאומית והכיר יפיה ובירך].

555 ספרי פרשת שלח פיסקא ט: "...ד"א ולא תתורו אחרי לבבכם מגיד שהעינים הולכים אחר הלב. או הלב אחר העינים. אמרת וכי לא יש סומא שעושה כל תועבות שבעולם הא מה ת"ל ולא תתורו אחרי לבבכם מגיד שעינים הולכים אחד הלב..." וכן מצאתי מפורש שעינים הולכים אחר הלב במדרש תהילים פרק יד עיין שם.

556 עיין בלשון הירושלמי בברכות פרק א הלכה ה: "כי עינא ולבא תרי סרסורי עבירה." רש"י על הפסוק לא תתורו (במדבר טו:לט) "ולא תתורו אחרי לבבכם — כמו מתור הארץ הלב והעינים הם מרגלים לגוף ומסרסרים לו את העבירות העין רואה והלב חומד והגוף עושה את העבירה." וברור שכוונת רש"י לפרש דברי הירושלמי כך.

Don't Follow the Desires of Your Heart and Eyes — Lo Sassuru 339

The Malbim offers the explanation we see above to reconcile these two ideas. In his model, there are two stages to the process of straying after one's desires. As we detailed above, a person initially sees and experiences the world and develops a repository of positive and negative associations with various things and various situations. These feelings become embedded in a person's heart. This is stage one, the "after your heart" component. Later, when the person sees something or sees an opportunity to reexperience a particular sensation, that sight stimulates desire in the person's heart. The pull to satisfy that desire is stage two — "after your eyes" — as it was triggered by seeing the source of the desire.[557]

Understanding this process should help us develop an appropriate and successful strategy for confronting and controlling desire.

THE TWO MAIN STRATEGIES FOR OVERCOMING ONE'S DESIRES

Strategy 1 — Uprooting Desires, Bias, and Dimyon from the Heart

Desires of Habit

As we saw in the Malbim, at an early stage, a person forms strong associations between various experiences and particular feelings of

---

557 המלבי"ם בהתורה והמצוה לפסוק במדבר טו:לט וז"ל: "...והנה דעת רבים שהתעוררות חמדת הלב אל העברה בא מסבת החושים כמו שאמרו העין רואה והלב חומד ואמרו שאין אדם מתאוה אלא ממה שראו עיניו אמנם חז"ל דייקו ההיפך כי בצד אחד לולא קדמו ציורי התאוה למשול בלבו בדרך רע או דרכי מינות שמשלו בלבו להסיר מפניו יראת ה' ופחדו לא היה נפעל ממראה עיניו ומה שנפעל ממראה עיניו אל התאוה זה אות כי כבר סללו ציורי התאוה מסילה בלבבו מקודם וכן שקדמו בלבו מחשבות שאין להקל ביראת ה' המשקיף על נסתריו ונגלהו ומזה הסביר הראב"ע (האבן עזרא) מה שצותה התורה 'לא תתאוה בית רעך ולא תחמוד אשת רעך' שאם ישפיל ציורי התאוה ולא יעלה על פני הלב וכן אם יזכור תמיד שה' צוה והזהיר ועומד עליו ורואה במעשיו לא יגיע לידו חיבה כלל כמו שלא יחמוד הכפרי בבת המלך וזהו שאמר שהעינים הולכים אחרי הלב שלולא ציורי התאוה שקננו בלבו לא יתפעל מראות עיניו ועל כן הקדים ולא תתורו אחרי לבבכם שהוא הקודם לצייר ציורי התאוה ומדות הרעות ואז יתור אחרי עיניו והביאו ראיה נגד האומרים שלא יתפעל הלב אל הציורים הרעים רק על ידי שהובילו אותם העינים אל הנפש פנימה דהא גם הסומא יעשה תועבות גדולות אף שלא ראה בעיניו."

pleasure, joy, pain, etc. The person is naturally then predisposed to desire those things with which he or she has positive associations. We refer to this combination of experience, visualization, and emotional association as "the inclination of the heart."[558]

The *Chovos Halevavos* teaches that one of the fundamental methods we can use to uproot these conditioned desires is the avoidance of excess. A life of excess is the greatest trigger for the desires of the heart.[559] At the core of this path is the mitzvah of *Kedoshim Tiheyu*, "and you shall be Holy." This mitzvah guides the person to chart a path of true balance whereby one recognizes that the physical world provides tools

---

558 זה מה שמדובר בפסוק בבראשית ח:כא "...ויאמר ה' אל לבו לא אסף לקלל עוד את האדמה בעבור האדם כי יצר לב האדם רע מנעוריו..." ועיין בפירוש המלבי"ם: "שמעתה מה שיצר לב האדם רע לא יהיה בסבת האדמה רק הסבה לזה הוא 'מנעוריו' מצד נעוריו רצה לומר שאם היה האדם נולד שלם בשכלו תיכף בהולדו כמו שנולד אדם הראשון לא היה בא לידי חטא כי הנפש לפי תכונתה נבראת לצייר בלבו ציורים טובים כמו ציורי הענוה והבושת ויראת ה' ואהבתו ועשות צדקה וחסד ורחמים וכדומה והיה ראוי שציוריה הטובים יגברו על ציורי הכח המתעורר והמתאוה אשר יעלה על לבו ציורים רעים לכל חטאת אבל הסבה מה שציורי הלב לרעה גוברים על הציורים הטובים הוא מפני שהאדם בהולדו עיר פרא יולד וציורי התאוה באים בו מנעוריו שמאז יולד יצטיירו בלבו ציורים רעים קנאה וגאוה ונקמה וחמדה וכדומה והם נעשו אזרחיים בנפשו ועת יגדל ויתחיל השכל להתעורר וכחות הנפשיות יציירו בו ציורים אחרים טובים כבר ימצאו שנפשו מלאה מציורים הרעים שקדמו ברעיוניו ונעשו בו טבע שני..."

559 עיין בספר חובות הלבבות שער עבודת האלקים פרק ה: "אמר השכל: המידות המגונות שבך רבות, אבל שורשם ועיקרם שתים מידות: אחת מהן אהבת ההנאות הגופיות מן המאכל והמשתה והמשגל ושאר צרכי גופך, והמידה הזאת קנית אותה מן שכנך הרע, והוא גופך. והמידה השנית אהבת השררה והגדולה והגאות והגבהות והקנאה, היא מביאה אותך למעט בשילום הגמול לבעל הטובה אצלך. והמידה הזאת היא קנויה לך משכניך אשר התגדלת ביניהם, והם אחיך וקרוביך. אמרה הנפש: ומה הן הכוחות שאני צריכה למנעם ממני? אמר השכל: כוחות המידה הראשונה הן מותרי המאכל והמשתה והלבוש והתנומה והמנוחה והשלוה והדומה להן. אבל כוחות המידה השנית, הם מותרי הדיבור ורוב חברת בני האדם והתנאות להם, ואהבת המהלל והכבוד מהן, והקנאה בהם בקניינים העולמיים, והכריחם באשר בידם, ובזות אותם וזכור גנותם והדומה לזה. ואם מה שזכרת מכוספך ורוב חפצך לפרוע טובות האלוהים עליך אמת, הרחיקי מעליך מה שזכרתי לך מן הכוחות והמידות בכל יכולתך, ואחר כך אעלה אותך אל שער אחד מן הרפואה. אמרה הנפש: זה יקשה עלי להיפרד ממנו מפני אורך רגילותי בו. לכן הורני באיזה פנים יקל עלי בחסדך. אמר השכל: הלא ידעת כי המשכיל יקל בעיניו לכרות נתח אחד מנתחיו, ולפקוד אבר אחד מאבריו כשיארע לו בו חולי, ומפחד מהתפשטו בשאר אבריו, כשהוא מבין מה שיש בין שני העניינים ומכיר מה שיש בין שתי הרעות. וכן את, אם תרצי שתקל בעיניך פרידת מה שפרידתו קשה, שימי אל לבך, השתמשי בבינתך בשיקול מה שיש בין הטובה, אשר תגיע אליך בהיפרדך ממנו, והרעה, אשר תמצא אותך בהתמידך חברתו. ואז ייקל בעיניך פרידת מה שיקשה עליך ממידותיך המגונות."

for spiritual growth and is not an end unto itself. With this mindset, one becomes free and not overly invested in the physical world, while recognizing and accepting physical needs. Growth toward a closer connection to Hashem can only occur when one is connected to his spiritual essence.[560]

---

560 ידוע שנחלקו הרמב"ם והרמב"ן אם למנות 'קדושים תהיו' למצוה במנין התרי"ג. שיטת הרמב"ם לא למנותו כיון שהוא מצוה כללית שכאילו התורה אמרה תשמרו את כל מצות התורה ותהיו קדושים. אבל הרמב"ן מנה זה למצוה במנין התרי"ג.

וכן נחלקו הראשונים בגדר המצוה. רש"י על הפסוק בויקרא יט:ב כותב "קדושים תהיו — הוו פרושים מן העריות ומן העבירה (ויקרא רבה) שכל מקום שאתה מוצא גדר ערוה אתה מוצא קדושה (ויקרא כא) אשה זונה וחללה וגו' אני ה' מקדשכם (שם) ולא יחלל זרעו אני ה' מקדשו (שם) קדושים יהיו אשה זונה וחללה וגו'", אבל הרמב"ן כותב כך "קדושים תהיו" — הוו פרושים מן העריות ומן העבירה שכל מקום שאתה מוצא גדר ערוה אתה מוצא קדושה לשון רש"י אבל בתורת כהנים (פרשה א ב) ראיתי סתם פרושים תהיו וכן שנו שם (שמיני פרק יב ג) והתקדשתם והייתם קדושים כי קדוש אני כשם שאני קדוש כך אתם תהיו קדושים כשם שאני פרוש כך אתם תהיו פרושים ולפי דעתי אין הפרישות הזו לפרוש מן העריות כדברי הרב אבל הפרישות היא המוזכרת בכל מקום בתלמוד שבעליה נקראים פרושים והענין כי התורה הזהירה בעריות ובמאכלים האסורים והתירה הביאה איש באשתו ואכילת הבשר והיין א"כ ימצא בעל התאוה מקום להיות שטוף בזמת אשתו או נשיו הרבות ולהיות בסובאי יין בזוללי בשר למו וידבר כרצונו בכל הנבלות שלא הוזכר איסור זה בתורה והנה יהיה נבל ברשות התורה לפיכך בא הכתוב אחרי שפרט האיסורים שאסר אותם לגמרי וצוה בדבר כללי שנהיה פרושים מן המותרות ימעט במשגל כענין שאמרו (ברכות כב) שלא יהיו תלמידי חכמים מצויין אצל נשותיהן כתרנגולין ולא ישמש אלא כפי הצריך בקיום המצוה ממנו ויקדש עצמו מן היין במיעוטו כמו שקרא הכתוב (במדבר ו ה) הנזיר קדוש ויזכור הרעות הנזכרות ממנו בתורה (בראשית ט כא) בנח ובלוט וכן יפריש עצמו מן הטומאה אע"פ שלא הוזהרנו ממנה בתורה כמו שהזכירו (חגיגה יח) בגדי עם הארץ מדרס לפרושים וכמו שנקרא הנזיר קדוש (במדבר ו ח) בשמרו מטומאת המת גם כן וגם ישמור פיו ולשונו מהתגאל ברבוי האכילה הגסה ומן הדבור הנמאס כענין שהזכיר הכתוב (ישעיהו ט טז) וכל פה דובר נבלה ויקדש עצמו בזה עד שיגיע לפרישות כמה שאמרו על רבי חייא שלא שח שיחה בטלה מימיו באלו ובכיוצא בהן באה המצוה הזאת הכללית אחרי שפרט כל העבירות שהן אסורות לגמרי עד שיכנס בכלל זאת הצוואה הנקיות בידיו וגופו כמו שאמרו (ברכות נג) והתקדשתם אלו מים ראשונים והייתם קדושים אלו מים אחרונים כי קדוש זה שמן ערב כי אע"פ שאלו מצות מדבריהם עיקר הכתוב בכיוצא בזה יזהיר שנהיה נקיים וטהורים ופרושים מהמון בני אדם שהם מלכלכים עצמם במותרות ובכיעורים וזה דרך התורה לפרוט ולכלול בכיוצא בזה כי אחרי אזהרת פרטי הדינין בכל משא ומתן שבין בני אדם לא תגנוב ולא תגזול ולא תונו ושאר האזהרות אמר בכלל ועשית הישר והטוב (דברים ו יח) שיכניס בעשה היושר וההשויה וכל לפנים משורת הדין לרצון חבריו כאשר אפרש (שם) בהגיעי למקוֹמו ברצון הקב"ה וכן בענין השבת אסר המלאכות בלאו והטרחים בעשה כללי שנאמר תִּשְׁבּוֹת ועוד אפרש זה (להלן כג כד) בע"ה וטעם הכתוב שאמר כי קדוש אני ה' אלהיכם לומר שאנחנו נזכה לדבקה בו בהיותנו קדושים והנה זה כענין הדבור הראשון בעשרת הדברות (שמות כ ב) (ג) וצוה איש אמו ואביו תיראו (פסוק ג) כי שם צוה על הכבוד וכאן יצוה על המורא ואמר ואת שבתתי

Rav Wolbe adds that one also has to engage in a process of self-awareness and self-knowledge to recognize these desires of the heart and to begin reconditioning one's own inner experience. This is essentially done by identifying our associations, questioning them, identifying the images and visualizations that are embedded in our hearts, and reframing them to align our emotional world with Torah values. Ultimately, we can recreate associations of enjoyment that are appropriate and spiritually healthy.[561]

This idea is echoed in the earlier words of the Ibn Ezra. Regarding the commandment, "Do not covet or desire your friend's wife, home, or possessions," he asks how the Torah can insist that one not have feelings of desire. He answers that a person must constantly internalize that some things are appropriate for him and other things are not, to the point that he wouldn't even imagine that something that belongs to someone else has anything to do with him at all. As the Ibn Ezra points out, the commoner is implicitly aware that the king's daughter is off-limits to him. He has no struggle with this, as the boundaries are clearly established in his mind. Reaching this stage with respect to all

---

תשמרו כי שם צוה על הזכירה וכאן על השמירה וכבר פירשנו (שמות כ ח) ענין שניהם." ועיין בשל"ה בעשרה מאמרות מאמר שביעי שמוסיף לבאר דברי הרמב"ן כך: "והנה, השומע סבר העושה כן הוא פרוש, כלומר עושה יותר ממה שמחויב לעשות. ובאמת אינו אלא חיוב, ולא כתבה התורה בחיוב, לפי שאי אפשר לכתוב, מאחר שאין דעות בני אדם וטבעם שוה כדפירשתי. וכן בענין אשר יעשה האדם, כתבה התורה חזק ואמץ, כי הזריזות אינו שוה בכל ולא בכל פעם, והמשכיל יבין. וכן בכל מקום שאמרו רבותינו ז"ל (ברכות יט א; שבת נא א, ועוד) אדם חשוב שאני, הכוונה מצד החיוב יעשה כן. כי אילו היו כל העולם שוה במזגם בזה, היה הדין נכתב כן בתורה לכולם. נמצא, ענינים כאלה וכאלה נקראים לפנים משורת הדין, והוא דין גמור לההוא גברא."

הרי לפי הרמב"ן והשל"ה שמקובלת דעתם בעולם כפירוש נכון להלכה על הפסוק הזה והמצוה הזו יוצא ברור שמצד קדושים תהיו כל אדם מחויב לברר בכל עת מצבו האמיתי ולפי זה לחיות על פי המצב של קדש עצמך במותר לך שלא יפול ברשת להיות נבל ברשות התורה. ובזה גם עוקר את תאוות הלב כשחי כך יום אחר יום, כיון שהאדם אמיתי ומכוון לשם שמים בכל מעשיו הרי אין מקום ליצר לב האדם רע מנעוריו להשפיע על מעשיו.

561 זה מבורר היטב בכל הכתבים של הבעלי מוסר ומודגש במיוחד בספר עלי שור כמה וכמה פעמים. הרי כאן דוגמה אחת קטנה מחלק א' עמ' קמד: "כאשר השכל מתמיד בבירור המדות הוא בוחן גם את הציורים המונחים בלבנו ומוכנים להתעורר כרגע בבוא מעשה לידינו במקום הציורים המוטעים יברר השכל את הציורים הנכונים כיצד להגיב אל מה לשאוף ברוב המחשבה והתמדת ההרגל ובציורים הנכונים יבוא היום ונשתמש במושכלות האמיתיים שהשכל המציא ובציורים הנכונים שהוא יצר וקבע ובזה נגיע לתיקון המדות."

our associations entails an internal conditioning process that one must work on regardless of whether he is experiencing feelings of desire at a given moment.[562]

Bias

Rav Dessler explains that a factor that leads us to mistakes and sin is bias. Bias is also rooted in the heart and contributes to "desires of the heart" as well.[563]

---

562 עיין באבן עזרא על העשרת הדברות שמות כ:יד: "לא תחמוד — אנשים רבים יתמהו על זאת המצוה. איך יהיה אדם שלא יחמוד דבר יפה בלבו כל מה שהוא נחמד למראה עיניו?! ועתה אתן לך משל: דע כי איש כפרי שיש לו דעת נכונה והוא ראה בת מלך שהיא יפה, לא יחמוד אותה בלבו שישכב עמה, כי ידע כי זה לא יתכן. ואל תחשוב זה הכפרי שהוא כאחד מן המשוגעים שיתאוה שיהיו לו כנפים לעוף השמים. ולא יתכן להיות כאשר אין אדם מתאוה לשכב עם אמו אע"פ שהיא יפה, כי הרגילוהו מנעוריו לדעת שהיא אסורה לו. ככה כל משכיל צריך שידע כי אשה יפה או ממון לא ימצאנו אדם בעבור חכמתו ודעתו, רק כאשר חלק לו השם. ואמר קהלת: (לאשר) [ולאדם שלא עמל בו] יתננו חלקו. ואמרו חכמים: בני חיי ומזוני לאו בזכותא תליא מלתא אלא במזלא. ובעבור זה המשכיל לא יתאוה ולא יחמוד. ואמר שידע שאשת רעהו אסרה השם לו יותר היא נשגבה בעיניו מבת מלך בלב הכפרי, על כן הוא ישמח בחלקו ולא ישים אל לבו לחמוד ולהתאוות דבר שאינו שלו, כי ידע שהשם לא רצה לתת לו. לא יוכל לקחתו בכחו ובמחשבותיו ובתחבולותיו. על כן יבטח בבוראו שיכלכלנו ויעשה הטוב בעיניו."

563 עיין במאמר 'מבט האמת' בספר מכתב מאליהו חלק א עמ' 52: "מבט האמת: כשנתחיל בעיון זה נמצא עובדה יסודית, שאין מחשבה בלי התענינות קודמת, מי שאינו מתענין למשל באסיפת בולי דאר, לא יעלה על דעתו לחשוב בפרטיהם... מקור ההתענינות הוא בודאי הרצון — חיובי או שלילי, לפעמים יתענין אדם בדבר לחיוב, ולפעמים מפני שרצונו מתנגד לו, והוא מבקש לדחותו מעליו. יש סוג שאלות שבהן כבר החלטנו על התכלית המבוקשת, ואנו דנים עתה רק על האמצעים שעל ידם נשיג אותה, מסוג זה רוב חשבונותינו המעשיים. השאלות הקשות באמת הן בענינים שבהם האדם עדיין מסופק על עצם הענין אם הוא טוב עבורו או רע. הקושי בהם הוא, כי ההתענינות המגישה את השאלה כבר נוטה לצד אחד, המחפש בשולחן ערוך אם מותר לו לשחק בשחמט בשבת, מסתמא רוצה לשחק. חז"ל אמרו (תנחומא שופטים), כיוון שהדיין נותן לבו על השוחד, נעשה עיוור בדין, ואינו יכול לדון אותו באמת. הרי שנגיעה לצד אחד מקלקלת את משפט השכל, באופן שאינו מעלה על דעתו סברא המתנגדת לנטייתו, כי ההתענינות תעלים סברא זו, שכלו ממאן לקבלה מפני השפעת הנגיעה, כבמכילתא על 'ויסלף דברי צדיקים' — שונא דברים המצודקים, אפילו הנאמרים בסיני. ודבר נורא יש בזה, כי אחר שנטה שכלו מן האמת פעם בחייו על ידי השוחד, שוב לבו הולך ומתעוור כל ימיו, כי כבר איבד את חוש האמת שלו. וכיוון שנקבעה במוחו הסברא העקומה הראשונה, מעתה הוא הולך ומעקם כל בנין ההשקפות והדעות שלו כדי להתאימן עמה, ולא רק את עצמו הוא מקלקל, אלא שמסייע גם לקלקל את הבאים אחריו. כי חוש האמת הוא דבר עדין כל כך, עד שאם רבים נוטים מן האמת, מתקלקלים גם הכשרים, כי (מבלי להרגיש) הם 'מיישרים' את שכלם על יסוד שכל האחרים שכבר התעקם...ואפילו אם באה לפניו שאלה מדעית והוא מעיין בה, ובתוך העיון נדמה לו שצד אחד מהספק יותר קרוב אל האמת — אמנם עוד לא החליט כלל,

A bias is a blind spot. We all have biases — things we justify or about

ויודע שהשערתו רק בתנאי אם תתאים לשאר הידיעות שתבאנה לו, ועתה כשבא לפניו שאר החומר, האם הוא נוגע וירצה לסלף הראיות החדשות? אמרו חז"ל על 'שמע בין אחיכם' וכו', אזהרה לבית דין שלא ישמע דברי בעל דין קודם שיבא בעל דין חברו וכו'. וביאר מהר"ל בנתיב הדין, שאפילו היכא שמסדר לפניו דברים של אמת, כיוון שמטעים דבריו לדיין, נכנסו בדעתו לזכותו, ומחפש לו זכותו. ואף אם ישיב אחר כך חברו על דבריו, כיוון שדבריו כבר נכנסו באוזן הדיין, אינו מסלק דעתו מהם. ולמה? כי כיוון שחשב רגע שהדין עם הראשון, עם כל ההשתמרויות שבכך, מעתה הוא כבר נוגע בדבר, כי יש אי נעימות רבה לאדם כשצריך לשנות דעתו הקדומה. אם כן מה על כל ההנחות הקדומות שלנו היוצאות ממדות ותאוות גסות, ושניהלנו את חיינו על פיהם זה כמה שנים? ואם כרוכה בזה ראיית חובה לעצמנו, כגון להודות על חסרונותינו ולקבל דעות שעל פיהן נתחייב במה שקשה לנו, ונמנע ממה שחביב לנו? איך נוכל לסמוך כלל על שכלנו שיבוא אי פעם לידי מסקנות אמיתיות? איך יבא אדם לשלמות זאת? רק עם יעבוד ויתקן מדותיו, כי בזה יבטל את הנגיעות בשורשן, ושנים רבות של עבודה לשם שמים נצרכות לכך, וזו עבודת המוסר...על כן זה דברנו לאפיקורוס, אתה בא עלינו בשכלך? כל זמן שמדותיך הרעות במקומן בלבד, הרי שכלך אינו שכל ומסקנותיו אינן מסקנות. שכלך אולי די יעיל לחשוב חשבונות מתימטיים ולהסיק מסקנות טכניות שאין בהן נפקא-מינה אישית ורצונית, אבל לברר בעיות מהסוג האחר, שיש להם קשר עם המדות והרצונות? וכי איזו תביעה יש לך שנקבל כאמת את תוצאות דיוני שכלך בדברים אלה? וכי המדות מתחשבות באמת? הרי אינן מתחשבות אלא במה שנוח ורצוי להן, וזהו כל פרי דיוני שכלך, זו הצורה שלובש יצר הרע כשדורשים ממנו 'פילוסופיה'. הקב"ה הזמין לנו ברוב חסדיו מורי דרך, הלא המה חכמינו ז"ל, חכמי התורה, אשר כל המתבונן בדבריהם יראה עד כמה היתה ראייתם בהירה, בכוחות הנפש של עצמם ושל כל אדם, ובדרכים אשר על האדם ללכת לטוב לו... עד שחוות דעתם אפילו בדברים שאין להם מקור מפורש, וגם סתם עצות במילי דעלמא, ברורה ואמיתית 'כאשר ישאל איש בדבר אלקים', כמו שרואים בעינינו תודה לא-ל גם בדור הזה. החכמים ז"ל הגיעו לטהרת לב כזו על ידי שספגו את התורה לתוך לבם והתדבקו בה בכל עצמותם. כי התורה תורת אמת היא מן השמים, מורמת לאין ערוך מצמצום האדם ונגיעותיו...שאלנו איך אפשר שיבחין האדם האמת, הלא בכל דבר יש לנו נגיעה? התשובה היא, שאין הנגיעה מכסה את האמת לגמרי, כי גם אחרי שהיצר יפתה את האדם לומר שגם דרך השקר היא אמת, מכל מקום יודע הוא בעצמו שדרך האמת אמיתית יותר. וזה מחסדי הבורא יתברך, שלא נתן ליצר רשות לכסות את האמת לגמרי, אלא כל אדם יוכל להבחין בלבו באיזו דרך היא האמת, וצריך האדם להתרכז על זה, ולהתבונן תמיד כי רק האמת היא המציאות, ואשר ידמה אליה הוא שקר ואינו כלום. ובהתבוננות היראה ישתמש להנצל מן השקר. בשעה שמבחין אדם עניניו על פי הסתכלות זו, זהו אשר הורגלנו לקרא שהוא מביט במבט האמת. ודבר נפלא יש בזה, לראות עד כמה כחו של מבט האמת, וכמה האדם אחראי בעד טעות אפילו דקה מן הדקה, מכיוון שיכול לבררה על פי מבט האמת... דור דעה לא היו טועים בקלות, ובכל זאת חשבו שכל חפצם לשלות את המרגלים הוא למען קידוש השם, כבר הבטיחנו הקב"ה שאנו נכנסים לארץ כנען ויורשים כל טוב, והרי שמעו הכנענים... אם הם מטמינים את ממונם... נמצא דברו של הקב"ה בטל... (ילקוט ריש שלח). וגם משה רבינו ע"ה שבעוצם חכמתו היה מכיר כל אדם בתוך תוכו על פי כל צדדי נפשו, גם הוא לא עמד על טעותם של ישראל. על כרחנו שהטעות היתה דקה מן הדקה, עד שאפילו משה רבינו לא היה יכול להרגיש בה, כי הקב"ה תבע חטא המרגלים מישראל ולא ממשה... הרי לנו לימוד גדול, כי אפילו טעות כזו, שלא יוכל משה רבינו להרגישו על אחרים, הם בעצמם יכולים לראותה במבט האמת

which we delude ourselves. Subconsciously, they drive our interest and push us to see what we want to see and experience. It is similar to a self-fulfilling prophecy of sorts: A person who is interested in airplanes tends to see and pick up on everything that has to do with airplanes, even though others don't necessarily pick up on the same details. A deep subconscious interest in a certain thing or idea can lead us to justify mistakes or delude ourselves and others.[564]

Rav Dessler adds that the main strategy for overcoming bias is to realize that our blind spots are not completely blind. Falsehood never completely covers the truth. We can always check ourselves by giving careful consideration to an opposing view or position. This is actually much harder to do than it sounds. Until one masters this skill, he needs to engage a qualified objective party to help highlight subjectivity and bias. Of course, one never truly "graduates" from the need for qualified outside input, but we can learn to check ourselves and become more reliable at closely examining our reactions and subjectivity.[565]

Dimyon

Another aspect of this process is recognizing and eradicating *dimyon*. *Dimyon* is fantasy or problematic imagination, and it contributes to the formation and strength of our desires. Fantasy lacks grounding in reality and fills up one's inner world with unrealistic distractions.[566]

Imagination was originally designed to be an important and holy part of human experience and a critical link in the connection between man and the Creator. As described by the Ramchal and others, it allows one to experience prophecy.[567] However, after the sin of Adam

---

שלהם — אם אך ירצו. ותנחומים גדולים לאדם בזה, כי עליו רק להתחזק הרבה ולהתרכז על האמת ולהידבק בה, כי אז לא יכול עוד היצר להטעותו בשום פנים..."

564 עיין במאמר 'מבט האמת' הנ"ל בהערה הקודמת מרב דסלר.

565 עיין במאמר 'מבט האמת' הנ"ל בהערה הנ"ל מרב דסלר.

566 עיין באגרת המוסר של הרב ישראל סלנטר "האדם חפשי בדמיונו ואסור במושכלו דמיונו מוליכו בדרך לב רצונו בל יחת מעתיד הודאי עת יפקד ה' על כל מפעליו ובשפטים קשים יוסר בל ילכד זה בגללו הוא לבדו ישא פרי חטאו אחד הוא עושה העבירה והנענש מרה היא בל יאמר האדם זה חלי ואשאנו."

567 עיין בספר דרך ה' חלק ג פרק ג אות ד-ו "(ד) ואמנם למעלה מכל זה יש מעלה אחרת והיא הנבואה. וענינה שיגיע האדם ויתקשר בבורא ית"ש ויתדבק בו דביקות ממש באופן

HaRishon, imagination became corrupted and much more difficult to use properly.[568] Thus, the Ba'alei Mussar encourage us to try to harness the power of *dimyon* to help make abstract concepts more real. In this sense, imagination is still an effective tool deliberately designed to help us visualize and feel the impact of growth in our *avodas Hashem*.[569] But

---

שירגיש ההתדבקות וישיג מה שהוא מתדבק בו דהיינו כבודו ית' על הדרך שנבאר לפנים ויהיה הדבר ברור אצלו ומורגש ממנו בלי ספק כלל כדרך שלא יסתפק בדבר גשמי שירגישהו בחושיו. והנה עיקר הנבואה הוא השיג הדביקות והקשר הזה עודו בחיים שזה שלימות גדול ודאי. ואולם יתלוה לזה ידיעות והשכלות כי אמנם ישיג על ידי זה ענינים אמיתים ונכבדים מאד מסתרי סודותיו ית' וישיגם בבירור בדרך ההשכלה הנשפעת שזכרנו וביותר כח מבעל רוח הקדש וכמ"ש עוד בס"ד: דרך השגת הנביא: (ה) אך דרך ההשגה הזאת הוא שתהיה על ידי אמצעיים שלא יתדבק האדם ולא ישיג את כבודו ית' כמי שרואה את חבירו לפניו אלא על ידי משרתים ישמשו להשגה שימוש הזכוכית לעין שעל ידם יושג הכבוד. אך המושג באמת יהיה הכבוד ולא אחר אלא שתשתנה ההשגה כפי שינוי האמצעיים כראיה באמפקלריות. ויבחן בזה מדריגות הריחוק והקירוב ובהירות האספקלריא ועכירותה: אופן ההנבא: (ו) והנה בהגלותו ית' ובהשפע שפעו על הנביא יגבר עליו תגבורת גדול ומיד חומרו וכל איברי גופו יזדעזעו ויחשבו להתהפך כי זה מחק החומר שלא לסבול גילוי הרוחניות כל שכן גילוי כבודו ית'. והנה הרגשותיו יבטלו וגם פעולותיו הנפשיות לא יפעלו כלל מעצמן אבל תשארנה כלן תלויות בו ית' ובשפעו הנשפע. והנה מצד ההתדבקות שנשמתו מתדבקת יתוסף בה מציאות השכלה חוץ מגדר כל ההשכלה האנושית לגמרי כי תהיה השכלה בה לא מצד מה שהיא בעצמה אלא מצד היות השרש העליון מתקשר בה ואז מה שתשיג יהיה בדרך יותר נשגב ממה שהוא המושג ממנה מצד עצמה. ובזה יפה כחו של הנביא מבעל רוח הקדש אפילו בהשגת הידיעות כי הרי הוא משכיל בהשכלה עליונה מכל השכלה שאפשר לאדם והיא השכלה בבחינת היותו קשור בבוראו. והנה גילוי כבודו ית' הוא יהיה הפועל בכל מה שימשך לנביא בנבואתו. והנה ממנו ימשך בכח הדמיון שבנפש הנביא ויצויירו בו ענינים מה שיוכרח בו מכח הגילוי העליון ולא מצד עצמו כלל. ומתוך הדמיונות ההם תמשך בו מחשבה והשכלה שחקיקתם תהיה מכח הכבוד המתגלה וישאר הענין קבוע בשכלו שגם כאשר ישיב למצבו האנושי תמצא הידיעה בו בבירורה. זה כלל ענין הנבואה לכל הנביאים אך פרטי המדריגות רבים וכמש"ל בס"ד. ועל הכל מדריגתו של משה רבינו ע"ה שהעידה עליו התורה ולא קם עוד נביא בישראל כמשה אשר ידעו ה' פנים אל פנים."

568 עיין בספורנו בראשית ג:א "והנחש — הוא השטן הוא היצר הרע רב הנזק עם מיעוט היותו נראה...וכבר אמרו ז"ל שהיה סמאל רוכב עליו והוא שהכח המחטיא יעשה זה באמצעות הכח המדמה המוביל אליו דמיוני התענוגים החומריים המטים מדרך השלמות...כי אמנם הכח המתאוה עם דמיוני התענוגים המובילים אליו הם המצווים לכחות הגשמים והפועלים המחטיאים כוונת ורצון האל יתברך כשלא יתקומם עליהם כח השכלי וימחה בהם וכו'" עיין שם באורך.

569 עיין בעלי שור כרך א שער שני פרק יט "כבר אמרנו כי הציור הוא המפתח לאמונה ציורים מעוררים ומחזקים הכח ומבססים את המחשבה ולכן כתב הרמב"ם 'כי אמונה זהו הציור הנכון והאמיתי' אי לזאת הרוצה לחזק ולהעמיק אמונתו זאת היא עבודתו כפי שכתב רבי יהודה הלוי בכוזרי ג:ה 'החסיד מצוה את המדמה להמציא ההדורה שבצורות הנמצאות אצלו בעזר הזכרון לדמות אליו הענין האלוקי המבוקש כמו מעמד הר סיני

imagination only works on our side if we harness its power and focus it for that purpose. When *dimyon* runs unchecked, it can be damaging.

Imagination run amok carries us into a realm of thought that is like a bird flying in the sky. It is all over the place, has no grounding, and can't be reeled in. When we live in *dimyon*, our experiences can be much like a soap opera or science fiction — very dramatic, but with no connection to reality. If we don't gain control over this part of ourselves, the power of *dimyon* can destroy our lives completely.[570]

Strategy 2 — Guarding the Eyes from Seeing Things That Trigger Desire

Our Sages teach, "Make a fence for the Torah." In the context of *Lo Sassuru*, making a fence means that a person must get to know himself and understand his nature and his triggers. By doing so, one can then establish appropriate and personalized "fences" that successfully shield him from sin by blocking external stimuli of desire.[571]

ומעמד אברהם ויצחק בהר המוריה וכמו משכן משה וסדר העבודה וחול הכבוד בבית המקדש וזולת זה הרבה' דבר גדול הוא לצייר לעצמו כיצד היה נראה יציאת מצרים קריעת ים סוף ושירת הים כשמשה רבנו אומר את השירה וכל ריבבות אלפי ישראל עונים אחריו על מתן תורה נצטווינו לדעת הרמב"ן בלאו 'שלא נשכח מעמד הר סיני ולא נסיר אותו מדעתנו אבל יהיה עינינו ולבנו שם כל הימים והוא אמרו יתעלה השמר לך ושמור נפשך מאד פן תשכח את הדברים אשר ראו עיניך ופן יסורו מלבבך כל ימי חייך והודעתם לבניך ולבני בניך יום אשר עמדת לפני ה' אלקיך בחורב וגו' (השגות הרמב"ן על סה"מ מצוה ב) יתאר נא המאמין לעצמו איך הוא בעצמו עומד תחתית ההר יחד עם כל ששים רבוא מישראל ההר בוער באש עד לב השמים ומשה רבנו בראש ההר והוא שומע בנבואה אנכי ולא יהיה לך מפי הגבורה והוא נרתע לאחוריו ומתעלף מרוב אימה ופחד ורק טל של תורה הנסוך עליו משורש התורה במרומים מחייהו ומקרבהו לשמוע הדברים עד תומן ואיך אינו פוסק אחר כך מלהשתומם על גדלות כזאת שזכה לה בתוך כלל ישראל לשמוע אלקים חיים מדבר אל האדם וחי דרוח קדישא ביה ומתקיים...מי שנחרת בלבו ציור חי מאמיתת המעמד בהר סיני ויהיו עיניו ולבו שם כל הימים יתגבר כח אמונתו וגם ימצא בשכלו תמיד מהלך איתן לבסס אמונתו..."

570 כמו שאמר הרב ישראל סלנטר באגרת המוסר "האדם אסור במושכלו וחפשי בדמיונו דמיונו שובב בדרך לב רצונו בל יחת מהעתיד הודאי עת יפקוד ה' על כל מפעליו ובשפטים קשים ייוסר בל ילכד זר בגללו הוא לבדו ישא פרי חטאו אחד הוא עושה העבירה והנענש מרה היא בל יאמר האדם זה חלי ואשאנה." ועוד כותב שם "או לדמיון אויב הרע הלזה מידינו הוא בכחנו להרחיקו בתתנו אוזן קשבת אל השכל להשכיל על דבר אמת וכו' ומה נעשה הדמיון נחל שוטף והשכל יטבע אם לא נוליכהו באניה היא רגשת הנפש וסערת הרות."

571 כמו שכתוב במשנה אבות א:א "ועשו סייג לתורה." ועיין בספר אבן שלמה שמובא מהגאון

Perhaps the most important and primary fence would be *shmiras ha'einayim*, guarding the eyes.[572] We already discussed the things a person must avoid gazing at; *shmiras ha'einayim* as a fence, however, is more than a technical avoidance of *Lo Sassuru*. It means that a person thinks and plans ahead and actively tries to avoid seeing things that could lead to inner weakening. Doing so involves creating a consciousness regarding what is and is not appropriate for viewing, and developing a way of living that is consistent with that awareness.[573]

The idea is not to become a recluse or to live in a bubble, but rather to truly protect oneself as much as possible from negative influences that can lead one astray.[574] With the advent of the Internet and the massive population densities in which we live, this is a very different kind of challenge than it may have been in previous times. The Torah does not insist that a person live in a cave or a ghetto. While some people may try to isolate themselves, the Torah expects us to have the strength, through our efforts and preparation, to avoid these temptations.

The basis for the *avodah* of guarding one's vision comes from the idea that "the *yetzer hara* only has influence over a person regarding things he has actually seen with his own eyes."[575] In addition, the verse quoted above, "I have made a covenant with my eyes, and thus how

---

מווילנא "כל אחד צריך לגדור עצמו מן העברות לפי טבע מזגו אף שאין דרכו נכונה בעיני הבריות שאינם מכירים בטבעו רק בדבר שהוא נגד התורה לא יסמוך על שכלו למשל להתענות בשבת." וכל זה מהגאון במשלי על הפסוק שם יד:ב "הולך בישרו ירא ה' ונלוז דרכיו בוזהו."

572 עיין בספר בעלי הנפש להראב"ד שער הקדושה שהוא כותב "והראש לכל הגדרים שישמור האדם את עיניו מכל מה שאינו שלו."

573 עיין שם בראב"ד בבעלי הנפש שער הקדושה בהמשך שכותב כך "ואף ימעט ראיתו ממה שהוא שלו אז יקרא צנוע ובייש...ואם ישמור את עיניו נמצא לבו שמור ומתוך שיהיו עיניו ולבו שמורים נמצא כולו שמור כי על ידי שלשה חושים שבאדם העון נגמר והם הראות והמחשבה והמשוש...וראשון לכל הראשים כולם שידע האדם את יוצרו ויכיר את בוראו ויתן את לבו למי יעבוד וממי יירא ומצות מי יעשה ומי הזהירו כמו שאמר דוד לשלמה 'דע את אלקי אביך ועבדהו בלבב שלם' ואם הוא נעלם מעיני כל חי אך הוא נמצא בלבבות ונגלה במחשבות..."

574 עיין באגרות משה או"ח חלק א סימן מ: "ויש חיוב על כל אדם להביט כפי האפשר למטה כשהולך בשוק אך לא באופן שיהיה פרוש קיזאי שיהיה מקיז דם בכתלים עיין בסוטה כב: וברש"י שם ד"ה מקיז" שכל הכוונה שם שהאדם משים עצמו כאילו הוא חסיד גדול ואינו אלא מסתכל עליהם במרמה.

575 כדאיתא בסנהדרין מה "אמר רבה גמירי אין יצר הרע שולט אלא במה שעיניו רואות."

could I contemplate being together with a virgin" (*Iyov* 31:1), points to the important role one's vision plays with respect to his actions. Of course, one should avoid seeing things that will directly lead to illicit thoughts, fantasies, impurity, etc., but the "covenant with the eyes" calls upon us to elevate the use of our sight even further. Sight is so powerful that one should leverage it as much as possible for holy pursuits, such as reading the words of Torah and prayer, and other mitzvos related to the eyes.[576]

---

576 וכמו שאנחנו אומרים בתפילה זכה בערב יום הכיפורים "בראת בי עינים ובהם חוש הראות לראות בהם מה שכתוב בתורה ולקדש אותם בראית כל דברים שבקדושה והזהרת בתורתך לא תתורו אחרי לבבכם ואחרי עיניכם אוי לי כי הלכתי אחרי עיני וטמאתי אותם להסתכל בכל דבר טמאה."

8

Practically Incorporating the Six Mitzvos into a Life of Torah and Mitzvos

Clearly, the Six Constant Mitzvos form the core and very essence of Judaism and inform the very purpose of our lives. And because they are "constant" mitzvos, it follows that we need them in our lives all the time.[577] We learned at the beginning of the sefer that the concept of "I place Hashem before me always" organizes a consciousness that captures all of the Six Constant Mitzvos into one central idea. But how are we to go about incorporating these mitzvos into our regular daily lives?

Moreover, there is another mitzvah that demands our attention at all times. The Torah instructs us to study Torah "day and night." The only permission we have to stop learning is when we are too tired to

577 הרמב"ם בהלכות יסודי התורה פרק א:א-ז קורא למצות אנכי, לא יהיה, ויחוד ה' העיקר. גם ידוע הלשון של ספר חובות הלבבות בהקדמה שהמצות האלו הם יותר יסודיים ועיקריים מחובות האברים. גם מהגמ' במכות כד "בא חבקוק והעמידן על אחת — צדיק באמונתו יחיה," נראה שכל המצות עומדים על אמונה. ואמונה מכוונת לכל השש מצות והתפשטותם לתוך חיינו הפנימי, לא רק במח אלא גם בלב.

Practically Incorporating the Six Mitzvos into a Life of Torah and Mitzvos 351

do so, a technicality arises that makes it impossible,[578] a mitzvah arises that no one else can fulfill,[579] or we need to make efforts to earn a living.[580]

How then are we to approach these seemingly competing commandments?

Several opportunities are available for developing and growing in the Six Constant Mitzvos that we have been discussing.

- **Learning about the Six Constant Mitzvos:**[581] Each of these mitzvos is associated with one or more aspects of Talmud Torah that must be learned. Learning will invariably arouse us to increase our awareness and ultimately our fulfillment of these mitzvos. And, of course, such study is fulfillment of the mitzvah of Talmud Torah in and of itself.
- **Preparation for a mitzvah:** [582] Before fulfilling any mitzvah,

---

578 כידוע שאסור ללמוד במקומות המטונפים, וגם מי שעיף או במצב שלא יוכל ללמוד מסיבות אחרות הוא פטור אז מתלמוד תורה. עיין ברמ"א ביורה דעה סימן רמו סעיף כז.

579 היינו הכלל של "מצוה שאי אפשר לעשות על ידי אחרים," שמבטלים תלמוד תורה כדי לקיים. עיין בשו"ע יורה דעה סימן רמו סעיף יח.

580 עיין במסכת ברכות לה: המחלוקת הנזכרת למעלה: "ואספת דגנך מה תלמוד לומר לפי שנאמר לא ימוש ספר התורה הזה מפיך יכול דברים ככתבן תלמוד לומר ואספת דגנך הנהג בהן מנהג דרך ארץ דברי רבי ישמעאל..."

וכידוע דברי הנפש החיים בשער א פרק ט שקובע שעיקר ההדרכה לרבים הוא כדברי רבי ישמעאל, לכן יש רשות מהתורה לבטל או למעט תלמוד תורה כדי להשתדל עבור פרנסתו.

581 זה פשוט וברור כיון שכל התורה, נביאים, וכתובים מלאים פסוקים המדברים על מצות אלו. גם במשניות, גמ', ומדרשים יש סוגיות שלמות וערוכות המבארים פרטים בכל אחד מהמצות האלו. לכן חיוב ללמוד אותם לא פחות מהחיוב ללמוד כל שאר דברי תורה ועניניהם. וכן ידוע וברור מה שחז"ל אומרים "שהלימוד מביא לידי מעשה" ועל סמך זה כתבתי שלימוד המצות האלו ישפיע באופן טבעי על הקיום של מצות אלו.

582 שנאמר "הכון לקראת אלקיך ישראל" (עמוס ד:יב) שלמדנו מזה המקור להכנה לכל מצוה. חז"ל אומרים "מצות צריכות כוונה" ומובא כן בשו"ע או"ח סימן ס, ועיין שם במ"ב ס"ק ז שלהלכה קודם שמקיים מצוה צריך לכוון לצאת בה. והיינו שדבר זה הוא מצות הבורא שצוה לקיימה. ויש כתות מבני ישראל שמפני זה נהגו לומר "הנני מוכן ומזומן לקיים מצות וכו'" לפני כל מצוה ומצוה. וידועים דברי הראשונים שזו היתה כוונת חז"ל כשתקנו לומר ברכות המצות, כדי שקודם כל נכיר את בוראינו ואז נקיים מצותו כמו שצוה.

ועיין נמי בנפש החיים שער ד פרק ו שכתב: "לזאת האמת שזו היא הדרך האמתי אשר בזה בחר הוא ית"ש. שבכל עת שיכון האדם עצמו ללמוד. ראוי לו להתיישב קודם שיתחיל. עכ"פ זמן מועט ביראת ה' טהורה בטהרת הלב. להתודות על חטאתו מעומקא דלבא. כדי שתהא תורתו קדושה וטהורה."

וכן מצינו במשנה ברכות ט. "חסידים הראשונים היו שוהים שעה אחת קודם התפילה." ואף שאיננו בדרגתם לשהות שעה לפני התפילה או לפני המצות, מכל מקום ברור מכל

we should focus on the act and the connection it provides, bringing an awareness of Hashem and elements of the Six Constant Mitzvos into what we are doing.

- ***Kavanas Halev:***[583] Although specific meditation on the spiritual essence of a mitzvah is not required in order to fulfill our obligations,[584] nevertheless we can increase the impact that our mitzvos have by infusing them with *kavanah*, especially for *ahavah* and *yirah*.
- **During the daily prayers:**[585] During the prayers, and especially

---

הלין טעמי שיש להתעורר ולהכיר בוראו לפני קיום מצות, תפילה, ולימוד התורה ואז לקיים הצווי שלו כי זו ההכרה הבסיסית שדרוש כדי לקרוא למעשה "קיום המצוה" של הבורא.

583 כל ספר חובות הלבבות מבוסס על ההנחה שיש מצות המוטלות על הלבבות וגם שצריכים לצרף אותם ולהכניס אותם לתוך עבודת המצות וחובות האברים. עיין בהקדמה לספר חובות הלבבות שכתב: "עד שחיפשתי על חובות הלבבות מן השכל ומן הכתוב ומן הקבלה אם אנחנו חייבים בהם אם לאו ומצאתים שהם יסודי כל המצות ואם יארע בהם שום הפסד לא תתכן לנו מצוה ממצות האברים."

וידוע דברי הנפש החיים סוף שער א שאף שכוונה אינו מעכבת המצוה אבל מכל מקום הוא מוסיף הרבה בקדושת וטהרת המצוה ולכן גם על ההשפעה של המצוה. וגם בשער ד פרק ג "הענין כמו שפירש הרא"ש ז"ל על מאמר ר"א בר' צדוק (נדרים נ"א א') עשה דברים לשם פעלן ודבר בהן לשמן. ז"ל עשה דברים לשם פעלן. לשמו של הקב"ה שפעל הכל למענהו. ודבר בהן לשמן. כל דבורך ומשאך בד"ת יהיה לשם התורה כגון לידע ולהבין ולהוסיף לקח ופלפול ולא לקנטר ולהתגאות עכ"ל. דקדק לבאר שינוי לשונו דר"א ב"צ, שבעשיה אמר 'לשם פעלן', ובדבור אמר 'לשמן'. לכן בענין העשיה פירש לשמו של הקב"ה שפעל הכל למענהו. ובענין הלמוד פירש לשם התורה כו'. וכוונתו ז"ל מבואר היינו כי עשיית המצוה ודאי שצריכה להיות למצוה מן המובחר בדביקות ומחשבה טהורה שבטהורות כפי שכלו והשגתו. כדי שיתקלס עילאה לגרום תיקוני העולמות וכחות וסדרים העליונים. זהו 'לשם פעלן' כי 'כל פעל ה' למענהו' וארז"ל 'לקילוסו'. ואם כי ודאי שגם במצות העיקר בהם לעכובא הוא העשיה בפועל. והכוונה היתירה וטוהר המחשבה אינה מעכבת כלל, כמו שנתבאר לעיל סוף שער א' על נכון בע"זה, עב"ז מצטרף קדושת וטוהר מחשבתו לעיקר העשי' בפועל לעורר ולפעול תקונים יותר גדולים בהעולמות משאם היתה המצוה נעשית בלא דביקות וקדושת המחשבה. אבל על הנהגת האדם בשעת עסק התורה בדיני המצות והלכותיהן אמר 'ודבר בהן' רוצה לומר הדבור בעניני המצות והלכותיהן יהיה לשמן, פי' לשם הד"ת, היינו לידע ולהבין ולהוסיף לקח ופלפול."

584 למעלה מדובר בכוונת הלב למצוה עצמה ביראה ודבקות עם הקב"ה שזה אינו מעכב במצות ועיין בשו"ע או"ח סימן ס:ד שפסק שמצות צריכות כוונה, אבל עיין במ"ב שם או"ח סימן ס ס"ק ז שאמר שהכוונה שמעכב מדין מצות צריכות כוונה הוא "שיכוין לקיים בזה כאשר צוה ה'."

585 ברור שפסוק ראשון של שמע כולל התבוננות במצות אנכי, לא יהיה, ויחוד ה'. פרק ראשון של שמע הוא "ואהבת", ופרק שני הוא "והיה אם שמוע תשמעו" שהוא ענין היראה שאם נעשה טוב ה' ישפיע עלינו טוב ואם נעשה רעה תבוא עלינו הרעה. ופרק שלישי כולל

Practically Incorporating the Six Mitzvos into a Life of Torah and Mitzvos 353

when reciting *Shema*, we have an opportunity to experience *shivisi* in a very focused and concentrated way. In the first verse of *Shema*, the mitzvos of *Anochi*, *Lo Yihyeh*, and *Yichud* are expressed. The first paragraph of *Shema* contains the mitzvah of *Ahavas Hashem*, the second paragraph contains an allusion to *Yiras Hashem*, and the third paragraph mentions the mitzvah of *Lo Sassuru*. The entire *Shemoneh Esrei* is to be experienced as "standing before the King," clearly an expression of *shivisi*.

- **As part of a daily *mussar seder*:** The *Mishnah Berurah* instructs that more important than learning *Mishnayos*, a person should have a daily *mussar seder*.[586] Yeshivos generally dedicate a half hour a day for a *mussar seder*. This is based on the teaching that even fluency in Talmud can be lost if the person lacks *yirah*.[587]

It is important to remember that the Six Constant Mitzvos cannot be measured. They exist and grow in a qualitative, rather than quantitative, dimension. They are defined less by specific actions and more by one's state of mind.

Throughout our lives we strive to increase our level of connection to Hashem through the system of Torah and mitzvos. The Six Constant Mitzvos represent the essence of this connection and we must dedicate real energy to fulfilling them. Doing so binds together our beliefs and

---

"לא תתורו." וגם ידוע דברי חז"ל בכל מקום שתפילה היינו מעשה של "עומד בפני המלך" ואף שאין כוונה זו מעכבת התפילה להרבה פוסקים מכל מקום הוא ודאי הפנימיות של התפילה ודבר ראוי להשתדל עליו כל מה שאפשר, ולא בתפילה בלבד אלא בכל מצות.

586 זה לשון המ"ב סימן א ס"ק יב "וצריך האדם לקבוע לו עת ללמוד ספרי מוסר בכל יום ויום אם מעט ואם הרבה כי הגדול מחבירו יצרו גדול הימנו ותבלין היצר הרע הוא תוכחת מאמרי חז"ל." ועיין שם בשער הציון ס"ק כו שכתב "ברכי יוסף וחיי אדם בהלכות יום הכיפורים עיין שם שכתב שהוא יותר חיוב מלימוד משניות."

587 זה מלשון הגמ' שבת לא. "אמר ר"ל מאי דכתיב (ישעיהו לג, ו) והיה אמונת עתיך חוסן ישועות חכמת ודעת וגו' אמונת זה סדר זרעים עתיך זה סדר מועד חוסן זה סדר נשים ישועות זה סדר נזיקין חכמת זה סדר קדשים ודעת זה סדר טהרות ואפ"ה (ישעיהו לג, ו) יראת ה' היא אוצרו אמר רבא בשעה שמכניסין אדם לדין אומרים לו נשאת ונתת באמונה קבעת עתים לתורה עסקת בפו"ר צפית לישועה פלפלת בחכמה הבנת דבר מתוך דבר ואפ"ה אי יראת ה' היא אוצרו אין אי לא לא משל לאדם שאמר לשלוחו העלה לי כור חיטין לעלייה הלך והעלה לו א"ל עירבת לי בהן קב חומטון א"ל לאו א"ל מוטב אם לא העליתה תנא דבי ר"י מערב אדם קב חומטון בכור של תבואה ואינו חושש."

internal experiences with our outward observances of halachah, creating a single unified and coherent persona.[588]

Clearly this fusion is the goal. The Netziv comments that Avraham deliberately stopped experiencing *kabbalas pnei Shechinah* when he saw the angels walking in the distance. The Netziv says that a mitzvah that couldn't be performed by someone else arose before Avraham, so he stopped his experience of *dveikus* to do that mitzvah, just as the Torah teaches us to do when a person is in the middle of learning Torah.[589] How can there be a conflict between two mitzvos that both demand constant attention? How can my Torah study impede my *dveikus*, or how can my *dveikus* stop me from fulfilling another mitzvah? The answer is now quite clear. There is never supposed to be any distance or gap between Torah learning (or any other mitzvah) and *dveikus*. Ultimately, there should be a fusion between the two. Turning to do a mitzvah is not turning away from Hashem, but rather turning to Hashem from a different direction — through the opportunities He sends us to do mitzvos.

A Jew is supposed to be in constant awareness of these principles and feel uninterrupted connection with the Divine. However, no one is born on this level; one must develop and attain it. Until we reach this *dveikus*, we are to dedicate ourselves to Torah learning as much as possible, while utilizing the opportunities mentioned to strengthen ourselves in the Six Constant Mitzvos. Eventually, the entire life of a Jew is meant to mesh together, such that he or she is always living and walking with Hashem. This is the sentiment of the verse and precept *"Shivisi Hashem L'negdi Tamid."*

---

588 זה ראינו בספר הזכרונות של רבי צדוק הכהן על מצות אנכי "שכתב שהעיקר בזה הוא שיהיה האמונה שלנו ניכר בתוך מעשינו."

589 זה לשון הנצי"ב בראשית יח:ב: "אלא כך הענין באשר שהיה אברהם אבינו שקוע באותה שעה באהבת ה' ובהקבלת פני שכינה ומלבד שהוא תענוג נפלא עוד הוא מצות עשה 'ואהבת את ה'' כמבואר במקומו ומכל מקום אי מתרמי איזה מצוה בשעה שהאדם שקוע באהבת ה' מחויב להפסיק ממצות אהבה שאין לה זמן קבוע...שכך הוא רצונו יתברך שיהא מצוה מעשית דוחה מצוה זו שאין לה שיעור וזמן...אכן זה אינו אלא במצוה שאי אפשר להעשות ביד אחרים אבל אם אפשר להעשות ביד אחרים אין ראוי לדחות אהבת ה' והרי זה דומה למצות תלמוד תורה..."

About the Author

Rabbi Tzadok Cable is originally from Miami, Florida. Living in Israel since 1992, he has spent the last twenty-four years immersed in learning, self-development, and teaching. First learning the classic Mir Yeshiva *derech halimud* from Rav Yitzchak Berkowitz, *shlita*, and Rav Daniel Spetner, *shlita*, Rabbi Cable was later greatly influenced by Rav Noach Weinberg, *zt"l*, who opened him up to the world of outreach, inspired him to take responsibility for Klal Yisrael, and infused him with a deep and genuine love for Hashem and the Jewish people.

Rabbi Cable served as the head of the Rabbinical Ordination Program at Yeshivas Aish HaTorah from 2001 to 2013. He has also served as *rav* and communal leader in Kehillas Bnei Torah in Beitar Ilit, as a senior lecturer at Tomer Devorah women's seminary, as an educational mentor at Yeshivas Netsach for struggling youth, and as rabbinical adviser for the innovative Jewessence beginner women's program. He is a respected public speaker and has shown unique capabilities in the area of leadership development.

His successes include:
- helping to develop dozens of thriving and successful rabbinical leaders in the field of *kiruv*
- pioneering in the growing field of personalized online Torah learning
- building a deeply inspiring phone *chaburah* network for women with weekly classes for participants from around the world

An educator in practice, but really a passionate student at heart, Rabbi Cable has forged key relationships with some of the greatest Jewish leaders and Torah luminaries of the generation, among them Rav Noach Weinberg, *zt"l*, Rav Yitzchak Berkowitz, *shlita*, Rav Zalman Nechemia Goldberg, *shlita*, Rav Yirmiyahu Kaganoff, *shlita*, Rav Yonason Berger, *shlita*, and Rav Daniel Spetner, *shlita*. These relationships were each crucial and tremendously formative in Rabbi Cable's own personal development and in the formation of his principles and understanding of Jewish education and leadership.

Learn more about Rabbi Cable by visiting www.mypersonalrav.com, or you can email him at tcable@thebinahtree.com.

Mazel Tov,

Rav Tzadok

May you continue to be a source of guidance and inspiration for Klal Yisrael.

Rabbi Elchanan Shoff

Amazing, Rav Tzadok!

Keep up the good work!

Yair Lapciuc

In honor of our beloved Rebbe
on the publication of your first sefer.
Much hatzlachah, and may you continue
to be a source of inspiration to Klal Yisrael.

The Cook Family

Dedicated for a רפואה שלמה
for my beloved husband,
Don Mishell, שליט"א.
May his אמונה *and* אומץ *continue*
to be מחזק *all who know him.*
May ה' יתברך *bless Rabbi Tzadok Cable*
to continue to inspire and uplift כלל ישראל
with his ספרים *and* שיעורים.

Yehudis Mishell

In honor of our beloved Rebbe on the publication of your first sefer. Much hatzlachah and may you continue to be a source of inspiration to Klal Yisrael.

The Hoffman Family

Mazel Tov on the book!

The Mathias Family

Thank you for your dedication of a section about emunah, and may this be for the sake of a refuah shleimah for Shalvah Adinah bas Sarah Chana.

The Schneider Family

Mazel Tov on the book!

The Neumann Family

In honor of our beloved Rebbe on the publication of your first sefer. Much hatzlachah and may you continue to be a source of inspiration to Klal Yisrael.

The Powers Family

Mazel Tov on the book!

Steven Bram

Mazel Tov on the book!

Baruch Rabinowitz

Much hatzlachah on the book!

Mayer and Noa Solomon

Mazel Tov, Justin, we are so proud of you!

Bill and Jill McCauley

Mazel Tov on the book!

The Zeiring Family

Mazel Tov on the book!

The Most Family

Mazel Tov on the book!

Kim Cohen

In honor of our beloved Rebbe on the publication of your first sefer. Much hatzlachah and may you continue to be a source of inspiration to Klal Yisrael.

The Ertel Family

Mazel Tov on the book!

Shuli Kleinman

Mazel Tov on the book!

Tzvi Gluckin

Mazel Tov on the book!

Leah Cohen

Mazel Tov on the book!

Ryan Brill

Mazel Tov on the book!

The Waldinger Family

In honor of our beloved Rebbe on the publication of your first sefer. Much hatzlachah and may you continue to be a source of inspiration to Klal Yisrael.

The Sultan Family

Mazel Tov on the book!

Rabbi Adam Jacobs

In honor of our beloved Rebbe on the publication of your first sefer. Much hatzlachah and may you continue to be a source of inspiration to Klal Yisrael.

The Golub Family

In honor of our beloved Rebbe on the publication of your first sefer. Much hatzlachah and may you continue to be a source of inspiration to Klal Yisrael.

The Grant Family

Mazel Tov on the book!

Menachem Tenenbaum

Mazel Tov on the book!

Dan Binkiewicz

Mazel Tov on the book!

Geoff Harris

Mazel Tov on the book!

Yaakov Meyer

Mazel Tov on the book!

Ann Heller

Mazel Tov on the book!

Yaffa Slurzberg

Mazel Tov on the book!

Yosef Juarez

In honor of our beloved Rebbe on the publication of your first sefer. Much hatzlachah and may you continue to be a source of inspiration to Klal Yisrael.

YD Schwartz

Mazel Tov on the book!

David L

Mazel Tov on the book!

Tali and Baruch Goldberg

In honor of our beloved Rebbe on the publication of your first sefer. Much hatzlachah and may you continue to be a source of inspiration to Klal Yisrael.

Mordechai Teller

Yasher Koach, Rav Tzadok! Mazel Tov on the book!

Shalom Schwartz

Mazel Tov on the book!

Philip Molloy

We are so proud of you, Justin. Keep up the good work!

The Wilbanks Family

In honor of our beloved Rebbe on the publication of your first sefer. Much hatzlachah and may you continue to be a source of inspiration to Klal Yisrael.

Ricki Vigon

Mazel Tov on the book!

David Rosman

Mazel Tov on the book!

Raffi Bilek

Mazel Tov on the book! P.L.U.R.

Eli Beda

Mazel Tov on the book!

Pinny Bornstein

Mazel Tov on the book!

Rav Eytan Feiner

Mazel Tov on the book!

Neal Berman

Mazel Tov on the book!

Aryeh Markman

Much hatzlachah in this venture in avodas Hakodesh!

Elliot Zemel

Mazel Tov on the book!

Chananel Weiner

Mazel Tov on the book!

Dave Levine

Mazel Tov on the book!

Elaine and Jay Viders

Mazel Tov on the book!

Shai Markowitz

Mazel Tov on the book!

Kim Cohen

In honor of our beloved Rebbe on the publication of your first sefer. Much hatzlachah and may you continue to be a source of inspiration to Klal Yisrael.

The Levkovits Family

---

*Much hatzlachah,
Rav Tzadok.
Keep up the good work!*

The Deyo Family

Mazel Tov on the book!

Moshe Pitzele